江门市档案馆
江门市人民政府地方志办公室◎主编

同治《新会县续志》
光绪《新宁县志》

[清]彭君谷 等◎纂修
[清]何福海 等◎纂修
刘正刚◎点校

安徽师范大学出版社
ANHUI NORMAL UNIVERSITY PRESS
·芜湖·

图书在版编目(CIP)数据

同治《新会县续志》/(清)彭君谷等纂修;刘正刚点校;江门市档案馆,江门市人民政府地方志办公室主编. 光绪《新宁县志》/(清)何福海等纂修;刘正刚点校;江门市档案馆,江门市人民政府地方志办公室主编. —芜湖:安徽师范大学出版社,2021.11

ISBN 978-7-5676-5366-5

Ⅰ. ①同… ②光… Ⅱ. ①彭… ②何… ③刘… ④江… ⑤江… Ⅲ. ①新会县–地方志–清代 Ⅳ. ①K296.54

中国版本图书馆CIP数据核字(2021)第223110号

TONGZHI XINHUIXIAN XUZHI　　GUANGXU XINNINGXIAN ZHI

同治《新会县续志》　光绪《新宁县志》

[清]彭君谷 等◎纂修　[清]何福海 等◎纂修

刘正刚◎点校

江门市档案馆　江门市人民政府地方志办公室◎主编

责任编辑:牛　佳　　责任校对:孙新文
装帧设计:张　玲　　责任印制:桑国磊
出版发行:安徽师范大学出版社
芜湖市北京东路1号安徽师范大学赭山校区
网　址:http://www.ahnupress.com/
发 行 部:0553-3883578　5910327　5910310(传真)
印　刷:苏州市古得堡数码印刷有限公司
版　次:2021年11月第1版
印　次:2021年11月第1次印刷
规　格:787 mm × 1092 mm　1/16
印　张:31.75　插　页:1
字　数:609千字
书　号:ISBN 978-7-5676-5366-5
定　价:120.00元

同治《新会县续志》　光绪《新宁县志》
点校本领导小组成员名单

组　长：漆建伟

副组长：刘　萍　邝晓宁

成　员：李文迪　邱锡亮　关明珠　赵燕欢　黄　蕾

同治《新会县续志》　光绪《新宁县志》
点校本工作小组成员名单

组　长：邝晓宁

成　员：李文迪　邱锡亮　关明珠　赵燕欢　黄　蕾

前　言

江门是广东省地级市，享有“中国第一侨乡”美誉，别称“五邑”，濒临南海区域，毗邻港澳地区，下辖新会区、江海区、蓬江区、台山市、开平市、恩平市、鹤山市3个市辖区和4个县级市。江门历史悠久，文化底蕴深厚，是明代大儒、心学奠基人陈白沙，近代维新先驱梁启超，国学大师陈垣，中国航空之父冯如等的故里；拥有开平碉楼等世界文化遗产。

新会是历史上江门地区的核心区域，早在三国吴时已在今司前镇一带设置平夷县，南朝宋又设立新会郡，其管辖区域超出了今江门市辖区的范围。明代成化年间划新会部分地区设置恩平县，弘治年间又划出新会部分地区成为新宁县，顺治年间，又划新会县部分地区成立开平县，雍正年间又划出新会县部分地区成立鹤山县。明代以来广东设省，江门地区的县分属于广州府和肇庆府管辖。清代以来，江门地区被称为“五邑”，即源于此。江门作为一个名称，最早因处于西江出海口而形成的江门墟，时间大约在元末明初，时属新会县管辖。光绪末年，江门被迫开放为通商口岸，设立海关，时称江门埠。

江门地区的地方志修纂，可考者为明代成化时期，之后屡有修纂。五邑现存最早方志为明代嘉靖二十四年《新宁县志》。现存五邑县志计26部，分别是万历三十七年、康熙、乾隆、道光和同治“新会县志”5部；崇祯九年、康熙二十七年、乾隆三十一年、道光五年、民国十八年和民国二十三年“恩平县志”6部；嘉靖二十四年、康熙十一年、康熙二十五年、乾隆三年、道光十九年和光绪十九年“新宁县志”6部；康熙十二年、康熙五十四年、道光三年、光绪年间、民国二十二年“开平县志”5部；乾隆十九年、道光六年和民国三十三年“鹤山县志”3部。此外还有民国十五年《赤溪县志》1部。从中可见，明代3部，清代18部，民国5部，清代无疑是江门地区地方志修纂的鼎盛期。

今次点校的同治《新会县续志》和光绪十九年《新宁县志》，皆为清代纂修的方志，之所以选择新会和新宁，一是因为新会是江门地区的祖廷，几乎所有县的设立皆从新会划地而成；二是新宁（今台山市）是最著名的侨乡，濒临大海，且光绪《新宁县志》是清代江门最后修纂的县志（因光绪《开平县志》仅有“历史篇”和“地理篇”，类似于乡土志，且纪事至光绪十二年止）。这两部方志记载的内容主要以清代尤其以修纂时期的历史为主，从中可以管窥晚清时期五邑地区的土客械斗、海外移民等主要事件。两部志书体例基本完备，内容较丰富，包括自然、地理、政治、经济、军事、文化等内容，是宝贵的地方历史文献，为了解和研究清代五邑地区历史文化提供资料文献。

方志作为地方社会的“百科全书”，其点校工作是一项复杂的工程，涉及内容甚广，上至天文，下至地理，中及人事，需要历史学、地理学、文学、植物学等学科知识。此次整理出版，采取标点断句、注释勘误、简体横排方式，以便于今人阅读。本人受江门市档案馆、江门市人民政府地方志办公室委托，组建了由青年教师、在读博士和硕士的团队负责点校。在整理过程中，克服各种困难，数易其稿，终于使同治《新会县续志》和光绪《新宁县志》问世。在此，向所有关心支持整理的各界人士表示感谢！整理出版旧志的目的在于弘扬地方历史文化，促进社会各界对地方典籍的保护和利用，推动地方文化建设，为经济社会可持续发展提供历史借鉴，也对今人了解地方历史文化、社情民俗，发挥资治教化、鉴往昭来之作用。

刘正刚

2021年10月5日于暨南大学历史系412A工作间

总 目 录

同治《新会县续志》

光绪《新宁县志》

同治《新会县续志》

[清]彭君谷 等 纂修

点校说明

一、以《广东历代方志集成》“广州府部”第39册收录的同治九年（1870）刻本彭君谷纂修《新会县续志》影印本为底本，参考《广东历代方志集成》“广州府部”第39册收录的道光二十一年（1841）刻本林星章纂修《新会县志》、38册收录的乾隆六年（1741）刻本王植纂修《新会县志》，以及37册收录的康熙二十九年（1690）刻本《新会县志》和万历《新会县志》，以及《广东历代方志集成》“省部”第2—4、14—21册收录的明嘉靖、道光刻本《广东通志》，同时参考其他相关典籍进行他校，一些字句则适当运用理校法进行点校。

二、整理点校本按现行标准的简体字和标点符号的要求与格式进行断句、标点，对长文进行分段。对原著诸如选举、列女卷中独立成行的人名进行适当合并，以节省篇幅。

三、点校本充分尊重原著，但对其中明显的异体字、俗体字，则径改为现行通用的简体字（人名除外），一般不出校注。避讳字如“崇正”径改“崇祯”，“宏治”径改“弘治”，人名“唐元宗”径改“唐玄宗”等，不出校注。通假字不改。缺字而难以校补者，以口标示。又书中的“见年”径改为“现年”。

四、原书有不少漫漶破损处，无法辨认。点校本通过与其他版本《新会县志》《广州府志》《广东通志》以及其他文献比对，对缺漏字、错字、衍字，依据通行的点校办法以（）表示，若改正或添加正确的字，则以［］表示。若有依据，则出注释。

五、对影印本错页或内容舛误，出注说明原因，并进行修改。对原书删改节略征引他人诗文语句，若文意通顺则不予校改，惟影响或改变文意，则依据其他文献加以校改并出注。

六、点校本对重要地名、人物以及晦涩难懂的字词、职官等，根据需要进行校注。

七、点校本传统历史纪年，一律在其后用括号标出通行的公元纪年，如洪武元年（1368），并对有错误的传统纪年进行修正，并出注说明。

八、点校本将保留原书中的《图说》等原貌，并重新绘制原图插入整理本的相应位置。

九、点校本注释一律采用页下注，每页单独编排序号。

十、原书中的小字，一律以楷体表示。

十一、同治《新会县志续》为原书的名称，现根据通行的习惯，改为同治《新会县续志》。

序

新会邑志，道光十八年（1838），增修于前令福建林君古畲，越二年而书成，距今仅三十年耳。续修之举，无须汲汲[1]也。岁己巳（同治八年，1869），府尊戴友梅太守，谋纂修《广州府志》，檄属采访。时余适承乏[2]兹土，因邀请钟君蕙楼、何君菱塘、谭君百峰，暨李君坡樵同年，主持其事，网罗散失，掇拾[3]近闻。凡三十年中，海防、水利之更筑，学校、祠宇之兴修，职官、选举之题名，仕宦、人物之纪传，而且咸丰四年（1854）红匪[4]倡乱，为二百余年来未有之变。战守诸务，尤一邑治乱之所关，旁及灾祥、杂录。凡前志所未载，或已载而失实遗漏者，补苴[5]之；讹谬者，订正之。悉心搜讨，灿然具备。照《旧志》体例，成书十卷，嘱余为之删定。窃维[6]邑之有志，犹国之有史也。非真大才识、大手笔，不克胜任。余自揣谫陋[7]，况二十年来，东奔西走，笔墨之事，荒废殆尽，曷足以与于斯。第既承诸君之属[8]，不敢固辞。爰就所著于篇者，为之删繁就简，不妄增一字。即间有僭易一二字者，亦皆因本事酌损之，宁朴毋华，宁陋毋夸，务使实事求是，庶可为后之修志者备采择焉。是则区区谨慎之微意也。书成，为识其缘起于左。

时同治九年（1870）岁次庚午仲冬中澣[9]，濑江彭君谷并书。

---

① 汲汲：汲的本义是从井里取水。“汲汲”则专门形容急切的样子。

② 承乏：指暂任某职的谦称。表示所在职位因一时没有适当人选，只好暂由自己充任。

③ 掇拾：搜集。

④ 红匪：指红巾军，清咸丰年间广东天地会在陈开、李文茂等领导下最先在佛山发动起义。起义军蓄发易服，头裹红巾，故有此称。

⑤ 补苴：泛指弥补事物的缺陷。

⑥ 窃维：窃，谦辞，称自己，我认为，我想之意。

⑦ 谫陋：浅薄。

⑧ 属：通“嘱”。

⑨ 中澣：“澣”通“浣”。中浣原指古时官吏每月中旬的休沐日。后泛指每月中旬，亦作“中澣”“中盥”。

序[①]

新会，古冈州地也，面海负山，襟江带河，提封[②]辽阔，控制险要。山则箐林绵邈[③]，水则港汊纷歧，窥蔽重洋，屏藩省会，形势甲于诸邑。五代时，曾置郡，后改为冈州。至唐，始析为县。乾隆初年，巡抚杨公请复郡治，谓“规模壮丽，天然另一都会，与广肇二郡相为掎角[④]”。后因调任去，事不果行。其气概自昆仑历莱秀峰，迤逦[⑤]而来，脉络深厚，孕毓灵秀，代有奇杰间出。前明笃生[⑥]陈白沙先生接舂陵[⑦]之绪，振南国理学之宗，匪第为东粤伟人也。粤省之胜无逾于此。

粤地素称繁华，近海之区习于利而俗易偷，争名而好胜。自洋患兴而风气一变，红巾起而风气又一变。洋患独省中承其弊，红巾则郡邑胥罹[⑧]其殃，失陷者不一而足，五岭、三江几无完地。冈州当广、肇、高三面之冲，又逼处海隅，盗贼出没无常，飘突[⑨]靡测。甲寅（咸丰四年，1854）之秋，屡濒于危，时则官绅同志防剿兼施，勠力[⑩]罔懈，卒解重围。说者谓“省垣之能保全，实赖新会捍卫之力”。虽曰天幸，讵非人事耶？迩来，江浙底定，济洛廓清，卒归伍而勇归农，兵戈扰攘[⑪]几二十年，疮痍渐复，文教聿兴。大府廑念[⑫]前艰，撄[⑬]难被患，效力行间之劳苦，思为综述其事以传之。设局采访，檄行各邑旁搜远考，显微阐幽[⑭]，将汇并

---

① 原书无此字。标题系点校者根据文意添加。

② 提封：意指疆域、版图。

③ 绵邈：广大遥远的样子。

④ 掎角：也作“犄角”。捕捉兽时，拖住兽脚为“掎”，兽角为“角”。比喻两头牵制或两面夹击。

⑤ 迤逦：连续不断的样子。

⑥ 笃生：意为生而得天独厚。

⑦ 舂陵：代指北宋理学开山祖周敦颐。

⑧ 胥罹：胥，皆，都。罹，遭遇，遭受。

⑨ 飘突：飘荡。

⑩ 勠力：并力，合力。

⑪ 扰攘：纷乱，骚乱。

⑫ 廑念：殷切关注。

⑬ 撄：扰乱，纠缠。

⑭ 阐幽：使幽深隐藏的显露出来。

《通志》，诚盛举也。惟是兵燹[①]之余，各邑志乘残缺散失，典籍沦亡，蒐辑匪易。会邑则前此董事诸绅，如钟应元、何琯、李星辉、谭锡朋等均躬历戎行，闻见真切。前邑令彭君即命其共襄厥事，博探分纂，昕夕不倦。自五月以迄十月，书成。余适承乏是邑，诸君来谒，以书商榷，并乞序于简端[②]。顾甫下车，案牍坌集[③]，情形未谙，亟取前志，详加披阅。

溯自道光二十年（1840），林君星章莅任重修，体例精详，典则明备，距今仅三十年，简册完善，按图考事，心目了然。兹书即仿其规，作为《续志》，间有补前志所未备，及订讹正谬之处，皆确有所据，灿然可观，洵足以信今而传后。余虽初至，未由细核，然筮仕[④]来粤已二十年矣，前事颇备闻之。犹忆甲寅（咸丰四年，1854）捧檄新兴，值端州大乱，扼险筹防历十月之久，较之新会之守，难易或殊，措施无异，抚今思昔，不胜慨然。今何幸太平有象，获宰名区，访白沙之遗迹，挹绿护[⑤]之仙踪，然而抗尘走俗[⑥]，奚足以语山海之高深哉！

同治九年（1870）岁次庚午冬闰十月，武冈张经赞谨撰。

① 兵燹：指因战乱而遭受焚烧破坏的灾祸。宋代张存《重刊埤雅序》云："历世既久，悉毁于兵燹；间有遗编，多为世俗秘而藏之。"

② 简端：放在书籍的开头。

③ 坌集：聚集。

④ 筮仕：古人将出做官，卜问吉凶。亦指初出做官。

⑤ 绿护：新会圭峰山绿护屏。

⑥ 抗尘走俗：谓热中名利而奔走于尘俗之中。语出南朝齐孔稚珪《北山移文》记载："焚芰制而裂荷衣，抗尘容而走俗状。"

纂修《新会县续志》[①]职名

主修

新会县知县彭君谷，溧阳，翰林

分纂

员外郎衔，刑部七品小京官，钟应元，邑人，举人

同知衔，即选知县，前署长乐县训导，何瑄，邑人，举人

拣选知县，前教谕衔，丰顺县训导，李星辉，邑人，举人

五品顶戴[②]，州同衔，候选教谕，谭锡朋，邑人，恩贡

收掌

五品衔，前江西南昌府丰城县县丞，何然光，邑人，监生

职员钟兆田，邑人，监生

校对

生员钟荣基，邑人

生员钟茂建，邑人

① 原名《新会县志续》，按照一本通行的称谓，似以《新会县续志》较好。故改。

② 顶戴：清朝用以区别官员品级的帽饰。以红宝石为最高，依次为珊瑚、蓝宝石、青宝石、水晶、砗磲、素金、镂花阴文金顶、镂花阳文金顶。革职或降职时，即革除或摘去所戴顶子。

目　录[1]

① 原书用“总目”两字，置于纂修职名前。现调整至此。

② “补遗附”，据正文补。

③ “钦赐钦赏附”，据正文补。

④ “订讹”，据正文补。

卷一① 图说 舆地

水利　海防

李星辉、钟应元、何琯分纂

图说

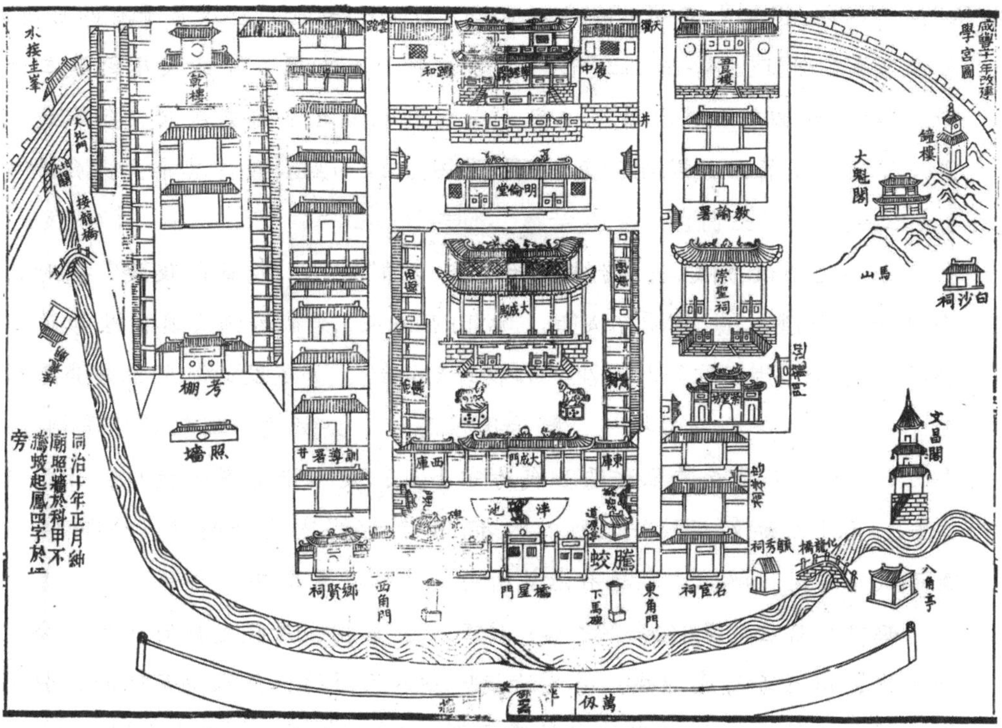

学宫图②

① 原书每卷前都有“《新会县志续》”字样，现皆删除。

② 此图与下图的说明文字，系从图中添加。

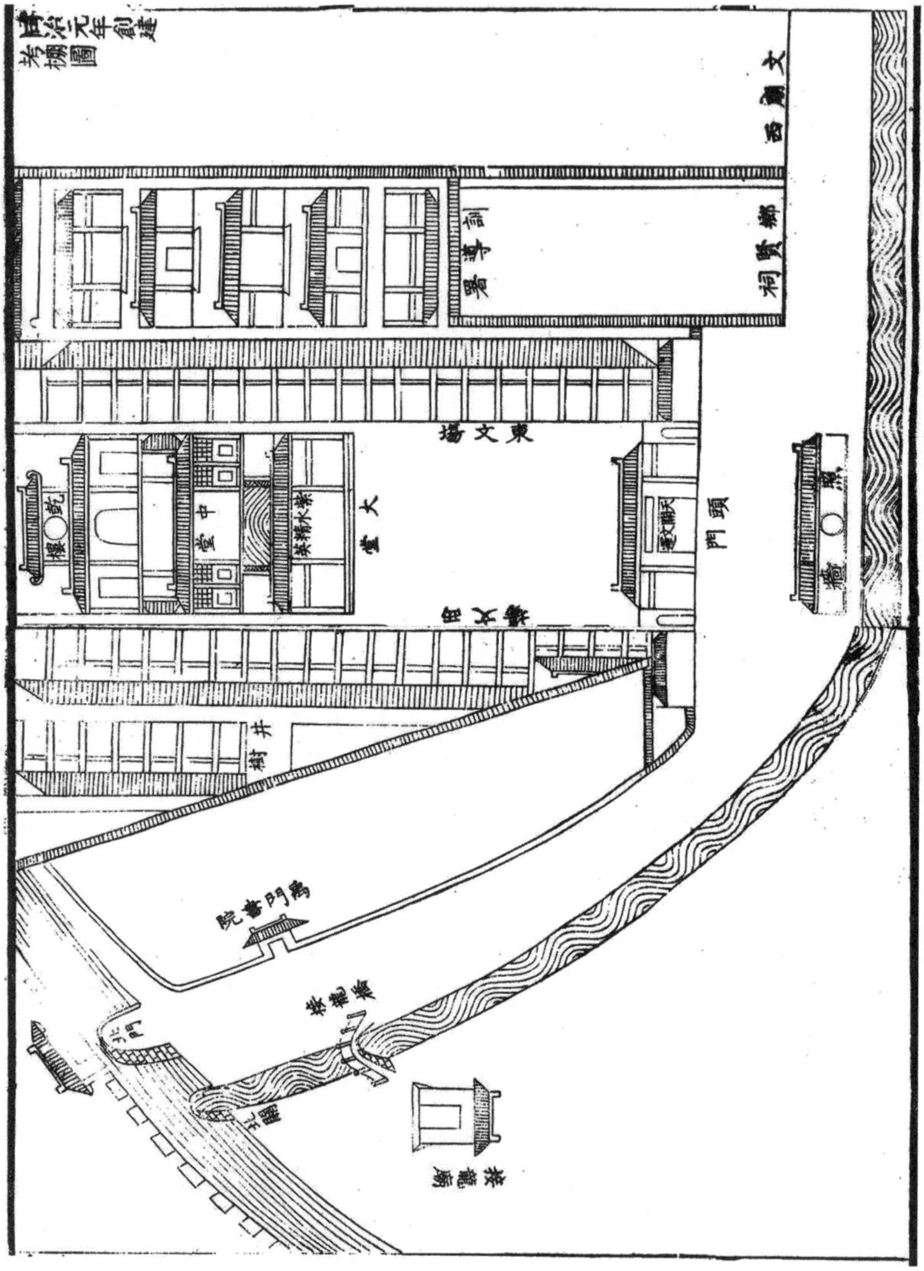

考棚图

舆地

水利

天河上围：在城东北八十五里之大院口。上自黄粉头，下至莺哥嘴，长三百四十六丈。道光二十六年（1846），邑绅钟廷芳倡筑。新会水患，天河为甚。天河水势，上游较险，西潦自肇庆峡东下，阻于南海之九江，转折而南，甫至新会北界跂篱壁山，适悬中流，水急不能遽泄，惊涛骇浪，横撼村外。以故大阬口一带，向不能施土石。村人屡议筑围，旋筑旋圮，卒无策。道光初年，芳始倡议，每岁暮，采大雁山碎石拳[①]弃海旁，积十余年，生有余坦数尺。爰于道光二十六年（1846），并力兴筑，果一举而工成。围内一十余姓居民免罹凶咎[②]。

旧天河围：易名天河下围。围成，苦无修费。咸丰八年（1858），芳子钟应元请于知县帖临藻，沿大雁山麓大阬尾等处，种松万株，岁收其利，永为修费。同治八年（1869），钟应元复请知县彭君谷出示，严禁斩伐，然附近居民咸知树木为围基所系，断干朽株，无盗取者。

大亨窦：在大阬口天河上围之中段。道光二十六年（1846），绅士钟廷芳倡建。高一丈八尺，阔二丈四尺五寸，汇大雁山迤北诸水，出羚海，灌田九顷零。海中央跂篱壁山，正与窦对。夏潦涨时，村人编芦荻柳枝密系窦外，以避浪激。潦退，去之。岁以为常。

龙溪围：在外海乡前。咸丰十年（1860），邑绅陈宝光、陈国光等倡筑，护田一百六十余顷。以上《采访册》。

海防

道光二十二年（1842），知县言良钰以邑境水道多歧，伏莽[③]时发，捐廉创置快蟹巡船七号，交营招勇，委弁管驾。每船营弁二名，分派县属各险要河面防捕，并通禀各大宪，其一切费粮由县发给，著为案。二十五年（1845），知县彭邦晦又增置一号，编列第一、二、三、四、五、六、七、八号名目，其后左右营守备又各自置一号，前后共船十号。咸丰四年（1854）之乱，各船半毁于贼。五年（1855）二月，举人何琯等奉知县陈应聘谕，补置五号，仍复前数。由局派拨绅士协同营弁搜缉余匪，船式视前增广，炮械益精良。七年（1857）六月，营将调用五船赴广西梧州剿贼，大败，丧其三，各弁仅以身免，后由营如数置复，大不如前。《采访册》。

---

① 拳：jú，古代一种运土的器具。

② 凶咎：灾殃。

③ 伏莽：原指军队埋伏在草莽中，后亦指潜藏的寇盗。

卷二　建置

城池　公署　学校　坛庙　津梁

钟应元、何琯、谭锡朋、李星辉分纂

城池 炮台附

邑城自道光十八年（1838）知县林星章修后，咸丰四年（1854），红匪炮攻两月，北门楼仅支数柱，片瓦无余，四围垣墉欹斜[①]崩穴。西门近郭，八月十四日，解围后二日，更遭飓母[②]，坍塌至平地者三丈。绅士何琯等亟请知县陈应聘专谕，张青柏亲历附城西南各坊堡劝修。越明年三月，七阅月而工始告竣。士人袁维岳、聂修原等合捐赀八百余金。凡修垣一千四百丈，雉堞[③]七百余、警铺三十一，四楼翼然城上，驰道可以通骑。

厓门新东炮台：嘉庆十四年（1809）建，道光十八年（1838）修。咸丰六年（1856），知县陈应聘由冈州局拨款重修，并添建子炮台。

江门东炮台：旧在北街口，形如扃钥[④]。道光间，误听形家[⑤]言，迁出里许。由是廛市贸易者日替，防守尤不得力。咸丰四年（1854）九月，官绅开立练局，即于故址权建土台置炮，团守大小二十战，皆倚为重门。五年（1855）正月，局绅黄驹、尹莘等更筑全石，去旧增新，扩而大之，旁列舍以驻团勇。自春首至秋初，工竣，用银七千余两。时于地下掘得大炮二，一铸题重一千五百斤，一重一千斤，今置台上。

江门西炮台：在沙仔尾。初以土筑于咸丰四年（1854）秋。是年十月十二日，贼艘乘风自礼乐漖入，氛恶甚，守台勇卒炮击其火药舟，焚之，乃走。遂于五年（1855）秋冬间，创易以石，规模视东台小焉。以上《采访册》。

---

① 欹斜：歪斜不正。

② 飓母：预兆飓风将至的云晕，形似虹霓。亦用以指飓风。唐代刘恂《岭表录异》卷上记载：“南海秋夏闲，或云物惨然，则其晕如虹，长六七尺，比候，则飓风必发，故呼为飓母。”

③ 雉堞：古代在城墙上修筑的矮而短的墙，守城人可借此掩护自己。

④ 扃钥：门户锁钥。

⑤ 形家：以相度地形吉凶，为人选择宅基、墓地为业的人，也称堪舆家。

公署

教谕署：在训导署北，旧署因修学宫，改建崇圣祠。同治二年（1863），知县许宝珩改建。

训导署：在乡贤祠北，旧署地段改建考棚。同治二年（1863），知县许宝珩改建。

育婴堂：在城东江湾里。咸丰十一年（1861），知县聂尔康倡捐创建。以上《采访册》。

学校

学宫：在县治东北。咸丰十一年（1861），知县聂尔康倡捐改修，一切殿堂、祠庑悉撤其旧，从平地易新规，至同治三年（1864），知县许宝珩任内落成。邑绅董其役者：陈焯之、何超光、钟应元、陈殿桂、何瑄、许德元、何朝昌、莫文海、莫琼林、梁逵吉、陈绍光、何朝璪、梁平、黄殿才、张廷仪、钟兆田。

文武学定额：自嘉庆十八年（1813）督学程国仁奏准后，每案取进文童十八名、武童十二名。咸丰四年（1854），两广总督叶名琛具奏，在籍候选道陈焯之捐输江南红单船经费银一万两，奉旨：准加文武学定额各一名。文，咸丰五年（1855）科试始；武，咸丰六年（1856）岁试始。

咸丰七年（1857），两广总督叶名琛具奏，新会绅民第二案捐输，连前案余银共四万三千四十九两八钱。奉旨：准加文武学定额各四名。文武均于咸丰九年（1859）岁试始。

咸丰十年（1860）两广总督劳崇光具奏，新会绅民第三案捐输，连前案余银共九万四千六百五十五两八钱。奉旨：准加文武学定额各五名。文武均于同治元年（1862）岁试始。

同治五年（1866），两广总督瑞麟具奏，新会县绅民力保危城。奉旨：准加文武学定额各二名。文，同治六年（1867）科试始；武，同治七年（1868）岁试始。

同治五年（1866），两广总督瑞麟具奏，新会绅民第四案捐输，连前案余银共十一万一千一百二十两八钱。奉旨：加文武学定额各一名。文，同治六年（1867）科试始；武，同治七年（1868）岁试始。自后每案取进文童三十一名、武童二十五名。

文武学广额：咸丰六年（1856），两广总督叶名琛具奏，新会绅民捐输银四万六千六百八十六两。奉旨：准加文武学广额各二十三名。文，咸丰六年（1856）

岁试至九年（1859）补科试广足，武，咸丰六年（1856）岁试至同治七年（1868）科试广足。

咸丰七年（1857），两广总督叶名琛具奏，同上文定额第二案捐输一折。奉旨：准加文武学广额各一名。文，咸丰九年（1859）补科试广；武，同治七年（1868）岁试广。

咸丰十年（1860），两广总督劳崇光具奏，同上文定额第三案捐输一折。奉旨：准加文武学广额各二十二名。文，同治元年（1862）岁试至四年（1865）岁试广足；武，同治七年（1868）岁试已广九名，尚未广十三名。

同治二年（1863），户部尚书罗惇衍具奏，在籍时劝办捐输团练经费，新会绅民捐银八万三千七百三两。奉旨：准加文武学广额各四十一名。文，同治四年（1865）岁试至七年（1868）岁试广足；武，尚未广。

同治五年（1866），两广总督瑞麟具奏，同上文定额第四案捐输一折。奉旨：准加文武学广额各五十名。文，同治七年（1868）岁试已广七名，尚未广四十三名；武，尚未广。

同治六年（1867），两广总督瑞麟具奏，新会县沙田民户共捐银三万两。奉旨：准加文武学广额各十五名，文武俱未加广。

考棚：在学宫右，即旧训导署地。同治五年（1866），知县聂尔康倡建。

冈州书院：咸丰六年（1856）重修。

西南书院：在城内尚书坊。道光二十六年（1836）建。

禹门书院：在城北门内。乾隆五十二年（1787），绅士林辉万等建，以祀知县周怀济。

天河书院：在天河乡。咸丰七年（1857），天河公局绅士钟应元等重修。

观文社学：在木朗村外。咸丰六年（1856），举人尹莘等奉知县陈应聘谕倡建。以上《采访册》。

坛庙

万寿宫：在邑城西门外大云山下。咸丰五年（1855），知县陈应聘倡建。

风火神庙：在万寿宫之左。咸丰五年（1855），知县陈应聘倡建。

国母庙：在养济院内。同治五年（1866）毁于火，知县姜光耀倡捐重修。

隆兴观：在城西惠民门外。本宋皇祐间道人李之先祠，后更题额。明万历间，僧三乘重修，日久颓废。咸丰六年（1856），绅士谭锡朋等募捐修复。

文昌宫：在城内西山上。同治八年（1869），绅士钟应元、何瑄、关之翰、张灵源、莫文海、莫杰元、陈士翘、尹莘、陈济清、黎其康、吕遇鸠等倡建。

大亨古庙：在城东北大院口。同治五年（1866）重修，庙后木棉参天，花时红照数里，岭南罕有其匹。

戴舍人庙：舍人名惠纯，旧在天台乡。凡水旱疾疫，祷之无不验。同治五年（1866）重修。举人伍元亨等联请详咨，奏题封号，奉旨敕封“康佑”。余见林《志》。

紫云洞：在象山南麓。同治元年（1862），营将、邑绅倡捐合建。中祀唐吕岩[①]，讲道烧香，官绅咸集，徒侣称盛。西侧逼文昌宫，古棉数株，高矗云汉。相传宋元时物，春杪放葩，红蒸麟屋，至是以洞工见斧。何琯《象山晚行》诗：“犹有闲缗设异观，苍崖紫府入云看。仙铜泪向胡天尽，丹灶春从海峤宽。秋色万家愁白屋，朝衣遍地赴黄冠。木棉落后啼鸪歇，谁识空山独笠寒。”

何将军庙：在沙堤桥关帝庙后座。将军姓何，名时，号聘卿。宋龙塘人，今隶开平。少失怙，事母孝。岁荒，出粟赈乡里饥者。此地名飞鹅山，旧有营在山麓，名飞鹅营。时官武弁守此营，见宋势日蹙，帝昺迁厓山。时倾赀练勇，应募勤王，涕泣誓师，朝廷封为忠勇勤王大将军。兵败，归，图后举。宋亡，与夫人侯氏先后殉节死。数日，部卒往觅，见时面色如生，遂舁至地名狗眠冈藁葬[②]焉。后屡著灵异，沙堤村人立庙祀之。今龙塘子孙犹有到祭者。同治七年（1868）重修。参《墓志铭》及《采访册》。

吏部乡贤祠：在寺前街，祀吏部郎中邓林。案：寺前者，大云山寺之前也，林先家于此。

乡贤谭公祠：在瑶步冲，祀明举人谭律。咸丰十一年（1861），知县聂尔康倡捐重修。

乡贤郑太守祠：在城内东南关西侧，祀明江西袁州府知府郑铭。

乡贤李太守祠：在东门外陈侯生祠西侧，祀明福建邵武府知府李翔。

乡贤黎先生祠：祀明明经黎贞，在都会乡云溪边。咸丰九年（1859）重建。

乡贤胡先生祠：在城内做笔街，祀岁贡生胡方。祠本方故宅，后质诸黎氏。道光十八年（1838），知县林星章劝令主者焚券，因倡捐，就其地改建。

松溪精舍：在东门外高石桥东侧。道光二十二年（1842），知县言良钰建。去官后，肖像祀之。咸丰四年（1854），毁于贼。六年（1856），知县陈应聘谕令邑

---

① 吕岩：吕洞宾，号纯阳子，唐末、五代著名道士，世称吕祖或纯阳祖师，民间神话故事八仙之一。

② 藁葬：草草埋葬。

绅何凤、何朝昌、黄震亨、谭盛祁等重修。

林曾邑侯祠：在城南河上地，属礼义都。旧名林侯祠，祀知县林会春。道光十五年（1835），增祀知县曾熙丙，更名林曾二侯祠。至二十三年（1843）癸卯，复增祀知县林星章，易今名。

言良钰《碑记》：岁在己亥（道光十九年，1839）之秋，新会令林古畬先生星章以疾告，大吏檄予往摄邑事。月再朔，疾少瘳。予归穗垣。明年春，先生再告疾，解组[①]去。予遂承乏兹土，日月云迈，岁三周矣。萧规曹随[②]，古人美谈。矧予薄植[③]，百不逮一。凡所设施，恪守旧章，间不获已[④]，有随时变通而损益之者，亦未敢凌厉前人，自矜美善也。先生为闽中望族，释褐出宰，量移剧邑。与之谈，呐呐[⑤]若不胜。寓聪明于浑厚，慈祥恺恻[⑥]之意，见于眉宇。驭众以简，律身以俭，治家和而严，内行克敦，罔有间阙拂衣[⑦]。未几，遽归道山[⑧]。

呜呼！非惟循吏，亦完人也。县城河之南界为礼义都，旧有林曾二侯祠，建于雍正六年（1728），修于道光十五年（1832），合祀林侯会春、曾侯熙丙者也。二侯俱闽人，其宰是邑也，惠泽及物，时殊世异，称道弗衰。邑绅士念先生遗爱堪俪[⑨]二侯，且俱闽人，是可鼎足而三也。涓祠设主，瓣香维虔。昔人谓："生为循吏，殁作明神。"先生当默鉴冈州风土人情之真挚，且甘棠之荫未艾也。为调其雨旸、捍其灾患，与林曾二侯在天之灵，云车风

① 解组：解下印绶，谓辞去官职。宋苏轼《次韵乐著作野步》诗："解组归来成二老，风流他日与君同。"

② 萧规曹随：据《史记·曹相国世家》记载，西汉初期，萧何和曹参先后任丞相。萧何制定的规章制度，在死后被曹参完全继承。比喻按照前人的成规办事。

③ 薄植：根基薄弱或学识浅薄。

④ 不获已：不得已之意。

⑤ 呐呐：意为说话迟钝或含混不清的样子。

⑥ 慈祥恺恻：意为对受苦者表示同情，心中不忍。

⑦ 拂衣：形容因激动或激愤而挥动衣服。

⑧ 遽归道山：形容人逝世。道山，传说中的仙山。旧时称人死为归道山，类似于驾鹤西游和乘鹤仙去。

⑨ 俪：并列。

马，陟降[①]在庭。肸蠁[②]明禋[③]，俾尔戬谷[④]。此邦士女将千百世永沐其庥也。既竣事，都人士请镌辞于丽牲[⑤]之石。予知先生最深，而兼有寅恭[⑥]之谊者，爰泚笔[⑦]而记其颠末云。

陈侯生祠：在德滋里李太守祠东侧。咸丰六年（1856），为知县陈应聘建。祠前临城河，内瞰双塘，中通三折石桥，环以蕉柳，带以芙蕖[⑧]，后枕圭峰，北来诸山络绎奔抱缭垣，周围苍松碧杉杂树，红棉数十株。花时，高烛云表，春秋佳日，游侣如织。

何琯《记》：能治乱天下之治乱者，惟州县然。一州县得人，州县治；天下得人，天下州县治。宰相佐天子，发号施令，卿士百僚各厕其职，外之封疆吏，屏捍棋置，罔一不密，是天子、宰相、封疆吏无日不以治乱事事。然天子、宰相、封疆吏，方日图有治无乱，而州县者之所为，治讫于乱，乱滋不治，则以天子、宰相、封疆吏，愿治之至，有时反格于州县之手，往往而然。其僻而旷者，譬齿发角距，纵偶损伤脱落，徐且就疗。而为之吏者，或才短智浅，自治不暇，亦鞭腹莫及。其地大以冲者，类关省会上下咽喉，其有能平一方之乱，资省会之治，因以全数十方之治者，肩力巨而取数博，岂不重赖其人哉？

今署韶州府护南韶连道、山左潍县陈公始知新会者也，下车日，即爬梳旧积，奸不受欺，法不挠挠，邑期于治。虽海疆习朋奸宄，国家承平垂二百载，文武守吏相高无事，物久蠹生。迄咸丰四年（1854）五月，厥有红巾之祸，东莞首陷，省垣继急，韶、肇、惠、嘉以次蹂躏。公患乱将不可治，而吾会北负南、顺，南通雷、廉，东界香山，西控高、肇，所在羽书烽火飞彻，楼橹篝灯，设警宵达于耳。且本营参将卫公佐邦以屡战宿将，奉大府

---

① 陟降：上下之意。古时言天及祖宗之默佑，皆曰陟降。

② 肸蠁：xī xiǎng，散布、弥漫，多指声响、气体的传播，引申为联绵不绝。

③ 明禋：指献享的洁敬。

④ 戬谷：戬，jiǎn，作形容词时有幸福、吉祥、完美之意。谷，各类作物的总称。戬谷，意为福禄之意。

⑤ 丽牲：古代祭祀时将所用的牲口系在石碑上，借指碑石。

⑥ 寅恭：恭敬。

⑦ 泚笔：用笔蘸墨水。

⑧ 芙蕖：荷花的别名。

檄，空哨卒，随护省围。贼窥我虚实益骄，我办贼益蹙[①]。公乃亟召邑绅聚谋，迄无定者，惟琯与举人何超光、附生陈殿兰、原任新宁把总何定章、候选巡检张青柏、举人陈殿桂，武进士许德元、梁英忠等公，谓可与任事。六月初一日戊辰，谕设冈州团练局，倡捐军赀五千两，绅民有力者继之，开召募、搜奸谍、缮垣墉、锻器械。乙未，为坛北较场，陈兵示众。越十日乙巳，距城十里，江门贼起。越七日壬子，帕首鼓吹而列于城，不旬日之间，胁从之众号称三十万。

当是时，城内外只樵粒粟不通，炮声无昼夜，丸弹雨下。公登陴驻敌厚处，督厉士卒，不稍休。遇大雷雨，周城巡逻，甚则灯烛扑灭，电光中水从顶注，据胡床[②]端坐不动，弁卒以为神。计阅六十日，至八月十有四日庚戌，援至围解。隍堞之卒不满二千，告急之书十有五通，先后大小之战二十有六，俘馘[③]统以万计。树皮、卉蘖、草根、松脂之属可充粮食，备燃燎者悉尽。事闻，奉旨赏戴花翎，免补同知本班，以知府补用。其余文武弁绅叙功升赏有差。

方公之创议办贼也，诸绅宦老缝掖[④]习惯太平，或首鼠狡狯，临时为自全计者，佥谓："新募勇不足用，贼且不果来"。希粉饰文具，坐镇讫事[⑤]，公屹不谓然。独与琯等数书生，日夜计划办给，如不及此。闻鼙鼓声，所谓贼不果来者，早已矫首拂尾，赋乐国惟恐后。公濒危，辄裂眦握手相告曰："而数人者岂不能效若辈远遁？我为守土吏，良不惜妻孥十数口，开门与贼决死，无坐视城外百姓苦。所以然者，以孤城当阖省西南臂，陷即高、雷、廉下数郡望风瓦解，非朝廷有治乱所关，非一县邑事耳。"

呜呼！观公之志，考公之略，使天子、宰相、封疆吏得百什辈如公，分布海内，虏百万曷足治哉！曷足治哉！公奉己简约，任人决几明断，驭卒严而有恩。于其行也，无男妇老幼皆泣谓："公实生我"。会邑人因相与为祠，而奉公像，祠有寝有堂，西侧有义勇之祠，东侧有游息之亭。祠既成，又相率而谓："公之身虽荣去，公之惠不敢忘"。而知公者，莫如琯，因不辞而道其始末，勒之祠左，俾后之瞻是祠者，知我邑所以祛乱还治有由，而天下州

① 蹙：急迫，紧迫。

② 胡床：古时一种可以折叠的轻便坐具，也称"交床""交椅""绳床"。类似小板凳，但人所坐的面非木板，而是可卷折的布或类似物，两边腿可合起来。

③ 俘馘：生俘的敌人和被杀的敌人的左耳，意指被俘斩杀。

④ 缝掖：亦作"缝腋"。大袖单衣，古儒者所服，亦指儒者。

⑤ 讫事：完事，终了。

县所以关乎天下治乱者于是乎在！

公名应聘，号觉民。道光癸巳（十三年，1833）进士。先是明崇祯甲戌（七年，1634）有卞公应聘者，坚壁拒贼刘香不得入。公与之同名，同官斯土，又同保斯城。或曰地灵也宜有人杰，盖前定云。

义勇祠：在德滋里李太守祠西侧。咸丰六年（1856）绅士何琯等奉县谕倡建，岁祀咸丰四年（1854）守城阵亡弁绅、兵勇士死事者三百八十四人。

江门义勇祠：在河北岸上。咸丰五年（1855）建，祀先后御贼战殁者，凡弁兵乡勇三百余人。

文昌宫：在江门蓬莱山。同治元年（1862）建。

文武殿、财星宫、张王庙：在江门文昌沙。同治九年（1870）建。以上《采访册》。

津梁

三多桥：在县北天河乡大院村南牧山之南。咸丰九年（1859）绅士钟廷芳等捐筑。

平阳桥：在县北瑶溪乡。同治九年（1870）乡人区遂等捐筑。以上《采访册》。

卷三　古迹

廨宅　冢墓

李星辉、钟应元、谭锡朋分纂

廨宅

岩亭：在南山村后。奇石峻峭，洞开丈余，可容一榻。明伍云筑亭于旁，环植红棉、苍松、翠篠，与白沙先生游息其间，林泉幽胜，道气翛然[①]。

心池：在南山伍家祠。池底有石，形如“心”字，泉洌而甘，涌出不竭。伍云构亭其上。白沙先生尝于此讲学，赋诗题曰“心池”，曰“洗心亭”。今遗迹尚存。

邻霄洞：在常德乡文章都水东海口牛山麓。有石侧峙水际，高丈许，上刻“邻霄洞”三字，风霜剥蚀，不可磨灭。海旁蜑民尝称，此处海中边皆石，底多洞穴，腹洼口瓠，莫测其际云。以上《采访册》。

凌云塔：在能子山上。明万历三十七年（1609）建。先是，新会文运未显，知县周思稷以东南痺弱，于法宜补，而山在巽位，正为人文之应，乃议建塔以镇之。及任满去，知县王命璿继之而就。越三年壬子（万历四十年，1612），举于乡者遂十三人。癸丑（万历四十一年，1613）成进士者三人。自是科名日盛。国朝顺治十一年（1654）废于兵燹。贾《志》。后修复。按林《志》失载碑记。今据贾《志》补录于左：

知县王命璿《记》曰：新会为粤东岩邑，号称海滨邹鲁。岁甲辰（万历三十二年，1604），余不佞甫释褐[②]，奉命莅兹土，务孳孳拊循[③]，求所以当上意旨，奉天时，缮地利，采风土所宜，聿兴民事。时诸缙绅及父老旅进曰：“会故依山阻海，峰峦拥卫，为我粤藩篱。”而形家言：“东南痺削，形

① 翛然：形容无拘无束、自由自在的样子。

② 释褐：比喻开始担任官职。

③ 拊循：安抚、抚慰。

气稍弱。往邑侯周思稷议建塔以镇压之，竟未果就[①]。君侯造福元元[②]，冀创宏规，以与境内更始。”余曰：“雅雅否否”。夫天属分星，地画分野，乃确陨自然之符，何可尽废。会自考卜以来，其星纪应牛女之墟，北枕圭山，屹然高峙，支分两掖，天马耸而金牛伏，真形胜区也。仅巽方瘅削当水口，得毋如青乌[③]氏所谓“青龙垂首也者”，是宜塔。顾时诎举赢[④]，力不任也。

越五稔，缙绅及诸父老复以为请，乃依周侯思稷所定旧基，请张千兵炜董其事。卜日鸠工，甃石蕴砖，周围广若干丈，高累七层，总若干丈。挺若鳌峰，俊突干霄，吞吐烟霞，海蜃怒涛，一目而尽，江以南一柱石也。夫形家指巽山为文峰，塔基正位东南，水土既演，山若增而高，补其不足，辅相地宜，所称点造化之工，缀人力之巧，而成一方之胜概[⑤]。非都邑文运从兹隆昌，酝酿浓郁，济济多士，云蒸霞起，则自然之征已。要以天时久而始兴，地灵秘而后阐，则气化使然。余特逢其会耳，敢言力焉？

是役也，何封君、黄大隐实主是议，募劝通县，论田征输，鸠工集事。然非张千兵殚乃心力，胡能成功若斯之速也？塔起于万历辛丑岁（二十九年，1601）仲冬十有九日，竣事于己酉岁（万历三十七年，1609）仲秋，名曰“凌云塔”，盖以卜文明之兆云。

新会邑馆：在京都城内粉坊琉璃街。咸丰二年（1852）壬子，邑绅陈焯之捐赀购地创建，以寓邑人公车北上者。逾年癸丑（咸丰三年，1853）落成。附《采访册》。

冢墓

明

思恩县名宦邓彦良墓：在石碑都矮冈山。

吏部稽勋司郎中乡贤邓林墓：在城西贵奇坑。

案：邓林墓碑，始官吏部验封司主事，累官至稽勋司郎中。林《志·列传》称，“验封、稽勋二司主事”。误。

湖广布政司佥事乡贤刘文瑞墓：在杜阮席帽山。以上《采访册》。

---

① 果就：完成。

② 元元：平民，老百姓。

③ 青乌：指青乌子，传说中的古代堪舆家。

④ 时诎举赢：同“时绌举赢”，意为在困难之时而做奢侈的事。

⑤ 胜概：非常好的风景或环境。

卷四　职官

知县　县丞　典史　教谕　训导　巡检　参将　守备　补遗附

钟应元、李星辉、谭锡朋分纂

知县

前任言良钰以上，具载林《志》。

道光

文晟，江西萍乡人，举人，二十三年（1843）署。彭邦晦，江西南昌人，监生，二十三年（1843）署。陈寿颐，江西玉山人，进士，二十五年（1845）任。

邱才颖，福建光泽人，举人，二十七年（1847）任。胡湘，湖南人，监生，二十九年（1849），代理。

咸丰

陈应聘，山东潍县人，进士，二年（1852）任，有传。帖临藻，山西应州人，拔贡，六年（1856）署。聂尔康，湖南衡山人，翰林院庶吉士，九年（1859）署，十年（1860）补。

同治

许宝珩，湖南善化人，举人，二年（1863）署。韩凤祥，山东章邱人，举人，三年（1864）署。

聂尔康，四年（1865）回任。方观海，浙江山阴人，从九品，六年（1867）七月代理，九月署。

姜光耀，安徽怀宁人，监生，七年（1868）四月署，卒于官。彭君谷，江苏溧阳人，翰林院庶吉士，七年（1868）九月署。张经赞，湖南武冈州人，拔贡，九年（1870）署。以上县档册。

县丞

前任海廷琛以上，具载林《志》。

道光

孙兆岐，[万县][①]人，二十一年（1841）任。周炳，贵州安化人，监生，二十二年（1842）任。

谢绅，口口[②]人，二十三年（1843）署。张景堂，山西芮城人，监生，二十四年（1844）七月二十八日任。

谢绅，二十四年（1844）七月二十九日，再署。张景堂，二十四年（1844）十月，回任。

毕鐞，口口人，二十六年（1846）署。张景堂，二十七年（1847），回任。

冉正镛，[东乡][③]人，二十九年（1849）署。张景堂，三十年（1850），回任。

咸丰

顾承庆，江苏无锡人，监生，元年（1851）闰八月，代理。张景堂，元年（1851）十二月，回任。

文布，内务府镶黄旗人，笔帖式，二年（1852）署。傅维沣，口口人，三年（1853）署。

张景堂，四年（1854），回任。马长庚，口口人，六年（1856）任。

段永源，口口人，八年（1858）任。柏卿额，口口人，十一年（1861）任。

同治

刘鹤龄，口口人，二年（1863）任。徐咸亨，口口人，三年（1864）五月署。

汪湛恩，口口人，三年（1864）七月署。盛庆，江苏武进人，廪贡生，四年（1865）署。

李道全，湖北恩施人，生员，五年（1866）任。张廉善，江西泰和人，监生，七年（1868）署。

龚崐，江苏金匮人，监生，九年（1870）二月署。贾炳，陕西口口人，监生，

---

①原文缺，现据光绪《广州府志》卷27《职官表十一》补。

②籍贯不可查者，据原书样式，以“口口”表示。下同。

③原文缺，现据光绪《广州府志》卷27《职官表十一》补。

九年（1870）口口[1]月任。以上县档册。

典史

前任但陛以上，具载林《志》。

道光

吴钧，顺天大兴人，祖籍江苏阳湖，翰林院供事，二十一年（1841）九月署。但陛，陕西平利人，吏员，二十一年（1841）十月，回任。

祝致远，河南固始人，监生，二十二年（1842）二月署。但陛，二十二年（1842）十一月，回任。

吴恺悌，口口人，二十八年（1848）三月代理。张福基，口口人，二十八年（1848）六月署。

杨祖奇，口口人，二十九年（1849）七月署。方奎焯，安徽桐城人，监生，二十九年（1849）十二月任。

咸丰

张霈，江苏吴县人，监生，二年（1852）七月，牛肚司兼理。方奎焯，二年（1853）八月，回任。

张以谦，口口人，七年（1857）署。谷庆垚，顺天大兴人，从九品，八年（1858）二月署。朱藩觐，顺天大兴人，祖籍浙江余姚，八年（1858）七月任。

同治

罗翰襄，口口人，元年（1862）署。朱藩觐，二年（1863），回任。

段荣光，江西南丰人，从九品，五年（1866）署。潘承嘉，浙江钱塘人，从九品，六年（1867）七月署。

杜燮，顺天大兴人，监生，六年（1867）十月任。华本槐，江苏金匮人，监生，七年（1868）署。朱临泰，安徽泾县人，监生，八年（1869）任。以上县档册。

① 月份不可查者，据原书样式，以“口口”表示。下同。

教谕

前任陈允谦以上，具载林《志》。

道光

岑文光，肇庆府广宁县人，廪贡生，二十二年（1842）署。陈成芳，惠州府长宁县人，举人，二十三年（1843）任，咸丰二年（1852），卒于官。

咸丰

欧文灏，韶州府曲江县人，廪贡生，二年（1852）署。区鉴，肇庆府高明县人，拔贡生，三年（1853）任。七年（1857）十月，卒于官。

陈国祥，肇庆府四会县人，附贡生，七年（1857）十月，训导兼理。郑鹏升，肇庆府恩平县人，廪贡生，八年（1858）署。林恒亨，潮州府海阳县人，举人，十年（1860）任。

同治

陈树勋，惠州府连平州人，附贡生，元年（1862），由番禺教谕调署。林恒亨，元年（1862）闰八月，回任。岑镜初，廉州府合浦县人，廪贡生，八年（1869）署。以上学册。

训导

前任李锦芳以上，具载林《志》。

道光

伍伦叙，肇庆府恩平县人，廪贡生，二十六年（1846）任。咸丰元年（1851），卒于官。

咸丰

刘镇福，肇庆府封川县人，廪贡生，元年（1851）署。陈国祥，籍贯见教谕，二年（1852）任，八年（1858）七月，卒于官。

杨交泰，韶州府英德县人，廪贡生，八年（1858）署。韩灏，琼州府文昌县人，拔贡生，九年（1859）任，同治二年（1863）正月，卒于官。

同治

冯廷熙，肇庆府鹤山县人，廪贡生，二年（1863）署。关椿荣，肇庆府开平县人，廪贡生，二年（1863）任。以上学册。

［巡检］①

沙村司巡检

前任傧庆基以上，具载林《志》。

道光

孙敏功，山东历城人，从九品，二十年（1840）署。潘培仁，□□人，二十一年（1841）任。

吴钧，顺天大兴人，祖籍江苏，供事，二十三年（1843）十月，牛肚湾司代理。潘培仁，二十三年（1843）十二月，回任。

姚斯成，浙江归安人，从九品，二十六年（1846）署。方之翰，安徽桐城人，从九品，二十七年（1847）任。

严焕，顺天大兴人，监生，二十九年（1849）署。马启宏，顺天宛平人，祖籍浙江，监生，二十九年（1849）任。

咸丰

方奎焯，二年（1852）三月，典史兼理。吴森，安徽泾县人，宗人府供事，二年（1852）六月署。

马启宏，三年（1853），回任。刘超，顺天大兴人，未入流，河工效力，四年（1854）署。

曹贻敬，湖北江夏人，从九品，五年（1855）署。

马启宏，六年（1856），回任。郭中夔，贵州清镇人，监生，十一年（1861）署。

同治

马启宏，元年（1862）六月，回任。顾汇，浙江慈溪人，从九品，元年（1862）十二月署。

① 据原书目录补。

马启宏，二年（1863）回任，四年（1865）五月，卒于官。马炳弧，浙江嘉兴人，从九品，四年（1865）署。

王钟祥，顺天大兴人，从九品，五年（1866）署。陈彬，顺天大兴人，祖籍浙江山阴，从九品，六年（1867）任。

张裕甸，安徽桐城人，七年（1868）署。李联璋，江西临川人，从九品，八年（1869）署。胡熙，顺天宛平人，从九品，九年（1870）署。以上县档册。

潮连司巡检

前任林廷铨以上，具载林《志》。

道光

钱埙，顺天大兴人，监生，二十一年（1841）署。陈达宸，口口人，二十二年（1842）四月署。

张元恒，安徽桐城人，监生，二十二年（1842）八月署。朱声传，浙江秀水人，监生，二十三年（1843）任。

裘銮，口口人，二十四年（1844）七月，代理。朱声传，二十四年（1844）九月，回任。

顾载耕，口口人，二十六年（1846）七月，代理。朱声传，二十六年（1846）九月，回任。

方之翰，二十七年（1847）七月，沙村司兼理。潘荫棠，浙江吉安人，监生，二十七年（1847）署。

童澍澜，顺天昌平州人，祖籍浙江会稽，从九品，二十八年（1848）任。张世瑞，口口人，二十九年（1849）七月，代理。

童澍澜，二十九年（1849）九月，回任。顾承庆，籍贯见县丞，三十年（1850）署。

咸丰

杨奎生，山西宁武人，监生，元年（1851）署，二年（1852），实授。梁宅中，广西修仁人，附贡生，六年（1856）署。王鹤亭，陕西榆林人，吏员，七年（1857）任。

同治

孙庭森，顺天大兴人，监生，元年（1862）署。程学基，江西南昌人，监生，二年（1863）署。

刘源定，湖南善化人，监生，三年（1864）署。许澐，浙江海宁人，从九品，四年（1865）署。

金来基，湖南临湘人，监生，五年（1866）署。叶寿椿，顺天大兴人，监生，六年（1867）十月署。罗国瑞，湖南鄠县人，监生，六年（1867）十二月任。以上县档册。

牛肚湾司巡检

前任裴炌以上，具载林《志》。

道光

但陞，二十三年（1843），典史兼理。施心镜，囗囗人，二十六年（1846）七月，代理。

吴钧，籍贯见沙村司，二十六年（1846）十月，回任。张之鋕，顺天大兴人，祖籍浙江，监生，二十七年（1847）署。

张福基，囗囗人，二十八年（1848），代理。唐大镶，湖南东安人，从九品，二十九年（1849）二月署。

高迈，浙江会稽人，监生，二十九年（1849）十月署。史钰章，顺天大兴人，祖籍江苏，监生，三十年（1850）三月任，六月，卒于官。

高迈，三十年（1850）六月，代理。王增，顺天宛平人，吏员，三十年（1850）七月署。

咸丰

张霈，籍贯见典史，元年（1851）任。方奎焯，四年（1854）典史兼理。

陈瀛恩，江西新城人，监生，五年（1855）署。宫淦源，山东蓬莱人，监生，六年（1856）署。

陈淦，顺天大兴人，祖籍浙江，监生，八年（1858）二月署。马启宏，八年（1858）九月，沙村司兼理。

陈瀛恩，八年（1858）十二月，再署。宋兆元，甘肃平凉人，监生，九年（1859）署，十年（1860）补。

同治

章浚，顺天大兴人，祖籍浙江，二年（1863）任。孙贻谷，江苏江都人，监生，九年（1870）署。以上县档册。

参将

前任朱廷贵以上，具载林《志》。

道光

余得彪，顺德人，行伍，二十年（1840）署。张玉堂，归善人，行伍，二十五年（1845）十月署。

伍通标，湖南黔阳人，行伍，二十五年（1845）十二月任。罗成光，顺德人，行伍，二十七年（1847）署，三十年（1850）十月，卒于官。邓勋，三水人，行伍，三十年（1850）十一月署。

咸丰

卫佐邦，博罗人，行伍，元年（1851）三月，护理。洪大顺，湖南□□人，行伍，元年（1851）十二月，护理。

卫佐邦，二年（1852）署。尹达章，本邑人，行伍，五年（1855）护理，八年（1858），实授。汤骐照，本邑人，行伍，十一年（1861）署。

同治

尹达章，元年（1862），回任。喀郎阿，满洲正红旗人，六年（1867）署。双达，汉军正白旗人，八年（1869）署。以上营册。

［守备］①

左营守备

前任罗成光以上，具载林《志》。

道光

卫佐邦，籍贯见参将，二十三年（1843）署。罗成光，籍贯见参将，二十五

① 据原书目录补。

年（1845），回任实授。

郑熊标，东莞人，行伍，二十六年（1846）正月十五日署。吴铨光，顺德人，行伍，二十六年（1846）正月二十六日署。

冯鵷章，本邑人，行伍，二十六年（1846）四月署，九月，卒于官。邓勋，籍贯见参将，二十六年（1846）九月代理，十一月，改委署理。

卫佐邦，二十七年（1847），回任实授。张兆鹏，归善人，二十八年（1848）署。

咸丰

卫佐邦，元年（1851），回任。霍高彪，三水人，行伍，二年（1852）九月，代理。

冯瑞林，本邑人，武举，二年（1852）十月署。刘佐邦，归善人，行伍，五年（1855）任。

霍高彪，八年（1858），回任实授。黄龙彪，本邑人，行伍，十一年（1861）署。

同治

蒋云豹，东莞人，行伍，元年（1862）署。王雄耀，高要人，行伍，二年（1863）任。卫镇安，博罗人，行伍，九年（1870）署。以上营册。

右营守备

前任张玉堂以上，具载林《志》。

道光

李仕龙，本邑人，行伍，二十三年（1843）署。张玉堂，归善人，行伍，二十四年（1844），回任。

冯鵷章，籍贯见左营，二十五年（1845）署。梁显扬，高要人，行伍，二十六年（1846）三月任。

陈英才，本邑人，行伍，二十六年（1846）六月署，咸丰二年（1852）十一月，卒于官。

咸丰

冯瑞林，籍贯见左营，二年（1852）十一月署。吴元陞，顺德人，行伍，二年（1852）十二月署。

杨卫邦，三水人，行伍，四年（1854）二月任。吴元陞，四年（1854）六月，回任实授。

汤骐照，籍贯见参将，五年（1855）署。冯瑞林，七年（1857）三月，复署。

刘佐邦，籍贯见左营，七年（1857）七月署。冯瑞林，八年（1858）正月，复署。张兆鹏，籍贯见左营，八年（1858）二月任。

同治

王雄耀，籍贯见左营，元年（1862）八月署。李荣光，本邑人，行伍，二年（1863）六月署。以上营册。

补遗附

封爵

韦叡，梁高祖即位，封梁都子，邑三百户。天监二年（503）改封永昌县侯。永昌，刘宋置，属新会郡，今为新会县地。

韦放，袭封。韦粲，为侯景所害。

朱同鏴，明懿庶八子。成化二十三年（1487）封新会王，谥恭简。

朱安渤，恭简嫡子。嘉靖八年（1529），封谥康惠。

朱陆槮，康惠庶一子。隆庆二年（1568）封，万历十二年（1584）废，国除。新会郡，刘宋置，隋改置县，俱阮《通志》。

卷五　选举[①]

进士　举人　五贡　钦赐钦赏附[②]　武进士　武举　仕宦　行伍　封赠　荫袭

李星辉、钟应元分纂

进士

案：林《县志》已载，而当时官阶尚未定者，今再注明，以备更正。凡二人。

罗天池，良溪人，举人芳兄。道光六年（1826）丙戌科朱昌颐榜，刑部江苏司主事，历升郎中，坐办秋审处提调官，福建、浙江钦差，擢任云南迤西兵备道[③]兼署按察使司。道光甲辰（二十四年，1844），云南乡试监试官。

唐金钊，改名金鉴，白石人。道光十三年（1833）癸巳科汪鸣相榜，授四川遂宁县知县，历署南川、仪陇县知县，拉里台、察木多台军粮府。道光甲午（十四年，1834），四川乡试内帘[④]同考官。有传。

以上俱林《县志》已载者。

李瓘辉，荷塘人，同治元年（1862）壬戌科徐郙榜，见任工部都水司主事。

李辰煇，荷塘人，举人蘅子、星辉弟。同治二年（1863）癸亥恩科翁曾源榜，即用知县，候选六部郎中。以上俱《采访册》。

举人

凡曾任官，后调职，其人尚存者，皆注明前任，至援例候选者，未及载。

案：林《县志》已载，而当时官阶尚未定者，今再注明，以备更正，凡十七人。

莫廷珪，邑城人，嘉庆十五年（1810）庚午科，曲江县教谕，安徽和州州同。有传。

---

① 该题名后原有“钦赐钦赏附五贡后”字样。

② “钦赐钦赏附”据正文添加。

③ 兵备道：全称整饬兵备道，明朝在边疆及各省要冲地设整饬兵备的按察司分道。通常由按察司副使或佥事充任，主要负责辖区军务，监督地方军队，管理地方兵马、钱粮和屯田，维持地方治安等。

④ 内帘：科举考试时，为防舞弊，试官在帘内阅卷，阅毕撤帘，故称试官为“内帘”。

钟麟士，天河大阮人，嘉庆二十三年（1818）戊寅恩科，选罗定州学正，未任。

李令仪，荷塘人，嘉庆二十四年（1819）己卯科第三名，大挑①一等，授云南江川县知县，题升元江直隶州知州，奏升丽江府知府，调升直隶长芦盐运司运同。历署河西弥勒、太和、云南永善、宁洱县知县，赵州、宾川州、镇雄州知州，维西通判，云南府水利同知，永北厅、蒙化厅、镇沅厅同知，大理府、宁洱府知府，护理迤南兵备道。道光庚子（1840）癸卯，云南乡试内帘同考官。今致仕回籍，四代同堂，子佩芬、孙开禧，皆举人。

陈钰源，外海人，道光元年（二十年，1821）辛巳恩科，大挑一等，授湖南桂东县知县，历署通道县知县、晃州同知。有传。

罗天池，良溪人，举人芳兄。道光五年（1825）乙酉科，联捷进士，刑部主事，仕至云南迤西兵备道。见进士。

区天民，潮连人，道光十二年（1832）壬辰科，大挑一等，授福建罗源县知县，历署德化、漳浦、光泽、顺昌县知县，延平府知府。咸丰壬子（二年，1852）科，福建乡试同考官。己未（咸丰九年，1859）恩科并补行戊午（咸丰八年，1858）科福建武围监试官，赏戴花翎，钦加按察使司衔，福建候补道。

唐金钊，改名金鉴，白石人。道光十二年（1832）壬辰科，联捷进士，授四川遂宁县知县，迁拉里、察木多两台军粮府，历署南川、仪陇县知县。见进士。

陈国光，外海人。道光十二年（1832）壬辰科，国史馆汉誊录官，截选知县。

卢文盛，潮连人。道光十二年（1832）壬辰科，前任嘉应州学正，以年八十在任，钦加光禄寺署正衔。

陈瑶阶，改名钟琳，外海人。道光十二年（1832）壬辰科顺天榜，大挑二等，历任兴宁县教谕、临高县训导、崖州学正。

何澜安，改名嘉源，邑城尚书坊人。道光十四年（1834）甲午科顺天榜，大挑二等，历任饶平县训导、惠来县教谕。

罗芳，良溪人，天池弟，廪贡生，分发训导。道光十五年（1835）乙未恩科第一名，内阁中书衔，大挑一等，四川纳溪县知县，署泸州直隶州知州。

潘济津，改名耀墉，潮连人，道光十五年（1835）乙未恩科第七名，大挑二等，始兴县训导。

陈烜之，外海人。道光十五年（1835）乙未恩科顺天榜，候补州同，署江苏

① 大挑：清朝乾隆年间制定的一种科考制度，即让已有举人身份但又无官职的人有一个晋身的机会。每六年举行一次，意在使举人出身的士人有较宽的出路，名曰大挑。

镇江府通判。癸卯（道光二十三年，1843）科，江南乡试同考官。

陈济清，外海人，遇清兄。道光十七年（1837）丁酉科，大挑二等，前任河源、仁化、感恩、英德县教谕，韶州府训导。

欧阳文杰，篁庄人，廪生。道光十七年（1837）丁酉科，大挑一等，授河南桐柏县知县，历署西华、林县知县，加同知衔。

陈其缙，外海人。道光二十年（1840）庚子恩科，大挑二等，前任文昌、昌化、和平县训导，见任电白县训导。

以上俱林《县志》已载者。

道光二十三年（1843）癸卯科

英三俊，石激人，中第二名，大挑二等，见任封川县训导。欧阳衢，篁庄人。

卢庆龙，改名庆霖，石头人，会试挑取誊录。黄鸾镳，改名河清，紫泥人，大挑二等，见任四会县训导。

道光二十四年（1844）甲辰恩科

是科，中额裁汉军三名，另考翻译共七十一名，后因之。

黄沅澧，水边人，府学廪生，中第十名。罗瑛，良溪人，副贡生。

容铣，荷塘人，恭孙，大挑二等，选阳山县训导，未任。张灵源，邑城人。

张翼之，邑城人，岁贡，训导，觐子，连州学正。李式金，荷塘人。

容廷槐，荷塘人。欧阳琦，篁庄人，前任澄迈县训导。尹莘，木朗人，咸丰四年（1854），以团练功赏给州同衔。

道光二十六年（1846）丙子科

茹天衢，石激人，中第十名。莫文海，邑城人，副贡生，云梯子，前任海阳县教谕，加内阁中书衔。

何琯，邑城尚书坊人，副贡生，殿春孙，大挑二等，前任长乐县训导。咸丰四年（1854），守城军功，保举知县，赏戴蓝翎，加同知衔。

卢椽，潮连人，灵山县训导。伍元亨，南山人，廪生，大挑二等，见任潮阳县教谕。容自正，荷塘人。

道光二十九年（1849）己酉科

陈子骐，潮连人，中第四名。李星辉，荷塘人，蘅子、辰辉兄，府学廪生，中第六名，大挑二等，前任丰顺县训导。

陈翘，石头人。区金坚，邑城人，府学廪生。

咸丰元年（1851）辛亥恩科

是科加中额二十名，共九十一名。

黄祥荣，大鳌人，中第九名。何应图，邑城尚书坊人。

关之翰，河村谈雅人。钟应元，天河大阮人，府学廪生，拔贡，刑部七品小京官。

陈大江，潮连人。陈朝柄，潮连人，锡章父。

陈湛，潮连人，启彬父，大挑二等，选仁化县训导，丁艰[①]未任。

何超光，邑城尚书坊人，廪生，咸丰四年（1854），守城军功，保举知县，赏戴蓝翎。有传。

咸丰二年（1852）壬子科

吕铭恩，江门人，中第六名，见候补工部都水司员外郎。黎乾，荷塘人，大挑一等，改就教职，前署揭阳县教谕，见任海丰县教谕。

李秾，荷塘人，副贡生，大挑二等，见任乐昌县训导。唐文富，白石人，廪生，同科副贡生，文饶弟。

何兆蕖，邑城尚书坊人。李荣，荷塘人，国史馆誊录官。

咸丰六年（1856）丙辰补行乙卯（咸丰五年，1855）科

是科，广额八名，共七十九名。

何如熌，邑城尚书坊人，见任乳源县教谕。李佩芬，荷塘人，令仪子，开禧父，己未（咸丰九年，1859）科，宗室官学汉教习。

赵泰清，皋头人，己未（咸丰九年，1859）科，景山宫教习，大挑二等，前任文昌县训导。

陈遇清，外海人，济清弟，副贡生，前任海阳、乐会县教谕、崖州学正兼理潮州府训导、鹤山县训导、高要县教谕，升授肇庆府教授。

---

① 丁艰：又称丁忧，也称丁家艰，指遭逢父母丧事。唐房玄龄等《晋书·周光传》云："陶侃微时，丁艰，将葬，家中忽失牛而不知所在。"

咸丰九年（1859）己未恩科顺天榜

林青萍，河村棠阬人，见候补刑部口口司郎中。

咸丰十一年（1861）辛酉科并补行戊午（咸丰八年，1858）科

戊午科七十一名，加永额四名；辛酉科七十五名，加永额六名，又加广额四名，共一百六十名。

陈朝基，外海人，其殷子，乙丑（同治四年，1865）科，宗室官学汉教习。陈达荣，荷塘人，廪生。

黎宝树，新魁潡人。梁春荣，南朗人。

区云汉，潮连人。汤执，古井人，原河村。

陈位南，外海人。陈兆逵，原名逵，外海人，兆平弟，戊辰（同治七年，1868）科，景山宫教习。

周景文，中乐都沙富人。李瓘辉，荷塘人，见进士。

李学元，荷塘人。梁维翰，小冈人。梁国士，小冈人。

同治元年（1862）壬戌恩科并补行己未（咸丰九年，1859）恩科

是科，复汉军额三名，并加永额、广额，通计一百七十九名。

陈如坡，荷塘人。容景宸，荷塘人。

李辰辉，荷塘人，蘅子，星辉弟，见进士。莫琼林，邑城人，历署琼州府教授、永安县训导。

冯见可，邑城人。梁怀光，小泽人。

陈惺，邑城人，昇恩孙。罗兆棠，良溪人，鸣銮子。

李仕元，荷塘人，副贡生。李大钊，荷塘人。莫杰元，邑城人。

同治元年（1862）壬戌恩科顺天榜

陈华衮，外海人，廪生拔贡，朝考一等，以知县用，改就教职，现任龙川县教谕。

同治三年（1864）甲子科

是科中额共九十名。

陈元骥，外海人，副贡生，中第六名。刘观成，荷塘人，中第八名，乙丑（同治四年，1865）科，景山宫教习。

郑郁文，邑城人。李开禧，荷塘人，令仪孙，佩芬子。

赵蓬航，三江人。陈士翘，五福里人，前任嘉应州训导。

吴荣泰，文楼人。李卓华，荷塘人，现刑部额外郎中。

区钜元，潮连人。陈锡章，潮连人，朝柄子，乙丑（同治四年，1865）科，□□□教习。

陈耀乾，外海人。区鸿瑶，潮连人。

同治六年（1867）丁卯科

是科中额共一百有九名。

张炳星，邑城人。黄廷辅，杜阮人，副贡生。

陈启彬，潮连人，湛子。梁世熙，城西梁家村人。

林秀芳，江门人，原石鬋。陈兆平，外海人，兆逵兄，戊辰（同治七年，1868）科，觉罗教习。

陈良傅，外海人。谭国恩，天河人，廪生。

钟子敏，官田人。容家杰，荷塘人。

同治九年（1870）庚午科

是科中额共一百有九名。

刘子鹍，城内五显冲人，解元，武举鼎元父。李廷槐，七堡人，中第七名。

尹翼经，木朗人，廪生。陈华褩，外海人，府学廪生，华衮弟。

陈藜光，外海人。林韬，岭背人。张彪蔚，泷水沙富人。

刘仕焜，天河大阮人，府学增生。陆见垚，邑城金紫街人，增生。

张其翼，凌冲人。罗坤，良溪人。

同治九年（1870）庚午顺天榜

区敦敏，潮连人。吕元恩，江门人。以上《采访册》。

补遗附

叶锷，北坎人，明万历甲午（二十二年，1594）科，中式第六十三名举人，任福建汀州府宁化县知县。

张鹏霄，步云里人，乾隆癸酉（十八年，1753）科，广西左州籍举人。

周学诗，泷水沙富人，嘉庆辛酉（六年，1801）科，南海籍举人。以上《采访册》。

五贡

道光二十年（1840）以前，具载林《县志》。

李淮，荷塘人，道光二十一年（1841）岁贡。罗瑛，良溪人，二十三年（1843）癸卯科副贡，见举人。

李稼，荷塘人，二十四年（1844）甲辰恩科副贡，见举人。案：是科正榜裁去汉军额三名，副榜裁去二名。

谭锡朋，邑城翰禄桥人。二十五年（1845）恩贡。咸丰四年（1854）以守城功，赏给州同衔。

陈邦瞻，白沙人，二十六年（1846）岁贡。李毓淳，桥门村人，二十八年（1848）岁贡。附李昕传。钟霈，天河大阮人，二十九年（1849）府学恩贡。

钟应元，天河大阮人，府学廪生，二十九年（1849）己酉科，拔贡，朝考一等第一名，刑部福建司七品小京官，加员外郎衔。见举人。

任其芬，霞村人，增生，二十九年（1849）己酉科拔贡。莫云梯，邑城人，廪生，举人，文海父，二十九年（1849）副贡，新兴县教谕，加州判衔。

黎渊，邑城做笔街人，庶吉士，德符子，三十年（1850）恩贡。李如松，七堡人，三十年（1850）岁贡。

黄锡祺，邑城人，咸丰元年（1851）辛亥恩科副贡。唐文饶，白石人，府学廪生，同科举人文富兄，二年（1852）壬子科副贡。

尹聘三，木朗人，二年（1852）府学恩贡。李昕，桥门村人，二年（1852）府学岁贡。有传。

胡日仁，深冲人，二年（1852）恩贡。李灼光，谢冲人，三年（1853）岁贡。

张云帆，邑城人，三年（1853）恩贡，咸丰四年（1854）以守城功，赏给州同衔。茹葵，石潋人，四年（1854）岁贡。

容家，荷塘人，五年（1855）恩贡。刘莹，邑城人，六年（1856）府学岁贡。

赵蕙生，皋头人，六年（1856）岁贡。梁逵吉，天等人，八年（1858）岁贡，见任翁源县训导。

吴荣杰，文楼人，十年（1860）恩贡。余书升，邑城苍蒲巷人，举人际盛孙，优贡近光子，十年（1860）岁贡。

陈华衮，外海人，廪生，十一年（1861）辛酉科拔贡，朝考一等以知县用，改就教职，见任龙川县教谕。见举人。

李仕元，荷塘人，十一年辛酉（1861）科并补行戊午（咸丰八年，1858）科副贡。见举人。案：是科副榜额二十八名。

李士龙，荷塘人，十一年（1861）副贡。林元光，罗阬人，十一年（1861）副贡。

陈中孚，潮连人，十一年（1861）副贡。陈元骥，外海人，十一年（1861）副贡，见举人。

刘凤辉，江门人，原居邑城，举人熊孙，同治元年（1862）恩贡，见任仁化县教谕。

梁伯鸿，沙冈人，同治元年壬戌（1862）恩科并补行己未（咸丰九年，1859）恩科副贡。案：是科副榜额二十八名。

黄廷辅，杜阮人，元年（1862）副贡，见举人。李抡元，七堡人，元年（1862）副贡。

赵德庆，邑城人，元年（1862）副贡。陈秋荣，荷塘人，元年（1862）岁贡。

许田，邑城流杯里人，二年（1863）府学岁贡。张罗，石头人，三年（1864）甲子科副贡。

冯钟秀，邑城人，三年（1864）岁贡。潘华珪，潮连人，五年（1865）恩贡。

黎华玉，都会人，五年（1865）岁贡。王正易，水南人，七年（1868）岁贡。以上《采访册》。

补遗附

张家昌，泷水沙富人，明天启甲子（四年，1624）科副贡。许煊，邑城流杯里人，炯孙，康熙丙子（三十五年，1696）科副贡。见林《志》举人。

张培，泷水沙富人，康熙十二年（1673）东安籍拔贡。张国泰，泷水沙富人，康熙间，灵山籍岁贡。

张经，泷水沙富人，康熙间，琼州府籍岁贡。何九畴，邑城尚书坊人，康熙三十一年（1692）罗定州籍岁贡，光禄寺典簿。

何国龙，　人，康熙五十六年（1717）岁贡。张禹锡，泷水沙富人，乾隆间，封川籍岁贡。

黎发藻，荷塘三丫人，乾隆间，岁贡。李棠，荷塘人，道光十年（1830）商籍岁贡，灵山训导。以上《采访册》。

钦赐钦赏附

黎翔龙，松园里人，附生，道光二十三年（1843）癸卯科，钦赐副贡。

黄元应，石阮人，监生，道光二十三年（1843）癸卯科，钦赐副贡，二十九年（1849）己酉科，钦赐举人，三十年（1850）庚戌科会试，钦赐翰林院检讨。

黄应枢，石阮人，增生，道光二十六年（1846）丙午科，钦赐副贡。

林滋大，罗阮人，监生，钦赐举人朝父，道光二十九年（1849）己酉科，钦赐副贡。

李国桢，三村人，监生，咸丰二年（1852）壬子科，钦赐举人，三年（1853）癸丑科会试，钦赐翰林院检讨。

林有恪，罗阮人，监生，咸丰二年（1852）壬子科，钦赐举人，三年（1853）癸丑科会试，钦赐翰林院检讨。

黄起元，石阮人，监生，咸丰二年（1852）壬子科，钦赐副贡。

陈熙森，原名国英，外海人，附生，咸丰二年（1852）钦赏举人，见仕宦。

陈焯之，外海人，监生，咸丰二年（1852）钦赏举人，见仕宦。

张五昌，沙富人，监生，咸丰六年丙辰（1856）补行乙卯（咸丰五年，1855）科，钦赐举人。

梁岳光，曲江里人，监生，咸丰六年丙辰（1856）补行乙卯（咸丰五年，1855）科，钦赐副贡。

何有年，邑城尚书坊人，监生，同治三年（1864）甲子科，钦赐举人，四年（1865）乙丑科会试，钦赐翰林院编修。

谢夔机，邑城横冲人，附生，举人廷龙孙，同治六年（1867）丁卯科，钦赐举人，七年（1868）戊辰科会试，钦赐翰林院检讨。

林朝，罗阮人，附生，钦赐副贡，滋大子，同治六年（1867）丁卯科，钦赐举人。

黄其纲，石阮人，监生，同治六年（1867）丁卯科，钦赐举人。陈缄，邑城人，监生，同治六年（1867）丁卯科，钦赐举人。

梁大观，横岭人，监生，同治六年（1867）丁卯科，钦赐副贡。钟天补，沙堤人，监生，同治六年（1867）丁卯科，钦赐副贡。

谭锡朋，邑城翰禄桥人，恩贡生，同治九年（1870）庚午科，钦赐举人，见五贡。以上《采访册》。

补遗附

陈波，水东人，嘉庆甲子（九年，1804）科，钦赐副贡。张达天，泷水沙富人，郡庠生，嘉庆庚午（十五年，1810）科，钦赐举人。

黄璇光，石（坑）[阬]人，监生，钦赐副贡，道光壬辰（十二年，1832）恩科，钦赐举人。梁凤翔，小冈人，道光己亥（十九年，1839）科，钦赐副贡。以上《采访册》。

武进士

陈锦章，外海人，道光二十一年（1841）辛丑恩科，营守备。许德元，南边塘人，道光二十一年（1841）辛丑恩科，营守备加都司衔。

陈壮，外海人，咸丰二年（1852）壬子科，前署提标右营守备。李子超，邑城务前人，咸丰九年（1859）己未科。

梁勋元，邑城人，同治元年（1862）壬戌科，花翎侍卫，见任廉州营游击。李子青，邑城务前人，同治二年（1863）癸亥恩科中第二名，花翎侍卫。

黎大恩，新魁滘人，同治二年（1863）癸亥恩科中第八名，四年（1865）乙丑补殿试，蓝翎侍卫。

何逢春，邑城尚书坊人，同治二年（1863）癸亥恩科，花翎侍卫。黎振邦，南冲人，同治二年（1863）癸亥恩科，四年（1865）乙丑补殿试，花翎侍卫。

汤廷相，河村人，同治二年（1863）癸亥恩科，营守备，见署龙门守备。陈朝光，马能人，同治四年（1865）乙丑科，营守备。

区天佑，邑城人，同治四年（1865）乙丑科，卫守备。赵壮猷，三江人，同治四年（1865）乙丑科，卫守备。张翼鹏，凌冲人，同治七年（1868）戊辰科，营守备。以上《采访册》。

武举

按：林《志》已载而当时仕职未定者，今再标出，凡三人。

冯瑞林，邑城人。道光己亥（十九年，1839）科，咸丰四年（1854）守城军功蓝翎，新会营七村千总，升水师提标后营守备，历署新会左、右两营守备，委摄水师提标后营游击，未任。

何兆鹏，邑城尚书坊人，道光己亥（十九年，1839）科，顺德协镇右营千总。

李超元，邑城人，道光庚子（二十年，1840）恩科，新会营左营江门千总。

道光二十三年（1843）癸卯科

共中四十九名，下同。

周捷元，小乐人，解元。冯朝攀，紫竹里人，应泰子。

道光二十四年（1844）甲辰恩科

李占元，邑城外泗冲人。何肇龙，邑城尚书坊人。

道光二十六年（1846）丙午科

苏祥清，邑城人，现任督标水师营右哨千总，前新会营右营右哨千总。苏郁清，邑城人。

道光二十九年（1849）己酉科

张栋樑，凌冲人，中第七名。陈壮，外海人，署提标右营守备。见进士。

冯建辰，邑城人，军功蓝翎，顺德左营把总，署新会营左营千总。咸丰八年（1858），从卫佐邦剿贼四会，阵亡，荫袭云骑尉。

咸丰元年（1851）辛亥恩科

李子超，邑城务前人，中第三名。见进士。容义强，邑城人，中第九名。林骥，岭背人。

咸丰二年（1852）壬子科

何铨安，邑城尚书坊人，中第三名，署龙门守备。苏梦良，冈背人，中第四名。梁寅，东甲人。

咸丰十一年（1861）辛酉科并补行乙卯（咸丰五年，1855）、戊午（咸丰八年，1858）科

共中一百七十三名。

何逢春，邑城尚书坊人，解元。见进士。赵壮猷，三江人，中第七名。见进士。

陈元功，外海人，中第八名。陈廷隆，马能人。

梁熙，东甲人。陈嘉福，马能人。

汤廷相，河村人。见进士。林遇胜，邑城人。

何兆陞，邑城人。吴柏权，邑城人。

李子荣，邑城务前人。李殿彪，七堡人。

黄子才，水口人。黄者安，长乐人。

马应龙，麻园人，玉麟子。陈朝光，马能人。见进士。

李鹰超，邑城务前人，逵元子。梁乾元，东甲人。

林朝俊，田心人。黎振邦，南冲人。见进士。

李子青，邑城务前人。见进士。梁勋元，邑城人。见进士。

陈勇，外海人。本科武举除中进士者已授职外，余皆于会试后充兵部差官。

同治元年（1862）壬戌恩科并补行己未（咸丰九年，1859）恩科

共中一百一十二名。

陈其俊，邑城外帝临堂人，中第三名。区天佑，邑城人，英彪子。

李联魁，邑城人。高占鳌，邑城人。

陈兆扬，外海人。梁灿汉，横岭人。

李荣陞，荷塘人，军功蓝翎。梁元彪，小冈人。

黎大恩，新魁潡人。见进士。陈良佐，外海人。

赵菊初，三江人。何元江，邑城尚书坊人。

欧阳铭，邑城人，原篁边。本科武举除中进士者已授职外，余皆于会试后充兵部差官。

同治三年（1864）甲子科

共中六十五名。

吕丙元，吕村人，解元。陈国勋，外海人，中第四名。

刘鼎元，邑城人，文解元子鹍子，中第九名。吴钟良，邑城人。

陈廷秩，马能人。赵星，邑城人。

张翼鹏，凌冲人。见进士。冯秉元，邑城人。

陈龙彪，潮连人。林锡康，江门人，原石觜[人]。本科武举除中进士者已授职外，余皆于会试后充兵部差官。

同治六年（1867）丁卯科

共中八十四名。

赵万春，三江人，中第四名。赵祥庆，邑城人，中第九名。

陈朝卓，马能人。李乾元，七堡人。莫如超，邑城人。

刘其盛，龙泉人。李丛荣，七堡人。陈朝清，外海人。聂国康，梅湾人。

同治九年（1870）庚午科

许拜飏，邑城南边塘人，解元。区树勋，邑城南薰里人，中第五名。

林国宗，麻园人。吕兆洪，大泽乡人。

黎鹏飞，新魁滘人。谭子尧，邑城五柳台人。

吕鉴光，大泽乡人。冯秉宪，邑城大口冲人，秉元弟。

林国俊，石觜人。赵兆棠，三江人。以上《采访册》。

仕宦 凡由廪增附贡例贡监援例及保举出仕者统入此门

卢朝安，潮连人，监生，由山东济南府经历，历署郯城、单县知县，济宁州知州，军功赏戴花翎，奉旨简放[①]登州府知府，擢兖沂曹济兵备道，办理四省粮台，记名按察使司，赏加二品衔。

卢朝弼，潮连人，监生，盐大使，见候补两淮，军功花翎运[同衔]。

谭盛伟，邑城人，例贡生，刑部额外郎中，河南候补府知府。

卢赞尧，潮连人，监生，盐大使，见候补两淮。

卢澜清，潮连人，附贡生，前任韶州府训导，署高明县训导，见署曲江县训导。

陈熙森，原名国英，外海人，附贡生，钦赏举人花翎，见候补刑部浙江司郎中。

陈焯之，外海人，监生，钦赏举人花翎，见候补工部虞衡司郎中，候选守巡道，钦加按察使司衔。

陈大廉，外海人，附贡生，历署东安县训导、乐会县教谕、连平州学正。

陈经，外海人，附贡生，署乐昌县训导。

李乾春，原名炳堃，荷塘人，监生，见候补湖南县丞。

欧阳骏，篁庄人，监生，见候补福建县丞，军功升用同知。

卢庆郇，石头人，监生，江西补用府经历。

黄际清，邑城人，增贡生。军功保举，历任会同县、连山绥（猺）[瑶]厅、广宁县教谕，升江苏阳湖县知县，署松江管粮通判、川沙厅同知，代理两浙下砂场大使。

黄仲畬，邑城人，举人其勤孙，由监生捐县丞，江苏洋务军功保举知县，累加知府衔，历署天津府同知、庆云天津县知县，代理天津府知府，补涞水县知县。

---

① 简放：选择放出，清代谓经铨叙派任道府以上外官。

黄炳堃，邑城人，监生，由湖南县丞军功保举知县、同知，蓝翎加知府衔，署永兴县知县。

莫士杰，邑城人，监生，福建松溪县县丞，署平和县南胜丞加布政司理问[①]衔。

何绍唐，邑城尚书坊人，监生，则例馆议叙陕西甘泉县县丞。

何然光，邑城尚书坊人，监生，前任江西丰城县县丞，历署吉安府经历、南昌、三江主簿，新淦县典史。

吴廷选，小冈人，监生，历任福建建阳县县丞、屏南县知县、云霄同知，补用府。

梁叙忠，小冈人，附贡生，署广西柳州粮捕通判。

曾梦澐，沙堆人，监生，见任福建南平县县丞。

杨景福，睦洲人，太医院八品吏目。欧阳乾，邑城人，监生，福建甄宁县营头司巡检。

莫廷锦，邑城人，附贡生，琼山县训导，历署潮阳、永安县教谕。吕洪恩，江门人，监生，见江苏候补县丞。

何彦伟，邑城人，附贡生，徐闻县训导。陈仲寿，五福里人，廪贡生，前任永安县教谕，调昌化县教谕。

吕遇鸿，江门人，增贡生，前署新兴县、大埔县训导，加提举衔。陈灼垣，五福里人，廪贡生，署阳山县教谕。

陈大溶，五福里人，附贡生，候补通判，历署湖北安陆府同知、黄州府岐亭同知。冯树棠，邑城横冲人，监生，见任湖北黄梅县典史。

何朝昌，邑城尚书坊人，举人应图父，附贡生，历署镇平县、韶州府训导兼理教授。

邓士濂，江门人，附贡生，前署永安县教谕，见任海阳县训导。

邓士仪，江门人，廪贡生，军功训导衔，前任阳江县教谕兼理训导，见任英德县教谕，同知衔。

冯尚节，邑城横冲人，监生，江西补用县丞，原代理瑞昌县事。陈作楫，五福里人，监生，署福建邵武府同知。

莫燮畴，邑城人，武举如超父，监生，四川松潘厅南坪巡检，署龙安府经历。容朝爔，荷塘人，监生，江西试用县丞，署义宁州八叠司巡检兼理排阜司巡检。

---

① 理问：意为审理、讯问。元代行省有理问所，置理问、副理问等官。明清时为布政使司直属官员之一，掌勘核刑名。

何坤元，九如乡人，附贡生，信宜县训导。黎其康，邑城人，附贡生，历署高明县训导，普宁、英德县教谕，加太常寺博士衔。

陈文炜，邑城人，附贡生，举人殿桂子，署德庆州学正。李法元，邑城人，进士实孙，监生，江苏候补县丞。

苏国泰，邑城人，监生，原任江苏江东司巡检。尹怀伊，木朗人，附贡生，署德庆州学正。

林联芳，石觜人，浙江候选通判。咸丰十一年（1861）在浙江省遇贼被戕，奉旨加赠道衔，并照四品官阵亡例，给予云骑尉，袭次完时，给予恩骑尉，世袭罔替，并准入祀本籍府城及阵亡地方府城昭忠祠。以上《采访册》。

补遗附

伍光世，南山人，明福建福州府推官。伍士翘，南山人，明福建龙岩县典史。以上《伍氏家乘》。

谭君祐，邑城翰禄桥人。康熙二十年（1681）任东莞县教谕，《东莞县志》。康熙二十六年（1687），任惠州府教授。《惠州府志》。

行伍

张其光，泷水都豪山人，花翎，振勇巴图鲁①，任浙江定海镇总兵，署浙江全省提督。

戴朝佐，天台人，文彪子，花翎，敢勇巴图鲁，广东水师提标，前[山]营都司，补用副将，署顺德协副将。

尹达章，木朗人，由新会左营把总历升顺德协左营守备、前山营都司，赏戴花翎。广东水师提标后营游击新会营参将，历署顺德协、香山协副将。

谢赞，丹灶人，花翎，广东陆路提督，中衡参将，尽先副将，前四川巴州营游击，广东高州营都司。

谭镇，南院人，江西鄱湖营都司，改补广东内河水师都司，历署前山营、东莞营、顺德营、永靖营都司。

汤朝忠，大口冲人，武生，雷州营左营流沙把总，署高州镇左营城守千总。

汤骐超，大口冲人，新会营右营七村千总，历署督标水师营、肇庆守备、广东水师营提标后营守备，从征广宁后街阵亡，荫袭龙云骑尉。

---

① 巴图鲁：满语，音译为“英雄”“勇士”，是满洲传统封号之一，用于赏赐有战功之人的封号。

汤骐元，大口冲人，水师提标，前营铁冈把总，署石龙白芬前千总。

汤骐良，大口冲人，武生，蓝翎，水师提标前营铁冈把总。

汤骐清，大口冲人，新会营左营开平城守把总，调水师提标前营炮台把总，署石龙白芬前千总。

汤骐照，大口冲人，花翎，水师提标后营游击加副将衔，历署新会营参将、香山协、龙门协副将，奉旨记名简放总兵。有传。

汤廷振，大口冲人，蓝翎，提辕巡捕新会营左营开平城守把总。

张焜，田边人，花翎，利勇巴图鲁，总兵衔升补协镇，见任苏松镇左营游击。

李銮彪，七堡人，湖北宜昌镇标前营游击，改授广东水师提标右营游击，军功花翎。

陈英才，马能人，署新会右营守备。

梁英忠，邑城人，江西永丰营都司。

黄龙彪，古井人，新会营右营右哨千总，历新会营中军守备、尽先都司，赏换花翎。有传。

何秉钧，邑城翰林里人，花翎，广东肇庆水师营守备，尽先补用游击。

何焜镛，邑城尚书坊人，历升至龙门协右营都司。

何卓然，邑城尚书坊人，蓝翎，山东营千总，阳江镇右营守备。

李辉熊，七堡人，蓝翎，水师提标后营右哨把总，署新会营左营左哨把总。

李振骧，荷塘人，督标中营把总。咸丰六年（1856）从征，韶州府英德县燕石乡阵亡，世袭云骑尉，从祀英德昭忠祠。

容腾龙，邑城人，原荷塘乡，顺德协左营把总，署顺德营千总。咸丰四年（1854）从征，省城外小北牛栏冈阵亡，世袭云骑尉，从祀顺德昭忠祠。

赵琼光，邑城人，署香山右营中军守备。

钟祥光，邑城爵芳里人，前任广州协左营把总，赏换花翎，现新会营候补都司。

钟祥照，邑城爵芳里人，前署新会营左营古劳把总，右营虎（坑）[阬]把总，右营厓门七村千总，现广东水师提标中营候补游击，军功赏换花翎。

李荣光，邑城明义社人，见任新会右营守备，军功花翎，候升游击。

张朝显，城西沙富人，新会营开平城守把总。有传。

梁兆英，小冈人，守备衔，新会营左营右哨把总。

苏佐清，梅冈人，见任新会营左营右哨把总。

陈云，天马人，署新宁城守把总。

尹廷相，木朗人，署顺德协右营兰石千总。

冯鷁章，邑城人，督标水师营右哨千总，调署新会营右营左哨千总，历署左、右两营守备。

屈龙光，大悦潡人，见任新会营右营厓门千总。

余廷彪，邑城人，原忠孝村，守备衔，新会营左营开平把总。

李辉光，城外大路人，新会营左营古劳把总。

吴清华，冲式人，新会右营右哨虎（坑）[阬]把总，历署左、右营江门厓门七村各汛千总。

吴日光，冲式人，顺德协左营三漕汛把总，署右营右哨千总。

张连登，城西沙富人，朝显子，花翎，见任浙江定海营游击。

陈声扬，五福里人，武生，水师提标中营，尽先都司，署海安营游击。

冯建龙，邑城清化关人，武生，水师提标即补副将，前任新会右营七村千总、鹤山千总。

冯建元，邑城清化关人，历署新会营金刚汛、外海汛把总、厓门千总。

莫其亮，邑城人，花翎水师提标前营都司，咸丰四年（1854），东莞红贼之乱城破殉难，荫袭云骑尉。有传。

何定章，邑城尚书坊人，蓝翎，新宁城守把总。

何兆彪，邑城尚书坊人，定章子，五品蓝翎，开平城守把总。

何渭元，邑城尚书坊人，见任新会营右营外海汛把总。

陈德祥，天马人，世袭云骑尉，见任广东驻京提塘。

冯建章，邑城清化关人，水师提标中营即补游击，前任新会右营右哨千总。

林麒彪，邑城人，蓝翎，顺德协左营左哨千总，升用守备。以上《采访册》。

补遗附

叶天培，北坎人，明季从征广西，历升都司，崇祯六年（1633）九月，破九莲山贼于虎门，事闻，议叙参将。

刘起龙，荷塘人，顺治初，从平南王尚可喜讨广西二十四土州贼，授守备，子文凤、皋凤皆武职。以上《采访册》。

钟天龙，口口人，康熙三十七年（1698）任阳山县千总。《阳山县志》。

封赠

文职 凡非承覃恩及援例以虚衔请给者，均不列入

李文迈，监生，以出嗣子大成貤赠[①]奉政大夫。

蒋应，原名应奎，职监，以子天池累封中宪大夫。

李振谟，监生，以孙令仪貤赠朝议大夫。

李正叔，监生，以子令仪赠朝议大夫。

刘文颉，以子士泰貤赠修职郎。区士杰，以曾孙天民貤赠资政大夫。

区子铨，以孙天民赠资政大夫。区席珍，以子天民赠资政大夫。

卢国元，监生，以孙朝安累赠通奉大夫。

卢士培，监生，以子朝安累赠通奉大夫。

卢朝英，监生，以弟朝安貤赠中议大夫。

卢朝炳，监生，以弟朝安貤封中宪大夫。

卢瑞，庠生，以子文盛貤赠修职郎。卢尚友，庠生，以侄文盛貤赠修职郎。

李九经，监生，以孙瓘辉，貤赠承德郎。李均元，监生，以子瓘辉赠承德郎。

李錞，庠生，以孙辰辉貤赠朝议大夫。李蘅，举人，以子星辉貤赠修职郎，子辰辉赠朝议大夫。

欧阳尊，以子文杰赠奉政大夫。吕天成，以曾孙铭恩貤赠通议大夫。

吕赞，邑增生，以孙铭恩累赠通议大夫。

吕锡纯，监生，以子铭恩累封通议大夫。

吕士彦，以侄孙铭恩貤赠中宪大夫。吕士宏，以侄孙铭恩貤赠中宪大夫。

吕士珏，以侄孙铭恩貤赠朝议大夫。

吕士均，职员，以侄孙铭恩貤赠朝议大夫。

吕廷恩，监生，以弟铭恩貤封中宪大夫。黄有孚，以侄文玉貤封修职郎。

李贤书，以子棠貤赠修职佐郎。黄六也，以子河清原名鸾镳貤封修职郎。

黄鸾镜，以弟河清貤封修职郎。伍章，庠生，以子元亨貤赠修职郎。

欧阳登，以子琦貤赠修职郎。卢上均，以子澜清貤赠修职佐郎。

李扶，以子稌貤赠修职郎。卢以仁，以孙朝弼貤赠朝议大夫。

卢琼光，以子朝弼赠朝议大夫。吴南轩，以曾孙廷选貤赠通议大夫。

吴受采，以孙廷选赠通奉大夫。吴大振，以子廷选赠通奉大夫。

---

① 貤赠：中国古代皇帝赐予官员父母、祖先与妻室以爵位名号。一般来说，生者称封，死者为赠。

莫恒中，以孙士杰贻赠修职郎。莫其德，以子士杰貤封修职郎。

莫龙章，例贡生，以子廷锦貤封修职佐郎。何履咸，以子然光貤赠修职郎。

钟文勷，以孙应元貤赠文林郎。钟廷芳，监生，以子应元封文林郎。

陈公璞，例贡生，以孙遇清貤赠文林郎。

陈宝光，武生，捐职守备，以子济清貤封修职郎，子遇清封文林郎。陈锡光，捐职守备，以子其缙貤封修职郎。

陈赓韶，例贡生，以子华衮封文林郎。

陈炳辉，廪贡生，以孙大溶貤封承德郎。

陈占元，廪贡生，训导，以子大溶封承德郎。莫铨，以孙云梯貤赠征仕郎。

莫松沃，以子云梯赠征仕郎。莫云梯，副贡，教谕，以子文海赠奉直大夫。

陈器纯，以子士翘貤封修职郎。何云灿，职监生，以子绍唐貤赠修职郎。

黄显成，监生，以孙际清貤赠奉直大夫。

黄修和，监生，以子际清累赠奉政大夫。

谭式熹，庠生，以曾孙盛伟貤赠通奉大夫。

谭述曾，职监生，以孙盛伟赠通奉大夫。

谭与相，职监生，以子盛伟赠通奉大夫。

谭傅，职监生，以弟盛伟貤封通奉大夫。

谭盛杰，职监生，以弟盛伟貤封通奉大夫。

谭兴忠，职监生，以子元锡貤赠修职郎。

谭兴泰，例贡生，以子盛祁貤赠修职郎。邓康宁，以孙士仪貤赠奉直大夫。

邓廷勋，以子士濂封奉直大夫。邓其保，以子士仪累封奉直大夫。

邓光岳，以侄士仪貤赠儒林郎。邓南枝，以侄士仪貤赠儒林郎。

邓士贞，以弟士仪貤封儒林郎。

以上《采访册》。

武职 五品以上始录

尹浩常，以曾孙达章貤赠武功将军。尹开颖，以孙达章赠武功将军。

尹滋芳，以子达章赠武功将军。马积勤，以曾孙天保貤赠武翼都尉。

马荣护，以出嗣孙天保貤赠武义都尉。马荣生，以孙天保赠武义都尉。

马文广，以子天保赠武义都尉，孙玉麟赠武功将军。

马玉麒，以弟玉麟貤赠武义都尉。

马玉成，以弟玉麟貤赠武德骑尉。马天禄，以侄玉麟貤赠武德骑尉。

戴廷用，以曾孙朝佐貤赠武功将军。
戴慎修，以子文彪赠昭武都尉，孙朝佐赠武功将军。
戴腾蛟，以弟文彪貤封武德骑尉。戴调忠，以侄朝佐貤封武德骑尉。
戴文彪，以子朝佐赠武功将军。谭大章，以子镇赠武德骑尉。
汤世添，以曾孙骐照貤赠武功将军。汤次敕，以孙骐照赠武功将军。
汤朝忠，以子骐照赠武功将军。汤骐刚，以弟骐照貤赠武德都尉。
梁豫庵，以孙英忠貤赠昭武都尉。梁玉珑，以子英忠赠昭武都尉。
黄本大，以孙龙彪貤赠昭武都尉。黄培寿，以子龙彪赠昭武都尉。
黄培迪，以出嗣子龙彪貤赠昭武都尉。李宏厚，以孙銮彪貤赠武翼都尉。
李辉立，以子銮彪赠武翼都尉。李梁材，以堂弟銮彪貤封武翼都尉。
何履中，以孙秉钧貤赠武翼都尉。何宝光，以子秉钧封武翼都尉。
钟士章，以孙祥照貤赠武翼都尉。钟昇晋，以子祥照封武翼都尉。
何良贤，以孙琨镛貤赠昭武都尉。何球采，以子琨镛赠昭武都尉。
赵阜成，以孙龙安貤赠武德骑尉。赵联光，武生，以子龙安封武德骑尉。
梁道彰，以子兆英封武德骑尉。邝玉衡，以孙炳照貤赠武德骑尉。
邝翼之，以子炳照赠武德骑尉。冯溯初，以孙瑞林貤赠武德骑尉。
冯其猷，以子瑞林赠武德骑尉。赵江源，以孙琼光貤赠武德骑尉。
赵天年，以子琼光赠武德骑尉。陈绍光，以子声扬封昭武都尉。
谢德祥，以曾孙赞貤赠武功将军。谢功启，以侄孙赞貤赠武功将军。
谢功佐，以孙赞赠武功将军。谢言顺，以子赞赠武功将军。
何乔光，以子定章封武信骑尉，孙兆彪、兆陞叠貤赠武德骑尉。
何定章，以子兆彪、兆陞迭封武德骑尉。李逵元，以子子青封昭武都尉。
黎开聚，以孙振邦貤赠昭武都尉。黎文谦，以子振邦赠昭武都尉。
黎文享，以侄振邦貤封昭武都尉。黎振扬，以弟振邦貤封昭武都尉。
张正位，以曾孙焜貤赠武功将军。张参权，以孙焜赠武功将军。
张弼赞，以子焜赠武功将军。张煦赞，以侄焜貤封武义都尉。
何宜伟，以曾孙逢春貤赠武功将军。何世传，以孙逢春累赠武功将军。
何良耀，以出嗣孙逢春貤赠昭武都尉。何和世，以侄孙逢春貤赠昭武都尉。
何廷标，武生，以子逢春累赠武功将军。何怡馨，以侄逢春貤赠昭武都尉。
何廷重，以侄逢春貤封昭武都尉。何秩贞，以侄逢春貤封武德骑尉。
何登春，以弟逢春貤封昭武都尉。

以上《采访册》。

荫袭

汤廷康，大口冲人，以父骐超从征广宁后街阵亡，荫云骑尉。

容振声，邑城人，原荷塘乡，以父腾龙从征省城小北牛栏冈阵亡，荫云骑尉。

李天煦，荷塘人，以父振骧从征韶州府英德县燕石乡阵亡，荫云骑尉。

莫如椿，邑城人，以父其亮守东莞城殉难，荫云骑尉。

冯鳌，邑城人，以父建辰从征四会县阵亡，荫云骑尉。

林廷勋，石犏人，以父联芳在浙江省城地方遇贼被戕，荫云骑尉，改作文生员应试。

以上《采访册》。

卷六　列传一

宦迹　人物

李星辉、何琯、谭锡朋、钟应元分纂

人物

李朝鼎　何　演　周缉敬　谭肇基　黎世昌　黎元长　李潮三　陈鹤鸣
李大成　李　錞　李兆梅　伍有庸　许　泽　萧钺扬　李世升　黄其勤
黎德符　张衍基　陈燮元　莫廷珪　黄丕基　李兆槐　陈钰元　何殿春
张总章　黄景星　罗鸣銮　李　蘅　唐金鉴　何　凤　李有祺　钟廷芳
谭兴然　阮榕龄　张青柏　黄驹　李昕从兄毓淳　黎寿南　陈殿桂
何超光弟勋光　汤骐照　黄龙彪　张朝显　聂鹤群　谈余清　阮乔龙
莫其亮　莫恩光　张定邦　李务滋　李复业

宦迹

林星章　言良钰　陈应聘

宦迹

林星章，字古畬，福建闽县人。以进士仕粤，由石城令迁任新会。甫下车，即以兴利除害、修废举坠诸实政，虚衷咨访，首以缉暴弭讼为事，次乃修城垣、浚濠河，工费巨万，皆率先与邑人士共成之。

邑有岁贡生胡方，端人也，特列其行谊，请大吏闻诸朝，祀乡贤以表风教，复举报妇女贞烈者一千五百余人，并得旌表①，修节孝祠以祀之，诸如白沙祠、养济院及庙宇载祀典者，无不捐廉修治。邑故多诬控命案，恒苦株连，星章均立白之，无枉纵，诪张②之风遂戢。

在任五年，政通人和，更倡修邑志，俾百年来文献赖以不湮，尤盛事也。时

① 旌表：表彰，多指官府为忠孝节义的人立牌坊赐匾额，以示表彰。

② 诪张：也作“侜张”，作伪，欺骗。

志稿甫脱，星章已移疾去官，继任言良钰踵成之。星章去时，夹道焚香，送者远出县境。后人思之，于城南河畔旧林曾二侯祠，设主以祀。前祀者为林会春、曾熙丙皆闽人，有惠政以祀，增一而姓仍同，爰更额曰“林曾邑侯祠”。言良钰勒石纪之。

言良钰，字宝侯，江苏常熟恩贡生。道光十九年（1939），摄新会县事两月，乃前尹林星章告病时也。二十年（1840），林以病去，复来莅任。时省垣有夷警，承檄堵防，亲历视四境，捐廉增设七巡船，分布诸险要。复请大宪，后著为例。由是舟楫往来，鲜盗患。

邑有匪魁张亚初、武生陈河清，纠党多人联盟纸扇会，肆劫城居。良钰擒张、陈，鞫得实，扑杀之，一县帖然。政暇，喜与邑人士论文赋诗。尝采诸家诗篇，选为《续冈州遗稿》八卷，以继顾邑令嗣协《冈州遗稿》之后。盖常恐失文学家风云。

陈应聘，字觉民，山东潍县人，道光癸巳（十三年，1833）科进士。咸丰二年（1852），自曲江来宰新会，仪状魁伟。下车，意气岸然，不屑苛碎，尤轻细士，士亦不能文貌合。四年（1854）五月，红匪何六踞东莞，省会骚动，邻县顺德、鹤山相继陷。本营参将卫佐邦以干勇称，奉大府檄，援省。武进士梁英忠谋诸举人何琯，立诣县乞措五千金，应聘慨然允诺。廉知琯奇士，负文武才，开冈州团练[①]局，无巨细，悉委主之，亲延诸绅如何超光、陈殿兰、何定章、张青柏、许德元，优加礼遇。所需文告，布置间谍，军械积聚，旬日毕举。贼首攻东门，应聘手剑呼炮，颠其渠帅。自是每战必躬陟垣垒。当重围丛敌，无晴晦昏晓，值雷电雨风，点滴从帽檐溜注，列若垂旒[②]，贼不却不即下。时苦战将两阅月，饷穷樵绝，殆黄彬解围兵至，卒用削平时乱，群凶授首无漏网者。任内，诸营缮如万寿宫、风火神庙、快巡各战艘、厓门、北街两炮台，皆戡乱后随手设施，具能规模宏远，壮固海壖。时论以为肩膺艰巨，出奇无穷，当求之古巡远者流，实为岭南一时群牧令所罕及。六年（1856），以权韶州府去县，士民遮道，舆挤不得前。更于邑建生祠处牢缚坐舟，夜分易骑，先明日始解缆。以上《采访册》。

补遗附

明

邱泰，莆田人，以进士宰新会。刚明而断，时有滞狱久不决，泰片言折之，

① 团练：地方民兵的军事组织。
② 垂旒：古代帝王贵族冠冕前后的装饰。

盗贼屏迹，境内以清。张《府志》。

案：泰，弘治、正德时人。

姚生文，字自牧，仁和人。由贡士为广州市舶提举，虽处散秩，然喜振兴士类，尝捐修学宫。及摄篆新会，能爱民抚寇，迁广州同知，以才能称。比去，士民焚香，扶携荐送。后擢湖东道。同上。

案：生文，崇祯时人。

李敬思，号纫斋，又号痴道人。居江南而寄籍顺天。由内庭三馆供事，议叙得官，任新会牛肚巡检，以画见知于粤中诸当事。其画石最佳，竹次之，花木又次之，山水人物，直凡工耳。《梦厂杂著》。

陈景魏，永春州人，知柔从孙，以恩荫辟新会丞，改知潮阳县。《福建通志》《广东通志》。

人物

李朝鼎，字立勋[①]，石碑都小塘人。少馆于东安，即以东安籍补弟子员，中康熙二十年（1681）辛酉科举人，乙丑（康熙二十四年，1685）成进士，选清书翰林，散馆，授检讨。朝鼎幼颖异，读书一目数行下，为文安详雅洁，得欧曾法。知县贾雒英修邑志，延为校定。癸酉（康熙三十二年，1693）大比，奉命为山东正考官，持衡公慎，众论翕然[②]，一时称为得士。后退居林下，不复出。谈文讲学，时髦多宗之。

何演，邑城人，尚书熊祥曾孙。康熙中以岁贡历任琼山、龙川、广宁教谕，所至，士林德之。丁亥（康熙四十六年，1707），秩满，升授湖南祁阳县令。下车即除陋规，劝农兴学，修城浚地。祁大饥，遣人还家，鬻田三十顷，以赈祁民，循声大著。民立祠生祝之，在任五载，卒于官，年六十二。

周绢敬，中乐都沙富村人。雍正已酉（七年，1729）举于乡。乾隆初，筮仕福建，历知永定、平和、诸罗、台湾、安溪县事，摄漳州府同知，旋升授泉州府同知兼权永春州篆[③]。居官廿载，清慎自持，久有循良之誉。以老告归，宦橐萧然。闽人受其惠者，群绣书姓名于袍伞以相赠，瓣香盂水，道饯者百数十里。

谭肇基，字祝泰，天河人，拔贡生，峻猷孙。雍正十一年（1733）癸丑联捷进士，历任浙江龙泉、长兴、慈溪、遂昌知县，所至有政声，民皆立碑思之。《长

① 原书缺，现据清法式善《清秘述闻》卷三补。

② 翕然：一致，一致称颂。

③ 篆：印章，此处指知州。

兴县志·循良列传》载其宦迹特详。子延瓒，以优贡举乾隆甲午（三十九年，1774）乡科，知直隶南乐县，克守家训。族弟大经亦以乾隆乙未（四十年，1775）联捷进士，历任江浙，大著循声，一时称名宦者，先后推二谭云，大经自有传。《大经传》见林《志》。

黎世昌，字迪五，号坚白，邑城人，东安学贡生，拨回原籍。性友爱，好施与。亲党闾里有急者，胥周之。凡施棺舍药，虽称贷不辞。承祖父遗业，鬻变过半。生平雅尚名节，博学能文，著有《余闲诗草》一卷，知县周怀济序而刻之。长孙皓，庚辰举人；次馥，州判。馥子德符，入翰林，别有传。

黎元长，字迪仁，号存心，世昌胞弟也。生平慷慨，尚气节，有古豪杰风。乾隆六年（1741）浚河，元长董其成，捐城西义庄地，筑小屋数十间以居瞽目者，又修宜民桥、会龙桥，并砌路三十余丈，事载邑志。由监生捐府经，得授云南景东府丞，俸满补蒙化知县，所至皆有惠声，卓异题升知州，未任而卒，百姓为之罢市。

李潮三，字大章，荷塘人，家省垣，补南海诸生，自号勺海，言半南海云。少修内行，时而登临舒啸，口不道鄙俗事。乾隆丙子（二十一年，1756）举于乡，著有《一柏堂草诗集》十四卷。见阮《通志》。与钦州冯敏昌编修交最深。冯少时尝从学诗，潮三以友谊待之，倡和诸作，时见《鱼山集》中。初官电白训导，笃课文学，得士心。晚铨授湖南醴陵令，下车即访邑士敦品者，与之谈文课艺。后移权城步，旋引疾去，几不能成行，归益困。时冯敏昌自都南返，即买舟过访，赋“八千里外初停棹，二十年来再叩门”之句。潮三卒后，复往奠，为祭文千余言，推扬备至，有“试数平生第一知己”之语。

陈鹤鸣，号云门，石头人。性孝友，好学能文，弱冠补郡廪。五十擢明经，常以植纲常、扶名教为己任。凡建祖祠、设书田、修文庙、创书院皆力成之，且精岐黄术。年七十一，铨乐会训导，莅乐会十二载，告归，卒年八十六。

李大成，字学章，号裁之，荷塘人。貌修伟，性豁达而介，少以诗鸣，受知于学使李调元。试竣，辄命偕登镇海楼饮酒赋诗，一时名士张锦芳、黄丹书、黎简辈联襼[①]其间。乾隆己亥（四十四年，1779），领乡荐。嘉庆中，洋盗张保肆剽濒海诸村。大成率乡人团练躬冒矢炮，卒保无虞。好读古名臣奏疏及兵家言，手自纂录。家居敦友爱，五弟皆无间言。其次负人千余金，鬻己产，为悉偿之。晚宰陕西长武县。长为古豳地，俗朴而劲。大成以清勤宽大为政，狱讼稀少，案无

① 联襼：襼，yì，衣袖，衣袖相联，比喻携手偕行。

留牍。复查保甲以弭盗，修书院以培才，五录送童试必公且明。邑界当西北最冲，差使如织，旧例按户粮派，应力省之。日行文檄，传送由里马，岁费千余金，令改为驿递，民称便。境内挞儿嵴碥路崎岖，车马屡蹶[1]，往往覆压崖下。复捐廉，鸠工凿石，平而广之，旁施栏以闲马，遂成坦途。冉店、亭口二土桥当孔道，各长数十丈，下临深沟，尽力修筑，护以长垣，行旅德之。后更立祠，道左尸祝焉。岁壬午（道光二年，1822），七十生辰，邑人士为文介寿，且颂德政，止之弗从，有数十年不至县门且扶杖来者。在任九年，民以“李佛爷”称之，循声大著，得卓异荐，亡何卒于官。贫，不能归。适琼州张岳崧督学秦中，言诸同官，多致赙焉，始得归榇。去之日，奠香夹道，多泣下者。著有《荷庄诗稿》六卷，西安路德尝为编订。

李錞，字元章，号和之，荷塘人，与兄大成并知名于时。大成早登贤书[2]，仕有政声，錞以诸生老少治《毛诗》，淹贯传笺，尝手录数过，不甚喜时文，然宗法在王、唐、归、胡，所录惟四人而已。尝课徒省垣，门下多时彦，南海倪济远以解首成进士，负才名，其高足也。所撰《荆荫堂文稿》，与兄大成合编，秦中路德为序以行。兄弟六人家居怡怡，未尝析箸，友爱至老弗衰，闾里咸矜式焉。卒年五十余。子蘅、孙星辉、辰辉皆以廪生，举于乡，辰辉成进士。

李兆梅，字启魁，号春岭，三嘉村人。乾隆庚子（四十五年，1780）顺天举人，初署湖北枝江县。尝监修万城堤，朝往夕返，风雪中恒自擎雨盖。某抚军初莅任，过其地，见而异之。工竣，以劳勩补京山县。会教匪滋扰，竖黄纛称制，分掠诸郡邑。京山为楚喉隘，贼率锐来攻，兆梅亟檄校尉某守西北，而自当东南扼贼冲，昼夜相持四十余日不下。值郡中援兵来，围得解。其戒严时，有句云：“一自四郊多垒后，曾无安枕到于今。”盖纪实也。调广西养利州。州毗连交趾，土瘠民贫，人不知书。每届岁科试应者寥寥。兆梅捐廉，倡建书院，设立膏火，延师教育。暇辄亲诣院中讲授，人乃向学。后应试者多至数百人，州人士交颂之。以明江同知擢升太平府知府，引疾归，卒年七十三。

伍有庸，字维籍，号青田，邑城人。幼聪颖，年十二，补弟子员。乾隆丙午（五十一年，1786）举于乡，丁未（乾隆五十二年，1787）联捷成进士，授福建平和知县。旋丁外艰，服阕[3]，选湖南江华知县，充壬子科（乾隆五十七年，1792）

---

① 蹶：被东西绊倒。

② 贤书：贤能之书，谓举荐贤能的名录，指考试中式的名榜。《周礼·地官·乡大夫》云：“乡老及乡大夫群吏献贤能之书于王。”

③ 服阕：守丧期满除服。

乡试同考官，代理永州理瑶厅，以治行膺卓异，调署武陵县事。奉檄督运京米，遭风洞庭湖，被议镌级，改官两浙下砂场大使。有庸既处闲曹①，与吴中名流极文酒唱酬之乐，尤以培植人材为己任，如翰林周兆锦、李钧，探花伍长华皆执贽门下。因母老辞归，杜门二十余年，恬淡寡营，非修脯弗屑受。主景贤冈州讲席者垂二十年，与邑令相见，语不及私，以此益敬重之。年八十三，无疾而逝。有庸性和易，尤笃孝思，自以浮沉宦海，未获迎养母，为憾终身，生日不御酒肉。当八旬时，门人欲制锦称觞②，有庸力辞。卒后，家无长物，惟留书数簏而已。年八十余，犹工小楷，尺幅折扇，人争宝之。著有《闻香馆诗文集》四卷。

许泽，字澧芳，号湘南，邑城人，炯裔孙。乾隆壬子（五十七年，1792）科领乡荐第三，性侃直，不谐于俗，恒以诗酒自娱。诗品高洁，类其为人。著有《梦渔诗草》《和颜鉴塘百美咏》。

萧钺扬，字应庚，号颖圃，天河人，新蔡知县光惠子，少为邑诸生。弱冠中乾隆壬子（五十七年，1792）举人，为人忼慨有才气。邑有公事义举，毅然肩任之。嘉庆初，邑之虎溪村逆仆谭沛裕恃财力谋叛，其主黎扶远，适其从弟沛珍家被贼劫，阴饵所获贼，使诬引远子同伙党。新会县汪湗得其辞，逮远子至，严鞫之，竟诬服。狱具有日，黎氏父老鸣其冤不得直，而沛裕等已先捏控诸臬司。臬司檄府提讯，汪只以远子解。钺扬时家居，闻之，即列其冤状赴愬③，抚臬卒白其冤。按：沛裕等置之法，远子得释归，闻者皆快之。尝创建文澜书院以课士，又尝襄事鹾纲局，请诸转运使按盐包抽捐为恤嫠月粮，迄今赖之。复督修省贡院，请复邑学额，及吁给官田八顷为岁修乡堤费。藩司曾燠雅重之，延主邑之冈州讲席，所得修资，悉建祠宇。九上公车，晚得湖南黔阳县令，轻装之官，不携家室。署中四鼓即起，列烛具官书。道光戊子（八年，1828）乡试，分校门下，称得人焉。后以不获上，去，解组时，士民遮道争送之。归，杜门不出，著有《辕车小草诗集》。卒年七十四。

李世昇，字寅望，号泰阶，荷塘人。少为郡学生。乾隆甲寅（五十九年，1794），举于乡。素行端谨，足不履公庭。邑令王凤坦重其品学，延之增辑邑志。居恒周急扶危，岁杪④必多储米粟，分给邻里，为度岁资。尤善培植后进，有能学而力不逮者，予修脯，俾从师。历官平远、开平、广宁、澄海、化州学博，所至，

① 闲曹：闲散的官职。

② 称觞：举杯祝贺。

③ 赴愬：奔走求告，上诉。

④ 岁杪：杪，树梢，比喻末尾，末端，意为年底。

与诸生讲课，必勖之治经，以远到相期，多所造就。化州乙酉（乾隆六十年，1795）榜捷者三人，皆门下高足，时传为佳话。退居林下，犹汲汲与后生论文评艺。晚得加衔大理寺寺丞。年八十七卒。

黄其勤，字嘉恩，号舟山，邑城罗家塘基人。工诗善书，真草隶篆，无不各臻其妙。山水师法元人，于子久、叔明两家尤近，时称三绝。充乾隆五十四年（1789）拔贡生，中六十年（1795）举人，官南雄州学正。宦况[1]萧然，晚入都赴铨得直隶无极县，未任，卒。

黎德符，号西坪，邑城人。性至孝，少失怙，母氏谭抚孤课读，年才舞象，出就外传，塾师陈彭我明经检古句“磨墨乌云生紫砚”命属对，以观其志。应声曰：“烹茶白浪起红炉”。遂大器之。年二十三食饩，领嘉庆戊午（三年，1798）乡荐。时族人助京费四百，劝上公车，以母病辞。越庚申（嘉庆五年，1800），承母命，计偕[2]入都。辛酉科（嘉庆六年，1801）会试登顾皋榜进士，入词林，改授知县。历任直隶良乡、房山等县，有循声。迎母就养，母以道远不赴。每朔望，登县治内上方山，遥瞻白云以寄孝思焉。房邑向无书院，下车伊始，即兴学立教。居官廉明，能发奸摘伏。彭文勤相国称之。俸满调补玉田，以丁艰，未赴任。卸篆之日，士民远送者数十百人，路过苏州资斧匮乏，藉同乡佽助，始得回籍。主冈州讲席凡三年，所得束脩[3]买山葬母，余赈亲朋贫窭者。卒年四十八。子渊，恩贡；孙金镳，附贡，汝材，诸生。

张衍基，号椒园，石头人。举人梦熊子。嘉庆辛酉（六年，1801），拔贡。甲子（嘉庆九年，1804），举人。戊辰（嘉庆十三年，1808），进士。出宰粤西天河县，抚民教士有政声。顾性好文吏，日手一编，不乐为风尘俗吏。未几，引疾去。上官多留之，弗顾。归寓省垣，授徒为业。从者岁辄数百人，门下士如云而起，有河汾之风。弟源基，嘉庆戊寅（二十三年，1818）举人，饶平教谕，亦有学行。

陈燮元，字美林，号槐墀，邑城人。父异赋，附贡生。燮元性廉静，登嘉庆十六年（1811）进士。以知县需部铨，时父母尚存，燮元先意承欢。丁内外艰，哀毁骨立。先是父卒，母命其与诸弟析产，辞不获，则以析务，尽委次弟，田具量，取瘠下者。或问之，曰：“吾幸隶选人，庶几得升斗禄，足自赡。弟未有成就，非先业，安所藉乎？”部铨届，所亲劝束装，喟然曰：“向犹有宦情者，为娱亲地耳。且知县名亲民，而凡有兴除，非大府报可，弗敢发。下无以行其意，上

① 宦况：做官的境况、情味。

② 计偕：举人入京会试。

③ 束脩：古代学生与教师初见面时，必先奉赠礼物，表示敬意，名曰“束脩”，即学费。

且有以掣其肘。吾计决矣。”卒不往，家居。历主冈州书院、紫水义学讲，以造士为己任。晚以家计益困，谒部请改官，得惠州府教授，未任，卒，年六十四。子研之，郡庠；孙殿兰，郡庠，候选训导。

莫廷珪，字信昭，号聘侯，邑城人。学使姚公文田以第一名补诸生，旋饩于庠。嘉庆庚午（十五年，1810），领乡荐。时廷珪以制艺著名，授徒恒数十百人。凡七上公车，不第。捐中书舍人，选授曲江教谕，勤于课士。旋以截选得和州州同。一年，以疾告归，筑东墅园于东门外，为游息之所。咸丰四年（1854），毁于贼。知县聂尔康购其地，改为育婴堂。

黄丕基，字瞻弼，号肯堂，石阬人。天性孝友，砥行廉介。七岁时，母灌园，糜瓜蔬以自食，以饭食丕基。丕基觉之，泣不食。稍长，以贫废读，从兄习贾，非所愿也。兄察其志，复使卒业，补弟子员。父卒，母承遗命，迎妇归守丧。丕基终三年不入内室。领嘉庆戊寅（二十三年，1818）乡荐，以两母年老，不欲赴京。母与兄弟慰谕之，始垂涕就道。明年下第，即遄归。归之，明年，仲兄与嫡母相继卒。又明年，生母又卒。服阕，谒选得二等，旋补乐昌训导。诸生来见者，执贽有无不问。学宫前地颇广，向租与市贩，岁入十余千。丕基以宫墙地宜清肃，欲撤之，而难于同官。适试期，遍召诸生童谕以故，尽撤之。得覃恩[1]，貤赠父母。即引疾归，卒年六十五。邑令李再可重其为人，聘主讲紫水义学。辑有《周易详注》《白沙年谱》。

李兆槐，字继庭，号弇山，邑城人。父惠元，江苏崇明令。槐夙慧[2]，诗文下笔立就。少以省亲至苏，与其贤士夫钱大昕、潘世恩诸公游，诣益进。父卒官，扶丧归。倡建惠泉诗社。充嘉庆庚午（十五年，1810）科副贡。粤西黄定宜来作宰，延主古冈义学讲[席]，生徒翕然。先世立有田，为子姓厕[3]庠序者膏火资。槐岁分所得半，为宗族备修脯，至今子弟效之，沿为家规。番禺凌扬藻采其《寓紫竹山庄诗》，洒然可诵，著有《玉烟堂骈体文钞》《古啸斋诗草》。《岭海诗钞》。晚年订刻文钞，仍号“古啸斋”。

陈钰源，字仁瑞，号漱溪，外海人。道光元年（1821）辛巳举于乡。乙未（道光十五年，1835）大挑一等，授湖南桂东知县，历署通道县、晃州厅事。幼失怙，以庶子事嫡母，尽孝养。家本饶裕，遇岁饥，屡捐赀以赈，多所存活。乡邻贫者有事以情告，必量助之，然诺不欺。生平自奉极约，出仕十载，不挈家属，

---

① 覃恩：广施恩泽，指帝王对臣民的封赏、赦免等。

② 夙慧：早慧，指年少时就聪明出众。

③ 厕：参与。

随仆只四人。作令不急催科，凡逃亡绝户积逋之税，代偿之。桂东有豪绅黄某命狱，欲以重贿求缓治，峻斥之，卒判如律。通道冬季俗习捕鱼，所得官六民四，以劳民殄物，禁罢之。凡诸陋规，悉革去。归田后，值咸丰四年（1854）贼之乱，乡被其焚掠，家资殆尽，乃典田，捐数千金以助邑中军饷。居恒杜门，不与族事，不至宰堂，惟督子孙读书，以孝悌勤俭为家训。

何殿春，字宝锡，号红药，邑城人。尚书熊祥七世孙。性孝友，尚气节。尤工诗，早岁游楚，登衡岳，句云："三千余里晚投宿，七十二峰青在天。"大为钦州冯户部敏昌所赏。《香石诗话》。番禺凌扬藻论其诗："波澜层出，纡郁苍凉。"《岭海诗钞》。信不诬也。殿春虽生长华膴[①]，豪达不可一世，痛薄俗以口腹养，或同父之子因数椽半亩，辄兴讼。执亲丧哀毁，动行路析产，取破书数麓下田十余亩。余膏腴尽以与伯氏，缘此转滋俯仰累，卒不自悔也。年五十三，始补诸生。年六十，充道光元年（1821）副贡。年六十九卒。孙瑄，道光二十六年（1846）举人。

张总章，字公铨，号厓山，邑城人。显遇曾孙。博极群书，弱冠即弃帖括，绝意仕进。寄情山水，与邑明经何殿春、敦古道交。为人内狷介[②]，而外和易。工真、草书，兼秦汉篆、隶。诗以自然为宗，语语从肺腑出。番禺凌扬藻称其"兴趣凑泊，如出邝湛若手"。《岭海诗钞》。晚年邑人士筑惠泉诗社，推总章与殿春为袖领。卒年七十九。著有《奇石山房诗钞》四卷。

黄景星，字家兆，号渭南，邑城人。廪贡生。性恬淡，方塘、古屋、花竹翳如。诗酒外，特精琴理，景星之琴，原本家学，复遇香山何琴斋太史洛书指授，以此益臻。其妙操缦家支派辄称虞山。究之曰虞山者，指非虞山。景星博综众说，考镜时流，以求一是，著《悟雪山房琴谱》四卷。所授弟子遍岭南，同里莫锦江独参其旨。景星亡，锦江亦亡，广陵之响绝矣。

罗鸣銮，字琼作，号翰卿，良溪人。由府学拔贡，登道光五年（1825）乙酉贤书。品学纯懿，乡间翕然推之，尤修内行，以孝友闻。咸丰四年（1854）夏，红贼乱。秋后，邑境平，邻界未靖，所居良溪乡与鹤山毗连，时鹤之瓦窑、沙坪警日逼，群盗虎视，常欲出陷其村，趋棠下，复踞江门。鸣銮率乡勇昼夜捍卫，贼不能窥。五年（1855），复请邑令设练局，乡间缉防善后与里党联办。久之，境赖以安。尝迭主景贤、古冈两讲席。卒年六十一。子兆棠，同治壬戌（元年，1862）举人。

① 华膴：意为美衣丰食，显贵。

② 狷介：拘谨小心。

李蘅，字兰士，号湘人，荷塘人。诸生錞子。道光戊子（八年，1828）举人。少承父训治诗、古文词，以诗赋首见赏于学使傅棠。旋补廪试，辄高等。少孤贫，事母黄，孝养备至。课徒塾中，夜必归省，袖果饵以进，乃返塾。所得脩脯，即喜色奉上。囊常空，亲友急来告，辄代谋质库。有别省诸生毛某来粤访友，不遇，流落行乞，贸然叩门来，蘅异其状，予纸笔，请为诗，诗佳，时适无一钱，惟案头阁帖二全本，即举赠其一，曰："售之可得数金，聊助数日炊耳。"其爱才好义多类此。性介直，疾恶形言色，于族姓中辈行特高，里人敬服之，事多就理处焉。为文章端坐沉思，旁呼常不觉，移晷[①]即成，多不起草。著有《小潇湘馆诗稿》七卷，何若瑶编修为之序。年三十余卒。子星辉，道光已酉（二十九年，1849）举人，辰辉，同治癸亥（二年，1863）联捷进士。

唐金鉴，字时鸣，号二罗，白石人。登道光十三年（1833）癸巳进士。貌魁硕，胸无城府，好登临吟啸。数游罗浮，辟一洞，勒题曰"罗汉"，构斋读书其中。喜研经，亦时托而谈禅，自谓罗汉后身。释褐，仕四川，摄南川、仪陇两邑篆。旋补遂宁。以慈惠为政，鞫囚，只五笞，号为"唐五板"。十九年（1839）已亥，调管察木多、拉里两台粮务，兼押解藏饷十万。西藏去川省六千余里，古佛国也，道险恶，水土瘴毒，触辄死。大雪积寻丈，常压毙牛马，有驿使骑经崖下，忽不见，迨雪消，人坐马立如生。仆从闻其险，争辞去。金鉴携轻装，洒然前往，所历大箐、折阪、雪桥、皮船诸奇景，一一以诗文记之，多史志所未见者。中途常遇贼，严部署，以待夜击走之。抵台，事暇，与同行僚友较场习骑射，据鞍顾盼以自雄。先是拉里台饷差戍卒多染病殒，蛮药不能救。金鉴咨请省宪，岁发药运拉，许之。时台属汉夷适交构衅[②]，奉藏宪檄宣谕之，皆感散。驻藏七年，尝路遇异人，授以小铜佛，云可护身，果主仆皆无恙。及瓜代至，返省垣，寻移疾去。宦橐萧然，尝语人曰："古有为贫而仕，余则为仕而贫。"历主新宁、三水、香山及本邑书院讲席。三水诸生杜昌，年八十三，陆森，年六十五，皓首者十余人，从之游。其见重于时如此。著有《罗汉洞琴理》《山房入蜀西藏诸集诗文》廿二卷。卒年七十六。

何凤，字西清，号秋梧，邑城人。尚节操，美风仪。与从叔殿春称大小阮成。童试辄冠等伦[③]，充嘉庆十八年（1813）拔贡生，廷试后寓都下，供职光禄寺典簿。年五十三，中道光十七年（1837）举人，再赴礼部，所交皆一时耆宿。花县

① 移晷：意思是日影移动，意为经过了一段时间。

② 构衅：结怨，制造争端。

③ 等伦：意为同辈、同类。

骆文忠公尤器重之，归，主古冈、冈州讲席。年七十一卒。工诗，著有《琴语山房诗集》。尤精于书，初师赵松雪，晚入褚河南。子鉴光、瑞光，孙乃烜，皆郡邑庠。

李有祺，字广蒲，号寿石，三村人。廪贡生。少聪颖绝伦，工诗文，阮仪征相国督粤，开学海堂造士。有祺词藻丰捷，课一题，辄十数卷，屡邀厚赏，岁终积赏钱付酒家。所居案尘寸厚，衣被垢敝，泊如也。邑人士岁十月，辄延师集侣，续修讲课，谓之“冬学”。于是迎有祺归，邑弟子率二三百人，论辨不辍，诗文经指授，悉有矩获。邑令常熟言良钰催科过有祺乡，出片纸示从骑曰：“此中大有诗人在，分付柴门莫乱敲。”其见重有司如此。所著有《梦鲤山房诗集》八卷。

钟廷芳，字兰皋，号秋畹，国学生，天河大院村人。少颖异，以养亲故，弃儒业。然耻作佣贾，乃学种树，中岁至赀巨万，好施。旋中落。道光九年（1829），与乡人谭大锡、萧尚桢等倡建天河书院，寒士广厦至今赖之。大院当西潦之冲，嘉道以来，禾稼被水十载不一稔，民庐以次倾塌殆尽。廷芳乃筑堤围以御冲激。即天河上围。建水闸以时蓄泄，广植树株以裕修费，前后经理将二十年。村人德之，名其堤为钟公堤。其他善举，凡所得为皆独任之，不于人贷力也。性峭直[①]，晚益持正，一方倚以为重。咸丰四年（1854），禅山首乱，所至各村堡敛金赂贼以求庇。廷芳禁乡民不得赍盗粮，贼衔之。会岁暮，廷芳孤舟自甘竹回，贼以快船截江掳之，扬帆去。村人仓卒中得数十人，绕陆路追及之，贼回舟将抵拒，忽舱中跃起一人挥刃斫，柁者堕水，彼亦落水。诸贼相继凫水逸去，因得免。然卒不知舱中跃起者为何人，或曰翳桑饿者[②]之流也。年八十，无疾而终。子应元，刑部七品小京官，廷芳得封如其官。孙荣基，邑庠生；茂建，郡庠生。

谭兴然，字龙昭，号丽天，兴贤街人。监生。由理问加奉政大夫。性孝友，和易待人，好涉猎书史。生平以积德为首务，施棺舍药，不吝财以济人。知县林星章廉其能，凡筑城浚河，修文庙、城隍庙、陈文恭祠、节孝祠、瞽目院及增筑天河围基，百废俱兴，皆与兴然商榷，倡捐以董其成。邑志不修近百年，林星章欲修，而难于经费，兴然力任之。故事毕举。署县言良钰欲刻续《冈州遗稿》，设席延选，辑绅士如何凤、李兆槐、谭锡朋、何朝昌四人，兴然亦与焉。书未成而卒，年七十二。

---

① 峭直：严峻刚正。

② 翳桑饿者：《左传·宣公二年》记载，春秋晋国上卿赵盾，在桑阴之下遇到饿得奄奄一息的武士灵辄。赵盾拿来饭食让灵辄吃饱，并把饭和肉送给他母亲。后晋灵公在朝中设伏，要杀害赵盾。灵辄倒戟相救赵盾脱险。赵盾问他为何冒死相救？灵辄答：“翳桑之饿人也。”后世以“翳桑饿人”比喻绝粮受饿者。

阮榕龄，号竹潭，潭冈乡人。髫龄即抗心希古，长益精力绝人。博闻强记，常慨俗学剽窃，如泉塞源，木拔本，风滋颓下。家赤贫，发愤力学，自经史子集，旁及方舆、象纬、农医、历律、释典、道书，靡不竟委穷原。含宏泛滥，以故发为词章，盘深奥衍。里巷鲰生多不解所谓，百端诟訾①。榕亦还以白眼视之，不当一盻。在邑如何明经殿春、孝廉凤外，罕称知己，年三十尚作童子师。已橐笔②，游郡城，闻易容之太守家藏书甚富，借恣渔猎。太守族故有易景陶者，亦好古士也。时之官曲阜，邀与偕行，乃西游洞庭，登黄鹤，历陈宋故墟，渡河涉泗，复还辕，溯江漠，陟南岳，下漓水，挹桂林岩洞之秀。高要彭泰来称其“布衣奇士，尝数千里谒夫子庙堂，书其典章文物而归，不见一人。”彭泰来《昨梦斋文集》。盖谓此也。榕既抱博综之学，揽江山之胜，更激荡其胸次磊落之奇，乃行业日益进，生计亦日益蹩。终身老死牖下，卒无所遇。卒，著有《白沙丛考》六卷、《竹潭诗文集》各四卷。

张青柏，字秀垣，号荫堂，沙富乡人，迁居邑城濠桥门外。性椎朴③。少佣质库，见遗金不拾，主家异之。已厚集赀，遣青柏走京师，十年间获息十余万，主析其一予之，纳赀注选巡检。青柏虽混迹廛市④，顾章掖其行，辇下士夫咸多之。年六十，告归。咸丰四年（1854），团议成，推青柏营战具，主会计。城故有水关，须树栅泄流以扼盗。七月十五日黎明，青柏出濠桥门趣木，居族在焉。贼遽由东门至，青柏子弟迹其出，遮拥还家，哀勿入，青柏怒曰：“吾少贱，糊口四方数十年，自达官贵人至负贩行路，未尝失齿。今以奉公出，以赡私归，邑存亡固不系，柏独何面目见地方官、乡党士于他日耶?”疾趋呼门，门闭，城上炮雨下，绕城号，逻卒曰：“张公也。”缒上之。自军兴，围解，迄搜捕善后，凡给赏饷战恤死，置械购炮制船，前后手销军需二十五万，未尝丝毫染指。事闻，奉旨准加六品衔，赏戴蓝翎。年七十五卒。

黄驹，字骏骖，号天闲，杜阮人。道光中岁贡生。植品励学，才识谙练，遇大事慨然敢任，夷然不惊，其族素称蕃衍，聚居殆逾万，往往得其一言，纷难立解。咸丰四年（1854）六月，佛山红贼倡乱，扰及县境。驹适在省垣，知县陈应聘耳其名，欲邀回邑商捍御。时水陆梗塞，乃具蜡书，遣干役⑤变服行赴省，召驹速归。驹得书即兼程至，而贼已蜂聚江门，邑城方闭，不能复命。闻族人有陷贼

① 诟訾：责骂诋毁。

② 橐笔：手持橐囊，簪笔于头，随时奉命执笔写作，比喻笔墨生涯。

③ 椎朴：意指笨拙、笨重，也指朴实。

④ 廛市：商肆集中之处。

⑤ 干役：办事老练的差役。

党者，自携一健仆，急赴江门贼寨中，责以大义，谕以利害，咸感泣逃奔，邻贼亦多闻而散者。未几，守备黄彬援师至，城围解。陈令以江门为邑咽喉，亟宜设局团练以善后图，特谕使董其事。论乡出勇，计亩捐粮，与举人尹莘等和衷共济。后邻邑悍贼数千屡来扑犯，大小二十战，皆力御却之。复谋建东西两炮台，募勇岁守，为长远计。事闻，议叙驹功为最，尹莘次焉。居恒喜临池。工隶书，晚更苍劲，得汉人笔法。子廷辅，同治壬戌（元年，1862）副贡，丁卯（同治六年，1867）举人。

李昕，字后昌，号东桥，桥门人。少能文，偃蹇[①]场屋[②]，年三十六始以县考首录，游郡庠，旋补廪。乡闱屡荐不售，以岁贡终。性廉介，不事干谒[③]。有乡人某犯法，伺其方断炊，以重金求署名白县，请保释。昕廉知其人，严拒之。邻里有纷争，得其一言，皆立解。居恒好吟咏，有翛然物外之韵。所著《东桥诗集》四卷、《骈体文钞》一卷，卓有可传，惜遗稿尚多散佚。卒年七十八。从兄毓淳，字后蕃，博文强记，以学行称，年十八，府试首取，补诸生，寻食饩，亦数奇，以明经老。

黎寿南，号省轩，都会里人。幼随父翼昌学，事继母色养并至。中年遭父丧，寝苫歠[④]粥，三年不入内室。时为童子师，辞不就塾，每日必省墓，寒暑无间，天大雨，亟蓑笠持伞跪坟旁，遮护父碣。家有犬，出则相随，驱之不返，人以为孝感。又尝为祖母洗溺器，一时有“黎孝子”之称。苏廷魁给谏方主讲邑中，耳其名，书二语以赠，曰：“居近白沙常慕道，心犹赤子每思亲。”闻者然之。居恒排难解纷，邻乡得其言，无不折服。尤好倡义周急，尝馆一友家，见讨债者势殊凶，几致讼。质田得数百金，代偿之。晚年家益困，惟事舌耕[⑤]，讲课谆谆，必以敦伦植品为先务。一女许字何某，未适而婿亡，女毅然奔丧，守贞食贫。其家教可概见云。

陈殿桂，字忠谊，号崧生，又号镜岩，邑城翰禄桥人。方弱冠[⑥]，诗古文已成帙。邑中建惠泉诗社，倡之者皆耆儒宿学，桂独以韶年参错其间，文采风流，一

① 偃蹇：此处指困顿、窘迫之意。

② 场屋：科举考试的地方，又称科场。此处指科举考试。

③ 干谒：为某种目的而求见显贵之人。

④ 歠：chuò，饮、喝。

⑤ 舌耕：指收徒教书。

⑥ 弱冠：古代男子成年后会举行冠礼，即戴上表示已成人的帽子，以示成年。“弱冠”指未成年男子。

时倾动。既中道光二十年（1840）恩科举人。屡上不第，谒选[1]得教职。需次归，遇红巾乱。当是时，民生老死不知兵，闻有变，纷纷徙所，亲以此劝之。慨然曰："地方不幸，老成遂渐凋谢。吾于名辈颇不后，遽弃去，何以佐有司资矜式乎？"卒与诸绅开局办团练，时与局诸绅皆后辈，桂倾心推让，以此激励群材。支持危局，事平论功得知县，主讲紫水义学，以文章行谊造士。未几，卒，士林咸追思之。早年刻有《今雨斋诗文集》。子文炜，附贡生，署德庆州学正。

何超光，字桂林，号珠海，邑城人。读书过目不忘。年十八补诸生。旋食廪饩，屡试优等。中咸丰元年（1851）举人。咸丰四年（1854），剧贼猖獗，当事诸绅望风走。超光瞿然曰："是可束手以庐墓饷贼耶？"拂袖起。时知县陈应聘廉知超光沉默有智且负时望，亟征出，偕诸生陈殿兰草檄飞书，同典机密，卒溃围败贼，战守六十日夜。运筹设策，超光之力为多。六年（1856），督抚奏奖，超光得部铨知县，赏戴蓝翎。嗣善后搜捕余匪，超光始终振刷，不避艰险，遽以积劳成疾卒，年仅四十有七。弟勋光，被围，急荷戈守知政门，受飞炮中腹，咯血数升卒，入祀邑城义勇祠。一门尽烈，故多兄风。

汤麒照，字纪齐，号晓堂，城外大口冲人。咸丰四年（1854）以新会营外委从参将卫佐邦援省，与外委戴朝佐并为军锋。血战两月余，破贼数万，解省城围，复乘胜克复顺德县。以此名大噪，诏补新会右营守备，赏戴花翎。当是时，广、肇、韶各属贼蜂起，广海寨为客匪踞。麒照既著威名，凡有役，大府必以从。常以偏师与诸大校分道杀贼，所当无坚垒，积劳，累官广东水师提标后营游击，历权新会营参将、香山龙门协副将，大府以总兵荐，将大用，遽卒于龙门协署，年才五十六。

黄龙彪，字直南，号云从，古井乡人。少入伍，积战功为新会营把总，赏戴蓝翎。咸丰四年（1854），贼围攻县城，分守曲背城水角，最当冲。贼昼夜攻不得，逞愤甚，造吕公车[2]，载以大艘，夜由东河入，直薄城，机动火发，贼将登。兵失措，彪冒火林覻定之，转掷火器，焚坠其车中贼。兵还定，遂破之。事平，补七村千总。已复以征东西江、克复广海寨功，诏免补守备，以都司用换花翎。彪自结发从戎，大小无虑二百余战，皆为军锋。每行间朝，统帅诸人争有陈论。彪独默然，退则严斥堠[3]，修战具，虽无贼处，如临大敌。尤得士卒心，游击汤麒

① 谒选：古代官吏赴吏部应选。

② 吕公车：古代攻城的一种战车。传说为姜太公发明，因姜太公受封于吕地，故尊称"吕公"。吕公车在明代以后才广泛被运用于战争中。

③ 斥堠：斥，原为排除，使离开，引申为侦察；堠是指古代瞭望敌情的土堡。作为词语意为侦察敌情。

照称其“先事不嚣，临事不挠，既事不矜，能与士卒同甘苦，真将才也。”满州喀郎阿权参将审其才，叹曰：“黄某滞末弁，何以励行间？”拟请大府破格用。遽以无病卒。咸痛惜之。

张朝显，字德镛，号仁圃，沙富乡人。魁杰多力而酷贫，佣业蒲葵扇者家。久之，仰屋叹曰：“是岂壮夫饮啖处耶？”辞，充新会营卒，积劳至本营城守外委，主者未之奇也。时营务废弛，城居绅商劫掠无虚夕。贼至辄举炮塞要隘，弁卒莫敢近。朝显趋匠伐木，制双轮，号“霹雳车”，上施横革，中藏铳罐、诸火器，内发机巧，而外有障蔽。令其下曰：临警有恃再却者，死。已，贼由惠民门入。朝显身督卒，飞车驰突。贼大披靡，俘获以数十计。劫风顿息。咸丰四年（1854），红匪预结内外，应举人何琯侦知学署有老役苏贺者，积匪部署，其党将约江门。贼入斩关献，亟以告显。显径入学署，奋臂摄贺出，诣县，毙杖下，余党悉逃。被围中，防守马山最险处，与贼军猪母山夹濠而垒，相持六十日夜，未尝懈失。叙功补开平把总。逾数年，病卒。子连登，弱冠随张镇军其光击贼浙东西，现任定海营游击，有父风。

聂鹤群，字宇明，号梅宾，荷塘人。父荣，以诸生授徒乡塾，有声。鹤群自少至长，皆从父学，慎行谨言，操守严洁。研治经书，好宋儒讲义，日手一编，丹黄杂缀，于考亭主敬之学尤所服膺。邑令林星章爱其文，童试首录，送补郡弟子员。棘闱[①]屡荐不售。学行弥笃，远近慕之。卒年五十余。子带韦，诸生。

谈余清，字直卿，三八水人。沉潜好学。虽值窭贫，晏如自得。笃挚孝友若出性生，嫡母有目疾将瞽，清朝夕奉侍，口含药汤舐母目，年余不倦，母两目复明。治家严整，其妻事翁姑有过，辄加夏楚[②]。兄弟虽异母，而友爱弥笃。待人朴诚，不问亲疏，遇有过失，无不直言相规。凡劝善诸书，博采体行，互相劝勉。咸丰庚申，知县聂尔康莅任观风，列其文前茅。复闻其好善也，即委建育婴堂。后屡试不售，授徒于乡，年甫三十而卒。乡人悼之。

阮乔龙，字朝欣，号仁宇，横水乡贤村里人。生有至性，乐为善，不苟取，自幼已然。九岁时，家贫，随群儿往田中拾遗穗，归，人多己少，母问故，对曰：“己不盗取，故少也。”母异之。然困于财，不能久学，但从蒙师二年已通四子书及毛诗，有疑即质诸师友，必解其义而后已。弱冠佣于染肆，恒浣布。暴于日，群伴乘闲憩息。乔龙必偕畚锸除道路，以便行人。及壮，勤俭稍有余积。遇有坑水处，买木架桥以渡之。或讥之曰：“济世之举，惟有力者为之，汝妻尚未有，为

① 棘闱：指科举时代的考场。

② 夏楚：泛指用棍棒等进行体罚。

此无益之费，何其愚也？”壮年受室之后，家渐裕，为善益力。凡填砌田水坊、王蛇山、石神山诸道路，造龙眼湾、水母阮木桥，又造张婆峎阮石桥，皆力任之。一切内外亲有吉凶事，无不乐助。遇岁饥，赈贫乏。至于惜字会、盂兰会，修庙施棺，乐于捐资。又在横水京背乡文庙处，倡建施茶会以济渴。祖宗有未葬者，助以葬之。行诸善事，五十年如一日。卒年七十四。子兰舟，诸生。乔龙尝训其子云：“世人欲求风水而不修善者，是不知先有心田而后有福田也，故未得吉地，当先积德以求之。既得吉地，尤当积德以培之，儿辈勿以风水可妄求也。”数语可为惑风水者下一针砭[①]。

莫其亮，邑城人。由行伍随征，剿湘南、粤西等贼，累功擢东莞营都司。咸丰甲寅（四年，1854），东莞土贼何六伙党数万，啸聚石龙地方，势甚猖獗。亮兵单，贼众，仍重购六，六忿恨。五月十三东莞城陷，亮与知县某同被执。亮素慷慨仗义，甚服众心，六屡诱亮降，亮坚骂不屈，将刑时，亮曰；“我止一君士，地既失，虽死何恨！愿尔党悬吾首东门，俾后知吾死所也！”六从之，暴尸东谯楼。后知县郭超凡收遗骸，详请叶中丞，奏亮子春森袭云骑尉。

莫恩光，邑城人。由行伍随参将卫佐邦剿广宁、四会、罗镜等匪。有功拔补记委，加千总衔。甲寅（咸丰四年，1854），邑城被围。恩光昼夜督战不懈，知县陈应聘深加奖励。后数月，缉井根余党被害，既而获井根贼，讯系戕恩光之人，命剖心以祭。祀邑义勇祠。

张定邦，字桡会，好画兰，自号兰舫，田边人。曾祖凤池，有还拾遗金事，载邑志。父元籥，早卒。定邦以孀母苦节，入新会营，冀邀封典。咸丰五年（1855），以剿匪功准记名外委，旋加六品顶戴。八年（1858），随黄龙彪征封川，搜捕官军失利，在鱼捞墟阵亡，失其尸，时年二十八。

李务滋，字文衍，号根心，缯戙角人。邑庠生。少好骑射，习技击，竖一臂，集壮夫挽之不下。而居恒恂恂[②]儒雅，如不胜衣，人不知其为健者。居亲丧，三年不入内室。博学强记，尝读书罗浮山中，岁余乃还。学宗程朱，四书五经皆有参订，尤熟精《礼记》《春秋传》，著《读书要论》。尤惓惓于朱子小学，谓为入德之门，著《小学正论》。为文不诡时好，乡试两荐不售。授徒邑城，远近从游甚众，教人文行并重，学者多赖裁成。父欠积逋[③]，罄束脩以偿，不分诿诸弟。家无儋石储，而泰然自得。晚益贫甚。卒年六十四。

①针砭：指用来治病的石头针。此处比喻指出错误，劝人改正。

②恂恂：恭谨温顺，小心谨慎。

③积逋：指累欠的赋税，亦谓积欠赋税。

李复业，河村瓦冈人。笃行好学，博通经史及天文、律历、地舆、医药、星数之属。而于诗书暨声韵、点画、三角八线、中西诸术尤能窥其窔奥[①]。故邑中数百年来，称博雅通儒，必推先生。性孝友，与人和平乐易，胸无城府。虽颖悟绝伦，而粥粥若无能者。时人谓之“李书椟”云。以上《采访册》。

补遗附

宋

邓荣，字光裕。祖林乔，官广东。父带湖，任南雄州。淳祐甲戌[②]，由新兴学充岁贡。景炎初，为承信郎，后为山东王府长吏，擢知江西广信府。崇正学，祛邪诬。越年，元将吕师夔入广信，力竭不能守。时帝昺奔广州，从至崖山，与丞相陆秀夫夙夜图维。帝昺崩，复募收散卒、乡民，以备捍卫。师溃，为张宏范所掳，不屈，死之。荣初创书院于本邑黄云寺，后勤王，谓子文虎、文豹曰：“吾生死未定，可塑像书院，以示子孙。”无何，兵败死之。子文豹比行，亦被杀。陈献章颜其堂曰：“忠孝一门”。后裔分居新昌、水南。《邓氏家乘》。

元

伍仪凤，号松轩，高州路总管。起龙三子。官至宣通使司。奉命出使外国，娶公主的斤色目里氏，生四子。后尽节于省城金花庙。

伍彦通，字仕达，阳江簿，元德子。为人义勇果断，始由元帅府奏差捕古劳寇李旺等有功，擢广州路总管。遥授元帅，奉命调往征古劳海寇李康吉等，带兵深入那银迳，遇伏死之，年二十八，时至正九年（1349）也。妻高氏有勇略，率兵复战于那银迳，亦遇害，年二十七。后贼平，部下某寻得彦通及妻遗骸，合葬于道庵山。有子骐、骥二人。骥别有传。以上《伍氏家乘》。骥传见林《志》。

案：林《志·选举》载，伍彦通，年次无考，今据《伍氏家乘》改正。

梁之攀，字傅暹，号东上，小冈人。壮岁服贾黔省，往来岁以为常。某年，之攀由粤赴黔，在乐昌舟中与广府人共一舱，询其姓名为陈亮。至宜章，亮欲往湘潭购货，行李颇少，匆匆携之去。之攀以货多，搬运在后，忽见一囊，提之甚重，启视则白镪六百存焉，意必是亮所遗。但其去已远，姑载之以行。及抵湘潭，亮亦至，之攀呼之不应。盖亮失银之后，心神瞀乱，弗闻弗见也。之攀趋前挽之，并询及失银事，亮不觉大恸，谓：“富商某见吾诚实，特多助本六百。今失之，命

① 窔奥：比喻深邃、高深的境界。

② 南宋淳祐年间无“甲戌”年，但咸淳有甲戌年（1274）。

休矣。”之攀引至舟中，取银与之，亮感谢不胜。旁观人亦啧啧称羡，后富商知之攀事，信任之，复多与本。之攀因而致富。《采访册》。案：林《志·事略》亦载，殊乘本事，特改正。

明

陈烈，新会人。读书苦无记性。一日，读《孟子·求放心》章，始知其故，静坐百日，遂能一览无遗。张《府志》。

冯俊，新会人，籍山东。官顺德镇标中营守备。海寇谢昌之乱，闻游击陈璠战死，赴救，死之。予祭葬，加荫恤焉。同上。

梁宏道先生，以浔郡文学升掌始兴教事。将之任，乡之交游来求赠言。予闻先生通经学古，志趣不凡，盖亦岭南人士中之铮铮然者。邱濬《集》。

黄澄深，新会人。明岁贡。好为善事。增城进士陈维岳《说》。

李鹗，字腾霄，先世自宋由南雄迁新会之荷塘。番禺龙图阁待制昴英，其宗属也，世为岭南著姓。鹗少聪颖。明成化间，补邑增广生。学以朱子为宗，践履笃实，不事性命空谈，自号三畏居士。尝偕数亲友赴邑城，抵江门，问同行者曰：“诸君今日作何功课?”众曰：“行役且偷闲。先生为何出此言也?”曰：“某自家至此，已默诵《考亭[1]本义》一番矣。”众愕然。邻人营屋侵其居旁地，即割数尺让之。或负借多金弗偿，终身不言。其人生平勤俭自励，性好琴，吟咏自娱。卒年七十四。子五人，各授一经。长尚居，年十三，能背诵五经，十五补弟子员，今云仍科第相继云。

伍惟统，南山人。少孤贫，不事生产。有膂力，方面美髯，目光如电。有相者奇其貌，决以必贵，旁人皆笑之。姊适邻村，病疫濒危。统往省，将入门，姊呓语作惊避状，忽霍然起，遂无恙。邻里闻之，佥传统能驱疫，具酒食，争相邀，统所至，病者辄起。由是笑者稍讶之。居亡何，倭寇至，东南海疆日蹂躏，时明嘉靖间也。世宗患之，命少保戚继光为大将军，持节督诸路兵。戚以营兵不堪用，大募乡勇，凡十人为队，各置长，教以战法，曰“鸳鸯阵”。统往应募为队长，战必先登，屡有功，由广海卫百户累官至指挥。未几，阵亡。麾下求其尸不得，招魂以葬。事闻，赠昭武将军，荫一子卫千户。殁后，乡人为立庙祀之。遇疠作，辄以鼓吹舆纛，舉[2]其画像，巡闾巷间，灾顿止。贼扰村，尝显灵捍卫。村人多目

① 考亭：宋代理学大家朱熹晚年定居福建建阳考亭，创“晦庵”草堂讲学，著书立说，创建“考亭学派”，后仙逝于此。

② 舉：扛、举。

击者。

李杜文，字士楷，号太浣，荷塘人。十岁能文。总角补诸生，试屡冠曹。万历二十一年癸巳（1593），上诏选天下贤俊充北雍，曰选贡，杜文与焉。三十五年丁未（1607），为母谋禄养，始就选，得浙江绍兴佥判。下车即汰冗役，厘盐法、水利、仓储三大政。郡人参议刘毅、尚书沈应文各为文称述之。嗣权萧山、会稽、山阴、余姚、诸暨五邑事。署萧仅三月，去日民拥舆不得行，复立“德政”、“去思”两石于西陵通津。所录士如王向高、倪元璐，皆髫龄俊才。首上督学，陈大绶佥首选，时服其精鉴。

余姚为越最剧邑，摄特久。有世宦胡时麟、陈鏃弟子罗文网，皆惩如法。其建大议，如下盖、小楂、两湖三邑，藉以灌田，民互争之，自洪永以来弗决。杜文一言判定，民咸服直指。疏闻，碑著为例。凡狱经折断者，无复反。秩满[①]以考最[②]，入觐。辛亥（万历三十九年，1611）秋，擢知云南弥勒州。登车日，民卧辙如去萧时。弥地在万山中，俗杂华夷，聚啸常千百，治之帖然。州本土城，为先建四门石楼，余以次修举学宫，于形家言未合，择吉迁之，人文顿起。门生杨绳武以甲科仕至兵部尚书、三边总制。

游宦凡十载，囊橐萧然[③]。先庐让居两叔，归僦屋而栖。时有巨寇夜剽同里五十余家，独杜文室获全。先是，盗不知，及斩门，见题榜，始悔误入。戒其党曰：“李公，仁人也，虐之不祥。”遂秋毫无犯。邑令叶宪祖重其贤，敦请再四，始出为乡宾。著有《易删补注》《息怀录》《太浣子集》《判语纪》《启柬录》等书。参《浙志》及墓志。

案：林《志》已有李杜文传，未详。

胡平运，字明卿，荷塘人。家贫力学，举崇祯三年（1630）庚午省试第一，明年成进士。授翰林院庶吉士，迁陕西道御史。七年（1634）甲戌，闽贼刘香肆扰粤海，广州诸县罹害惨酷，江门一日杀人四百余。当道束手，寇日滋。时粤人宦都中者，噤不敢言。平运特疏纠弹，上英察，纳之，遂易置将帅，粤寇乃靖。

出巡按黔中，土司卧这、化沙二目争雄，长日寻仇，为边害。平运下车即驰单骑入二崮，崮卒露刃林立。呼二目谕之，曰：“若皆天朝赤子，乃以小故相杀，荼毒生灵，朝廷当立加天讨。姑念汝曹无知，特申戒，倘仍执迷，必孥戮无赦。”目相顾震慑，罗拜听命。黔远界僻陋，士不知学。平运巡方所至，必召集诸生，

① 秩满：官吏任期届满。

② 考最：意为政绩考列上等。

③ 囊橐萧然：意思是缺乏财物，没有什么积蓄。

与之讲学论文，令以闽洛诸子及韩苏名文为师。复使司训，时加提命焉。差竣复命，会有开采珠池之议，平运力谏其非策，必致招寇殃民。事遂寝。以亲老乞假归省。寻擢福建参议，未赴，又转广西参政。驰疏乞休。未几，丁外艰[①]，哀毁成疾，卒。从祀郡乡贤祠。

按：胡姓籍隶二县，霞村胡属顺德，白藤、深冲胡属新会荷塘。阮《通志》："胡平运，顺德人，新会籍。"盖村地毗连，籍贯互著也。

李锡围，字乃式，号勉一，荷塘人。邑庠生。宏览强记，矢口成咏。性真率，好施，不问家人产业，日以莳花种树自娱，镌一印曰"天许作闲人"。崇祯戊辰（元年，1628），岁饥，出粟米以赈乡邻，存活无算。邑令黄师夔旌其门曰"义士高标"。先是，其祖字惟是，号困斋者，隆庆、万历间，数遇荒，作粥以济人。李中丞、罗提学并劳以羊酒，致旌额曰"彰义堂"。

国朝

黄瑶，字孟参，号非璞，丹灶人。顺治十一年（1654），李定国围邑城，饷援告绝。瑶自水关潜出，赴省求援。围解后，以功授广西南宁府永纯县知县。以上《采访册》。

案：林《志》载何廷宾逾城乞师，不载黄瑶。

---

① 丁外艰：旧指子遭父丧或承重孙遭祖父丧，也称"丁父忧"。

卷七　列传二

列女上

谭锡朋分纂

列女上 均同治五年知县聂尔康详请旌表者

国朝

邑城

莫氏，东澜里梁统常聘妻[①]，年十五，统常卒。闻讣欲奔丧，父母怜其少，未许。逾月，翁复故，即归事孀姑。克尽妇道，抚育嗣子。以屋狭，嫂叔同居不便，自营别室，以远嫌。

容氏，金紫街邓如椿聘妻，年十九，未于归而如椿卒，遂奔丧。孝事姑章，人皆敬仰。抚嗣长成，闺门谨肃。

刘氏，南宁街莫凌文聘妻，年二十三，犹在室，闻凌文讣，即奔丧。家赤贫，外家亦贫，惟女红度日。事姑尽妇道，抚嗣子如己出。

张氏，五福里监生陈兆协聘妻，年十九而兆叶卒，闻讣即归，事嫡姑，并与生姑麦同时孀守。抚嗣子成人，得见三孙。一日聚子孙于堂，自言："一生守贞无过，有神迎我去矣。"是夜无疾而逝。

容氏，崩城黄肇锡聘妻，年十五，肇锡卒，闻讣，欲归守贞。父母怜其少，未许。年二十一，始归黄家，孝事翁姑及九十余太姑，慈抚嗣子以至成人。娣姒[②]和睦，妇道无亏。以上《采访册》。

许怗，诸生许成涟女。许字廪贡生莫圣焘子光悦。年二十，未于归而光悦卒，闻讣即欲奔丧。母与祖母怜之，欲改字。怗阖户自经[③]，以救得苏，乃告之莫，听其守贞。至则请为夫立嗣。事翁姑如女，依父母朝夕哀号，绝而苏者再。因之得病，仅二载，病革，命移床灵侧，戒家人曰："某时某日迎我者至矣。"如期而卒，年二十二。参王《志》本传。

---

① 聘妻：指已订婚而未娶的妻子。

② 娣姒：古代同夫诸妾互称，年长为姒，年幼为娣；妯娌，兄妻为姒，弟妻为娣。

③ 自经：上吊自杀。

案：氏守贞仅二年而卒，似与例未符，然因哀恸过伤以致疾，则与烈妇无异。乾隆五年（1740）修王《志》，去氏殁时仅十七八年，见闻较确。王《志》既无异词，则自可旌矣。今传较林《志》颇详。

黎氏，华美街何贞孚聘妻，年二十二，犹在室，闻讣奔丧守贞。孝慈兼至，妇道无忝。

伦氏，花园巷莫周燕聘妻，年二十，闻夫故，即奔归成服，誓志不渝。事姑抚嗣，恪守妇道。

区氏，南宁街莫崇文妻，年二十二守节。莫氏，骑虎关林裘荣妻，年十八守节。

谭氏，骑虎关黄世佑妻，年二十二守节。梁氏，南边塘许冀曾妻，年二十二守节。

陈氏，平安街林端裘妻，年二十守节。冯氏，南塘何叔慈妻，年十八守节。

区氏，东贤里邓其秀妻，年十五守节。李氏，桂林里曾裘丽妻，年二十七守节。

杨氏，太仓里李发永妻，年十九守节。莫氏，太仓里李承进妻，年二十守节。

莫氏，天福里张利用妻，年二十一守节。梁氏，大口冲汤骐彪妻，年二十一守节。

以上贞女。

何六姑，邑城监生何贻溪六女也。年十七，矢志孝行，终身不嫁。朝夕侍养，得父母欢心。闺范谨严，持家勤俭，常助母氏所不远。

林四姑、五姑，邑城五显冲贞寿之门监生林昌五之女。少失怙。兄明佩娶妇陈，举二子，尚幼稚。兄以家贫，游幕外省。嫂旋故。母梁寻患瘫疾，常在床蓐。时四姑年十五，五姑年十二，奋然以儿子自待，遂相约曰："嫂死侄幼，兄游外省，母病在床，事母抚侄，责无旁贷，不若矢志不嫁，事母终老，抚侄成人。"母虽与媒妁议婚，女坚志不从而止。朝夕饔飧，曲体[①]亲心，侍奉汤药，昼夜不离。道光三年（1823），兄归。十年，母卒，丧葬之事襄兄妥办。其抚侄也，提携教诲，至于成立。戚族钦慕，奉为闺范。

何二姑，邑城监生何才华之女。年十七，怙恃双亡，弟年幼弱。矢志不字，抚育幼弟，饮食教诲，至于成人。平日家居，跬步必严，言笑不苟。铅华弗御，针黹自持。守贞四十余年，精神未衰。

---

① 曲体：原指弯腰，后多指深入体察。

以上孝女。

阮氏，南边塘许敬达妾，年二十，归事敬达。未周岁而敬达病。临殁时，嘱伊改适，氏指天自誓。敬达卒，即归房自缢。殡葬之时，两棺并出，道旁观者咸叹节烈之奇。

陈氏，南边塘许懿达妻，年十九于归，三载，夫兄弟四人三日内相继以疫死。家赤贫，翁姑先殁，氏将衣物典鬻殆尽始得完葬，旋自缢，年二十二。

李氏，沙堤钟懋鹏妻。年十九于归，逾年，夫故，哀恸悲怆，绝而复苏，后即投缳自尽。

欧阳氏，大口冲汤骐光妻。夫卒，氏年二十四，朝夕哀号，悲动邻里。绝粒数日，人劝之稍进薄粥，仍以过伤，哽咽不下。俟虞祭毕，即自经。

梁氏，方岳里举人区金坚妾。年十九归，侍二载。咸丰四年（1854）元旦，家长卒。氏恸哭不食，誓死以殉。家人劝之，屡为之防。一日乘间遂自经。

以上烈妇。

李氏，五显冲刘嘉品妻，年二十八守节。

梁氏，邑城刘嘉瑞妻。刘家贫，炊米不足，俟夫饱食，余饲子女，己茹蔬忍饥，佯示饱状。夫病痨，侍药三载，衣不解带。年三十，夫卒。氏素娴文字，老而不倦。戚族具脩脯[①]，延以训女，奉为女师。

冯氏，城内福临里李心猷妻。于归六载，生一子，甫三月而夫卒。家贫，勤俭纺绩以事姑。及姑卒，叔婶继逝，一切丧葬皆氏支持。

廖氏，仓后里谭厚传妻。夫故，氏年二十七。家贫孤弱，翁老弟少。氏养生送死，经理周全。

黎氏，城内象贤里莫翼和妻。归莫二载，夫卒。姑先逝，孝事衰翁。教子有义方，不事姑息。

刘氏，里泗冲杨家巷莫翼昌妻。年十九，婚有期矣，翼昌忽患沉疴，势必不起。婿家欲退婚，女家亦愿改字。氏坚志不从，即日于归。翼昌已不能言，仅见一面而卒。氏安贫矢志，女红度日，抚继子成立。翁姑及夫茔修筑，皆其铢积所致。

许氏，大鳌里钟德惠妻。年二十七，夫故。孝事瞽姑十八年，勤女红，以奉甘旨。生事葬祭，无忝妇道。

黎氏，大鳌里黄兴惠妻。夫故无子，家贫，年二十五，上有弱姑。母怜其少，

① 脩脯：古代送给老师的礼物或酬金。脩：干肉。

每为叹息之声以观其志。氏厉志贞守，事姑抚嗣，以至成立。

节妇麦氏，贞妇张氏。麦氏，五福里监生陈弼先侧室[①]。年十六归陈，事主母潘维谨。家长故，氏年二十八，坚志不贰。生三子，兆叶、兆献相继殇，幼子兆芝。兆叶聘妻张氏，闻讣奔丧守贞。姑媳同时孀守，人谓“一门双清”。

徐氏，里居未详，梁本先妻。年二十八守节。家赤贫，有劝其改适者，氏曰：“贫则无食，亦不过死而已，犹得遂及泉相见之愿。”事姑克孝，常啜稀粥，恐饭不足以供姑也。家贫，莫肯入继，合族重其苦志，公择应继者入嗣。氏多方称贷，始得成婚，生孙一。子又旋故，抚孙成立，得见曾孙云。

林氏、冯氏，五福里职员陈楷妾。主妇早故，无子。二妾各生一子一女。家长故，林年二十五，冯年二十八。均矢志不二。饮食起居，视如姊妹。迨林故，冯抚林子如己子，均皆成立。

二李氏，五福里从九品陈昭忠妾。昭忠仕闽，家政悉委二李。昭忠卒闽，讣至，二李氏饬役迎榇归葬如礼，以节终。

许氏，中浦冯兆荣妻。年二十一守节。家赤贫，一子又夭，有夫弟妹二人尚幼，抚育长成，婚娶各完，皆氏力也。

金氏，红门楼李忠昭妻。年二十七守节，事姑二十载。训子邦庆以义方，有声庠序。

冯氏，大庙头何芳华妾。年二十六，家长故。遗腹生一子，与主妇黄守节抚孤，茹苦含辛，二十余年如一日。

暨氏，帝临堂候补外委陶显宽妻，年二十九守节。何氏，良嘉巷职员张朝达继妻，年二十九守节，待前室子逾所生，戚里称之。

李氏，颜家街监生黄心法妾，年三十守节。潘氏，景贤里区世勤妻，年二十八守节。

赵氏，西甲黄成瑞妻，年二十九守节。黎氏，大鳌里张沾宏妻，年二十七守节，初翁姑继殁时，适夫外出，氏竭力营葬。夫卒后，氏携子丐食，矢志不移，其苦节如此。

潘氏，花园巷陈崇简妻。年二十六守节。遗腹生一子，孝事翁姑，老而不倦。

何氏，紫竹里冯启嗣妻。生二女。咸丰二年（1852）八月，夫遭回禄[②]抱伤，归卒，氏年二十六。越一日，姑以痛子故，又卒。初姑氏李二十四而寡，遗腹生

① 侧室：指正妻之外的偏房，地位仅低于正妻，但比妾身份稍好。

② 回禄：又作“回陆”。相传本为火神之名，后引申指火灾。宋朱熹《答包定之书》：“近闻永嘉有回禄之灾，高居不至惊恐否？”

氏夫。氏又有遗腹生一子，五岁而殇，氏以哀恸过伤，寻卒。

李氏，紫竹里冯绍南妻。年二十四守节。善事翁姑，遗腹生一子，将冠，又亡。氏恸绝，越日而卒。

谢氏，兰桂里关挺仁妻。年二十八守节。无子，孝事后姑。夫兄早丧偶，遗幼子，氏抚之如己出。及夫次兄生子，始入嗣。

梁氏，五福里何经正妻。年二十六岁守节。

何氏，大隆里冯荣秾妻。年二十四守节。戚族怜其少且贫，讽使他适，氏以死自矢。时翁年八十三，两姑一聋一瞽，又屡遭凶荒。氏勤于女红，以赡养。越五年，翁姑继亡。氏多方乞贷，乃能成礼。

冯氏，泗冲黎美符妻，年二十五守节。黄氏，方岳里区万钧妻，年二十四守节。

赵氏，爵芳里冯荣森妻，年二十六守节，矢志抚孤，至于成立。陈氏，泗冲李荣守妻，年二十四守节，事姑二十五年，老而不倦。

莫氏，旧南门梁名缵妻，年二十八守节。邝氏，至公巷按经历莫天健妻，年二十二守节，数月，姑亦继亡，孝事太姑二十九年。

陈氏，田螺滘胡宗乐妻，年三十守节，无子，事翁姑十载，家赤贫，纺绩度日，无肯入继者。黎氏，红门楼诸生李灼华妻，年二十二守节。

区氏，德庆里黎芳裕继妻。年二十守节。抚前室子成立。纳粟得荷封典。

何氏，白米巷李兆梧妻。年二十守节。每遇夫生讳之辰，奉祀必哭泣尽哀，数十年如一日。抚育嗣子成立，及见孙曾。

黄氏，康宁里李兆松妻，年二十五守节。张氏，白米巷李兆桐妻，年二十一，夫病笃，迎归，侍汤药，是日，夫卒，矢节不移，善事众姑，闺门祗肃。

何氏，白米巷李兆梓妻，年二十三守节。何氏，紫竹里冯兆腾妻，年二十一守节，遗腹生一女，有富家高其节操，欲与联姻，氏以为非偶，仍择诗礼旧家作配，其不以贫富系念如此。

李氏，象贤里黄家裕继妻，年二十八守节，族人有利其财产者，逼之出，氏誓死不移。每值翁姑及夫生讳日，涕泣奉祀。夫前配谭氏未归而卒，迎木主奉祀焉。卒年八十一。

邓氏，施家巷口梁伟强妻，年二十九守节。陈氏，施家巷口梁伟钦妻，年二十四守节。

李氏，崩城街何为芳继妻，年二十一守节。何氏，瑶步冲黎隆钊继妻，年二十四守节。

莫氏，旧南门关立仁妻。年三十守节。孝事节姑，数十年不倦。

关氏，楼背底赵心毅妻。年二十六守节。家极贫，无子女。日与孀姑谢居荒凉老屋中。姑病，夜恒数起视汤药，凡十有七年。姑殁，氏多方乞贷，始得成礼。

阮氏，尚书坊何嘉峻妻。年二十六守节。抚幼子耀清成立，娶妇后，耀清早卒。与媳李同孀守，一门双清。

谭氏，宜民桥冲边黄维翰继妻，年三十守节。张氏，大潡屈经启妻，年二十九守节。

周氏，新魁潡黎方美妻，年二十四守节。李氏，黄家新村黄嘉会妻，年二十八守节。家徒四壁，口不言贫，惟纺绩自给，有时不举火，戚族或周之，必善其辞令而后受。

罗氏，瓜瓞巷职员黄景韶妾，年二十九守节。梁氏，帝临堂陶恩光妻，年十八守节。

黎氏、苏氏，俱双孖塘何拱升妻妾，夫故，时黎年二十九，苏年二十一，同心矢志，孝事高堂。嫡庶同以节传。

莫氏，紫竹里冯绍梁妻，年二十九守节。欧阳氏，水关头莫廷辉妻，年二十八守节。一子藜焰，延名师教之，补弟子员。

黎氏，城南里张耀宗妻，年二十七守节。家贫，僦屋而居，恒忍饥寒，勤力女红，不间昼夜，奉姑育子。晚年以余积置屋一所，祀田数亩。卒年七十五。

李氏，尚书坊何兆采妻，年三十守节。梁氏，新魁潡黎方泰妾，家长故，无子，母氏欲夺其志，氏矢死无他，以礼义自守，戚族往来，罕有见者。

吴氏，新魁潡黎隆慈妾，年二十八守节。每遇忌日，辄涕泣不食，如是者十余年。

容氏，鱼生栏莫美燕妻。年二十四守节。遗腹生一子，三岁而殇。氏几不欲生，念翁姑早去世，太姑陈尚在，亦青年孀守，时相慰勉。旋以太姑见背，一恸得疾，濒危，择夫弟子入继。氏瞿然曰："吾所以隐忍未死者，以太姑在堂，且未有后耳。今无虑矣。"目遂瞑。

钟氏，紫竹里冯绍宁妻，年二十八守节。林氏，新魁潡黎隆伟妻，年二十六守节。

莫氏，冲口市林能杰妻，年二十守节。王氏，景行里监生何汝瓛妻，年二十八守节，常以不逮事翁姑为憾，事继姑四十一年，生姑三十三年。

张氏，邑城梁允洁妻，年二十六守节。梁氏，太仓里黄缵志妻，年二十四守节，事八十余老姑惟谨，邻里称之。

李氏、杨氏，大义巷例授武略骑尉赵福臣妾。家主故，时李年三十，杨年二十七，同矢孀守。

林氏，高第里冯兆清妻，年二十六守节。邓氏，华露巷莫业升妻，年二十二守节。

李氏，大口冲游兴汉妻，年二十二守节，仰事俯畜[①]，备极艰辛，每遇夫忌日，辄涕泣不自胜。何氏，柱石里黄世协妻，年二十四守节。

何氏，菱角步莫鸾辉妻。事姑孝谨，姑病，目不交睫者数阅月。比殁，号恸哀毁，吊者弗忍闻。姑殁逾年，夫继以病故。氏寻卒，年三十。

黄氏，紫竹里冯绍安妻，年二十二守节。梁氏，附城街黄肇绥妻，年二十一守节，事翁姑及九十余太姑，克尽妇道，抚子成立，年三十而卒。

黎氏，西甲罗烈汉妻，年二十八守节。屈氏，凤池里高经权妻，年二十九守节。

关氏，大井头张道登妻，年二十守节。冯氏，处厚里武举陈廷佐妻，年二十九与妾刘同守节，训子凤林有方，补诸生。

吕氏，北门街陈永赓妻，年二十八守节。张氏，白石桥龙泉社关定纯妻，年十八归关，五载，夫故，无子，生女一，时叔翁遗一子二女，尚幼，氏一体鞠育[②]教诲之，婚嫁俱毕，先代有三棺未葬，氏勤女红，积赀葬之。

谭氏，表东里李忠清妻。年十九于归，有期矣。以翁病重，先期归三日而翁卒。孝事嫡姑及生姑，姑疾，凡侍汤药，涤厕牏[③]，衣不解带。夫卒，无子，有二女。夫族怜其节且孝也，为之立嗣。卒年四十六。

邹氏，五福里陈灼奎妾，与主母张同抚嗣子，人称双节。谭氏，楼后里莫华妻，年二十九守节。氏夫随翁占梅宦粤西，夫在署病故，凶问至，氏即欲死，父母驰谕之，乃止，遂毁容饰，见者不知其为宦家妇也，无子，以夫侄为嗣。

梁氏，南边塘许宽良妻，年二十八守节。张氏，施家巷关容宏妻，年二十九守节。

赵氏，东门湾底周裔晃妻，年二十六守节。冯氏，大新街监生何羽皋妾，年三十守节。

屈氏，处厚里何以贞妻，年二十八守节。李氏，东门祖庙侧陈和尊妻，年二

---

① 仰事俯畜：上要侍奉父母，下要养活妻儿。泛指维持一家生活。《孟子·梁惠王上》：“是故明君制民之产，必使仰足以事父母，俯足以畜妻子。”

② 鞠育：抚养、养育。

③ 厕牏：意为便器，或谓贴身内衣。

十八守节。

黄氏，鹤山籍菱角步监生李敬书妾。年二十四守节。戚族有欲再醮者，氏或劝谕之，或见身说法。人多敬惮之。卒年八十。

陈氏，小富冲何栋良妻，年二十六守节，抚孤成立，卒年七十二。谭氏，西整里伍荣启妻，年二十五守节。

冯氏，泗冲陈桐芳妻，年二十九守节。黄氏，瓦片地李继乾妻，年三十守节。

陈氏，城西步云里郑信远继妻，年三十守节。陈氏，华露巷监生莫兴业妻，年三十守节，抚二子成人，侄少孤，视犹己子，以夫所积产与己子均分。

许氏，织筒巷萧奕蕃妻。年二十八守节，时翁已早逝，尚有夫兄弟三人。家道中落，夫故后，夫兄弟亦相继亡，丧葬之事咸倚之。仅余四岁弱孤，拮据尤甚云。

黄氏，东门湾底如求社何恭广妻。年二十八守节。

宋氏，高第街记委汤思慎妻。道光二十二年（1842），夫从戎狗头山，遇害。闻讣，一恸欲绝，惟念翁姑垂白，二子孪生。忍死守节，仰事俯畜，勤力女红，常勖子以必报父仇为志。节烈之怀，二十年如一日云。

李氏，做笔街胡士荣妻，年二十七守节。杨氏，做笔街胡明扶妻，年三十守节。

冯氏，学前街林能休妻。年十八于归，二载，夫疾笃，氏割股和药救之，不效。无子。忧伤致疾，卒年三十。

张氏，县前直街梁伟勋妻。年二十于归，五载，夫病笃，氏割臂和药疗之，不验。

冯氏，学前街署芦苞都司陶雄亮妾。亮卒，守节。家中落，艰苦备尝。

林氏，学前街监生区作基妾。抚嫡子武生区殿安，成名。

莫氏，学前街武生区殿安妻。黄氏，学前街吕宗常妻。林氏，翰禄桥谭敦叶妻。

孙氏，翰禄桥谭苍培妻。方氏，翰禄桥谭仁锦妾，抚育嫡妻子女成人。许氏，翰禄桥区世发妻。

李氏，翰禄桥陈高谊妻。翁姑俱先殁，忌祭必诚。李氏，翰禄桥阮天休妻。陈氏，翰禄桥萧应耀妻。

赵氏，桂林里外委陶兆麟妻。梁氏，桂林里冯嗣茂妻。柯氏，桂林里梁成茂妻。

吴氏，北门街许裔璇妻。钟氏，花园巷潘睿振妻。施氏，花园巷莫烈昭妻。

莫氏，花园巷李崇象妻。刘氏，花园巷阮宠能妻，归月余，夫卒。何氏，花园巷莫德显妻。

梁氏，金紫街邓端卿妻。尹氏，金紫街何官华妻。黄氏，金紫街鲁洽德妻。

钟氏，金紫街鲁瞻德妻。李氏，香山籍，见住金紫街赵绍仁妻。李氏，珠玑里容宣福妻。

赵氏，珠玑里容祥符妻。莫氏，珠玑里容符峻妻。梁氏，珠玑里容嘉颖妻。

陈氏，南宁街伦协基妻。冯氏，南宁街莫雅燕妻。刘氏，南宁街黄令世继妻。

任氏，南宁街伦捷基妻。梁氏，南宁街莫翼选妻。许氏，南宁街伦昇德妻。

李氏，南宁街莫馨燕妻。何氏，南宁街莫宜波妻。黄氏，南宁街莫文辉妻。

周氏，福临里黎隆衢妻。陈氏，福临里郑高泽妻，事姑孝，姑临终以“佳妇”称之。

李氏，做笔街朱裔勤妻。谭氏，做笔街黎维礼妻。陈氏，仓前街郑继祥妻，夫病重，迎归，一见，移时即殒。

余氏，仓前街张公重妻。伍氏，仓前街吴永庆妾，生一子，抚之成立。许氏，仓前街吴永庆妾，无子女。

杨氏，仓前街李德晋妻。伍氏，仓前街吴延德妻。黄氏，天福里徐显赞妻。

陈氏，天福里张沾润妻。黄氏，西园里黎孙发妻。谢氏，八角亭冯遐荣妻。

区氏，八角亭甄成贤妻。林氏，蒙超能妻，南海籍，今住八角亭。柯氏，方岳里区松福妻。

钟氏，如求社区传弼妻。柯氏，如求社区永仪妻。张氏，东门吕永传妻。

谢氏，东门区荣尊妻。吴氏，东门何欣睦妻。冯氏，东门监生莫兆兰妻。

聂氏，东门司徒贞鋴妻。郑氏，东门余表裘妻。许氏，东门莫嗣琇妻。

李氏，东门区熊万妻。雷氏，东门钟胜懋妻。谭氏，区家塘基陈秉彝妻。

陈氏，区家塘基貤赠登仕佐郎何长彝妻。黎氏，新东门内赵孟济妻。赵氏，四方井徐耀宁妻。

廖氏，四方井刘家邦妻。陈氏，四方井刘世惠妻。黄氏，菱角步关仁嗣妻。

彭氏，菱角步区应鸾妻。陈氏，菱角步区傅玑妻。冯氏，菱角步李发绍妻。

邱氏，菱角步李恒贞妻。钟氏，菱角步林箕铨妻。彭氏，罗家塘基李协懿妻。

梁氏，红门楼附贡生即用府通判李钟灵妾。陈氏，红门楼李器昭妻。黎氏，水皮里容符璋妻。

潘氏，横冲谢尊谟妻。梁氏，横冲冯荣寿继妻。张氏，横冲冯荣璿妻。

吕氏，横冲冯荣禹妻。张氏，横冲黄缵昭妻。邝氏，横冲梁荣先妻。

李氏，南门莫介昭妻。叶氏，南门诸生莫麟符妾。吕氏，南门莫平燕妻。

李氏，南门何贞炬妻。李氏，南兴街何良谦妻。何氏，南兴街李祥光妻。

甄氏，南兴街李守性妻。黄氏，爵芳里梁瑞业妻。黄氏，爵芳里冯荣灏妻。

许氏，澜洲里李令猷妻。黎氏，澜洲里邝思安妻。李氏，尚书坊武举何彦光妾。

唐氏，尚书坊何卓锡妻。李氏，尚书坊何凌似妻，教子进庠。李氏，尚书坊何耀清妻。

何氏，尚书坊张邦清妻。梁氏，尚书坊何峤华妻。陈氏，楼后里莫朝翼妻。

陈氏，宜民桥冲边李协象妻。何氏，宜民桥冲边黄业彰妻。伍氏，怀德巷布经历何其亨继妻。

甘氏，怀德巷职员莫天保妾。伍氏，五柳台张炳垣妻。欧阳氏，五柳台监生黄秉辉妻。

潘氏，龙胜里何攀贞继妻。梁氏，增嘉巷张鸣玉妻。杨氏，增嘉巷李世广妻。

尹氏，织篙巷黄盛德妻。何氏，织篙巷梁扬有妻。黄氏，朱紫街陈成芳妻。

黎氏，朱紫街钟学瑞妻。钟氏，朱紫街李贤安妻。黄氏，朱紫街梁会庆妻。

黄氏，朱紫街李贤睿妻。刘氏，处厚里陈程芳妻。刘氏，处厚里李恒颐妻。

许氏，处厚里关仁荣妻。李氏，处厚里陈觐贤妻。周氏，鹁鸽巷关仁让妻。

莫氏，鹁鸽巷关仁政妻。何氏，大新街陈美筹妻。黎氏，大新街监生吕廷松继妻。

莫氏，大新街何圣敬妻。周氏，大新街黄爰登妾。陈氏，塞窦口宁夏府经谭元锡妾。

张氏，柱石里何应登妻。李氏，北岳庙监生谭章纯妻。许氏，南塘何奕清妻。

萧氏，募前黎永符妾。梁氏，募前李芳芹妻。陈氏，募前何澄清妻。

赵氏，募前李恒芳妻。曾氏，募前李元海妻。曾氏，募前黄成强妻。

周氏，募前李怀业妻。张氏，至公巷莫侣燕妻。李氏，至公巷莫埙燕妻。

梁氏，大员塘黄喜昭妻。莫氏，大员塘尹绍纲妻。陈氏，华露巷莫俊燕妻。

冯氏，高第街张升镛妻。黄氏，华美街何华滋妻。梁氏，华美街何华配妻。

莫氏，华美街梁承礼妻。李氏，华美街何兆年妻。林氏，华美街李声平妻。

林氏，华美街李畴立妻。谭氏，华美街陈沾熙妻。余氏，华美街陈滋熙妻。

李氏，诗书街陈贤储妻。曾氏，诗书街岑作澜妻。陈氏，施家巷梁伟谦妻。

钟氏，施家巷梁邦侍妻。李氏，象山巷许泮运妻。赵氏，象麟里林占梅妻。

李氏，吉园巷谭学聪妻。夏氏，青云坊程烈盖妻。许氏，青云坊程烈滋妻。

许氏，青云坊高显守妻。阮氏，青云坊周象峻妻，事姑及生姑尽孝，饔飧不继，常无怨色。

陈氏，青云坊李依华妻。冯氏，青云坊李杰立妻。吕氏，青云坊李勤德妻。

林氏，容毂巷副贡李彭龄妾。冯氏，凤池里张寅述妻。赵氏，凤池里高经忠妻。

赵氏，瓜飏巷武生陈罄宜妻。李氏，大井头赵学圣妻。陶氏，张家巷陈恒裕妻。

梁氏，凤池里高经权妻。李氏，濠桥街黄世谦妻。冯氏，濠桥街黄世荣妻。

容氏，仙鞢里武生莫朝芳继妻。莫氏，五显冲黄立德妻。黎氏，五显冲莫载周妻。

冯氏，五显冲外委陈荧灯继妻。莫氏，贞寿之门林明义妻。吴氏，五显冲陈万尊妻。

李氏，五显冲关仁俊妻。黄氏，西隅街关定孚妻。聂氏，西隅街关彤书妾。

何氏，西隅街职员黄秉才继妻。陈氏，西隅街黄秉才妾。李氏，孟里莫载珍妻。

张氏，孟里欧阳光迎妻。冯氏，孟里张鸿椿妻。冯氏，康宁里张垣春妾。

钟氏，康宁里许洪运妻。钟氏，白米巷张椿盛妻。方氏，大魁里梁颛宽妻。

黄氏，大魁里李恒庆妻。李氏，南边塘许敬达妻。李氏，南边塘许升运妻。年八十八岁。

许氏，南边塘梁尊邦妻。黄氏，大魁里张绍镛妻。区氏，南边塘许钦运妻。

吕氏，南边塘许佐时妻。许氏，南边塘梁孚邦妻。李氏，南恩里崔成珮妻。

钟氏，大义巷李纲昭妻。余氏，大义巷李叶时妻。林氏，象贤里何清华妻。

李氏，第一巷张绪传妻。颜氏，第一巷林立焕妻。黄氏，象贤里武生赵英祥妻。

李氏，第一巷武生莫超扬妾。黄氏，深冲桥莫景燕妻。刘氏，清化关冯尊芳妻。

黎氏，清化关冯洽芳妻。张氏，清化关谭家元继妻。张氏，清化关何徽良妻。

何氏，清化关许操持妻。李氏，清化关冯芳兰妻。李氏，附城街冯明嗣妻，抚三子长成。

余氏，附城街何善元妾。黄氏，附城街李基灿妻。莫氏，泗水门内陈荣选妻。

梁氏，骑虎关邝业振妻。许氏，骑虎关李发壮妻。许氏，骑虎关区寅道继妻。

莫氏，骑虎关谭礼传妻。何氏，骑虎关苏懿明妻。梁氏，骑虎关余表和妻，翁姑早逝，朝夕香灯必虔。

梁氏，田心巷莫如玮妻。李氏，厂边莫裕燕妻。区氏，厂边许承亮妻。

李氏，城南里刘公溥妻。聂氏，城南里监生张景星妻。莫氏，三丫路赵业赞妻。

陈氏，炼丹井黄盛浚妻。赵氏，炼丹井聂宏受妻。张氏，炼丹井梁君盛妻，夫卒，举目无亲，仰女红以畜幼子。

吴氏，炼丹井何其华妻。吴氏，炼丹井何林华妻。区氏，南安街莫彰燕妻。

钟氏，南安街莫翼颐妻。张氏，东门街佾生区洽万妻。林氏，福宁里甄子昌妻。

莫氏，莫家塘基李巷赠职李甡妻。陈氏，大南门记委何光华妻。陈氏，小富冲许与泰妻。

陈氏，小富冲区传德妻。张氏，小富冲何焕钟继妻。林氏，小富冲张传胪妻。

莫氏，小富冲许锦耀妻。王氏，狗髀塘余绍参继妻。余氏，狗髀塘区敬业妻。

赵氏，东贤里梁兰蔼妻。梁氏，新地里赵学潜妻。梁氏，新地里记委钟大龙妻。

高氏，十八整柯怡礼妻。梁氏，十八整柯钧连妻。梁氏，十八整柯宏泽妻。

叶氏，东侯里梁钦承妻。冯氏，东侯里梁仁照妻。何氏，东侯里梁思永妻。

冯氏，东侯里梁永润妻，终窭且贫，没齿无怨。陈氏，东侯里梁觐永妻。

吕氏，宏盛里屈君益妻。李氏，宏盛里屈叶章妻。梁氏，宏盛里潘世蕃妻。

梁氏，大悦潋屈启龄妻。孙氏，阜宁里陈忠纪妾。谭氏，五福里职员陈康侯妾。

杨氏，五福里陈命先妻。陈氏，五福里何义正妻。苏氏，五福里陈谌先妻。

李氏，五福里陈焕信妻。岑氏，五福里何岐阳妾。林氏，五福里陈循忠妻。

张氏，五福里陈灼奎继妻。钟氏，帝临堂美乐社许清远妻。施氏，余庆里陈赠先妻。

周氏，帝临堂陶显寅妻。李氏，帝临堂陈燠信妻。黄氏，翰林里冯照元妻。

莫氏，翰林里从九品冯赞修妻，性能忍，横逆[①]之来，不与校。区氏，翰林里何贞权妻。

黎氏，大路里钟信德妻。潘氏，大路里张永仁妻。谢氏，大路里黄宏厚妻。

邓氏，太和里梁邦统妻。陈氏，太和里监生林学礼妾。张氏，太和里伍文钦

---

① 横逆：强暴无理的举动，指耍赖皮或无理取闹之人。

妻，姑有足疾，不能安步，事之十余年不懈，无子，一女旋殇。

赵氏，太和里钟志迪妻。陈氏，太和里李继耀妻。冯氏，太和里林济川妻。

伍氏，太和里监生冯照汉妻，秉性持重，与人言无谑谈。钟氏，太仓里李佐承妻。

何氏，葫芦坊黎协五妻，极得翁姑心。曾氏，葫芦坊吴广员妻。梁氏，新魁滘聂良炘妻，家贫姑老，奉事不怠。

刘氏，新魁滘黎隆活妻，家贫，勤操作，老而不倦。李氏，新魁滘聂超临妻，勤女红，以奉翁姑育幼子。

林氏，新魁滘黎绍鋈妻。张氏，新魁滘黎绍唐妻。梁氏，新魁滘武举张国光继妻。

何氏，大口冲职员冯时瑞妾。黄氏、张氏，俱大口冲监生冯宏仁妾。

何氏，大口冲记委冯大光妾。范氏，大口冲汤骐昌妻。李氏，贤洲街游兴汉妻。

黎氏，贤洲街钟梅懋妻。崔氏，贤洲街李炜世妻。邓氏，贤洲街香山籍赵绍庥妻。

黄氏，贤洲街赵绍彭妻。曾氏，上水里陈典经妻。冯氏，上水里陈大进妻。

梁氏，上水里赵叶茂妻。张氏，上水里陈明安妻。梁氏，上水里李兆期妻。

黄氏，上水里何嘉玉妻。屈氏，上水里区义铨妻。黎氏，泗冲梁璋承妻。

张氏，泗冲吴振鸾妻。何氏，泗冲伍淇耀妻，孝慈勤俭，戚族称之。黄氏，泗冲吴玉祥妻。

张氏，泗冲吴振俊妻。冯氏，泗冲李祈礼妻。何氏，鳡鱼㙍尹轼基妻。

李氏，中和里曾进超妻。黄氏，良嘉巷陈聚先妻。胡氏，良嘉巷李恒锦妻。

唐氏，百岁坊冯嗣厚妻。黄氏，表东里李凝香妻。苏氏，三丫营刘昌成妻。

张氏，三丫营何拱安妻。何氏，彭家湾彭上孚妻。黄氏，梅树营陈大庄妻。

区氏，梅树营陈大权妻。林氏，西甲梁允平妻。陈氏，西甲梁允庚妻。李氏，西甲梁允浓妻，姑性颇严，曲意承顺[①]，常得其欢。

尹氏，东甲梁荣耀妻。苏氏，许家巷许焕远妻。李氏，许家巷许然远妻。

周氏，许家巷黎亿谷妻。邝氏，许家巷许宁芳妻。周氏，高第里林道盈妻。

黄氏，深衢巷陈经纶妻。何氏，浐湾钟杰超妻。谢氏，浐湾张镛溥妻。

李氏，浐湾张润镛妻。陈氏，浐湾张镛宽继妻。谢氏，黄家楼黄明世妻。

---

① 曲意承顺：违背自己的心意，去奉承顺从别人。

张氏，黄家塘基黄绪福妻。陶氏，西墪余章丽妾。冯氏，西墪聂祖尧妻。

张氏，西墪余铎英妻。钟氏，元龙里伍信维妻。张氏，紫竹里冯绍桐妻。

莫氏，紫竹里冯绍康妻。李氏，紫竹里冯挺兆妻。吴氏，紫竹里职员冯易简妾。

冯氏，大墪浪罟村李光显妻，归两月，夫故，礼法自持，邻里钦慕。谢氏，大墪象照里冯嗣琼妻。

聂氏，竹林里吕传庄妻。余氏，环滢里李世隆妻。赵氏，大墪监生黄元楷妾。

潘氏，大墪李评道妻。赵氏，大墪李立宗妻。林氏，大墪李道刚妻。

黄氏，大墪李讲道妻。陈氏，大墪李修彪妻。李氏，大墪黄有成妻。

冯氏，大墪叶基韶妻。叶氏，礼义桥余焕章妻。冯氏，大墪李衍培妻。

林氏，大西门赵焜煜妻。林氏，白石桥关宁昌妻。张氏，白石桥关定钧妻，家贫，半仰给外家，半藉女红。

梁氏，白石桥李希源妻。家贫，纺绩度活。刘氏，紫源里钟炬懋妻，能恤寡怜贫，人怀其德。

冯氏，紫源里钟豫懋妻。黄氏，紫源里钟铨超继妻。李氏，紫源里钟铨超妾。

张氏，紫水里钟济懋妻。张氏，紫水里钟懋兆妻。刘氏，沙堤钟群聚妻。

陈氏，沙堤钟德益妻。高氏，沙堤钟群懋妻。黄氏，沙𫗧李璿清妻。

钟氏，沙𫗧李韶清妻。崔氏，沙𫗧李清贤妻。何氏，沙堤钟超梅妻。

林氏，沙堤钟超就妻。朱氏，步云里戴接忠妻。李氏，太宁里黄启良妻。

赖氏，福昭里柯明德妻。翁姑先殁，忌祭必诚。冯氏，龙兴里钟超元妻。胡氏，东亭里李询光妻。

梁氏，德胜里杨功兴妻。伍氏，西宁里任骏满妻。张氏，莫昭贤妻。

以下里居未详。

李氏，莫奖燕妻。黎氏，李恒遂妻。何氏，候补外委李槐芳妻。高氏，马业成妻，勤俭和睦，邻族称之。

梁氏，经历何子铨妾，子绍瀛，湖北试用巡检。区氏，莫欣燕妻。薛氏，冯荣茹妻。以上《采访册》。

东北

钟氏，天河乡大元里郭熙文聘妻。年十六，熙文病故。氏闻讣，呕血晕绝而复苏者再，欲奔丧。父廷芳适外出，不得请，遂绝粒。逾数日，父归，氏自陈情，誓死无二。父见其志坚，许之归郭家。事翁姑以孝闻。越数年，诸叔渐长，以女红所积，购屋自居，终日杜门。母家有庆事，必先期至，叩贺如礼，即返，曰：“庆日，女从阛集笑语，非未亡人所宜与也。”布衣茹素，数十年如一日。

邓氏，白沙何羽轩妻，年二十五守节。谭氏，水南黄宏忠妻，年十八守节。陈氏，南山伍文忠妻，年十九守节。

周氏，南山伍学振妻，年二十守节。梁氏，麦园伍允坤妻，年十九守节。马氏，篁庄欧阳敏芳妻，年十八守节。

萧氏，石溆茹美凯妻，年二十守节。罗氏，松朗李以贞妻，年二十守节。区氏，潮连陈忠妻，年十八守节。

容氏，潮连陈霁光妻，年二十一守节。潘氏，荷塘容翦封妻，年十七守节。高氏，荷塘李琨妻，年二十二守节。

卢氏，荷塘刘乐纯妻，年二十三守节。吴氏，荷塘余廷超妻，年二十一守节。何氏，荷塘陈观益妻，年十九守节。

黄氏，天河槎溪谭秋妻，年十七守节。区氏，横江张福沾妻，年二十守节。谭氏，横江吴运悦妻，年十九守节。

以上贞女。

张氏，荷塘篁湾里李达均妻，年二十七守节。抚孤教育兼尽，且能逮下以惠。年三十七，以劳卒。

罗氏，李达均妾，年二十四与嫡张同守，抚孤成立，甫得孙而子又亡，嫡亦下世，复抚孙，及见曾元，犹抑下如少贱时。乡里称之。卒年八十九。

区氏，潮连监生陈慕乔妻，年二十六守节，卒年四十二。陈氏，潮连区治羡妻，年二十七守节事姑，抚孤成立，孀守五十一载，现七十五岁。

黄氏，白沙宋振蕃妻。年二十一，于归半载，夫卒。初，氏九岁目瞽，不能纺绩，惟暗搓钱贯度日。及归，家贫姑老，夫弟不能自立，嗣子复不肖，旋故，止一孙。积劳成疾，计守节三十七年。

吕氏，都会巷头里黎华铎妻。年十七于归，两载，夫病瘫卧床，第间赖氏调养，五载，夫卒，矢志自守。事翁姑克尽妇道，女红度活。闾里贤之。计守节四十二年，现年六十一岁。

李氏，都会黎贤攀妻。何氏，都会黎贤尚妻。孔氏，都会黎修华妻。

吕氏，都会黎耀茂妻。黄氏，都会黎照良妻。潘氏，白沙刘崇祐妻。

冯氏，白沙吴至远妻。冯氏，白沙何树龄妻。吕氏，白沙陈德恒妻。

黄氏，白沙陈文大妻。黄氏，白沙何羽蔼妻。林氏，白沙何上桢妻。

陈氏，白沙何羽胜妻。郭氏，白沙陈文亮妻，年八十八卒，孙曾绕膝。何氏，白沙陈千协妻。

尹氏，白沙陈浩然妻。黎氏，白沙何敦聪妻。黄氏，白沙何上富妻。陈氏，白沙何洪量妻。尹氏，白沙何敦培妻。陈氏，白沙何慎猷妻。黄氏，白沙何上传妻。吕氏，白沙陈德昂妻。唐氏，白沙陈德馨妻。李氏，白沙陈立旺妻。李氏，白沙陈德明妻。黄氏，白沙陈德周妻。陈氏，白沙何洪荣妻。曾氏，白沙何国屏妻。梁氏，白沙何国瞻妻。黄氏，江粫区经济妻。吕氏，江粫区经护妻。何氏，江粫区邦杰妻。黄氏，江粫区日腾妻。尹氏，江粫区日照妻。赵氏，江粫区经合妻。陈氏，江门吕喜传妻。唐氏，江门吕振溶妻。高氏，江门吕传英继妻。陈氏，江门吕如枢妻。陈氏，江门吕和庄妻。冯氏，江门吕传泰妻。陈氏，江门吕奕昂妻。黄氏，江门吕恩传妻。谭氏，江门吕凤诏妻。邓氏，江门吕振英妻。邓氏，江门吕国华妻。陆氏，江门吕奕开妻。潘氏，江门吕奕扶妻。陈氏，江门吕和达妻。谭氏，江门吕传俭妻。王氏，江门吕奕就妻。黎氏，江门吕传迪妻。徐氏，江门吕和琨妻。黄氏，江门吕端相妻。谭氏，江门聂文启妻。张氏，新村吕瑞光妻。赵氏，江门尹权秉妻。马氏，江门尹卓超妻。何氏，象溪坊吕峻业妻。黄氏，水南张镒之妻。陈氏，水南黄兴让妻。欧阳氏，水南黄敦华妻。张氏，水南黄叙常妻。李氏，水南黄霭照妻。王氏，水南黄敦炯妻。黄氏，水南袁庸能妻。赵氏，水南刘公衮妻。何氏，水南李光远妻。吴氏，水南王延彦妻。卢氏，水南谭兆蓉妻。宋氏，水南张椿庄妾。陈氏，水南张椿夔继妻。冯氏，水南张椿夔妾。黄氏，水南邓阳春妻。梁氏、陈氏，水南邓光岳妾。区氏，水南夏宏发妻。区氏，水南张清耀妻。林氏，北街张沾炤妻，同治四年（1865），年八十。区氏，皋头赵松荣妾。李氏，皋头赵挺荣妻。尹氏，皋头黄兴扶妻。林氏，北街陈联滋妻。陈氏，南山伍荣配妻。张氏，南山伍维曙妾。陈氏，南山伍荣班妻。马氏，南山伍维熏妻。吕氏，南山伍维雅妻。陈氏，南山伍维焕妻。陈氏，南山伍维龙妻。陈氏，南山伍维庸妻。王氏，南山伍荣棉妻。陈氏，南山伍荣开妻。唐氏，南山伍文纪妻。陈氏，南山伍荣敏妻。陈氏，南山伍维宣妻。陈氏，南山伍荣宝妻。张氏，南山伍荣赐妻。叶氏，麦园伍文濂妻。陈氏，麦园伍荣护妻。陈氏，麦园伍文锡妻。陈氏，麦园伍学伦妻。赵氏，外海陈瑞祥妻。李氏，外海陈相国妻。伍氏，外海陈熙元妻。蔡氏，外海陈沛悦妻。黄氏，石头陈本妻。

陆氏，石头张垣周妻。李氏，石头张垣嘉妻。叶氏，石头职员卢文锦妾。

陈氏、陈氏、陈氏，石头职员卢文翰一妻二妾。李氏，天河职员萧棣芳妻。

李氏，周郡谢壮亮妻。李氏，周郡谢壮彦妻。甘氏，篁庄欧阳恭昌妻。

胡氏，篁庄欧阳安妻。黎氏，篁庄欧阳永超妾。何氏，篁庄欧阳汝彬妾。

卢氏，篁庄欧阳达权妾。陈氏，白石甘和庆妻。卢氏，白石甘襄衍妻。

卢氏，白石唐功冕妻。林氏，白石唐廷梠妻。何氏，白石唐宗越妻。

李氏，白石唐宗廉妻。邓氏，石瀔茹巧耀妻。林氏，旧社王长龄妻。

潘氏，旧社王槐葱妻。谢氏，小桥梁怀俊妻。黄氏，小桥梁恒耀妻。

李氏，小桥梁俊福妻。李氏，小桥梁恒泰妻。秦氏，小桥梁恒泰妾。

康氏，小桥梁演纶妻。黄氏，小桥梁修周妻。李氏，小桥梁恒枝妻。周氏，小桥梁复炳妻。

林氏，小桥梁修彦妻。林氏，小桥梁溥霭妻。甘氏，步岭张倬林妻。

陆氏，步云张公猷妻。宋氏，棠下罗佩作妻。周氏，棠溪甘克贯妻。

陈氏，蓬莱卢墨林妻。谭氏，莱溪英胄仰妻。周氏，莱溪英五桂妻。

容氏，莱溪英道纯妻。卢氏，莱溪英成章妻。陈氏，莱溪英奕恭妻。

欧阳氏，莱溪英明晃妻，同治五年（1866），年八十岁。陆氏，莱溪英奕启妻。茹氏，莱溪英凌云妻。

罗氏，甘边甘允斌妻。薛氏，圆岭梁鸿滋妻。梁氏，松朗薛绍芳妻。

黎氏，松朗李荣志妻。陆氏，松朗李业颜妻。李氏，良溪罗芳传妻。

谭氏，天河大阮钟协德继妻。何氏，天河大阮钟永芳继妻。谭氏，天河大阮钟巽德妻。

李氏，天河平溪谭卓乾继妻，年二十一守节，现年五十三岁。何氏，天河仓边谭昌衍妻。

吴氏，天河槎溪谭焜昭妻。冯氏，天河槎溪谭懿昭妻。黄氏，天河礼村谭惠长妻。

胡氏，天河新村谭明昭妻。谭氏，积谷边冯璿光妻。黄氏，天河礼村谭敬言妻。

钟氏，天河大阮胡容光妻。冯氏，横江区义成妻。吴氏，横江区宗秩妻，夫病笃，时尝剖臂疗之，不效。

黄氏，横江张和椿妻。冯氏，横江黄耀垣妻。冯氏，横江黄国占妾。

吴氏，横江黄昭元妾，咸丰五年（1855），八十七岁。茹氏，横江黄芳华妾。黎氏，横江黄方盛妻。李氏，黄芳盛妾。嫡庶同守，一门双清。

卢氏，石头张应镛妻。张氏，横江黄懋铨妻。张氏，横江黄昌仪妻。周氏，横江黄运辉妻。

郭氏，横江吴运永妻。梁氏，横江吴运恭妻。区氏，潮连潘烈均妻。

林氏，潮连潘克闲妻。林氏，潮连陈锡良妻。李氏，潮连潘良绪妻。

李氏，潮连潘缉绪妻。容氏，潮连区从元妻。梁氏，潮连区运瑭妻。

唐氏，潮连区景凤妻。区氏，潮连朱启正妻。林氏，潮连区景伊妾。

卢氏，豸尾区家勤妻。李氏，潮连陈绪衍妾，咸丰六年（1856），八十六岁。李氏，荷塘容慎传妻。

容氏，荷塘李钦伟妻。谢氏，荷塘余表乾妻。何氏，荷塘余表贤继妻。

区氏，荷塘李仲扬妻。蔡氏，荷塘李仁远妻，卒年八十七。卢氏，荷塘李伟英妻。

黎氏，荷塘李赓禹妻。李氏，荷塘容怀达妻。李氏，荷塘容怀裕妻。

陈氏，荷塘容安卿妻。李氏，荷塘俞美昌妻。陈氏，荷塘李周雅妻。

卢氏，荷塘李显仁妾。区氏，荷塘监生容人镜妻。李氏，荷塘容震书妻。

王氏，荷塘容廷赐妾。区氏，荷塘李尧宾妻。高氏，荷塘李沛从妻。

容氏，荷塘胡敦良妻。容氏，荷塘黎从阶妻。容氏，荷塘李光秀妻。

容氏，荷塘李荣闰妻。黄氏，荷塘监生容英贤妾，咸丰二年（1852），八十五岁。卢氏，荷塘李豁然妻。

高氏，荷塘李敦贤妻。陈氏，荷塘李孚行妻。容氏，荷塘李垂端妻。

陈氏，荷塘李应平妻。黄氏，荷塘李国珍妻。何氏，荷塘李昭秀妻。

邓氏，里村施琛贻妻。黄氏，里村施达学妻。李氏，张村黄崇哲妻，同治四年（1854），年八十九。

李氏，丹灶谢占猷妻。何氏，丹灶谢天培妾。黄氏，丹灶谢占满妻。

李氏，丹灶罗建常妻。邓氏，丹灶陆荣安妻。茹氏，丹灶罗绍文妻，年八十三。

周氏，木朗尹基永妻。黄氏，木朗尹曜缵妻。黄氏，木朗尹建贤妻。

施氏，木朗尹协明妻。陈氏，木朗尹尔光妻。陈氏，木朗尹有仁妻。

赵氏，木朗尹耀聘妻。黄氏，木朗尹和习妻。黄氏，木朗尹宗授妻。

张氏，木朗尹兆灿妻。赵氏，木朗尹成泰妻。陈氏，木朗尹纯钜妻。

黎氏，木朗尹日隆妻，道光二十五年（1845），年八十二岁。陈氏，木朗尹时中妻。

欧阳氏，杜阮黄宏瑞妻。陆氏，杜阮黄平凯妻。陈氏，杜阮黄学文妻。

吴氏，杜阮黄玉冈妻，同治四年（1865），年八十三岁。黎氏，杜阮黄如兰妻。伍氏，杜阮黄明启妻。

尹氏，杜阮黄乾振妻。欧阳氏，杜阮黄昌龄妻。叶氏，杜阮黄汝宽妻。

胡氏，杜阮黄骏驭妻。陈氏，杜阮黄兴锦妻。彭氏，杜阮黄德胜妻。

苏氏，杜阮黄文杰妻。尹氏，杜阮黄揀厚妻。柯氏，公子园蓝嘉美妻。

梁氏，礼乐蓝英超妻。陆氏，大亨北星钟石妻。

以上《采访册》。

西南

林氏，纲山元纲里许祥厚聘妻。祥厚卒，氏年十九，闻讣即归守贞，矢志不二。孝事姑章，慈抚嗣子以致成立。闺门勤慎。卒年七十二。

梁氏，蒋山林立卓妻，年十九守节。阮氏，七堡旺边里李天祥妻。年十八守节。

黄氏，山头林亚性妻，年二十守节。伍氏，小冈梁亮光妻，年十九守节。黄氏，霞露赵经翼妻，年十八守节。

萧氏，霞露赵保济妻，年十八守节。李氏，平步里阮宠兰妻，年十九守节。林氏，邦冲贵塘里邓徽擢妻，年二十守节。

赵氏，田寮冯嗣保妻，年十八守节。陈氏，上凌冲谭阿扶妻，年十九守节。黄氏，水东陈文耀妻，年二十守节。

吴氏，河村汤裔艳妻，年十八守节。李氏，阬头陈薏芳妻，年十九守节。郑氏，小梅刘唐御妻，年十九守节。

黄氏，沙堆曾龙祐妻，年十九守节。李氏，南赓黎谦拱妻，年二十守节。

以上贞女。

李氏，七堡乡李邦镇女。年将及笄，遭父丧，终鲜兄弟。母又遘疾，不能卧起。家贫，纺绩度日，遂矢志不嫁，孝事老母。殁后，丧葬如礼。卒年四十。乡人嘉其孝，称道弗衰①。孝女。

李氏，杜冈乡林圣谦聘妻。年十七，圣谦卒，闻讣即奔归林家恸哭。是夜自缢，以救苏，绝粒而死。

林氏，文楼乡吴振艳妻。嘉庆二十五年（1820），夫卒，氏年二十七，矢志孀

① 又据爱如生中国方志库收录的同治《新会县续志》卷七《列传·列女》内容与此有别。现录入如下："李秋兰，七堡李镇德女。年将及笄，遭父丧，幼弟在抱，母又遘疾，不能卧起。家贫，纺绩度日，遂矢志不嫁，孝事老母。至没，抚弟成立。卒年四十。乡人嘉其孝，称道弗衰。"

守。父母怜其少，欲夺其志。氏闻之，俟虞祭毕，遂投缳自尽。

简氏，塘荷乡张椿颜妻。咸丰八年（1858），夫卒，氏年二十三，誓死以殉，夫卒逾月即自缢。

马氏，长涧乡东昇里阮朝敬妻。年三十，夫故，遂不食而死。

汤氏，海潡乡李理南妻。年二十二，夫卒，哭泣之哀，邻里感动。迨夫卒，哭之期，遂自缢。

以上烈妇。

张氏，龙头乡黄华平妻。年二十六守节。氏性至孝，常负米养母，十有余年不倦。计守节四十三年，现年六十九岁。

潘氏，岛桥乡谭达宗妻。年二十五守节。家赤贫，常丐食奉姑，十余年不倦，抚一子长成。卒年五十五，计守节三十年。

李氏，三八水谈心修妻。年二十六守节。一子甫五岁，时翁年八十一，嫡姑年七十六，生姑已没，遗一夫弟亦幼。氏勤纺绩，足不逾阈，抚孤子夫弟俱至成立。

陈氏，三八水谈尚谋妻。年二十六守节。家贫无子，夫负夙债累累。氏昼夜纺绩，勤俭经营，得资渐次抵偿。更置田产，择一养子，完娶。年六十九尚存。

谭氏、刘氏，蟠龙乡黄大猷之妻妾也。夫主卒，时谭年二十六，刘年二十一，同志孀守，抚孤成立。谭年五十八，刘年五十一，均守节二十九年。

苏氏，南坦谭长璞妻。谢氏，南坦谭准球妻。叶氏，南坦谭绳炎妻。

苏氏，小冈玉堂里梁先蕴妻。莫氏，小冈衙前梁烈承妻。阮氏，小冈梁超统妻。

黄氏，小冈梁先培妻。伍氏，小冈梁玉承妻。李氏，小冈梁意承妻。

张氏，小冈梁承让妻。张氏，小冈梁畅承妻。龙氏，小冈梁禹承妻。

戴氏，小冈梁雄承妻。李氏，小冈梁翼先妻。阮氏，小冈石桥梁谐永妻。

余氏，小冈梁先亿妻。戴氏，小冈连仓里梁愿先妻。余氏，小冈环江里阮恩宠妻。

陈氏，小冈梁圣玺妻。余氏，小冈梁谦承妻。冯氏，小冈梁承撰妻。

陈氏，小冈梁先学妻。谭氏，小冈梁寅承妻。张氏，小冈梁承乾妻。

刘氏，小冈梁盈先妻。伍氏，小冈梁祖端妻。苏氏，小冈梁祖孚妻。

伍氏，小冈石叟梁祖贤妻。陈氏，小冈梁亦峻妻。谈氏，小冈梁祖兰妻。

李氏，保平麦茂观妻。黄氏，洞阁李大衍妻。尹氏，洞阁李基彩继妻。

阮氏，洞阁李广雄妻。刘氏，冈背苏经镒妻。梁氏，冲茶白眉坊同美里马世聰妻。

邓氏，冲式林裘立妻。梁氏，冲式东成里吴秉庸妻。冯氏，大龙里戴察忠妻。

李氏，大龙里戴作材妻。梁氏，天台戴作肃妻。陈氏，七堡李胜德妻。

梁氏，七堡李五德妻。林氏，七堡李立瑜妻。区氏，七堡李炎立妻。

周氏，七堡李德仰妻。麦氏，七堡李朝瑞妾。莫氏，七堡李学赞妻。

苏氏，七堡李学饶妻。梁氏，七堡高第里李学庭妻。林氏，七堡李颂世妻。

黄氏，七堡南龙里李丛世妻。林氏，七堡李世义妻。梁氏，七堡李修常妻，卒年八十八。

谢氏，七堡嘉宁里李懋德妻。袁氏，七堡李继珍妻。陈氏，七堡李德俊妻。

林氏，七堡圣堂里李继让妻。阮氏，七堡汾阳里李炳焜妻。周氏，七堡嘉乐里李学齐妻。

黄氏，七堡新填里李球德妻。林氏，七堡新填里李象松妻。陈氏，七堡南头里李世杰妻。

区氏，七堡李德琼妻。梁氏，七堡李强学妻。阮氏，七堡李健立妾。

陈氏，七堡李谦德妻。巢氏，陈冲杜冈里陈崇琬妻。梁氏，陈冲陈大宾妻。

林氏，陈冲陈恒大妻。李氏，陈冲石渠里陈崇安妻。何氏，陈冲陈崇弼妻。

李氏，陈冲陈琪尊妻。林氏，陈冲陈嵚尊妻。梁氏，陈仲陈岑大妻。

何氏，陈冲陈崇郡妻。林氏，陈冲陈崇获妻。林氏，陈冲陈览典妻。

阮氏，陈冲陈象继妻。林氏，陈冲陈崇浩妻。刘氏，沙冈邑庠林汝弼妻。

李氏，沙冈梁宗权妻。谭氏，沙冈林昌赵妻，年八十四，计守节五十四年。朱氏，沙冈林明部妻。

刘氏，沙冈林道俸妻。陈氏，沙冈碧山里林道悠妻。许氏，沙冈林明赠妻，同治四年（1865），年八十四。

黄氏，沙冈碧山里林乾明妻。陈氏，沙冈林明直妻。何氏，沙冈横阬里林立作妻。

陈氏，沙冈林明丽妻。李氏，沙冈林道雁妻。陈氏，沙冈林道穆妻。

陈氏，沙冈林明迪妻。陈氏，石阬黄协锡妻。林氏，石阬黄赞威妻。

林氏，石阬黄赞敏妻。区氏，石阬黄瞻根妻。陈氏，石阬黄赞璞妻。

林氏，石阬黄赞接妻。梁氏，岭头增嘉里曾秩启妻。张氏，岭头邓乾昌妻。

曾氏，朱村朱裔明妻。陆氏，朱村红门楼里朱良艺妻。陈氏，潭冈平步里阮朝健妻。

林氏，潭冈怀来坊阮经月妻。仇氏，潭冈怀来坊阮体仁妾。梁氏，潭冈阮隆扶妻。

钟氏，潭冈阮圣典妻。林氏，潭冈阮纪天妻。林氏，潭冈阮家浓妻。

李氏，平步里林立礼妻。陈氏，平步里林廷玉妻。梁氏，平步里林炬华妻。

张氏，平步里林道佐妻。胡氏，水边黄绪龄妻。林氏，水边腾蛟里黄绪存妻。

黄氏，岭背羊冈里林绎裘妻。叶氏，岭背林信裘妻。黄氏，岭背林昊裘妻。

阮氏，岭背林华植妻。阮氏，岭背林箕恩妻。何氏，岭背林均基妾。

张氏，岭背林箕尧妻。李氏，岭背林箕华妻。黄氏，岭背林能裕妻。

叶氏，罗阬林道智妻。谭氏，罗阬锦鳌里林道守妻。苏氏，罗阬林立鹏妻。

陈氏，罗阬林道绚妻。阮氏，罗阬林立仁妻。何氏，罗阬林立义妻。

阮氏，罗阬林立富妻。林氏，周阬叶就兰妻。黄氏，周阬叶菲浩妻。

梁氏，周阬叶汝赞妻。李氏，周阬叶绪兰妻。林氏，周阬叶侃兰妻。

陈氏，周阬叶秾基妻。林氏，周阬叶锦芳妻。林氏，周阬叶伟基妻。

林氏，周阬叶业基妻。林氏，天湖朗陈操大妻。林氏，天湖朗陈崇威妻。

李氏，塘河张椿魁妻。梁氏，塘河张鸣玉妻。黄氏，锦江夏标德妻。

林氏，锦江夏扬济妻。梁氏，锦江夏平德妻。刘氏，长涧阮赞章妻。

张氏，长涧阮朝赠妻。杨氏，长涧阮滋宠妻。冯氏，长涧阮辅道妻。

赵氏，洋美容兰章妻。谭氏，洋美叶悦芊妻。翁氏，洋美容作章妻。

冯氏，洋美容培章妻。夏氏，北罗山莫载全妻。张氏，北罗山莫载锦妻。

李氏，仙洞杨熙威妻。钟氏，仙洞杨旌润妻。赵氏，仙洞杨熙仪妻。

梁氏，仙洞杨绪裕妻。陈氏，仙洞廖爰盈妻。崔氏，水背黄德洁妻。

杨氏，水背黄文道妻。梁氏，水背黄美锦妻。李氏，水背黄美述妻。

陆氏，水背黄美生妻。黄氏，南盒大新里钟大炳妻。杨氏，南盒钟基周妻。

黄氏，南盒钟德参妻。年八十五岁，计守节六十年。邓氏，邦冲梁家儒妻。

梁氏，上凌冲谭仁斗妻。卓氏，上凌冲谭昌强妻。阮氏，上凌冲谭仁品妻。

李氏，岛桥谭昌作妻。区氏，岛桥谭滋峰妻。潘氏，岛桥谭达宗妻。

莫氏，凌冲张惠正妻。梁氏，凌冲张隆清妻。黄氏，凌冲张公枢妻。

叶氏，凌冲张公灼妻。张氏，沙富谭扩业妻。张氏，沙富谭扩念妻。

简氏，沙富张雅文妻。温氏，沙富张祖敦妻。梁氏，沙富张琫耀妻。

李氏，沙富张垣迥妻。黄氏，沙富张祖朗妻。莫氏，沙富井头里马启俭妻。

廖氏，阬头塘和里温振进妻。钟氏，阬头陈承领妻。黄氏，阬头陈蕙芳妻。

钟氏，阬头陈聊芳妻。杨氏阬头陈远晴妻。黄氏，阬头陈芳初妻。

李氏，阬头陈历远妻。周氏，豪山张千舜妻。莫氏，豪山张沾诚妻。

林氏，豪山张传台妻。邹氏，豪山李盘基妾。谭氏，豪山张传塾妻。

黄氏，横岭梁宪亮妻。杨氏，横岭梁仁敦妻。谭氏，横岭梁宪孔妻。

黄氏，横岭梁宪秏妻。李氏，横岭梁邦託妻。刘氏，横岭梁邦批妻。

马氏，横岭梁邦雁妻。温氏，黄冲黄世龙妻。钟氏，黄冲黄元裕妻。

廖氏，黄冲黄屯思妻。莫氏，黄冲黄思兰妻，同治四年（1865），年八十三，计守节五十四年。

杨氏，黄冲黄楚思妻。钟氏，黄冲黄景常妻。陈氏，黄冲黄高思妻，同治四年（1865），年八十三，计守节五十三年。

温氏，旺冲陈承孟妻。黄氏，旺冲陈承燮妻。刘氏，旺冲黄令世妻。

李氏，京背黄基谦妻。杨氏，京背黄后森妻。杨氏，京背陈大潜妻。

廖氏，京背陈典弼妻。陈氏，京背黄雄望妻。容氏，麦田黄宁光妾。

李氏，麦田黄宠光妻。梁氏，麦田黄宗光妻。李氏，麦田黄参光妻。

高氏，官田钟志叶妻。苏氏，三嘉村李勋睿妻。张氏，三嘉村李勋纪妻。

刘氏，三嘉村李名臣继妻。陈氏，三嘉村李广礼妻。黄氏，三嘉村李德善妻。

张氏，三嘉村李柏龙妻。李氏，平冈钟植毅妻。谭氏，塔岭梁耀瑛妻。

黄氏，塔岭梁祖椿妻。谭氏，塔岭梁祖长妻。李氏，三八水四九村谈能哲妻。区氏，三八水四九村谈定佑妻。

李氏，三八水四九村谈能英妻。李氏，三八水茶溪谈尚焕妻。袁氏，三八水茶溪谈有瓒妻。

苏氏，三八水茶溪谈昌安妻。钱氏，三八水茶溪谈齐有妻。陈氏，天禄杨希灵妻。

梁氏，天禄黄忠壬妻。黄氏，天禄叶近桃妻。廖氏，天禄叶近贤妻。

黎氏，天马陈辅忠妻。李氏，天马陈忠祧妻。余氏，天马陈信亮妻。

叶氏，天马陈忠尧妻。梁氏，天马陈豫信妻。钟氏，天马陈为勋妻。

梁氏，天马陈忠桓妻。冯氏，天马陈忠顺妻，同治四年（1865），年八十。余氏，天马陈彬信妻。

赵氏，天马陈羡先妻，年八十五岁。高氏，霞露赵健谦妻，年八十岁。高氏，霞露赵国祐妻。

黄氏，霞露赵储恩妻。黄氏，霞露赵弼慰妻。高氏，霞露赵仲勋妻。

黄氏，霞露赵昌言妻。高氏，霞露赵锡九妻。高氏，霞露赵怀进妻。

黎氏，霞露赵齐聘妻。李氏，霞露赵巨澜妻。高氏，霞露赵鹏振妻。

曾氏，霞露赵霭吉妻。赵氏，文楼吴振用妻。汤氏，文楼吴文年妻。

黄氏，文楼吴振川妻。黄氏，文楼吴章敬妻。梁氏，文楼吴应苏妻。

李氏，文楼吴振恢妻。钟氏，文楼吴振舜妻。吴氏，古井汤宗绪妻。

廖氏，古井汤裔铭妻，同治四年（1865），年八十。林氏，古井汤宗赞妻。黄氏，古井汤因捷妻。

吴氏，古井汤思道妻。吴氏，古井汤思焕妻。胡氏，古井黄家茂妻。

龙氏，古井黄菊芳妻。林氏，贵冈陈焕泽妻。谈氏，贵冈陈泽宁妻。

梁氏，贵冈陈育泽妻。黄氏，慈佛赵臣典继妻。吴氏，慈佛赵臣典妾。

刘氏，沙堆林达宣妻。黄氏，沙堆曾秩仪妻。廖氏，沙堆李云光妻。

高氏，沙堆李名瑞妻。钟氏，沙堆曾振耀妻。赵氏，沙堆廖烈槐妻。

吴氏，沙堆廖明用妻。聂氏，沙堆宋英保妻。廖氏，沙堆胡立爱妻。

杨氏，沙堆廖伟赞妻。陈氏，沙堆廖烈光妻。聂氏，沙堆刘嘉禄妻。

叶氏，井阬林道藻妻。李氏，井阬林超明妻。刘氏，洋边林荣福妻。

叶氏，洋边林显毓妻。伍氏，大湾李德爵妻，同治四年（1865），年八十一。赵氏，龙泉吴秉均妻。

林氏，六冲廖春明妻。李氏，杨湾陈定平妻。杨氏，睦洲林有恒妻。

林氏，睦洲郑庆育妻。何氏，睦洲林重厚妻。黄氏，三江赵希尧妻。

吴氏，三江赵翼尧妻。暨氏，三江赵学年妻。吴氏，三江赵廷亮妻。

聂氏，三江赵作辉妻。李氏，三江赵天庆妻。黄氏，三江赵超扬妻。

赵氏，皮子梁宗炜妻。李氏，龙脊潘启惠妻。梁氏，龙脊陈尊位妻。

何氏，王井头温锦芳妻。秦氏，忠孝村余钦英妻。邓氏，忠孝村余松英妻。

黄氏，桥门李配广妻。张氏，河村汤宗冽妻。李氏，河村汤思纯妻。

梁氏，河村汤思礼妻。李氏，河村汤以宋妻。黄氏，河村汤裔敦妻。

林氏，河村汤裔纳妻。梁氏，河村汤宗阜妻。李氏，河村汤裔蔡妻。

梁氏，河村汤以立妻。李氏，西佳汤振宽妻。黄氏，西佳汤杰儒妻。

关氏，西佳汤振昌妻。方氏，西佳汤杰赓妻。关氏，西佳汤振绪妻。

李氏，西佳汤振瑄妻。邓氏，西佳汤俊乂妻。黄氏，天等李先芳妻。

何氏，天等梁颛铎妻。李氏，天等梁翼心妾。邓氏，天等梁颛铭妻。

谭氏，天等梁翼创妻。张氏，天等梁颛钟妻。谭氏，天等梁颛弼妻。

凌氏，天等梁颛灿妻。廖氏，天等梁翼永继妻。关氏，天等梁颛钧妻。

梁氏，天等李宜承妻。林氏，天等梁颛英妻。张氏，天等梁慧韶妻。

张氏，天等梁颛琼妻。何氏，天等梁恭稔妻。谭氏，新园里梁颛立妻。

黄氏，天等梁颛鏐妻。简氏，瓦冈李燮承妻。关氏，瓦冈李达先妻。

关氏，瓦冈李摄承妻。林氏，瓦冈李遂功妻。邓氏，瓦冈李明承妻，年九十岁，计守节七十年。

张氏，瓦冈李缵先妻。邹氏，瓦冈李先珍妻。陈氏，瓦冈李能先妻。

邝氏，瓦冈李承扬妻。许氏，谈雅关定安妻。汤氏，谈雅关定羡妻。

吴氏，谈雅关怀仁妻。李氏，谈雅关权国妻。黄氏，谈雅关锡宏妻。

李氏，谈雅关耀南妻。李氏，谈雅关宏高妻。梁氏，谈雅关宏稳妾，卒年八十二，计守节六十年。

林氏，小塘李国桢妻。汤氏，小塘李圣贺妻。梁氏，小塘李希治妻。

梁氏，小塘李活贤妻。梁氏，小塘李希藉妻。谭氏，小塘李圣朝妻。

梁氏，小塘李希赠妻。李氏，白庙梁祖强妻。李氏，白庙梁祖训妻。

陈氏，白庙梁奕球妻。李氏，白庙梁名厚妻。关氏，白庙梁奕振妻。

汤氏，白庙梁远名妻。张氏，白庙梁逢扬妻。何氏，梧村李元传妻。

何氏，梧村李衍焕妻。梁氏，梧村李穰嗣妻。邝氏，梧村李缵嗣妻。

关氏，横蓬梁慧玲妻。邝氏，田边张龄赞妻。汤氏，田边李扬承妻，同治四年（1865），年八十七。

黄氏，田边张护赞妻。李氏，田边张靖赞继妻。林氏，田边张元簪妻。

汤氏，田边张元籥妻。林氏，田边张元铣妻。李氏，田边张寅赞妻。

梁氏，田边麦茂嘉妻。李氏，蟠龙黄宏杰妻。李氏，蟠龙黄猷光妻。

杨氏，蟠龙黄洪仰妻。李氏，蟠龙黄洪象妻。李氏，蟠龙黄国周妻。

张氏，海潡李祖成妻。刘氏，上北洋林道根妾。梁氏，上北洋林立赓妻。

钟氏，东洋林立占妻。杨氏，东洋林立多妻。潘氏，东洋林立郡妻。

钟氏，上北洋林明汉妻。梁氏，上北洋林明桔妻。伍氏，帝姚旗周象琼妻。

李氏，田金里周猷简妻。梁氏，大岳何当强妻。梁氏，大岳何开阳妻。

石氏，大岳何尔炽妻。钟氏，牛勒林道焬妻。陈氏，豪桥何当陵妻。

林氏，三多何洵当妻。钟氏，九如何朝璋妻。梁氏，九如何阳运妻。

林氏，九如何阳协妻。罗氏，九如何当槐妾，同治四年（1865），年八十六岁。李氏，上冲濂林卓先妻。

容氏，上冲濂林永济妻。区氏，冲濂李有逢妻。林氏，冲濂李德珍妻。

陈氏，濂溪李象端妻。袁氏，濂溪李广伦妻。何氏，泗溪吕明泽妾。

林氏，泗溪吕清应妻。钟氏，泗溪吕统达妻。钟氏，吕村吕灿明妻。

杨氏，吕村吕明阳妻。周氏，吕村吕续明妻。钟氏，吕村吕应谅妻。

周氏，吕村吕衍应妻。容氏，吕村吕应赐妻。朱氏，吕村吕振迩妻。

黄氏，吕村吕廉应妻。麦氏，小泽梁耀麟妻。何氏，小梅刘煜唐妻。

冯氏，小梅刘唐灿妻。郑氏，美成里伍文杰妻。汤氏，沙下冲黄祐业妻。

汤氏，沙下冲黄焕大妻。吕氏，莲塘李潭衍妻。黄氏，莲塘伍允结妻。

李氏，纲山钟乾超妻。张氏，梁家村梁先乐妻。李氏，孖洲林德润妻。

张氏，桥南里谭结棠妻。郑氏，冲盈巢开旺妻。莫氏，冲盈巢开顺妻，年八十五岁。

黄氏，超群冯植芳妻。吴氏，独洲林寅德妻。薛氏，大巷村赵万杰妻。

邓氏，麦屋村麦烈霈妻。马氏，麦屋村麦武汉妻。陈氏，麦屋村麦烈启妻。

梁氏，麦村麦树业妻。林氏，北岸钟德赏妻。缪氏，阬口黄朝辅妻。

甄氏，西村吴钦万妻。李氏，高沙陈大美妻。黄氏，高沙陈承传妻。

郑氏，南观里张垣启妻。陈氏，赤水林立桃妻。林氏，赤木岭郑文钦妻。

谭氏，赤木岭郑文庸妻。廖氏，五村蓝家绍妻。伍氏，天井阬刘学延妻。

李氏，潭墪钟思聪妻。李氏，鹤边何君扬妻。李氏，鹤边何宣化妻。

李氏，棠阬林栋茂妻。李氏，棠阬林华锦妻，年八十六。梁氏，棠阬林茂韶妻。

李氏，棠阬林茂强妻。梁氏，棠阬林扬休妻。李氏，棠阬林秀扬妻。

杨氏，沙冲刘先觊妻。黄氏，沙冲刘强学妻。汤氏，马冲方德佐妻。

雷氏，崩口村李广有妻。汤氏，鹤朝坊李象奈妻。刘氏，南溪黄恩就妻。

谭氏，梅冈苏绍明妻。邱氏，梅冈苏学彭妻。李氏，梅冈苏基学妻，年八十九。

朱氏，东岸黎恩蕃妻。苏氏，茶阬魏天裕妻。容氏，步头村林显勋妻。

刘氏，程村梁奕作妻。汤氏，那伏高显策妻。赵氏，那伏高显旋妻。

赵氏，那伏高显洛妻。梁氏，沙湾李华象妻。刘氏，沙湾李健德妻。

梁氏，沙湾李琼象妻。刘氏，圆堆邓盛恩妻。赵氏，大洞余良灏妻。

刘氏，瓦屋村梁嵩先妻。宋氏，黄阬黄嘉和妻。黄氏，塔北莫万亨妻。

钟氏，桥亭周升扶妻。何氏，石步李希肇妻。黎氏，石步李圣槐妻。

林氏，石步李焕象妻。邝氏，石步李贤珠妻。钟氏，深藟李荣广妻。

吴氏，深藟黄宗辅妻。赵氏，深藟黄永丰妻。聂氏，深藟刘能为妻。

容氏，梁藟黄宏坚妻。陈氏，李信衍妻。

以下里居未详。

马氏，李基美妻。梁氏，李广琳妻。赵氏，林芳泽妻，年八十八。

叶氏，黄厚枢妻。陈氏，李世球妻。袁氏，马承解妻。

谭氏，游兴润妻。刘氏，聂汝蕃妻。廖氏，聂启基妻。

梁氏，聂乾兰妻。李氏，马礼玉妻。袁氏，马世会妻，同治四年（1865），年八十三。

刘氏，余镗表妻，年八十三。谭氏，张沾卓妻。利氏，张沾仪妻。邓氏，莫载强妻。

朱氏，吴高饶继妻。麦氏，刘祖勋妻。张氏，刘扬俭妻。黄氏，钟邦基妻。张氏，黄华协妻，年八十四。

钟氏，郑嗣洪妻。邝氏，李贤相妻。梁氏，李扩德妻。郑氏，许耀达妻。陈氏，李世球妻。

凌氏，亨美乡，宋敕封[1]忠靖校尉凌天章女，父母先没，胞兄凌洪都，复故。遗子东岭，甫周岁，穷苦难以度日。氏年及笄，矢志不字，同嫂马氏纺绩鞠育之，至成立。自宋度宗元年（咸淳元年，1265）至元文宗五年[2]。卒年八十岁。俱同治七年（1868）旌。以上《采访册》。

案：凌氏例入补遗。缘系汇旌，故缀录。

林《志》：节妇未请旌者，附录。均于同治五年（1866）知县聂尔康汇详，请旌。

利氏女，父廪生利应昌。黄氏，陈念其妻，女奇姐。陈亚兰，陈瑞昇女。杨氏，廪生李汝宽妻。许氏，陈基砥妻。尹亚安，尹振明女。谭氏，明庠生黄若剑妻。黄六姑，黄日耀女。许氏，莫用言妻。李氏，陈应遇妻。鲁氏二女，生员鲁鳌妹。潘氏，冯亚斗妻。周三妹，周三可女。何氏，庠生李仲珍妻。黎氏，庠生黄圭瓒妻。

九孝烈者：梁阿慧，生员梁学慊女；陈氏，廪生林宜逢妻；关氏，夏月宾妻；徐氏，生员鲁赫妻；李氏，鲁赫妾；谭氏，明经吴孟祀妻；李氏，李修茂女，关君杰妻；黄氏，诸生吴师让妻；莫氏，林应雒妻。按语见订伪。

劳氏，郭慈叔妻。李氏，文学王讱光妻。黄金绣，汤世耀聘妻。莫氏，守节不嫁。劳氏，古嘉贤妻，其姒任氏及二女。胡氏，杨春魁妻及子女二人。劳贞娘，未字人。李氏，古周平妻，女灵娘。宋氏，庠生许越翘妻。吴氏，张嘉立妻。何氏，张耀高妻。张氏，翁万可妻。

---

① 敕封：古代皇帝对文武官员赠予爵位名号，五品以上的官员授诰命，称诰封；六品以下的官员授敕命，称为敕封。

② 元文宗共有两个年号，天历元年（1328）至三年（1330），至顺元年（1330）至二年（1331）。

徐氏，张耀思妻。二冯氏，张云际母与妻。伍氏，杨苑我妻。林氏，吴细权妻。陈氏，林子暄妻。谢氏，庠生谢廷玉女，谢佳姐，梁学章妻。李氏，潘时益妻。曾氏，叶守真妻。区氏，张先初妻。某氏女，许字何姓之仆。陈氏，许康策妻。钟氏，廪生谭鼎范妻。

谈氏，鼎范继妻。林氏，鼎范子、把总仲赏妻。潘氏，余孚先妻。邓氏，廖殿兴妻。陈氏，庠生王乘时妻。郭氏，陆君杰妾。邓氏，陆卓宾妻。郭氏，陆复晋妻。钟四姑，赵在敬聘妻。陈氏，伍瑞昇妻。杨氏，赵贵御妻。胡氏，容百举妻。吕宁寿，许某聘妻。

陈氏，张世沛妻。黄氏，陈钟仑妻。伍氏，陈用享妻。温氏，杨集蓁妻。潘氏，庠生余易妻。萧氏，陆敬述妻。何氏，刘镖妻。蒋氏，吴宏礼妻。许氏，庠生陶玕妻。冼氏，明经何士坊妾。林氏，阮孟锡妻。余氏，庠生林粹然妻。许氏，庠生陈文育妻。

马氏，黄玉白妻。刘元娘，唐世球妻。陈氏，钟远授妻。李氏，庠生刘进妻。黄氏，劳翥云妻。邝氏，陶参妻。李氏，刘道本妻。区氏，黎尧聘妻。廖氏，郑德徽妻。黄氏，胡宏崈妻。李氏，戴前明聘妻。某烈妇，汪某妻。张氏，李恒圣妻。

坠楼六贞女：邝兰、邝妹、胡宽、胡带、胡鹤、廖宽姑、廖大姑。据此是七人。

李魏娘，马文增聘妻。李三姑，陈居五聘妻。袁氏，增生容彬妻。黄氏，李秉彝妻。区孝女，刘俊彦妻。某氏刘恩，举子某聘妻。吴氏，胡恒振妻。容氏，李世鏋继妻。陈氏，李明远妻。区氏，谭秉钦聘妻。钟慈姑，林阿通妻。陆氏，谭景斯妻。

容氏，英胄辉继妻。谭氏，英胄仰继妻。陈氏，张沾道妻。谭氏，吕光大妾。赵氏，岁贡区天佐妻。萧兰姑，黎华翰妻。女仆阿结，陈某聘妻。区阿女，潘相乾妻。高氏，赵厚锡媳。容氏，赵积斌妻。梁氏，李茹亮妻。梁氏，李茹礼妻。以上小传，详见林《志》。

黄氏，钟锡朋妻。林《志》有传，但注云未详何里。今查钟锡朋系天河大院乡大园里人。

陈氏，容文五妻。麦氏，容邦彦妻。萧氏，庠生容赓扬妻。朱氏，廖赞兴妻。朱氏，李秀书妻。唐氏，庠生李文豹妻。俞氏，李和修妻。黎氏，余英耀妻。容氏，胡登良妻。吴氏，刘善达妻。黄氏，邓和乐妻。莫氏，钟奕晃妻。以上林《志》无传。俱同治七年（1868），旌。以上《采访册》。

梁氏，新盛街林得胜妻，性贞而和，贫无完衣，以女红度日。家无井，每出汲，必俟晓夜。于归四载，同里罕见其面。夫往顺德营充伍。其姑与里恶邓亚运私。恐妇泄其事，禁不许归宁。常使运以金诱之，氏愤骂不顾。一夕乘夜雷雨，氏已就寝，姑引运破户入，欲劫奸。氏力拒，运怒，奋拳殴之数十创，末用足踢其阴而死。知县聂尔康为白其冤，置运与姑于法。详请旌表，复撰墓志铭，谓可前与萧、庄共为三烈云。时士大夫多以诗吊之。《采访册》。聂尔康诗云：祸起墙茨太不情，冰霜节操凛晶莹。当年野树啼姑恶，此日良园植女贞。莲井芳徽垂洁白，花桥恨迹印澄清。海滨自古称邹鲁，好与萧庄媲令名。雷霆山下草芊芊，玉骨冰肌剧可怜。劲节差堪同翠柏，洁身端不让红莲。明珠有耀离冤海，白璧无瑕绝孽缘。今日皇恩荣绰楔，贞魂应已慰重泉。

案：梁烈妇系特旌，与汇旌不同。故别录之。

陈氏，附城街黄肇东妾。年二十一，于归八载，夫病笃，氏割左右臂肉以调药，晕而复苏者数次，竟不愈。

李氏，附城街奉直大夫黄允大妾。年二十五，守节，遗腹生一子，鞠育恩勤，至于成立。卒年五十。

何氏，邑城黄德耀妻。道光十二年（1832），夫卒，氏二十四，矢志不移。家翁早逝，常以不克逮事为恨。每当忌祭必诚，欷歔废食。勤纺绩，以抚孤子。饬躬谨慎，戚族称之。同治七年（1868），六十岁，计守节三十七年。姻亲顺德郎中邓华熙，请旌。

李氏，第一巷张绪传妻。年十六于归，二十五岁夫卒，遗腹生一子，矢志孀守。翁病九年，侍药不倦。事姑三十载，至老弗衰。抚子勤学，至于成人。以上《采访册》。

案：以上陈、李、何、李四节妇，俱在京请旌，故别录之。

陈氏，杜阮黄兆绥妻，年二十六守节，今年七十三尚存。《采访册》。

案：陈氏，道光十年（1830）请旌，故别录之。

卷八　列传三

列女下

以下俱续采访，未请旌者。

邑城

李氏，三丫路赵天年聘妻。道光五年（1825），天年十六岁，病故，氏年亦十六，闻讣奔归守贞，事翁姑克尽妇道。有族人利其财产，欲讼夺之。氏坚忍处之，卒得直。择三江人琼光入嗣，抚育成人。同治元年（1862），以子贵，封安人①。五年（1866），晋封宜人②。守节四十五年，现年六十一岁。

何氏，爵芳里李为健聘妻。

梁氏，大口冲贻赠武德骑尉汤麒彪聘妻。

以上贞女。

张云英，张傅亨长女，母氏刘即红渠女史也。卒时云英年十四，弟才五岁。见亲老弟幼，无人侍奉，矢志不嫁，刺绣度日。常受母训，能知书字。

钟氏，邑城人，州司马钟荣光女，巡检区镜芳妻。遇母创疾，医药罔效，割

① 安人：古代命妇的一种封号。宋代自朝奉郎以上，其妻封安人。明清时，六品官之妻封安人。如系封其母或祖母，则称太安人。

② 宜人：宋代文官自朝奉大夫以上至朝议大夫，其母、妻封宜人，武官官阶相当者同。元明后，改依其子或夫官品受封，明清五品封宜人。

股煎药馈母，竟不效。至今年近七旬，族党以孝女称之。

以上孝女。

张氏，城南大路里监生钟髦士妻。姑邹氏生疽，溃裂腐秽，触之即号痛，不可施药。医者谓不敷药，毒不得去，病即不治。氏乃以酒沃口，试吮之，不痛，乃徐吸之。脓出，旋吸旋吐。侍者掩鼻不敢近。氏自若，脓尽，疽旋愈。后数日，氏因口吸接毒，患乳蛾暴甚。昏愦中，若有人投以药者，醒，病若失。人以为孝行所感。子修来，邑庠。孝妇。

伍氏，南边塘叠赠昭武都尉许宾妻。嘉庆二十三年（1818），夫故，氏年三十岁，矢志孀守。七十二岁，以子德元贵，封恭人[①]。年八十一岁卒。

区氏，尚书坊廪生何树屏继妻。夫卒时，氏年二十七，姑翁先殁。前室遗子二，氏生子三，俱幼，抚之如一。训以义方，五子皆成立。现年五十四岁。

陈氏，南塘何灌林妻。年二十一于归，是年十二月，夫死。以夫侄肇燔入嗣，氏闭户纺绩，教育嗣子，现年四十六岁。

钟氏，横冲马荣怀妻。年三十，夫故，无子。现年五十，计守节二十年。

李氏，邑城织篙巷欧阳尚庆妻，年三十守节，抚孤。今存，年八十。

李氏，邑城朱紫街梁伟仁妻，年三十守节，抚教三子。今见孙曾，年七十九岁，尚存。

钟氏，南边塘许赞时妻。区氏，南边塘许授时妻。林氏，南边塘许储嗣妻。

余氏，南边塘许宏嗣妻。区氏，南边塘许滋时妻。王氏，青云坊许亮曙妻。

赵氏，诗书街许亮磻妻。冯氏，五显冲莫赠燕妻。冯氏，五显冲莫赐燕妻。

梁氏，花桥亭许达惺妻。钟氏，大路里林道皲妻。区氏，邑城徐尊流妻。

余氏，竹林里何祥慎妻。钟氏，容毂巷黄世宁妻。徐氏，骑虎关陶荣隆妻。

唐氏，南方长沙乡人，见住良嘉巷冯自厚妻。黄氏，南门直街莫玉林妻，归五月，夫卒。

何氏，荷嘉巷苏彝明妻。钟氏，濠桥城脚黄世荣妻。区氏，田心巷何玉华妻。

翁氏，田心巷何玉华妾。黄氏，五显冲关仁依妾。黄氏，根竹巷关定昌妻。

李氏，苍蒲巷余春生妻。钟氏，大口冲冯耀纶妻。谭氏，做笔街黎维礼妻。

关氏，骑虎关莫载信妻。余氏，张家巷从九品高锡麟妻。李氏，尚书坊何恩华妻。

赵氏，菱角步监生莫千祥妻。李氏，罗家塘基黄道瑶妻。黄氏，五福里陈祥

---

① 恭人：明清四品官之妻的封号。清又以奉恩将军之妻为恭人。

信妻。

关氏，附城街邑庠黄华阁妾。霍氏，高第街黄荣缵妻。关氏，珠玑里容腾凤妻。

吴氏，珠玑里容宣邦妻。林氏，南山堡职员陈瑞和妻。关氏，五柳台陈云妻。

黎氏，尚书坊何纯和妻。陈氏，尚书坊何象护妻。马氏，尚书坊何燎芳妻。容氏，旧南门莫美燕妻。以上《采访册》。

西南

张氏，忠孝乡余宗贤妻，年十八，未于归，而宗贤卒，闻讣即归守贞。孝事翁姑三十载。择子入嗣。计守贞五十三年。

李秋毫，七堡李翘德次女，许字杜阮林立尚之子欣，欣年十七未娶而亡，闻讣叹曰："吾恨不能终事老母耳。"即绝饮食闭门自经。时年十七，闻者伤之。

以上贞女。

何氏，莲塘李恢衍妻，年二十五守节，事翁姑以孝闻。兼通书史，闾党称为女师。

李氏，三八水谈尚瑞妻，年十九而寡，无子，誓自守节。择取养子，字有仪，入嗣。娶媳梁氏，年二十四亦寡，无子。体姑之志，俱同孀守。李年七十四，梁氏四十九，俱存。

黄氏，南合乡钟大纯妻，年三十夫卒，事翁姑以孝闻。

李氏，仙洞村杨朝表妻，年二十七岁守节，至六十二岁卒。

李氏，仓边村石桥头梁承潜妾，年二十四守节。时故主梁承潜，未过门，主母林，继主母苏故，子先攀俱未葬。其翁梁永育、姑李氏虽葬，坟穴崩陷，骸骨暴露。氏亲拾置褚中，负至城。半途遇贼，财物已尽，只存枯骨。氏竭力经营，一一葬之。今年六十五岁。

李氏，张首赞妻。

汤氏，张爱赞妻，遗腹子度，二十六岁又卒。氏年五十七，犹存。

区氏，冈背苏振扬妻，年十七于归，仅一月而夫卒，抚嗣成立。

梁氏，田金里周猷麟妻，年三十孀守，抚孤成立，卒年六十四岁。

梁氏，西佳汤杰嘉妻，年三十孀守，卒年五十六。

伍氏，横岭陈贺信妻，以夫弟声扬署海安营游击，貤封恭人。

阮氏，横岭梁器璋妻，年八十八岁。

李氏，冈背苏定学妻。冯氏，莲塘李百龄妻。梁氏，莲塘陈贤华妻。

夏氏，沙富张宏德妻。黄氏，南合钟协懋妻。杨氏，南合钟基常妻。

李氏，南合钟承璋妻。梁氏，洞阁李湘广妻。伍氏，洞阁李云灿妻。

何氏，梅冈苏懿明妻。陈氏，石阬黄福赞妻。陈氏，石阬黄赞策妻。

林氏，石阬黄铨赞妻。尹氏，沙堤钟柏超妻。杨氏，沙堤谭峻裕妻。

梁氏，沙堤谭光南妻。谭氏，梁家村梁统森妻。张氏，长涧阮贯宠妻。

余氏，南州谭长道妻。梁氏，棠阬林扬派妻。吴氏，罗阬林立礼妻。以上《采访册》。

东北

黎氏，荷塘李日平聘妻，年二十一，闻夫讣，即奔丧守贞。朴讷孝顺，食贫厉志，五十余年无怨言。今存，年七十五。

李氏，荷塘刘炎聘妻，年十八未结褵[①]而夫死，氏长号奔丧。继念夫嗣未立，守贞以待。年三十六以忧卒。

陈氏，荷塘刘典堂聘妻，年二十一，未嫁夫亡，闻讣奔丧。矢守冰节，孝事舅姑四十余年。今存，年七十四。

伍氏，外海陈文亮聘妻。年十八，未于归，闻夫讣即奔丧守贞。卒年四十二。

李氏，外海陈天立聘妻。年十七，闻夫卒即欲奔丧。父母以其年少未许，至二十三归陈，守贞，事继姑，尽妇道。今五十一岁。

张氏，荷塘刘士显聘妻，年十八，闻夫亡即奔归守贞。卒年三十四岁。

陈氏，南山伍文忠聘妻，年十九，未嫁而夫亡，奔丧守节，年五十四卒。

郭氏，天河大阬乡胡富聘妻，年十八守节。今存，年七十。

罗氏，松朗李以桢聘妻，年二十未出阁，夫凶耗至，氏恸哭奔丧。孀居三十八年，今年五十八。

罗氏，松朗李业暖聘妻，年二十，未适而夫卒，氏闻讣奔丧。孀居三十五载。今存，年五十五。

黄氏，良溪罗振芳聘妻，年十九，闻夫讣即奔归视殓。守节三十三载，今存，年五十一。

陈氏，石头庠生卢长青聘妻。长青年十六即补邑弟子员，寻卒。氏年十五未笄，闻夫讣大恸奔丧，矢守清节，时嘉庆十九年（1814）也。至道光二十四年（1844）殁。

---

① 结褵：成婚。

陈氏，潮连潘克瀼聘妻，未嫁而夫死，氏闻讣奔丧，守贞不渝。今存，年五十。

区氏，潮连陈忠聘妻，年十八，闻夫讣奔丧，誓以死守。计孀守二十四年，至四十一岁卒。

莫氏，外海陈芳远聘妻，年二十，闻夫讣奔丧守贞。每逢夫讳日，悲哀辍食。荆布终身，足不逾阃。卒年八十一。

叶氏，白石唐文漪聘妻，年十六，未嫁而漪死，氏闻讣奔丧。矢守三十余年，今年五十岁。

以上贞女。

陈大姑，潮连陈昌于女，年十八，父病几殆，女自割臂肉，投药以进，父寻愈。

何氏，荷塘诸生李秉钦妇，本香山小榄乡人。少时，母病濒危，私刲臂肉，疗之。

萧氏，荷塘李搢超妻。父椿，南雄人，尝病垂危，时女年十八，祈祷备至，中夜彷徨。私剺[1]左臂和药以进，父果疗。于归后，夫早逝，守节孀居。其侄女李姑，后亦有割臂疗母事。孝行并出一门，里闾罕见。

李姑，荷塘同知李佩芳女，自刲左臂肉，以疗母病。肉长三寸余，熟以进母，竟不起。后适潮连卢圣畴，夫亦早世。今矢志抚孤云。

以上孝女。

李氏，江门蜑妇，有姿容，年十八归梁某为妻。梁远客外洋，岁一归。其姑酷而贪，常利人财，逼李。为行露[2]，李不从，辄加鞭挞。有梨园子涎李色，以重金啗其姑。姑受之，逼李尤甚，欲夜强致焉。李度不免，先时赴水死。越日，尸浮江滨，姑不为殓。李氏嫂讼之官，冤卒不白。闻者至今伤之，道光二十二年（1842）九月事也。

伍氏，外海陈柄佐子钜光继妻，事翁姑甚孝谨。咸丰四年（1854）九月，红贼肆劫外海，仓皇间弗及逃避。氏恐贼至被污，抱幼女投井，其姑李氏亦入井，俱死。贼去后，出其尸，颜色不变。姑媳并以节烈著。

欧阳氏，周郡谢行懋妻，年十九于归，四十八日而夫亡。氏槌胸大恸，绝而复苏者数次。舅姑虑其有殉志，戒家人密防之。家母亦遣一仆妇相伴。方夫病日

① 剺：用刀割。

② 行露：典出《诗·召南》有《行露》篇，叙述女子坚决拒绝逼婚，不为强暴所污。后因以为女子守贞自誓的典实。

剧，氏食不下咽。及卒，水浆不入口，所亲皆婉慰之，曰："若过哀，堂上心益伤，奈何?"乃稍收泪，与家务，佥意其悲，稍节矣。七月七日，邻舍有事，家人往焉。氏乘间命仆妇赴外家，只余一女婢。遂闭门，以薙发刀自刎。及觉，破户入，则僵死床上，血淋漓渍衿袖，仆妇闻，奔视，顿足曰："呜呼！吾固知其必死矣。前日送葬归，彼遽觅刀。我觉而夺之。又遣婢买卤水，我窃而倾之，乃夜夜流涕哽咽，卧处尽淫。志坚若是，岂可转哉?"于是葬诸夫墓侧，过者莫不泣然。

张氏，华丰金紫里文达相妻。年十七于归，事舅姑尽妇职。同治五年(1866)，夫以苦读构疾卒，氏哭甚哀，吊者皆流涕。夫既葬，夜即饮药死，年二十三。

以上烈妇。

陈氏，荷塘举人李蘅妻，庠生錞子妇。夫早世，姑继殁，家中落。叔谨愿不能支门户，氏拮据殡葬，抚二遗孤。每篝灯纺绩黔突[①]旁，兼课儿读。竭力令从师游，尤切训以敦品值节，严义利之辨。常述先人遗言善行以勖之，辄哽咽，泪涔涔下。性慈和而貌严肃，言笑无稍苟。处家下无疲人，上无留事。数十年粗衣淡食，足不出阃。邻里谈母教者，咸额手相推焉。子星辉，举人；辰辉，进士，皆早岁饩，于庠有声。氏以二子出仕，恭遇覃恩，叠封为太孺人[②]、恭人。终年七十一。人谓："有古贤母风，允宜食报"云。

陈氏，荷塘监生李逢庆妻，长武令大成长媳。少知书，明大义。翁卒于官，贫不能归。后赖僚友佽助[③]，始拮据扶柩南返。自秦至粤八九千里，氏佐姑与夫水陆侍护，如事生时。归数载，夫亡，氏时年三十，幼子在抱。守节食贫，抚孤至长成，备尝荼蘖。年五十六，以忧瘁殁。

梁氏、邬氏，俱荷塘李溥章妾。溥章亡时，梁年二十五，邬年二十一。梁无出，邬只一女，并誓以死守，清严自律。每风雨，孤灯对影纺绩，恬无怨言。数十年不出户外。梁于同治七年（1868）殁，年七十。邬今存，年六十八。

黎氏，荷塘李秀盛妻，德滋嗣子妇。年二十二而寡，誓以死守。家极贫，仰食于十指。事孀姑廿余年，姑欧阳氏鸡楼鹑结[④]，共忍饥寒。姑媳并以苦节著，姑自十八岁孀守至七十一。已载林《志》。媳今存，年五十一。

陈氏，荷塘李晋士妻，长武令大成三媳。于归，翁殁已久，家日落。年二十

---

① 黔突：因炊爨而熏黑了的烟囱。

② 孺人：明清时为七品官的母亲或妻子的封号，也用于对妇人的尊称。

③ 佽助：帮助。

④ 鹑结：鹑鸟尾秃，似缝补的衣服，故以鹑结比喻破旧不堪的衣服。元许有壬《哀弃儿》诗："雪霜载途风裂肌，有儿鹑结行且啼。"

八丧所天[①]，仅遗一幼女。嫁衣典尽，恬然守贞，苦节无玷。年四十二，以瘵[②]疾终。

高氏，荷塘李朝懋妻。懋能文好学，娶甫数月亡。氏时年二十三，痛不欲生，因有遗腹，忍死以待。后生一女，妯娌婉慰劝之。复矢志坚守，抚侄为夫嗣，苦节至五十岁而卒。

徐氏，荷塘李明沾妻。归数月而寡，年二十一无子，境极穷苦。矢守至三十一岁，以忧郁死。

梁氏，荷塘县丞李大镇妾，年二十六丧所天，矢守冰霜。抚孤成立，至见曾孙。老犹抑下守分，终年八十三。

邱氏，荷塘州同衔李廷魁继妻，年二十九而寡，坚节抚孤，孝事舅姑，慈畜庶子。未出阁时，其兄举人毓章为时事有关名教者联诘，被累。氏以所鬻得二百余金，助救之。晚年教孙举人荣辈，敦品力学。谈及往事，辄谆谆以仗义立名相勉。终年七十五。

陈氏，荷塘李华基妾。年十八归侍，入门数月，家主客死远方。时嫡已先亡，遗孤仅三岁，氏矢义死守，为主抚孤，忧劳莫诉。以呕血卒，年二十九。

刘氏，荷塘李清和妾，年二十一主殁，与嫡张孀守，抚所生幼子洎长，拮据娶媳，数载，子又亡，无孙。媳张贤绩缝度日，境极穷，并闭门忍饥。今年七十六，而两目都盲。

张氏，荷塘李衙从妻。夫以力学呕血死，氏时年二十五，无子。矢志死守，绩麻自给，兼养两孀姑。今存，年五十一。

容氏，荷塘李钦伟妻，二十八岁而寡，抚侄为子，与庶妾何孀守数十年。今存，年七十八。

容氏，荷塘李醇沾妻。年二十三丧夫，家贫矢守，抚孤成立。今存，年七十。

黎氏，荷塘李能俊妻，年三十丧所天，家无立锥，惟取给于十指。事姑马氏极孝，常忍饥寒，间乞诸邻必先奉姑。人叹为真节孝。今存，年五十四。

黎氏，荷塘李秀盛妻，二十七岁夫亡，矢志孀守。今存，年五十五。高氏，荷塘李晖盛妻，二十八岁丧夫守节，今存，年五十。

陈氏，荷塘李君茂妻，年二十一守节，卒年七十三。欧阳氏，荷塘李羡初妻，年二十四守节，卒年六十八。

容氏，荷塘李季成妻，年二十八守节，卒年四十四。潘氏，荷塘李文澜妻，

① 所天：旧称所依靠的人，这里指丈夫。

② 瘵：病，多指痨病。

年二十九守节，抚孤有成，卒年六十七。

容氏，荷塘李锡显妻，年二十四守节，卒年七十四。欧阳氏，荷塘李秉常妻，年二十二守节，卒年三十六。

何氏，荷塘李钦伟妻，年二十二守节，卒年七十二。区氏，荷塘庠生李卫仰妻，年二十五守节，卒年四十二。

邓氏，荷塘李亮秀妻，年二十七守节，卒年四十五。区氏，荷塘李怀贞妻，年二十九守节，卒年四十八。

聂氏，荷塘李显邦妻，年二十一守节，卒年七十。容氏，荷塘李君让妻，年二十七守节，卒年三十八。

陈氏，荷塘李膺朝妻，年二十九守节，卒年五十五。陈氏，荷塘李瑞书妻，年二十守节，抚侄为嗣，今存，年五十九。

刘氏，荷塘李翼仁妻，年二十九守节，今存，年五十。陈氏，荷塘李振采妻，年二十八守节，今存，年五十一。

陈氏，荷塘李膺延妻，年二十九守节，今存，年五十。胡氏，荷塘李能瑞妻，年二十九守节，今存，年七十二。

卢氏，荷塘李仪显妻，年二十八守节，今存，年六十六。谢氏，荷塘李秉瑶妻，年二十四守节，今存，年六十。

伍氏、欧阳氏俱荷塘监生李子铭妾。子铭殁，伍年二十五，欧阳年二十三，并矢志守节。未几嫡潘亡，遗孤六岁，二氏抚如己出。今伍见存，年五十二，欧阳今存，年五十。

黄氏，荷塘李汝怀妻，年二十五守节，今存年五十二。卢氏，荷塘李汝弼妻，年二十八守节，今存，年五十一。

黄氏，荷塘李廷魁妾，年二十七守节，今存，年七十。余氏，荷塘李瑞中继妻，年二十五守节，今存，年五十。

陈氏，荷塘李文徽妻，年三十守节，今存，年五十五。詹氏，荷塘李文徽妾，年二十九守节，今存，年五十四。

何氏，荷塘李德卿妻，年二十八守节抚孤，今存，年六十六。高氏，荷塘李亮卿妻，年二十五守节，今存，年六十三。

梁氏，荷塘李直卿妾，年二十四守节，今存，年五十二。黄氏，荷塘李国珍妻，年二十二守节，今存，年五十六。

黎氏，荷塘李景秀妻，年二十八守节，今存，年五十三。黎氏，荷塘李和健妻，年二十六守节，今存，年五十。

容氏，荷塘李德余妻，年二十九守节，今存，年五十九。区氏，荷塘李敦元妻，年二十四守节，今存，年六十。

卢氏，荷塘李序和妻，年二十六守节，卒年三十五。胡氏，荷塘李其光妻，年二十三守节，今存，年五十。

冯氏，荷塘李就和妻，年二十九守节抚孤，今存，年五十五。区氏，荷塘李来修妻，年二十四守节，今存，年六十一。

区氏，荷塘李岐隽妻，年十九守节，卒年三十六。刘氏，荷塘李盈隽妾，年二十六守节，卒年四十四。

陈氏，荷塘李怀隽妻，年二十四守节，今存年六十二。高氏，荷塘李陞隽妻，年二十四守节，今存年五十三。

卢氏，荷塘李秉愉妻，年二十六守节，卒年五十四。刘氏，荷塘李显英妻，年二十七守节，今存，年五十七。

唐氏，荷塘容卓晴妻，年二十一守节，卒年七十六。梁氏，荷塘容泰占妻，年二十五守节，食贫抚孤，今存，年七十。

卢氏，荷塘容资普妻，年二十七守节，卒年七十三。陈氏，荷塘容德邦妻，年二十七守节，今存，年五十一 。

陈氏，荷塘黎振明妻，归数月夫亡无子，氏年二十，矢守。姑尝卧病数年，晨夕侍奉，无倦。孝行贞节，人多难及。今存，年七十八，以侄为嗣。

李氏，荷塘余宪伦妻，于归数月而寡，时二十三岁，遗腹生一子，矢志抚孤。守节至七十三岁而殁。

廖氏，荷塘余表彤妻，夫以力学得病卒，氏年二十四矢志孀守，抚孤成立，卒年四十八。

卢氏，荷塘吴成芝妻，年二十八守节，今存，年六十二。

李氏，荷塘佾生刘其锐妻，年二十八夫亡，事翁姑二十七载，以孝闻。今存，年五十九。

潘氏，潮连陈财衍妻，年二十四守节，今存，年六十六。容氏，潮连陈协衍妻，年二十七守节，今存，年六十。

卢氏，潮连陈赞龙妻，年二十五守节，今存，年五十八。李氏，潮连陈炎龙妻，年二十五守节，今存，年六十四。

潘氏，潮连陈煦龙妻，年二十九守节，今存，年六十三。卢氏，潮连陈锦猷妻，年二十二守节，今存，年五十四。

区氏，潮连陈灏衍妻，年二十八守节，今存，年七十。卢氏，潮连陈饶衍妻，年二十二守节，今存，年五十五。

黄氏，潮连陈叙衎妻，年二十九守节，今存，年六十二。欧阳氏，潮连陈礼光妻，年二十一守节，今存，年七十五。

英氏，潮连陈晃龙妻，年二十八守节，今存，年六十四。李氏，潮连陈慎宇妻，年二十八守节，今存，年六十三。

唐氏，潮连陈巨龙妻，年二十八守节，今存，年七十。陈氏，潮连卢佐扬妻，年二十二守节，今存，年七十五。

李氏，潮连卢溥泉妻，年二十一守节抚孤，今存，年七十。李氏，潮连卢士龙妻，年十八于归，逾年夫殁，矢志孀守十年，年二十八卒。

何氏，潮连卢延禧妻，年三十守节，今存，年五十。邓氏，潮连卢应真妻，年二十八守节，卒年七十。

唐氏，潮连卢位租妻，年二十一守节，卒年四十七。容氏，潮连卢育醇妻，年十八守节，卒年五十。

邓氏，潮连卢育略妻，年二十七守节，卒年六十四。陈氏，潮连卢位祚妻，年二十五守节，今存，年九十。

刘氏，潮连卢育度妻，年二十五守节，今存，年五十。唐氏，潮连卢位执妻，年三十守节，今存，年七十。

聂氏，潮连卢位上继妻，年三十守节，今存，年六十一。胡氏，潮连卢位业妻，年二十六守节，勤纺绩以养翁姑，今存，年六十一。

容氏，潮连卢育杨妻，年二十八守节，今存，年六十五。陈氏，潮连卢圣基妻，年二十九守节，今存，年六十。

区氏，潮连卢位懋妻，年二十八守节，今存，年七十二。邓氏，潮连卢育楚妻，年二十六守节，今存，年六十一。

区氏，潮连卢育弼妻，年二十四守节，今存，年五十八。李氏，潮连卢圣昭妻，年二十四守节，今存，年五十八。

潘氏，潮连卢育成妻，年二十八守节，今存，年六十五。区氏，潮连卢圣熀妻，年二十二守节，今存，年五十。

欧阳氏，潮连庠生卢驭骏妻，年二十九守节，今存，年五十。容氏，潮连卢圣彻妻，年二十五守节，今存，年五十。

陈氏，潮连卢位宜妻，年二十五守节，今存，年五十二。区氏，潮连卢育栋妻，年二十五守节，今存，年五十二。

马氏，潮连卢育焯妻，年二十四守节，今存，年五十六。容氏，潮连卢育权妻，年二十二守节，今存，年八十二。

陈氏，潮连卢位相妻，年二十五守节，今存，年六十四。欧阳氏，潮连卢圣彪妻，年二十九守节，今存，年五十。

唐氏，潮连卢位桢妻，年二十九守节，今存，年五十五。蔡氏，潮连卢圣贺妻，年二十八守节，今存，年五十。

唐氏，潮连卢育阮妻，年二十五守节，今存，年五十一。区氏，潮连卢位泽妻，年二十守节，今存，年五十一。

黄氏，潮连卢英才妾，年二十四守节，卒年四十四。陈氏，潮连区志德妻，年二十一守节抚孤，今存，年七十一。

谢氏，潮连区荣尊妾，年三十守节，今存，年五十一。区氏，潮连潘建绪妻，年二十七守节，今存，年六十八。

区氏，潮连潘烈均妻，年二十三守节，卒年五十。林氏，潮连潘杰绪妻，年三十守节，卒年五十。

陈氏，潮连潘亮绪妻，年二十五守节，今存，年六十五。卢氏，潮连潘省绪妻，年二十五守节，抚遗腹子成立，今存，年五十六。

梁氏，外海陈恩妻。年二十八而寡，食贫守节，教二子有方。孙其殷，道光辛巳（元年，1821）举人；曾孙朝基，咸丰辛酉（十一年，1861）举人，宗室教习。

林氏，外海陈秩仁妻。年二十九丧夫，贫无子，以缝衣度日。择继承祧，孀守至今，七十岁。

袁氏，外海陈郁仁妻。夫殁，时年二十八，守节食贫，以纺绩养二孤子。今存，年六十三。

唐氏，外海陈友仁妻。归陈三年而寡，一子未周岁，矢志坚守，事翁姑以孝闻。今存，年六十三。

林氏，外海陈方麟妻，年三十守节，卒年四十九。黄氏，外海陈华润妻，年三十守节，抚孤子文家长成，为娶妇，数年又没，苦节至今，七十三岁。

尹氏，外海陈文家妻，年三十守节，今存，年五十三。张氏，外海陈纶昌妻，年二十守节，今存，年五十七。

马氏，外海陈齐家妻，年三十守节，抚孤成立，苦节四十年，今七十岁。蔡氏，外海陈广业妻，年三十守节，今存，年五十四。

林氏，外海陈直选妻，年廿四守节，抚孤成立，今存，年五十九。张氏，外海陈开毓妻，三十岁守节，今存，年七十六。

赵氏，外海陈开平妻，年三十守节，今存，年五十八。林氏，外海陈开宣妻，年二十四守节，抚孤成立，今存，年七十。

伍氏，外海监生陈恺妻，年二十四守节，卒年六十五。容氏，外海陈文台妻，于归未逾岁而寡，遗腹子煜彭，抚育成人，为之受室，越十年而煜彭夫妇相继殁，容复抚三稚孙成立。

伍氏，外海陈熙元妻，年二十九守节，今存，年六十六。何氏，外海监生陈熊彪妻，年二十八守节，卒年六十二。

黄氏，南山伍允接妻，年二十五丧夫，矢志抚二子成立，卒年八十，孙就汤，诸生。马氏，南山伍文长妻，年二十四守节，卒年四十。

唐氏，南山伍文纪妻，年二十六守节，六十岁卒。李氏，都会黎华锡妻。年二十九守节，翁姑早逝，氏杜门抚孤。每饭先奉堂上木主，时督幼子省视先墓，事死如生。今六十五岁。

李氏，都会黎贤明妻，年三十守节，今存，年六十五。区氏，白沙何国正妻，年二十九守节，今存，年五十六。

谭氏，白沙陆富有妻，年二十八守节，今存，年五十一。甘氏，白沙陆福有妻，年二十九守节，今存，年五十。

黄氏，皋头林伟常妻，年二十二守节，今存，年六十二。吕氏，皋头林德音妻，年三十守节，今存，年七十四。

谭氏，江门和厚里尹邦仰妾，年二十七守节，今存，年七十五。吴氏，水南黄显纲妻，年二十六守节，卒年七十七。

张氏，水南邓南枝妻，年二十二守节，卒年七十。梁氏，水南邓南杰妻，年二十七守节，卒年六十。

黄氏，水南邓阳春妻，年二十二守节，今存年五十九。钟氏，中乐都平岗村谭宝辉妻，年三十守节，抚孤成立。

谭氏，中乐都积谷乡冯简廷妻，年二十八守节抚孤，今存，年六十九。黄氏，积谷冯择训妻，年二十八守节抚孤，卒年五十七。

周氏，积谷冯松彰妻，年二十九守节抚孤，今存，年五十六。黄氏，积谷冯泽浓妻，年二十八孀守抚孤，卒年五十一。

陈氏，木朗尹永年妻，年二十四守节，卒年五十九，抚侄为嗣，孙翼经，举人。赵氏，木朗尹耀聘妻，年二十七守节，卒年五十六。

王氏，木朗尹建昭妻，年二十五守节，四十五岁卒。黎氏，旧社王循三妾，年二十二守节，今存，年七十四。

陈氏，篁庄欧阳沛和妻，年二十三守节，至八十余乃卒。其子泽宁妻吕氏，二十五岁守节，事孀姑抚孤儿，今年六十余。孙安善妻陈氏，年二十四亦得子而夫殁，矢死靡他，苦节二十三年，今四十七岁。邻里称为三世节孝云。

陈氏，篁庄欧阳元禧妻，年二十三守节，今存，年五十七。黎氏，篁庄欧阳永超妾，年二十七孀守抚孤，至八十四岁而殁。

容氏，篁庄欧阳荣彩妻，年三十守节，卒年五十九。英氏，篁庄欧阳永观妻，年二十八守节，卒年四十一。

茹氏，篁庄欧阳纯美妻，年二十五守节，卒年三十六。伍氏，篁庄廪生欧阳朝璋妻，年二十九守节，抚二子成立，今存，年五十四。

李氏，篁庄欧阳允显妻，年二十九守节，今存，年五十。陈氏，篁庄欧阳权明妻，年二十五守节，今存，年五十。

容氏，篁庄欧阳廷珍妻，今存，年六十一。范氏，篁庄欧阳乾照妾，年二十九乾照殁，矢志孀守，今存，年五十六。

谢氏，篁庄欧阳超显妻，年二十四守节养姑，今存，年五十。李氏，篁庄欧阳建美妻。建往广西岑溪县贸易，殁于疫，氏时年二十四，闻讣痛不欲生。从其姑，赴海滨招魂，一恸几绝。姑年七十余，龙钟多病，事之无敢拂。子为人牧牛，夜必篝灯教之读。今存，年五十二。

甘氏，篁庄欧阳时旺妻，年二十九守节，今存，年七十一。黄氏，篁庄欧阳美华妻，年二十九守节，今存，年六十六。

萧氏，篁庄欧阳克宁妻，年二十五守节奉姑，今存，年五十六。梁氏，石头陈黉彰妾，广西柳州人，年十九归侍，越岁生一子，又明年彰死于柳，氏抱姑扶榇，跋涉数千里，回家守节，卒年五十二。

萧氏，石头陈维宪妻，年二十七守节，年六十三卒。梁氏，北坎叶周赉妻，年二十九孀守，卒年九十三，以孙文龙贵，赠安人。

李氏，北坎监生叶永蓁继妻，年二十七守节二十年，至四十六岁而殁。林氏，北坎同知衔叶永菁妾，年二十六守节，今存，年六十。

李氏，北坎叶绍章妻，年二十五守节抚孤，卒年六十四。叶氏，佛宁村罗明豫妻，年二十六守节，今存，年五十八。

陈氏，蓬莱里卢瑞梅妻，年二十二守节，今存，年五十。邓氏，蓬莱里卢祺昌妻，年二十守节，今存，年五十。

李氏，蓬莱里卢瑞球妻，年二十六守节，今存，年五十。周氏，良溪罗章尧妻，年二十五守节，今存，年五十一。

黄氏，岑村陆显宾妻，年二十八守节，今存，年七十三。陆氏，小桥梁洪擢妻，年二十一守节，今存，年六十二。

梁氏，蓬莱里卢佐毓妻，年二十六守节，今存，年五十。邓氏，蓬莱里卢贞朝妾，年二十四守节，卒年六十八。

黄氏，甘边甘常芳妻，年二十七守节，卒年七十七。黎氏，岑村陆奕琼妻，年二十一守节，今存，年五十三。

卢氏，岑村陆奕怀妻，年二十七守节，卒年五十六。周氏，上湾陈茂泰妻，年二十九守节，卒年五十。

萧氏，上湾陈茂泰妾，年二十一守节，今存，年五十。张氏，蓬莱里卢贡朝妾，年二十七守节，今存，年六十二。

李氏，上湾陈擢山妻，年二十九守节，卒年七十五，黎氏，上湾陈擢诚妻，年二十八守节，卒年五十九。

沈氏，上湾梁怀胜妻，年二十八守节，今存，年七十三。秦氏，上湾李礽广妻，年十七归未久而夫亡，誓以死守。自嘉庆十二年（1807）至咸丰十一年（1861）卒，计守节五十五载。

黄氏，欧边欧阳愈彦妻，年二十二而寡，矢志靡他。自嘉庆四年（1799）至今同治九年（1870）尚存，计孀守七十一载，年九十二岁，人称为“松柏之节，久耐岁寒”云。

陆氏，甘边甘允和妻，年十八归未久而寡，苦节四十年至五十七岁卒。周氏，甘边甘克权妻，年二十三守节，今存，年五十九。

陆氏，步云张嘉沾妻，年二十七守节，今存，年六十八。陆氏，步云张振廷妻，年二十五守节，今存，年五十五。

甘氏，步云张元观妻，年十九甫嫁而夫卒，计守节四十九年，今存，年六十八岁。罗氏，步云张翘沾妻，年二十六守节，今存，年六十。

黎氏，曲江里庠生梁鸿定妻，年二十九守节，抚孤成立，今存，年五十五。林氏，北坎叶永蔚妻，年二十八守节，今存，年六十一。

钟氏，良溪罗公麟妻，年二十五守节，今存，年五十五。陈氏，佛宁罗秉仁妻，年二十七守节，卒年五十二。

黄氏，良溪罗宝文妻，年二十六守节，今存，年七十三。何氏，良溪罗宝文妾，年二十三守节，今存，年七十。

陈氏，良溪罗承威妻，年二十二守节，卒年四十一。黎氏，天河谭信才继妻，年二十三守节，抚育嗣子，卒年九十。

潘氏，天河梁浩长妻，年二十七守节，现年四十五岁。吴氏，归德都王现三妻，年三十守节，卒年七十三。

苏氏，杜阮黄学猷妻，年三十守节，今存，年六十。欧阳氏，白石唐泰端妻，年二十三而寡，守节至九十而终。

林氏，白石唐泰侍妻，年二十四守节抚孤，卒年七十六。梁氏，石头卢熙仕妻，年二十九守节，抚孤成立。

邓氏，石头卢美芳妻，年二十八守节，卒年九十三。陈氏，石头卢毓施妻，年二十六守节，今存，年六十二。

甘氏，石头卢毓弟妾，年二十五守节，今存，年六十七。陆氏，石头卢瑞均妻，年二十五守节，今存，年五十四。

梁氏，石头卢佐毓妻，年二十六守节，今存，年五十二。邓氏，石头卢琪昌妻，年二十一守节，卒年四十五。

杨氏，石头卢贽朝妾，年二十七守节，卒年五十六。张氏，石头卢位文妾，年二十七守节，卒年五十九。

邓氏，石头卢贞朝妾，年二十四守节，卒年六十九。薛氏，江门水口谭永绍妻，年二十六守节，今存年五十。

陆氏，丹灶谢功扬妻，年二十九守节，今存，年六十八。邓氏，丹灶谢言是妻，年二十七守节，今存，年五十一。

陈氏，丹灶谢壮尧妻，年三十守节，今存，年五十三。罗氏，丹灶林春和妻，年十九守节，今存，年五十。

黄氏，丹灶罗业烜妻，年二十一守节，今存，年五十。谢氏，丹灶罗某妻，年二十守节，今存，年五十一。

容氏，丹灶谢祚举妻，年十九守节，卒年六十四。卢氏，丹灶谢占祐妻，年二十二守节，卒年六十六。

英氏，丹灶朱启隆妻。氏本英吉利国人，夷无姓，故氏之以其国。启隆估贩远游航海，至近世所传金山者。年壮未婚，备礼娶焉。氏性严整，通华言汉字，八载生子女各二。启隆死，氏慨然携子女拮据归夫家。经重洋，两阅月，始抵香港，转折返里。至则室无完壁，族人义其节，借屋居之。氏既久历风涛之险，加以痛忆夫骸未返，日对子女涕泗交横，旁观皆为下泪。居数月，竟以呕血死，年二十八。夫亡时，尝训其二子曰："汝父死，汝兄弟丧终三年。若我则必俟尔曹成立，乃释服矣。"濒死，出其夫发及衣，请诸夫兄，曰："此吾夫所遗也，妾奔波万里，为夫后计耳。今子女得归乡井，妾亡何恨，愿以此合葬，妾瞑目矣。"遂卒。呜呼！氏生长异邦，非秉礼义教者。乃以一女流而独行，厉节若是，求之中土，又岂易得哉？乡人怜之为立碣，曰“朱节妇英氏墓”。

文氏，丹灶谢功总妻，年三十守节，卒年九十。陈氏，都会黎华瓛妻，年二十七孀守，抚孤事姑，同治四年（1865）贼扰村吐血惊毙。

张氏，都会黎敬埙妻，年二十七守节，卒年六十六。黎氏，白沙宋振亮妻，年二十七守节抚孤，逢夫忌辰，敬奠哀泣，闻者贤之，今存，年六十五。

黎氏，江门范罗冈吕传策妻，二十三岁守，今存，年五十三。黄氏，杜阮伍允接妻，年二十五守节，抚二子成立，卒年八十。

邝氏，天河平冈谭茂彩妻，年二十九守节，抚三子成立。黄氏，皋头赵信超妻，年二十一守节，今存，年五十。

黄氏，麻园马元护妻，年二十一夫亡，氏矢志守贞，家贫，姑又多病，侍奉不倦，以纺绩度日。母劝之改适，弗从，自是不复归宁，年五十六卒。

陈氏，南山乡伍维铭妻，年二十六守节。陈氏，南山乡伍维焕妻，年二十一守节，家贫，针黹度日，事姑三十年，始终不怠。

义婢郑氏名锦梅，荷塘李培英婢。八岁媵[①]随培英妻黎氏归，已而培得狂疾卒。黎寡居数十年，婢服侍弥谨守义不字。自幼至老无怨悔，年五十四殁。以上《采访册》。

补遗附

区氏，沙富乡张振光妻，夫早逝，矢志抚孤。次子元进举孝廉，乾隆己巳（十四年，1749），奉旨建坊，敕封孺人。

黄氏，白沙乡何庆培聘妻，年二十未于归，闻庆培客死广西，遂自经。以上《采访册》。

案：黄氏林《志》已载，未详，烈妇。

梁氏、何氏，西佳乡汤浚尧妻妾也。梁年二十于归，十载夫故，一子五岁。其中叠遭鞠凶[②]，舅与夫相继没，兄公旋亦没。惟一夫弟存，年未及壮，氏独力支持。夫妾何年十七无子，氏择一子为之后，勉其守节。有姑在堂，性颇严，氏曲体其意，有疾不离侧，子复多病，抚育尽瘁。夫弟中年失偶，子女幼稚，氏鞠育如己出。夫弟次男赓，年二十六得痨，疾势甚危，自伤无子。氏深痛悼命，以三男孙嗣之。道光十五年（1835）知县言良钰详请旌表，士夫题咏，汇刻为《双

① 媵：古代指随嫁，亦指随嫁的人，引申指姬妾婢女。

② 鞠凶：巨大的灾祸。

清集》。

案：林《志》只载汤俊尧妾何氏，不载妻梁氏，误。

黎氏，李惠元妾，少时其父死，贫无靠，鬻身以葬焉。生四子，随任江南，惠元卒于任，氏率诸男扶榇归里。惠元有十一子，尝训诸儿曰；“汝曹读书明理，当勉为清白吏，子孙毋使人称纨绔子弟，足矣。”旋里后迎其母养于家，戚族负债悉焚其券，卒年六十。子兆柏著有《树萱堂诗草》示不忘母训也。孙树滋，诸生。

邓氏，东甲村贡生梁业球妻，年二十守节，嘉庆十六年（1811）举人谢廷龙等联禀请旌，建坊于本乡安乐里，年八十卒。长孙乾元，咸丰辛酉（十一年，1861）科武举；次孙晋元，邑庠。

黎氏，仙𩊱里监生赠君莫大光妻，年二十八守节，事翁姑二十余年始终如一，训二子成立，卒年七十九。

李氏，上水里陈芳秾妻，年二十一守节。翁姑年老，昼夜纺绩以奉甘旨。翁姑没，每遇诞辰佳节，必竭力市果蔬以供。陋室凄然，闭户独处，晏如也。每念身后木主无依，辄悲不自胜，闻者伤之。

案：以上黎、邓、黎、李四节妇，林《志》已载，未详。

陈氏，李宣恒妻，年二十七守节。

以下俱未请旌者。

梁氏，李尚圣妻，年二十六守节。黎氏，李宏爵妻，年二十五守节。谢氏，李应声妻，年二十七守节。

黎氏，李锡瓒妻，年二十八守节。黄氏，李滋棐妻，年三十守节。黎氏，李慎图妻，年三十守节。

以上前明人。

吴氏，李观成妻，年十九守节。容氏，李远征妻，年二十六守节。

以上国初人。

胡氏，李林翼妻，年三十守节。刘氏，李倬妻，年二十守节。黄氏，李表一妻，年三十守节。

容氏，李连攀妻，年三十守节。唐氏，李占紫妻，年二十六守节。钟氏，李福上妻，年二十守节。

谢氏，李俊三妻，年三十守节。梁氏，李绪厚妻，年二十一守节。袁氏，李秀章妻，年二十八守节。

以上康熙间人。

何氏，李相衡妻，年二十守节。黄氏，李显章妻，年二十五守节。潘氏，李重远妻，年二十四守节。

以上雍正间人。

容氏，李明五妻，年二十九守节。陈氏，李谋远妻，年二十七守节。黎氏，李章汉妻，年二十一守节。

潘氏，李惇汉妻，年二十四守节。卢氏，李秉瑜继妻，年二十六守节。胡氏，李宅隆妻，年二十七守节。

容氏，李圣蒙妻，年二十守节。

以上乾隆间人。

胡氏，李世昇妻，年二十守节。袁氏，李信明妻，年二十五守节。卢氏，李朝璲妻，年三十守节。

欧阳氏，李君健妻，年二十五守节。容氏，李德隽妻，年三十守节。麦氏，李时晦妻，年二十八守节。

以上嘉庆间人。

案：陈氏李宣恒妻以下，俱荷塘子妇。

莫氏，募前庠生李光鸿妻，卒年八十一，乾隆时人。以上《采访册》。

耆寿

国朝

陈大醇，字明杰，外海人。少孤贫，母李纺绩，教之读书，年逾四十始为邑诸生。豁达有远识，嘉庆间，海贼扰村，为设策守御，闾里赖之。知县沈宝善尝以乡事至其家，见大醇事老母状，特额其堂曰“贞寿”。年九十，无疾而终。

陈积龙，潮连芝山人，持躬厚朴，妇孺不欺，家仅足糊口，而杜门自乐。物非应有毫不苟取，有饮马投钱[1]之风，邻人尝有急，欲以居地贱售，见积龙长者问之，答曰：“汝地以此价卖我，力尚可致，但乘人之急而幸得之不仁。若加偿力又不逮，其别图之。”邻遂他售。其耿介多类此。晚自号为厚德老人，年登大耄，以微疾终。妻甘氏，寿一百岁。

李宗振，荷塘人，性敦朴寡，营力田自乐。道光二十八年（1848）寿满百岁，知县邱才颖为详报，蒙恩给帑建坊，兼赉帛之荣，逾年卒。其家世享大年，祖廷长八十一，祖母梁九十三，父为郁九十三，母黄九十四，兄宗华七十二，宗耿七十五，弟宗照七十七，宗国八十五，宗福七十八，二嫂三弟妇均逾七八十，妻伍

① 饮马投钱：比喻为人廉洁，不损公肥私。唐代徐坚《初学记》卷六引述《三辅决录》云：汉代安陵人项仲山十分清廉，每次在渭河给马喂水时，都要投入3枚铜钱，表示不敢妄取占便宜。

八十三。兄弟夫妇十二人皓首偕老，姊妹亦古稀以上，一门福寿，邻里所罕见。

陈广庆，字彩猷，潮连大冈人，邑庠生，山东奎文阁典籍厅。咸丰元年（1851）辛亥恩科，钦赐副贡。孝友廉静，兼通医术济人，概不受谢。卒年九十四，妻李氏年九十一。夫妇白首相庄，孙曾绕膝，并列庠序，人称厚德所至云。

陈宗彦，白沙人，年届百龄，咸丰七年（1857）知县帖临藻详请坊旌，蒙恩赉银帛。

黄泰就，紫泥人，好义乐施，尝捐二千余金修复祠宇，乡里推重。年九十，妻何氏九十一，夫妇齐眉，知县胡湘题榜旌之。

刘庭植，字仰秋，沙冲龙门里人，职员，年九十六。

周朝赖，沙富人，年九十三，妻朱氏年九十一，夫妇白首齐眉，后并膺貤赠之荣。

李先益，天等乡大巷坊人，同治二年（1863）寿一百八岁。举人关之翰禀请知县许宝珩详报，奉旨赏给银缎，饬地方官给银三十两，听本家自行建坊，旌曰："升平人瑞"。

陈毓廷，潮连大冈人，年九十四，妻李氏寿与之齐。

胡纶相，井根中龙里人，年九十三，妻叶氏年九十一，并沐恩荣。

何衣，邑城人，生员，重游泮水，年九十六。

屈朝正，大悦滘人，监生，有品行，乡间重之，年九十。

温宣学，王井头人，年九十四，有五子，五代同堂。

吕多应，吕村人，年一百岁，同治元年（1862）蒙恩给旌坊。

赵卓勋，三江乡仁和里人，同治八年（1869）一百岁，蒙恩赐银缎坊表。妻廖氏年九十二先卒，子五人皆存，长者几八十，少者亦逾六十，孙九人，曾孙十四，元孙二。

钟天玮，字琳芳，沙头人，善拳勇，喜畜飞鸽驯犬，晚境优游，年九十有七。

邓康宁，字成显，水南人，监生，忠厚慕道，敦友爱。抚五幼弟成立，悉以父遗产让之。邑中义举尤多，卒年九十，妻妾及子孙皆寿。孙士濂、士仪，今并官儒学。

尹驯，木朗人，乡宾，叠沐恩荣，年九十六。

刘良聚，荷塘人，乐善好施，年九十二。

刘基立，荷塘人，少赤贫，以勤俭致小康，年九十。

何阳暖，大岳人，年一百三岁。

张祖爱，沙富人；梁修作，曲江里人，俱九十七岁。

李远有，荷塘人；陈辰衍，潮连芝山人；周宪湴，沙富人；黄正邹，石阬人，俱九十六岁。

周宪海，沙富人；尹可宗，木朗人，恩授修职郎；陈纯郁、陈禄普，俱外海人，俱九十五岁。

张奕垣，田边人；李桢霭、李泽士，俱荷塘人；罗章耀，良溪人，监生；文绪令，井根竹园里人；伍德环，南山人；黄赡讱，石阬人；陈超永，外海人；伍荣华，南山人，俱九十四岁。

尹瞻魁、尹瞻亮、尹上清，俱木朗人；文明洁，井根竹园里人，俱九十三岁。

陈朝瑞，白沙人，监生；刘怡振、刘兆扬、刘贤发、刘秩纯，俱荷塘人；尹廷广，木朗人；黄居命，石阬人；马受昌，麻园人，俱九十二岁。

蔡茂沂，金竹冈人，以医为业；陈正仪，井根南边村人；伍荣爱，南山人；许余祀，邑城大井头人；黄正裔、黄正见、黄居堂，俱石阬人，俱九十一岁。

李亹卿、李沧溟、李其英、李宗沛、刘直俊，俱荷塘人；梁修炳，曲江里人；胡胜广，井根中龙里人；文日隆、文德美，俱井根那马堂人；许连登，邑城显秀巷人，职员；黄赞凤，从九品，黄秀赡，俱石阬人，俱九十岁。

陈兆鳌，大岭人，现年九十七岁，有子六人，孙十一，曾孙八，元孙十二，五代同堂。以下见存。

李秉中，荷塘人，迁居香山曹步，现年九十五岁。

黎耀符，荷塘人，业医，善治暑热病，一生戒杀，现年九十四岁，犹步医村堡间。

陈世荣，外海人，现年九十四岁。

李广超，丹灶人；伍维全，杜阮人，俱现年九十一岁。

梁复华，曲江里人；欧阳汝郁，篁庄人；朱裔章，丹灶人；陈萃朝，荷塘人，俱现年九十岁。以上《采访册》。

女寿

李氏，丹灶谢遗霖妻，一百二十一岁；赵氏，沙冈监生林景星妻，五代同堂，蒙恩给坊旌；甘氏，曲江里梁复贵妻；容氏，潮连卢位提妻；甘氏，潮连陈积龙妻；邝氏，大院刘宁昌妻，俱百岁以上。《采访册》。

补遗附

明

张珙泷，水都沙富乡人，嘉靖间，寿臻百岁，恩赐冠带，妻梁氏年九十三。

张纲，沙富人，万历间，府庠生，官江西布政使司经历，年九十三，重游泮水。

案：林《志·仕宦门》载作“张絅”，今据《采访册》作“纲”，未详孰是。

张公异，沙富人，万历时，年九十三，赐冠带。

李惟远，年九十六；李乾，邑庠生，年九十五；李彦才、李叔英、李志上，俱年九十一。李廷圭、李惟美、李惟聪、李孟奇，俱年九十，俱荷塘人。

国朝

张柱成，沙富人，年届期颐，康熙时恩给旌表，妻刘氏年九十七。

李作楫，字远耀，号德甫，荷塘人，磊落有胆气，先世尝为贼害，枕戈切齿，誓歼群贼。时官军主纳降，反为逋逃薮[①]，作楫挺身上诉，大吏感其义烈，为之擒诛八凶，大仇卒雪。长兄早世抚诸孤犹己出，昆弟同居数十年，无闲言。有从叔贫无嗣继者难之，作楫慨然推己田为立。后又念宗祠祭田尚薄，捐助不吝。他事多类此，家由是中落。康熙间，以封川籍岁贡，为从化、香山训导。常言儒学职在教士，教士莫先于辨义利。倘琐屑与诸生较修脯，是倡之利也，何以师为？爰尽汰陋规[②]。课程外，时进诸生与之讲学，以励品行，通政治为谆谆。学使陈均雅重之，为文嘉赠焉。晚隐乡园，耄犹笃学，寿至九十有三。

李任章，号时重，荷塘人，父母皆高年，兄弟五人，己居长，率诸弟承欢备至。治家严而睦，同居不析产。营祠宇、置祭田皆竭力任之。尝拾遗金待其人还之。贫佃负租，概弗问。卒年九十四。子子钟，岁贡生。

陈华芳，潮连巷头人，年一百岁，乾隆三十九年（1774）蒙恩给坊，旌曰：“升平人瑞”。

李英文，七堡人，赋性醇朴，孝友睦族，遇荒赈恤，乡邻德之。嘉庆元年（1796），寿一百一岁，署县汪泩请旌，蒙赐内府蓝缎一匹，果子银十两，建坊银三十两，并给与“升平人瑞”字样。子二人，孙九人，曾孙十人，元孙一人，经事祖父，亲瞻七世，五代同堂。元孙占元，道光甲辰（二十四年，1844）恩科武举。

① 逋逃薮：意为藏纳逃亡者的地方。

② 陋规：指社会上相沿成习的不合理规定，特指官吏私受人钱财。

案：嘉庆元年（1796），李英文年一百一岁，出详请旌领赏时一百三岁，林《志》作“一百二岁”，未合。时候补同知汪浩署县事，非实任也。职官表误，今据李英文请建坊文稿改正。

李声陈，七堡人，训导堃之祖父，年一百二岁。嘉庆元年（1796）署县汪浩为请旌，蒙恩赐内府蓝缎一匹，果子银十两，建坊银三十两，坊额曰：“升平人瑞”。

案：林《志》载李声陈，道光二年（1822）旌，误。

黎雅普，号存安，荷塘人，性纯孝，幼失怙，母陈丧明。祖父发藻，岁贡生，年八十余不能教读，四壁萧然。雅普肩挑糊口，以奉祖父及瞽母。祖与母偶有微恙，常侍汤药，不离左右。娶妻容，勤俭纺绩，同尽孝养。后雅普贸易，积有余赀，仍破衣敝履，藜藿自甘。遇冬月严寒，不惜解囊分赠，买衣衲以予穷乏，给粮米以赈孤寡，于士人尤敬重焉。卒年九十三。子荣林，乡宾；孙为光，邑廪生；曾孙延龄，附贡生；元孙金诏、应午，俱诸生。以上《采访册》。

方伎

李昭南，荷塘人，侨居南海佛山，嘉道间医最知名，性灵慧，于岐黄[①]书无弗览，亦无或泥。尝言治病当如治兵，运用之妙，存乎一心而已。诊脉能辨寿夭，生死预决于一二年前，罔不验。有患呕血者，试方百不效，教以用凉帽真红缨煎水服，血顿止。人问方出何书，昭南曰：“此以意得之耳”。妇科尤精，医名播一时，洋商伍氏岁致重币，聘客其家。然相知者，走请无不立往。年六十八卒。同时乡人容茂元，亦以医名，尤妙儿科，辨脉精细，能预知修短。喜用重剂，应手立效。尝晏起，晡后乃出，携灯夜行，人呼“夜摸先生”。

厥后，李懋光、李协和庠名雅埙、刘杰元并老医有声。懋光工治劳伤及带下[②]，书学赵松雪子金堂诸生，克继父业。协和善疠疫、暑热诸急（证）[症]，吟诗有唐律，年八十余。杰元喜施药，道光二年（1822）大疫，舍丸散，救活甚众。子观成，举人。陈阶平，潮连人，家赤贫，事母孝，善画山水，自号“罗浮道人”。落笔有云烟气，松杉蔚秀，于元四家近黄鹤山樵[③]。时争购之，性孤介，意不合，虽厚酬弗与。同乡卢朝安廉访常延之家。多年所得钱悉奉母，余以周穷乏

① 岐黄：传说中的黄帝和岐伯之合称，传说是中医的始祖。此处指代古代各类医书。

② 带下：古代称妇科疾病。

③ 黄鹤山樵：元末画家王蒙，字叔明，号黄鹤山樵。赵孟頫外孙，与黄公望、吴镇、倪瓒合称“元四家”。

亲串[①]。年四十未娶，或劝买妾，不应。朝安正容诘之曰："子常客游，慈帏老矣，谁为省侍者？"阶平戚然，良久乃助成之，后生一子。尝寓端州梅庵，地距城十里许，仄径泥泞，每雨行僧辄仆。阶平为募，砌以石，罄囊佽焉。数月，石路成，遂橐笔去。端人为碑，镌其名于道左。时镇粤将军奕湘雅，好书画，多布衣交。闻其品艺，遣使赍金帛招之，固辞弗受。亡何母卒，葬毕丧除，入罗浮为道士，卒年五十四。以上《采访册》。

仙释

邓宥，父乐田，元初迁居新会，生三子，宥居第三。长随兄宦游江西广信府，学道于龙虎山。道成夜行，遇虎骑之，而归与之食而去，人号骑虎。庙祀邑城东门湾底，宥之旧居也，屡著灵异。孙彦良、曾孙林别有传。《采访册》，林《传》见林《志》。

按：宥至林仅四世，一以道术显，一以名宦彰，一以乡贤著，可谓一门之盛也。此传应入仙类，林《志》入方伎，似未合。

① 亲串：血亲与姻亲的通称，也称为亲眷、亲戚。

卷九　艺文

李星辉、谭锡朋、钟应元、何琯分纂

《四书备旨》六卷，明邓林撰，见林《志》列传，已刻。

《文庙考略》一卷，国朝黄丕基撰，见列传。

《白沙年谱》一卷，国朝黄丕基撰。

《白沙丛考》一卷，国朝阮榕龄撰，见列传。

《古冈人物志》六卷，国朝谭兴然辑，见列传。

《医学总纲》一卷，国朝陈定泰撰，已刻。

按：定泰，字弼臣，邑城人，复著有《风月楼医谈》《证治辨源》各种。

《太乙指津》四卷，《天星选择纂要》三卷，国朝吕士清撰，已刻。

《悟雪山房琴谱》二卷，国朝黄景星撰，见列传，已刻。

《续冈州遗稿》八卷。

康熙间，知县顾嗣协采邑中各家遗诗，编成六卷，颜曰《冈州遗稿》。道光辛丑（二十一年，1841），邑令言良钰复采遗稿，编订成此，以续嗣协之书，并梓而行之。

《闻香馆诗文集》二卷，国朝伍有庸撰，见列传，已刻。

《和颜鉴塘百美咏》一卷，国朝许泽撰，见列传。

《古啸斋骈体文》二卷，国朝李兆槐撰，见列传，已刻。

《西藏诗文略》《罗浮罗汉洞倡和诗》，国朝唐金鉴撰，见列传，已刻。

《梦鲤山房诗集》，国朝李有祺撰，见列传，已刻。

《梦草山房诗钞》，国朝李春林撰，已刻。

按：春林，字新猷，号又泉，邑城人，廪贡生，进士实子，历官乳源、河源县教谕。

《玉汝山房诗文稿》二卷，国朝张云帆撰，已刻。

按：云帆，字昌星，号月槎，邑城人，恩贡生。以保城功，赏州同衔。年六十二卒，能预知卒期，恒以不得刻诗稿为恨。临卒撰“昭谏才名空一世，茂陵遗稿自千秋”十四字，刻之墓门。

《石樵诗钞》，国朝莫鸿翼撰，已刻。

《听秋馆诗文稿》，国朝陈殿桂撰，见列传，已刻。

《红荔山房诗钞》，国朝唐金华撰，已刻。

案：金华，号羽阶，白石人，道光庚子（二十年，1840）科举人。

《凝香阁诗钞》，国朝芝台女史撰，已刻。

案：芝台女史黄氏，邑城人，阳江总领何岳钟妻，好作回文，诗集中多至三十余首，伍有庸序。

《红渠女史诗草》，国朝刘艳撰。

案：艳，邑城人，父嘉玉，幼能诗，适张氏。其女云英，孝女，事父母不字。有传。

卷十　事略

何琯、李星辉、钟应元、谭锡朋分纂

祥异

李星辉分纂

杂录

李星辉、何琯、谭锡朋分纂

订讹

谭锡朋、钟应元分纂

道光二十三年（1843）癸卯，署县文晟举行宾兴礼①。二十三年（1843），更额“林曾二侯祠”曰“林曾邑侯祠”，增祀知县林星章，绅士林朝桢等倡议。二十九年（1849）己酉夏，饥，知县邱才颖谕绅士莫廷珪等设厂小较场，赈粥，全活甚众。

咸丰四年（1854）甲寅六月初一日戊辰，开冈州公局团练。是年五月十三日辛亥，会匪何六踞东莞之石龙。庚申，攻陷东莞县城，省会震动。乙丑，新会营参将卫佐邦奉督院调护省，知县陈应聘深以为忧，大集邑绅团练开局冈州书院。议者仍狃承平习，谓可具文讫事。诸生陈殿兰致书陈应聘言：“事急战守，议宜早定”，语极危切。会在籍江西永丰营都司梁英忠自乡间得耗来，谓：“乱象已成，克日堵御，非劝捐召募官绅为倡不可。”因首捐银三百两吁，应聘加捐五千两，原已捐至五百两，举人何琯力赞成之。议定始，集户开捐，张榜募勇。二十八日乙未，知县陈应聘会营局各弁绅等，为坛北较场陈兵誓众。

七月初八日乙巳，陈松年、吕萃俊纠众踞江门作乱。十五日壬子，遂围县城，知县陈应聘会守备冯瑞林、吴元陛，举人何琯等悉力拒守。至八月十四日庚戌，省援兵至，击散之，围解。

松年，潮连冈头人，眇一目。萃（晋）[俊]，范罗冈人。六寮更目，素蓄异谋，互相煽结，至是邻属顺德、鹤山相继陷。刑牲纠众屯狗山，号召诸匪。元陛

① 宾兴礼：清代全国各地的一种科举典礼，主要是指府州县地方官举行宴会，送别科举生员。

率快蟹四艘，剿贼猪头山不克，退保江门，悉状益以众寡不敌，引还。初十日丁未，弁绅登陴防守。督带弁绅四十四人，营兵局勇共千四百名，各分段防守。外左营守备冯瑞林带兵四十五名，前任新宁把总何定章带局勇四十名，知县陈应聘五十名，分头往来策应。四乡贼云集响应。黄协成起杜阮，黎舆汉起都会，陈协槐起外海，卢位取起潮连，施连福起里村，朱津起丹灶，何伦正起白沙，赵志盛起皋头，张镛德、陈萃确起礼乐，伍从第起麦园，李安起麻园，梁世辅起东甲，苏淑成起冈背，林祥起北洋，黄连起张村，李象能、李德炎起七堡，谭振纲起南坦，张龙、李嗣想起河村，陈尚起天湖朗，黄植三起水背。其余不知姓名者，不可悉数。城内一日数十惊，男妇老稚出城逃乱者，啼号震地。即在局诸绅，纷纷托故他徙。应聘神色不挠，专以局务委成于何瑄。原任新宁把总何定章主军火，举人何超光主调拨，候选巡检张青柏主筦饷，诸生陈殿兰主文告，武进士许德元及各武举、武生主巡察。其分守诸门。外营弁之勇敢善战者，把总黄龙彪驻水阁，外委张朝显驻马山，何兆彪协元陞驻西山，各当要冲。部署定而外围合。十五日壬子黎明，大雨，松年、萃（晋）[俊]麾众趋东门，应聘亲自督战。炮毙其执旗贼目，追斩十余级，夺炮二、云梯五。贼艘由河东入者，并击走之。城西南隅，新募卒，瑄在局闻变，趣继丸药，遽跃起曰："官在东，东无虞。西南皆市人子，闻敌必溃，安危视此刻也。"疾南驰，周陴大呼贼败矣。东门虏尸且山积，于是我堞卒之投械惊窜者，荷戈悉归伍位。已，贼谍知守具实单薄，连日复掘地道，熏毒烟，百计环攻。十八日乙卯夜，大雷雨风，楼橹灯烛湿不能燃，贼乘间蜂薄，势尤急。幸电光中照耀如白昼，我兵发器多奇中。自初更死战，至四更雨止，贼始退。诸坊堡及各著姓欢呼雷动，咸愿添勇备番休，人心稍定。初意蕞尔邑，非贼垂涎，存亡旬日事，所备军实稀阙，月尽诸积聚已奇绌。而贼则以地势扼省会，西南尾闾陷，当据上下咽喉，联省贼贯注一气，控制高廉，故九江、佛山诸股纷纷蝟集，附城各匪复聚众策应。

钟贤起沙堤，李聚起泗冲，陈士忠起五福里，黄瑞起大鳌，冯桂起紫竹里，陈巨芳起浐湾，杨松起帝临堂，余存起西鳌。他如德滋里、东关顶、花桥亭等处，妇孺为贼守望，称官兵为白兵，贼为红兵。北街、厓门两炮台，各炮均为所掠。

北街炮台旧置三千斤、二千斤大炮各一，八百斤、五百斤各三。台圮，存江门北极殿。局议留恐资盗，屡欲取回。六庙值事以留防为辞，牢不遣。至是为贼所得。又七月二十二日，冈背贼苏应龙纠七堡贼潜至厓门，千总张兆鹏不战而溃。逃卒缒上，始悉失守状。攻具甚备，期在必得。闰七月初旬，开仓平粜，贫户不给者罗及松茈、草根、木皮、卉蘖，杂所熏蛇鼠充食。先后大小已二十余战，死亡相继。从骼象山南麓，婴儿委弃填塞沟浍。昼昏渐闻巷哭，尤乏膏燎。女墙宵分兼三四堞，始具照焰。东北两城楼，支楹骨立，瓦石飞掷民房，男女更番抢筑。尚书坊何姓建祠，鸠集石料，得此，随破随补。

八月初六日壬寅夜四鼓，贼乘潮纵火船四大艘，直攻曲背城水阁，炮声振天。龙彪、定章舍命协拒，贼锋乃挫。火船法，其桅高出城堞，旁附木架，架下贯两轮，中树长梯，取与城齐，梯末横大木，密排厚板，周悬罟帐，板上火器具备。巢居数悍贼，身裹兕革，以御矢石。攻时，一贼预于桅顶，束大喷筒伺巢，可平城而渡，燃火发之，城卒却避。巢贼随过，群贼继之。是夜四鼓，贼四门并犯，随于五鼓，出不意，纵船直趋水阁。我兵几却。龙彪大呼曰："亟前退者立斩。"亲掷火罐，中其头船罟帐中火药器巢，未及而火并发。桅贼先坠，巢贼一烬，声若矗霆。定章率游卒飞驰助战，万火齐击，群贼乱窜，我兵缒城，追斩多级，夺其木架、云梯，器械无算。

自是贼称坚城守，死不可下，而省援之耗且日至。先是，应聘请师蜡书①十三四，上讫无要领，后刑幕②唐廷桢浙江诸生愿亲往。适省围燕塘大捷，新会营卒头仗，功称最佥，以乡井沦没，无心恋战，欢哗。督辕更会寓省举人英三俊、副贡黄文玉、监生谭敬、何朝瑔、潘德芳等呈请捐饷助救，大府师期乃定。廷桢间道飞闻。八月十四日庚戌，大军果抵境，分西塾、沙堤，水陆两路，长驱直进，贼大披靡，城围尽解。卸海口营守备黄彬、候补守备罗福安以舟师由沿潋口攻西塾。督标千总黄显带东莞勇，副贡生邓林春以陆兵由汾水、冈趣、沙堤，官兵无不以一当百，贼殊不支。各堡之树红旗应贼者，尽转而白。客来诸贼多迷失道，数日内，悉为各兵勇搜杀殆尽。

八月十七日癸丑，余贼复聚于都会，丁巳聚于江门，官兵均击散之。何瑄等以四城残破，贼踪飘忽，难保不拥众复来。局中度支，主客各军费已告罄。张青柏老成悫朴，素为侪辈推服，议令诣劝城外坊堡捐修城段。青柏深以腹地可虞，挥汗徒步烈日中，沿各里户市肆，谕以附城两月，疾视长上，负咎良多，亟宜奋勉效赎。旬日工料毕集。

九月初一日丁卯，召义旅于西南各乡。初二日戊辰，知县陈应聘及冈州局董陈殿柱、何超光、陈殿兰会东北诸绅于景贤书院，议江门团练。应聘切谕前此未能联络保聚，今余寇窥伺，方屯啸密迩，亟应团练以固桑梓，众皆踊跃。岁贡黄驹、举人尹莘等以乡落流离，冒险涉危，挥涕从事。训导吕遇鸿、洲同李秀、监

① 腊书：将涉及秘密的书信揉紧为小团，外面以蜡封裹。

② 刑幕：是"刑名幕友"的简称，即在官府中协助官员办理诉讼案件的书吏和幕友。

生尹莲生、举人吕铭恩襄理庶务，区画井然。开东北公局于景贤书院。初七日癸酉，吕萃俊窥东北局草创，诸战具猝未备，纠余匪数十艘，横行鲤鱼山外，声言再犯江门。时省援尚未旋师，闻信，遽扬帆乘夜去。十二日戊寅，贼攻外海。外海贼陈协槐句引[1]余党大肆焚掠。毁房舍一千余间，祠宇三十余座，火数日不灭，死伤虏亡者百数十人，老幼男女扶携号泣，络绎赴城避乱。庚辰，贼复入江门，官兵击退。甲午，修复土炮台于沙仔尾。防贼入江门西路，其东路北街废台先已略葺置守。

十月初一日丙申，守备吴元陞等败贼于鹤山瓦窑。丙午，复大溃之。萃俊窜聚外河，松年结沙坪贼冯坤盘踞瓦窑，将复煽扰，故有是役。贼颇惮官兵神速。松年卒为新会营参将所部获于新造，槛送省局正法。

十月十一日，东北局勇剿鹤山贼于瓦窑，贼分党来拒，我勇裹伤力攻，生擒贼目一人，余众遁，遂捣其巢。踞昆东书院为伪署。搜获旗帜、炮械、伪印多件。瓦窑肃清，棠下一带始获安堵。十七日壬子，再召劲旅于西南各乡。

十一月二十日乙酉，吴元陞等击贼于白石，败绩。弁绅兵勇阵亡二百八十三人。水贼连犯北街炮台，均为官军所扼。陆贼结引鹤山、沙坪、瓦窑余股，蹂躏白石。十月，效力武举冯建辰往捕，中伏，死五十三人，至是，该乡人复说元陞陈可取状。遂于是日率兵勇千余过小河，贼拒战败走，我兵因贪掠贼所弃辎重，反为所乘。

十二月初二日丙申，冈州公局何瑨等以西南劲旅六百名，添卫江门。初，东北各乡所召勇多未习战，自白石败后，人心汹汹，得此声势复振。己丑，陈应聘亲驻江门犒军，贼水陆齐犯，麾众奋击，遂大破之。自是贼不再犯，萃（晋）[俊]诸逆后为冈州局以次购获正法。

五年（1855）乙卯二月二十九日，荷塘蠕步渡头，突有红旗贼船大小数百驶至，蜂拥入村肆掠，猝不及防。刘、容、李三姓居边隅者，鸡犬一空。次日，复大至，乡勇力战却之，多所斩馘。

五年（1855）四月十一日，东北局勇剿鹤山贼于沙坪，贼悉窜逸，获其伪参谋吕某。先是甲寅（咸丰四年，1854）六月，沙坪剧贼冯坤昌乱，鹤山知县马斌殉难，势张甚。江门贼目陈松年等倚为声援。迨东北开办团练，贼仍四出，纠党扑犯江门。至是，署鹤山县沈梁奉委之任，先驻新会，谋于邑令陈应聘及冈州局绅，请兵护其行，故有是役。

① 句引：引诱。

五年（1855），知县陈应聘建万寿宫及风火神庙于城外大云山。

五年（1855），建陈侯生祠于城东河上。

五年（1855），建江门东西两炮台。

六年（1856）丙辰，知县陈应聘倡修厓门炮台。

六年（1856）四月，两广总督叶名琛以新会官绅力保危城，奏请奖励。是月奉旨：同知衔新会县知县陈应聘以知府用，赏戴花翎；县丞张景堂赏给六品顶翎；潮连司巡检杨奎生、典史方奎焯，均以县丞用；县幕客浙江生员唐廷桢以府经历用；署左营守备、七村千总冯瑞林，署右营守备、鹤山千总吴元陞均以守备用，赏戴蓝翎；虎阬把总黄龙彪以千总用；城守外委张朝显以把总用；城守额外外委何兆彪赏给六品顶翎；绅士举人大挑教职何琯、举人何超光均以知县用，赏给六品顶翎；附生陈殿兰以训导用，赏给六品顶翎；休致把总何定章、从九品职衔张青柏均赏给六品顶翎；举人大挑教职陈殿桂以知县用；武进士，截铨守备许德元赏加都司衔；效力武举冯建辰以千总用，赏戴蓝翎；武举苏祥清、李超元均以千总用；武生刘凤书赏给千总衔；武生欧阳骧以把总用。其余官吏弁绅由督抚量予拔补，并给顶戴有差。

七年（1857）丁巳夏，县丞马长庚捐廉倡赈谕令。江门李秀捐银三百两，东北局绅吕遇鸿、尹莘等设粥厂于江门瓦船头，饥民存活甚众。

十一年（1861）辛酉，知县聂尔康倡议改修学宫，工费按通邑民田派出，每亩一钱，共用银二万五千两有奇。

十一年（1861），知县聂尔康倡设育婴堂于城东江湾里。

同治元年（1862）壬戌，知县聂尔康倡捐浚邑城外河东西，各一千一百余丈。

二年（1863）癸亥，署县许宝珩改建教谕、训导两署。为改建学宫，两署旧址当迁。

二年（1863）二月，知县许宝珩复开冈州团防公局。红匪乱后，局董何琯等议，疮痍蒿目，地方宜以时休息，吁请撤局，书凡七八上。而夷务客氛不时告警，有司再三慰留，至同治元年（1862）一律肃清，遂决计将局裁撤。宝珩甫下车，敦谕复开。原绅董在籍同知衔候选知县何琯、陈殿桂，训导陈殿兰，都司衔武进士许德元，五品衔、前任把总何定章佥以患侣雕零，精力衰疲，让举他绅接代。十数辞皆不获命。惟在籍刑部小京官钟应元，宝珩廉察诸绅，以其干练老成，堪膺艰巨，添请驻局。

三年（1864）甲子六月，客匪寇开平，径犯邑石步乡。知县许宝珩率同冈州公局绅董何琯等悉力防剿，却之。数年来，客匪滋扰，肇属受祸最惨，乡局黠者多停罢守御，希媒祸于会。俟会聚客斗，而彼自休兵，琯等坚不为动。至是，开平之宅梧股客，勾引新兴股攻陷尖石，恩、开交界百里寂无炮声，贼遂以其月初四日，由开属古儒乡走八十里，劫罗村、石头、龙湾等处。初六、七日，复掠鹤山属麦村、郭村、沚山一带民居，烽照水口，水口离邑属石步天等田边各乡，仅隔一小港。贼初猖獗，琯等即请于宝珩，策贼来踪，当无过大泽、河村西南两路，大泽、河村为邑西南屏蔽，而石步天等田边各乡又为河村屏蔽。留营效力武举何兆陞、李其盛、开平把总汤廷振等素著勇敢，乞以一军畀兆陞，其盛军大泽，分屯要隘，而令廷振萃精卒扼沙堤，进援大泽，退固邑城。其河村一路数十乡，丁壮不下万人。该乡举人关之翰久办乡事，足资捍卫，所短枪罐钝绌，丸药稀乏，城局克期赴急，当必无虑。部署甫定，逮初八日，贼果由水口直犯邑界，猛攻石步。本营参将徘徊房闼①，托故不果行。宝珩遂与琯等约，严备城守，行间军火无晷刻缺缓，而身自亲临布置，之翰等分拨已定，协同本汛外委李海安，督乡团悉力堵御，昼夜不懈，贼致死尺土不得入。其夜五鼓，空壁遁鹤山，客济贼粮，而侦会西鄙动静者，审大泽、邑城皆有备，诫勿动。

五年（1866）丙寅九月，知县聂尔康汇报邑中节孝妇女一千五百九十三人，内列入林《县志》已载未旌者一百四十三人，并详请旌表。七年（1868）二月，奉到部文，一体准旌，额曰：“清标彤管”。按：内有误列一人，两报者约四五十人，今悉核正，录入《列女传》中。

五年（1866），知县聂尔康倡建县考棚于学宫之右，工费取诸沙田厘捐，经用银七千余两，以费竭未成而止。

八年（1869）己巳，建文昌宫于城内西山上，绅士钟应元、何琯等倡议。以上《采访册》。

《咸丰四年西南团练御寇纪略》附

咸丰四年（1854）六月二十八日申刻，大较场祭旗，仅兵勇五百人。闰七月初一日，陈侯念西南泷水都素习战斗，且未有起旗从贼，冀得其力解围。发蜡书谕沙村司刘超召募。超谢不能，乃谕西南局梁逵吉等以蝇头小书四张，饬行人藏于衣领间，佯作乞丐带往，传知张、谭、梁、黄诸大乡。陈侯称善，发谕数百道，又给吉等腰牌三枚，准随时出入城门发书召勇。是日，发谕绅士黄震亨、李拱南、黄祥荣、黄锡祺、何汝彬、梁逵吉、谭锡朋、梁平章、张云帆、梁纯等办理团练

① 房闼：宫闱，寝室，闺房。

事宜。

九月一日，陈侯又饬绅士张灵源、张殿安、黄锡祺等往泷水口各乡召募壮勇。初二日，陈侯出江门议军务，集东北方绅士于景贤书院，会议团练。初四日，西南小冈梁勇先到，是时，奉谕之乡不无观望，惟卸天津游击梁英忠不待书到，即饬侄梁平带小冈梁勇一百名来城，是为西南勇卫城之倡也。十三日，陈侯谕西南局绅士梁逵吉等驻西南局，办理团练事务。十四日，贼复入江门，官兵不战奔回，邑城震动。十五日，陈侯在五显院会同官兵前往西南，绅士督小岗，三江、罗阬等勇沿河岸进发，吴守备元陞帅兵趋狗山，二号快蟹由东河溯流而上。贼泊江门汛前河面，见兵至，急开炮。兵勇奋力向前，贼惧，开船走。西南勇沿河岸赶进，疾至北街口下水，直扑贼船。贼崩溃，弃水走，淹毙贼数十名。西南勇夺贼船二、旗帜、器械、辎重无算，而趋狗山之兵亦已击散山上贼。

先是，贼匪见援兵回省城，贼首陈松年、黄连等书通各股逆匪，约以九月十六日复聚江门，为复然计。十四日入江门之贼，乃贼之先到者。幸西南壮勇赶赴江门，即于十五败贼，收复险要。嗣后，西南勇屯守江门，打仗屡次获胜。十六日，贼攻北街炮台，兵勇守台者击走之。二十五日，召募新宁客勇，因新宁绅士余福康书至，极言客勇可用，于是召募一百人，俟征瓦窑以为头敌。二十八日，筑炮台于江门沙仔尾，时贼船从对河驶进入港，壮勇于炮台击之。派绅士李堃、林骥带勇战，贼不能进。李堃督勇过河，从岸上逼之，贼乃扬帆而去。二十九日，恐北街炮台力单，调红单军船助之。陈吕二贼经败之后，吕萃俊横行海面，陈松年与冯亚坤复聚鹤山、瓦窑，将复煽乱。

十月一日，吴守备督兵勇讨之，派客勇为头敌，三色旗兵次之，绅士谭训诰带凌冲勇又次之。各路勇相继进，乘大雾疾走数十里，望见贼营，客勇怯不前，三色旗兵遂奋当头敌，凌冲勇过水，绕出贼营前，直扑其垒，贼遂溃。生擒六贼，毙数十贼，夺大小炮械、衣物无算，并搜出群贼往来逆书数十函，木印数颗，旗帜数件。

十月十七日，因兵力未敷，陈侯再谕西南局招募泷水、河村各大乡一千人，名曰“劲旅”，为前锋。海贼屡次失利，稍稍远避。又有别股贼一二千人据白石乡，陆贼入其党，用计诳白石绅士谓贼甚少，且辎重皆在，兵来可一鼓荡平。绅士信之，白吴守备与乡人约，颈中带有铜钱者尽良民，否则尽贼也。吴守备下令二十日卯刻入白石乡，贼佯败，兵勇前锋四百人入村，见村人带铜钱者，问贼所在，则指在祠内。兵勇入祠擒贼。贼从内起，村人之带钱者皆贼。兵勇继至村前，见闸内枕炮，不敢近。海贼亦至，兵勇奔溃，战没逃出者仅百余人。

是役，虽杀贼数百，而绅弁兵勇死者二百八十三人。江门震动，邑城探知，即时遣武弁李维扬督西南勇六百人赴江门，军威复振。二十一日夜，贼以我兵新败不支，乘机攻北街炮台。二十二日，攻白石炮台，又以数千贼分五路渡河来死战两时许，均击败之。二十四日，贼船十余艘由北街直来，先被炮台兵勇击退，随有三四千贼分札五处，彼此开炮攻击，水陆并进。适陈侯以兵勇连日苦战，亲至江门犒赏，辰刻至白沙，闻炮声，疾驱至江门，往督战，兵勇闻官至，益效死力。张县丞景堂亦率街勇至狗山策应。贼过河布列塔岭，督带梁临等率劲勇相拒，均拚死不肯先起移，时兵勇大呼曰："城中大兵已至"。贼闻遂起走，追击之，贼大败，死者无算，贼遁出境，江门平。

《东北局团练御寇纪略》附

江门地处东偏，邑屏障也。远则高、廉、雷、琼之海舶，近则南、顺、香、宁、恩、开之乡船，往来离遝[①]。乾嘉时，号繁盛，迨道光寖衰[②]。咸丰四年（1854）六月，红贼陈松年等踞乱两月余，益雕落。松年本江门练目，群盗拥戴为首，吕萃（晋）[俊]次之。洎八月中，黄彬一军自省来援，贼始窜。然邻境尚未肃清，水路常有红旗贼棹游掠。九月初一日，邑之东北方绅士唐金鉴、黄驹、尹萃、卢文盛、黄鸾镳、吕遇鸿、唐金华、陈济清、李乾元、李星辉、林润芳、容铣等集议景贤书院，请知县陈应聘亟开练局，以防后患，其经费取诸东北民田、市肆。即书院旁舍为局，以晨夕聚谋，各备资粮，召募出守江门。乡皆百数十人，以村堡大小为差，城厢及西南诸乡亦派勇助守。一时水陆分布，俨成劲旅。于是察险扼要，立木栅于东河口出海处，以旧炮台稍远未宜，别于近口处筑土为之，盖以蒲葵，千总黄龙彪守焉。又增一土台于西头紫泥冲右。

九月十二日，群贼攻陷外海，势大振。十五日复犯江门，黄驹、尹萃与营弁力御却之。嗣是戒严。至十二月初，中间兵贼相持，或连日，或间月，凡二十余战，斩馘三十一，生擒三，夺获大小船二十、炮九，我兵勇死六十八人。至十一月二十日之战，则死者二百八十三，几溃而复振。先是，官军八月来，贼顿散。比师船扬帆去，贼复拥，泊白石岸东。其目为鹤山冯坤。所乘坡山艇，皆悍斗老贼，上下游奕几两月。

十一月十八日，突有鹤山、沙坪、瓦窑贼数千出棠下，过篁村，止欧阳氏祠，忽仆碑压毙数贼，遂去。直趋白石，踞其村东岸，泊贼应之。二十日登陆，合众

① 离遝：众多杂乱。

② 寖衰：渐趋衰落。

径扑江门，右营守备吴元陞急率兵勇往御之，战于谭家祠外，有杀贼首持回报捷者。移时贼愈众，我军寡不敌众，又误堕贼伏，尸山积。元陞亟退守。廿二日，沿河贼至，分拒之。廿四日，陈侯携千金出赏士卒，令复战，遂争往白石杀贼，果全胜，贼乃遁，此江门东路水陆守御之情形也。

若西路虽非要冲，而十月十二日之警，则几不及措，幸得天而保全。是日黎明，忽报河西有贼艘数十号，自礼乐滘外，乘风驶至，人心皇皇，兵勇有扑被欲遁者。尹莘急往各卡力勖之，始齐起土台助守。我炮发中其火药舱，焚之，贼不利，舟退出。其飞炮如雨，洞壁穿檐，紫泥村屋击破，毙一人，由是舍西而东，我亦全力制一面焉。

事平后，陈令详报大宪，请建义勇祠于河畔，以祀先后战殁者凡三百余人，更于东西两河口改筑石台，置巨炮，为久安计，所费几溢万金。复岁募勇丁驻守，需悉筹给于东北。后数年复购地一区于旧椰街，创建东北公局，其首尾肩任，实力奏效者则黄驹、尹莘、吕遇鸿，久于从事者林润芳、尹莲生、黄鸾镳、吕铭恩、邓士仪、唐金华，战守三月，尝与议者为卢文盛、李乾元、李星辉、容铣、黎华玉，管理局需出入者为李秀。事闻，奖叙有差。

祥异

道光二十年（1840）庚子以前，具载林《志》。

道光二十一年（1841）辛丑七月，飓风三至。

二十四年（1844）甲辰，西江水潦大至，田多淹没，米价腾贵。

二十八年（1848）戊申八月初三日，狂飓作，民居多倒塌。九月二十四日复大作，舟楫覆溺无数，秋稼歉收。

咸丰二年（1852）壬子八月初二夜半，归德都白石乡厦富坊雨血，洒地尽赤。四年（1854）甲寅十一月二十日，红贼踞白石，杀兵勇二百余人，贼死倍之。雨血之异，至是而验。

二年（1852）八月十六日，礼义都帝临堂庙演剧失火，场中焚死男子一百一十余人，妇女九十余人。

二年（1852）十月，西潦至，晚谷少收。

四年（1854）甲寅八月十五日，飓风作。十七日，邑城崩十余丈，时被红贼围攻两月，守备黄彬援师适至，贼已先日散，城虽崩无虞。

五年（1855）乙卯夏秋间，乡民饥，斗米钱七八百。时四邻道梗，彼此不能运济故也。闻香山县米价如常，斗只二百。

六年（1856）丙辰六月，西潦大至，华萼都潮连乡渡头石矶高丈余，不没者一二尺。荷塘乡田堤崩溢，村路水深四五尺，往来皆以小舟。九月，涝退，水田补种。十月，大风雨数日，晚禾不实。

十一年（1861）辛酉四月，西水来，淫雨三日夜，田多漂没。五月彗星见，芒长数丈如帚，秋后渐灭。

同治元年（1862）壬戌六月三十日午后，狂飓来，翼日七月初一巳时暂息，午后忽复大作，远近覆舟不可数计。

三年（1864）甲子六月，西流涌涨，水田一空。七月廿四日戌亥之间，雷电霹雳连轰百余声，人畜多震毙。

五年（1866）丙寅五月，西潦大至，濒海诸乡田堤多溃。六月十九日，大雷雨晦冥。

七年（1868）戊辰夏，大雨雹，秋有年。

八年（1869）己巳，大有年。

九年（1870）庚午夏，螟螣害稼，秋田歉收，有弥望全空者。八月初二日，飓风至，拔木摧墙所在多有。以上《采访册》。

杂录

牂牁江发源于蜀，合滇、黔、交、桂诸水，东流入羚羊峡，经三水、南海、顺德至新会厓门及香山虎跳门，以归于海。邑之东北中乐都天河、横江等乡，当其要冲，患最先受，迤东则华萼都潮连、荷塘两乡，并四面环水，田庐以围堤，为保障民命依焉。

每夏潦秋涨，二都为甚，或兼值淫雨飓风，堤将溃溢。乡人钲召抢护，恒踊跃奔赴，千百成众。倘堤溃，则田海、路河、民居与鱼鳖同群矣。潦去修堤，按亩科派，田既失收，费又增出，以故二都诸乡，田日贱而农日贫，且税多老年。上则以租输粮，十几去其四五，或仅足相抵而已，由是治生者多从事于逐末。而天河围田竟有数十顷，积岁不能种植者，负累尤甚云。荷塘、外海两乡南北遥对，中隔大海，又西隔海为潮连。

咸丰、同治间，东南海上时见异光腾上，初如一大火球抛上半空，红芒四射，寻有数十小球随之上下，倏爚[①]不定，旋隐旋见，人多见之。初讶为邻境火，或试火器也，比数夕皆然，始觉其异。

① 倏爚：shū yuè，指疾闪的样子，或光彩鲜明的样子。

相传为巨蚌吐珠，吐时风涛汹涌，舟不能近，渔者尝迹之，似近复远，究莫测其处。《睽车志》载："无为军绵绣溪有珠蚌，其大如席，吐光如月。"殆此类也。见或间岁或连岁，必在春秋晴夕，见则是年乡中必有报捷者。咸丰辛酉（十一年，1861）至同治庚午（九年，1870），珠光屡见，十年内乡人登科甲者，荷塘十三，外海十，潮连七。或以是卜人文之瑞兆云。

邑蒋坂乡民林旺，腰腹短狭，两股削起而长，日夜走可二百里。佣县廨厨汲与典史役李卓相亲狎，卓家城外花桥亭，素以拳棒师陈松年。松年者，咸丰四年（1854）犯城渠贼。先是卓危，典史以城将不保，典史虢寄橐卓家，而质卓就役，卓阴谍于贼。围甚急，县募蜡书告省者，旺应命上，下守弁何兆彪西山陴十数缒往返，始得请以机密，期旺再出。旺被酒，遇卓于途，大言："卓小子辈微，旺当化城下烬。"卓愕异，更治馔而诡与酒，乃尽究其乞师山川道里，径窦绐典史以出城视寄橐。白贼遮斩旺而悬首于市。彪痛旺之亡而不虞，卓陷围解后，所部卒适卓邻，卓之归也以斩旺矜己能，卒妇备闻之。妇述之卒以告彪，假典史命征卓，卓戒行度不免，勉就命。众摘心肺酹旺首，距揭竿已十日，颀面具不烂，注目视酹者，状或笑或泣。君子曰："惟口兴戎，戒哉！"卓杀人，贼喑弗泄，死不死均不可知。若旺稍慎密，何死焉？而皆死，皆以口死，或曰："旺冤卓，卓必不免。"殆未尽然。智伯之水、田单之火、白起之坑、蒙恬之戍，类此者，冤究谁何？旺死卓，卓复死旺。物理固有变，旺适得其常。故鹳鹦以口舌登俎，亦螳雀不锱铢爽报。

洪武初年，凡老民年七十以上者，例得朝觐。有新会人毛某奏对明敏。高皇因问曰："朕筑室后湖，藏天下黄册宜作何向？"毛对曰："东西为佳，早晚日晒，庶无霉湿虫蚀之患。"高皇首肯者再。室成，遂坎地埋老人于其下，曰："浼汝谨守，无废朕命。"故虽历年久，而充栋之册卷无恙。弘治间，户部尚书邓琛尝于日暮，坐后湖厅事，见一老人揖而言曰："吾为朝廷守册百四十余年，未蒙当事诸公只鸡尊酒之赐，恐非所以待有功也。"《坚瓠集》，俞蛟梦《杂著》，大同小异。

阿𧱏哥者，忘其姓氏，新会县狱卒也。新会土俗，凡生子最少者曰"𧱏"。𧱏属土音，呼"赖"，《字典》不载。按：海中有鱼瘦长，多骨状如蚯蚓，名曰"赤𧱏"。人瘦而长，俗诨名之字，见《广东通志》。为人淳朴好义，凡被罪入监者，他卒必索赀，不如意，辄诟谇鞭挞。𧱏每为之排解，故狱中咸爱敬之，推为狱卒之长，视其言动，莫敢违者。时当除夕，狱囚念及家室，咸欷歔泣下，阿𧱏恻然于中，大言曰："今日释诸君归家，对妻孥而醉椒酒，乐乎？"诸囚唯唯，疑其戏言以博笑也。阿𧱏曰："予素无诳语，诸君能于明正二日如约归来，则两无所害，否则予立毙杖下矣。”众指天矢地，遂为之脱械纵去。其侪辈皆咎其妄，曰：“君主之无相累也”。至期，囚皆返，无一失时。阿穑方踞地独饮，喜极掷杯大笑曰：“诸君至，予可告无愧，当从此逝矣。”兀坐不动，视之气绝。诸囚感其义，为肖像于狴犴[①]。《梦厂杂著》。

徐勍，鄞县人，善决狱。康熙三十九年（1700）知顺德县。一日，晨起视事，有少年泥首堂下，问之，曰：“新会人也，年二十五矣，妇翁嫌吾贫，不吾室也。”勍曰：“汝聘乎？”曰：“白金五两，媒与之。”勍曰：“虽然不能越境治，盍归直乎？”少年以头击柱，血被面，勍哀之，乃絷少年伪若获盗者，牒新会令，取盗党，逮其妇翁至。则曰：“吾婿也，恨不与妇，故诬我。”勍曰：“吾固知若婿之无良也，若予五十金，吾为若绝之。”且曰：“偕若女来。”越三日，金至，女亦至。勍笑曰：“五十金，中人产也，婿不贫矣，吾僦舍西郊，令完婚。”邑传为佳话。张《府志》。

白沙先生墨梅，人鲜有知者。《南窗闲笔》云：“白沙善画梅，求之者众。”白沙戏题座侧曰：“鸟音人又来。”人不解，问之。白沙曰：“白画白画。”众为绝倒。《白沙集》载梅花绝句云：“雪崖江畔杳香尘，天与孤高远俗人。不忘沧波别时意，一枝还遣到图新。”此白沙先生画梅之证也。

应溪庙在田边乡，祀张桓王，屡显灵异。时有神灯出没，大如车轮，勃勃有声。咸丰八年（1858）元旦，鹤山客匪夜出扰吉境等村，乡邻震詟[②]，天等桥列肆夜闻门外人声嘈杂，启户见勇丁二百余，手执炮械、火器、旗帜，号衣皆书“张”字，由天等桥而来，绕罗辣山，望太平坊而去，万目共睹。明日，乡人集龙光书院，议防堵事宜，咸谓田边乡勇可靠，但不解其来之速也。其实田边乡并无其事。初二日，始知东北有警，盖神兵云。

南洲乡初立村时，与筑新城时同时日。马雄之乱攻邑城，亦攻南洲，藉东门祖庙关帝灵佑，贼不敢攻。沙堤桥石上有马迹二，人咸异之。嗣后，三年一次，禾稼登场之后，通乡绅耆斋戒迎神到乡，设章醮[③]以祈福，正月送回，遂成故事云。

天后庙在厓门海中，千总张玉堂在海旁，以无税田一段归庙香灯，载入邑志。后仍被三村李姓争讼夺回。

谈阿郁，三八水人，少时偶忤其后母，明日随其父于田，忽雷电交作，震仆

① 狴犴：传说中的一种猛兽。古代在牢狱的大门上画着狴犴的头形，后用作监狱的代称。
② 震詟：震惊畏惧。
③ 章醮：拜表设祭。

田间。其父惧，跪，乞雷恕其子无知之罪。雷声顿息，郁遂苏。见其面有雷凿痕，长寸许，至老不去。有忤逆者，人辄举以示戒。

欧阳孟乾，篁村人，举人欧阳琦曾伯祖也。年少好义，武艺绝伦。遇有不平，即与人斗。今家所藏飞铲，孟乾所常用者。其父峻岭常责其狂罔，使之折节读书，颇明大义，而又不耐读。

国初，马雄之乱，自苍梧窜广，掳掠近乡。孟乾倡率壮士堵御之。马贼相戒，不敢至，闻孟乾名，欲引为党。孟乾仰天大笑曰："吾义士，岂为贼用哉？"贼欲计擒之，率众围篁村甚急，扬言某日用火攻。乡人惧，醵金贿贼而难其人。孟乾慨然独往，贼徒侦望以为孟乾单骑来，非窥探即游说也，暗射之，遂遇害。乡人逃散殆尽。其父负尸西山，肉葬焉。是时与孟乾同遇害者，又有督阵王，忘其姓氏，曾在篁村为铁匠，其人朴质尚义，性嗜酒，人呼为醉哥。自炼铁鞭，常以自随。马贼屡攻篁村，王屡御之而胜，贼因忌其勇，以炮击之，毙焉。乡人德之，嘉其号曰"督阵王"。墓在狐狸山后阬，时著灵验。咸丰甲寅（四年，1854），红匪猖獗，有贼二千余，自沙坪、甘竹来扰篁村，乡人逃窜。贼踞太守祠，祠石碑高丈余忽仆地，压毙数贼，贼以为不利，乘夜而逃，各相惊云"见有披铁甲人，执铁鞭巡逻甚密。又见一少年手持飞铲立于村前。"贼由是窜白石，掠江门。篁村幸而免，皆孟乾与王神灵庇之也。节新会县丞段永源《信征随笔》。

道光二十九年（1849）十月八日，贼匪数人用云梯逾惠民门城，入劫华美街质库。时方四鼓，城楼守兵数名中，有一兵出门外小遗，适贼即入，胁守兵不敢声，小遗者见之遂奔报。贼开城门，纳其党百余人，直往劫质库。城守张朝显闻报，即率兵十余名来援，贼开炮击毙朝显之甥，夺门走。参将罗成光、知县胡湘随到，贼将劫货物亦到，人众门狭，欲速奔不得。贼用火罐掷上城楼，反坠，遂焚药桶，尽将货物及贼烧毁，皆焦头烂额而溃。明晨，往圭峰诸山搜捕，叠获数十人，皆卧刨树下，亦有城内获者，监于狱中。人询之，贼云："有二道士战甚力，故败。"考其故，惠民门内有庙，供奉长生大帝，街南炼丹井有庙，供奉李真人，皆二神之佑也。事后，里人醵金演剧以答神庥。

濠桥门外横水渡头有康王庙，庙甚小，右依墙，左无门壁，而神最灵。前红匪围城时，贼对庙轰炮辄不利，疑神之故。夜使泅者过河窃之，泅者以手扪，觉周遭有板阻隔，不能窃而返。贼怒，明日用炮击神，炮遂炸，伤毙数贼，贼不敢犯。以上《采访册》。

订讹

元，罗蒙正有《登圭峰怀苏长公诗》，末云坡仙题咏。今残剥，词客登临，诵未休，可知有诗碑，但残剥耳。其诗人人皆识，故诵未休也。《肇庆府志》云："东坡移昌化军，潦涨不得前，迂道由新会留十余日，则游圭峰，正在此时。"黄培芳以《东坡年谱》及贾《志》不载，疑为傅会[①]，不知《年谱》非东坡自作，偶或遗之。不然修《肇庆府志》之人何德于新会，而作此无稽之美谈耶？况海南估客载货物售于江门者甚多，安知东坡不因此而至昌化耶？

又按王《志》：宝积院在金溪山，昔传钟鼎居此。苏轼来访，鼎已尸解[②]，因种荔于院，名东坡荔，则东坡到新会，又一证也。至坡山亭，今隶鹤山，为东坡而筑，人人皆知不待言矣。谭律二子以贤、以良，白沙弟子。今列以贤、以良传在前，而列律传于后，此讹也。

白沙先生诗云："新蓑藤叶青，旧蓑藤叶白"。盖用叶，非用枝也，林《志》谓："用藤缘边"。臆说。

黄淳《志》按：马柱逊，字茂卿，持国裔孙，仕为辽阳教授。值元季乱，与弟潮阳教授德逊，归隐白石村，与罗蒙正辈相吟咏。旧《志》缺录。黄所谓旧《志》者，乃黄泰泉所修也。林《志》作"季逊"，误。

明黄淳《志》后跋，乃何熊祥撰。熊祥为淳门人，故名跋者，示谦也。林《志》改写序字，失考。

冯三俊，新会人，罗定学岁贡，康熙四十三年（1695）任龙门教谕，见《龙门志》。林《志》作"例贡"，误。

莫姓，自前明正德五年（1510）始迁新会，此时已入新会籍。邑志所载，万历、崇祯间以至国朝顺治、乾隆间，皆有岁贡可考。盖莫姓应试有三籍：恩平者，原籍也；龙骧卫者，伊先世官锦衣卫荫龙骧卫籍，在北京也；至新会籍，向由各府州县通考，不拘定某县人，各姓皆然也。后世居恩平者，考恩平籍；居顺天者，考龙骧卫籍；居新会者，考新会籍。今《莫象年传》后按云："莫氏自前明已隶恩平龙骧卫籍"。又云："虽正德时卜居冈州，并未入籍"。迨后人于乾隆间，始以贡举著籍新会云云。岂有迁居垂二百年，而未入籍之理？邑志所载岁贡岂伪耶？此考之未确也。至龙骧卫籍，系万历间先世莫英官锦衣卫，方有此籍，而《志》载：

---

① 傅会：牵强、附会。

② 尸解：道教用语，指道士得道后，可遗弃肉体而仙去，或不留遗体，只假托一物诸如衣、剑等遗世而升天。

"嘉靖间莫如士即注恩平龙骧卫籍。"尤谬。

林《志》:"银瓶嘴、乌洋莇,过大阬口渡",一误乌洋峎、大阬口皆新会地,且相隔仅里许,何所用渡?其实乌洋峎一渡,大阬口一渡,皆由新会过顺德甘竹者也,宜更正,"峎"作"莇",亦误。

许炯《吾野漫笔》,黄淳《志》作"古野"。吾,古文"吾"从"乂","古"从"十",字之讹也。林《志》谓"古"字。误。失考。

何拜书,大岳村人,乾隆丙辰(元年,1736)恩科,中式广西第十一名举人,丁巳(乾隆二年,1737)、己未(乾隆四年,1739)两科俱登明通进士,序选知县,历任全州、儋州学正,复补博罗县教谕。案:阮《通志》合,林《志》误。

黄泰泉《广东通志》云:新会周必诚言,丁积作县时,毁城上淫祠,斫祠中香树以为带,其夕梦神责之。盖私心为神所恶如此。惟是梦,不说人不知,岂有被神责之梦,尚对人说耶?想撰《志》之人亦未深信,必书明周必诚之言。必诚,正德丙子(十一年,1516)举人,相去数十年,何为作此语耶?此传闻之误也。

九孝烈者,曰梁阿慧,生员梁学慊女;曰陈氏,廪生林宜逢妻;曰关氏,夏月宾妻;曰徐氏,生员鲁赫妻;曰李氏,鲁赫妾;曰谭氏,吴孟祀妻;曰黄氏,诸生梁师让妻;曰莫氏,诸生林应雒妻;曰李氏,逸其夫名。此九孝烈,载于张《府志》者也。内有李氏,逸其夫名,阮榕龄修《志》以关君杰妻实之,此尤可说也。至《府志》按语谓"洛"讹为"雒"。"陈"讹为"莫",遂疑林宜逢一名一字而合作一人,则似未协。盖洛、雒二字可讹,而陈、莫二字迥不同,不可讹也。古今同时,姓名同者尚多,况仅同名而不同姓乎?当此造次颠沛之际,得之传闻者,记之以疑,传疑可也。生百余年后,而论百余年前之人名同异,似可不必。况九孝烈未经请旌之人,今删去莫氏,而添入已请旌之马氏,则大谬矣。冥冥之中必有不安者,今仍其旧而为之辨正如此。

谭大经祖母黄氏,侄妇亦黄氏,俱乾隆间请旌。今删去大经祖母不载,而载大经侄妇小传,末添"孙大经,进士"五字,此大谬之极,急当改。

西南节妇林氏,梁永赞妻,本小冈人,今注白庙,谬。举人余际盛妻,忠孝人,注基背,谬。

林《志》,节妇赵氏,岁贡区天佐妻,盖岁贡有年岁可限,非三十岁可得也。疑是继妻,漏写"继"字。

谭珩烈女,张《府志》有"年十七"三字,今删去。非是。

张《府志》载,卢氏,林宗妻。宗召织工为布,宗偶出,工乘间挑之。卢正色斥之,以语宗,令白于官。宗畏工无赖,不果。卢微闻(王)[工]将夜劫之,遂投水死。贾《县志》又多“慎出入，里人鲜识其面。他日，工复使邻妇通殷勤。”数句。殊不可晓。既云“俟夫出，乘间挑之”。则卢之久在工前不避可知，否则一见，何得遽挑之耶？是“与里人鲜识其面”句相矛盾矣。又云“使邻妇通殷勤”，织工何暇觅邻妇奸淫事，邻妇何易听织工使耶？又云“闻织工将夜劫之”，织工谅非贼徒也。如此恶工，何不逐之而去，或往外家避之亦可，何为轻于死耶？种种抵捂，不近情理，似未可信。

耆寿刘大本，注邑城人。子熊，举人，亦注邑城人；烈女熊继妻吕氏，独注甲整人，谬。以上《采访册》。

纬经楼刊刻

光绪《新宁县志》

[清] 何福海 等 纂修

点校说明

一、以《广东历代方志集成》“广州府部”第30册收录光绪十九年（1893）刻本何福海纂修《新宁县志》影印本为底本，参考《广东历代方志集成》“广州府部”第30册收录的道光十九年（1839）补刻本张深纂修《新宁县志》、29册收录的嘉庆九年（1804）补刻本王暠纂修《新宁县志》、29册收录的康熙二十五年（1686）刻本张殿珠纂修《新宁县志》、康熙十一年（1672）刻本宁林纂修《新宁县志》影印本，以及《广东历代方志集成》“省部”第2—4、14—21册收录的明嘉靖、清道光刻本《广东通志》，同时参考其他相关典籍进行他校，一些字句则适当运用理校法进行点校。

二、整理点校本按现行标准的简体字和标点符号的要求与格式进行断句、标点，对长文进行分段。对原著中诸如列女卷独立成行的人名进行适当合并分段。

三、点校本充分尊重原著，但对其中明显的异体字、俗体字，则径改为现行通用的简体字（人名除外），一般不出校注。避讳字如“崇正”径改“崇祯”，“宏治”径改“弘治”，人名“唐元宗”径改“唐玄宗”等，不出校注。通假字不改。缺字而难以校补者，以口标示。

四、原书中有不少漫漶破损处，无法辨认。点校本通过与其他版本《新宁县志》《广州府志》《广东通志》以及其他文献比对，对缺漏字、错字、衍字，则依据通行的点校办法以（）表示，若改正或添加正确的字，则以［］表示。若有依据，则出注释。

五、对影印本错页或原本内容舛误，出注说明原因，并进行修改。对原书删改节略征引他人诗文语句，若文意通顺则不予校改，惟影响或改变文意，则依据其他文献加以校改并出注。

六、点校本对重要地名、人物以及晦涩难懂的字词、职官等，根据需要进行校注。注释力求做到知识准确、精明扼要。

七、点校本传统历史纪年，一律在其后用括号标出通行的公元纪年，如洪武元年（1368），并对有错误的传统纪年进行修正，并出注说明原因。

八、点校本将原书《图说》中的分页绘图，重新绘制并拼接为完整的地图，以便读者阅读。

九、点校本注释一律采用页下注，每页单独编排序号。

十、原书中的小字，一律以楷体表示。

十一、原书中凡指涉族群的“猺”字，一律径改为“瑶”字。

重修《新宁县志》序

《周礼》：小史[①]掌邦国之志。志者，史之支派也。分之为郡邑之纪载，合之即朝廷之宏谟[②]。是邑志与国史，名虽异，而理实同。故凡疆域、田赋、建制、沿革、风俗、人物，无所不纪，即无所不备。前有已往，无以述之，虽美不彰[③]；后有将来，无以传之，虽善不著。由斯以观，则志为一邑考据之书，而重修尤为一邑切要之务也。

宁邑志乘[④]，自道光十九年（1839）重修，迄今五十余年，其间天道有灾祥，人事有废兴，赋役有盈缩，户口有增减，名宦乡贤或湮没而莫考，忠孝节义或沉沦而不传，皆当采访确实，勒之简编[⑤]，用垂不朽者也。又况同治年间，土客议和，田土互换，设立赤溪厅，画地分疆，更改营制，均未纂集，恐世远年湮，日久失考，难以正经界，而杜争端。是斯志以待修也久矣。

岁丙戌（光绪十二年，1886），余守兹土，甫下车[⑥]，披阅邑志，见其多历年所，慨然有修辑之意。旋因调任三水，有志未逮。迨己丑（光绪十五年，1889）冬，重莅斯邑，遂捐廉[⑦]为倡，复与诸绅筹款续修。适乡宦鼎珊黄主政在籍，引为己任，即以兹事属之。数月，议甫定，余适调补潮阳，有练江之行。思是役也，得诸君子者悉心考订，遍加搜罗，讹者更之，谬者正之，信者传之，疑者阙之，必能纲举目张，条分缕析，上以备《一统志》之采择，下以垂千百年之文献。所谓辞简事赅，义严纪备者，庶无愧焉。兹将行矣，书以叙其缘起云尔。

光绪十七年（1891）冬月，同知衔在任补用直隶州知州，调补潮阳县、知新宁县事，楚南何福海谨序。

---

① 小史：古代的一种礼官，掌管包括修志、祭祀等职责。

② 宏谟：宏谋，宏大深远的谋略。

③ 虽美不彰：虽是好事却无人知晓，出自唐代韩愈《与于襄阳书》："莫为之前，虽美而不彰；莫为之后，虽盛而不传。"

④ 志乘：志书。

⑤ 简编：泛指书籍。

⑥ 下车：官吏到任。

⑦ 捐廉：官吏捐献除正俸之外的养廉银。

序[1]

地理之学，肇祖《禹贡》。《周礼》：大司徒[2]掌建邦、土地之图。而职方浸泽[3]，土方宜化，襄方节舍，合方道路，训方巡述，形方疆域，輶轩[4]所及，皆书方策，戎貉虽远，亦权利害，此《一统志》之权舆[5]也。孔子适周，得百二十国宝书，其最（箸）［著］者，若《晋乘》《楚梼杌》《鲁春秋》，众建诸侯，隐视郡国，申书疆守，近同道卫，此省志之权舆也。《周官》征文，县大郡小，秦皇改制，县小郡大。厥后沿革，可考同异，或析曰州，或别称邑，或改号府，或置为厅，是以始安、宜都、会稽之亡记，日南、陈留、珠崖之立传，圈盖直笔，顾袁清才，此府县志之权舆也。

新宁立县，昉自弘治，傃[6]两汉四会之旧壤，画六朝盆允之奥土，自来记载，合并新会之志。别出略乘，肇始昆明之纂，事仅草创，终鲜实录。嘉庆《续志》，尤复失伦[7]。道光改纂，乃初就绪，惟是编成己亥（道光十九年，1839），迄今癸巳（光绪十九年，1893），凡五十余年于兹矣。其间，民物移改，土地变迁。客盗滋扰，旁及初宾之县；大官扫荡，爰开赤溪之厅。此外，胍[8]离尤宜整理。光绪辛卯（十七年，1891），前县令何杕壑启局，式闾[9]选贤，则有黄鼎珊者，邑党[10]灵光，曹部清节，侔夷鱼[11]之性，得[12]峤隐[13]之笔，比类合谊，方开条流，因事迻尹，

---

① 原书无“序”字，此为点校者添加。

② 大司徒：西周时期主管国家财赋收入机构地官系统的最高官职，总掌均平土地，区别各地物产，划分土地等级，制定赋税的征收与管理。

③ 浸泽：润泽，喻普施恩泽。

④ 輶轩：古代使臣的代称。

⑤ 权舆：起始，萌芽。

⑥ 傃：sù，遵循、遵守。

⑦ 失伦：失去应有的条理次序。

⑧ 胍：kuā，分裂的意思。

⑨ 式闾：登门拜谒。

⑩ 邑党：乡党。

⑪ 夷鱼：伯夷、史鱼的并称。伯夷清，史鱼直，古人以为清廉忠直的典范。

⑫ 得：原文为“㝵”，异体字。

⑬ 峤隐：华峤、王隐的并称。华峤是西晋史学家，著有《后汉书》；王隐是东晋史学家，著有《晋书》。

乃虚晷度[①]。

壬辰（光绪十八年，1892）八月，国赓乞（段）［假］旋里[②]。邑侯郑叔言以余分校广雅书院史学馆，遂辱聘总其事，阅一年，书成。维时耆德[③]森布[④]，翘材[⑤]输力[⑥]，其间勤劬[⑦]黾没，始终其事，有若赵孝廉天锡，学贯四部[⑧]，史兼三长[⑨]，深测高密章数之精，下画元和图志[⑩]之漓。昔者涑水著鉴[⑪]，半资道原之手；东观纂记[⑫]，多赞刘珍之业。以余出临允，走梁化，驰欣乐，入梅里，转陆安，最后适古佛柔国，东西奔忙，昕夕[⑬]乏倦，虽复周涂擴载[⑭]，点勘弗辍，全文义例，指示必谨。然功只润色，事当纪实。爰志其颠末[⑮]，以无忘诸贤邪许[⑯]之助云尔。

光绪十九年癸巳（1893）季冬之月赐进士出身、翰林院庶吉士、番禺林国赓谨序。

① 晷度：在日晷仪上投射的日影长短的度数。

② 旋里：归返故乡。

③ 耆德：年老德高的人。

④ 森布：密布。

⑤ 翘材：才能杰出的人。

⑥ 输力：出力，贡献力量。

⑦ 勤劬：辛勤劳累。

⑧ 四部：中国古代图书分类名称。将群书分为甲、乙、丙、丁或经、史、子、集四类，称“四部”。

⑨ 三长：指史才、史学、史识等能力。

⑩ 元和图志：指唐代李吉甫撰《元和郡县图志》。

⑪ 涑水著鉴：指司马光著《资治通鉴》。司马光原籍为陕州夏县涑水乡人，故世称涑水先生。

⑫ 东观纂记：指汉代官府于东观设馆修《东观汉记》，作者有班固、刘珍等。《东观汉记》是一部记载东汉光武帝至汉灵帝历史的纪传体史书，因官府于东观设馆修史而名。

⑬ 昕夕：早晚，引申指整天。

⑭ 擴载：捆载，装载。

⑮ 颠末：本末，前后经过情形。

⑯ 邪许：众人共同致力时的呼声，俗称“号子”。《淮南子·道应》：“今夫举大木者，前呼邪许，后亦应之，此举重劝力之歌也。”

重修《新宁县志》职名[①]

主修

新宁县知县何福海

新宁县知县郑守昌

编纂

赐进士出身、翰林院庶吉士林国赓

赐进士出身、工部主事黄荣熙

以下邑人

分纂

内阁中书衔、举人李维屏

举人、拣选知县甄典元

举人、拣选知县赵天锡

恩贡生李敬照

恩贡生陈兆琳

岁贡生黄子元

岁贡生伍士高

拔贡生邝衡

廪生李启焜

参阅

四品衔、山东先用知州举人陈茝

举人、拣选知县马炳坤

举人、拣选知县朱汝良

举人、拣选知县麦葆元

① 原书“重修《新宁县志》职名”置于“重修《新宁县志》序”之前，现调整至此。

国子监学正衔、前临高县学教谕、副贡余骏修
岁贡生陈淮

采访

附贡生马步云
附贡生赵士立
廪生林冠芳
生员黄焯然
生员甄福泰
生员陈其昌

校字

生员伍廷光
生员黄纬
生员刘宝森
文童赵沅芬
文童陈颐
文童赵佩文

謄录

监生阮颂声
俊秀赵秀峰

总理局费

监生林应元
监生李耀枢

目　录

① 原目录无“县境全图 县城图 县城附郭图 县署图 学宫图 广海卫城图 都界 道路”，现据正文补。

② 原目录无“武职 广海寨 那扶营”，现据正文补。

① 原目录无“库监附 考棚附 善堂凉亭附”，现据正文补。
② 原目录无“桥梁 津渡”，现据正文补。
③ 原目录无“附归并屯丁”，现据正文补。
④ 原目录无“派征则例 不入地丁征输 色米 附屯米 榷税 附公田”，现据正文补。
⑤ 原目录无“兵饷 附恤典”，现据正文补。
⑥ 原目录无“社仓附”，现据正文补。
⑦ 原目录无“渔引”，现据正文补。
⑧ 原目录无“学田 书院经费 宾兴田 文昌宫祭田 王公祠祭田附 刘公祠祭田附 王公祭田附”，现据正文补。

① 原目录无“界址 船政附”，现据正文补。

② 原目录无“城址 署宅 坊表 冢墓 寺观”，现据正文补。

③ 原目录无“宋 元 明”，现据正文补。

④ 原目录无“宋 元 明”，现据正文补。

⑤ 原目录无“国朝”，现据正文补。

① 原目录无“元 明 国朝”，现据正文补。

② 原目录无“八品耆儒附”，现据正文补。

卷一　图说

县境全图[①]

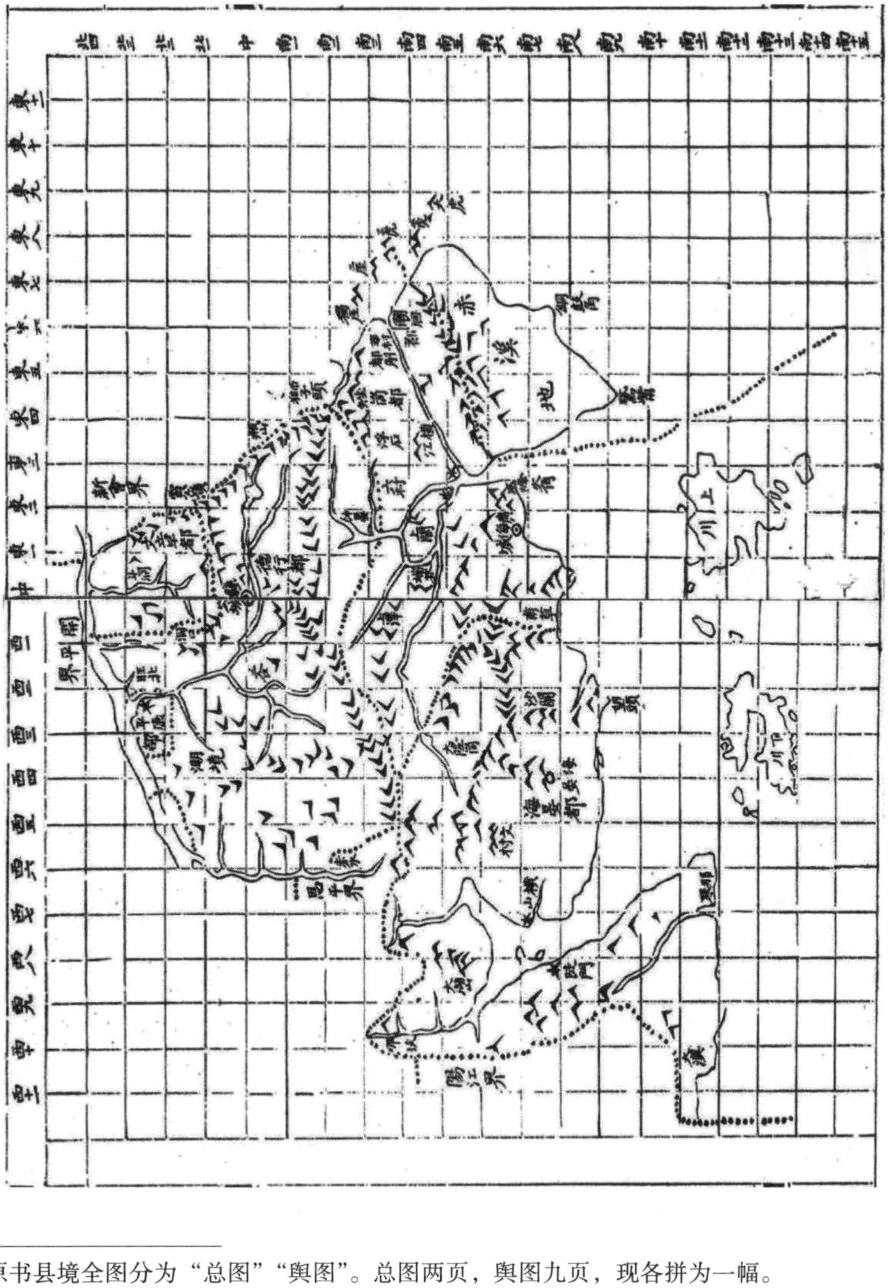

① 原书县境全图分为“总图”“舆图”。总图两页，舆图九页，现各拼为一幅。

县城图

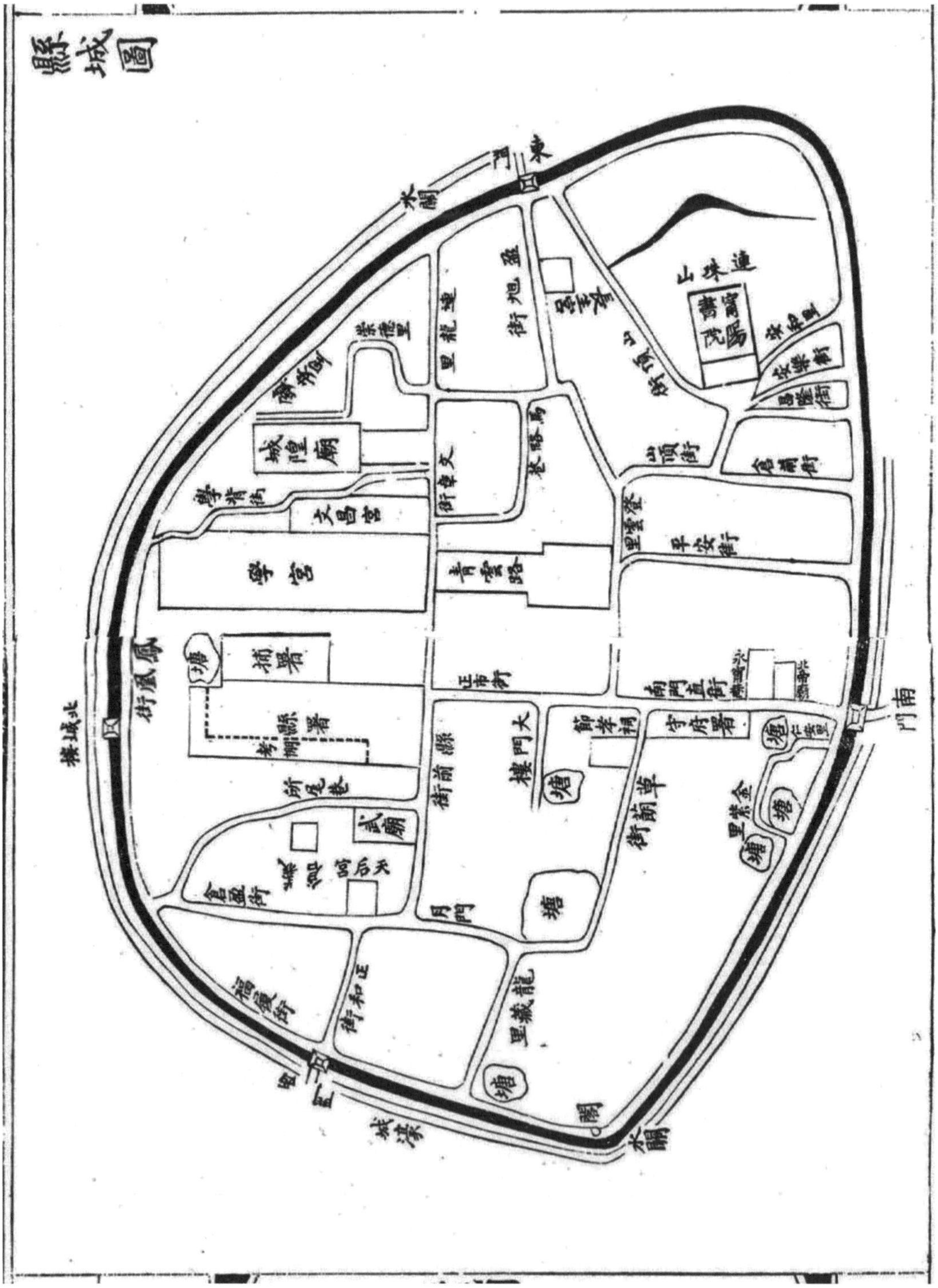

县城附郭图

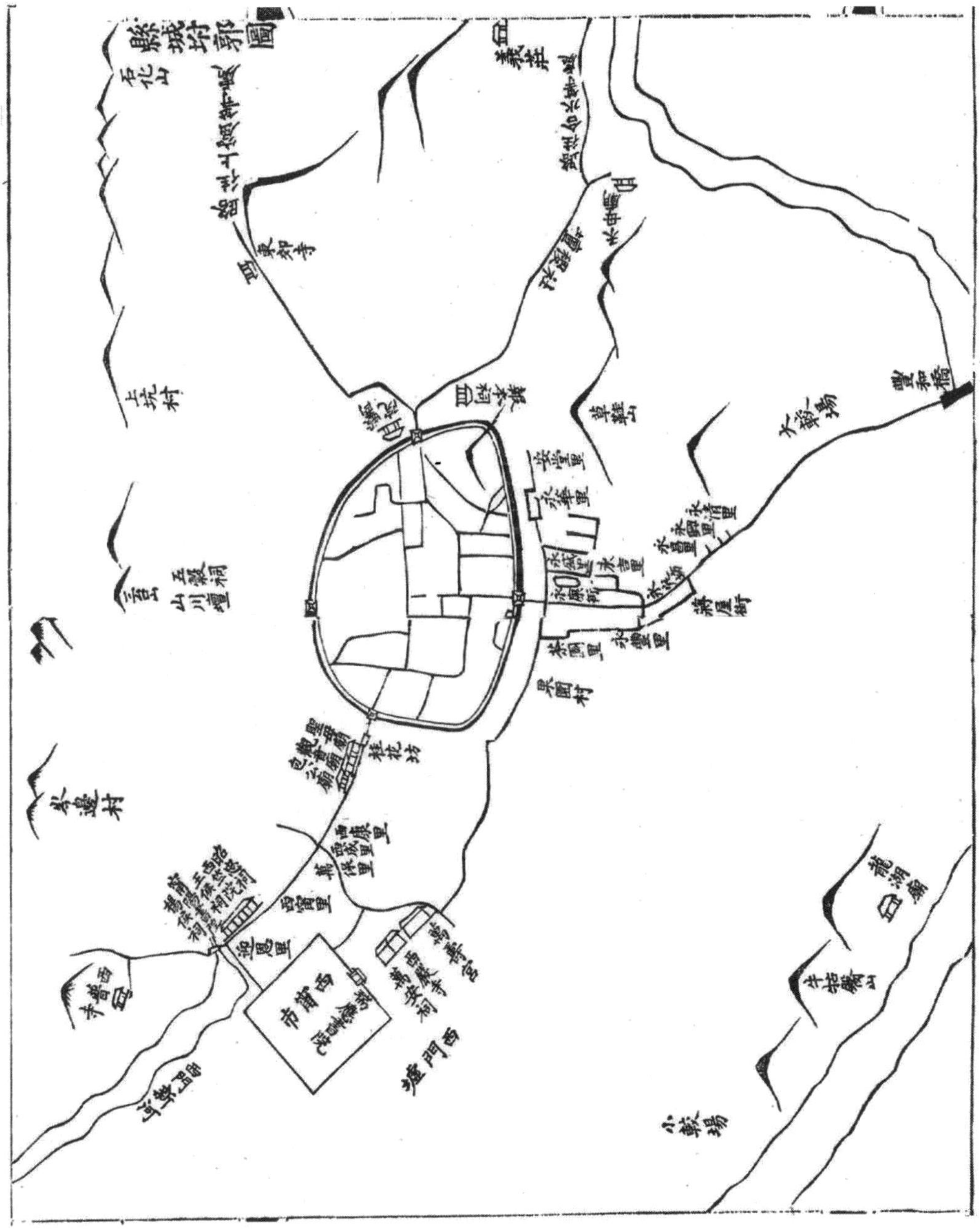

县署图

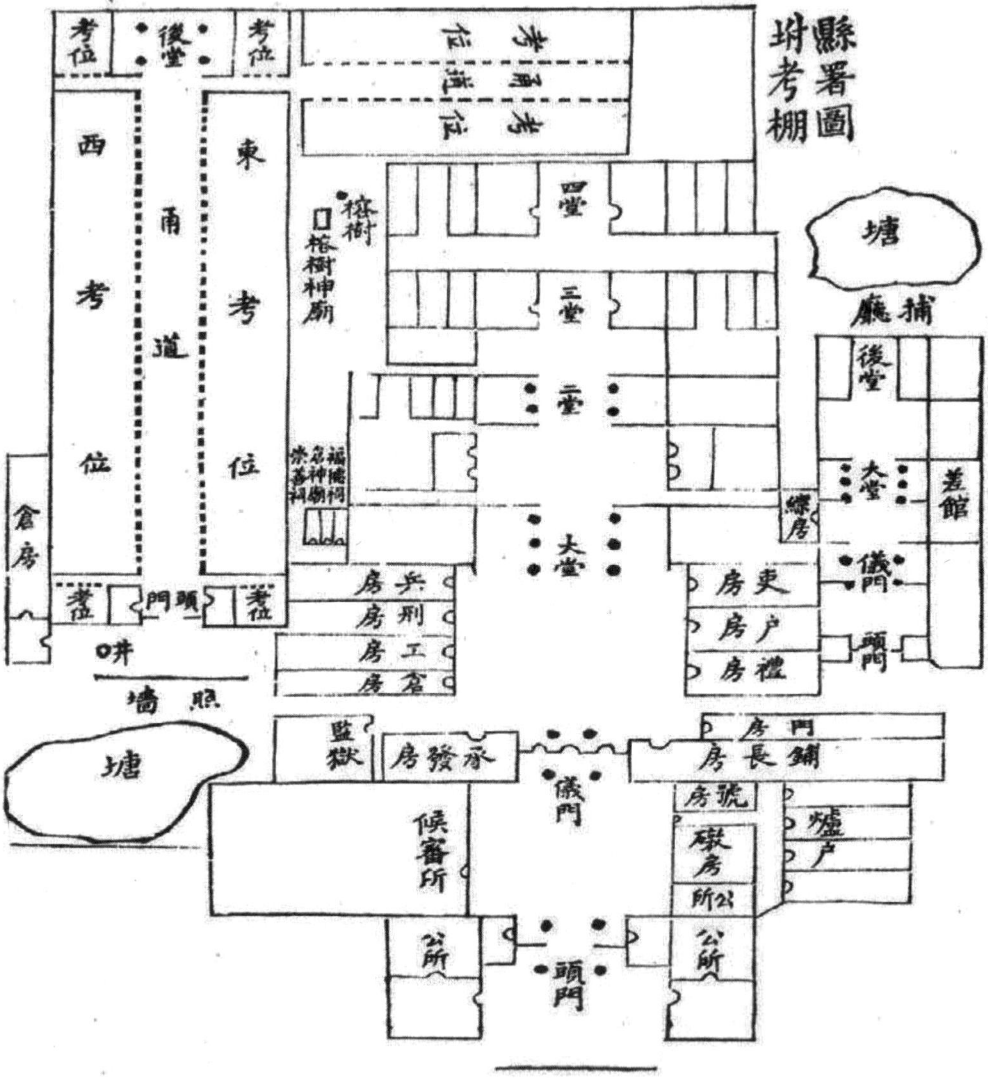
縣署圖
坿考棚
考位
後堂
考位
考位
甬道
考位
西考位
甬道
東考位
榕樹
榕樹神廟
四堂
三堂
二堂
大堂
塘
捕廳
後堂
大堂
差館
縲房
儀門
頭門
倉房
考位
頭門
考位
井
照墻
兵房
刑房
工房
倉房
吏房
户房
禮房
監獄
承發房
門房
鋪長房
塘
儀門
號房
候審所
爐户
公所
公所
公所
頭門

学宫图

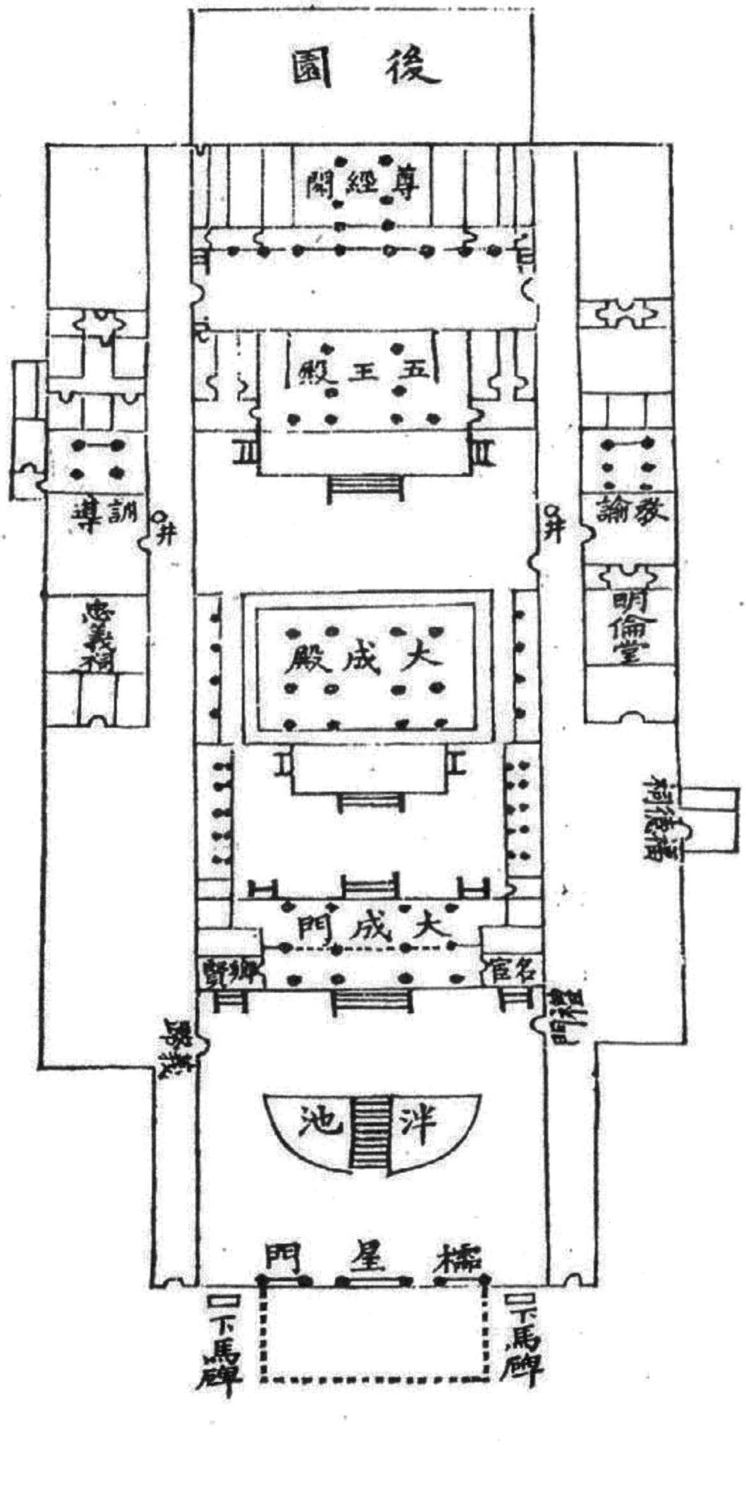

學宮圖縮為一千分之一

广海卫城图

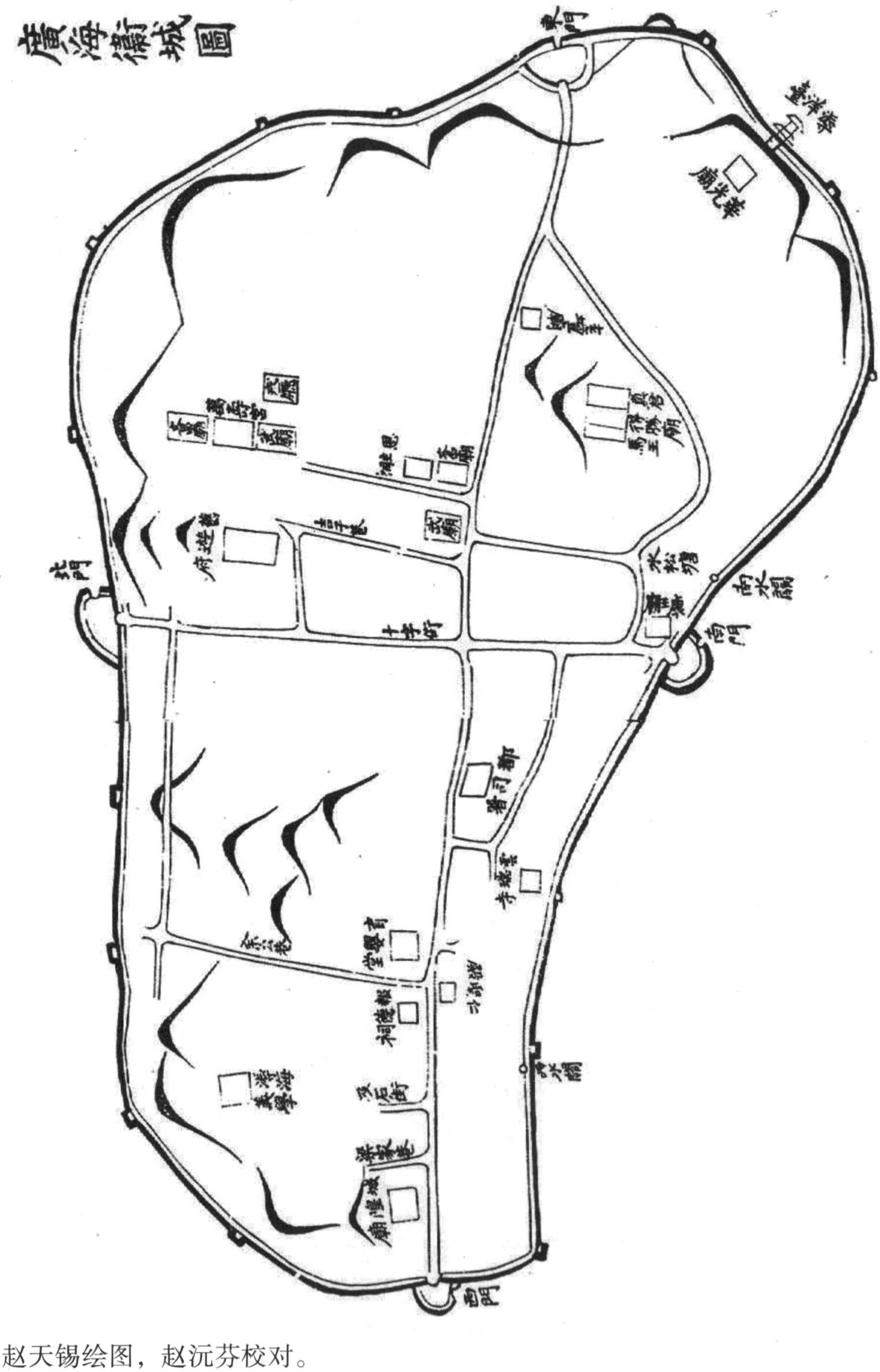

赵天锡绘图，赵沅芬校对。

都界

县属原有六都，德行、文章、平康为上三都，矬峒、潮居、海晏为下三都。旧图界限如此。自析置赤溪厅后，潮居都仅余白石一村。但开县以来，聚落分徙，遂有已入他都，仍系旧贯者，有田产别寄，图甲①互异者。今依旧图之例，界为五都，实则仍有六都，当与建制略参观之。

山

县境诸山，发脉于恩平县之凤凰山，南为鹅公脑，又南为紫萝山，绵亘②邑界上，迤③东为邑属之陡门，有炮台与横山炮台对峙。紫萝山又南为邑之龙溪山，为那琴、为娘澳，迤西为平堤、为大澳，此极西之境也。其地为县丞属。鹅公脑东南为那扶营，邑与恩平之界也。鹅公脑东为白云石山，又东南为风门凹，又南为晒谷脑，又东南为黄竹脑，邑西祖山也。

黄竹脑分一支南为深井，又南至大湖山而尽。黄竹脑又一支东南为牛围山，蜿蜒二十里，其下为大隆峒，又南为丹竹迳，又南为石羊头，又南为笠帽山。分一支西南为撒水迳，又南至横山而尽，有炮台与陡门炮台对峙。笠帽山东南为蛇尾迳，又东南为铁锢山。分一支南至海晏街而尽。

铁锢山又一支南为大迳，又南为那马，又南至鸡笼山而尽，其东相对为丹塘。铁锢山东南为碌鼓迳，又东为尖峰顶，又东为大隆迳。山周二十里，其北为胡塘，西北与牛围山相望。大隆迳分一支，南为上弓岭，又南至山嘴而尽。大隆迳又一支东迤，南为荷木堡迳，又东南至泷门而尽。大隆迳迤东为檬草迳，又东为覆船冈，又东为黄茅冈，又东北为三义冲，其下白石峒、隐峒、康峒环焉。其西为黄竹峰。三义冲分一支，北为甘蔗山，又西为老榕迳，又西为师傅山。三义冲东南为丫髻山，又东南为鸡笼山，分一支东为东山，又东为旗坛山、鸡笼山，又东南为蛋家山，又东南为广海城，又东南至烽火角而尽。邑之南境也。

黄竹脑东为马山，又东北为那鹤山，分一支东南为五指山，又东南为云东山，又东南为石榴花山，其南为塘头山，东为端芬山、那鹤山，又一支西北为低颈岭，又西北为焦坑颈。分一支西为百塍山，又西北为三义松，又西有温泉焉。其外为

① 图甲：图甲是明清时期地方行政区划单位，每个县不太一样，有的是乡—都—图—里，也有乡—图—里、都—图—里等。图甲制中的户籍实质是一个土地赋税的登记单位。

② 绵亘：绵延不断。

③ 迤：延伸。

开平县界焦坑颈，北为锥木山，又北为双迳。其北为鼓顶山，其西北为何屋山，分一支西为南坑山，至坡头村与开平接界。

何屋山东为鹰背尖，分一支西北为牛牯山，又西为飞鹅山。其北为长岭山，其西为展旗山，又西为白沙旧墟。鹰背尖东为鹰山，又北迤东为上陈，分一支西北为虎山，又北为狮山，东为象山。其西为鹤岭，分一支西为长江墟，鹤岭北为山猪围，分一支西为三圭山，又西为百足山，与开平接界。山猪围北为展旗山，分一支北为虎山，又东为潮境。

展旗山东北为纲地，分一支西北为八卦山，又东为桥头纲地，又东北为大岭，分一支东北为寺山，又东北为尸山。大岭东北至葵荻嘴而尽，上陈又一支东北为仙人洞，又北为马峒尖，上陈东为孔公岭，分一支东为牛山，其下为三合旧墟。孔公岭东为纱帽山，又北为磨斧后山，又西为马山，分一支为留真洞。马山又北至锁衡山而尽。那鹤山东北为高掌岭，又东北为龙颈山，分一支南为磨心尖，又南为蚝壳脑，又东南为旗榜山。又东南为葫芦嘴，南与端芬山对峙。其东南渡水为上阁山、龙颈山，又东为斩篱迳，又东北为龟山迳。其东为蓝迳，其西分一支为交颈岭，又西为镜山。其下为三合新墟。龟山迳又一支西北为根坑，又北为塔脚山、龟山迳。又一支北为米碗尖，又北为马鞍山，又北为五兽聚会山。又南为望冈，又南为席帽山，又南为茶山。县之西南境也。

龟山迳东为黄蛇型，迤逦横列，为邑前屏，分一支东为三娘迳，又东北为文迳山。黄蛇型东为五指山，又东为百峰山，又东为狮子头山，盘亘数十里，与新会接界，东南行者为狮子尾，至圆山头而尽。分一支南为天堂山，又西南为北门迳，又西南为鳌山。北门迳东南为西栅山，又南为斗山，与上阁山相望。天堂山又一支西南为羊坑山，又西南为浮石山，又南为横江山，与上阁旗坛山相望。天堂山又一支西南为都斛、莘村诸山，又一支南为马牢山，又东南为沙冈，又东南渡水至尖冈山，又南为第三坑，又南为尾厂。有邑与赤溪分界石。又西为猪母山，又西为牛山，又西为牛矢迳，又西为冲金山，俱有界石。尾厂东为葫芦嘴，又东为龙舟漕，又东为马山，又东为下山，又东为飞鹅山，又东为蛇山，又东为虎山，又东为白石迳，又东为马头山，又东为龙颈迳，又东为狮山，俱有界石。邑之东南境也。

百峰山北为瓶峰山，分一支北迤西为雷公岭，又北迤西为许村迳，又西南为钟山，又西南为上冲迳，又西南为浔洋山，又西南为蛇山，又西南为凤山，其下为大巷乡，又东北为冈背山、凤山，南为斗山，又南为流波石。邑之东北境也。

瓶峰山北迤，南为上窟山，又南为中窟山，分一支西为南无顶，又西为南坑，又西为北坑，分一支西南为那西山，又东为紫霞山，北坑西迤，北为丫髻山，分一支北为交椅山，分一支西北为䗪山，又西北为凤山。交椅山北为甘边，又北为双门，又北为霞坑，又北至船头石而尽。丫髻山东为猪头山，分一支东为大岭。猪头山北为灌田，分一支东为蚝涌灌田，北为宝兴墟。又东北为夫人迳，分一支西为白象寺山。夫人迳北为凤山，又东为蟹山，分一支迤北为牛山，又东北为虎山，又北为鹅山，又东北为东边山。蟹山东北为良含山，又北为交尾嘴山，又北至滘口而尽。邑之北境也。

中窟山又南为下窟山，又南为石人岭，又迤西为凤山，分一支南为三台山，即县城后山。凤山东南为纱帽山，东南为连珠山。二山在城外，一山在城中，又南为牛牯臀山，又南迤西为蜂山。邑之中境也。

水

县属上三都之水北行，下三都之水南行，北以县城水为大，其西北则有白沙水，东北则有沙涌水，有白庙河，南以矬峒水为大，西南则有那扶水，东南则有潭溪河，此其大纲也。

县城水有二源，一自石坂潭，一自蛮陂头，会流于合水西，过县城南为南门河，又西为王步头，又西北为雷潭，又西为紫霞河，有筋坑水自南来会。筋坑水源于玉怀山西北，流至紫霞河，入县城水，又西北为那西河，有三合水自南来会，三合水源于那鹤山，其一源于上陈山，又一源自蟾蜍口，会流于三合墟，少北为西江涌，又北为平冈，又北至庙口墟，入县城水，又西为法竹河。有潮境水自西南来会，潮境水源于上陈诸山，北流自潮境，又北至三八墟，又北至法竹河，入县城水。又北至茭荻嘴，又北至新昌埠会长沙河，东转南行至新会之厓门入于海。白沙水源于长塘马山，小水瀺灂[①]，流会于白沙墟，北至百足山，入赤磡水，东为长沙河。白庙河源于丫髻山，北流入长沙河。沙涌水源于雷公岭，小水潺湲[②]，会于水步头，北至流波石，又东北为苏渡河，又东为瓦窑湾河，北入长沙河。矬峒水源于百峰山，西流为冲蒌水，又西为泥涌河，又南至中和墟，有冲濂水自东来会，冲濂水源于百峰山，西流至中和墟入焉。又南为矬峒河，分一支西至端芬山，与上泽水会，矬峒河又南为上阁渡，又南至旗坛山，有找排潭水自西来会。找排潭水源于大隆峒诸山，东流为找排潭，又东北至塾寨墟，又东至海口埠，有上泽水自北来会。上泽水源于云东山，东至上泽墟。又东南至端芬山矬峒河，别支自东来会，又东南至海口埠入找排潭水，又东南至旗坛山，入矬峒河。岸有二炮台对峙，有潭溪河自东来会，潭溪河受沙湾村以东诸小水，东达厓门海，又受沙湾

① 瀺灂：chán zhuó，状声词，形容水流声。

② 潺湲：chán yuán，水慢慢流动的样子。

村以西诸水，西出镇口，至旗坛与矬峒河会为三义海口，南入于海。那扶水源于鹅公脑，南流至小洛墟，入那扶水，又南至寨门墟，又南至官涌口，又南入于海。

道路

晋裴秀《制图六法》[①]三曰道里。谓："无道里，则施于山海，绝隔之地，不能以相通"。邑属地势多冈峦[②]，少平地，水路惟县城水，北出获海，以达省城，其余陆路迂回，不能径直取达。今著其所由之迹，按度求之，里数自见焉。

出邑城南门，过丰和石桥左廛禾田，逾疠人岭，有凉亭，至水浸杙凉亭，逾三娘迳，有凉亭，至大巷茶亭，至红岭，至冲蒌，过冲蒌水石桥右黄竹湖，右福场，过冲濂水石桥，至北门迳右西栅，过浮石村后水石桥，至凉亭，过羊坑营，至田稠村后凉亭，右上坑堡，至马牢庙，左广田村右大纲村，至都斛，至莘村，至古逻，至坦塘，至圆山头新会县界。

由田稠分路，右新屋过潭溪河，至牛山墟，至牛腌，至松山，至龙溪，至南村，至东坑，至丰江，至白石。由福场分路至西栅左浮石，至横江，至镇口，过镇口渡，至眼镜村，至唐美，与赤溪厅接界。

由冲蒌分路，左福场，右小墩，右中礼，至斗山墟，过上阁渡，左墩头，左浮月，过山背渡，过月明村，左石阑，左南塘，左古隆，至广海城，入城北门，出西门，左奇石，过石桥右西村，左泷门，逾荷木堡迳，右甫草，逾上弓岭，左萧村，右流冈，过沙阑，逾大迳左伍村，至海晏街，右仑定，左吉浦，右横冈墟，右上头村，右文村，逾撒水迳，右康华，右李坑，过深井墟，右富坑逾那谷迳，至分界石，至万顷洋，至那扶，与开平接界。

由撒水迳分路，至大门墟，渡海至獭山，左龙图，右大江，至大湖山。由撒水迳分路至横山，渡海至陡门，至寨门，至那琴，至禄马，至大澳，至石寮迳，与阳江接界。由冲蒌分路，右新围，右修齐洛，右八家，过圆山，右磨刀水，逾上泽迳，左北活，至上泽墟。

出邑城南门，右蛋家塘，左横湖，右企背，左上环，右玉怀，逾龟山迳，过九龙桥，左官坑，右横塘墟，过蟾蜍口，右铜锣地，右平洲，至上泽，至塘头。

出邑城东门，左圆山，渡河，右老鸦步，右香头坟，右田坑，至四九墟。

出邑城东门，过东郊寺，右琴村，右白石，左大亨村，左大安，左缠坑，右

① 制图六法：晋裴秀在《禹贡地域图》序中谓"制图六法"，即制作地图需遵循六项原则，即分率、准望、道里、高下、方邪与迂直，也就是比例尺、方位、路程距离、地势起伏、倾斜角度、道路和河流的曲直。

② 冈峦：连绵的小山。

松仔蓢，至五十墟。

出邑城东门，过石化山颈，右仓下，左东坑，右南坑，左群头，左水步头，右长塘，左水楼，左陈边，左海潮，右塘面，至沙涌，至李凹。

出邑城西门，右仓下，左北流坑，右盘屋，右彭沙坑，过古岭嘴，过大岭，右横塘，左宝兴墟，右蚝冲，左铁炉坑，过良含渡，左斗山，左浔阳，右上冲，右麦塘，至瓦窑汛，与新会接界。由彭沙坑分路，左灌田，左甘边，左洞华，左陈山，左双门，左霞坑，右独冈，至独树坑口。

出邑城西门，过白水桥，逾分流迳，左井边，右良洞，逾良洞迳，左羊阑，左圆山仔，左谢边，右塘口，左上桥，左蜜冲，左大步头，左公义墟，左横岭，至旺北，至船头石。

出邑城西门，过西门墟石桥，左塔脚，右桂水，左乌石，左南坑，左泡步，过平冈渡，逾仙人峒小迳，过潮境墟，过田心，过帚管蓢，过西村，至白沙墟，与开平接界。由塔脚分路，右根坑，过石桥，逾小迳，右西江涌，左羊阑，至三合墟，至蟾蜍口。

此邑城四达之官路也。县境地势中高，南北以次陂陁而下，大抵自北来者南上，自南来者北上，荻海、新昌为邑城外水口，白水、塔脚为邑城内水口，是为关键。文章都、平康都及旺北、独冈等处，与开平、新会各乡村，处处相通，而以长沙河为藩篱[①]。潮境、朱峒、马峒等处，外倚荻海为屏蔽，而内与三合诸村仄迳[②]络属，三合乱山环叠，自为一方。正路北出县城，南出蟾蜍口，其僻迳西出，可以达潮境、朱峒各处，东出龟山迳、斩篱迳，可以达冲蒌各处，西入大龙湾，可以达赤水各处。大隆峒地最幽深，山水重复，正路由找排潭墩寨迂曲而出，其别迳西出丹竹迳，可以达大门，出蛇尾迳，可以达文村、海晏，南出碌鼓迳、大隆迳，可以达沙阑，东出檬草迳，可以达荷木堡，及广海城，北出老榕迳，可以达塘头西廓，至如冲蒌、六村、浮石、上阁、端芬等处，三义海，其门户也。都斛、南村等处，东滘口，其要害也。由古逻、坦塘、都斛各处，沿曲涧逾丛岭，可以达石坂潭，而至县城，则奸宄[③]宜防也。由牛山、南村各处，入第三坑，可以潜通赤溪，则往来宜慎也。若广海、甫草、沙阑、海晏、文村、大澳等处，背山面海，门户大启，上川、下川孤悬海外，藉舟始通，殆自为固守耳。

《新宁县志》卷一，赵天锡分纂，刘宝森、赵沅芬校字。

---

① 藩篱：范围、边界。

② 仄迳：狭窄的小路。

③ 奸宄：jiān guǐ，犯法作乱。

卷二　沿革表

世代	统郡	县
汉	南海郡	四会
晋	新会郡 《晋书·地理志》：恭帝分南海立新会郡。《宋书·州郡志》：新会太守，晋恭帝元熙二年(420)分南海立。《广州记》云：永初元年(420)分新宁立治盆允。未详孰是。张《志》云：《通典》亦云：新会郡，晋末置。盆允废县在新会东。新宁郡，今新兴，在新会西北百余里。地域不相连，则《广州记》之言，非也。按：晋恭帝元熙二年（420），即为刘宋受禅之永初元年。是诸书未尝不合，且《宋书》新会郡领县十二，封平，令永初郡国，云故属新宁。宋元新熙永昌始成，招集五县。是割南海、新会、新宁三郡界上新民立。据此，则郡地亦有分自新宁者。《广州记》亦未尽，非特今之新宁县地，非分自昔之新宁郡地耳。其详见后，而略著其同异于此。	盆允 《宋书·州郡志》：盆允，今永初郡国，故属南海。《方舆纪要》：晋末，分番禺置。按：《晋书》无盆允。《宋书》永初，郡国有之。盖分郡立县，必同一时，县即郡治。故《广州记》云：治盆允也。《宋书》不详分自何县。顾祖禹以为分自番禺。然《汉志》郁水东至四会入海。郁水即今之西江，则今省城以西之地，皆古四会地。盆允废县在今新会北二十里，寻其故域，盆允仍当析自四会。张《志》以今新宁为盆允地，不为无见。至其从顾氏之说，谓番禺界尽新会之东，迤南至于海。是谓新宁在新会之东南也，且如所云，汉县何以不列番禺，未免自相抵牾，故辨正之。
宋	新会郡	盆允
齐	新会郡	盆允
梁	新会郡	盆允
陈	新会郡	盆允
隋	南海郡	新会 《隋书·地理志》：南海郡。新会旧置新会郡，平陈，郡废。又并盆允入，为封州，［开皇］十一年（591）改为允州，又改为冈州。大业初，州废入。
唐	广州 《唐书·地理志》：广州新会，武德四年（621），以南海郡之新会、义宁二县置冈州新会郡。贞观十三年（639），州废，以新会、义宁来属。是年，复以新会、义宁置冈州。开元二十三年(735)，州废，以新会、义宁复来属。	新会

续 表

世代	统郡	县
宋	广州	新会
元	广州路	新会
明	广州府	新宁 《明史》：新宁，弘治十一年（1498），以新会县德行都之上坑莇置，复析文章等五都益之。
国朝	广州府	新宁 同治六年（1867），总督瑞麟、巡抚蒋益澧奏准，析县属潮居都之赤溪、磅礴、曹冲、铜鼓四堡及深湾、腰古等处，矬峒都之田头一堡，及长沙大小麻等处，置赤溪厅。

张《志》云：《太平寰宇记》：新会上川洲、下川洲在县南下二十里。《元丰九域志》：新会海晏、博劳、怀宁、都斛、挫铜、金斗六盐场，今下川、海晏、博劳，则县之西南境也。上川、挫铜，作矬峒，则县之南境也。寻其疆域，皆不出新会云。

案：县境在东晋南北朝时，尚有平夷、义宁、初宾三县，略涉疑似，并附辨之。《晋书》有平夷县，《宋书》新夷令。吴曰平夷，晋太康元年（280）更名，又初宾令新立，义宁令新立。《隋书》义宁，开皇十一年（591），废新夷、初宾二县入。《唐书》有义宁县。《宋史》信安，本义宁县。开宝五年（972）废入新会。六年（973）复置。太平兴国初，改信安。熙宁五年（1072）省为镇，入新州新兴县。元祐六年（1091），复为县。绍圣元年（1094），复省为镇，后复为县。据此，则平夷改新夷，又与初宾同入义宁。又改义宁为信安，又入新兴。原委①甚明。且《太平寰宇记》成于太平兴国，正当改名信安之时。《元丰九域志》始事熙宁八年（1075），成于元丰三年（1080），正当省为镇，入新兴之后。而二书所言诸地不属信安、新兴，则县故地与信安、新兴无涉可知，而与平夷、义宁、初宾无涉亦可知，乃益见县故地，非盆允莫属也。

《新宁县志》卷二，赵天锡分纂，刘宝森、赵沅芬校字。

① 原委：事情的始末。

卷三　职官表上

明

明孝宗弘治十一年（1498）立县，设知县一员，教谕一员，训导一员，主簿一员，万历四十六年（1618）裁。典史一员，城冈司巡检一员，后裁。望高司巡检一员，矬峒场大使一员，后裁。海晏场大使一员，后改盐巡检。

［朝代］	知县	海晏场大使 典史 主簿 城冈司巡检 矬峒场大使	教谕 训导
弘治朝	任钺，福建瓯宁人，监生，十二年（1499）任。有传。据王《志》修，下同。 谢琏，广西平南人，监生，十五年（1502）八月任。 邱泰，福建莆田人，进士，十七年（1504）八月任。祀名宦，有传。	力叔明，福建闽人，吏员，十三年（1500）任主簿。据王《志》修，下同。 按：徐琼《儒学记》：十二年（1499）修学宫已有力叔明。此云十三年（1500）任，疑有误。 杨荡，福建同安人，吏员，十二年（1499）任，建城督工勤劳。 陈廷美，福建莆田人，十七年（1504）任。 以上典史。	蔡祐，福建晋江人，十五年（1502）任，有传。教谕。据王《志》修，下同。 何濬，江西金溪人，岁贡，十二年（1499）任训导。

［朝代］	知县	海晏场大使 典史 主簿 城冈司巡检 矬峒场大使	教谕 训导
正德朝	陈镃，广西桂林人，元年（1506）任。 朱源，通判兼署。按王《志》，六年（1511）十一月，御史周谟命署县通判朱源修公廨、城池。是曾署县也。王《志》、张《志》俱不载，今补。 贾珪，直隶故城人，监生，七年（1512）十月任。以下据王《志》修。 张文造，福建古田人，举人，九年（1514）十月任，卒于官，祀名宦。有传。 何芳，广西临桂人，举人，十二年（1517）四月任，卒于官。 顾瑗，浙江钱塘人，举人，十四年（1519）任，卒于官，祀名宦。有传。 胡纶，广西桂林人，举人，十六年（1521）八月任，卒于官。	聂善庆，江西上高人，吏员，元年（1506）任主簿。后裁。 徐英，浙江会稽人，八年（1513）任。阮《通志》作“弘治十八年（1505）任。” 郑翱，广西桂林人，三年（1508）任，居官廉介，不畏强御，守城捍盗有功，卒于官。 以上典史。	方茂荣，浙江建德人，岁贡，二年（1507）任。 郑乾清，福建闽人，举人，三年（1508）任。 张绎，浙江浦江人，监生，十四年（1519）任，有传。 以上教谕。 吴绪，江西南丰人，岁贡，四年（1509）任。 王赐，广西平南人，岁贡，九年（1514）任。 倪廷玉，广西临桂人，岁贡，十四年（1519）任。 以上训导。
嘉靖朝	萧珩，江西新淦人，举人，五年（1526）十一月任。文学优长，居官有守。 谭才养，广西滨州人，举人，九年（1530）二月任。 左枢，江西庐陵人，监生，十三年（1534）二月任。 刘晓，江西安福人，举人，十四年（1535）十月任。学有渊源，政尚平恕。 王臣，福建同安人，举人，二十一年（1542）二月任。 张国器，江西进贤人，举人，二十八年（1549）任。	陈璋，江南青阳人，九年（1530）任。 张辉，江西南昌人，十五年（1536）任。 邓焌，福建人，阮《通志》作“邓暖”，误。 陈天积，广西人。 陈世荣。 王澍。 以上典史。	吴富，江西鄱阳人，岁贡，五年（1526）任。 陈宏毅，福建晋江人，举人，八年（1529）任。有传。 徐殷服，福建龙溪人，岁贡，十年（1531）任。 易乾，江西瑞昌人，岁贡，十四年（1535）任。 曾德牧，福建古田人，岁贡，二十年（1541）任。 林章，福建莆田人，选贡，二十三年（1544）任。 陈秉谟，福建连江人，举人，三十六年（1557）任。 倪桂，福建人。

续 表

[朝代]	知县	海晏场大使 典史 主簿 城冈司巡检 矬峒场大使	教谕 训导
嘉靖朝	汪汝桂，江西丰城人，举人，三十四年（1555）任，治盗有法。 潘相，江南丹徒人，举人，三十六年（1557）十二月任。 彭禄，江西南昌人，监生，四十一年（1562）八月任。 朱世隆，江西九江人，举人，四十四年（1565）任，恤民兴学。	程美，福建人，吏员，二年（1523）任。 徐高，江西人，十五年（1536）任。 戴文选，福建人，二十年（1541）任。 以上城冈司巡检，后裁。	白宪，福建将乐人，岁贡。 李成己，广西宜山人，岁贡。 以上教谕。 杨云翚，福建将乐人，岁贡，三年（1524）任。 王谟，广西马平人，岁贡，九年（1530）任。 陈循礼，福建长乐人，选贡，十五年（1536）任。 郑溱，广西柳州人，岁贡，二十二年（1543）任。 伍大庆，湖广松滋人，二十七年（1548）任。 以上训导。
隆庆朝	姚文炜，福建兴化人，四年（1570）八月任。		林致中，广西上思人，岁贡，二年（1568）任训导。
万历朝	魏天奎，江西南昌人，举人，二年（1574）任。 萧九州，福建福州人，选贡，四年（1576）十二月任。 黄国彦，福建晋江人，举人，八年（1580）八月任。祀名宦。有传。 揭廷植，江西广昌人，举人，十二年（1584）任，有传。 张炳，福建闽人，举人，十八年（1590）十一月任。	伍志伦，广西富川人，八年（1580）任。 林延言，福建福清人，十一年（1583）任。 苟应登，广西临桂人，十九年（1591）任。 杨维藩，福建晋江人，十九年（1591）任。 黄堂，福建莆田人，二十三年（1595）任。夜行缉捕，盗贼屏息。 戴遇，福建人。	林效宾，福建莆田人，岁贡，元年（1573）任。 李廷儒，琼山人，岁贡，三年（1575）任。 郑应可，潮阳人，岁贡。 蔡魁，高要人，岁贡，十年（1582）任。 王士尚，合浦人。 按《合浦志》：隆庆四年（1570），府学岁贡。 贾蕴璧，江南铜陵人，十六年（1588）任。 王大爕，德庆人，岁贡，十九年（1591）任。 林有斐，福建莆田人，选贡，二十二年（1594）任。 卢章，广西宣化人，举人，二十七年（1599）任。 海迈，琼山人，举人，二十七年（1599）任。

［朝代］	知县	海晏场大使 典史 主簿 城冈司巡检 矬峒场大使	教谕 训导
万历朝	王学尹，广西柳城人，举人，二十一年（1593）四月任。 蔡腾蛟，福建海澄人，举人，二十三年（1595）八月任。阮《通志》：本省澄海人。 郑良相，广西马平人，举人，二十六年（1598）八月任。 熊文华，江西金溪人，举人，选贡，二十九年（1601）八月任。有传。 朱郁文，浙江仁和人，选贡，三十五年（1607）六月任。 王尚贤，福建龙岩人，举人，四十年（1612）二月任，卒于官，祀名宦。有传。 许光卿，福建仙游人，举人，四十三年（1615）闰八月任。 罗万有，江西南昌人，举人，四十六年（1618）闰四月任。	刘宗范，浙江人。 孔应举，江南江宁人，三十四年（1606）任。 林应朝，福建仙游人，三十八年（1610）任。 阴怀壁，福建宁化人，四十一年（1613）任。 王民信，福建同安人，四十四年（1616）任。 郑从鹍，福建莆田人，四十八年（1620）任。 以上典史。 施训，江南当涂人，三十五年（1607）任海晏场大使。	戴仁行，广西宾州人，岁贡，三十五年（1607）任。 滕之俊，广西全州人，举人，三十八年（1610）任。 邱尔谷，琼山人，举人，四十五年（1617）任。 以上教谕。 彭日方，江西龙泉人，岁贡，二年（1574）任。 支焜，江西进贤人，岁贡，四年（1576）任。 钟鸣晖，归善人，选贡，九年（1581）任。 梁一道，封川人，选贡，十三年（1585）任。 吴尔梅，英德人，岁贡，二十一年（1593）任。 程一恭，定安人，岁贡，二十三年（1595）任。 郑兆元，曲江人，贡生，二十五年（1597）任。有传。阮《通志》作“邓兆元”。 饶学宪，开建人，岁贡，三十年（1602）任。 黄卷，陵水人，岁贡，三十五年（1607）任。 佟一缙，合浦人，岁贡，四十年（1612）任。 刘京，保昌人，四十年（1612）任。 以上训导。

续 表

[朝代]	知县	海晏场大使 典史 主簿 城冈司巡检 矬峒场大使	教谕 训导
天启朝[1]	孙履恒，浙江温州人，举人，二年（1622）九月任。质直明决，不避权贵，捐俸买田十四亩，充科举宾兴之用[2]。田在横水村野鸭塘乌石，税在刘高户。 刘轩孺，江西庐陵人，进士，三年（1623）十二月任。 何凤瀛，福建莆田人，举人，七年（1627）六月任。	王朝仕，江南六安人，二年（1622）任。 胡顺化，湖广江夏人，五年（1625）任。 朱明钦，福建莆田人，七年（1627）任。 以上典史。	冯文伯，浙江慈溪人，举人，六年（1626）任教谕。 谢明选，和平人，元年（1621）任。 谢继皋，广西罗城人，岁贡，三年（1623）任。 张乔嵩，归善人，岁贡，七年（1627）任。 以上训导。
崇祯朝	张仕登，湖广沅陵人，恩贡，四年（1631）四月任。 王道交，广西全州人，举人，七年（1634）十月任。 余应郊，浙江西安人，举人，十年（1637）十月任。修学宫，复蜚英书院。 张大勋，福建侯官人，贡生，十三年（1640）任。 罗钟印，江南宣城人，十五年（1642）任，卒于官。	鲍汝安，浙江金华人，三年（1630）任。 林泉，福建福清人，六年（1633）任。 吴廷襄，江西南昌人，八年（1635）任。 郭天叙，江西清江人，十一年任（1638）。 关学尹，福建莆田人。 以上典史。 欧阳耿，江西安远人，七年（1634）任矬峒场大使。	廖栋，保昌人，岁贡，元年（1628）任。 杨应春，海阳人，岁贡，五年（1632）任。 黄世耀，海丰人，举人，七年（1634）任。 陈缙，福建莆田人，举人，十年（1637）任。 何日陞，博罗人，岁贡。 陈奎璧，琼州人，岁贡。 以上教谕。 谭拜职，曲江人，岁贡，二年（1629）任。 苏成性，儋州人，岁贡，六年（1633）任。 岑诣极，阳江人，岁贡，九年（1636）任。 田逢春，兴宁人，岁贡。 郑黄道，海阳人，岁贡。 以上训导。

年次无考四十四人

舒适玫，湖广人。黄永贤，湖广人。王渤，福建人。丁湘，江西人。李柏，湖广衡州人。唐体垣，广西全州人。蒋一昂，广西富川人。朱政，福建人。庄天

① 原书此条上有“泰昌朝”一栏，但无内容。故删除。
② 宾兴：科举时代，士子将参加乡试时，地方官设宴款待，称为“宾兴”。

养，福建莆田人。汤荣，浙江海盐人。蒋谦亨，广西全州人。伍成祈，广西全州人。方守绅，浙江义乌人。周时来，江西丰城人。赵家祯，浙江会稽人。李一桂，福建建宁人。叶玉明，广西贺县人。杨一贞，江南广德人。伍思谦，广西全州人。柳明栋，浙江会稽人。刘启登，福建莆田人。丁应旦，浙江长兴人。梁大图，江南广德人。萧名元，湖广公安人。钱珪，浙江山阴人。陈拜盛，浙江缙云人。以上望高司巡检。

陆思忠，浙江会稽人。侯天爵，山东人。袁征光，浙江人。李真宽，辽东人。管应旸，江西玉山人。苏钦进，福建南安人。宋之纶，江西人。以上海晏场大使。

闻继功，浙江人。金谟，浙江山阴人。楼应高，浙江浦江人。蔡羹长，浙江仁和人。杨春，云南太和人。施以礼，福建闽人。张时达，江西安义人。米化，江南六安人。陈镇，浙江慈溪人。凌大成，直隶固安人。陈国美，广西人。以上矬峒场大使。以上据王《志》修。

国朝

国朝知县一员，教谕一员，康熙二年（1663）裁，二十一年（1682）复设。训导一员，县丞一员，乾隆二十年（1755）以新会大瓦司巡检裁缺改设。主簿一员，嘉庆二十一年（1816）改海寨司巡检为主簿。同治七年（1868）裁。望高司巡检一员，雍正间，改为海寨司巡检。矬峒场大使一员，海晏场大使一员，雍正七年（1729）并两场，改为海矬场大使。嘉庆二十年（1815）裁汰，改上川司盐巡检，以盐知事借补。上川司巡检一员，典史一员。

［朝代］	知县	上川司巡检 㸰峒场大使 主簿 县丞 望高司巡检 海晏场大使 典史	教谕 训导
顺治朝	方日荣，浙江金华人，吏员，四年（1647）正月任。据王《志》修，下同。 凌必显，浙江安吉人，贡生，七年（1650）十一月任。 胡观光，河南偃师人，贡生，十三年（1656）十一月任。 郑滋，湖广黄陂人，贡生，十六年（1659）八月任。	李云凤，直隶玉田人，十六年（1659）任。望高司巡检。据王《志》修，下同。 林尚谦，广西人。 赵元宰，直隶人，十二年（1655）任。 陈其际，浙江人，十六年（1659）任。 王家佐，直隶龙门卫人，十八年（1661）任，卒于官。 以上㸰峒场大使。 唐斯俊，江西人。 周济，江西人。 朱瑞，江苏吴县人。 高人甫，陕西富平人，十八年（1661）四月任，卒于官。 以上典史。	陈佳，福建人。据王《志》修，下同。 邓林楚，福建人。 黄国光，福建人。 钟重，福建人。阮《通志》归善人，见选举辟荐。 何一广，始兴人，岁贡。 余鼎藩，程乡人，岁贡，十六年（1659）任。 以上教谕。 甘飞溟，福建人。 曾能斌，福建人。 毕象斗。 以上训导。
康熙朝	丁象辉，河南邓州人，拔贡，元年（1662）三月任。 董昌印，正红旗辽东人，荫生，三年（1664）十一月任。《府志》作“昌孕”。 宁林，陕西郃阳人，进士，六年（1667）三月任。勤政课士。 宋之滟，四川夹江人，举人，十五年（1676）任。王《志》、张《志》俱不载，据《府志》增。 柴建勋，直隶南宫人，藩府办事，十六年（1677）六月任。 以下据王《志》修。	陈国本，江西南城人，吏员，十年（1671）三月任。 乔联甲，山西太平人，吏员，二十年（1681）五月任。 秦典，江苏上元人，吏员，二十二年（1683）任。解钦犯进京，二十五年（1686）五月，回任。 张洪道，山东馆陶人，二十七年（1688）任。 王文诏，浙江山阴人，监生，三十二年（1693）任。 鲁奇选，河南洧川人，三十七年（1698）任。 李瀛魁，直隶武邑人，三十八年（1699）任。 王毓奇，直隶新城人，四十九年（1710）任。	冯玉姿，恩平人，岁贡，二十一年（1682）八月任①，三年裁缺，二十一年（1682）复设。 杨溥名，高明人，岁贡，三十三年（1694）任。 李作仁，西宁人，例贡，三十四年（1695）任。 龚朝伟，四会人，例贡，三十七年（1698）任。 尹述宣，东莞人，副贡，五十九年（1720）任。积学能文，长于吟咏。 以上教谕。

① 康熙《恩平县志》卷三《选举》记载，冯玉姿于康熙十九年（1680）任新宁县教谕。

［朝代］	知县	上川司巡检 矬峒场大使 主簿 县丞 望高司巡检 海晏场大使 典史	教谕 训导
康熙朝	梁梗，山西永宁人，举人。二十二年（1683）闰六月任。 张殿珠，山西荣河人，举人，二十四年（1685）五月任。 史在官，浙江余姚人，举人，二十八年（1689）任。 宜思让，正白旗人，荫生，三十二年（1693）任，举卓异，升陇州知州。民至今思之。有传。	彭昇，直隶任邱人，五十三年（1714）任。 樊昆，顺天大兴人，五十五年（1716）任。 袁相，顺天三河人，五十九年（1720）任。 以上望高司巡检，后改为海寨司巡检。 斛万珍，山西偏头所人，九年（1670）二月任。 于之兰，直隶卢龙人，十一年（1672）闰七月任。 屠绍杰，江苏宜城人，吏员，十九年（1680）闰八月任，二十年（1681）卒于官。 司天禄，直隶燕山右卫人，吏员，二十一年（1682）八月任。 章达，直隶宛平人，吏员，二十四年（1685）三月任。 李辑瑞，山东滨州人，三十三年（1694）任。 殷汝庚，顺天遵化人，四十四年（1705）任，卒于官。 谢文辉，顺天义县人，五十七年（1718）任，卒于官。 邵锡钟，顺天三河人，五十八年（1719）任，卒于官。 以上海晏场大使。 周合舜，直隶晋州人，九年（1670）九月任。 马万象，陕西三原人，吏员，十三年（1674）八月任。	崔廷仪，东安人，岁贡，四年（1665）十二月任，逾月，卒于官。 萧逢霖，保昌人，岁贡，六年（1667）三月任。 林壑，文昌人，会同岁贡，十一年（1672）二月任。 戴元勋，始兴人，岁贡，三十年（1691）任。

续 表

［朝代］	知县	上川司巡检 㙶峒场大使 主簿 县丞 望高司巡检 海晏场大使 典史	教谕 训导
康熙朝	齐溥，山西汾阳人，进士，四十四年（1705）任。 邬维新，江南丹徒人，钦赐监生，五十二年（1713）任。 张机，正蓝旗人，举人，五十五年（1716）任。 姜朝俊，江南丹阳人，进士，五十九年（1720）任，卓异，升建宁知府。有传。	程时雍，顺天大兴人，吏员，二十一年（1682）十二月任。 钱宗发，直隶燕山右卫人，吏员，二十四年（1685）四月任。 贲月桂，陕西潼关人，三十三年（1694）任。 叶麒，顺天房山人，四十八年（1709）任，卒于官。 杨樾，直隶成安人，五十六年（1717）任。 以上㙶峒场大使。 姚鼎泰，江西南城人，六年（1667）十月任。 何廷玺，浙江诸暨人，吏员，十六年（1677）八月任。 黄希圣，山西绛州人，吏员，十九年（1680）十二月任。 王慧远，顺天大兴人，吏员，二十二年（1683）八月任。 章维埙，浙江会稽人，三十年（1691）任。 胡介屏，直隶清苑人，三十二年（1693）任。 郑从善，山东历城人，四十一年（1702）任，有爱于民。 王肇辅，直隶蠡县人，四十九年（1710）任。 王孟学，顺天梁城所人，五十五年（1716）任。 黄大韶，江苏常熟人，六十年（1721）任。 以上典史。	陈文光，程乡人，岁贡，三十七年（1698）任。 吴漳，本姓庞，南海人，钦州岁贡，三十八年（1699）任。 何良杰，南海人，感恩岁贡，五十六年（1717）任。 以上训导。

［朝代］	知县	上川司巡检 矬峒场大使 主簿 县丞 望高司巡检 海晏场大使 典史	教谕 训导
雍正朝	蓝海，正蓝旗人，监生，七年（1729）任。 黄煌，张《志·建置略》：雍正八年（1730）知县萨海、署令黄煌修南门城楼。是煌尝署县也。王《志》无，今补入。 王暠，云南昆明人，进士，九年（1731）八月任。有传。据王《志》。	鲁翰昌，顺天宛平人，三年（1725）任。实心爱人，力恤灶户。 多元弼，直隶阜城人，监生，七年（1729）任。 以上海晏场大使，以后并缺。 胡大业，直隶静海人，三年（1725）任。 裘敷仁，浙江慈溪人，六年（1728）任。 以上矬峒场大使，以后并为海矬场大使。 多元弼，七年（1729）由海晏场改任。 王湄，浙江会稽人，十年（1732）八月任。 赵骢，山东莱阳人，十三年（1735）闰四月任。 以上海矬场大使。 张理，顺天宛平人，二年（1724）任，卒于官。 张元印，河南涉县人，四年（1726）任。 张祖裕，苏州人，八年（1730）任。 杨文焕，浙江义乌人，大兴监生，考主簿，十年（1732）拣选借补。 以上典史。 袁相，十三年（1735）由望高司改任海寨司巡检。张《志》编于乾隆元年（1736），今从王《志》编于此。	莫之瑞，新会人，恩平籍。康熙癸巳（五十二年，1713）举人，十年（1732）任。训士有方，祀事整肃。《府志》作“之端”。 徐廷芳，和平人，举人，十二年（1734）任。中壬戌（乾隆七年，1742）进士，升知县。 以上教谕。 廖杰，乳源人，岁贡，八年（1730）任。 黄萃芳，化州人，岁贡，九年（1731）任。 杨志行，吴川人，岁贡。十二年（1734）任。 以上训导。

续 表

［朝代］	知县	上川司巡检 矬峒场大使 主簿 县丞 望高司巡检 海晏场大使 典史	教谕 训导
乾隆朝	张恕，直隶文安人，举人，五年（1740）任。 以下据李《续志》修。 黄大鹏，江南上元人，附生，六年（1741）任。 杨枝华，贵州都匀人，进士，六年（1741）任。 张光祺，江南丹徒人，进士，七年（1742）任。 边廷魁，直隶镶红旗人，监生，十年（1745）任。 曷曙，浙江余姚人，进士，十一年（1746）任。《府志》作“葛署”。 邓均，山西灵邱人，进士，十一年（1746）任。 胡之楚，贵州开泰人，进士，十二年（1747）任。 魏绾，贵州平越人，举人，十二年（1747）九月任。 刘继，江西平乐人，举人，十五年（1750）七月任。 魏绾，十五年（1750）十一月，回任。 贾庆泽，直隶镶黄旗人，效力，十六年（1751）八月任。 沈百龄，浙江海宁人，监生，十七年（1752）九月任。 吴鉽，浙江钱塘人，监生，十七年（1752）十二月任。 胡之楚，十八年（1753）五月复任。 孙伟，山东寿光人，进士，十九年（1754）八月任。有传。	蒋大谋，顺天通州人，元年（1736）十二月任海寨司巡检。 以下据李《续志》修。 钮维新，十一年（1746）任。 包大鹏，举人，十二年（1747）任。 赵璁，十八年（1753）署。 楼映斗，顺天大兴人，供事，十九年（1754）任。 徐锡元，举人，二十一年（1756）任。 叶焕，举人，二十二年（1757）任。	马仲辉，电白人，恩贡，九年（1744）十月任。 罗洪用，十九年（1754）署。 以下据李《续志》修。 赖标，长乐人，拔贡，二十一年（1756）七月任。 冯肇奎，鹤山人，举人，三十三年（1768）六月任。 邓学荣，三十七年（1772）任。 钟允彝，嘉应人，举人，三十九年（1774）三月任。 许日晖，大埔人，拔贡，五十四年（1789）三月任。 黎轶英，新兴人，副贡，五十四年（1789）四月任。 以上教谕。

［朝代］	知县	上川司巡检 㘵峒场大使 主簿 县丞 望高司巡检 海晏场大使 典史	教谕 训导
乾隆朝	黄立世，山东即墨人，举人，二十年（1755）九月任。 房严，直隶正黄旗人，举人，二十二年（1757）十月任。 章震基，监生，二十四年（1759）十月任。 张光祺，二十四年（1759）十二月复任。 胡桓，江南丹徒人，二十七年（1762）六月任。 方显，浙江金华人，举人，二十八年（1763）七月任。 萧应植，江西人，举人，二十九年（1764）七月任。 刘起勋，江西人，进士，二十九年（1764）十一月任。 廖名扬，江西人，贡生，三十年（1765）六月任。 杜茂，直隶正蓝旗人，举人，三十年（1765）十月任。 方显，三十一年（1766）二月复任。 陈名俭，山西人，举人，三十三年（1768）六月任。 李瑞麟，江西人，进士，三十四年（1769）八月任。有传。 康基田，山西兴县人，进士，三十五年（1770）五月任。有传。 唐仕谨，浙江人，拔贡，三十五年（1770）十一月任。张《志》作“士谨”。 俞亦临，浙江人，监生，三十七年（1772）十一月任。	王耿光，二十七年（1762）任。 陈孝晭，二十九年（1764）任。 孔继栋，三十二年（1767）任。 李如唐，三十五年（1770）任。 胡宝琏，四十一年（1776）任。 漆浥美，江西新昌人，监生，四十五年（1780）任。 张灿宗，镶黄旗人，监生，四十九年（1784）任。 任璠，顺天宛平人，监生，五十五年（1790）任。 侯坤，安徽无为人，拔贡，六[十]年[1]（1795）任。 以上海㘵场大使。	刘文煊，龙川人，岁贡，三年（1738）任。 据王《志》修。 李乾统，信宜人，岁贡，十一年（1746）八月任。 以下据李《续志》修。 谢祖锡，阳春人，拔贡，二十年（1755）四月任。 周仁长，开平人，岁贡，二十六年（1761）十月任。 谢廷知，三十二年（1767）十月任。

① 光绪《广州府志》卷二十七《职官表》记载，侯坤于乾隆六十年任。

续 表

［朝代］	知县	上川司巡检 矬峒场大使 主簿 县丞 望高司巡检 海晏场大使 典史	教谕 训导
乾隆朝	詹昊，江西人，举人，三十八年（1773）十一月任。有传。 万祚彬，江西人，监生，三十九年（1774）七月任。 詹昊，三十九年（1774）九月入闱，回任。 周仕孝，四川人，举人，四十一年（1776）八月任。《府志》作“士孝”。 张之浚，江南人，监生，四十二年（1777）四月任。《府志》作“之俊”。 朱昱发，江南人，四十二年（1777）十二月任。《府志》作“朱昱”，江苏拔贡。 张中行，四川人，贡生，四十七年（1782）七月任。 钟光哲，顺天人，举人，五十二年（1787）十二月任。 夏永淳，正红旗人，县丞，五十九年（1794）五月任。 南炙曾，甘肃人，举人，五十二年（1787）十二月任。 徐廷贵，江西人，举人，五十四年（1789）七月署。 南炙曾，五十四年（1789）九月入闱，回任。 万应馨，江南人，进士，五十八年（1793）正月任。 范文安，贵州人，举人，六十年（1795）七月任。 万应馨，六十年（1795）九月入闱，回任。	夏永淳 赵季煌 顾应德 任天相 赵廷武 郑域轮 陈闻炳 姜树 以上县丞，皆乾隆时人。 缪朝栋 李纶堂 马友嘉 方夏 李云畿 任谦 朱润 关显翼 汪养源 孙良谓 许湘 徐鸿飞 杨景荣 郭栋 张捷三 以上典史。	黄南伟，龙川人，举人，三十四年（1769）三月任。 张绅，开平人，廪贡，四十二年（1777）十月署。 杜澍京，高明人，岁贡，四十三年（1778）闰六月任。 张绅，五十二年（1787）三月复署。 陈士进，饶平人，举人，五十年（1785）八月任。 以上训导。

[朝代]	知县	上川司巡检 矬峒场大使 主簿 县丞 望高司巡检 海晏场大使 典史	教谕 训导
嘉庆朝	段长基，元年（1796）七月署。 万应馨，元年（1796）九月入闱，回任。 姚侍龙，顺天人，府经，二年（1797）二月任。 谢涛，三年（1798）二月任。 陆来，浙江人，附监生，四年（1799）正月任。 李树萱，举人，四年（1799）十一月任。 陆来，五年（1800）正月任。 李永清，河南人，拔贡，六年（1801）七月任。 张祺毓，直隶天津人，举人，七年（1802）三月任。 张纯贤，镶红旗人，生员，七年（1802）六月任。 包锦灿，贵州人，举人，七年（1802）十二月任。 陶必榕，江苏上元人，廪监生，九年（1804）四月署。 王志槐，安徽桐城人，吏员，十年（1805）三月任。 郑文炳，江苏吴县人，经历，十年（1805）闰六月署。 以下据张《志》修。 李澐，浙江山阴人，举人，十三年（1808）十月署。有传。 宫秉鉴，江苏泰州人，举人，十三年（1808）十二月任。	杜华林，江苏人，监生，九年（1804）八月署。 邓廷相，顺天宛平人，职员，十一年（1806）四月任。 以下据张《志》修。 杨畴，顺天大兴人，监生，十四年（1809）二月署。 纪汝似，直隶河间人，附生，十六年（1811）三月署。 邓廷相，十七年（1812）三月，回任。 严荃，江苏常熟人，监生，十八年（1813）二月署。 陈泰和，浙江仁和人，附监生，十九年（1814）十二月署。 李青云，河南人，进士，二十年（1815）三月署。 李煦，贵州兴义人，监生，二十二年（1817）五月署。 沈志仁，正黄旗人，职员，二十二年（1817）八月任。 以上县丞。 徐国泰，安徽潜山人，监生，八年（1803）六月任。 钱继垅，浙江会稽人，监生，十二年（1807）正月署。 徐国泰，十三年（1808）七月，回任。 罗定绂，河南商城人，监生，十五年（1810）二月署。 武扩周，山西潞城人，监生，十六年（1811）二月署。	李继莲，阳山人，拔贡，十四年（1809）十二月任。 以下据张《志》修。 韩勋，博罗人，廪贡，二十年（1815）六月署。 李继莲，二十一年（1816）三月，回任。 以上教谕。

续 表

[朝代]	知县	上川司巡检 烒峒场大使 主簿 县丞 望高司巡检 海晏场大使 典史	教谕 训导
嘉庆朝	陈上烺，福建侯官人，举人，十五年（1810）七月代理。 宫秉鉴，十五年（1810）九月，回任。 张克振，江西莲花厅人，举人，十五年（1810）十一月署。 言尚炜，江苏昭文人，举人，十七年（1812）六月任。 陈闻炳，江西高安人，监生，十八年（1813）二月署。 朱震声，江西高安人，举人，十九年（1814）六月署。 江涵暾，浙江归安人，进士，二十年（1815）八月任。有传。 李青云，河南尉氏人，进士，二十一年（1816）七月代理。	张家顺，安徽寿州人，监生，十六年（1811）九月任。 吴显纯，顺天大兴人，议叙，十八年（1813）八月署。 张家顺，十九年（1814）七月，回任。 以上海寨司巡检，后改为海寨司主簿。 张家顺，二十一年（1816）由海寨巡检升任。 王肇潢，河南永城人，监生，二十三年（1818）四月署。 吴敬模，江苏南汇人，监生，二十五年（1820）三月署。 张家顺，二十五年（1820）七月，回任。 以上海寨司主簿。 周大川，福建汀州人，元年（1796）任。 张维新，直隶隆平人，监生，二年（1797）任。 樊念曾，浙江山阴人，议叙，三年（1798）任。 翟峒，河南南阳人，监生，五年（1800）任。 德淳，正白旗人，笔帖式，五年（1800）八月任。县册作“九年”（1804）。 朱士聪，江西南昌人，监生，六年（1801）任。 张朝栋，江苏无锡人，监生，九年（1804）十二月署。 德淳，十一年（1806）正月，回任。	周廷礼，归善人，廪贡，七年（1802）七月任。 梁宁，罗定人，举人，七年（1802）任。

[朝代]	知县	上川司巡检 矬峒场大使 主簿 县丞 望高司巡检 海晏场大使 典史	教谕 训导
嘉庆朝	江涵暾，二十一年（1816）九月，回任。 李承莲，浙江鄞县人，副贡，二十三年（1818）六月署。 章鸿，顺天宛平人，议叙，二十三年（1818）十月署。	沐衡，浙江慈溪人，监生，十二年（1807）十二月署。 刘禹平，顺天大兴人，职员，十五年（1810）三月任。 娄渊，浙江会稽人，监生，十五年（1810）十二月署。 刘禹平，十七年（1812）六月，回任。 以上海矬场大使，以后改为上川司巡检。 高徂龄，镶黄旗人，监生，二十年（1815）八月任。 陈时珍，浙江上虞人，监生，二十三年（1818）七月代理。 高徂龄，二十三年（1818）十月，回任。 以上上川司盐巡检。 张捷三，顺天大兴人，监生，九年（1804）二月署。 徐鸿飞，江苏武进人，议叙，十年（1805）八月，回任。 牛多隆，顺天大兴人，监生，十一年（1806）三月署。 王廷栋，江苏山阳人，监生，十一年（1806）八月任。 罗定绂，河南商城人，监生，十五年（1810）六月代理。 杨超麟，河南郏县人，监生，十五年（1810）七月署。 刘樾，江西南丰人，监生，十六年（1811）二月任。	韩勋，博罗人，廪贡，十三年（1808）二月署。 梁昌运，高要人，举人，十三年（1808）十月任。

续 表

[朝代]	知县	上川司巡检 矬峒场大使 主簿 县丞 望高司巡检 海晏场大使 典史	教谕 训导
嘉庆朝	江涵暾，二十五年（1820）正月，回任。	李成朋，湖南祁阳人，监生，十九年（1814）九月代理。 方士俊，直隶清苑人，吏员，十九年（1814）十月任。 邵熙，浙江山阴人，议叙，二十一年（1816）二月任。 汪玉璠，浙江仁和人，监生，二十三年（1818）十一月署。 冯立纲，直隶涿州人，监生，二十五年（1820）二月署。 汪瑚，浙江钱塘人，附监，二十五年（1820）三月任。 徐若兰，奉天锦县人，监生，二十五年（1820）六月署。 以上典史。	孙文翰，嘉应人，副贡，二十年（1815）六月署。 梁昌运，二十一年（1816）三月，回任。 以上训导。
道光朝	陈廷芳，浙江会稽人，监生，元年（1821）七月代理。 江涵暾，元年（1821）十月，回任。 沈继祖，浙江山阴人，吏员，二年（1822）七月代理。 谢崇俊，广西全州人，举人，二年（1822）十月署。 张大凯，安徽六安州人，举人，三年（1823）十月任。 竹凤苞，四川芦山人，拔贡，五年（1825）七月代理。 张大凯，五年（1825）十月，回任。 曾名芹，江西龙南人，举人，五年（1825）十二月代理。	沈继祖，浙江山阴人，吏员，元年（1821）三月任。 葛景熊，浙江仁和人，监生，三年（1823）正月署。 沈继祖，三年（1823）九月，回任。 陈墉，顺天大兴人，监生，七年（1827）正月署。 贡清鉴，江苏武进人，监生，七年（1827）闰五月署。 沈继祖，七年（1827）八月，回任。 葛景熊，七年（1827）十二月署。 严绍陵，顺天大兴人，议叙，八年（1828）正月代理。 王淮，浙江山阴人，议叙，八年（1828）二月署。	陈鉴，广宁人，廪贡，二年（1822）三月署。 韩教之，博罗人，举人，三年（1823）五月署。 梁毓秀，琼山人，拔贡，三年（1823）五月署。 黄瑛期，归善人，拔贡，三年（1823）十二月任。 彭湛，新兴人，举人，六年（1826）十二月署。

［朝代］	知县	上川司巡检 矬峒场大使 主簿 县丞 望高司巡检 海晏场大使 典史	教谕 训导
道光朝	李廷芳，山东历城人，举人，六年（1826）正月署。 温恭，江西南昌人，议叙，六年（1826）十月署。 田溥，陕西临潼人，拔贡，七年（1827）十月代理。 朱廷桂，顺天大兴人，增生，七年（1827）十一月任。 祁墡，山西高平人，进士，十年（1830）三月任。 朱轩，安徽无为人，议叙，十二年（1832）七月代理。 张文化，福建连城人，进士，十二年（1832）十一月署。有传。 何正机，贵州开州人，附贡，十三年（1833）十二月署。 孟继亨，陕西鄠县人，廪贡，十四年（1834）三月署。 胡大复，湖南乾州人，拔贡，十五年（1835）四月任。	葛景熊，九年（1829）正月署。 王尊忍，河南商邱人，增生，十六年（1836）六月署[①]。 蒋国华，江苏常熟人，监生，十年（1830）十月代理。 赵德懋，江西南丰人，监生，十一年（1831）十月署。 胡金声，浙江会稽人，监生，十二年（1832）七月署。 丁焕宗，顺天大兴人，监生，十三年（1833）十月署。 吕霈霖，安徽旌德人，监生，十五年（1835）四月署。 杨昭，江苏上元人，监生，十七年（1837）十一月署。 陶应荣，江苏海州人，拔贡，十八年（1838）十二月署。 王淮，浙江山阴人，议叙，二十年（1840）正月署。 任景淳，顺天大兴人，原籍浙江萧山，二十一年（1841）七月任。 以下据《采访册》修。 周元仁，顺天大兴人，祖籍浙江永嘉，二十一年（1841）十二月任。 毕錞，顺天大兴人，祖籍安徽桐城，二十三年（1843）三月任。 章生春，顺天宛平人，祖籍浙江会稽，二十四年（1844）七月任。	邓尔江，高要人，举人，七年（1827）三月任。 何如琛，高明人，廪贡，十八年（1838）十月署。 蔡镆，澄海人，举人，十九年（1839）六月任。 邱薰，连平州人，廪贡，十九年（1839）九月署。 陆庚堂，信宜人，拔贡，二十年（1840）七月任。 陈楷，翁源人，廪贡，二十年（1840）十一月署。 钟大纶，永安人，恩贡，二十一年（1841）任。 关炳儿，开平人，举人，二十五年（1845）五月任。

① 此条时间顺序错乱，但查道光《新宁县志》卷二《职官表》记载顺序也如此。故保持原样。类似条目难以考证者，也保持原样。

续 表

［朝代］	知县	上川司巡检 矬峒场大使 主簿 县丞 望高司巡检 海晏场大使 典史	教谕 训导
道光朝	金天泽，顺天大兴人，附监，十五年（1835）七月代理。 胡大复，十五年（1835）九月，回任。 邵宗渭，顺天宁河人，进士，十六年（1836）六月署。 许乃蕃，浙江仁和人，廪贡，十七年（1837）正月署。 张深，江苏丹徒人，举人，十八年（1838）四月任。 王治溥，湖南零陵人，拔贡，二十年（1840）七月代理。 张深，二十年（1840）十月，回任。 王淳修，顺天大兴人，举人，二十三年（1843）二月任。 以下据《采访册》修。 于普保，汉军镶红旗，副贡，援例，二十三年（1843）闰七月任。 王淳修，二十三年（1843）十月，回任，有传。	马长庚，顺天大兴人，二十五年（1845）五月任。 李光业，山东齐东人，二十六年（1846）七月任。 马（良）［长］庚，二十六年（1846）十月，回任。 陈征，顺天宛平人，二十七年（1847）十月任。 戴玉宸，顺天昌平州人，拔贡，三十年（1850）四月任。 以上县丞。 姜霖，顺天大兴人，议叙，闰七月署。 以下据张《志》修。 张家顺，五年（1825）正月，回任。 陈权，江西新昌人，监生，八年（1828）二月署。 汪瑚，浙江钱塘人，附监，九年（1829）四月署。 朱轩，安徽无为人，议叙，十年（1830）闰四月任。 丁焕宗，十四（1834）年七月，以县丞兼理。 汪义，十四年（1834）十月，以典史兼理。 方用佐，十四年（1834）十二月，以县丞兼理。 娄珍，浙江山阴人，监生，十五年（1835）四月署。 李治平，镶红旗人，附监生，十五年（1835）十月代理。	以下据《采访册》修。 钟大纶，二十五（1845）年五月，回任。 林遇春，归善人，举人，二十七年（1847）二月任。 梁扬谟，茂名人，二十七年（1847）八月任。 以上教谕。 黄垂云，镇平人，举人，八年（1828）二月任。 以下据张《志》修。 吴正瑜，广宁人，廪贡，十年（1830）五月任。 萧一经，大埔人，举人，十年（1830）十二月任。

［朝代］	知县	上川司巡检 矬峒场大使 主簿 县丞 望高司巡检 海晏场大使 典史	教谕 训导
道光朝	李延福，云南文山人，进士，二十四年（1844）六月任。有传。 乔应庚，顺天大兴人，援例，二十五年（1845）十一月任。	汪义，十六年（1836）三月又兼理。 杨维善，顺天大兴人，吏员，十六年（1836）八月署。 施道彬，顺天大兴人，议叙，十七年（1837）五月任。 祥年，正白旗汉军，二十三年（1843）正月任。 以下据《采访册》修。 贾霦，山西太平人，二十四年（1844）三月任。 施道彬，二十六年（1846）十月，回任。 周尔奎，顺天大兴人，祖籍浙江嘉善，二十七年（1847）十一月任。 王言，安徽怀宁人，二十九年（1849）二月任。 以上广海寨主簿。 张家顺，元年（1821）十月，以主簿兼理。 以下据张《志》修。 陈嘉，浙江海盐人，附监，元年（1821）十月任。 朱允中，顺天宛平人，监生，二年（1822）六月署。 徐捷，安徽庐江人，增贡，四年（1824）十月署。 查世熊，浙江海盐人，监生，六年（1826）五月署。 李能瑚，四川长寿人，监生，六年（1826）七月任。 曹师和，江西新建人，监生，六年（1826）十一月任。	梁钟淑，翁源人，廪贡，十二年（1832）十月署。 黄和四，遂溪人，岁贡，十四年（1834）六月任。 萧元虎，嘉应人，岁贡，十八年（1838）闰四月署。

续 表

［朝代］	知县	上川司巡检 矬峒场大使 主簿 县丞 望高司巡检 海晏场大使 典史	教谕 训导
道光朝	林当春，福建治安人，举人，二十六年（1846）十月任。 于元培，四川华阳人，举人，二十八年（1848）二月任。	张家顺，七年（1827）正月兼理。 查世熊，七年（1827）五月，回任。 陈权，八年（1828）五月，以主簿兼理。 舒普，江西靖安人，监生，八年（1828）八月署。 陈嘉，九年（1829）十月任。 卢文堂，安徽无为人，监生，十年（1830）十二月署。 陈锷，顺天大兴人，监生，十二年（1832）六月任。 乔应庚，顺天大兴人，监生，十三年（1833）十月署。 杨永清，镶黄旗人，监生，十四年（1834）正月任。 汪义，十五年（1835）三月，以典史兼理。 李连山，顺天大兴人，监生，十五年（1835）四月署。 周元仁，顺天大兴人，监生，十六年（1836）八月任。 胡良杰，浙江鄞县人，二十四年（1844）七月任。 以下据《采访册》修。 周元仁，二十四年（1844）九月，回任。 林威仪，福建海澄人，二十五年（1845）八月任。 陈锷，顺天大兴人，二十六年（1846）八月任。 邢寿名，甘肃阶州人，二十六年（1846）十二月任。	黄纶诰，嘉应人，举人，十八年（1838）十二月任。 杨长春，翁源人，二十七年（1847）二月任。

[朝代]	知县	上川司巡检 矬峒场大使 主簿 县丞 望高司巡检 海晏场大使 典史	教谕 训导
道光朝	郭汝诚，山东济宁人，进士，二十九年（1849）实任不到。 陈起礼，湖南郴州人，拔贡，祖籍甘肃皋兰，三十年（1850）七月任。	沈文耀，顺天大兴人，祖籍浙江会稽，二十九年（1849）三月任。 王言，安徽怀宁人，二十九年（1849）十月任。 龚曾荫，顺天大兴人，祖籍江苏阳湖，二十九年（1849）十二月任。 以上上川盐巡检。 谢鸿音，湖南沣州人，廪贡，元年（1821）四月署。 以下据张《志》修。 陈镕，江苏丹徒人，议叙，元年（1821）八月署。 汪瑚，二年（1822）闰三月，回任。 陈权，江西新昌人，监生，八年（1828）十月代理。 汪义，江苏武进人，议叙，十二年（1832）任。 张桂堂，顺天大兴人，议叙，十二年（1832）九月署。 汪义，十三年（1833）九月，回任。 李连山，顺天大兴人，监生，十六年（1836）七月代理。 杨维善，顺天大兴人，吏员，十六年（1836）九月兼理。 汪义，十六年（1836）十月，回任。 陆滨，浙江萧山人，十九年（1839）四月署。 朱林，安徽旌德人，十九年（1839）十一月任。	以下据《采访册》修。 邱世祥，西宁人，二十七年（1847）八月任。

续 表

［朝代］	知县	上川司巡检 矬峒场大使 主簿 县丞 望高司巡检 海晏场大使 典史	教谕 训导
道光朝	陈昂，道光朝人，以进士部铨，实任不到。故附此。	施道彬，二十年（1840）四月兼理。 以下据《采访册》修。 张守中，山西襄陵人，二十一年（1841）十二月任。 谭绍恩，直隶清苑人，祖籍江苏吴县，二十二年（1842）九月任。 曹贻敬，湖北江夏人，二十八年（1848）三月任。 朱友棠，顺天大兴人，祖籍江苏吴县，二十九年（1849）四月任。 谭绍恩，二十九年（1849）八月，回任。 以上典史。	梁扬谟，茂名人，三十年（1850）二月兼理。 伍瑜，高要人，三十年（1850）三月任。 以上训导。
咸丰朝	程乃艾，顺天大兴人，举人，祖籍江苏武进，考取内阁中书，元年（1851）九月任。 陈其昌，直隶天津人，举人，二年（1852）三月任。	俞德棻，浙江山阴人，元年（1851）七月任。 王言，安徽怀宁人，元年（1851）十一月任。 冉正镛，四川东乡人，元年（1851）十二月任。 王镇江，顺天宛平人，六年（1856）四月任。 陶复馨，浙江会稽人，七年（1857）五月任。 曹松业，顺天大兴人，祖籍浙江仁和，八年（1858）九月任。 汪曰敬，浙江仁和人，十年（1860）三月任。 王言，十一年（1861）七月兼理。 以上县丞。	萧志健，琼山人，二年（1852）八月兼理。 关体乾，阳江人，举人，三年（1853）二月任。

［朝代］	知县	上川司巡检 燈峒场大使 主簿 县丞 望高司巡检 海晏场大使 典史	教谕 训导
咸丰朝	杨德懿，陕西武功人，进士，三年（1853）七月任。有传。 洪德方，江苏阳湖人，举人，四年（1854）十一月任。有传。	谭绍恩，湖北江夏人，三年（1853）四月任。 王言，二年（1852）九月，回任。 宁坊，湖南武陵人，四年（1854）三月任。 王言，五年（1855）六月，回任，有传。 以上广海主簿。 蔡焕廷，江苏吴县人，二年（1852）正月任。 周辅，顺天宛平人，祖籍湖南浏阳，二年（1852）十二月任。 孙世瓒，顺天大兴人，祖籍浙江，三年（1853）二月任。 周辅，三年（1853）二月，回任。 长海，正蓝旗汉军，四年（1854）二月任。 吕枚，浙江海盐人，七年（1857）四月任。 陶复馨，浙江会稽人，七年（1857）闰五月任。 曹松业，顺天大兴人，祖籍浙江仁和，八年（1858）九月任。 杨汝贤，浙江仁和人，十年（1860）六月任。 林威仪，福建澄海人，十一年（1861）十一月任。 以上上川司盐巡检。 戚士清，湖北江夏人，三年（1853）四月任。 潘承家，浙江钱塘人，五年（1855）七月任。	林澄辉，文昌人，六年（1856）五月任。 以上教谕。 萧志健，元年（1851）七月任。

续 表

［朝代］	知县	上川司巡检 矬峒场大使 主簿 县丞 望高司巡检 海晏场大使 典史	教谕 训导
咸丰朝	陈经，浙江山阴人，监生，七年（1857）五月补，不到。 曾惠均，福建浦城人，廪贡，八年（1858）二月任。	李兆熊，江西南承人，六年（1856）八月任。 蔡廷楫，江苏金匮人，六年（1856）十月任。 王言，八年（1858）二月兼理。 张治渊，顺天大兴人，九年（1859）任。 平瑛，浙江山阴人，十年（1860）十月任。 张治渊，十一年（1861）四月，回任。 以上典史。	关体乾，四年（1854）正月兼理。 谢似縠，德庆州人，岁贡，六年（1856）三月任。 以上训导。
同治朝	邹宗淦，四川安岳人，援例，元年（1862）二月署。 胡为黼，贵州贵筑人，拔贡，三年（1864）二月任。 饶继惠，湖南临湘人，进士，四年（1865）九月任，有传。 邹宗淦，六年（1867）七月代理，十年（1871）转作署。	任成章，浙江归安人，元年（1862）四月任。 杨奎生，山西宁武人，三年（1864）三月任。 俞士标，浙江钱塘人，九年（1870）七月任。 戴华瀚，湖南武冈州人，监生，十一年（1872）任。 刘杰，十一年（1872）十二月任。 傅泰宇，四川松潘厅人，廪生，十二年（1873）四月任。 以上县丞。 张治渊，元年（1862）正月兼理。 黄怀忠，四川纳溪人，元年（1862）三月任。 宋德垲，顺天通州人，祖籍浙江山阴，二年（1863）八月任。 鲁元杰，浙江山阴人，六年（1867）二月任。	李维瑶，鹤山人，三年（1864）十二月任。 邓铭恩，茂名人，四年（1865）八月任。 苏潮，十年（1871）十一月兼理。 杨文田，曲江人，廪贡，十一年（1872）三月任。 吴美德，万州人，廪贡，十一年（1872）七月任。 以上教谕。 巫宜徽，英德人，二年（1863）八月任。 邱景淇，大埔人，举人，三年（1864）十月任。

［朝代］	知县	上川司巡检 烒峒场大使 主簿 县丞 望高司巡检 海晏场大使 典史	教谕 训导
同治朝	黄恩贵，正黄旗汉军，福建驻防举人，九年（1870）二月任，卒于任。 刘兆霖，湖北江夏人，内阁供事，十一年（1872）七月任。 秦廷英，四川泸州人，廪贡，十三年（1874）七月任。	沈奎垣，顺天大兴人，祖籍浙江会稽，六年（1867）十一月任。 以上主簿。同治七年（1868）五月缺裁。 任成章，浙江归安人，二年（1863）七月兼理。 黄宗阿，福建莆田人，二年（1863）八月任。 徐杰，浙江会稽人，三年（1864）八月任。 李长华，浙江钱塘人，七年（1868）二月任。 徐杰，十年（1871）四月，回任。 以上巡检。 刘保勋，广西马平人，元年（1862）八月任。 封汝勤，甘肃河州人，三年（1864）八月任。 刘保勋，四年（1865）十一月回任。 陈树源，浙江山阴人，七年（1868）八月任。 首凌云，湖南郴州人，八年（1869）四月任。 以上典史。	李维瑶，鹤山人，四年（1865）六月兼理。 陆致云，德庆州廪贡，五年（1866）四月任。 黄观澜，陆丰人，举人，五年（1866）五月任。 伍其相，恩平人，七年（1868）三月任。 苏潮，开平人，解元，九年（1870）十月任。有传。 赵联陞，肇庆人，岁贡，十年（1871）十一月任。 李梦庚，鹤山人，增贡，十一年（1872）四月任。 陆之英，信宜人，附贡，十三年（1874）三月任。 关鲲腾，开平人，举人，十三年（1874）四月任。 以上训导。
光绪朝	完继美，云南昆明人，举人，元年（1875）六月任。 刘兆霖，三年（1877）七月，回任。 曾行崧，江西长宁人，进士，五年（1879）十月任。有传。 松秀，正白旗满洲，监生，八年（1882）七月由代而署。	沈筠，江西铅山人，监生，元年（1875）七月任。 毕继沅，安徽桐城人，监生，七年（1881）六月任。 李联珑，江西临川人，监生，八年（1882）十月任。 郑涛，山东曲阜人，监生，十年（1884）四月任。	吴潮，七年（1881）十一月兼理。 饶宝书，兴宁人，优贡，八年（1882）四月署。 陈廷秀，吴川人，举人，八年（1882）七月任，卒于官。

续 表

［朝代］	知县	上川司巡检 矬峒场大使 主簿 县丞 望高司巡检 海晏场大使 典史	教谕 训导
光绪朝	周锡璋，浙江山阴人，监生，十年（1884）四月署。 沈春辉，浙江乌程人，监生，十年（1884）七月署。 何福海，湖南郴州人，廪监，十二年（1886）二月任。 鲁宗颋，江西南丰人，进士，十二年（1886）五月署。 余树畴，浙江山阴人，监生，十二年（1886）十一月署，卒于官。	周运春，湖南衡山人，附监，十一年（1885）五月任。 余廷荣，浙江山阴人，吏员，十一年（1885）七月任。 金庆，内务府正白旗，满洲监生，十二年（1886）十一月任。 周经魁，浙江嘉善人，附贡，十三年（1887）十一月任。 向式恭，湖南善化人，原籍贵州贵筑，监生，十四年（1888）三月任。 葛绎祖，湖北江夏人，内阁六品军功，十五年（1889）三月任。 金庆，十七年（1891）三月，回任。 乔福龄，江苏丹徒人，监生，十七年（1891）十一月兼理。 甘润寰，福建古田人，监生，十七年（1891）十二月任。 许莹章，十八年（1892）十月任。 黄景韶，十九年（1893）四月任。 以上县丞。 张传沛，江苏吴县人，监生，议叙，三年（1877）七月任。 王宝元，顺天宝坻人，监生，五年（1879）八月任。 刘学龄，顺天大兴人，祖籍山东济宁州，监生，七年（1881）十月任。	董梦虹，十八年（1892）十二月兼理。 冯鼎，恩平人，举人，十九年（1893）五月署。 以上教谕。 吴美德，元年（1875）二月兼理。 冯星行，开平人，举人，元年（1875）四月任。 吕簧，英德人，廪贡，三年（1877）正月署。 单炳泰，博罗人，举人，四年（1878）四月任。 吴美德，五年（1879）十一月兼理。

［朝代］	知县	上川司巡检 㘫峒场大使 主簿 县丞 望高司巡检 海晏场大使 典史	教谕 训导
光绪朝	包永昌，甘肃洮州人，进士，任新会县，十三年（1887）十一月兼理。 陈绍棠，福建长乐人，进士，十三年（1887）十一月署。 萧锡壬，河南光州人，举人，十五年（1889）七月署。 何福海，十五年（1889）十二月，回任。 郑守昌，福建闽县人，举人，大挑[①]知县，十七年（1891）十月署。	黄衍祥，顺天大兴人，祖籍安徽宁国，监生，九年（1883）三月任。 王必进，江西吉水人，监生，十一年（1885）七月任。 乔福龄，江苏丹徒人，监生，十七年（1891）八月任。 以上巡检。 王宝元，顺天宝坻人，监生，署上川司，七年（1881）闰七月兼理。 首凌云，七年（1881）九月，回任，卒于任。 传淦，顺天大兴人，祖籍浙江会稽，监生，十一年（1885）八月，代理。 吴嘉瑛，江西南丰人，从九品，十一年（1885）十月任。 丁盛勋，顺天武清人，祖籍浙江山阴，监生，十三年（1887）二月任。 顾燡康，顺天大兴人，监生，十三年（1887）三月任。 王必进，十七年（1891）三月兼理。 袁家锟，浙江慈溪人，监生，十七年（1891）七月署。 以上典史。	吴潮，恩平人，岁贡，六年（1880）七月任。 陈廷秀，十一年（1885）五月兼理。 李元楷，海康人，附贡，十一年（1885）十一月署。 孔宪沂，南雄州人，岁贡，十二年（1886）十二月任。 陈廷秀，十七年（1891）二月兼理。 董梦虹，封川孝廉方正，十七年（1891）七月署。 以上训导。

《新宁县志》卷三，李维屏分纂，赵沅芬、赵佩文校字。

①大挑：清朝乾隆年间制定的一种科考制度，即让已有举人身份但又无官职的人有一个晋身的机会，每六年举行一次，意在使举人出身的士人有较宽的出路，名曰大挑。

卷四　职官表下

武职

国朝城守一员，康熙二十三年（1684）裁，雍正九年（1731）在新会营调拨一员在城驻防。千总一员，康熙三十三年（1694）裁。把总二员，康熙二十三年（1684）裁。是年，在新会营拨一员守城。外委把总一员，雍正七年（1729）添设，协同经制办理。

［朝代］	守备	千总	把总 外委
康熙朝	舒国相，十六年（1677）任。据王《志》修，下同。 张钦，山东泰安州人，武进士，二十二年（1683）任，后裁。雍正九年（1731），在新会营拨守备一员。 吕文辉，潮州人，行伍。		杨万胜，英德人，行伍，二十二年（1683）任，把总。据王《志》修。
雍正朝	伍兆，本县人，行伍，十二年（1734）任。 李成林。 以下据李《续志》修。 蓝秀。 龙电。		
乾隆朝	曹守仁。 谢龙光。		
嘉庆朝	邢光熙，海阳人，行伍，嘉庆九年（1804）署。 以下据张《志》修。 曹守仁，湖南人，武举，十年（1805）任。 李天福，高要人，行伍，十四年（1809）署。		伍凤杨，增城人，行伍，九年（1804）任。 以下据张《志》修。 邓大忠，新会人，行伍，十六年（1811）任。 赵建成，香山人，行伍，二十二年（1817）任。

[朝代]	守备	千总	把总 外委
嘉庆朝	陈裕昌，东莞人，行伍，十八年（1813）署。 卢必沅，江西义宁州人，二十一年（1816）任。 陈裕昌，二十一年（1816）署。 卢必沅，二十三年（1818），回任。 谭大章，新会人，行伍，二十五年（1820）署。		张天德，新会人，武举，二十五年（1820）署。 以上把总。 刘华，新会人，行伍，九年（1804）任。 朱亮，本县人，行伍，十四年（1809）署。 伍凤扬，十六年（1811）任。 以上外委。
道光朝	吴永庆，鹤山人，行伍，五年（1825）署。 姚梦鸥，顺德人，行伍，五年（1825）任。 吴永庆，五年（1825）署。 余化龙，高要人，世袭云骑尉，五年（1825）署。 陶雄亮，新会人，行伍，七年（1827）署。 邢维新，海阳人，世袭云骑尉，十年（1830）署。 谭镇，新会人，行伍，十三年（1833）署。 伍通标，湖南黔阳人，武生，钦赐执勇巴图鲁，赏戴花翎，十七年（1837）任。		徐起麟，高要人，行伍，三年（1823）任。 许运高，新会人，行伍，五年（1825）任。 谭镇，六年（1826）署。 许运高，七年（1827）回任。 梁标，顺德人，行伍，十二年（1832）任。 吴清华，鹤山人，行伍，十二年（1832）署。 梁标，十二年（1832）回任。 何定章，新会人，行伍，十九年（1839）署。 曹江，番禺人，行伍，二十年（1840）任。 伍青云，湖南黔阳人，行伍，二十一年（1841）署。 李国英，高要人，行伍，二十三年（1843）十月任。 以下据营册修。 梁得，新会人，行伍，二十五年（1845）任。 张大华，新会人，行伍，二十五年（1845）十月任。 何定章，二十六年（1846），回任。 以上把总。 刘英华，新会人，行伍，元年（1821）任。

续 表

[朝代]	守备	千总	把总 外委
道光朝	张玉堂，归善人，行伍，十八年（1838）署。 伍通标，二十四年（1844）任。 以下据营册修。 张玉堂，二十四年（1844），回任。 冯鷯章，新会人，行伍，二十五年（1845）任。 梁显扬，高要人，行伍，二十六年（1846）任。 陈英才，二十八年（1848）任。		以下据张《志》修。 李如星，新会人，行伍，元年（1821）任。 余朝安，新会人，行伍，八年（1828）任。 李荣春，博罗人，行伍，十六年（1836）任。 何定章，新会人，行伍，十六年（1836）任。 以上外委。
咸丰朝	吴元陞，二年（1852）十二月初九日任。 杨卫邦，四年（1854）二月十八日任。 汤骐照，五年（1855）八月十七日任。 冯瑞林，七年（1857）三月初七日任。 刘佐邦，七年（1857）七月初三日任。 冯瑞林，八年（1858）正月初六日回署。 张兆鹏，八年（1858）二月二十九日任。		张朝显，新会人，行伍，二年（1852）十二月署。 以下据营册修。 何定章，四年（1854）二月，回任。 陈恩光，德庆州人，行伍，四年（1854）五月任。 以上把总。 陈恩光，元年（1851）正月初七日署。 卫象贤，三年（1853）六月初六日任。 简齐汉，五年（1855）八月二十日任。 陈国柱，五年（1855）十一月调补任。 李寅清，十年（1860）八月十九日任。 曾洪光，十一年（1861）六月初三日任。 以上外委。
同治朝	王雄耀，元年（1862）八月十七日署。 李荣光，二年（1863）六月二十一日任。 叶维光，十一年（1872）四月初八日署。 陈凤起，十三年（1874）四月二十六日署。		刘国韬，高要人，行伍，二年（1863）六月署。 陈恩光，二年（1863）五月十五日，回任。 卫象贤，十一年（1872）二月十三日署。 陈恩光，十三年（1874）六月二十七日，回任。 以上把总。 吴柏权，十二年（1873）十二月二十五日代理。 吴应焕，十三年（1874）二月初四日任。 以上外委。

［朝代］	守备	千总	把总 外委
光绪朝	卫镇安，三年（1877）七月初四日任。 汤廷振，七年（1881）十月二十五日署。 彭鸿飞，八年（1882）十二月二十二日署。 冯荣福，九年（1883）十月初十日署。 尹林安，十一年（1885）十月二十日任。 庞玉璞，十二年（1886）八月初七日署。 冯宝琚，十二年（1886）十二月二十九日署。 尹林安，十四年（1888）十月初一日，回任。 冯玉德，十六年（1890）十二月二十三日署。		李英华，元年（1875）九月十八日任，十五年（1889）九月卒于任。 吴兆荣，十五年（1889）十月初九日兼理。 陈朝汉，十五年（1889）十一月十八日署。 吴兆荣，十六年（1890）七月初四日回署。 吕士荣，十六年（1890）十二月二十日署。 吴兆荣，十七年（1891）三月二十四日回署。 欧阳葵，十八年（1892）任。 以上把总。 吴兆荣，五年（1879）八月二十一日调补任。 刘士安，十五年（1889）十月二十六日代理。 莫垣，十六年（1890）四月初一日拔补任。 以上外委。

年次无考三十一人

盖一鹏，陕西延安人，武举。谢连玉，江西高安人，武举。刘祥，福建人。霍辔，直隶清苑人，武进士。蔡之璋，直隶文安人，武进士。以上守备。

黄兴，江苏人。黄干城，新会人。以上千总，后裁。

陈朝佐，本县矬峒冲金人。吴亦秀，江西贵溪人。徐道明，顺天人。王贞，顺德人，行伍。张华，新会人，行伍。郑邦彦，福建人。李胜华，新会人，行伍。蔡胜斌，新会人，行伍。吕陞，本县人，行伍。徐德功，江苏长州人，行伍。简云龙，山西广昌人，行伍。洪淇，原名吕陞，乾隆元年（1736）改复本姓名。以上据王《志》修。罗上奇、李辉扬、廖荣、邝永清、邓必华、黄信、莫其昌、陶应忠，以上把总。谢龙光、徐殿元、罗凤光，以上外委把总。以上据李《续志》修。

广海寨

国朝康熙八年（1669），设游击一员、守备一员、千总二员、把总四员。雍正六年（1728），添设外委千总二员、外委把总四员。同治七年（1868）割置赤溪厅，裁游击、守备、左哨千总、右哨头司、把总。改设督司一员。

［朝代］	游击	守备	左哨千总 右哨千总 左哨头司把总 左哨二司把总 右哨头司把总 右哨二司把总
康熙朝	佟养裕，旗员，十七年（1678）十月任。据王《志》修，下同。 张云，直隶人，行伍，二十二年（1683）闰六月任。 张杰，河南人，武举，二十四年（1685）九月任。 苏贞太，山东人，行伍，三十一年（1692）七月任。 王伟，直隶人，行伍，十年（1671）十月任。 朱棠，湖广人，行伍，四十九年（1710）六月任。 班俱超，顺天人，武举，五十六年（1717）七月任。	谢瑛，江苏人，进士，十年（1671）四月任。据王《志》修，下同。 崔邦亮，河南人，行伍，二十四年（1685）九月任。 高呈琳，山西人，武举，二十八年（1689）九月任。 周宣，江苏人，进士，三十一年（1692）十二月任。 王丹汉，陕西人，行伍，四十二年（1703）八月任。 贾振猷，顺天通州人，武举，四十九年（1710）九月任。 陈朝珍，福建人，行伍，五十三年（1714）十二月任。 朱隆，陕西人，行伍，五十六年（1717）十月任。 姚宽，潮阳人，行伍，五十九年（1720）十一月任。	

［朝代］	游击	守备	左哨千总 右哨千总 左哨头司把总 左哨二司把总 右哨头司把总 右哨二司把总
雍正朝	石绍烈，汀州人，进士，十三年（1735）五月任。 徐怀燕，福州人，行伍，八年（1730）二月任。 敖临，阳春人，行伍，十一年（1733）九月任。	杨璠，山东人，行伍，元年（1723）十一月任。 邓国贤，福建人，行伍，三年（1725）四月任。 邓成，南海人，行伍，六年（1728）七月任。 冯元，阳春人，行伍，七年（1729）闰七月任。 陈大猷，潮阳人，行伍，九年（1731）八月任。	
乾隆朝	陈彩，潮州人，四年（1739）任。 以下据李《续志》修。 刘振唐，福建人。 杨拜扬，四川人。 陆高，潮州人。 武尚礼，高要人。 胡世标，本邑人。 夏廷训，江苏人。 鞠膺蛟，江苏人。 黄标，潮州人。 吴得生，福建人。 魏大斌，长乐人，进士。	廖文振，海丰人，行伍，元年（1736）五月任。 邝选贵，钦州人。 以下据李《续志》修。 黄凤，潮州人。 张天宿，潮州人。 黄国容，遂溪人。 喻连陞，香山人。 叶起陞，新安人。 高尚礼，高要人。 胡世标，本邑人。 饶秦，高要人。 刘学修，东莞人。 梁大勇，潮州人。 练得陞，高州人。 林朝国，香山人。 何显名，顺德人。 伍朝阳，本邑人。 黎英，本邑人。 蒋魁雄，钦州人，行伍。	

续 表

[朝代]	游击	守备	左哨千总 右哨千总 左哨头司把总 左哨二司把总 右哨头司把总 右哨二司把总
嘉庆朝	黄朝辅，新安人，行伍，九年（1804）六月署。以下据张《志》修。 蒋日陞，晋江人，行伍，十年（1805）十月任。 黄观佑，东莞人，行伍，十二年（1807）九月署。 李海熊，长乐人，行伍，十四年（1809）三月署。 罗凤山，浙江黄岩人，行伍，十五年（1810）九月任。	王朝安，东莞人，行伍，九年（1804）七月署。以下据张《志》修。 黄观佑，东莞人，行伍，十年（1805）六月署。 柳树高，南澳人，行伍，十年（1805）十月任。 曾荣，新安人，行伍，十三年（1808）八月署。 陈大德，本县人，行伍，十四年（1809）二月署。 毛国斌，香山人，云骑都尉，十四年（1809）八月署。	黄雄，潮阳人，行伍，九年（1804）六月任。 以下据张《志》修。 郑位，陆丰人，行伍，十年（1805）十二月任。 梁韬，新安人，行伍，十一年（1806）十二月署。 周得胜，阳江人，行伍，十四年（1809）五月署。 王毅斌，归善人，行伍，十八年（1813）七月署。 吴国俊，新安人，行伍，二十年（1815）三月署。 刘陞，本县人，行伍，二十年（1815）七月署。 卢端，东莞人，行伍，二十一年（1816）九月署。 张鹤龄，安徽寿州人，行伍，二十三（1818）年正月署。 陈朝壮，本县人，行伍，二十四年（1819）二月署。 林朝陞，本县人，云骑尉，二十五年（1820）十月署。 以上左哨千总。 苏奇亮，东莞人，行伍，十年（1805）七月任。 李耀扬，本县人，行伍，十一年（1806）四月署。 林高，阳江人，行伍，十四年（1809）四月署。 韩琅，博罗人，行伍，十六年（1811）闰三月署。 刘陞，本县人，行伍，十七年（1812）二月署。

[朝代]	游击	守备	左哨千总 右哨千总 左哨头司把总 左哨二司把总 右哨头司把总 右哨二司把总
嘉庆朝	刘礼哲，饶平人，行伍，十六年（1811）十月署。 梅春魁，潮阳人，行伍，十七年（1812）十二月署。 吴绍麟，罗定州人，武生，世袭云骑尉，十八年（1813）九月任。 万国治，东莞人，行伍，十二年（1807）二月任。	林应贵，海康人，行伍，十六年（1811）六月任。 黄世英，本县人，行伍，十六年（1811）十月署。 曾胜锡，归善人，行伍，十七年（1812）十二月署。 赖英扬，新安人，行伍，十九年（1814）二月署。	潘明富，徐闻人，行伍，二十年（1815）八月任。 张鹤龄，寿州人，行伍，二十四年（1819）十一月［任］。 以上右哨千总，驻大澳湾汛。 梁韬，香山人，行伍，十年（1805）十二月任。 李德兴，嘉应人，行伍，十二年（1807）二月署。 刘陞，本县人，行伍，十四年（1809）九月任。 刘炳洪，本县人，行伍，十五年（1810）六月任。 陈朝壮，本县人，行伍，十五年（1810）十二月任。 李贵，阳江人，行伍，二十四年（1819）二月署。 以上左哨头司把总，驻下川大坦汛。 刘陞，本县人，行伍，九年（1804）六月任。 林高，阳江人，行伍，十二年（1807）十二月任。 刘炳洪，本县人，行伍，十四年（1809）九月任。 黎朝亮，阳春人，行伍，二十二年（1817）三月任。 以上左哨二司把总，原驻冲蒌塘汛，嘉庆十六年（1811）改驻烽火角炮台。 林高，阳江人，行伍。 李耀扬，长乐人，行伍，十年（1805）闰六月任。

续 表

[朝代]	游击	守备	左哨千总 右哨千总 左哨头司把总 左哨二司把总 右哨头司把总 右哨二司把总
嘉庆朝	黎英，本县人，行伍，二十一年（1816）八月任。 易镇疆，吴川人，行伍，二十三年（1818）六月署。 郑位，海丰人，行伍，二十五年（1820）十一月任。	沈雄，陆丰人，行伍，二十一年（1816）八月任。 林佐邦，阳春人，行伍，二十二年（1817）十二月署。 潘明富，徐闻人，行伍，二十三年（1818）十月任。 李贤，阳江人，行伍，二十五年（1820）十一月署。	冯大刚，本县人，恩骑尉，十一年（1806）六月署。 卢占鳌，东莞人，行伍，十二年（1807）十二月任。 马立陞，本县人，行伍，十五年（1810）十二月任。 何显名，顺德人，行伍，十六年（1811）四月任。 王毅斌，归善人，行伍，十七年（1812）十一月任。 吴国俊，香山人，行伍，十九年（1814）二月任。 张鹤龄，寿州人，行伍，二十一年（1816）十二月任。 陈位高，阳江人，行伍，二十五年（1820）五月任。 以上右哨头司把总，原驻上川大蓢湾汛，嘉庆十六年（1811）添设沙堤汛，因改驻其地。 苏奇亮，新安人，行伍，九年（1804）六月任。 孙朝高，东莞人，行伍，十年（1805）七月署。 卢恭，东莞人，行伍，十年（1805）十二月任。 周得胜，归善人，行伍，十二年（1807）十二月任。 陈国斌，本县人，行伍，十五年（1810）十二月任。 黎朝亮，阳春人，行伍，二十年（1815）九月任。 以上右哨二司把总，原驻海晏汛，嘉庆十六年（1811）改驻横山炮台。

[朝代]	游击	守备	左哨千总 右哨千总 左哨头司把总 左哨二司把总 右哨头司把总 右哨二司把总
道光朝	邓旋启，徐闻人，行伍，元年（1821）八月任。 窦振彪，吴川人，行伍，二年（1822）八月任。 高宜勇，陆丰人，行伍，二年（1822）十二月署。 梁开桂，吴川人，行伍，三年（1823）五月署。 梁朝秀，钦州人，行伍，五年（1825）三月署。 秦裕昌，东莞人，行伍，五年（1825）八月任。 林开疆，电白人，行伍，九年（1829）十一月任。 杨德雄，归善人，行伍，七年（1827）十一月署。	陈位高，阳江人，行伍，三年（1823）三月署。 吴占，海丰人，进士，五年（1825）十月署。 郑大斌，澄海人，行伍，七年（1827）六月任。 何骏龙，香山人，行伍，九年（1829）十月署。	陈位高，阳江人，行伍，元年（1821）四月任。 赖恩爵，新安人，行伍，六年（1826）二月任。 李元彪，阳江人，行伍，八年（1828）七月任。 刘威，本县人，行伍，十六年（1836）五月署。 关庆绵，阳江人，行伍，十六年（1836）七月任。 刘威，十六年（1836）七月署。 以上左哨千总。 沙定洋，阳江人，行伍，二年（1822）三月任。 冯有邦，本县人，恩骑尉，二年（1822）十二月署。 黎朝亮，阳江人，行伍，七年（1827）七月署。 陈朝壮，本县人，行伍，十年（1830）十二月署。 刘威，本县人，行伍，十五年（1835）二月署。 姜修献，阳江人，行伍，十五年（1835）七月任。 区鸣盛，电白人，行伍，十五年（1835）九月任。 高叶荣，阳江人，行伍，十七年（1837）十月署。 冯瑞良，阳江人，武生，十七年（1837）十二月任。 叶清晏，归善人，行伍，十八年（1838）正月署。 以上右哨千总。

续 表

[朝代]	游击	守备	左哨千总 右哨千总 左哨头司把总 左哨二司把总 右哨头司把总 右哨二司把总
道光朝	曹耀清，本县人，行伍，十三年（1833）正月署。 曾国安，新安人，行伍，十四年（1834）四月署。 何骏龙，香山人，行伍，十四年（1834）十二月署。 周弼，南海人，行伍，十五年（1835）正月署。 曹飞扬，南澳人，行伍，十五年（1835）十二月任。 李茂青，阳江人，行伍，十五年（1835）九月署。 布万和，钦州人，行伍，十六年（1836）七月署。	蔡平江，新安人，武生，十一年（1831）二月署。 郑大斌，十六年（1836）二月署。 梁容贵，阳江人，行伍，十六年（1836）四月代。 秦佐廷，东莞人，行伍，十六年（1836）四月署。 许承名，南澳人，云骑尉，十七年（1837）八月任。 沙兆龙，阳江人，行伍，十八年（1838）十月署。	朱朝庄，阳江人，行伍，十年（1830）十二月署。 钟国瑞，阳江人，行伍，十六年（1836）四月任。 洪泰超，吴川人，行伍。 萧溟洪，本县人，行伍，十八年（1838）十一月署。 以上左哨头司把总。 范启扬，阳江人，行伍，三年（1823）四月署。 李广韬，阳江人，行伍，十四年（1834）五月任。 陈炳扬，本县人，行伍，十四年（1834）十一月署。 赵佐龙，本县人，行伍，十五年（1835）正月署。 徐汝彪，阳江人，行伍，十六年（1836）四月署。 李雄彪，阳江人，行伍，十六年（1836）十二月任。 夏仁威，本县人，行伍，十七年（1837）八月署。 卢以金，东莞人，行伍，元年（1821）六月任。 以上左哨二司把总。 李贵，阳江人，行伍，元年（1821）六月任。 陈孟熊，阳江人，行伍，三年（1823）三月署。 邱胜朝，阳江人，行伍，六年（1826）四月署。 高叶荣，阳江人，行伍，十四年（1834）九月任。 以上右哨二司把总。

［朝代］	游击	守备	左哨千总 右哨千总 左哨头司把总 左哨二司把总 右哨头司把总 右哨二司把总
咸丰朝	因客匪破城，档册无存，无可稽考。		
同治朝	朱国雄，东莞人，武举，二年（1863）五月十七日署。 以下据营册修。 李赞彪，归善人，行伍，四年（1865）二月十七日，回任。 梁国定，顺德人，由勇目四年（1865）十月二十九日署。 司徒骥，开平人，侍卫，五年（1866）三月初一日署。 冯守信，顺德人，军功，五年（1866）十二月初八日，回任。 高腾云，七年（1868）四月二十四日署。 以上游击。 同治七年（1868）改为赤溪右营，设都司，仍驻广海城。 黄广泰，香山人，行伍，七年（1868）九月二十日署。 许连陞，香山人，行伍，八年（1869）三月二十一日任。 冯庆元，阳江人，武生，十年（1871）六月初四日代理。	李炳超，香山人，武进士，十二年（1873）六月初三日任。 以上守备，以后改为千总。 郑见陞，香山人，行伍，五年（1866）五月二十二日署。	郑振昌，阳江人，五年（1866）五月二十日署。 以下据营册修。 姜峻鸿，阳江人，行伍，六年（1867）十月初一日任。 关殿熊，阳江人，行伍署。 何朝彪，本县人，行伍署。 沈骥安，新安人，行伍任。 谭郅邦，阳江人，武生署。 戴洪恩，阳江人，勇目任。 梁鸿基，阳江人，行伍任。 张国英，阳江人，行伍署。 以上把总。 余凤来，本县人，行伍署。 沙光腾，阳江人，行伍署。 冯克勤，阳江人，行伍任。

续 表

[朝代]	游击	守备	左哨千总 右哨千总 左哨头司把总 左哨二司把总 右哨头司把总 右哨二司把总
同治朝	赖镇澜，东莞人，军功，十年（1871）七月初四日署。 郑瑞英，电白人，行伍，十年（1871）十二月初五日，代理。	陈廷勋，合浦人，勇目，六年（1867）五月十六日任。 刘国荣，东莞人，勇目，九年（1870）七月初三日任。 黄廷琛，九年（1870）十月初一日任。	何其英，本县人，行伍署。 陈梦彪，本县人，行伍署。 黎栋，本县人，署。 李东扬，本县人，行伍署。 何朝刚，本县人，行伍任。 李占元，本县人，行伍署。 以上外委。
光绪朝	谭全德，东莞人，行伍，二年（1876）二月十三日署。 连美，潮阳人，勇目，二年（1876）十二月十九日署。 许连（升）[陞]，四年（1878）二月十二日，回任。 黄廷琛，四年（1878）八月初四日代。 连美，四年（1878）九月二十四日，回任。 何宗英，香山人，勇目，五年（1879）三月署。 苏镇超，归善人，行伍，六年（1880）四月二十九日署。 鲍灿，香山人，武童，十七年（1891）十一月十四日署。 黎玉麟，本县人，军功，十一年（1885）七月初一日署。 郑廷宗，番禺人，武监，十二年（1886）七月十五日署。	许瑞邦，阳江人，行伍，八年（1882）十一月初二日任。	姜峻鸿，阳江人，行伍，六年（1880）十月初一日任。 何朝彪，本县人，行伍。 谭郅邦，阳江人，武生，回署。 戴洪恩，阳江人，勇目，回署。 以上把总。 叶向荣，阳江人，行伍署。 姚树芬，阳江人，行伍署。 陈金钊，本县人，行伍署。 陈世业，赤溪人，勇目署。 黄保朝，本县人，武童，蓝翎，候补外委。

［朝代］	游击	守备	左哨千总 右哨千总 左哨头司把总 左哨二司把总 右哨头司把总 右哨二司把总
光绪朝	司徒骥，十二年（1886）十一月十九日署。 郑廷宗，十三年（1887）六月初十日，回署。 田润芝，镶红旗汉军，十四年（1888）十一月十七日署。 梁国桐，香山人，行伍，十五年（1889）八月二十六日任。 以上都司。	以上千总。	麦得胜，本县人，行伍，归班候补外委。 任锐年，阳江人，武生任。 郑家贤，阳江人，行伍署。 以上外委。

年次无考九十九人

叶日红，嘉应州人。胡世美，湖广人。刘嘉，潮州人。王清，潮州人。曹逢贵，香山人。许樑标，福建人。王奇昌，本邑人。殷国栋，四川人。刘绍光，本邑人。赵芳，本邑人。刘发，顺德人。张成，罗定人。王耀，东莞人。施深，晋江人。以上据王《志》修。

高名扬，阳江人。李鹏，阳江人。麦鹰扬，鹤山人。林朝国，鹤山人。陈凯，新安人。谢廷可，东莞人。钟遇平，潮州人。以上左哨千总，原驻都斛汛，嘉庆十六年（1811），改驻长沙炮台。以上据李《续志》修。

李懋珍，南海人。李能斌，韶州人。李天凤，福建人。林泗，福建人。王云，福建人。陈起，本邑人。刘成，本邑人。方成虎，肇庆人。何大武，新安人。谭万言，本邑人。唐锡元，高要人。郑聪，新兴人。张郡，香山人。以上据王《志》修。

梁国宝，潮州人。叶喜陞，新安人。伍达，本邑人。黄云瑞，东莞人。黄信，顺德人。胡英扬，东莞人。朱成德，东莞人。李海熊。以上右哨千总，驻大澳湾汛。以上据李《续志》修。

何有龙，肇庆人。徐道明，直隶人。左元佳，本邑人。陈起，本邑人。刘成，本邑人。王奇昌，本邑人。刘翔，本邑人。殷国栋，四川人。黄殿英，福建人。

赵芳，本邑人。吕陞，新会人。蔡圣域，新会人。于中，泉州人。潘美章，香山人。谭秀，新会人。以上据王《志》修。

张进通，阳江人。陈鸣，本邑人。黄礼韬，新安人。胡英扬，东莞人。曾连陞，香山人。崔升，番禺人，行伍。以上左哨头司把总，驻下川大坦汛。以上据李《续志》修。

王上奇，广西人。王太，福建人。陈得功，肇庆人。方成虎，肇庆人。陈先，从化人。麦圣，本邑人。陈道，本邑人。施森，晋江人。吴鹏飞，海阳人。以上据王《志》修。

陈大畅，东莞人。蔡祥鹰，东莞人。以上左哨二司把总，原驻冲萎塘汛，嘉庆十六年（1811），改驻烽火角炮台。以上据李《续志》修。

黄世龙，肇庆人。钟自贵，本邑人。许梁标，福建人。张典，本邑人。刘绍光，本邑人。许福，福建人。陈福，东莞人。邓甸公，新会人。李清，江西人。张进忠，浙江人。朱瑞，新会人。叶元秀，嘉应人。温进广，南海人。张郡，香山人。张都，晋江人。以上据王《志》修。

陈敬，阳江人。朱明光，东莞人。胡卓堂，阳江人。以上右哨头司把总，原驻上川大蓢湾汛。嘉庆十六年（1811），添设沙堤汛，因改驻其地。陈金堂，东莞人。胡上标，本邑人。林明相，阳江人。阮瑞龙，阳江人。黄朝佐，新安人。以上右哨二司把总，原驻海晏汛。嘉庆十六年（1811），改驻横山炮台。以上据李《续志》修。

那扶营

国朝，康熙元年（1662），设守备一员，驻恩平、新宁交界地方。雍正十年（1732）改都司，同治七年（1868）仍改守备。千总一员，驻恩平县城。把总一员，驻新宁县属陡门汛。外委千总一员，驻恩平县属黄茅嘴汛。外委把总一员，驻新宁县属陡门炮台。添设额外外委三员，防守那扶营。

［朝代］	都司	把总	外委把总
乾隆朝	张元麟，山东东阿人，进士，六十年（1795）十二月任。 据张《志》修，下同。	蔡邦，阳春人，行伍。五十二年（1787）十二月任。 据张《志》修，下同。	
嘉庆朝	赵辉增，直隶河间人，进士，十九年（1814）五月任。	滕倚玉，高要人，行伍，十六年（1811）四月任。	李廷玉，阳江人，行伍。五年（1800）四月任。 据张《志》修，下同。

续 表

［朝代］	都司	把总	外委把总
道光朝	谢得胜，英德人，行伍，四年（1824）四月任。 高万翔，直隶藁城人，进士，六年（1826）十月任。 爱兴阿，内务府镶黄旗人，进士，十八年（1838）七月任。 以上据营册修。 阿洪阿。 郑良才，湖北京山人，武举，二十五年（1845）九月任。	梁庆元，高要人，武生，四年（1824）三月任。 李茂芳，南海人，行伍，十三年（1833）四月任。 连国寿，高要人，行伍，十六年（1836）八月任。 以下据营册修。 陈宝铭，高要人，武举，十八年（1838）十二月任。 杨兆梦，高要人，行伍，二十九年（1849）七月任。	钟定国，高要人，行伍，十三年（1833）十二月任。 罗兆荣，高要人，行伍，二十四年（1844）十一月任。 以下据营册修。 潘连标，高要人，行伍，二十九年（1849）三月任。
咸丰朝	张朝光，未到任。 塔清阿，正白旗满洲人，承袭骑都尉，七年（1857）四月署。	饶见龙，高要人，行伍，六年（1856）十月任。	
同治朝	何章富，合浦人，行伍，二年（1863）七月任。以上都司，同治七年（1868）十一月裁都司，仍设守备。 李瑄芳，归善人，行伍，七年（1868）十月任。	谭德广，高要人，行伍，元年（1862）五月任。 俞云鹏，番禺人，行伍，十一年（1872）四月任。	
光绪朝	保安吉，南海人，行伍，二年（1876）九月任。 刘居德，清远人，行伍，六年（1880）四月任。 宋承桂，高要人，行伍，十五年（1889）四月任。 王本华，安徽合肥人，十六年（1890）二月署。 以上守备。	潘光荣，高要人，行伍，四年（1878）十月任。 萨国瑞，高要人，行伍，十五年（1889）四月任。	罗振海，高要人，（伍）［行］伍，十二年（1886）九月任。

《新宁县志》卷四，李维屏分纂，赵沅芬、赵佩文校字。

卷五　选举表上

元

雷康寿，至大[①]辟荐[②]。据旧《府志》，有传。李遇，延祐进士。据旧《府志》，有传。

罗蒙正，新会人，今隶新宁，举明经[③]，南恩州教授。据阮《通志》，有传。

伍起龙，旧《志》庠生，举贤良，官高州路总管，兼劝农事正议大夫。阮《通志》作“高明路”，误。

伍延凤，翁源尉，《通志》：起龙子，浈阳簿、翁源尉。

伍元德，廷凤子，阳江簿。

伍仕达，元德子，奉议大夫、广州路总管。

已上四人，阮《通志》列入《辟荐表》，皆新会人。旧《志》云“文章都人”，则今属新宁也。

旧《志》又有“伍夕凤，任京城巡检。伍仪凤，宣通使，出使外国。”似廷凤兄弟行，皆元人也。

明

谢文渊，洪武十五年（1382），荐举，江西清江知县。据王《志》。

雷宜泰，洪武癸酉（二十六年，1393）举人，知县。据旧《府志》。

雷潜，洪武丙子（二十九年，1396）举人，辽府伴读[④]。阮《通志》、旧《志》云“湖广京山训导、大理寺卿雷复七世孙。”

已下据王《志》修。

甄实，永乐辛卯（九年，1411）举人，广西田州通判。据《府志》修。旧

① 至大：元代武宗在位的年号，计四年（1308—1311）。

② 辟荐：即举荐征辟。举荐即是推举，推荐。征辟是指朝廷召之称征，各级官府召之称辟。

③ 明经：古代甄选人才的一个类科。汉代察举以选举孝廉为主，但对通晓经籍者，另有不定期的甄选。隋代创设科举制度，设明经、进士两科。唐代扩大为明经、进士、秀才等科，但仍以进士、明经最重要。进士科考诗赋，明经科则考经文和经义。

④ 伴读：职官名。宋、元、明等朝代设置，专门陪伴王室子弟读书。

《志》作“洪武辛卯”，误。

伍服，永乐癸卯（二十一年，1423）举人，浙江海宁知县。

吴安，宣德乙卯（十年，1435）举人，广西上林教谕。

伍敬，景泰丙子（七年，1456）举人，江西断事。

余绍夔，成化戊子（四年，1468）举人，赣州通判。

蔡文显，成化辛卯（七年，1471）举人，电白教谕。据阮《通志》。郝《志》、旧《志》误作“戊子”。

陈复，成化甲午（十年，1474）举人，广西富川知县。

蔡钟英，成化辛卯（七年，1471）举人，广西阳朔教谕，一作成化甲午（十年，1474）任教谕，升阳朔知县，桂林府通判。

严谧，成化庚子（十六年，1480）举人，广西按察经历。

伍士廉，弘治己酉（二年，1489）举人，湖广归州学正，一作“濂”。郝《志》误作“清远人”。据阮《通志》。旧《志》“士”作“仕”。

赵汝弼，弘治乙卯（八年，1495）举人，清远学，福建同安知县，擢佥事。据阮《通志》。旧《志》云“政治有声，休致二十余年。提学林希元保荐，授佥事。”未任，故。

谢佐，德行人，永乐十五年（1417），贡。

已下岁贡。

谭迥，德行人，直隶济阳卫经历，升凉州同知。

伍鸿，文章人，广西太平府推官。

陈德，德行人。

伍能，德行人。

余仕能，德行人，吏目。

伍子庆，文章人，训导。

李时，文章人，有传。

汤卓，文章人。

雷宽，文章人。

伍用强，文章人，广西训导。

雷汉，文章人，福建惠安教谕。

雷章，文章人。

余廷相，平康人，海康训导。

伍典，文章人，琼州训导，升教谕。

林樟，文章人，云南蒙化府经历。有传。

以上选举皆未立县时，故列于表前。

弘治朝		
进士	举人	贡生
	周正，辛酉（十四年，1501），直隶宝坻教谕。 以下据王《志》修。 林瓒，辛酉（十四年，1501），江西南安同知。 李升，辛酉（十四年，1501），江南石埭知县。阮《通志》入鹤山，作“新会人”，由新宁学。	易龙，十四年（1501），贡，训导。《新会志》作“汀州府训导”。 以下据王《志》修。 刘昕，十六年（1503）贡。《新会志》云：“清流训导”。 赵文夔，十八年（1505）贡。 已上岁贡。 蔡守真，（已）［乙］卯（八年，1495）优贡。

正德朝		
进士	举人	贡生
	易逵，丁卯（二年，1507）第六名。桃源知县。阮《通志》入鹤山，作“新会人”，由新宁学。 黎文英，癸酉（八年，1513），沙县知县。阮《通志》入鹤山，作“原新会人”，后隶新宁，又隶开平。 萧日强，丙子（十一年，1516）经魁，任教谕，升博士，历升户部主事、南户部郎中、知府。阮《通志》作“番禺人，字千之”。	梁佐，二年（1507）贡，江南清江教谕。 林昭，四年（1509）贡，南宁府教授。 叶应元，六年（1511）贡，吏目。 胡颐，八年（1513）贡，江西彭泽训导，升江南绩溪教谕。 林青，十年（1515）贡，江南进贤训导。 汤梅，十二年（1517）贡，江西广信府训导。 林霜清，十四年（1519）贡。 伍方，十六年（1521）贡。广西藤县主簿。 余田，十（八）[六]年①贡，西宁训导。已上岁贡。

嘉靖朝		
进士	举人	贡生
张杰夫，庚戌（二十九年，1550）科，户部江西司主事。本县学，新会人。据王《志》修，下同。	陈觉，壬午（元年，1522），会同教谕。 谭有昌，辛卯（十年，1531）。	陈仲伦，十年（1531）贡，江西永宁训导。 施应岳，十一年（1532）贡，浔州府训导。 伍宽，十二年（1533）贡，高州府训导，升诏安教谕。 已上拔贡。 许奇，元年（1522）贡，福建南安训导。 朱裳，二年（1523）贡。 彭祥，四年（1525）贡。 李允宽，六年（1527）贡，福建将乐训导。 李良辅，八年（1529）贡。

① 嘉靖《新宁县志》卷八《选举志》载余田为正德十六年贡。

续　表

嘉靖朝		
进士	举人	贡生
	孙兰言，甲午（十三年，1534）。	杨冲，十一年（1532）贡，柳州府训导。 伍朝卿，十三年（1534）贡，湖广平溪训导。 刘恺，十五年（1536）贡。 周复奭，十七年（1538）贡，广西贵县训导。 阮应有，十九年（1540）贡。 周国，二十一年（1542）贡。 余旦，二十三年（1544）贡。 唐朝，二十五年（1546）贡，梧州府经历。 谢立，二十七年（1548）贡，宾州学正。有传。 张茂才，二十九年（1550）贡，临高训导。 彭洁，三十一年（1552）贡，漳州府训导，升平南教谕。有传。 陈善道，三十三年（1554）贡，有传。 李达，由恩州学贡，汀州府训导，升铜陵教谕，福宁州学正。有传。 余若江，三十五年（1556）贡，临安训导，升浙江黄岩教谕。 李越，由恩平学贡，漳浦训导，升荣府教谕，有传。 梁卓，三十七年（1558）贡，光泽训导，升万载知县。 李充，三十九年（1560）贡，仙游训导，升长兴教谕，有传。 梁辂，四十一年（1562）贡。 余鸿，四十三年（1564）贡，宁德训导，升漳浦教谕。 左敬，四十五年（1566）贡。有传。 伍邦允，由新会学，嘉靖间贡，龙岩教谕。 已上岁贡。

隆庆朝		
进士	举人	贡生
	蒋上钦，丁卯（元年，1567），梧州推官，转云南府同知。有传。	谭文郁，二年（1568）贡，同安训导，升德清教谕，荣府教授。 叶机，四年（1570）贡，归安训导。 谢以选，立子，六年（1572）贡。绍兴府训导，升楚府教授。 李芃，由阳春学贡，晋江县丞。 苏汉，由阳春学贡，番禺训导。 容可法，由阳江学贡，琼州府训导，升临高教谕，钦州学正。

万历朝		
进士	举人	贡生
	伍绳武，辛卯（十九年，1591）第三名，浙江平阳知县。有传。 许华国，甲午（二十二年，1594）。郝《通志》误作“国华”。 容文烶，癸卯（三十一年，1603），任教谕，升广西永淳知县。《府志》作“烶”，《通志》作“燧”。误。有传。 邝人龙，丙午（三十四年，1606）。 李佳，己酉（三十七年，1609），上元知县，未任。 赵家壁，乙卯（四十三年，1615）。有传。 周崇信，戊午（四十六年，1618），新会人，新宁学，左州知州。据阮《通志》。郝《志》误作“周崇”。	许大参，元年（1573）贡。 岑九思，三十一年（1603）贡，桂阳州训导。 已上恩贡。 容维翰，六年（1578）贡，南雄府训导，升临高教谕，浔州府教授。 邝人龙，二十一年（1593）贡，丙午（三十四年，1606）举人。 马尚皋，二十八年（1600）贡。 已上拔贡。 赵希渊，辛卯（十九年，1591）副贡。 关中行，二年（1574）贡，龙南训导，升平远教谕。 余志圣，四年（1576）贡，新兴训导，升开建教谕。 叶彭熙，八年（1580）贡，饶平训导，升沙县教谕。 李沾乾，由阳春学贡。 罗彦俊，十年（1582）贡。 赵崇典，由阳春学贡，饶平训导，升王府教谕。 刘坚荣，十二年（1584）贡，训导，升南监典簿。有传。 黄中正，十四年（1586）贡，饶平训导。 伍于恺，十六年（1588）贡，福安训导。有传。 李沾春，由阳春学贡，上林训导，升教谕。有传。 谭履亨，十八年（1590）贡，安吉州训导，升寿宁教谕，有传。 伍志尹，二十年（1592）贡。 谭誉，二十四年（1596）贡，严州府训导。 黄应龙，二十六年（1598）贡，龙南训导。 伍凤祥，三十年（1602）贡。 伍大聪，三十二年（1604）贡，台州府训导，升永淳教谕。 刘圣范，坚荣子，三十四年（1606）贡。 朱应庚，三十六年（1608）贡，泉州府教授。 李恭，三十七年（1609）贡，韶州训导，升程乡教谕。 黄裳吉，三十九年（1611）贡。 黄中美，四十一年（1613）贡，南雄府训导，升贺县教谕，镇海卫教授。有传。 伍兆鳌，四十三年（1615）贡。有传。 余懋功，四十五年（1617）贡，廉州府教授。 余继忠，四十七年（1619）贡，仁和县丞。 已上岁贡。

天启朝		
进士	举人	贡生
	李作，佳弟，辛酉（元年，1621）。 伍春霖，辛酉（元年，1621）。阮《通志》作“新会人”，新宁学。 陈王道，甲子（四年，1624）。有传。 伍国化，丁卯（七年，1627），顺天中式，四川合江、福建清流二县知县。阮《通志》作“新会人”，新宁籍恩贡，清流知县。明《题名录》作“应天中式”。	伍耀世，二年（1622）拔贡。 吴翰东，元年（1621）贡，训导，升高明教谕。 李宗源，三年（1623）贡，闽县教谕。有传。 伍柳，五年（1625）贡，保昌教谕。 陈襟奇，七年（1627）贡。 伍百龄，七年（1627）贡，海阳训导，升澄海教谕，四膺大宾。 已上岁贡。 陈抱璧，甲子（四年，1624）、丁卯（七年，1627）、崇祯庚午（三年，1630），三中副榜。张《志》云据《采访册》。

崇祯朝		
进士	举人	贡生
	刘苑芳，丙子（九年，1636）。阮《通志》作“新会人”，新宁籍。 李星一，己卯（十二年，1639），监察御史，死节。阮《通志》作“佳子”，误。	胡琏，庚午（三年，1630）、己卯（十二年，1639），两中副榜。 陈应元，二年（1629）贡，廉州府训导，升阳春教谕。 钟黄道，四年（1631）贡。 梁萃，六年（1633）贡。 陈抱璧，八年（1635）贡，张《志》云“此盖由副榜贡也。”按王《志》列入岁贡。 李长华，十年（1637）贡，雷州府教授。 赵皋，十二年（1639）贡。 梁国祯，十四年（1641）贡。 罗一凤，十六年（1643）贡。 已上岁贡。 甄陶性，元年（1628）贡。 伍化龙，八年（1635）贡。 已上拔贡。

年次无考五人

伍良卿，举人，丰城教谕。据李《续志》。

余士杰，雷州府训导，乳源教谕，开平籍。

以下据张《志》。

伍寿翁，因父骥出粟赈济，敕赐义官。

蔡铠元，字振孝，有《诒谷录》《处约辞》传世。

蔡瀛士。

以上岁贡。

存疑三人

何深，永乐庚子（十八年，1420）。

伍益，永乐庚子（十八年，1420），训导。案：新会贯《志》作“郁林州训导”，戴《通志》：二人俱新宁人。黄《志》作“新会人”，郭《志》无。

黄朝用，宣德壬子（七年，1432），莆田知县。《通志》、《府志》、旧《志》，俱不载。张《志》云据《采访册》。

伪隆武科四人

伍如璧，字昆奇。

林皋，阮《通志》载，大清顺治二年（1645），广东有伪隆武一科，中式共九十六人，旋皆废除，中伍如璧、林皋，俱注新宁人，而《艺文略》史部载，林皋《通鉴纲目大成》六十二卷、《论史》二卷。注云：《广州府志》：皋，字应沚，新会举人。尝编《通鉴纲目大成》六十二卷，纂《阳江志》《圭峰志》，著有《论史》二卷云云。

伍明旃，伪隆武二年（1646）拔贡。

李仁，岁贡，伪隆武乙酉（元年，1645）副榜。

国朝

顺治朝		
进士	举人	贡生
	李学章，作子，甲午（十一年，1654）。	许光烈，九年（1652）恩贡。 廖鼎澄，十二年（1655）拔贡。 李华昌，二年（1645）贡。 朱仲莲，五年（1648）贡，万州学正，署万州知州。 刘沛仁，九年（1652）贡。 王景运，九年（1652）贡。 陈宜生，九年（1652）贡，合浦训导，有传。 以上二人，张《志》云据《采访册》补。又云“《合浦志》作‘南海贡生’，然则南海籍新宁人乎？” 麦汝梓，十一年（1654）贡。 余上人，十三年（1656）贡。 伍运兴，十五年（1658）贡。 陈乃信，十七年（1660）贡。 已上岁贡。

康熙朝		
进士	举人	贡生
关上进，辛丑（六十年，1721）科，翰林院检讨，新宁籍南海人。	刘霖，癸卯（二年，1663）。 梅命夔，榜姓汤，新会学，丙午（五年，1666），贵州新贵知县，祀乡贤。有传。 麦蕃臻，己酉（八年，1669）。 曾灏，乙卯（十四年，1675）。 余之麟，乙卯。据李《续志》补。 伍鸣佩，戊午（十七年，1678），高要教谕，新会人，新宁籍。 李假山，辛酉（二十年，1681），山西阳曲知县，终养归，后任浙江宁海知县。有传。 刘云孙，甲子（二十三年，1684）。 陈遇夫，榜姓梅，庚午（二十九年，1690）解元。有传。 李成，癸酉（三十二年，1693）。有传。 伍上选，丙子（三十五年，1696）。 伍间应，丙子（三十五年，1696）。高要教谕，升南雄教授。癸巳（五十二年，1713）、甲辰（雍正二年，1724）两聘粤西房考。 岑宗贵，壬午（四十一年，1702）拔贡。按旧《题名录》作“南海人”。又见《南海志》。 黄师古，乙酉（四十四年，1705），曲江教谕。 甄子秀，辛卯（五十年，1711）。本县学，南海人。 陈中人，辛卯（五十年，1711）。 关上进，癸巳（五十二年，1713）进士。 左卓士，癸巳（五十二年，1713），本县学，顺德人。 陈瀚，甲午（五十三，1714）解元，遇夫子。有传。	曹元重，元年（1662）贡。 甄颂轩，恩平学，十六年（1677）贡。 梅雨人，由肇庆府学，四十六年（1707）贡。庚子（五十九年，1720）举人。 已上恩贡。 程先登，十二年（1673）贡。 陈日任，由合浦学，二十二年（1683）贡。海康教谕，乾隆三年（1738）乡饮大宾，夫妻俱百岁。 已上拔贡。 陈勋，榜姓余，南海学，丙子（三十五，1696）。 李起，甲午（五十三年，1714），东安教谕。 李万年，壬子（十一年，1672）。据王《志·人物传》补。有传。 已上副贡。 陈赋，元年（1662）贡。东安训导，升潞安府潞城县丞。 何光，九年（1670）贡。 李运贞，十一年（1672）贡。 李拱，十三年（1674）贡。 雷跃龙，十五年（1676）贡。 汪英玺，十七年（1678）贡。 梅干，十九年（1680）贡。 余大受，三十一年（1692）贡。 李运，二十三年（1684）贡。 李绍俊，二十五年（1686）贡。 张其瑜，二十七年（1688）贡。 李一兰，二十九年（1690）贡。 陈曰杰，由海丰学，二十九年（1690）贡。翁源训导。 蔡瀛标，三十一年（1692）贡。 伍攀仙，由雷州府学，三十一年（1692）贡。 甄征麟，三十三年（1694）贡。 李文新，由雷州府学，三十三年（1694）贡。 薛伯朋，本姓陈，三十五年（1696）贡。 李为泷，三十七年（1698）贡。

续 表

康熙朝		
进士	举人	贡生
	骆参一，丁酉（五十六年，1717）。 谢珠，丁酉（五十六年，1717），榜姓袁。 曹大蛟，丁酉（五十六年，1717）。 甄超宏，庚子（五十九年，1720）。 梅雨人，庚子（五十九年，1720）。榜姓雷，肇庆府恩贡。	刘传干，浔州府学，三十七年（1698）贡。南宁府训导。 伍元标，三十九年（1700）贡。 黄克修，四十一年（1702）贡。 梁镐，四十三年（1704）贡。 谭士秀，四十五年（1706）贡。 伍天健，四十七年（1708）贡。 伍元彦，册姓何，廉州府学，四十七年（1708）贡。连山训导。 马维则，四十九年（1710）贡。 伍复隆，五十一年（1712）贡。 伍承宣，五十三年（1713）贡。 严翼，五十五年（1716）贡。 李凤山，由信宜学，五十五年（1716）贡。 伍高枝，五十七年（1718）贡。 李再来，由清远学，五十七年（1718）贡。 李如星，五十九年（1720）贡。 雷士章，六十一年（1722）贡。 已上岁贡。

雍正朝		
进士	举人	贡生
	陈荣士，癸卯（元年，1723）。 李郁，甲辰（二年，1724）。明通进士，邻阳知县。有传。 伍玉光，甲辰（二年，1724），罗田知县。 刘象年，己酉（七年，1729）。琼山教谕。 甄金，乙卯（十三年，1735）。 梁大任，乙卯（十三年，1735）。	赵国正，元年（1723）贡，选授莆田知县，未任。据《采访册》。 李炳文，七年（1729）贡。 伍松，十三年（1735）贡，临高教谕。 已上拔贡。 何宪旺，本县籍，南海人，二年（1724）贡。 黄通逵，四年（1726）贡。 林辉，本县籍，番禺人，六年（1728）贡。 容业仁，本姓梅，八年（1730）贡。 赵瑜，十年（1732）贡。 甄梦祥，十二年（1734）贡。 已上岁贡。 李选臣，六年（1728）优贡。

乾隆朝		
进士	举人	贡生
甄松年，己酉（五十四年，1789）科，内阁中书典籍，刑部江西司主事。据李《续志》修，下同。	陈文伯，乙酉（三十年，1765）。有传。以下据李《续志》修。 甄松年，乙酉（三十年，1765），进士。有传。 甄怀仁，癸卯（四十八年，1783），顺天中式，河源教谕，调儋州学正。	甄既明，元年（1736）贡。 陈立德，十五年（1750）贡。以下据李《续志》修。 余文成，十八年（1753）贡。 邓振翼，三十七年（1772）贡，信宜教谕。有传。 李飞凤，五十一年（1786）贡，乐昌教谕。 陈恭逊，五十四年（1789）贡。 伍达聪，六十年（1795）贡。 已上恩贡。 赵季锡，辛酉（三十六年，1771）贡。有传。 陈文伯，癸酉（十八年，1753）贡，乙酉（四十八年，1783）举人。有传。 陈志，乙酉（三十年，1765）贡，四会教谕。 颜凤仪，丁酉（四十二年，1777）贡，会同教谕，调昌化教谕，升山西赵城知县，署贵州下江清军同知。 陈心，己酉（三十年，1765）。 已上拔贡。 刘士贤，乙酉（三十年，1765）。 甄茂松，癸卯（四十八年，1783），会同教谕。 余兆齐，壬子（五十七，1792）。有传。 颜凤仪，戊申（五十三，1788）。 赵元藻，改名晋，甲寅（五十九，1794）。封川教谕，升潮州府教授。 已上副榜。 黄永弼，乙卯（六十，1795），钦赐副贡。 李朝机，元年（1736）贡。据王《志》，下同。 雷天行，三年（1738）贡。 伍协，五年（1740）贡，惠来训导。 以下据李《续志》修。 赵同桂，九年（1744）贡。 黄宗望，十一年（1746）贡。 李觉先，十三年（1748）贡。 李成谋，十五年（1750）贡。 黄光炎，十八年（1753）贡，平远训导。 李大中，二十年（1755）贡。 梅朝献，二十一年（1756）贡，遂溪训导。 陈之樗，二十四年（1759）贡。 邝维新，二十五年（1760）贡。 刘射斗，二十七年（1762）贡。

续 表

进士	举人	贡生
	陈司燿，己酉（五十四年，1789）第三名进士。有传。 马敦仁，甲寅（五十九年，1794），历福建罗源、福安、海澄、瓯宁、龙溪知县，永春州州同。有传。 甄似兰，甲寅（五十九年，1794），廉州府训导。	黄在桂，二十八年（1763）贡。 李文玉，三十一年（1766）贡。 李元湖，三十三年（1768）贡。 雷鼎延，三十五年（1770）贡。 李而生，三十七年（1772）贡。 李逢配，三十九年（1774）贡。 赵直夫，四十一年（1776）贡。 朱翀九，四十三年（1778）贡。 苏鸣凤，四十五年（1780）贡。 林作梅，四十六年（1781）贡。 余中和，四十六年（1781）贡。有传。 余介福，四十八年（1783）贡。 余丛焕，五十年（1785）贡。 甄柏年，五十一年（1786）贡。 李赉予，五十三年（1788）贡。 伍挺秀，五十六年（1791）贡。 谭际隆，五十六年（1791）贡。 李华芝，五十八年（1793）贡。 已上岁贡。

嘉庆朝		
进士	举人	贡生
陈司燿，壬戌（七年，1802）科。廉州府教授。	余杰，庚申（五年，1800）第四名，新兴教谕。 赵元瀚，庚申（五年，1800）。 甄柄，甲子（九年，1804），翁源教谕。 陈司炳，甲子（九年，1804），司燿弟，举孝廉方正。 余际显，甲子（九年，1804），德庆训导。 余廷濬，戊辰（十三年，1808）。四川彭水知县。有传。据张《志》修。下同。 李振纶，戊寅（二十三年，1818），大挑分发湖南知县。 已上举人。	陈淇，四年（1799）贡，署鹤山、揭阳训导。 马骏，十五年（1810）贡。据张《志》，下同。 余念广，二十五年（1820）贡。 已上恩贡。 赵宗桂，辛酉（六年，1801）贡，阳江教谕。据李《续志》修。 赵允森，改名伯棠，癸酉（十八年，1813）贡。徐闻教谕，升廉州府教授。据张《志》。 已上拔贡。 余德理，庚申（五年，1800），四会教谕。有传。以下据李《续志》修。 雷鸣韶，辛酉（六年，1801）。 已上副贡。 李飞鹏，庚申（五年，1800）。 甄嗣延，甲子（九年，1804）。

嘉庆朝		
进士	举人	贡生
	黄永弼，壬戌（七年，1802），检讨。有传。《续志》。 甄嗣延，乙丑（十年，1805），学正。以下据张《志》修。 黄基深，甲戌（十九年，1814），学正。 余见龙，己卯（二十四，1819），学正。以上俱钦赐翰林学正。 黄永弼，庚申（五年，1800）。 以下据李《续志》。 李华芝，庚申（五年，1800）。有传。 李飞鹏，辛酉（六年，1801）。 李飞凤，辛酉（六年，1801）。 陈恭逊，甲子（九年，1804）。 甄嗣延，甲子（九年，1804）。 林丰玉，戊辰（十三年，1808）。 以下据张《志》。 区凤起，庚午（十五年，1810）。 颜之桢，庚午（十五年，1810）。 黄基深，庚午（十五年，1810）。 甄敦醇，癸酉（十八年，1813）。 甄永春，癸酉（十八年，1813）。 陈怀，癸酉（十八年，1813）。 陈松长，癸酉（十八年，1813）。 已上钦赐举人。	伍光远，甲子（九年，1804）。 林丰玉，甲子（九年，1804）。 邝球，甲子（九年，1804）。 黄基深，戊辰（十三年，1808）。 以下据张《志》。 李章达，庚（子）[午]（十五年，1810）。 伍器臣，庚午（十五年，1810）。 叶超瑞，庚午（十五年，1810）。 余见龙，庚午（十五年，1810）。 甄永春，庚午（十五年，1810）。 陈松良，庚午（十五年，1810）。 马之骥，癸酉（十八年，1813）。 已上钦赐副榜。 陈延龄，元年（1796）贡。 以下据李《续志》。 李衡瑞，三年（1798）贡。 甄芳，五年（1800）贡。 雷寅发，七年（1802）贡。 李敦一，九年（1804）贡。 倪泮显，本姓刘，商学训导。 余魁，十一年（1806）贡。 以下据张《志》。 伍长曜，十二年（1807）贡。 雷泽，十三年（1808）贡。有传。 赵魁元，十五年（1810）贡。 雷彭年，十七年（1812）贡。 李鱼振，十九年（1814）贡。 谭宜始，二十一年（1816）贡。 李遇润，二十三年（1818）贡。 邝友潜，二十五年（1820）贡。 已上岁贡。 甄祖欣，十五年（1810）优贡，松年子。

道光朝		
进士	举人	贡生
	赵允光，辛巳（元年，1821）。国子监学录。 蔡耀南，辛巳（元年，1821）。历万州训导、龙川教谕，升高州府教授。有传。 赵步衢，壬午（二年，1822）。乐会教谕。 黄树模，戊子（八年，1828）。 黄士元，壬辰（十二年，1832）解元。有传。 刘组，壬辰（十二年，1832）。 邝吉祥，庚子（二十年，1840）。 余福康，癸卯（二十三年，1843），挑取誊录。廷浚子。以下据《采访册》修。 余廷槐，改名彦昭，甲辰（二十四年，1844）。候补江苏知府。 余廷润，甲辰（二十四年，1844）。廷濬弟。有传。 李维屏，甲辰（二十四年，1844）。 伍直光，己酉（二十九年，1849）。有传。 已上举人。	刘源濬，元年（1821）贡。 林廷槐，二年（1822）贡。 李卓然，十六年（1836）贡。 陈葵苑，三十年（1850）贡。有传。据《采访册》。 已上恩贡。 李汝镛，乙酉（五年，1825）贡。署乳源训导，兼理教谕。再署德庆州训导。以下据张《志》并《采访册》。 余廷槐，丁酉（十七年，1837）贡。癸卯（二十三年，1843）副贡，甲辰（二十四年，1844）举人。 陈栋，己酉（二十九年，1849）贡，朝考二等。历云南嶍峩、云南丽江知县，升丽江知府，花翎，补用道。 已上拔贡。 余廷槐，癸卯（二十三年，1843）。 伍逊之，甲辰（二十四年，1844）。有传。 赵炳然，甲辰（二十四年，1844）。 已上副贡。 余应元，癸未（三年，1823）。 以下据张《志》。 伍璨光，戊子（八年，1828）。 赵荣舟，戊子（八年，1828）。 邝炋，乙未（十五年，1835）。 甄匡廷，乙未（十五年，1835）。 已上钦赐副榜。 甄昌霖，二年（1822）贡。 甄甘霖，四年（1824）贡。 赵宗瀛，六年（1826）贡。 朱荣纶，八年（1828）贡。 李才，十年（1830）贡。 甄元绣，十二年（1832）贡。 赵麟书，十四年（1834）贡，文昌教谕。 甄腾，十六年（1836）贡。 梅富春，十八年（1838）贡。 赵天恩，十九年（1839）贡。 黄其睿，二十二年（1842）贡。 以下据《采访册》修。

道光朝		
进士	举人	贡生
	李元生，壬辰（十二年，1832）。据张《志》，下同。 黄以邻，庚子（二十年，1840）。 已上钦赐举人。	赵柱澜，二十四年（1844）贡。 余允兼，二十六年（1846）贡。 赵苍书，二十八年（1848）贡。 伍作霖，三十年（1850）贡。 已上岁贡。

咸丰朝		
进士	举人	贡生
	黄荣熙，壬子（二年，1852），进士。以下据《采访册》修。 李秉钧，壬子（二年，1852），乐昌训导。有传。 陈兆松，壬子（二年，1852）。有传。 余尧寿，辛酉（十一年，1861），改名乾耀。福康子，盐运司衔，现署浙江玉环厅同知。 黄子川，辛酉（十一年，1861）。	朱锡龄，二年（1852）贡。 余廷汲，三年（1853）贡。 陈元炳，五年（1855）贡。 李绍祖，十一年（1861）贡。 已上恩贡。 余福祥，辛酉（十一年，1861）拔贡。 赵上宾，补行乙卯（五年，1855）。有传。 余富澜，戊午（八年，1858）。 余家修，戊午（八年，1858）。 已上副榜。 李大年，壬子（二年，1852），钦赐副榜。 甄凤池，二年（1852）贡。 黄兆麟，四年（1854）贡。 赵楠，六年（1856）贡。 余福卿，八年（1858）贡。 伍名扬，十一年（1861）贡。 已上岁贡。

同治朝		
进士	举人	贡生
黄荣熙，壬戌（元年，1862）科，钦点工部主事。已下据《采访册》。	余维夏，壬戌（元年，1862）补行己未（咸丰九年，1859），翁源教谕。 伍焕元，壬戌（元年，1862）补行己未（咸丰九年，1859）。 谢锡三，壬戌（元年，1862）补行己未（咸丰九年，1859）。 赵树蕃，壬戌（元年，1862）补行己未（咸丰九年，1859），丰顺训导。有传。	阮国勋，三年（1864）贡。 余鼎荣，五年（1866）贡。 余炳光，十一年（1872）贡。 已上恩贡。 余维城，癸酉（十二年，1873）拔贡，乐会教谕。 余骏修，壬戌（元年，1862）补行己未（咸丰九年，1859），临高教谕，历署嘉应州兴宁训导，揭阳教谕。 熊钟渭，庚午（九年，1870）。 已上副榜。

续 表

同治朝		
进士	举人	贡生
	陈善，壬戌（元年，1862）补行己未（咸丰九年，1859），历潮阳训导、连州学正、潮州府教授。 余朝瀚，甲子（三年，1864）。 余家相，庚午（九年，1870），进士。有传。 已上举人。 李金和，乙丑（四年，1865），编修。 李寿棠，乙丑（四年，1865），检讨。 邝奎光，辛未（十年，1871），检讨。 赵炳文，辛未（十年，1871），检讨。 陈景汉，甲戌（十三年，1874），编修。 已上钦赐翰林。 李以麟，甲子（三年，1864）。 李瑞扬，甲子（三年，1864）。 甄际隆，丁卯（六年，1867）。 已上钦赐举人。	李达人，壬戌（元年，1862）。 刘李春，壬戌（元年，1862）。俱钦赐副榜。 黄耀汉，三年（1864）贡，历署乳源、新兴、镇平训导。 李莲秀，三年（1864）贡。 甄其骏，六年（1867）贡。 李赞元，九年（1870）贡。 麦典荣，十一年（1872）贡，历任阳山、连山教谕。 余子敬，十一年（1872）贡。 陈淮，十一年（1872）贡。 已上岁贡。

光绪朝		
进士	举人	贡生
余家相，丁丑（三年，1877）科，钦点户部主事。有传。	陈莒，乙亥（元年，1875）。山东知州，四品衔。 马炳坤，己卯（五年，1879）。 朱汝良，壬午（八年，1882）。 甄典元，戊子（十四年，1888）。 麦葆元，己丑（十五年，1889）。 赵天锡，辛卯（十七年，1891）。 温景奎，辛卯（十七年，1891）。 赵宗坛，辛卯（十七年，1891）。 邝兆雷，辛卯（十七年，1891），联捷进士。 梁朝杰，辛卯（十七年，1891）。 梅宝璜，辛卯（十七年，1891），顺天中式。	李其光，元年（1875）贡，任徐闻教谕。 李敬照，五年（1879）贡。 陈兆琳，八年（1882）贡。 陈允元，十五年（1889）贡。 李璧辉，十六年（1890）贡。 已上恩贡。 邝衡，乙酉（十一年，1885）拔贡。 陈兆棠，辛卯（十七年，1891）顺天副榜。 马赞兴，丙子（二年，1876）。 伍乾，丙子（二年，1876），重游泮水。 李元龄，丙子（二年，1876）。 雷鹰扬，丙子（二年，1876）。 余树德，己卯（五年，1879）。 黄景星，乙酉（十一年，1885）。 梅宝光，乙酉（十一年，1885）。 李来宾，己丑（十五年，1889）。 余大廷，辛卯（十七年，1891）。 马伯安，辛卯（十七年，1891）。 已上钦赐副榜。

光绪朝		
进士	举人	贡生
邝兆雷，壬辰（十八年，1892）科，钦点即用知县。	黄志云，改名惠孚，辛卯（十七年，1891），顺天中式，由宛平学。 已上举人。 邝以珩，庚辰（六年，1880）。 余居正，庚辰（六年，1880）。 阮秀森，己丑（十五年，1889）。 雷先斗，壬辰（十八年，1892）。 已上钦赐翰林检讨。 李凤翔，乙酉（十一年，1885）。 邝兆祥，己丑（十五年，1889）。 已上钦赐举人。	李金鉴，元年（1875）贡。 李景游，四年（1878）贡。 余寿仁，六年（1880）贡。 黄衮荣，八年（1882）贡。 黄子元，十年（1884）贡。 黄耀东，十二年（1886）贡。 梁汝梅，十四年（1888）贡。 伍士高，十六年（1890）贡。 黄槐芬，十八年（1892）贡。 已上岁贡。

明

嘉靖朝	
武进士	武举
	伍前锋，癸卯（二十二年，1543）。以下据王《志》修。

国朝

康熙朝	
武进士	武举
	伍廷藩，己酉（八年，1669）。 伍柳士，己酉（八年，1669）。 雷浩然，壬子（十一年，1672）。 叶兆熊，壬子（十一年，1672），本姓余，由连山学。 邹芝和，戊子（四十七年，1708）。 伍世厚，甲子（二十三年，1684）。 余武，甲子（二十三年，1684）。 伍景星，丁卯（二十六年，1687）。 邝馥，丁卯（二十六年，1687）。 谭巽言，庚子（五十九年，1720）。

雍正朝	
武进士	武举
	黄朝彦，癸卯（元年，1723）。

乾隆朝	
武进士	武举
	甄斌显，乙酉（三十年，1765）。 以下据李《续志》修。 余恩作，庚寅（三十五年，1770）。 陈鸿润，辛卯（三十六年，1771）。 王朝灿，戊申（五十三年，1788）。

嘉庆朝	
武进士	武举
谭龙光，己卯（二十四年，1819）科，钦点花翎侍卫。任碣石都司。 以下据张《志》修。	陈歧秀，辛酉（六年，1801）。 赵允中，甲子（九年，1804）。 余上进，丁卯（十二年，1807）。 以下据张《志》修。 麦凤光，丁卯（十二年，1807）。 余廷彪，癸酉（十八年，1813）。 谭龙光，丙子（二十一年，1816），进士。 黄干邦，戊寅（二十三年，1818）。

道光朝	
武进士	武举
余廷保，戊戌（十八年，1838）。	赵炳垣，辛巳（元年，1821）。 陈朝彪，辛巳（元年，1821）。 岑健中，辛巳（元年，1821）。 关凤翔，戊子（八年，1828）。 赵觐光，戊子（八年，1828）。 黄耀垣，辛卯（十一年，1831），分发湖南都司，加游击衔。 黄大成，辛卯（十一年，1831）。 赵玉麟，壬辰（十二年，1832）。 余廷保，壬辰（十二年，1832），进士。 谭言中，壬辰（十二年，1832）。 陈绍谟，乙未（十五年，1835）。 陈锦绣，丁酉（十七年，1837）。 陈鸿光，丁酉（十七年，1837）。 陈朝安，丁酉（十七年，1837）。 麦朝安，丁酉（十七年，1837）。 陈清华，庚子（二十年，1840）。 蔡既成，庚子（二十年，1840）。 赵鸿飞，甲辰（二十四年，1844）。 以下据《采访册》修。

道光朝	
武进士	武举
	伍廷授，甲辰（二十四年，1844）。 赵瑞祥，甲辰（二十四年，1844）。 阮士俊，丙午（二十六年，1846）。

咸丰朝	
武进士	武举
	陈占元，壬子（二年，1852）解元。 黄耀泮，壬子（二年，1852）。 陈鼎荣，辛酉（十一年，1861）补行乙卯（五年，1855）、戊午（八年，1858），下同。 黄荣光，辛酉（十一年，1861）。 陈耀邦，辛酉（十一年，1861）。 余锦泮，辛酉（十一年，1861）。 陈镇邦，辛酉（十一年，1861）。 陈名泰，辛酉（十一年，1861）。

同治朝	
武进士	武举
	陈卫邦，壬戌（元年，1862）补行己未（咸丰九年，1859）。下同。 陈荣照，壬戌（元年，1862）。 蔡炳垣，壬戌（元年，1862）。 陈遇春，壬戌（元年，1862）。 李培勋，壬戌（元年，1862）。 李洪钧，丁卯（六年，1867）。 谭金铭，丁卯（六年，1867）。 伍子忠，庚午（九年，1870），进士。 李国荣，庚午（九年，1870）。 李兆荣，庚午（九年，1870）。

光绪朝	
武进士	武举
伍子忠，庚辰（六年，1880）科，钦点营用守备。 以下据《采访册》修。 许炳霖，癸未（九年，1883）科，钦点营用守备。 李鹰扬，庚寅（十六年，1890）科，钦点蓝翎侍卫。 李家俊，壬辰（十八年，1892）科，钦点花翎侍卫。	黄燮元，乙亥（元年，1875）。 甄逢清，丙子（二年，1876）。 邝龙韬，己卯（五年，1879）。 伍朝恩，壬午（八年，1882）。 许炳霖，壬午（八年，1882），进士。 陈兆昌，乙酉（十一年，1885）。 谭兆棠，乙酉（十一年，1885）。 雷占元，戊子（十四年，1888）。 蔡鸿章，戊子（十四年，1888）。 李鹰扬，己丑（十五年，1889），进士。 陈朝荣，己丑（十五年，1889）。 谭锦镛，己丑（十五年，1889）。 李家俊，辛卯（十七年，1891），进士。 雷兆荣，辛卯（十七年，1891）。

《新宁县志》卷五，伍士高分纂，赵沅芬、赵佩文校字。

卷六　选举表下

仕宦　封荫

仕宦

明

文职	武职
梁卓，生员，捐监，光禄寺丞，崇祯八年（1635）任。 李殷鼎，廪生，援例鸿胪寺序班。 叶信，交阯主簿。 李丛秀，云南定远县典史。 伍仲伦，广西武缘县典史。 黄昌，汀州府税课大使。 叶箪，仓大使。 叶秀，延平府司狱。 黄文直，南宁府凌山驿丞。 叶绅，湖广桂东县高分巡检。 伍国琛，留任左卫经历，升河南钧州同知。 伍贤，广西贺县长竹乡巡检。 黄文，浙江海宁卫经历。 李宜，浙江白峤驿丞。 梁裕，工部厅丞。 黄廷芳，琼州府仓大使。 雷鸣，福建连江县典史。 伍宏，琼州府驿丞。 黄色奇，江南歙县巡检。 吴岳，仓大使，历巡检，升靖江府典仪。 萧凤来，澄海鮀浦河泊厅大使。 赵美斯，庠生，崇祯十六年（1643）选授广西陆川知县，有善政。 李彩，金华府司狱。	缺

国朝

文职	武职
甄崇德，廪贡，揭阳训导。有传。 陈烺，廪贡，嘉庆十一年（1806）署惠来训导。 陈温源，廪贡，嘉庆二十三年（1818）澄海训导。 陈焕尧，廪贡，道光十八年（1838）署阳山训导。 李鸿翔，廪贡，分发训导。 李应熊，嘉庆十五年（1810）湖北县丞。 甄廷光，嘉庆二十一年（1816），山西未入流。 已上张《志》。 黄耀魁，廪贡，道光二十九年（1849）任潮阳训导。 蔡衍琪，廪贡，石城训导。 赵沃，广西镇安府知府，升广西提奏道加布政使司衔，兼署广西提督，赏戴花翎。 赵宗亶，广西补用典史。 赵宗艾，广西补用典史。 麦梦元，廪贡，灵山训导。 余泮祥，廪贡，化州训导。	冯俊，署顺德镇中营中军守备，阵亡，赠都司佥事，有传。 吕符昌，由行伍，官江南南汇营守备。 陈明伟，康熙六年（1667）香山右营把总。 王喜华，顺治漳州总镇。 王恒益，喜华子，康熙连州三江协镇。 顾元亮，行伍，福建澎湖副将。 刘成，行伍，广海千总。 谭万言，广海千总。 陈三遇，福建漳浦营游击，加左都督。 陈君耀，广海把总。 陈朝显，横山汛外委。 陈凤鸣，三遇子，新桥汛千总。 陈君海，新安把总。 陈朝壮，广海把总。 陈君炳，春江协左营外委。 陈君恩，广海外委。 陈纪常，三水把总。 马立陞，阳江城守。 马金勇，外委。 林道才，署大鹏营参将。 刘成，雍正间，署广海守备。 王中会，恒益子，雍正四年（1726）袭任山西大同府都司。 刘绍武，乾隆十六年（1751）广海营外委。 刘文超，乾隆十八年（1753）任春江右营左哨外委。 刘汉文，乾隆二十年（1755）虎门中营游击。 刘士超，乾隆三十年（1765）春江协右营左哨外委。 刘世衡，乾隆三十年（1765）门平把总。 夏能，乾隆三十六年（1771）署广海营千总。 萧成凤，乾隆四十年（1775）广海营外委。 陈元，乾隆间由外委历官湖北宜昌游击。 李大陞，乾隆五十年（1785）春江右营把总。 朱日陞，乾隆五十四年（1789）新安营左哨把总。 陈武，江门千总。 陈佑，东莞都司。 陈栋，新宁城守把总。 伍福昌，春江把总。

续　表

文职	武职
余元骥，廪贡，曲江教谕。 余名珍，廪贡，合浦教谕。 陈柱，历署云南开泰、清镇知县，威宁知州，石阡、思南知府，花翎，升用道。 陈勋，历署云南宁洱知县、沾益知州，加同知衔，花翎。 陈景奎，花翎，广西候补知府。 陈燕，历署云南河阳知县，补沾益知州。 陈焕，福建试用道。 陈灼，贵州补用府经历。 吴慕唐，署广西怀远典史，兼理县事。 陈沛霖，四品衔，署广西西林知县。 余贞祥，知府衔，福建军民府。 黄毓棠，廪贡，澄海训导。 谢廷勋，廪贡，潮州府训导。 刘荣恩，廪贡，肇庆府训导，历兼教授、高明教谕。	陈材，东莞城守把总。 简廷显，广海营把总。 陈鸣，广海把总。 张名广，开平城守把总。 陈钧秉，开平城守把总。 胡上标，广海把总。 黄健章，把总。 胡如龙，虎门把总。 伍达，广海千总。 陈福，阳江协那扶营把总。 胡世标，虎门千总，署广海守备兼游击。 陈锦荣，新安营千总。 赵桂芳，广海营千总。 梁国宝，广海千总，阵亡。 张忠，春江营千总。 杨镇郭，广海千总。 陈绍，陆丰守备。 杨得志，广海守备。 陈华，顺德把总。 陈廷宝，广海把总。 陈如烈，广海把总。 容廷简，署督标中军守备。 陈清烈，虎门把总。 蔡朝恩，江南都司，署副将。 宋俊扬，嘉庆十年（1805）新安营千总。 萧升，嘉庆十年（1805）碣石中营守备。 伍朝阳，嘉庆十二年（1807）南澳右营游击。 刘炳洪，嘉庆十五年（1810）碣石中营千总。 谭光龙，嘉庆十七年（1812）署香山左营左哨千总。 宁华长，嘉庆十八年（1813）署广海左哨把总。 朱朝陞，嘉庆十八年（1813）署广海营左哨把总。 萧国琳，嘉庆二十年（1815）署新安营游击。 朱朝阳，嘉庆二十年（1815）广海营外委。 曹耀清，行伍，历官至海门营参将。 刘陞，嘉庆二十二年（1817）署广海营千总。 黎英，道光三年（1823）以游击署龙门协副将。 黎俊，道光十四年（1834）署广海营把总。 赵瑞彰，武生，道光十五年（1835）肇庆右营右哨把总，新兴城守。 陈炳扬，道光十五年（1835）署广海营右哨千总。

续 表

文职	武职
刘景濂，五品衔，广西府经历。 朱霞，附贡，署临高训导。 朱黻，附贡，署茂名训导。 邝梦颜，廪贡，雷州府训导。 陈其镇，举教廉方正，历署乐昌、曲江、阳山县学官，调署肇庆府教授，兼高明、高要学印，有传。 梅自修，生员，援例主事，降补河南陈留知县，署卢氏知县。 伍玉衡，廪贡，电白教谕。 已上据《采访册》修。	冯廷椿，道光十五年（1835）广海营外委。 夏仁威，道光十六年（1836）广海营左哨把总。 赵佐龙，道光十六年（1836）电白营把总。 梁朝逾，道光十七年（1837）广海营右哨把总。 萧溟洪，道光十八年（1838）广海营把总。 刘威，道光十八年（1838）署广海营左哨千总。 曹飞熊，道光十九年（1839）达濠营把总。 已上张《志》。 陈步云，花翎，尽先参将，署罗定协副将。 陈国斌，广海营把总。 阮桂枝，都司衔，蓝翎，省河缉捕升用游击。 李捷科，新会营记名外委把总，蓝翎，阵亡。子云骑尉世职。 余彪，广海营守备。 余廷高，协镇衔，花翎，平海参将，海门参将。 陈金泉，广海营把总，城陷阵亡。 符永安，广海营把总，阵亡。 陈廷华，广海营把总，阵亡。 李进，广海营外委把总，阵亡。 黄应祥，广海营千总，弹压客匪遇戕。 胡卓堂，香山左营外委把总，拒贼阵亡。 黎玉麟，历署赤溪右营都司、琼州守备。 赵宗旭，花翎，督标补用都司。 赵安康，花翎，补用都司。 余贞顺，署海军右翼中营游击。 梅开彩，都司衔，蓝翎，署海口营中军守备。 陈健顺，花翎，督标候补都司。 赵定祥，都司衔，蓝翎，阳江营补用千总。 赵兴发，蓝翎，抚标左营补用守备。 麦琼，署赤溪左营把总。 王子桢，署赤溪左营把总。 何大壮，赤溪右营把总。 何其英，赤溪右营外委把总。 何朝彪，赤溪右营把总。 何朝刚，赤溪右营外委把总。 李占元，赤溪右营外委把总。 马龙韬，千总衔，赤溪右营外委把总。 黄保朝，蓝翎，赤溪右营外委把总。 陈金钊，赤溪右营外委把总。 麦得胜，赤溪右营外委把总。 已上据《采访册》修。

封荫

元

封赠	荫袭
伍朝用，以子起龙，赠朝奉大夫。	缺。

明

封赠	荫袭
余靖乐，以子绍夔，封承直郎、黄州、夔州通判。 陈陞，以孙照，赠荣禄大夫。 陈韬，以子照，赠荣禄大夫。 谭超，以子迥，赠卫经历。 伍竹，以子国琛，赠卫经历。 蒋举，以次子上钦，封忠武校尉，后加五品服。	陈智，广海卫指挥，世袭，升广东都指挥佥事。按：《明史·职官志》：自卫指挥以下，其官多世袭。父子相继，为一代定制。张《志》列仕宦，今改列此。 陈皞，升任浔梧参将。 陈学蒴，升任惠潮守备，历官都司。 刘宗汉，升都司。 陈陞。 陈照，历升四川松潘总兵，有传。 邵荫祖。 夏承恩。 刘宇。 李琼。 陈庆生，广州府庠生，袭升广东海道中军。 已上皆指挥，世袭。 李明臣，有传。按：张《志·列传》作“名臣”。 冯周。 朱銮。 朱韩。 冯劬，嘉靖十四年（1535）袭。 伍维统，升指挥佥事。 杨武英，嘉靖三十年（1551）袭。 冯大经，万历十七年（1589）袭。 冯璜。 张宪。 贾绍祖。 莫善礼。 钱大镒。 冯鹏，崇祯八年（1635）袭。 已上皆千户，世袭。

续 表

封赠	荫袭
萧维翰，以子日强，赠承德郎。 已上张《志》。 李桂，以子佳［赠］上元知县，赠文林郎。《采访册》。	王璋。 庞人杰。 王纲。 蒋德，弘治十三年（1500）袭。 苗有熏，嘉靖年袭。 王永爵，嘉靖十七年（1538）袭。 王谦，嘉靖二十年（1541）袭。 吴瑜，嘉靖二十三年（1544）袭。 蒋举，嘉靖二十五年（1546）袭。 吴岳，嘉靖四十年（1561）袭。 王承宗，升副千户，有传。 何兰，嘉靖间袭，有传。 周秉唐，隆庆初袭，有传。 庞美，隆庆六年（1572）袭。 伍爵，万历三年（1575）袭。 苗沛然，万历十年（1582）袭。 王荫昌，万历十三年（1585）袭。 吴应爵，万历十九年（1591）袭。 王神保，万历二十三年（1595）由生员袭。 伍理贯，万历二十三年（1595）袭。 蒋劝，万历二十六年（1598）由生员袭。 蒋应京，万历三十一年（1603）袭。 陈祥。 徐大为。 杨应标。 尚瑄。 周世延。 卜尚仁。 赵南振。 刘勋。 何梦鹤。 冯纲。 庞一能，天启三年（1623）袭。 吴世勋，崇祯三年（1630）袭。 苗球，崇祯六年（1633）袭。 王甲，崇祯八年（1635）袭。 已上皆百户，世袭。 汪鲲。 汪松，嘉靖十三年（1534）袭。 已上皆镇抚，世袭。俱张《志》。

国朝

封赠	荫袭
伍乐道，以子间应，赠修职郎。 伍德任，以子松，赠修职郎。 伍振飞，以子兆，赠武功将军。 谭一爵，以子万言，封忠显校尉。 李枝秋，以子朝机，赠修职佐郎。 刘裔取，以子象年，赠修职郎。 甄圣宠，以曾孙松年，赠奉政大夫。 甄贤赏，以子崇德，赠修职郎，以孙松年，赠奉政大夫。 甄崇德，廪贡，以子松年，赠奉政大夫。 颜之桢，以子凤仪赵城知县，封文林郎。 李士瑜，以子飞凤乐昌教谕，赠修职郎。 甄茂槐，增生，以子怀仁河源教谕，赠修职郎。 甄梦魁，增生，以子似兰廉州府训导，赠修职郎。 马懋，附贡，以子敦仁永春州同，封儒林郎。 甄光国，以子炳翁源训导，赠修职郎。 曹钥翕，以孙耀清，赠武翼都尉。 曹魏让，以子耀清，赠武翼都尉。 谭奕嵩，以孙龙光侍卫，赠昭武都尉。 谭文耀，以子龙光，封昭武都尉。 陈恭挚，监生，以子温源澄海训导，赠修职佐郎。 赵元锋，监生，以子伯棠龙川教谕，赠修职郎。 赵同殷，以子晋封川教谕，赠修职郎。 赵朝俊，以子宗桂阳江教谕，赠修职郎。 赵宗盛，以子瑞彰，封武略骑尉。 已上张《志》。 蔡云龙，以子耀南高州府教授，赠修职郎。 赵元照，以子步衢乐会教谕，封修职郎。 赵季定，以曾孙沃，花翎，布政使司衔，补用题奏道，赠通奉大夫。 赵同植，以孙沃，赠通奉大夫。 赵麟书，岁贡，文昌教谕，以子沃，赠通奉大夫。 赵悳，以弟沃，封通奉大夫。 余肇疆，以子德理四会教谕，封修职郎。孙廷濬彭水知县，晋封文林郎。 余德理，副贡，以子廷濬，封文林郎。曾孙乾耀浙江同知，赠奉政大夫。 余廷濬，举人，以孙乾耀，赠奉政大夫。 余福康，举人，以子乾耀，封奉政大夫。	冯明，以兄俊守备阵亡，荫千总。 冯官福，俊子，袭恩骑尉。 冯彦文，俊孙，袭恩骑尉。 冯嗣能，俊曾孙，袭恩骑尉。 冯大刚，嗣能子，袭恩骑尉，署顺德营守备。 冯有邦，大刚子，袭恩骑尉，永靖营千总。 冯宝光，有邦子，袭恩骑尉，虎门千总，历署硇石广海守备，题升香由营都司。

续 表

封赠	荫袭
余福庆，庠生，以侄乾耀，封奉政大夫。 黄旺培，八品衔，以孙荣熙主事，赠奉直大夫，叠赠中宪大夫。 黄普荫，监生，以子荣熙封奉直大夫，晋赠中宪大夫。 余伦英，以孙彦昭江苏候补知府，赠中宪大夫。 余兆齐，以子彦昭，赠中宪大夫。 陈和年，以曾孙步云罗定副将，赠武义都尉。 陈敬显，以孙步云，封武义都尉。 陈发沺，以子步云，封武义都尉。 陈寅发，以孙名泰补用守备，赠武德骑尉。 陈龙安，以子名泰，赠武德骑尉。 陈洪源，廪贡，以子栋补用道，封通奉大夫。 陈楠，翰林院待诏衔，以子勋沾益知州，封中议大夫。 马永熙，以子龙韬千总衔，赤溪右营把总，封武略骑尉。 黄即毓，监生，以曾孙耀垣游击衔，湖南都司，封武翼都尉。 黄仞珠，监生，以孙耀垣，封武翼都尉。 黄拜扬，武生，以子耀魁潮阳训导，封修职佐郎。以子耀垣，晋封武翼都尉。 赵凤洲，附生，以子定祥都司衔，阳江营补用千总，赠武德骑尉，晋赠昭武都尉。 赵凤翰，以侄定祥，赠昭武都尉。 赵祥霭，以孙兆荣同知衔，赠奉政大夫。 赵灿秀，以子兆荣，赠奉政大夫。 黄汲昌，以子耀汉训导，赠修职佐郎。 余英炎，以孙维城乐会教谕，州判衔，封儒林郎。 余选表，以子维城，封儒林郎。 谭清光，监生，以孙兆棠兵部差官，赠昭武都尉。 谭赓尧，以子兆棠，封昭武都尉。 何勤造，以子大壮，广海营把总，赠武信骑尉。 赵允翔，以孙蓉镜光禄寺署正，赠奉直大夫。 赵锦芳，庠生，以子蓉镜，封奉直大夫， 余舜章，以孙家相主事员外郎衔加级，赠中宪大夫。 余礼中，例贡，以子家相，封中宪大夫。 余家佑，以弟家相，封中宪大夫。 邝九德，监生，以孙兆雷同知衔，江苏知县，赠奉政大夫。 邝敬乐，监生，以子兆雷，封奉政大夫。 邝由裕，以孙鼎辉同知衔，赠奉政大夫。 邝穆德，以子鼎辉，赠奉政大夫。 余文贤，以子彪，封武略骑尉。 余强章，以弟彪，封武略骑尉。 许相秋，以孙炳霖营用守备，赠昭武都尉。	冯福照，宝光子，袭恩骑尉。 冯金龙，宝光孙，袭恩骑尉。 林朝陞，以父道才参将，荫守备。 刘成琳，以父炳洪千总，袭恩骑尉。 胡鹏扬，以父卓堂，香山拒贼阵亡，荫守备。

续 表

封赠	荫袭
许灿光，以子炳霖，封昭武都尉。 伍献荣，以孙朝恩守备衔，赤溪右营把总，赠武德骑尉。 伍文摄，以子朝恩，赠武德骑尉。 伍荣邑，以孙子忠营用守备，赠昭武都尉。 伍捷元，武生，以子子忠，封昭武都尉。 伍维璇，以孙腾津游击衔，赠武功将军。 伍禄荣，以子腾津，赠武功将军。 伍文钦，例贡，以子淦泉四会训导，赠修职佐郎。 伍镳荣，监生，以子玉衡电白教谕，赠修职郎。 黄国藩，翰林院待诏衔，以子毓棠澄海训导，封修职佐郎。 李秀芳，庠生，以子应熊江夏县丞，赠修职郎。 李应炎，监生，以子汝镛德庆训导，赠修职佐郎。 阮作辉，例贡，以子国炳千总，封武略骑尉。 余现隆，以曾孙贞祥知府衔，福建同知，赠通议大夫。 余英敦，以孙贞祥，赠通议大夫。孙贞顺署海军游击，晋赠武显将军。 余表结，以子贞祥，封通议大夫，子贞顺，晋封武显将军。 李文义，以孙鹰扬侍卫加四级，赠昭武都尉。 李明璀，以子鹰扬，封昭武都尉。 李明瑞，以侄鹰扬，封昭武都尉。 李明现，以侄鹰扬，封昭武都尉。 麦安璿，附贡，以子典荣阳山教谕，赠修职郎。 陈嘉谋，以子金钊把总，封武略骑尉。 陈嘉猷，以侄金钊，封武略骑尉。 彭用爵，以孙国端广西即补道，赠中议大夫。 彭才炯，以子国端，赠中议大夫。 彭国盛，以子凤文同知衔，赠奉政大夫。 陈成杞，监生，以子焯仁仁化教谕，赠修职郎。 陈子清，监生，以孙镇邦兵部差官，赠武德骑尉。 陈鹰扬，武生，以子镇邦，赠武德骑尉。 陈廷光，武生，以孙卫邦兵部差官，封武德骑尉。 陈国华，武生，以子卫邦，封武德骑尉。 陈廷昌，武生，以子鼎荣兵部差官，封武德骑尉。 陈寿贻，以弟鼎荣，赠武德骑尉。 陈成模，例贡，以孙景瑜州同衔，赠奉直大夫。 陈龙祥，武生，以子景瑜，赠奉直大夫。 余躬玉，廪生，以子际显德庆州训导，封修职佐郎。 余莘隆，职员，以子骏修临高教谕，封修职郎。 余义中，监生，以子维夏翁源教谕，封修职郎。 余中鸿，例贡，以子名珍合浦训导，封修职佐郎。 余广耀，例贡，以子元骥曲江训导，赠修职佐郎。	胡定邦，以祖卓堂，袭云骑尉。 胡瑞彪，袭云骑尉。 李继志，以父捷科阵亡，袭云骑尉。 李灿彪，以父进广海外委阵亡，袭云骑尉。 符上恩，以父永安广海营把总阵亡，袭云骑尉。

续 表

封赠	荫袭
李培安，例贡，以孙家俊侍卫，赠昭武都尉。 李观澜，同知衔，以子家俊，封昭武都尉。 李观光，州同衔，以侄家俊，封昭武都尉。 李观淇，布政司理问衔，以侄家俊，封昭武都尉。 李观煌，州同衔，以侄家俊，封昭武都尉。 陈子兴，以孙善潮州府教授，赠文林郎。 陈洪润，附贡，以子善，赠文林郎。以孙畇同知衔，晋赠朝议大夫。 陈其惠，以子畇，封朝议大夫。 陈其心，以嗣子畇，赠朝议大夫。 陈修福，庠生，以子沛霖西林知县，封奉政大夫。 李祖祺，以孙汝材州同衔，赠儒林郎。 李耀南，以子汝材，赠儒林郎。 李惠芳，以孙炳楠盐经历衔，赠文林郎。 李祚庆，以子炳楠，赠文林郎。 已上据《采访册》修。按：同、光以来，例得加级请封，多有照原官加到三、四级者，故此表所列官与阶多不相符，又捐职虚衔，例得捐封，以领有诰轴为断，附著其例于此。	黄廷鸾，以父应科广海营千总，袭云骑尉。 陈国元，以父廷华广海营把总阵亡，袭云骑尉。 已上据《采访册》修。

《新宁县志》卷六，伍士高分纂，赵沅芬、赵佩文校字。

卷七　舆地略上

疆里　星度　都图　山川 洋海海岛附

疆里

在广州府西南三百六十里，东西距一百三十里，南北距一百三十里。《大清一统志》。

东至新会县界四十里。

西至肇庆府开平县界四十里。郝《通志》作“西至阳江界九十里”，误。

南至海八十里。郝《通志》作“九十里”。

北至开平县界四十里。张《志》作“新会界”，误。

东南至赤溪厅界七十里。

西南至肇庆府恩平县界六十里，又远至阳江厅界二百里。《大清一统志》作“一百五十里”。

东北至新会县界四十里。旧《府志》作“八十里”。

西北至开平县界五十里。旧《府志》作“六十里”。

东北界自文章都北大河、开平新会分界起，循瓦窑湾河。南至许村东，又南至新会罗冲交界碑。又东南至雷公岭，又东南至平迳口交界碑。又东南循山脊入德行都界，至上窟凹。又东南至新会县石井山交界碑。又东南至瓶峰，又南至百峰山入矬峒都界，又东南至狮子山。又东至坦塘村，与新会古兜相夹之官涌为界。又东至海，又南至海上三虎山。山之西为县属，山之北为新会属，山之东为香山属，又南为县及香山县、赤溪厅海面界。

东南界自潭滘以南，第三坑尾之胡卢嘴，与赤溪分界。东向至龙舟漕界碑，又东至马山顶界碑，又东至虾山界碑，又东至飞鹅山界碑，又东至蛇山塘界碑，又东至虎山顶界碑，又东至白石迳界碑，又东至马头山界碑，又东至龙颈迳界碑，又东至狮山顶界碑，又东至狮山嘴界碑，又东至界堤。直抵东海，又由胡卢嘴而西，为尾厂山界碑。又西至猪母山顶界碑，又西至猪母山二顶界碑，又西至牛山顶界碑，又西至牛矢迳界碑，又西至冲金山顶界碑，又西至冲金二顶界碑，又西至冲金四顶界碑，又西至冲金嘴界碑，又西由界堤至李秀围，又西至李乐围分界碑。又西南直抵大海。

西北界自文章都北大河、新会、开平分界起，循大河而西至张梁边北，又西至滘口，又西至德行都之独冈涌口。又西至船头石，又西至簕涌，又西至旺北，又西至茭荻嘴，又西至村嘴。又南至开平护龙山交界碑，又西至百足山。又循小河而南至白沙，又西至开平县之赤水墟，又东逾南至马山，又西入海晏都之黄竹脑，又西至晒谷脑，又西至分界石，又北至风门凹，又西至那扶营，为县及开平、恩平分界。又南至河仔口，又南为阳江界，又南至小洛墟西，又南至沙头涌墟西，又南至旱禾石西，又南至石井西，又南行西转至大澳，又西至石寮迳为县之极远界，又南直抵大海。

按：张《志》误以新宁营所辖界址为县境界址。《府志》沿之，未正其误。王《志》本列入《兵防类》，其下复有那扶营，所辖界址则非县境四界明甚。今特还之《经政略》《兵防类》而别为之。考定四界，复附记其误于此。

星度

北极出地二十二度十五分，偏西四度十五分。阮《通志》。

按：地体浑圆如球，东西周分三百六十度，南北周亦分三百六十度。其外与天相对，故天亦分三百六十度。天有日月、星辰可见，测天而地可知也。中国当赤道之北，测北极高度，即可知南北里道之远近。测日月食时刻，即可知东西里道之远近。每天南北一度，为今地之二百里，东西一度，亦当为今地之二百里。但地体浑圆，惟赤道东西一线道里，与南北不异。以次而北，其度渐狭，至于北极则联为一点，并无道里之可分矣。欲知每度东西道里，另有弧角推求算法。盖北极高度即古南北里差，东西偏度即古东西里差，可以实测验之。非同分野无稽，立此一门，与疆里参考焉。

都图

都六：德行都、文章都、平康都、矬峒都、海晏都、潮居都。

县治原割新会德行都十四里，文章都十里，平康都一里，矬峒都十四里，海晏都十八里，潮居都二里，共五十九里。

建县后，六都开增，共六十七里。

德行都里十四，后增二：一图、二图、三图、四图后增，九图、十图后增、十一图、二十图、二十三图、二十四图、三十三图、三十四图、三十八图、四十一图、四十二图、四十八图。

文章都里十，后增三：二图、三图、四图、五图、八图后增、九图后增、十图、十一图后增、十二图、二十图、二十一图、二十六图、二十七图。

平康都里一，十图。

矬峒都里十四，后增二：一图、二图、三图、四图、五图、六图、七图、八图、九图、十图、十一图、十二图、十三图、十四图、十五图、十六图后增、余图后增。

海晏都里十八：一图、二图、三图、四图、五图、六图、七图、八图、九图、十图、十一图、十二图、十三图、十四图、十五图、十六图后增、十七图、十八图。

潮居都里二，后增一：二十九图、三十图后增、三十一图。

山川 **洋海海岛附**

山

三台山：在县城北一里，为县主山，高约百丈，周一里许，三峰叠耸，象若三台。

连珠山：在县城东南，三山连峙，叠若贯珠。二在城外，一在城内。在城内者曰东山，旧有亭阁，足供舒眺，后废。道光间，邑令张深建塔其上，后复圮。光绪八年（1882），迁建宁阳书院于山之麓。

宝鸭山：在县城西北二里，下有岑边村。

石人山：在县城东北五里，高可一百十丈，周三里。石起山巅①，卓立如人，故名，又名石化山。山北有数石峰，如门，如屏，如睡鸭，如伏狮，又如荷之菡萏②，茎葭皆具，故又名石华山。明正德间，兵备王大用征羊公迳盗，刻“石化山”三字于石上，径二尺，犹存。花，化盖声之转也。《一统志》云：山中有徭寨，今已废。大用又有诗刻云：“三矢石应化，高崖以勒铭。临观何所赋，经略有余情。更鼓当新邑，人文属后生。休言风土恶，已见瘴气清。”凡四十字，剥落不可读矣。道光间，邑令谢崇俊刻“含辉四照”四字于石，径二尺余。昔人题“石人耸翠”，为八景之一。

更鼓楼山：在县城东北三里，上有二石，一如鱼，击之作鼓音。一句股如磬，击之作钟音，故名。

紫霞山：在县城西十里，有紫霞绕其上，故名。昔人题“紫霞晚雾”，为八景

① 山巅：山的顶端。

② 菡萏：hàn dàn，古人称未开的荷花为菡萏，即花苞。

之一。

西华山：在县城西十里，一名那西山，与紫霞山相连。

锁衡山：在县西北二十里，下瞰法竹河，横截溪流，为邑城锁钥。

丫髻山：在县西北二十里，高五百丈，周六里，状如丫髻，故名。上有奇石，石上有小池，四时不竭。

凤山：在县北三十余里，一名仙女峰，上有石室，名为“凤山石室”。内有二石如麻篮、水盆。相传刘三妹所居，故谚云：“好唱莫如刘三妹，好打莫如朱光卿”。《元史·顺宗纪》：至元三年（1337），广东增城民朱光卿反，即其人也。皆以绝技名也。三妹，春州人，素善讴[①]，修道于石室，遂仙去。山有草，开花如锦，名曰“映山红”，故俗又以为仙花。石室下有石壁数丈，瀑布缘壁而下，光溅如珠。下有深涧，泉极清美。涧旁旧有书斋，陈献章尝讲学于此，遗址存焉。

斗山：在县北三十里，孤峰圆洁如斗，其下环绕之乡名为斗洞。大苍乡旧有古松，翠盖[②]婆娑[③]，大可五六围，根盘地上，轮囷[④]离奇，横者如龙，竖者如人，屈曲者如蛇之蟠，比附者如兽之斗。异状奇形，不可方物。干尤瘦老，近地数尺，如峭壁巉岩[⑤]，众仙林立，又或如虎豹蹲踞其间。相传宋初所植。昔人题“斗洞古松”，为八景之一。其地与凤山涧水相近，故有“松风吹玉笛，涧水弄瑶琴”之句。

流波石：在县东北三十里，砥柱中流，水浸不没。

雷公岭：在县东北三十里，云蒸其上，即有霖雨[⑥]，俗以为望雨之验。

瓶山：在县东四十里，山高六百余丈，特出群峰。其下有曰“大蒙山”。山多杉木，葱蔚[⑦]不见天日。有田数十亩，有曲涧下注，引以灌之，皆为沃壤。涧口古松虬屈，高可数丈，老藤绕其本，达于杪[⑧]，翔舞[⑨]如龙负子升天。然旧有屋十余家，殆不减桃花源也。

---

① 讴：民歌。

② 翠盖：形容枝叶茂密。

③ 婆娑：茂盛的样子。

④ 轮囷：屈曲盘绕的样子。《史记》卷二七《天官书》：“若烟非烟，若云非云，郁郁纷纷，萧索轮囷，是谓卿云。”

⑤ 巉岩：险峻的山石。

⑥ 霖雨：连绵大雨。

⑦ 葱蔚：草木青翠而茂盛。

⑧ 杪：树梢。

⑨ 翔舞：飞舞。

石坂潭山：在县东三十里，层峦重巘[①]，不可名状。潭源出于百峰山之南，迤东流石上，飞练[②]注激，潴[③]为深潭，或大如方丈池，或圆如数石瓮，天将雨，潭鸣如雷，声闻数里，将晴，复如之。石壁峭立多异，兰吊钟花，蔚蒨馥霭，四时不绝。其上旧有居民十数家，蓄水以激碓[④]。其下为石坂潭，又下为鳅鱼窟。昔人题“石坂晴岚”，为八景之一。有诗云：“百峰山头石坂潭，雨兴云雾晴飞岚。廖公芳迹已千载，真人此地时扪参[⑤]”。但所谓廖公，不知何许人也。

玉怀峰：在县南二十里，下有温泉。

黄蛇塍山：在县南十里，迤逦横列，为邑城前屏。

文迳山：在县东南八里，四山环峙。宋义士伍隆起为其下所杀，持其首投元军。陆秀夫收遗骸，以香木刻首葬于此，名香头坟。昔人题“文迳吊古”，为八景之一。

五指山：在县东南二十里，形如五指。

百峰山：在县东四十里，与新会之古兜山相接，峰峦以百计。昔为蛮獠所出没，兽多獐鹿，木多松梧，花多吊钟。每春初，漫山如淡霞，又如桃花，迫视之，始识为吊钟也。春深花阑，土人伐其干烧炭。及夏，复出枿[⑥]条，茂如初。明欧大任诗云：“霜天晴色散苍茫，虹起西飞架二梁。海上诸星朝太乙，云中双鹤引扶桑。安期玉舄今何在，黄石丹书尚可藏。大药相将成晚岁，羽衣吾欲事东皇。”

狮子山：在县东南五十里，与新会接界，山高六百余丈，盖县境之最高峰也。常有云气绕其上。若三日无云气，则飓风即发，土人以此占之。山上产白云茶，香味皆异于他处。

蟾蜍石：在县东南八十里都斛水边，状类蟾蜍，高可丈余，以小石敲其腹，铿然作钟声。前有石对峙，土人呼之为蟾蜍照镜。

天堂山：在县东南六十里，自六村浮石下至都斛莘村各乡，皆发脉此山。峻耸入云，独雄一方，泉脉四流，皆（迳）[径]数十里。

仙人骑鹤山：在县东南五十里，山上有石，如人梳丫角髻，跨飞鹤，故名。

鹰石山：在县东南四十五里，山上有石如鹰，故名。

---

① 重巘：重叠的山峰。

② 飞练：飘动的白绢。

③ 潴：水积聚的地方。

④ 碓：舂米用具，用柱子架起一根木杠，杠的一端装一块圆形的石头，用脚连续踏另一端，石头就连续起落，去掉下面石臼中的糙米的皮。

⑤ 扪参：抚摸参宿。形容山势极高。

⑥ 枿：niè，树木砍去后又长出的芽子。

鳌峰山：在县东南四十里，状如巨鳌，山麓有鳌足寺。

甘蔗山：在县南八十里，高五百余丈，上有草，味甘如蔗，以故得名。明梅高节墓存焉。

国朝陈遇夫《记》云：隅地多胜，荒僻者尤引人入胜，往往湮没不传。吾乡之望曰“甘蔗山”，山多大石，石出水中，湍激[1]潆洄[2]，清澈见底。沿涯皆菖蒲香草，微风过之，与崖畔藤萝相披拂[3]，久坐愈不厌。由海岸入山可二里，曰“云叠洞”，乃梁无功山人所筑。由洞而入，曰白水带，曰连花坑，曰甃石坑。泉石之胜，大率相类。由仄径入至山半，曰“白鹤潭”，瀑布悬泻，溅沫喷珠，林壑震响。怪石丛立骇人。近岸多古木，辟之可结庐。然邃而峭，至者益少也。其最高曰“甜坑”，地反平，多美田。居人三四家，闻客至，欢甚，具鸡黍[4]。甜坑去山巅不二里，登此可东望大海。有大树中空，可坐四五人，会日且暮，余极欲往，抵树一宿，观夜半及日初出时诸山气象，而同行者皆有难色，遂不果。计兹山绵亘百里，其未至者尚必有异，而惜未尽见也。

石榴花山：在县西南五十里，山石巉岩，如石榴花形，为矬峒之望。

百足山：在县西南五十余里，形如百足，绵亘十里，相传有宋文天祥祖墓。山之西北为开平，东南为新宁。

大隆山：在县西南百二十里，峰峦叠耸，径路深阻，其下即为大隆洞。

牛围山：在县城西南百里，高与大隆山相埒[5]。上产名茶，生石上者尤良。蜿蜒[6]二十里，其下为大隆洞。

上弓岭：在县西南百三十里，形如弯弓，故名。岭上有青云寺，寺旁有石路，横亘五六里，其平如砥。相传寺中老僧怀止以石甃成，朝夕不辍。有劳之者即止，越日而后，甃或助之，去则掘之，复自手甃。无一石崩陷者，间有缺处，后人补甃，终不如其完固。其近地如荷木堡迳，白饭迳，小迳，皆怀止手甃，累数年而后成。岭上旧有茶亭，临崖峻绝，树阴林翳，乾隆二年（1737）邑令王暠建，后废，近人复建亭于青云寺侧路旁。

鸡笼山：在县西南五十里，峭壁摩天[7]，飞瀑直泻。山下四围深涧，产异石，

---

① 湍激：水流猛急。

② 潆洄：水流回旋的样子。

③ 披拂：吹拂、飘动。

④ 鸡黍：以鸡作菜，以黍作饭，指招待宾客的家常菜肴，也用以表示招待朋友情意真率。

⑤ 相埒：相等。

⑥ 蜿蜒：曲折延伸的样子。

⑦ 摩天：迫近高天，常形容建筑物或山极高。

红者如玛瑙，白者如水晶，黄者如果栗，尤佳。大雨后，人往来采之，光如琥珀，名曰“蜡石”，得之者，虽良玉不易云。

鸡笼山：在县南八十里，高可插天，山巅有蚝壳岩，横阔可二三丈。悬崖绝壑，峭壁巉岩，飞瀑下注。多产幽兰。

笠帽山：在县西南百五十里，形如竹笠，中有大岩，空洞如房廊。

撒水迳：在县西南百五十里，上有瀑布，悬流数十丈，如飞花散雪，昔人题“撒水鸣琴”，为八景之一。

国朝陈淇《赋》云：泽国名区，笠峰特峙，崒嵂[①]千寻，蜿蜒十里。层层俯瞰，下抱烟峦；矗矗高撑，上探星纪。天池疏凿，疑滥觞之无源；玉峡纷飞，遂激湍之如矢。界分螺黛[②]，光芒百道，惊人劈破芙蓉，噌嗒一声动耳。尔其斜斜整整，叠叠重重，云根灭裂，乳穴高舂。洗清瘦之秀骨，磨峭削之少锋。一片鲜明，长拖素练[③]。千回曲折，怒走白龙[④]。恍是神女高唐，倏变云雨；还如群仙缑岭[⑤]，乍动钟镛。是以岚影浮光，苍翠欲滴，亘昼夜而如斯，逐风雷而转急。彩虹断续，山半斜围，冰柱玲珑，崖前屹立。差比双双，玉箸长标，天台[⑥]一万八千；何减处处晶帘遍挂，罗浮三百六十。当夫云蒸[⑦]列岫，树霭层峦，晴飚散布，暑气郁盘[⑧]，则有散炎天之冰雪，激平楚[⑨]之波澜。树底潜听，响夺松涛清籁[⑩]；岩前登眺，声同水咽临滩。点点纷敷[⑪]，天半无云晴亦雨；声声澎湃，山杪无风夏亦寒。

至若阴雨连绵，陵谷荡泆[⑫]，树杪高悬，峰头泻出，崩崖裂石。疑黄河疏决，条条喷玉跳珠；类九天咳唾，一一原非蓬荜。左股亦欲逐浪以俱浮，恍惚巫峡双崖，几讶沉牛而恐失，洵为宇宙之奇观。莫不瞻顾而悚慄[⑬]，遂有携筒类聚，蹑屐[⑭]群分，沿途嘱目，隔岭遥闻。怒吼兮触石，急溅兮崩云。映上药灵芝兮涣彩，

---

① 崒嵂：zú lǜ，是指高峻貌。
② 螺黛：luó dài，喻指高耸盘旋的青山。
③ 素练：白色的绢帛，用以比喻云河或瀑布。
④ 白龙：形容奔腾直泻的溪流瀑布。
⑤ 缑岭：gōu lǐng，意思是缑氏山，多指修道成仙之处。
⑥ 天台：神话中的仙境。
⑦ 云蒸：云气升腾。
⑧ 郁盘：曲折幽深貌。
⑨ 平楚：由高处远眺所呈现丛木齐平的景象。引申指平野、平林。
⑩ 清籁：清亮的声音。
⑪ 纷敷：犹纷披，杂乱而散散落落。
⑫ 泆：《说文》记载为泆，水所荡泆也。
⑬ 悚慄：惊惧战栗。
⑭ 蹑屐：拖着木屐。

毓琪花瑶草兮成纹。灿若干镆淬锋而芒动，散若织女投杼[①]而丝棼[②]。累累有光，蛟龙嘘吸乎大泽；飞飞无数，天花乱缀于高雯。洵足动锦心[③]之豪兴[④]，而助彩笔以成文。

彼夫匡庐[⑤]称胜迹之奇，天都擅壮观之罕，莫不电掣[⑥]云屏，布悬山馆，孰若兹之？天绅垂而孤悬，玉屑飞而纷散。爰偕髯苏，爰携懒瓒。酒斟碧筒[⑦]，茶倾雪碗[⑧]。遂山水之幽盟，抒嚣尘[⑨]之愤懑[⑩]也哉。因缀而歌曰："莲花跗萼[⑪]丛丛生，露华[⑫]云液[⑬]蓄精英。无端天乳泻金茎[⑭]，错落盘珠颗颗明。"又曰："天风飘渺天河倾，幻作化雨散蓬瀛[⑮]。轻举直欲侔[⑯]飞琼[⑰]，一听龙吟虎啸声。"

马山：在县西南八十里，形如瘠马[⑱]，鬃鬣[⑲]稜稜[⑳]。上有丞相陆秀夫墓。黄泰泉《通志》：陆丞相墓在潮州城南海中屿上。黄醇《崖山志》：丞相墓在新会二城村。今都斛有二城村，当即此云新会者。新宁未分县时，属新会也。此复有丞相墓者。丞相负宋主蹈海死，或土人得其衣冠葬之，未可知也。

龙溪山：在县西南百六十里，山有石室，深广数仞。相传刘仙姑蜕骨[㉑]于此。

紫萝山：在县西南百四十里，山发脉于恩平县之凤凰山。阮《通志》云："紫萝，一名瑞灵山，又名烟萝山，高四百余丈，周六十余里。唐时有紫光烛天，都郡白其事，敕置院开山。开石龛得经一函，曰《大佛名经》，有古碑存焉。"

---

① 杼：zhù，织布机上用来牵引纬线的器具。

② 丝棼：形容纷繁紊乱。

③ 锦心：比喻优美的文思。

④ 豪兴：极高的兴致。

⑤ 匡庐：指江西的庐山，相传殷周之际有匡俗兄弟七人结庐于此，故称。

⑥ 电掣：形容像电光般快速。

⑦ 碧筒：一种用荷叶制成的饮酒器。

⑧ 雪碗：洁白干净的碗。

⑨ 嚣尘：纷扰的尘世。

⑩ 愤懑：忿恨不平。

⑪ 跗萼：花萼与子房，亦借指花朵。

⑫ 露华：露气、露珠。

⑬ 云液：雨水、露水。

⑭ 金茎：承露盘或盘中的露。

⑮ 蓬瀛：蓬莱和瀛洲。神山名，相传为仙人所居之处，亦泛指仙境。

⑯ 侔：móu，相等，齐。

⑰ 飞琼：仙女名，后泛指仙女。

⑱ 瘠马：瘦弱的马。

⑲ 鬃鬣：马颈部的长毛。

⑳ 稜稜：形容瘦削。

㉑ 蜕骨：灵魂升天后的骸骨，多用于道教徒。

展旗山：在县西南三十里，峻绝如展旗，雄镇一方。

孔公岭：在县西二十里，状如卓笔，俗呼“朱洞尖”。

上川山：在县南百三十里，在广海大海中。

下川山：在县南百三十里大海中，与上川对峙，横列如屏。

漭洲山：在县南百三十里大海中，在下川之右。

独崖山：县东南九十里大海中。

川

南门河：在县城南门外，发源石坂潭，绕城而西，一名曰“大人桥”。道光二年（1822），邑令江涵暾倡建丰和桥于此。

王步头河：在县城西，舟楫湾泊之所。光绪十六年（1890）建石桥于其上，以通西南乡村。

西门河：在县城西，上接城北之水，下与王步头河相合。光绪十七年（1891），创建西宁市于其上，益加疏浚，舟楫湾泊甚众。

龙潭：在县城南一里，上有龙湖庙。

雷公谭：在县城西三里，相传有龙兴于此，雷雨交作，故名。

紫霞河：在县西十里，在紫霞山之下。

那西河：在县西北十里，潮回深聚，宦舫商船多舣[①]于此。

桂水：在县西三里，发源汤湖，会于紫霞。

法竹河：在县西北三十里，相传有异人，晚至无舟，以竹为渡，故名。

汤湖：在县西南二十里，在玉怀峰之下，有温泉，土名汤湖，四时如汤。冬月，气腾三四丈。

西江涌：在县西南三十里，凡客商乘舟往冲蒌、广海者，多由此登。其上流即三合水，明成化间，新会县丞陶鲁因其故流小水，开凿由鱼塘至横塘二十余里，通甘村水以入广海。然地势高下不齐，水未能注接，功讫不就，今遗址存焉。

水步头河：在县东北三十里，发源瓶山，下流为斗洞滘，会于滘口庙。

潮境河：在县西四十里，曲折流数十里，下与法竹河会。

白庙河：在县北三十里，接源龙头河，延亘五十里，顺流至新会县。

苏渡河：在县东北四十里，相传东坡访钟鼎，过金溪，渡此，故名。昔人题“苏渡怀贤”，为八景之一。旧《志》有诗云：“钟鼎丹成骨已仙，东坡空唤渡头

① 舣：停船靠岸。

船。我来二老俱陈迹，绿水青山尚俨然。”

瓦窑湾河：在县东北四十里，上接苏渡。

石笔潭：在县东三十里，雍正间，邑令王暠障瓶山东北之水至猕猴山，斩岭为渠，以灌冈田。飞瀑数十仞，如白虹据石，垂首吐吸，下注成潭。潭中石（卓）［桌］，锐写云影，蘸泉中如洗笔状，潭所主名也。逾西有石，高可数丈，立涧中，如洛神[①]凌波回首顾影，衣带翩翩，态度毕具。

找排潭：在县西南七十里，大隆洞诸水聚于此，下流为塘头水，入广海。

那扶河：在县西南一百二十里，下通寨门，出海。

官涌滘：在县西南一百四十里，东出双洲口，西出官涌口。雍正十二年（1734），附近居民疏浚约十余里。

泥涌河：在县南二十五里，由冲蒌顺流入广海。

冲蒌水：在县东南三十里，水发源狮子山，流至冲蒌墟，跨以二石桥，两堤峻束。每至山潦涨发，水高于地一丈有奇，汪洋可畏。

冲濂水：在县东南四十里，水出那船坑，流至六村，有石桥。由县城往潭滘诸村者，道必经此。

兰溪：在县东南五十里，源出浮石村后大山间，旧以山间多兰，流水常有香气，故名。流至羊坑山北，有石桥，又迳浮石村西北隅，有凌云桥，下流入镇口河。

潭滘：在县东南八十里，东出都斛，西出镇口，首尾俱通大海，滘南诸山从此渡脉。雍正十二年（1734），督抚发公项银一千五百余两，委场大使王湄、何恺，望高司袁相雇工疏浚。其后泥潦淤积，土人屡疏导之。

镇口河：在县东南六十里，东接潭滘，西达广海，下流与泥涌河、找排潭之水相合，名三合。海口有两炮台，一文武庙，三岸鼎峙。

洋海附

大牌海：即南门洋，在广海卫南一里，汪洋灏瀚。

东门洋：在广海卫东里余。

北门湾：在广海卫北里余。

鹿胫洋：在广海卫东南，旧时番船往来，多经此。

黄麖门洋：在广海卫东。

---

① 洛神：即宓妃，是中国先秦神话中黄河之神河伯的配偶，司掌洛河的地方水神。

寨门海：在县西南二百余里，上接那扶、陡门，下达大洋。
大澳海：在县西南二百余里，新宁县、阳江分界。
东海：在县东南八十里，海上有独崖山，为新会、香山、新宁分界。

海岛附

上川　下川　乌猪　漭洲

《新宁县志》卷七，赵天锡分纂，赵沅芬、陈颐校字。

卷八　舆地略下

气候　风俗　物产

气候

四时风候乖异，风之暴者，谓之“飓风”[①]。飓风者，具四方之风也。南方海人言海风四面而至，名曰“飓风”。飓风将至，则虹多霓，名曰“飓母”。其作必自东而北、而西、而南乃定，谓之“回南”。否则间日复发。谚曰：“飓风不回南，再来不待三。”或一日夜，或二三日夜乃止。有一岁一作者，有一岁数作者。凡岁一鬼打节有一飓，三鬼打节即有三飓。鬼，鬼宿[②]也。打节者，或立春、立夏，节逢鬼宿也。又有石尤风[③]，兆与飓风同。但飓风起止，俗谓“对时”，石尤则略异。

他如海气腥，亦暴风之兆，作则伐木发屋，人无宁处，损舟伤稼，其祸弥酷。舟行见云脚疏，谓之“飓风路”，舟人徙舟避之。若夫夏月暴雨，天昏如夕，东北疾风，扬沙走石，名曰“清冻”。天黑无雨，西北风驶，其声如雹，一日而止，名曰“赤游”。天容澹澹，日光渐见，无雨而风，旋起旋变，名曰“狂龙”。此皆风之异者也。

其常则南风为多，季冬先春而至，曰“送年南”。北风时发，曰“北暴”，谚曰：“朝下三，晚下七，夜半风，无过日。”又曰：“朝北晚南半夜东。”以时占也。潮长风起，潮平风止，以水占也。故春寒至夏，夏热逾秋，大抵夏热以炎蒸，其寒以风雨，其生常早，其肃常迟，度岭以南无甚异云。张《志》据《北堂书钞》、李肇《国史补》、黄《通志》《南海志》参修。

广州风候，大抵三冬多暖，至春初，乃有数日极寒。冬间，寒不过二三日，复暖。暖者，岭南之常，寒乃其变。张《志》据《广东新语》修。

立春宜微寒，谚曰：“春暖春寒，春寒春暖。”盖南中以春寒为祥。其望春寒，

---

① 飓风：最初只指加勒比海的热带气旋，后来又可指任何具有狂风的热带气旋。

② 鬼宿：星官名。二十八宿之一，朱雀七宿的第二宿。有微弱的星四颗，皆属巨蟹座。鬼宿四星围形似柜，中有一星团，叫“积尸气”，也叫鬼星团。

③ 石尤风：传说古代有商人尤某娶石氏女，情好甚笃。尤远行不归，石思念成疾，临死叹曰：“吾恨不能阻其行，以至于此。今凡有商旅远行，吾当作大风为天下妇人阻之。”见元伊世珍《琅嬛记》引《江湖纪闻》。后因称逆风、顶头风为“石尤风”。

所以望春暖也。春，立春也。一春之寒暖，以立春卜之。立春又宜晴，谚曰："春晴一春晴，春阴一春阴。"而元日则宜微雨，宜北风，宜西北、东北风，不宜南风、东风，有微雨，而北风则寒，寒亦为春暖之兆。又以是日权水，水重则雨多，轻则雨少，日直其月，至十二日而止，以测十二月之水旱。寒故水重，重者多雨，而年丰之兆也。同上。

广州虽无积雪，秋凉亦有微霜。每岁微霜或降，物必蕃芜[1]。冬见冰，人辄谓之雪，或以为祥瑞云。张《志》据《太平寰宇记》、黄《通志》参修。

嵇含[2]云："岭外多花，在春华者，冬秀；夏华者，春秀；秋华者，夏秀；冬华者，秋秀。其花竟岁在。"妇女之首，四时未尝无花。宋延清诗云："南国无霜霰，频年见物华。"又其花大抵盛于秋冬，至春初略尽，花朝但见绿叶及结子青青而已。故昌黎诗云："南方二月半，春物亦已少。"张《志》据《东莞县志》修。菊花开日乃重阳，凉天佳月即中秋，不须以日月为断也。张《志》据《东坡诗话》修。

立春微雨兆有年。谚曰："干冬湿年，禾黍满田。"朔日雨，主一月多雨；每月交二十五日雨，主次月有雨，曰"隔月雨"。春雾晴，秋雾雨，冬雾不寒，夏雾不暑。正月八日为谷日，晴为祥，雨为灾。三月十六为黄姑浸谷日，西南风，主大雨。三月二十三日为天后诞日，前后必有风雨。六月十二日，俗谓"彭祖忌，必有大风"。舟行忌之。张《志》。

四月八日雨多，则荔子多蛀而落。四月二十，俗曰"小分龙"；五月二十，俗曰"大分龙"，皆宜雨，不雨则岁歉。五月有三卯，占有年。张《志》据《通书占岁》修。

每年正月二十五、六、七日有雨，主丰。六月一日，雨，主旱。张《志》据《陈献章诗注》修。

惊蛰不宜雨，谚云："雨打惊蛰节，二月雨不歇。三月干耙田，四月秧生节。"清明喜晴，谷雨喜雨，谚云："谷雨须用雨，清明须用晴。"立夏、小满俱宜雨，谚云："立夏不下，高田且罢；小满不满，芒种莫管。"四月内寒，主旱。谚云："夏夜寒，井底干。"五月初五日宜晴，谚云："端午晴干，农夫喜欢"。二十五、六宜雨，谚云："熟不熟，但看五月念五六，有雨耕上冈，无雨耕下塘。"又云："处暑雨不通，白露枉施功。"又云："重阳无雨一冬晴。"

凡六月有北风，必作飓。谚曰："六月无闲公，六月无闲风。"此耕妇之词，

① 蕃芜：滋长茂盛。

② 嵇含：字君道，自号亳丘子，谯郡铚县（今安徽省濉溪县）人，西晋文学家、植物学家。

妇人谓夫曰“公”。无闲公，言往耕也，无闲风，言发飓也。俱据王《志》补。

《岭南录》云：“梅雨后，凉风一月，曰‘舶掉风’。舶掉风者，白撞之转音也。粤当五月时，晴天片云，雨顷刻至者，曰‘白撞’。”谚云：“早禾望白撞，翻稾望偷淋。”偷淋者，夜雨也。霜降日有风则颖不实，谚曰：“禾忌霜降风。”寒露日不宜雨，谚曰：“不忌霜降风，只怕寒露雨。”张《志》据郝《通志》修。白撞雨，亦曰“过云”，亦曰“白雨”。苏子瞻诗：“夏畦[1]流膏[2]白雨翻。”杨升庵云：“俗以暑雨乍落乍晴，日光穿漏，谓之“天笑”，即白雨也。”白雨宜早稻，谚曰：“早禾壮，须白撞。”或日色微黄，且日且雨，是曰“黄日雨”，亦曰“黄雨”。其气溽而蒸，是生螟蟊[3]，禾最患之，故曰：“白雨宜禾，黄雨不宜禾。”其或东望浓云，有雷电而雨，西则否；或南望浓云，有雷电而雨，北则否，是曰“分龙雨”，亦禾之宜。其不宜者二蛊。蛊者，虫也。其生于雨者曰“雨蛊”，生于风者曰“风蛊”。张《志》据《广东新语》修。

月令

孟春之月，东风徐来，木叶微脱，桃李盛花，生菜秀柔，桑可采。二麦黄，老圃种姜剪韭，荷钱浮于水，田功既兴。仲春之月，雷发声，虹霓现，蔗初芽，蕨拳输粉，木棉橘柚以次花，鱼苗生，蚬降于雾，蝼蝈鸣，蚯蚓出，早蚕抽丝，秧针微绿，农功毕作。季春之月，温风至，解褐衣袷，梅李与枇杷子熟，杜若芳，槟榔苞坼，石蜐[4]扬葩，江鸥避风，孔雀之尾开金，催耕鸣蛙鼓噪。

孟夏之月，榴火明，佛桑红，高榕荫日，紫麦照水，早荔可食，树兰缀珠，白雨以时至，鲨入麓化为虎。仲夏之月，荔子丹，芒果熟，菩提舒叶，椰含浆，群蚁朝其祖，钩割鸣年，早谷登场。季夏之月，白雨足，西潦至，飓母乘潮，芭蕉子垂，苦瓜入馔，姜荐新，苹婆解壳。是月也，新种全获，农种晚稻。

孟秋之月，秧针重绿，香橼、橄榄皆登，桐子结实，龙眼熟。蕹田浮，素馨结为灯。是月也，暑始酷，烁石流金。仲秋之月，木芙蓉花，桂芬馥，梨栗熟，芋可剥，茶徙蝇于树。纸鸢翻风，飓母悉影，河豚乘潮而上，秋秥始获。

季秋之月，红薯登，白榄落，菊盛开，苹花绣，渚嘉鱼出于峡，农收大秥。

孟冬之月，耕牛放闲，八蚕[5]之功毕。岭梅芳，橘柚锡贡，银河夜见。是月

① 夏畦：于炎夏中耕田，比喻勤苦工作。
② 流膏：滋润土壤的雨水。
③ 螟蟊：míng máo，两种吃稻的害虫。
④ 蜐：jié，石蜐，又名紫蜐、龟脚、龟足。
⑤ 八蚕：谓一年八熟的蚕。

也，霜始下，气乃寒。仲冬之月，桃李华，冬笋出，丹枫不落，鹧鸪蔽叶，黄雀复为鱼，岩蜂聚粮，瑞香霏雪。是月也，农练谷屯困，涸塘以渔。季冬之月，朔风栗烈，水仙来宾，梅乃大放，风兰贺春，芥葛可食，上农举锄为开岁计，南风微至，蚊不绝吟，旧雷有声。张《志》据金《通志》《香山县志》《南海县志》参修。

风俗

广郡称海滨邹鲁，而宁邑风俗醇朴，且理学近接江门。张《志》据《广州府志》修。士务实修，虽负耒者多横经[①]，文风蒸蒸日起，应试者近倍于前。农安耕凿，有勤俭之风；工少慆淫，不作奇巧之技。商喜近地贩鬻，挟赀而游苏杭、入燕鲁者盖少。张《志》据王《志》参修。居官者位少通显，大率以恬退为乐，无干谒、奔竞之习。张《志》据王《志》参修。

故家巨族敦诗书，崇礼让。妇女罕出闺门。翁妇嫂叔非岁时庆贺不相见，惟女嫁后，父母每逢年节多以赆[②]物相馈，名曰“担节”，少则见嫌，此诚陋习。张《志》据王《志》参修。

地处边陲，南通巨海，颇有鱼盐之利，俗称醇实。今则渐染浇风[③]，往往因山坟、水圳、洲岛细故，遂纠合多人，酿成械斗，岂犷悍之气未化，抑亦山海辽远，官司之威不及欤？甚有宄棍、狼差假造命伤，列名吓诈，及报官瞒验，动勒夫价，官票一出，八馆同充，银多得行。不由官差充出之银，先向被告倍偿，方许诉禀，否则封沉代书戳记，一字不能上达。民间株累破家多半由此，虎威狐假，肆索难堪，业经绅士呈禀，荷蒙大宪饬县严禁在案，良有司随时加察，亟除弊端，则奸蠹稍知畏威，民困可少苏矣。据张《志》修。

自红匪、客匪构乱后，适洋务大兴，壮者辄走外国，四野芜积，小家俯蓄维艰，往往溺女不育。近年颇藉外洋之赀，宣讲堂、育婴堂、赠医院、方便所、义庄诸善举，所在多有。但民风渐入奢靡，冠婚之费动数百金。田既硗薄[④]，力复不齐，岁入粮食仅支半年，余日则仰给洋米。倘舟楫偶梗[⑤]，炊烟立断，是诚可忧。据《采访册》修。

槟榔，土人以为贵，款客必先进。若邂逅不设用，相嫌恨。每遇排难解纷，

① 横经：横陈经籍，指受业或读书。

② 赆：jìn，临别时赠送给远行人的路费、礼物。

③ 浇风：浮薄的社会风气。

④ 硗薄：土质贫瘠。亦指贫瘠的土地。

⑤ 梗：阻塞，妨碍。

多以槟榔释之。张《志》据《艺文类聚》修。

土俗岁终以烈火爆开糯谷，名曰“炮谷”，以为煎堆，心馅。煎堆者，以糯米粉为大小圆，入油煎之，以祀及馈亲友者也。又以糯粳相杂炒成粉，置方圆印中，敲击之，使坚如铁石，名为“白饼”。残腊时，家家打饼声与捣衣相似，甚可听。端午为粽，以柊叶裹者曰“灰粽”，置苏木条其中为红心。以竹叶裹者曰“竹筒粽”。三角者曰“角子粽”。水浸数日，剥而煎食，甚香。冬至为米糍曰“冬丸”。张《志》据《广东新语》参修。

男女婚嫁，以齿之二十前后为率，临娶而始冠。娶之日，先行醮礼[①]，奉雁而前，以当委禽[②]，雁不恒有，多易以鹅。新妇入门，使少妇迎，曰“抬步”。是夕，夫妇同牢食，曰“暖房饭”。次早，见舅姑亲属，献币帛帨履，曰“荷惠”。娶后，每夜戚属造门索饮，谓之“打糖梅”。张《志》据《南海志》、王《志》参修。

始死，则召师巫开路，安魂灵，投金钱于江，买水以浴，七日一祭，至七七而终。新冬有祭，取阳复之义也。亲戚各具牲醴致奠，主人报礼。元《志》所谓“丧葬必盛肴馔以待客”，是也。俗尚佛事，则侈灯色，备彩幔，盛鼓乐，僧道设位，召亡者魂，名曰“超幽”。有识者尊家礼，屏之。张《志》据王《志》《南海志》参修。

民重建祠，每千人之族，祠十数所，小姓单家，族人不满百者，亦有祠。其曰大宗祠者，始祖之庙也。庶人有始祖之庙，追远也，收族也。追远，孝也，收族，仁也，非僭也，非谄也。岁冬至，举宗行礼，主鬯者必推宗子。或支子祭告，则其祝文必云：“裔孙某等谨，因宗子某，敢昭告于某祖某考，不敢专也。”多置祭田，岁收其入。祭祀之外，其用有三。朔日进子弟于祠以课文，其应童子试者，助以卷金；列胶庠者，助以膏火，及科岁用度；捷秋榜，赴礼闱者，助以路费。年登六十者，祭则颁以肉，给以米。有贫困残疾者，论其家口给谷。无力婚嫁丧葬者，亦量给焉。遇大荒，则又计丁发粟，可谓敦睦宗族矣。张《志》据王《志》《南海志》参修。

乡村俱有文会，或集文昌庙，或集家祠，每逢会期，大小毕集，胜衣[③]搦管[④]，必率以至，不敢窥避[⑤]。令最严，毋敢假借者。卷用红丝阑为式，卷面编千字文

① 醮礼：古代婚礼中举行的一种简单仪式。

② 委禽：古代婚礼用雁作为订婚的聘礼，故称下聘为“委禽”。

③ 胜衣：谓儿童稍长，能穿起成人的衣服。

④ 搦管：执笔为文。

⑤ 窥避：犹规避。

号，隐其姓名，别注小册，分书其号，另藏弆[1]，不使阅卷者知也。主会者具贽谒阅卷者，贽厚薄视卷多少，阅定甲乙，各署卷尾，私印钤，发主会者受之，然后出小册比对注明，列前者俱有银帛之赉，谓之“谢教”，此风广州尤盛。张《志》据王《志》《南海志》参修。

粤俗尚巫鬼，十家之里，必有淫祠庙观，每有事辄求珓[2]、求签以卜休咎[3]，信之惟谨。寻常有病，则以酒食置竹箕上，当门巷而祭曰“设鬼”，亦曰“抛撒”。师巫咒水书符，刻无暇晷，甚至遇一顽石辄指为灵神。乞呵护者，日不绝。至奏乐娱神，烧爆酬神，观者骈阗[4]塞路，亦可粲[5]也。张《志》据《番禺志》修。

城市儿童有赌蔗、斗柑之戏。蔗以刀自尾至首破之，不偏一黍，又一破，直至蔗首者为胜。柑先卜核多少，然后开皮以数，符为胜。张《志》据《广东新语》修。

各乡声音互异，鲜谐正韵，方言俗字，承讹袭陋而不知其非。张《志》据郭《通志》修。

谓曾祖曰“白公”，曾祖母曰“白婆”。谓祖父曰“亚公”，又曰“亚爷”，祖母曰“亚婆”。谓父曰“亚爸”，亦曰“亚爹”；母曰“亚妈”，亦曰“亚娘”。多用亚字发语，叔伯兄弟皆以亚字起之。妇谓翁曰“大人公”，姑曰“家婆”。谓母之父曰“外祖公”，母之母曰“外祖婆”，母之兄弟曰“母舅”，母之兄弟妻曰“母妗”。祖母之兄弟及妻曰“舅公”、曰“舅婆”。父母谓子曰“仔”。

凡物之小者亦曰“仔”，良家之子曰“亚官仔”，耕庸曰“耕仔”，小奴曰“细仔”，亦曰“种仔”，小婢曰“妹仔”，游手曰“散仔”，盟好之子曰“契仔”。谓平人曰“佬”，指外省人曰“外江佬”。谓妇人娠曰“有欢喜”，免身[6]而未弥月者曰“坐月”。饮食曰“吃”。谓不曰“唔”。骂人曰“闹”。谓潮起曰“水大”，潮落曰“水干”。谓帆曰“㹩”。小舟曰“艇”。耘田曰“薅草”。禽之窠曰“兜”。雌鸡伏卵曰“哺”。以刀削物曰“㓟”，音批。细切物曰“剩”，音速。谓无尾曰“屈”，音掘。谓人无情义曰“屈”。以手搓物曰“挪”，以手按物曰“揼”。食饱曰“餖”，音勾。新妇献币帛、帨履于舅姑亲属曰“贺位”。数物之束者曰“一子”“二子”。人物之短为“奀”，音矮。通水之道为“圳”。截木作垫曰“不”。门内横木曰

① 弆：收藏，保藏。

② 珓：拜神祭祖时占卜吉凶的器具。

③ 休咎：吉凶、福祸、美恶。

④ 骈阗：车马连结，并行而进。

⑤ 粲：càn，笑。

⑥ 免身：分娩，生育。

“闩”。此音随方转，字随俗撰者也。据王《志》及《府志》修。

元旦昧爽[1]，谒祖礼神，烧爆竹，啖煎堆，饮柏酒，亲友交贺，三四日而涓日召饮，谓之年酒。见儿童辈赠以钱，谓之压岁钱。据张《志》《采访册》参修。

立春日，有司送句芒、土牛。句芒名拗春童，着帽则春暖，否则春寒。土牛色红则旱，黑则水。竞以米豆洒之，以消一岁之疾疹。啖生菜春酒，以迎生气。张《志》据《广东新语》、王《志》参修。

初七日曰“人日”，女郎辈撷园菜煮之，和以煎堆，各召诸女伴联饮，名曰“饮菜茶”。据《采访册》修。

十三夜，小家妇女间出，撷取园中青菜，谓之“采青”。张《志》据王《志》修。

上元夜张灯，烧火树，为狮象鱼龙百戏。其词人以隐语体物，张之灯间，如射覆然，谓之灯谜，能命中者，必有持赠。是夕也，迎紫姑神以卜。相传紫姑以是夜为大妇所逐，死，故俗悯而祀之，亦相戒以不妒也。张《志》据王《志》修。

十六夜，小民妇女出游，谓之“走百病”。自是至二月间，每祀诸神寿节，以竹皮杂纸料，裹硝黄引火物，以禾秆草结小团，插置其上，火燃之，飞腾空际，谓之烧炮。乡愚群聚，多至千数百人，名曰“炮会”。争拾时辄成械斗，拾归则醵金致祀。周岁奉酬，则演狮象鱼龙及各人物杂剧，又间演梨园，夜以继日，喧阗街道，殊为恶习，所赖有转移者。据张《志》及《采访册》修。

十九日，俗曰“天机籁败”，插桃枝、大蒜于户以辟恶，以红缕系煎饼，置屋上，谓之“补天穿”。太白诗：“一枚煎饼补天穿”，由来久矣。张《志》据王《通志》《花县志》参修。

晦日之夕，里中聚火杂烧，曰“送正穷”。张《志》据魏《志》修。

二月，城市中多演戏为乐，谚曰：“正灯二戏”。上戊，乡民方里烹豚酾酒[2]，祭社祈谷而群饮，有蜡遗风。张《志》据黄《通志》参修。

寒食不禁火。清明皆插柳于门。有事先墓，自始祖以下，皆遍祭之，草木之旅生于墓次者，芟剃扫除，谓之“铲青”，以楮[3]置坟上，俗曰“压纸”。新茔则以清明前数日祭。张《志》据黄《通志》《广东新语》《岭南杂记》参修。

三月上巳，为餈[4]食。张《志》据王《志》修。

---

① 昧爽：天将晓而尚暗之时。

② 酾酒：滤酒，斟酒。

③ 楮：纸的代称。

④ 餈：糍粑，一种以糯米为主要原料做成的食品。

四月八日，浴佛，僧尼相遗，以红枣、白果、莲子、瓜片等作汤，谓之“（俗）[浴]佛汤”。

五月朔，饮蒲艾雄黄酒，以辟不祥，食角黍，为龙舟竞渡。

至端午，以节物荐于家祠。张《志》据黄《通志》、王《志》修。

夏至，磔狗食，以辟阴气，云可解疟。张《志》据《广东新语》修。

七月初六日，设巧菜瓜果，名为慕仙儿。女穿针结彩，为乞巧会。初七日，曝书籍、衣裳。汲朝水，蓄年不败，可疗热病，谓之“圣水”。张《志》据《广东新语》修。

中元日，浮屠氏为盂兰会，以食鬼之不祀者。人皆预期以楮衣酒食祭其先祠。十六日，仍以茶果供焉。张《志》据《广东新语》修。

八月社日，祭社报赛。张《志》据王《志》修。

中秋夕，招邀赏月。儿童设糖塔、糖鸡、蹲鸱[①]为供，剥熟芋、蕉、柚，谓之“剥疵癞”。取瓦砾砌塔，实薪焚之，谓之“烧梵塔”。或为秋千之戏。张《志》据黄《通志》《广东新语》修。

九月旬日，儿童放风鸢，有声者曰“响弓鹞”。九日登高，饮茱萸酒。张《志》据《广东新语》、郝《通志》参修。

冬至祀祖，自始祖以下至于祖祢。以鱼、肉、蚬、菜杂煮，环坐而食，谓之“打边炉”，即东坡所云“骨董羹”也。张《志》据黄《通志》修。

腊月祭墓，曰“送年饭”。张《志》据王《志》修。

腊月念四日为小年夜，祀灶，用爆竹、饴糖。至除夕，扫屋宇，爇炬爆竹，通夕饮团圞酒，曰“团年酒”。围坐达旦曰“守岁”。相遗以物曰“馈岁”。易门神、桃符，写春贴，具香烛，设果酒粉食，伺质明[②]，诣祠行礼。张《志》据黄《通志》、郝《通志》修。

物产

谷品

香稻，细粒，绿豆白，齐仔，光赤，咸秥，齐苗赤，夏至白，尖鼻白，大糯，黑米糯，浸酒最佳，黄壳糯。

按：高田一岁两熟，早禾三月种，六月熟；晚禾六月种，十月熟。潮田一岁

① 蹲鸱：大芋。因状如蹲伏的鸱，故称。

② 质明：天刚亮的时候。《礼记·礼器》：“他日祭，子路与室事交乎户，堂事交乎阶。质明而始行事，晏朝而退。”

一熟，四月种，十月熟。

薯品

番薯，有红肉、白肉，红大薯，牛角薯，岁歉，贫民以供饔飧，能充腹，不伤人，故俗以米粘称之，树番薯，人多浸水作粉，葛薯，亦名番葛，身圆，生亦可食。

芋品

早芋，米芋，黄芋，红芽芋，鸡爪芋，槟榔芋，湴芋。

布品

棉布，棉布经绵细密者为上，俗称本经布，青纱布，出塘面、斗洞等各乡，细密者疏爽，草麻，水葛麻，波罗麻，水麻。

蔬品

紫菜，生大海中，附石，正青色，取而干之，则紫色，产铜鼓者尤佳，白菜，芥菜，蕹菜，水芹，菘，芥，茄，葱，蒜，葍，韭，姜，苋，芥兰，波棱，生菜，种自外洋者佳，椰菜，近年得诸外洋，又一种曰“椰菜花”，形如鸡冠，淡青黄色，大可如斗，菱，蕨，可为粉，味颇甘，萝卜，茨菇，产斗洞等乡，白而大者名塘菇，尤佳，荷兰豆，本外洋种，初为省城西关一老圃得莳值之法。初出甚贵，今则遍岭海皆有之。豆角。

瓜品

王瓜，金瓜，西瓜，香瓜，丝瓜，冬瓜，苦瓜，水瓜，番瓜，瓠瓜，葫芦瓜，节瓜。

果品

荔枝，黑叶最佳，龙眼，沙梨，梅，蕉，橙，桔，波萝蜜，人面子，桃，李，石榴，黄皮，橘柚，庐橘，金橘，柠檬，芒果，杨桃，乌榄，竹蔗，土人以为糖，约岁计值万金，蜡蔗，地豆，落花生也，花发地面，实结土中，摘其花则不实，土人以榨油，获利最多，花稔，一名鸡矢果。

木品

松，柏，榕，乌柏，黄杨，叶如杪杉，隆冬不凋，木最难长，文理坚密光腻，去蛀，苦楝，菩提，其叶似柔桑而大，本圆末锐。二月而凋落，五月而生。僧采之浸以寒泉，至于四旬之久，出而浣濯①，渣滓既尽，惟余细筋如纱，霏细②荡漾，以作灯帷、笠帽。轻柔可爱，持赠远人，比于绢縠，木棉，一名“攀枝花”，正二月开花，大如芙蓉，瓣红蕊黄，赤光照耀，红霞障天，灿漫山谷也。梧桐，枫香，桑铁树，其色紫红，山桔，干小而坚，每藤萝缠缚剥蚀处，势如蟠龙，老人用以为杖，或制为烟管，价甚昂。

竹品

筋竹，竻竹，观音竹，佛肚竹，黄竹，大头竹，竹品乡产最多，名“大头篻”者，产笋尤佳。撑篙竹，石竹，篱竹，苦竹，生岩壑间，枝小叶大，土人每摘以裹角黍。

花品

兰，梅，蜡梅，夜合，杜鹃，以杜鹃啼时开，故名。二三月间开花，遍山皆红，一名“映山红”，山茶，蔷薇，鹰爪，菊，茉莉，南汉地狭，力贫不自揣度，有欺四方傲中国之志，每见北人盛夸岭海之强。世宗遣使入岭馆，接者遗茉莉，文其名曰“小南强”。

指甲，鸡冠，含笑，花紫，蓓蕾微展而香清澈。夹竹桃，类桃而叶似竹，临水宜植之。海棠，秋海棠，高不过尺，其枝软，其叶面绿底红，味酸可食，多入画谱。

玫瑰，白蟾，黑阑，其色黑，蕙，长春，紫薇，狗牙，剪春罗，满天星，雁来红，玉绣毬，蔓生，附石依藤，花最耐久，状若锦堂春，而有紫点，尤为可玩，鱼子兰，七姊妹，鸡爪兰其色黄，珍珠兰其色白，桂花，色黄者，香尤烈，莲，有红白两种，牡丹莲，珠子，花有二种，未开如珠，已开如碎玉，香溢林中，胭脂，其叶似蓝，其花似蓼，正月开花。

脱衣换锦，叶如水葱，二月始发，入秋叶尽乃花，有红、紫、黄、白各种，吊钟，产百峰山，冬末春初，开花如钟，故名，映山红，凤山有草，开花如锦，故名，亦称仙花，水蕻花，芙蓉，贺春兰，九里香，槐花。

---

① 浣濯：亦作“澣濯”，洗涤。

② 霏细：轻细。

草品

山猪挽，土人以为席，疏爽可爱，细者尤佳，蓝，叶细，二月种，五月收，土人以为靛，金银花，万年青，铺地锦，万寿藤，龙须草，马须草，虎耳，书带，断肠，一名胡蔓，食之能杀人，中其毒者，以路旁垂鞭草捣烂，和糯米泔；或以鸡卵中黄细研，和清油；或以生羊血解之，紫河车，即早休也，土名七叶一枝花，正月生，六月开花即萎，花紫黄色，上有金丝垂下，其根治阴疽阴蚀，下三虫①，去蛇毒。

药品

缩沙，益母草，花有紫、白二色，金樱子，花白，茎多刺，叶如蔷薇，子冬熟，去毛刺，浸水捣汁，煎膏和醇酒，饮之益人，山药，苍耳，紫苏，萆麻子，车前子，土茯苓，山中最多，黑牵牛，山栀子，何首乌，橘皮，五爪金龙，菖蒲，艾，椒，蒲公英，一名白鼓丁，春初生，叶如苦苣，花黄色，断其茎，有白汁可啖，枸杞，甘菊，山谷所产，花黄色，小而繁，服之味甘，明目。陈皮，冬虫草，东风桔。

羽品

鸡，鹅，鸭，山鸡，利距，善斗，毛色鲜明，五彩耀目，鹤，雁，鹰，燕，画眉，善斗音，亦可听，鹧鸪，白鸽，鹌鹑，斑鸠，鹁鸽，鹊，毛鸡，乌鸦，火鸠，水鸭，夜游，鸡爪雁，味最甘，黄莺，禾雀，杜鹃，塘斑翠，禾縠，白头翁，沙锥，婆託，竹丝鸡，催耕鸟，秦吉了，山麻，形如瓦雀，飞鸣空中，声合腔拍，春夏间，每巢于山草中，土人伺取其子，饲以野粟，良者值十数金。

毛品

虎，蜒峒都新村乡，道光十六年（1836），有虎至村边，众毙之。豹，鹿，黄麖，猴，猿，山马，山猪，熊猪，箭猪，狐狸，即香狸也，一种全食果，名果子狸，味尤佳，獭，旱獭，五丹，沙牛，水牛，蒙鼠，山狗，形类犬而略大，毛虎斑，亦能噬人，马熊，形类马而略小，丰项短足，茸毛大尾，出没不常，遇童辈辄欲肆噬。同光间，樵女被伤者多人。

---

① 三虫：泛指人体内的寄生虫。唐柳宗元《捕蛇者说》：“去死肌，杀三虫。”

鳞品

鲈䰮，大者可百余斤，肉腻如脂，又若龙涎，炮制无所不可，味最佳，潜龙鲨，鲳鱼，出咸海，味甚佳，鲥鱼，一名三黎，石首，黄雀，凤尾，狮子鱼，亦名黄皮头，狗兔，一名龙头鱼，其色白，其骨软，马母，马胶，河豚，汶鱼，鳟鱼，鱿鱼，鲨鱼，牛尾锥，沙鱼，一种白肚者，味尤佳，蒲鱼，墨鱼，黄泽，黄花，白花，乌翼，石花，石斑，味尤佳，赤眼鱼，鳙鱼，产围中，九月出，大者尤佳，鳙白，泥鱼，鲈鱼，白鸽鱼，笋壳鱼，山鲩，一名七星鱼，色碧鳞厚，尾有红晕，身点斑文，可澄浊井，味甚鲜。

黄鱼，赤鱼，斑鱼，鲤鱼，鲫鱼，崇鱼，扁鱼，鲩鱼，海猪，即大江之江豚。塘虱，泥鳅，二种俱无鳞，湫潭中所产，山鳝，有黄白二种，洞涧中所产，黄鳝，海鳝，有乌耳，有白色，风鳝，以朔风至出，藤鳝。

介品

龟，《南越志》：龟甲，名神屋，出南海，生池泽中。吴越谓之“元伫”。神龟大如拳，而色如金，上甲两边如锯齿，爪利而能缘木捕鸣蝉，肉至美，可食，不中卜。

山崇，似龟而锐首，甲上有肉刺。鲮鲤，即穿山甲，似鲤鱼，状如蛇而四足，腹围五六寸，首如蜥蜴，能陆能水，常吐舌，蚁来附则吞之。又开鳞甲使蚁入其中，乃奋迅以舐取之。山中云草丛杂，常伏处焉。灰其甲，酒服之，可通滞已痨。

鳖，鲎，蚌，蚬，蚝，蠕，沙螺，瓦屋螺，石螺，响螺，田螺，赤母蟹，壳内黄赤，膏如鸡子黄，肉白如豕膏，实其壳中，淋以五味，蒙以细面，为蟹饆饠[1]，甚珍美可尚。

黄膏蟹，壳内有膏如黄酥，以五味和壳煮之，食亦五味。肉蟹，小娘蟹，其螯长倍于身，大者青绿如锦。扁蟹，最小。蟛蜞，正二月南风起，海中无雾，则公蟛蜞出。四五月禾莳，母蟛蜞出。白者曰“白蟛蜞”，以盐酒腌之，置荼蘼其中，晒以烈日，有香扑鼻。

脚鱼，龙虾，蟳虾，产盐水中，长五六寸，双干之为对虾，俗呼螟虾，泥虾，苗虾，最小，腌咸虾用之。

① 饆饠：bì luó，原指抓饭，古代的一种食品。波斯文pilaw的音译，类似现在的八宝饭。后亦指饼类。

虫品

蝙蝠，伏翼也，一名飞鼠，山中多有之，蝎，蜜，山人多养之，其蜂采山花，蜜更香美。

蜂，有赤蜂、黄蜂，赤者，大如指头，甚毒，禾虫，田鸡，蛇，有黑蛇、簸箕荚、白颈、乌青、竹标数种，最毒者，齿人即毙。

蝴蝶，蚁，白蚁，粤中温热，最多白蚁。新构房屋，不数月为之食尽，倾圮者有之。此物能食银。甲子年（1684），盐课提举司汪芾为余言，库银忽缺数千金，见壁下有蛀末一堆，烂如白银。寻其穴，得蚁数斗，入炉镕之，仍得精金，但耗其什一耳。《岭南杂记》：康熙辛巳（四十年，1701），粤东藩库交盘，每箱贮银以千计，独一箱少银十一二两，或洞其腹，或陷其边，则白蚁据为银窟矣。

蟋蟀，蝉，南方处处有之，一种声细而清，鸣如丝竹，其名为蠓，一种类萤火，而遍身金色，背负一片如玻璃，名绿金蝉，亦其类也。

草龙，状如守宫，四足，尾长于身，见人则走，泥虫，咸潮中多有之，可食。

料品

盐，禾秆盐，以禾秆灰煮，其白如雪者，尤良，白沙盐，黄沙盐，生盐。

片糖，俗名黄糖，沙糖。

曲，南方多美酒，不用曲蘖，但杵米粉，杂以众草药。《南方草木状》：曲用山药，饮后头涔涔然。山民有家藏一二年者，火气去尽略佳。又有一种甜酒，名竹叶青，煮糯米为饭以浸之，味甘如蜜，且能补中，比诸品为尤良。

白云茶，以产于狮子头瓶山顶者为上，性最凉，能解积热，不可过饮，西坑茶，黄旗苑，白木香，香粉，山人以水碓舂粉，可为香，靛，纸被，取树皮捣烂制为被，以酒泾过，挪软御寒颇温，贫民间有用之者。

《新宁县志》卷八，赵天锡分纂，赵沅芬、陈颐校字。

卷九　建置略上

城池　炮台附　廨署　学校　坛庙

城池

新宁县城，明弘治十一年（1498）巡抚邓璘、巡按王哲奏请，析新会置新宁县。十二年（1499），知县任钺始以木为栅。十六年（1503），大水，城尽颓。正德间，案：黄《通志》时六年（1511）也，御史周谟命摄令通判朱源改筑，周五百三十丈，高一丈一尺，雉堞[①]一千一百一十二，甃以砖，外植竹为子城。东、西、南为三门，门各一楼，北以逼于山，故不门焉。嘉靖十一年（1532），知县谭才养大修，二十二年（1543），知县王臣又修。隆庆六年（1572），增高五尺。案：李义壮《记》：今墙五尺。张《志》作“四尺”，误。垛九百六十有二，后并为四百八十，窝铺十二。案：张《志》作“二十”。然李义壮《记》，警铺共一十二楹，如旧制。后万历十五年（1587）。陈吾德《记》，乃饰三门楼橹，十二警铺。二十当是十二。传写误也。又置三门，内兵马司一所，城外更楼，城北巡军宿营二所，如旧制。万历十五年（1587），知县揭延植增驰道，周城高三尺，饰三门楼橹，十二警铺。城东南隅建敌楼焉。案：张《志》系敌楼于隆庆六年（1572）。谓本王《志》。然陈吾德《记》，广昌揭侯来尹兹土，又乃就城东南，扼其要害，鼎建敌楼。且王畐亦谓敌楼增在万历丁亥（十五年，1587），距元年癸酉（1573），实万历十五年（1587），非隆庆年也。故改正于此。畐之论曰：“凡城多跨山，居高易控。宁城独否？”东有山三：二在城外，一在城内，名曰“连珠”。外山独高，寇从外窥我虚实可得。此经始之不善也。明万历丁亥（十五年，1587），知县揭延植就东南起敌楼一座镇之，于城上高筑驰道以便登陴[②]。岁久楼倾，未雨绸缪。是在良守邦哉！二十九年（1601），飓风坏城堞，知县熊文华修。三十七年（1609）、崇祯四年（1631），风雨迭作，堞倾者再。

国朝顺治九年（1652），大雨，西城倾，知县凌必显修复。康熙九年（1670），修东、西、南三门城楼。十一年（1672），修圮城，皆知县宁林经理。四十五年

---

① 雉堞：古代城墙上掩护守城人用的矮墙，也泛指城墙。

② 登陴：升登城上女墙，引申为守城。

（1706），知县齐溥修东、西、南三门楼。雍正二年（1724），知县姜朝俊修东、南二十丈。八年（1730），知县萨海署，令黄煌修南门城楼。十年（1732），知县王嵩大修，计一百四十八丈七尺。乾隆五年（1740）题准，部覆动项修葺。二十九年（1764），知县方显倡修南门城楼。三十九年（1774），知县詹昊高筑城南濠，周五百五十丈，广一丈、深五尺，渠三，以泄城中之水。道光二十一年（1841），知县张深修。光绪三年（1877），知县完继美修。十八年（1892），雨，西南倾四丈，寻补复。据阮《通志》、庞嵩《重修城隍庙记》、张《志》、县册参修。

附：隆庆六年（1572）李义壮《记》：予观于今日，而益知城池之不可已也。盖自嘉靖末年以迄于今，倭贼入寇，由建康、两浙入闽，以抵余广。沿海州县卫所内讧，外卫无何，而广海一卫破矣。莆田姚君文炜来知县事，览观形胜，而叹曰："广海与吾新宁唇齿也。今县庳毁，海防摧败，又无一兵可恃，是尚可为国乎？"乃亟谋之寮属[1]，询之父老，皆以为不可缓也。于是翻诸掌故，而见前署县事通判李君桁者，亦尝计议于此，而以财力均派之民。公谓："东南民力竭矣。即征赋犹未可完，而又使倍出，民何以堪？"县旧有没官房屋、田土、牛马等件，共计价值三百五六十金，奸民侵占，守御营房并私相典当，即不追究其罪，而薄征其税，共计价值二百余金，皆先年隐匿不暇究者。至是照数检括[2]还官，并原估纸赎[3]四百余金，几计千两。又计里甲之夫若干，守御军余之夫若干，共计若干。

谋虑既周，制用亦足，具请于总制都御史李公迁、巡按御史赵公焞、广州郡守胡公心得。刻期举事，相土计工，采薪辇[4]石，又择耆老之有行义者三十人，分董其事。守御千户王承宗、典史王澍，亦皆共考其成。旧城广五百三十丈，高一丈一尺，厚倍一丈，加以女墙[5]四尺，共高俭一十五尺。今墙五尺，计二十尺，城有东西，以南三门，门上各楼楹橹三，警铺共一十二楹，如旧制。旧濠六百三十丈，深五尺，广二丈。比年修治不时，湮塞既甚。公又域界，以分役凿池，以筑城濬所，未深通所，既塞未几，而池之深广，亦如旧制。事始于隆庆五年（1571）八月之吉，至今正月成。

新宁之父老小子咸喜，以为久安长治之计，至是始获。念惟姚公之德，延及来世，图报罔称，私何以安。于是请于黉宫[6]博士林君效宾、彭君日芳，具状征

---

① 寮属：僚属，属官。

② 检括：检查，清查。

③ 纸赎：明代打官事的诉讼费，本来应收银两，但也可折谷物交纳。

④ 辇：niǎn，载运，运送。

⑤ 女墙：城墙上的矮墙，也称"女儿墙"。

⑥ 黉宫：又常称孔庙、学宫。

文，刻之竖石，以识公（思）[恩]。予谓："古之善为政者，能知其所缓急，而与时消息焉耳。不善为政者，急其所缓，缓其所急，于是事益偾[1]，民益痺。"公尝殇于虎者，故于莅任之初，而即以此为急务，且其治军实除戎兵，练习以时，简阅有道。凡为倭备，又无不至，不然则前日倭贼之猖獗，直抵城下，残垣败壁尚可守乎？抑又闻之远柔则近辑，外治则内安，广海一卫去城不百里而近，实新宁之大防也。乃今玩愒[2]若此，人心犹尚凛凛也。有世道之责者，其尚深念此哉！而无恃此城池以为安也。

又万历十五年（1587）陈吾德《记》：万历十有五载，日长至[3]，新宁城工告竣事。李千户名臣以书币来请记，曰："惟我宁城创于弘治己未（十二年，1499），于时草昧，卑陋弗壮，厥广轮[4]惟五百丈又三十尺，厥高丈一尺，厥厚倍一尺，雉堞高四尺。东南隅跨城失险，城外山雄峙，逼瞰城中，实犯形势所忌。隆庆辛未（五年，1571），倭寇猝至，登山瞰。我莆田姚侯、丰城邓子龙射却之，贼退。城高五尺，然城上驰道距地仅丈二尺，守望弗便，且岁久，楼橹、警铺倾圮，而外山俯城，卒无以异也。"

广昌揭侯来尹兹土，每登辄叹曰："兹殆兵家所谓挂形者，不可守也。"岁乙酉（万历十三年，1585），侯修学育才，置兵守险，文事武备兼举，百度维新，民用大和。于是请于两院司府，报可。乃鸠工庀材，程能简任，躬亲省试，一砖一木，务极牢致，为久远计。乃就城东南扼其要害，鼎建敌楼，崚嶒[5]高耸，抗压外山，乃筑周城驰道，砌高三尺，以便守者，乃饰三门楼橹、十二警铺，易朽以坚，规制大备，巍然[6]焕然[7]。佥幸宁有金城[8]矣。顾兹庞恩鸿烈[9]，非勒贞珉[10]，曷垂不朽，子大夫其图诸陈吾德曰："城以保民，其道二焉。先几而图存者，智也；临事而卫国者，仁也。方今寓内乂安[11]，侯奉宣德意，洽被蒸黎[12]，宁人安堵[13]乐业，称

① 偾：fèn，败坏，破坏。
② 玩愒："玩岁愒日"的略语。谓贪图安逸，旷废时日。
③ 长至：指夏至。夏至白昼最长，故称。
④ 广轮：土地的面积，东西为广，南北为轮。
⑤ 崚嶒：高耸突兀。
⑥ 巍然：高大雄伟的样子。
⑦ 焕然：光彩的样子。
⑧ 金城：如金属铸成的坚固城墙。
⑨ 鸿烈：伟大的功勋。
⑩ 贞珉：石刻碑铭的美称。
⑪ 乂安：太平无事。
⑫ 蒸黎：百姓，黎民。
⑬ 安堵：安居。

綦隆盛，而居安虑危，为身后千百年计，尤其难者，其忠诚任事，视国如家，岂世之传舍。其官者可同年语耶？昔仲山甫城齐，诗人美曰，夙夜匪懈，以事一人，原其心也。后之继侯者，存匪懈之心，以敬其事。宁为保障，毋为茧丝[1]，则是城永有无形之险矣。尚念之哉。”侯，江西建昌府广昌人，名廷植，字良栋，裘轩，其别号云。

广海卫城，赤溪协镇右营都司驻扎所，即前阳江镇中军游击守备移驻处也。原隶新会，宋置巡检司[2]于此，是为古褥州。明洪武二十年（1387），命都司花茂开创，迁巡检司于望头乡，以其地置卫所。二十七年（1394）建卫城，计丈一千零二十四，垛口八百七十四，敌楼十五，窝铺四十二。三十年（1397），指挥夏必振增筑，周一千九百六十五丈。阮《通志》九百三十二丈九尺，相去大远。县册作“一千零二十四丈”，高二丈二尺，县册高丈一尺。雉堞二千六十五，《通志》二千四百，门四，大楼、月楼如制。门各设兵马司六所。案：张《志》：四门兵马司八所，共二十四间，既云二十四间，则为六所也。故正之。窝铺二十八间。万历二十年（1592），守道大参李同芳议增敌楼，比前加倍。指挥刘承绪、邵荫祖以千百户莫善礼、卜尚仁、何梦鹤董其役，城外子城高六尺、厚二尺，久圮。国朝乾隆二年（1737）、五年（1740），俱准部覆动项修葺，城外为池深五六尺，阔如之。东自燕子窝至城西隅，低可积水。余俱依山开堑。光绪八年（1882），知县曾行崧、都司鲍灿因兵燹，后倡捐大修。据档册、张《志》、县册修。

那扶营砖脚土城，周一百二十二丈四尺，高一丈，厚四尺。在县西南一百二十里，旧系守备驻扎。雍正十三年（1735），改都司，隶肇庆春江协营下。乾隆五年（1740）、嘉庆十五年（1810），俱准部咨动项修葺。同治七年（1868），改都司为赤溪协左营都司，移琼州镇右营守备驻此。据阮《通志》、张《志》、档册修。

[炮台附][3]

大澳观音山石碉楼一座，兵房六间。乾隆五十九年（1794），总督觉罗长麟饬建，楼内炮位四，楼外另建炮台一座，炮位三。嘉庆三年（1798），知县谢涛又于楼后左边增设兵房三间，望楼一座。阮《通志》。

炮台六处，一在荻海埠，一在三义海北岸，一在三义海西岸，一在陡门，一

---

① 茧丝：取人民的钱财，如抽丝于茧，没有止尽。

② 巡检司：明清在县级衙门下设的基层组织。一般设在关津、要冲处，盘查过往行人、稽查无路引外出之人，缉拿奸细、截获脱逃军人及囚犯，打击走私，维护正常的商旅往来等。

③ 原文无[炮台附]，现据目录补。

在烽火角，一在横山。据张《志》并《采访册》修。

案：张《志》有长沙炮台，今属赤溪，不录。

廨署 库监附 考棚附 善堂凉亭附

万寿宫：旧在明伦堂之后，雍正九年（1731），知县王暠恭建，后迁西门外今址。嘉庆十七年（1812）修，同治十年（1871）知县黄恩贵、十二年（1873）知县刘兆霖重修。据张《志》、县册修。

县署：在城中，明弘治十二年（1499）建，正德六年（1511）署县朱源修。嘉靖十一年（1532）知县谭才养修。万历三十年（1602）知县熊文华修。崇祯十二年（1639）又修。国朝康熙六十一年（1722）知县姜朝俊、雍正九年（1731）知县王暠、嘉庆十六年（1811）知县张克振、十八年（1813）知县陈文炳，各重修。道光二十一年（1841）知县张深修。据阮《通志》、庞嵩《城隍庙记》、张《志》修。

按：张《志》：知县王暠于头门外增八字墙，路甃以砖，大堂后新建宅门，以旧宅门为二堂，东西各建书房三间。旧大门上有谯楼，门两旁旧有榜房，左旌善亭，右申明亭，东西两街有“育士”“保民”二坊，俱久圮。惟署后西偏墙外，皆属署基。前明有池馆之胜。旧《志》有记。又西街路北一带，亦署地，尚有地租一款，批解藩库①。

两学署：在崇圣祠左右。案：陈万言《重修学宫记》：左右有庑，教职有署，则署应建在明弘治十三年（1500）。明崇祯十二年（1639）修。国朝乾隆二十九年（1764）、道光十七年（1837）又修。据张《志》修。

考：知县胡大复，以道光十五年（1835）任，明年倡修学宫。疑修学署当在十六年（1836），非十七也。且《事纪略》云：“十六年（1836）重修学宫下云两学署。”

典史署：在县署东，创自前明弘治十二年（1499）。国朝因之。嘉庆十六年（1811）典史刘越重修。张《志》。

城守营新会右营守备署：在第一堡南门街，旧蜚英书院故址。雍正十年（1732）建。张《志》。

广海卫万寿宫：在城内东北县丞署右。《采访册》。

县丞署：在广海，前主簿署也。同治七年（1868），总督瑞麟、巡抚蒋益澧

---

①藩库：清代布政司所属的粮钱储库。

奏，将广海主簿改为赤溪同知，司狱，将县丞移驻广海，改主簿署为县丞署。光绪七年（1881），大风，后堂毁。县丞沈筠捐修复。据档册、《采访册》修。

按：张《志》：县丞旧署在五堡，乾隆二十年（1755）裁新会大瓦司巡检，添新宁县丞，驻扎那骨堡地方，动项建署，并建行署于大澳，每年七八月，拖风渔船出海，即居行署，为之镇抚。二三月，渔船回澳，乃回正署。三十一年（1766）题准，移驻大澳，拆那骨堡旧署，改建。

上川司盐巡检署：在海晏街，旧海蛛场盐大使署。初，嘉庆二十二年（1817），巡抚董教增题，将海蛛场大使改置上川巡检司，并将大使署估变，准于上川改建，随以经费支绌，不果。遂因大使署为署。据张《志》、司册参修。

按：阮《通志》《广府志》、张《志》皆云：盐巡检署在上川，特据部案言耳。司册较实，今从之。

都司署：在寨城内西南，前中军守备署也。初，同治七年（1868），改守备为都司，始以赤溪协右营都司驻此。据《采访册》、档册修。

右哨千总署：旧在广海西门，今驻大澳湾汛。张《志》。

左哨头司把总署：旧在广海东门街，今驻下川大担汛。张《志》。

左哨二司把总署：在广海南门街西。嘉庆十六年（1811）改驻烽火角炮台。同治七年（1868）改为赤溪协右营，左哨存城，把总复扎广海城内，仍管炮台事务。据张《志》、档册修。

右哨二司把总署：原在广海西门。嘉庆十六年（1811）改驻横山炮台。张《志》案：《府志》作“西山墩台”。

上川把总署一所，军装库一间，汛房四间：嘉庆二十二年（1817）建。同治七年（1868）改赤溪协左营左哨头司把总，移驻都斛，将广海寨存城左哨头司外委把总驻此。参张《志》、档册修。

那扶营守备署：即原守备，后改都司署也。东北距县一百二十里，雍正十年（1732）建。参张《志》、营册修。

广海寨较场演武亭：在寨城东北半里，游击敖临重建。张《志》。

军装库火药局：在寨城内前守备署、今都司署东，康熙二十三年（1684）建。参张《志》、档册修。

都斛汛赤溪左营把总署：原广海卫左哨外委千总驻扎。同治七年（1868），将千总拨驻长沙，改原驻上川把总于此。九年（1870）沿制重建。据档册、《采访册》修。

镇口汛把总署：同治九年（1870）题准重建，以雷州营拨置赤溪协左营把总驻此。

牛山汛驻扎外委把总署：同治九年（1870）重建，以三江协拨署，赤溪左营外委把总驻此。

以上三汛兵弁隶赤溪左营，地为县属。

[库监附][①]

库：在县署大堂右，仪仗库三间。据《府志》、张《志》修。

监狱：在县署仪门右，原四间。知县王暠增设四间。张《志》。按：《广府志》，雍正九年（1731）知县王暠详请增建女监[②]一所，殆谓此。

[考棚附]

考棚：在县署西，光绪十八年（1892）知县郑守昌据绅士黄荣熙、李维屏等联禀，仿惠州府博罗县将旧仓废址改建考棚成案，通详大宪[③]，准拨常平仓废址建。据《采访册》。

[善堂凉亭附]

义庄：在城东纱帽山下，光绪七年（1881），为洋运枯骸者建。《采访册》。

明善社：在青云路照墙外，光绪十六年（1890）禀建，以宣讲圣谕。今移宣讲于武庙，以堂为赠医所。《采访册》。

医院：在城东门外，光绪十七年（1891）明善社分赀禀建，为堂一室二，祀吕祖像于正中，又左为方便所，处流寓之老病者。

瞽目馆：在县山顶街。

育婴堂：在广海十字街西，前海矬场盐巡检废署。光绪九年（1883），都司鲍灿会商于知县曾行崧倡建，左堂李联珑成之。其制连递三座，右旁公所二座，旋分设于海宴，又创于都斛冲蒌。

按：阮《通志》曰："粤东育婴之设，肇于康熙三十六年（1697），总督石琳、巡盐御史沈恺曾率同商人云志高购买府城西门第十甫钟氏废园，起建堂室。石琳自为《记》。乾隆四年（1739），以房不敷住，乳母婴儿多散处他所，埠商沈宏甫等四人共捐银一千两，于大东门外子来里，价买民地，另建新堂，计三百余间。

---

① 此目原在"那扶营守备署"条后，现据目录顺序调整至此。

② 女监：专门囚禁女犯人的监牢，使男女犯人得以隔离管理。

③ 大宪：清代地方官员对总督或巡抚的称谓，也指下级官吏对上司的称呼。

署运使王何详准，另行建造。”

方便所、西归亭：在广海北门外，光绪九年（1883）与育婴堂同建。俱同上。

潯洋台：在广海城东山上，因石为址，下有大钟。相传建城时，筑为悬钟之所，有贼则鸣钟警报。光绪八年（1882），都司鲍灿重修。钟款详《古迹略》，据《采访册》修。

上弓岭茶亭：在海晏都，雍正间，知县王暠因僧怀止遗址建，为息肩所。乾隆十年（1745）僧敏志修，同治六年（1867）兵燹[1]后，土人又修。据张《志》《采访册》修。

凉亭六所：在县东南。光绪九年（1883），知县曾行崧倡建于水浸栊，土人因各置于廛禾田、三娘迳、羊坑营、田稠潭、滘口等处。《采访册》。

学校

县学在县治东。明弘治十三年（1500）巡按费镗，以训导何濬详请，乃建殿庑，创堂斋，略定基址。徐琼有《记》，见《金石略》。嘉靖六年（1527），教谕陈宏毅修，犹覆以茅。二十二年（1543），知县王臣扩之，修敬一亭，浚泮池，始建启圣祠，及辟射圃于东。陈元珂有《记》。三十九年（1560）至万历十三年（1585），迭经修葺，知县揭廷植、教谕王士尚倡于庙庭左增建文昌阁，并捐廉置祭器。陈万言有《记》。三十年（1602），知县熊文华修，明年又修棂星门。三十六年（1608）知县朱郁文厘复侵地，修两庑，创围墙栏杆。

国朝顺治十八年（1661），知县郑滋、教谕余鼎藩倡修。康熙二十四年（1685），知县张殿珠、教谕冯玉姿、训导林垄又修。四十二年（1703）知县宜思让、教谕龚朝伟、训导庞吴漳倡开青云路，议建义学、射圃，未举。雍正九年（1731）知县王暠改建明伦堂，堂外奎星楼，改旧明伦堂为崇圣祠，改旧崇圣祠为文昌祠，改旧文昌祠为义学。其棂星门、泮池，一一整饰。乾隆二十九年（1764），知县方显倡捐大修，自大成殿至卧龙墙、福德祠、青云路及两儒学署东西甬道，计经费一万三千两有奇。时议捐项一百两以上者，附入志书。

宋名贤余忠襄祖捐银一千六十员。宋进士同平章事伍珉祖捐银七百四十员。宋兵部尚书李乔木祖捐银六百员。宋翰林伍正祖捐银五百员。孝廉任广西柳州府洛容县知县黄理政祖银四百七十员。唐秘书郎甄济祖银四百三十员。宋进士任大理寺正卿雷复祖捐银四百二十员。生员李处仁祖捐银四百员。赵石溪祖捐银三百

[1] 兵燹：指因战乱而遭受焚烧破坏的灾祸。

四十员。旌奖孝义僎宾生员李邦彦祖捐银三百员。署广州府经历梅永清祖捐银二百三十员。陈嘉豪祖捐银二百一十员。元授广州府儒学教授赵良性祖捐银二百员。余生直祖捐银一百五十员。刘万魁祖、余应昂祖、生员甄倬祖，俱捐银一百四十员。

四十九年（1784），知县夏永淳捐建尊经阁。

道光五年（1825），知县张大凯兼修后围墙。十六年（1836），知县胡大复倡修崇圣祠及两庑、明伦堂。

同治十年（1871），知县王恩贵从邑绅议，派科征粮折半外，其捐百员以上者，仿照乾隆二十九年（1764）故事，兴项大修。

诰封通奉大夫陈月川祖捐田十亩。钦加同知衔、候补主事梅赞荣、千总李向荣，俱捐银一百五十员。宋翰林典章伍佳山祖、钦加同知衔蓝翎彭国端、诰封奉直大夫职员李宗芳祖、江西候补府冯廷元、例贡彭国盛，各捐银一百两。雷道洪一百二十五员。黄辅世一百一十五员。例贡陈缉权、奉政大夫刘启祥、同知衔福荣、例贡何朝钧、蓝翎都府伍腾津，俱捐银一百员。

十三年（1874），风，瓦石俱毁，绅士黄荣熙、李维屏等捐修殿庑、堂斋、祠阁门墙，棂星门仍竖以石，学地周围直四十九丈，横二十九丈八尺。据前后碑记、张《志》、县册参修。

附陈元珂《记》：或问祠祀启圣，古乎？曰："非也"。曰："非古曷制？"诸按祭法，法施于民则祀之。《记》曰："三王之祭川也，皆先河而后海，或源也，或委也。"仲尼之道与天无极，法孰大焉，其流也。与王化相为远迩[1]，施孰普焉。揆诸祭川之义，启圣宜尔先祀，乃旷千载。若废若缺，兹制也。信有作者弗可易矣。乃兹邑艰于创造，虽有其典匪之，或遑非大缺乎？二十一年（1542），同安王侯臣既至，释奠[2]庙廷，周视学宫，出而叹息曰："制度堕矣。且启圣无祠。揆维新之制，谁之责也？"遂图之。

然邑居山谷，地乏五材，百工匪由给，乃下令于旁邑求之。既久始备，乃眡[3]地于学宫之东，置槷[4]正方，筮工卜吉，度木相墁[5]，称饩量事，以嘉靖癸卯（二十二年，1543）季冬晦前三日启工，越明年春三月卒役。中为正堂，修丈七四尺

① 远迩：远近。

② 释奠：古代在学校设置酒食以奠祭先圣先师的一种典礼。

③ 眡：shì，古同"视"。

④ 置槷：亦作"置臬"，设置测日影的表柱。

⑤ 墁：màn，用石、砖等铺饰在地面上。

有一，广修之二崇，寻之三祀，门可容大扃三个，夹傍甃甓[1]，饰白蜃，中亦如之，阶广修五，筵有四，东西为两室，室修一寻[2]，广二九尺之五。前为仪门，广如堂，修半之，崇杀二一尺，门可容小扃四个，旁中甓，蜃亦如之。除广修八寻，西为行门，可容小扃二个，外稍碧塘如泮，环帀[3]竹木，幽深恬郁，轮奂攸佳，郁乎明神之宇祠始隆，然重矣。斯皆侯之绩也。

其冬，元珂小子以纂修至，诸学士乃敷其详请记之。王子曰："夫子作《春秋》，略泮宫之书，以为常事也。奚记之为？"珂曰："非也。夫宁邑僻远，民鲜文德久矣。是祠乃兴文崇圣，作民之大缄，制具而难之者已几十载，民何自观化兴行乎？侯乃能急所重，易所难，是可以不记乎？"遂书之。

又陈万言《记》：弘治十有一年戊午（1498），东粤镇、巡、藩、臬诸臣，以新会海滨之南，去省会已远，当建县立学，以司治教，遂请割新会地，置县治。诏曰："可"。赐县名曰"新宁"。盖取大举征伐之后，欲民更新而宁一之义也。大哉王言！海滨之民，莫不鼓舞，思见德化之成，于是佥宪徐公纮、府丞高公绶，相度以都形胜，卜城北为县。县之东为儒学，然时当草昧[4]，在事者，咸先营县治，而学宫之役未举也。明年庚申（弘治十三年，1500），部使者费公铠檄府通判谭公秀董其役，辨方正位，首建大成殿，次仪门，次棂星门，建明伦堂，凡五楹，左右有庑，教职有署，缭以宫墙，拔民之俊秀者署廪、增、附员，广育才也。给师生廪饩[5]，备其养也。入宫鼓箧[6]，逊其业也。事虽草创，然士气骎骎[7]乎起矣。大宗伯金谿徐公琼为之《记》。

继而征伐频仍，机务劻勷[8]，学宫为风雨薄蚀，屡圮屡葺，而莫为之更张。嘉靖六年（1527），教谕陈宏毅葺之，犹或以茅覆。思昔帝尧茅茨[9]朴桷[10]，屋不垩饰，而致平章协和之治。矧祖宗文命，洽于四国，所贵于虔修俎豆，以妥先师之灵，多士好修，以续斯道之绪，于茅茨奚择焉。际皇上采辅臣议，改大成为先师庙，乃立名宦、乡贤祠，及启圣公祠、敬一箴亭，而规制备矣。岁久，复圮如前，

---

① 甃甓：zhòu pì，井壁，指砖壁。
② 寻：古代长度单位，八尺叫一寻。
③ 帀：通假字"匝"，绕一圈。
④ 草昧：创始，草创。
⑤ 廪饩：又称"食饩"，指明清时经考试取得廪生资格的生员，享受官府发给的廪膳补贴。
⑥ 鼓箧：gǔ qiè，击鼓召集学生，然后打开盒箱，取出书籍。
⑦ 骎骎：qīn qīn，形容事物日趋进步强大。
⑧ 劻勷：kuāng ráng，急迫不安的样子。
⑨ 茅茨：指简陋的居室，引申为平民里巷。
⑩ 朴桷：柞木椽子。

广昌揭公为宰，甫下车谒庙，愀然曰：“学校养贤之地，摧敝若此，长民者之责也。”遂鸠工程材，撤而新之，庙庑堂斋巍然焕然。教谕王士尚捐俸，以置祭器，购坟典[1]，诸弟子员推尹之意，复鐻金建文昌阁于学宫之左，祀司禄、司命星，以昌大我文事也。事既竣，行释奠。

王士尚偕训导梁一道绍介庠生萧良辅、朱应庚属记于余。陈万言曰：“古者，天子建立邑，以先教学，以阐化民成俗之仁，命将出师受成于学，以彰戡定祸乱之义。夫既奋武卫，必揆文教，犹之大冬严霜，其后必继以阳春，一张一弛，文武之道也。新宁本用武之国，揭公际此昌运，四郊无警，海波不扬，公之善政，不可殚述，而最加意于文事。公育多士，习之以诗书礼乐，迪之以纲常伦理，而又课之以功令，率之以身教，饰其黉序[2]，以新其耳目，而作其意气，立学田以周诸士之贫，而恤其私，一时人民斌斌乎埒乎诸郡。大宗伯所谓‘俄顷立教，一举三人，于斯为盛矣。’且太史陈献章崛起新会，近奉诏从祀先师庙庑。会乃多士之旧邦，去太史公之居，若此其近也，其于无欲而静，勿忘勿助之学习闻之矣。古云：‘三王之祭川也，皆先河而后海。’多士欲师圣人，先法太史，亦先河后海之义也。夫然后不负祖宗朝振民育德之仁，贤有司作新之意，苟或修其业以干进[3]徇名[4]，于身心无补，岂非玷学校而辱太史公之乡也哉！尔多士勗之。是为记。

凡春秋，释奠于先师之礼，以四配、十二哲侑飨。殿中以先贤、先儒从祀两庑。先师孔子正位，南向，四配复圣颜子、述圣子思子，东位，西向。宗圣曾子、亚圣孟子，西位，东向。东序先贤闵子损、冉子雍、端木子赐、仲子由、卜子商、有子若。西序先贤冉子耕、宰子予、冉子求、言子偃、颛孙子师、朱子熹，位均东西向。

东庑先贤公孙侨、林放、原宪、南宫适、商瞿、漆雕开、司马耕、梁鳣、冉孺、伯虔、冉季、漆雕徒父、漆雕哆、公西赤、任不齐、公良孺、公肩定、鄡单、罕父黑、荣旗、左人郢、郑国、原亢、廉洁、叔仲会、公西舆如、邽巽、陈亢、琴张、步叔乘、秦非、颜哙、颜何、县亶、牧皮、乐正克、万章、周敦颐、程颢、邵雍，位西向。

西庑先贤蘧瑗、澹台灭明、宓不齐、公冶长、公皙哀、高柴、樊须、商泽、巫马施、颜辛、曹恤、公孙龙、秦商、颜高、壤驷赤、石作蜀、公夏首、后处、

① 坟典：三坟、五典的并称，为古代典籍的通称。

② 黉序：古代的学校。

③ 干进：谋求仕进。

④ 徇名：舍身以求名，“徇”通“殉”。

奚容蒧、颜祖、句井疆、秦祖、县成、公祖句兹、燕伋、乐欬、狄黑、孔忠、公西蒧、颜之仆、施之常、申枨、左邱明、秦冉、公明仪、公都子、公孙丑、张载、程颐，位东向。

东庑先儒公羊高、伏胜、毛亨、孔安国、后苍、许慎、郑康成、范宁、陆贽、范仲淹、欧阳修、司马光、谢良佐、罗从彦、李纲、张栻、陆九渊、陈淳、真德秀、何基、文天祥、赵复、金履祥、陈澔、方孝孺、薛瑄、胡居仁、罗钦顺、吕枏、刘宗周、孙奇逢、张履祥、陆陇其、张伯行。

西庑先儒谷梁赤、高堂生、董仲舒、刘德、毛苌、杜子春、诸葛亮、王通、韩愈、胡瑗、韩琦、杨时、游酢、尹焞、胡安国、李侗、袁燮、吕祖谦、黄榦、辅广、蔡沈、魏了翁、王柏、陆秀夫、许衡、吴澄、许谦、曹端、陈献章、蔡清、王守仁、吕坤、黄道周、陆世仪、汤斌，位均东西向。据部颁《祀位图》、学册修。

庙后建祠曰“崇圣”，中设肇圣王木金父左，裕圣王祈父右，诒圣王防叔左次，昌圣王伯夏右次，启圣王叔梁纥，位皆南向。

祠内配飨，先贤孔孟皮、颜无繇、孔鲤，东位，西向；曾点、孟孙氏，西位，东向。两庑从祀先儒，东庑周辅成、程珦、蔡元定，西庑张廸、朱松。

历代褒崇祀典，汉高祖十二年（前195）过鲁，以太牢祀孔子。平帝元年（1），初追谥曰“褒成宣尼公”。安帝延光三年（124），祀孔子及七十二子于阙里。魏正始七年（246），命太常释奠，以太牢祀孔子于辟雍，以颜渊配。晋武帝（太）[泰]始七年（271），皇太子亲释奠太学。宋文帝元嘉二十二年（445），太子释奠，采晋故事。裴松之议：舞八佾，设轩悬之乐。北魏文成帝诏宣尼庙，别敕有司行荐享之礼。北齐每月朔，祭酒领博士以下及学诸学生以上，谒庙行礼。

隋制：州县学以春秋仲月，释奠。

唐太宗贞观二年（628），从左仆射房（元）[玄]龄议，尊孔子为先师，而以颜回配。诏天下诸学释奠先圣先师。刺史为初献，上佐为亚献，博士为终献。贞观二十一年（647），诏天下以左邱明、卜子夏、公羊高、谷梁赤、伏胜、高堂生、戴圣、毛苌、孔安国、刘向、郑众、杜子春、马融、卢植、郑元、服虔、何休、王肃、王弼、杜预、范宁、贾逵等从祀尼父庙堂。高宗乾封元年（666），追赠孔子为太师。总章元年（668），赠颜回太子少师，曾参太子少保，皆配享。开元二十七年（739），追谥孔子为文宣王，赠颜子兖国公，闵损等九人为侯，曾参等为伯。

宋太宗建隆三年（962）诏，庙门十六戟。真宗咸平中，追谥孔子为元圣文宣王。寻以犯祖讳，改至圣。仁宗景祐元年（1034）诏，释奠用登歌。神宗元丰七年（1084），以孟子同颜子配食，宣圣荀况、扬雄、韩愈并从祀。大观二年（1108）诏，以子思从祀。四年（1110）诏，庙门用戟，文宣王执镇圭，并用王者制。徽宗崇宁四年（1105），从司业蒋靖议，文宣王冕十二旒，服九章。理宗淳祐元年（1241），加周敦颐、张载、程颐封爵，与朱熹并从祀。景定二年（1261），加张栻、吕祖谦封爵，从祀。度宗咸淳三年（1267），以颜、曾、思、孟为四配，与闵损等并升颛孙师为十哲，列邵雍、司马光于从祀。

元成宗大德十一年（1307），加孔子号曰："大成至圣文宣王"。仁宗皇庆二年（1313），以许衡从祀。文宗至顺元年（1330），加封四配颜、曾、思、孟为复圣、宗圣、述圣、亚圣各公爵。是年，又加孔子父母封爵，始以董仲舒从祀。

明初诏，正诸神封号，惟孔子特仍其旧。洪武十五年（1382）始诏，天下儒学通祀孔子，颁释奠仪。十七年（1384），敕每月朔望，祭酒以下行释菜礼。郡县长以下诣学行香。二十六年（1393），颁大成乐器于天下，令州县如式制造。二十九年（1396），黜扬雄从祀，进祀董仲舒。

永乐八年（1410），正文庙圣贤，绘塑衣冠，令合古制。

正统元年（1436），刊定《从祀名爵位次》，颁行天下。二年（1437），以宋胡安国、蔡沈、真德秀，元吴澄从祀。三年（1438），禁祀孔子释老宫。又令天下祭丁品物，非其土产者，鹿以羊代，榛枣以其地所产果品代。

成化二年（1466），封董仲舒为广川伯，胡安国建宁伯，蔡沈崇安伯，真德秀浦城伯。

弘治九年（1496），封宋杨时为将乐伯，从祀。

嘉靖九年（1530），从辅臣张璁议，改封为至圣先师孔子，四配为复圣、宗圣、述圣、亚圣。从祀十哲及门弟子，称先贤，左邱、公羊氏以下，称先儒。去塑像，设木主，罢公侯伯诸封爵，申党、申枨，党即枨，去党存枨，公伯寮、秦冉、颜何、荀况、戴圣、刘向、贾逵、马融、何休、王肃、王弼、杜预、吴澄十三人，俱罢祀。林放、蘧瑗、郑众、卢植、郑元、服虔、范宁七人祀于其乡，进后苍、王通、胡瑗、欧阳修从祀。又以行人薛侃议，以陆九渊从祀。改称大成殿为先师庙，门为先师门。

乐章凡称王者，并易为师。明初，释奠用登歌，堂上堂下之乐咸备，乐舞用六佾。正统十二年（1447），从祭酒周洪谟所请，加十二笾豆，乐舞八佾云。万历五年（1577），以薛瑄从祀。十一年（1583），以陈献章、王守仁、胡居仁从祀。

国朝康熙二十年（1681），颁学宫祭礼。二十五年（1686）御书"万世师表"

匾，敬悬大成殿。三十八年（1699）御制至圣及四配赞，镌石明伦堂。四十一年（1702）御制训饬士子文，镌石建亭学内。五十四年（1715）诏以宋儒朱熹升祔十哲之次，以宋臣范仲淹从祀。命武职许入文庙，与文职一体行礼。

雍正元年（1723）命改启圣祠为崇圣祠，追王五代，命加文庙祭品太牢一、笾豆各一。二年（1724）诏，复祀林放、蘧瑗、秦冉、颜何、郑康成、范宁，增祀县亶，牧皮、乐正子、公都子、万章、公孙丑、诸葛亮、尹焞、魏了翁、黄幹、陈淳、何基、王柏、赵复、金履祥、许谦、陈澔、罗钦顺、蔡清、陆陇其，又增祀张迪崇圣祠。三年（1725）御书"生民未有"匾，敬悬大成殿。八年（1730）颁圣祖仁皇帝御纂《性理精义》《诗经传说汇纂》《春秋传说汇纂》，刊布学宫。

乾隆三年（1738）御书"与天地参"匾，敬悬大成殿，诏升有若于十哲，移朱子位于西，增吴澄从祀，位于东庑。颁《十三经注疏》《二十三史》各书籍，刊布学宫。

嘉庆四年（1799）御书"圣集大成"匾，敬悬大成殿。

道光二年（1822）诏祀刘宗周于西庑，位蔡清之次。三年（1823）御书"圣协时中"匾，敬悬大成殿。诏祀汤斌于东庑，位罗钦顺之次。五年（1825）诏祀黄道周于东庑，位罗钦顺之次。六年（1826）诏祀吕坤于西庑，位蔡清之次，祀陆贽于东庑，位王通之次。八年（1828）诏祀孙奇逢于西庑，位吕坤之次，祀文天祥于西庑，位何基之次。二十九年（1849）诏祀谢良佐于东庑，位杨时之次。

咸丰元年（1851）御书"德齐帱载[①]"匾，敬悬大成殿。诏祀李纲于西庑，位胡安国之次。二年（1852）诏祀公明仪、韩琦于东庑。七年（1857）诏以孔氏孟皮配飨崇圣祠，东位西向，祀公孙侨于西庑，位林放之上。九年（1859）诏祀陆秀夫于西庑，位许衡之上。十年（1860）诏祀曹端于西庑，位陈献章之上。

同治元年（1862）御书"圣神天纵"匾，敬悬大成殿。二年（1863），礼部奏请，更定先贤、先儒位次，移孔安国、郑康成、范宁、司马光、谢良佐、李纲、张栻、陆九渊、真德秀、何基、文天祥、金履祥、陈澔、薛瑄、刘宗周、孙奇逢、张履祥、陆陇其，位于东庑，移董仲舒、杜子春、诸葛亮、王通、韩琦、杨时、李侗、吕祖谦、蔡沈、魏了翁、王柏、吴澄、许谦、曹端、王守仁、黄道周、汤斌，位于西庑；又诏祀毛亨于东庑，位孔安国之上，祀方孝儒于东庑，位薛瑄之上，祀吕枏于东庑，位刘宗周之上。七年（1868）诏祀袁燮于西庑，位吕祖谦之上。

① 帱载：dào zǎi，指天地之德。

光绪元年（1875）御书“斯文在兹”匾，敬悬大成殿。二年（1876）诏祀陆世仪于西庑，位黄道周之次，祀许慎于东庑，位后苍之次。四年（1878）诏祀刘德于西庑，位董仲舒之次。五年（1879）诏祀张伯行于东庑，位陆陇其之次。六年（1880）诏祀辅广于西庑，位黄幹之次。十九年（1893）诏祀游酢于西庑，位杨时之次。

附《续通考》：明嘉靖九年（1530），用大学士张孚敬等议，厘正祀典，撤去塑像，改大成至圣文宣王为至圣先师孔子，神位木主高二尺三寸七分，阔四寸，厚七分，座高四寸，长七寸，厚三寸四分。朱地金书四配，神位木主各高一尺五寸，阔三寸二分，厚五分，座高四寸，长六寸，厚二寸八分。十哲以下，凡门弟子，皆止称先贤某子，神位木主各高一尺四寸，阔二寸六分，厚五分，座高二寸六分，长四寸，高二寸。左邱明以下，称先儒某子，神位木主各高一尺三寸四分，阔二寸三分，厚四分，座高二寸六分，厚二寸，俱赤地黑书。

钦颁卧碑文，顺治九年（1652）奉颁勒石明伦堂。

朝廷建立学校，选取生员，免其丁粮，厚以廪膳，设学院、学道、学官以教之。各衙门官以礼相待，全要养成贤才，以供朝廷之用。诸生皆当上报国恩，下立人品，所有条教，开列于后：

一、生员之家，父母贤智者，子当受教；父母愚鲁，或有非为者，子既读书明理，当再三恳告，使父母不陷于危亡。

一、生员居心忠厚，正直读书，方有实用，出仕必作良吏。若心术邪刻，读书必无成就，为官必取祸患，行害人之事者，适以自杀其身，常宜思省。

一、生员不可干求官长，交结势要，希图进身[①]。若果心善德全，上天知之，必加以福。

一、生员当爱身忍性，凡有司官衙门，不可轻入，即有切己之事，止许家人代告，不许干与他人词讼，他人亦不许牵连生员作证。

一、为学当尊敬先生，若讲说皆须诚心听受，如有未明，从容再问，毋妄行辨难。为师者亦当尽心教训，勿致怠惰。

一、军民一切利病，不许生员上书陈言，如有一言建白，以违制论，黜革治罪。

一、生员不许纠党多人，立盟结社，把持官府，武断乡曲[②]，所作文字，不许

① 进身：被录用或提升。

② 武断乡曲：指凭借势力在民间横行霸道。

妄行刊刻。违者，听提调治罪。

宁阳书院：在城西王侯祠右。乾隆十八年（1753）训导李乾统以王侯祭产余赀，建室三楹，颜曰“义学”。三十五年（1770）摄令康基田增筑头门一座，以原建之堂为讲堂。堂左附建厂厅，设周、程五子木主，并白沙陈子木主，遂定今名焉。其东折北之藏书楼，亦手建也。五十二年（1787），知县南炙曾于讲堂右厂厅前，各增学舍。六十年（1795），知县万应馨以课费不敷，拨官田三十亩，膏火始有取给。万枀有《记》。嘉庆二十五年（1820），知县江涵暾重修。有《记》。光绪八年（1882），邑人以其地湫隘[1]，禀请县令曾行崧，购民房于连珠山麓，另创新址，东西有斋，前翼以墙，迁祀六子木主于讲堂，迁原书木额于头门，所有木刻一一徙置，而书院有二。据万枀《宁阳书院记》、张《志》《采访册》修。

案：张《志》：宁阳书院，在西门外旧文昌祠，知县王暠改建。今考王《志》：文昌祠，旧在城隍庙之西，雍正十年（1732），知县王暠迁神像于旧崇圣祠，在明伦堂之东。夫城隍庙即今庙也，明伦堂亦今堂也。俱在城内相依倚，则文昌祠未尝在西门外，明甚。考万历二十八年（1600），教谕滕之俊《创建文昌宫记》：甲午（万历二十二年，1594），先令王公于西城隅建阁，实当学宫之庚方。然之俊所谓王公，以《职官表》年代考之，当为王学尹。张《志》岂以书院亦居学宫庚方，因误前明王学尹所建之阁为王暠所改之文昌祠欤。且王《志》书院一门，只载旧蜚英书院，并无宁阳书院名目，则非王暠改建，亦明甚。但王《志》云：“改旧文昌祠为义学”，而书院原始亦是义学。张《志》因此一误而俱误耳。以今考之王暠所改义学，当在今之城隍庙、文昌宫交界处，嗣因各有增扩，遂侵没其故址也。

附万枀《记》：宁阳向无书院，自乾隆癸酉（十八年，1753），学博李公乾统，因王侯祠产有赢余，遂于右偏建室三楹，俾邑中有志之士，读书其中，给以膏火，名曰“义学”。今藩伯康公基田，以庚寅（乾隆三十五年，1770）孟冬来摄邑篆，谓学校不兴，为宰之责也。捐赀创建头门，额曰“宁阳书院”。改义学之室，额曰“讲堂”。堂前承以轩，额曰“立雪”。堂之左建旁厅，额曰“敬业乐群”。楹前有井构回廊，额曰“印月”。开月窦以达祠堂之后，有池接以小轩，号曰“心镜”。折而东建楼三楹，额曰“藏书翼”，以左右二室翼，置经史以资学者博览，惜乎未竟厥心。

丁未岁（乾隆五十二年，1787），前令南公炙曾又于讲堂之右，厂厅之前，各增置学舍若干楹。予任应馨来，稔知[2]经费不敷，堂课日供膳二餐，每名给以纸笔

---

① 湫隘：居处低湿狭小。

② 稔知：深知，熟知。

之费。乙卯岁（乾隆六十年，1795），又拨入官田三十亩，以充肄业，膏火有资，弦诵之暇，登临眺望，可以游目骋怀，涉园鉴水，林亭美荫，可以偃仰游息，书院之制既完且美。夫事无大小，功无远近，关乎学校，有裨教化，得以永远勿替，历久弥新，当其始也。不过随其力而为之基，何尝有求备之意。及其继也，或仍其旧而新之，或因其机而更张扩大之，日增月益，使后之人过而识之曰："某事某公之初创也，某事某公之踵事增华也。"虽身不受其惠，莫不健羡[①]慨慕[②]者，何也？事关学校，而教化之所从广布也。岁在甲寅（乾隆五十九年，1794），宁阳绅士延予承乏[③]讲席，暇日过从，因为缕述颠末，并嘱余作记。

余思书院之设，王侯之遗泽，不待言矣。若李公、若康公、暨南公种种设施何？莫非鼓励后学之深心耶！吾愿来学多士，务求实学，勿借此以弋虚名，勿藉此以窥小利，读圣贤书，求圣贤事功，异日掇科名，入仕途，膺朝廷，民社之责，兴文造士，施厚泽于当时，垂令名于后世，庶不失前贤侯之意也。余才疏识浅，不足为多士楷模，而私心欣企一若情不能已，敢僭为之记，以为来学者劝。时乾隆甲寅（五十九年，1794）孟秋望日也。

又江涵暾《记》：衣冠者，先王之法服。诗书者，圣贤之法言。士所以加一人等也。然不登大雅之堂则不习，不亲师友之益则寡闻。古圣王观人文而成化，士就燕间，学分庠序，俾之群萃州处，相观相摩，以励其德行。夫然后通古今、达事变，发为文章，措诸事业，以成一代文明之治，后世遵而行之。此书院之所由建也。然而法意之良美，创之难，守之难，废而举之，则亦难。其始也，土木之工，先资众力；其继也，延师之修脯，奖士之膏油，必岁入有常，乃可源源不匮，故综理其事者，首在得人。

余尝默察其故，而知其人难矣。夫集众人之力以图功，而独揽其出入之柄，疑忌之地，谤易兴焉。故硁然自守者不肯为，即疏于世故者又不能为。若滥任之，则岁愈久，弊愈滋。源之塞者，其流必竭，得其人则事兴，不得其人则事废，非虚语也。

宁邑僻处海滨，不通商贾，农力耕，士力学，村建文昌之楼，祠置诸生之谷，所以佑文风，奖后进者，法至善也。旧有蜚英书院，坐第一堡南门街，岁久圮废，自前明王公讳尚贤者来治斯邑，特捐廉创造宁阳书院于西门之外而学校兴，士之食其德而被其教者，盖数百年于兹矣。公卒后，士民感其义，建祠于书院之东，

① 健羡：非常仰慕，非常羡慕。

② 慨慕：感叹仰慕。

③ 承乏：暂任某职的谦称。

岁有常祀。未几，而公之子命璿果巡按来粤，得瞻庙貌，加置学田百亩，岁入息谷，为劝学之资，以成父志。

呜呼！善报之不爽有如此者，后百有余年，而康公至焉。其时院宇将圮，葺而新之。后嫌卑狭，增扩书斋，广置义田以助课费，而文教之不坠，遂得绵绵延延，以至于今。

今则祠宇讲堂又半圮矣。前置学田，半为豪强侵并，司事者义愤上讼，经费空耗，而存田愈少，生息愈微，肄业者有膏火之名，而无其实。故就业者寡，垣倾栋折，蔓草升堂。余滋愧矣，心窃伤之，与邑中诸贤士劝题得集银一千四百两有奇，于是构工石、运土木，扫除其旧而更张之。不三月，而焕然一新。因延榜贡余君德理为师。

余每履其地，见学士爰居爰处，诵弦不辍，诗书之泽，已盎然于城市郊野之间矣。从此人才蒸蒸蔚起，出其所学，黼黻[①]圣世隆平之治，则所以陶冶而成之者，皆书院之力也。然非执事者不辞劳瘁，不避嫌忌，黾勉[②]从事，其何以得此轮奂之美，庭宇之多，而攸芋攸宁若是哉？所谓得人而事兴者，不益信乎！余既喜其事之有成，而嘉其执事者之能用力，必能善其后，而不没王公之志也。于是乎书。

案：江《记》作“前明王尚贤建”。考王《志》固无明文，即王尚贤宦绩传，亦不一及。未审江《记》何本，究不如《续志》，万桀《宁阳书院记》之足据也。万桀，江南人，贡生。

文海书院：在文村北隅。乾隆三十五年（1770），知县康基田建。道光十五年（1835）圮，文村乡人陈族捐修。张《志》。

潭州书院：在莘村，知县康基田建。李处仁祖等斥租田五顷，为师生各费。

溽海义学：在广海城，道光二十七年（1847）建。张《志》作“康基田建”，误。初，邑令康基田建海广书院于十字街东，日久摧颓，始迁今址。知县林当春以沙堤湾铺地，及北湾外坦，拨置膏火。据张《志》《采访册》修。

琴溪书院：在五堡那琴墟，嘉庆二十二年（1817）县丞沈志仁倡建。道光十九年（1839），县丞陶应荣详拨那扶禁铺五间，永充膏火。据张《志》《采访册》修。

潭溪书院：在都斛街，道光辛丑年（二十一年，1841）建。邑令张深书额，进士陈司爟有《记》。

---

① 黼黻：谓辅佐。

② 黾勉：勉励，努力。《诗经·邶风·谷风》：“黾勉同心，不宜有怒。”

观海义学：在海宴街，光绪五年（1879）建。

康和书院：在三合。

丽泽书院：在潮境白沙。

汇川书院：在下川。

昇平义学：在冲蒌墟。

均和义学：在海口埠，光绪五年（1879）建。

瑞应书院：在西宁市，光绪十七年（1891）建。以上据《采访册》修。

坛庙

社稷坛：旧在城西门外归化坊。雍正十年（1732）知县王暠改建东门外，每岁春秋二仲上戊日致祭。据张《志》修。

风云、雷雨、山川坛：旧在城南门外连珠山下，雍正十年（1732）知县王暠奉文改建北郊三台山下，春秋致祭。张《志》。

先农坛：在城东郊，坛深二丈五尺，宽三丈六尺，高一丈一尺。坛台方三丈，高三尺。拜台方三丈，高一尺。傍有官厅，藉田四亩九分。初，雍正四年（1726）准，奉天府尹、直省督抚及所属府州县卫各于所治地方，择洁净之地，设立先农坛及藉田。自雍正五年（1727）为始，每岁仲春之日，各率所属官及耆老、农夫致祭。据阮《通志》、张《志》修。

厉坛：明洪武三年（1370）定制，岁以清明及十月朔日，遣官致祭。前期七日，檄京都城隍祭日，设京、省城隍神位于坛上，无祀鬼神等位于坛下之东西，羊三、豕三、米饭三石。王国祭国厉，府州祭郡厉，县祭邑厉，皆设坛城北，一年二祭如京师。里社则祭乡厉，后定郡邑厉、乡厉，皆以清明、七月十五日、十月朔日。坛旧在城西，雍正十年（1732）知县王暠改建普陀岩后。据《广府志》、张《志》修。

文昌宫：在城隍庙西。万历三十八年（1610）因戊子间废阁遗址建堂三楹，奉神塑，议建头门，不果。滕之俊有《记》，见《金石略》。雍正十年（1732）知县王暠，迁建明伦堂东旧崇圣祠，以旧祠改义学。考祠与义学，疑亦不外今址。曩时[①]，各祠庙规制未备，地足相容。后因各加宏敞，遂侵吞其地耳。乾隆四十二年（1777）修建后座，四十九年（1784）续前座，如堂制，建大魁楼于中。嘉庆六年（1801），奉旨列入祀典，春秋致祭，礼仪视武庙。同治十年（1871），派科

① 曩时：往时，以前。

重修，易魁楼北向。据前后碑记，张《志》修。考文昌，初未入祀典，所在听民间致祭，不主于有司，庙亦无专地，故乡间多有之，今不尽载。

关帝庙：在旧千户所之西，中奉神像，被以衮冕①。每春秋仲月及五月十三日致祭。雍正三年（1725），追封三代公爵，设主虔供后殿。嘉庆十九年（1814）十二月，奉旨加封仁勇二字，神牌敬书“忠义神武灵佑仁勇关圣大帝”。咸丰六年（1856），又奉诏封三代王爵。据张《志》、县册修。

城隍庙：在学宫东。明弘治十二年（1499）建。正德六年（1511）署县朱源、嘉靖十一年（1532）知县谭才养，二十二年（1543）知县王臣，三十五年（1556）知县潘相迭修。庞嵩有《记》，见《金石略》。万历二十九年（1601），知县熊文华以风雨倾塌，重创建。有《记》，见《金石略》。乾隆五十七年（1792）修。道光元年（1821）知县江涵暾，十七年（1837）知县许乃蕃，咸丰二年（1852）知县陈其昌又修。光绪十一年（1885），邑人醵金数万，撤而新之，为向所未有。据张《志》、前后碑记修。

王《志》：城隍神旧无所考。惟唐李阳冰有《当涂城隍庙记》，则神始于唐矣。明洪武十七年（1384）定制，直称曰：“某府某州某县城隍之神”。

天后宫：在城西正街。乾隆三十三年（1768）重修。道光二十六年（1846）知县林当春又修。同治十年（1871）知县黄恩贵、刘兆霖继修。其神像、章服、旒冕②如后制。岁以春秋二仲癸日行奠，礼仪视名宦祠。据张《志》、县册修。

谨按：天后，宋封“顺济昭应灵惠夫人”。元至元二十五年（1288），加封“南海广祐明著天妃”。明封“护国昭孝纯正灵应孚济圣妃”。国朝康熙十九年（1680），封“护国庇民妙灵昭应宏仁普济天后”。乾隆二年（1737），加封“福佑群生”。二十二年（1757）加封“诚感咸应”。丁酉年（乾隆四十二年，1777），平台湾林逆，又加封“显神赞顺”。

名宦祠：在文庙戟门之左。崇祀明知县邱泰、顾瑗、张文造、黄国彦、王尚贤，教谕蔡佑、张绎、陈宏毅，国朝巡抚杨文乾、王来任、杨宗仁、朱宏祚，总督祁墳。

乡贤祠：在戟门右。崇祀宋义士伍隆起，元南恩州教授罗蒙正，明赠冠带李桂、义士伍骥。国朝新贵知县梅命夔、解元陈遇夫。

---

① 衮冕：即衮衣和冕，是古代皇帝及上公的礼服和礼冠，是皇帝等王公贵族在祭天地、宗庙等重大庆典活动时穿戴用的正式服装。

② 旒冕：旒，liú，古代旌旗下边或边缘上悬垂的装饰品，指古代帝王礼帽前后悬垂的玉串，意指古代帝王或诸侯在正式场合所戴的冠。

忠义孝弟祠：在学宫右。崇祀宋义士伍隆起，明义士伍骥，国朝赠都司冯俊。

节孝祠：在草荫街旧东坡书院，按察分司行署废址。雍正二年（1724），奉敕建，原一座三间。乾隆五十四年（1789）重修，道光二十六年（1846）知县李延福撤土墙，易砖柱，每间增二座，改旧坊为戟门，甬道甃以石，延福自为《记》。同治四年（1865），署训导李维瑶援总旌例，倡采应旌妇女一百九十二名，详奏蒙允，与旧主一例同祀。光绪元年（1875）修牌坊，其春秋丁祭，由县派分。据张《志》、前后碑记、县册修。

真武庙：在城南。本知县凌必显遗爱祠改建，以必显配食于左。张《志》。

按：张《志》：南门外莲花山林麓间，颇具胜观，有龙湖庙，祀真武。湾边村有真武庙。然迩来乡间祠庙颇多，今不尽载。

真武行宫：在南门外永定坊。本去思祠，祀明城守刘跃门、霍鎜、常立林，后为真武行宫，以三人旁祀，有祭田九坵，中税六亩，在文章都三图七甲蔡应荣户。张《志》。

医灵庙：在城东门街。《采访册》。

龙潭庙：在城南河外，祀龙母，旁祀汉征士华佗，祈药多验。据张《志》修。

王侯遗爱祠：在城西归化坊，祀明知县王尚贤，祭田九十亩零四分一厘零。张《志》。

按：《王侯祠寝室记》《祭田记》载：建祠置田，俱系生员麦世英、余良弼督理。道光二十年（1840）代理县王治溥以前县王暠附祀祠内，拨官田一亩三分四厘，给照绅士奉祀。

王巡抚祠二：一在矬峒都莘村，一在海宴都那马村，祀巡抚王来任。康熙八年（1669）疏请复界，沿海居民得复故业，故祠以报之。张《志》。

杨侯遗爱祠：在城西宁阳书院右，祀知县杨德懿，后配以广海主簿王言、宁坊千总黄应祥、典史戚士清。《采访册》。

昭忠祠：在王侯祠之左，同治四年（1865），蒋巡抚益澧捐廉饬建，祀征客逆殉节翁桂秋、王东林。东林，《府志》作“东琳”，误。贺国辉三副将，尚昌懋都统书“克完大节”堂额。《采访册》。

万安祠：在西严寺右侧，祀无后者，康熙五十九年（1720），邑人建。乾隆二年（1737），知县王暠添建头门两廊。据张《志》修。

广海卫城隍庙：立城时建于西门内，光绪十四年（1888）修。

文昌宫：在十字街东，嘉庆癸酉（十八年，1813）迁建万寿宫后山巅。光绪十二年（1886）复旧。

武庙：在广海城十字街之东，一在万寿宫前，嘉庆壬申（十七年，1812）建。

天后宫：在广海城南门湾，与城同建。光绪十四年（1888）重修。

东岳庙：在广海城西郊外。

龙王庙：在寨城南门湾。考：龙神自雍正五年（1727）奉旨，龙神散布霖雨，福国佑民，京师业经虔供，复造各省大小二像，命守土大臣迎奉。是年，遣韶州府通判陆柱国赴京恭迎到粤奉祀。乾隆五十年（1785）尝颁御书匾额曰："灵泉昭贶"。

报德祠：在广海卫城西门街，祀展界王中丞来任，与题豁加增鄂大司马弥达。

恩主祠：原广海城东乡约亭旧址。同治十年（1871）建，祀调兵复城总督刘长祐、按察吴昌寿、总兵卫佐邦各员。

忠勇祠：在牛尾山，祀广东补用副将翁桂秋、副将王东林、副将贺国辉，以死难乡勇配飨。

矬峒义勇祠：莘村、都斛、南村、丰江、上泽、海口埠皆有之，祀咸同间御客匪阵亡乡勇。

海宴义勇祠：在横江墟西隅，一在沙栏墟，祀咸丰六年（1856）、同治初年御客匪乡勇之死事者。以上据《采访册》修。

亭前庙：在潭溜河北岸，雍正十二年（1734），吴总督疏河时建，祀天后。乾隆元年（1736）知县王暠，奉文浚溜，课功于此。又上川、三洲岛有天后宫。据张《志》、王暠《重修亭前庙记》修。

考：天后庙颇多，然皆创自民间，或非建在要地，概不阑[①]入。

绥靖伯庙：所在有之，祀宋校尉陈仲真，向为老官庙。道光二十三年（1843）封今爵。据张《志》《采访册》修。

三娘古庙：在三娘迳南山麓，祀元烈妇陈赵氏。《采访册》《府志》、邑志有传。

按：张《志》载，丰稔庙在城东门外，又禾谷夫人庙，在在有之。自注《通志》云："禾谷夫人，后稷母姜嫄也。"其说无稽。夫无稽则淫祠矣。附辨于此。

《新宁县志》卷九，李启焜分纂，赵沅芬、陈颐校字。

① 阑：同"栏"，"阑入"指进入不应进去的地方。

卷十　建置略下

梁津　水利附　堤路　村庄　墟市　邮铺

梁津

桥梁

迎恩桥：俗名“拱桥”，在县城西关。张《志》。

河口桥：在迎恩桥下流。雍正间，生员李邦彦建。河口为城厢内外并城北诸山水所出，日久河底淤塞，每逢大潦，常患浸溢。同治间，知县刘兆霖倡浚河口，阔数丈，上至迎恩桥，并改河口之路，合归过迎恩桥，然后分路，又将河口桥之石迁入城内甃路，而桥遂湮。据张《志》《采访册》参修。

上荫桥：在县城南门河外。张《志》。

山涌桥：在县城西白水，谭姓修。

大洋美桥：在县南。

碧溪桥：在县西。明万历三十一年（1603）知县熊文华建，久废。

饶宪学《创碧溪石桥记》：邑之西五里许，有碧溪焉。源均发于百峰山，其支一自城东绕南而西，一自城东旋而北绕，至此合为一。盖邑之关键也。向有桥，以木为之，递修递废。春夏水溢，涉者病焉。辛丑（万历二十九年，1601）八月，邑侯熊公来莅兹土，入那西，过白水，适秋水灌河，两涯之间，不辨牛马，向若兴叹，舆徒[1]并艰。乃焦思拮据，为百年计，涤场后甃石为桥，高筑堤城，多通水窦，宜旱宜潦，可蓄可宣，利涉咸喜，靡不喁喁[2]颂懿德[3]。夫侯冰玉操修，诚与溪之碧同清而永赖之，烈行与砌石俱不朽矣。呜呼！编桥渡蚁，尚蒙显报，况徒行者、负担者累累在道，未可以时日计，屈指数通而济之，其报当何如哉！是役也，侯首捐俸，为善信倡，人乐于施，役兴以时，民不病涉，此王政也。侯讳文华，号养素，江右之金溪人，并书以为记。

大水坑桥：在南关外，生员李邦彦建。

---

① 舆徒：车马徒众。

② 喁喁：yóng yóng，仰望期待。

③ 懿德：美德。

白水桥：在县西六里，新会黎辑瑞建。

白石涧桥：在县东。

桂水桥：在县西三里，高一丈四尺，宽八尺，直长六丈五尺，三墩二孔。乾隆二年（1737）知县王暠建。

教谕徐廷芳《记》：宁城西郊外渡王步头河三里许，有桂水一溪，襟带环流，发源于西南山巅，汇紫霞河而注长沙。其以桂名者何？盖泉水清甘，川岳灵气，翕聚于兹。彼都人士濯彼清流，其有身惹天香之致乎？

甲寅（雍正十二年，1734）冬，叨铎是邑，以澡雪多士为心，久欲临流瞻眺，有明经李子选臣者云："桂水乏桥，遇重阴苦雨，行旅彷徨，欹岸而不得渡，多有及溺之虞。"丁巳（乾隆二年，1737）春，与同寅诸君暨绅士请诸邑侯，议建是桥。侯曰："宁之宜建桥所固多矣，由西南至海晏，东南至都斛，病涉者处处堪怜。其南门河系通县之咽喉，为最要。昔称大人桥，岂可有其名，而无其实乎？急欲建之，计费约千数白金，有志未逮。若东陆步月与西陆桂水，特一隅耳，所费稍减，众擎易举，步月桥已告竣。桂水桥愿勉力为之。"夫畏缩者罔功，轻躁者多悔，先其所易，后其所难，次第而行，未始不可，遂定议。

侯为首倡，而诸君亦乐集腋以随其后，李子慨然以督理任。于是筮日鸠工，桥崇若干，广若干，凡为门二，为墩三。门墩之上，铺以巨石，坚实牢固，永垂不朽。是役，肇于仲春，竣于季夏。总计石价工食二百八十有奇，捐助之外，费出公项，立案存房，以备查访。因思宁邑壬子（雍正十年，1732）产嘉谷，可以想生物之因材焉。乙卯（雍正十三年，1735），涌醴泉，可以知源原之有本焉。祥瑞叠见，自非偶然。今桂水桥成，与步月桥东西遥映，天香咫尺矣。俟其多士津梁哉。至南门之大人桥，六都童叟翘首而望之。

步月桥：即水步头桥，在县东北二十里，许姓捐建。

沙涌桥：在文章都，伍伦炳建。

绿围桥：在文章都，生员伍仰登重修。

北桥：在海晏街，生员陈元卓建。

乔头桥：在德行都。

义城桥：在矬峒都。

丰和桥：在县城南门外。道光二年（1822），知县江涵暾倡建。

江涵暾《记》：万物各得其序而后和。天之和，风雨调，寒暑正；地之和，道路通，沟渠达；人之和，尚辞让，去争夺，和之时义大矣哉。然非雨旸时，若年谷顺成，家有丰盈之象，人有丰年之乐，则狱讼繁兴，盗贼滋起，虽欲和，其可得哉？余自乙亥岁（嘉庆二十年，1815）来治此邦，见士无浮靡，农安醇朴，大可进于隆古，而讼牍山积，牵累不休，默思此民生居同土，非其宗族，即其姻娅，何不和若此？迨后行其野，每见隔水之地，虽在大路，有舟渡而无桥梁，始信地脉不通，人情睽异[①]，古言真不我欺也！但政自近始，南门外有水一条，来自北峰山，以界行路，向设横水官渡，年已久远，日跨舟而往来者数百辈。或遇旱浅，则渡船歇搁，老幼妇女涉水维艰，而瞽瘫负重之徒，昏夜医稳之急，更难褰涉。余久思建此桥，而难以创始也。

辛巳（道光元年，1821）冬，岁稔频，书户皆安堵。余既久于是邦，我信我民，民亦信我，爰集邑之绅士、耆老而谋之，各欣然乐于捐输，其创义举，远近之好善者，纷纷而来，共集得银若干两。于是召石工，运椿木，又得贤司事力任其劳，虽风雨昼夜不遑[②]安息，至壬午（道光二年，1822）之五月杪，而桥告成。计自三月中旬兴工，迄工竣之日，仅两月余耳。而巍然在望，其履坦途，过斯桥者，莫不叹为坚筑巩固，可卜数百年，利济之长，抑何幸也。桥之西南数十步，又有横冲一水，发源自黄蛇刑，两岸相隔，其南有板桥，行人纡道而行，每苦其远，司事以捐输之余，而再建石桥，以通行路。从此，南北东西民无病涉，往来要道，地脉通灵。譬如人之一身，血脉流贯，其有不康和而仁寿者耶？将见合邑之民相接以情，而不为利所间，犹地之相接以桥，而不为水所隔，则出入守望和如同气，庆赙[③]赒恤[④]和如一家，斯年无不丰，物无不阜，尚有盗贼之起，狱讼之兴，而不蒸蒸然进于隆古哉。《记》有之发号出令而民悦，谓之和。《易》有之明以动故丰。斯桥也，民悦之，而贤司事又皆光明磊落，而动则有成者也。故以“丰和”名其桥，而为之记。

松溪桥：在德行都横岭头村，道光二年（1822）重修，知县谢崇俊有《记》。《记》未录。

潭石桥：在海晏都篮吉浦村左，嘉庆六年（1801）建。

隔坑石桥：在篮吉浦村右，嘉庆六年（1801）建。

甘军营桥：在德行都。

教谕黎轶英《记》：斯地名曰“甘军营”，上距宁城三合，下通广海、海晏，诚往来要冲也。而川流间之，是川也发源云东诸山，会合平洲诸水，东趋于海，

① 睽异：违异，分歧。

② 不遑：无暇，没有时间。

③ 庆赙：庆，指喜事；赙，指拿财物帮助人办丧事。

④ 赒恤：亦作“周恤”，周济救助。

当其潮退汐落，水浅沙明，舟楫难施，既不可以设乱流之渡矣。一遇滂沱大雨，涨潦澎湃，怒激奋冲，虽有板桥，亦漂流灭没。此前者所以徒杠[①]，或成而终毁也。

嗟夫！舟既不可济，木又不能支，其为患于往来者，尚勘问哉？于此而欲除其患，计非有磐石之固不可也。今幸绅耆人等鼎力缘簿，募题银米，鸠工凿石，以巩成终古不敝之铁桥。予既为之引以敬谂。邑侯暨同官兹邑者争相签题，共成厥美，而石桥于是告竣焉。猗欤[②]休哉！昔也舟不可济，今则如履坦途；昔也木不能支，今则中流砥柱，举历来之患，一旦除之，其为功岂浅鲜哉！兹首事者，以芳名勒石，复请记于予。故又为之，道其所自成，以告万世来往是桥者。

冲蒌墟石桥：在德行都。

知县江涵暾《记》：道光元年（1821），我皇上纂承隆业，泽溥垓埏[③]，敕天下守土者，除道成梁，无者造之，圮者葺之，恩至渥也，典至巨也。然鸠工庀材，动糜万数。有司簿书碌碌，力难遍及，非各方绅耆有大公者持其议，大力者倡其先，殆往往难之。予宰宁阳八年矣，曩遇公出，道经冲蒌，适为川涨所阻，一时冠盖、商贾停骖者，亦多计无所措。予见而苦之而未暇，亟为之图也。不一年，石梁高筑，横亘十数丈。予过而喜之，而未悉其成之难也。后阅二载，政通民乐，因召邑中绅士议修南门桥。予既捐俸为倡，尚签题累月，构造逾年，然后知成事若斯之难也，而区区一方之谋更可想矣。

癸未（道光三年，1823）春，予因病乞归，旅侨穗城，冲蒌余生延槐从予游，揖余曰："先生其知成之难矣，而未知成而复圮，圮而复成之尤难。"自先生莅任一年，本方十排绅耆、市镇行长便延诸有力者谋之，及桥之成，已一更寒暑矣。

辛巳（道光元年，1821）夏，上流有伐山松者，沿川而下，怒涛乘之，横冲纵击，桥遂以圮。后赖诸首事之贤，与有力者之义，心并力协，而桥乃复成。今首事者，固忘其劳，有力者亦忘其施，而耆长见其成之难，恐其事之久而湮也。咸请先生记之。"予闻之而不胜愧也。大丈夫得出身加民，不能为九州被万间厦，耻矣。区区一桥乃复劳民拮据，其何以无忝厥职，虽然宁阳地方数百里，予固不能遍筑，而吾民有大公者分予忧，有大力者助予乏，其亦足以补予之拙，而赴圣天子之意矣。以视

夫世之拥厚赀，据重利，较及锱铢，非大利害及身，不出一切，贫邻困友莫

---

① 徒杠：可供徒步行走的小桥。

② 猗欤：表示赞美的叹词。

③ 垓埏：gāi shān，天地的边际，指极远地。汉司马相如《封禅文》："上畅九垓，下溯八埏。"

润余膏，筑堰修堤不关隐念者，其贤不肖果何如？此以见吾民乐善好施之风，而予治亦或庶几也。予故领其请，于余生之归也，而书之。

合水桥：在德行都。

五十墟桥：在德行都。以上据张《志》修。

万福桥：在潭溪书院西。《采访册》。

羊坑营石桥：在浮石村后山。

凌云桥：在浮石村西北隅。

浮石村前石桥：在浮石村西南。

冲濂水石桥：在六村。

田坑桥：在牛山下，李耀宗捐建。

共济桥：在南村。

永兴桥：在永兴市。

永济桥：在四九墟。

莲溪桥：在莲塘村。

石拱桥：在塘头市，乾隆间建，士人以其地要冲，舟楫往来，故建此桥。翼以石阑，下通舟帆。

大水坑桥：在广海城西门外五里。

夹水石桥：在广海城北门外。

八仙桥：在广海城西。

潮会石桥：在文章都，李秉均倡修。

岭陂桥：在蔡岐岭村。

通济桥：在县城西门，光绪十一年（1885）建。

张迳桥：在德行都张迳村东胜里左。以上据《采访册》。

津渡

那西渡：在县西，至新会江门。

茭荻嘴渡：在县西平康都，至新会。

茭荻嘴渡：在县西，由茭荻嘴至佛山。

瓦窑湾渡：在县东北文章都，至新会江门。

黄竹湾渡：在县西三合，至开平长沙、新会小江。

独冈渡：在县西北德行都，至新会分水江。

斗洞渡：在县东北文章都，至新会分水江。

上下川渡：在矬峒都广海，至上下川。
鹿爪渡：在县南冲蒌，至山背村。
那扶渡：由那扶至寨门。
奇猷渡：由奇猷至那扶。
望洞渡：在县南，由冲蒌至葫箕山望洞。
广海渡：在县东南，由广海至亭前滘，往新会江门。
浮石渡：在县南，由广海至浮石。
紫霞渡：在县西，往新会江门。旧有官渡，今废。
已上王《志》。
王步头渡：由王步头至长沙。
西华渡：由王步头至省城。
鲮鱼步头渡：由鲮鱼步至水口。
那扶渡：由那扶至下川。
下川山背渡：由下川至海晏街。
海晏街渡：由海晏街至下川。
大门渡：由大门至深井。
沙头冲渡：由沙头冲至那扶。
海晏街渡：由海晏街至那扶。
都斛亭前渡：由都斛至新会江门。
都斛渡：由都斛至新会大墩。
滘边马头渡：由滘至南海新基河面。
沙冲横水渡。
已上张《志》云，俱饷渡。
三合货艇：在德行都。
横岭头甘竹渡：在德行都。张《志》。
旺北渡：在县西。
法竹渡：在县西。
瓦神渡：在县北。
苏渡：在县东北。
滘口渡：在斗洞村。
渡头渡：在文章都四图。
金溪寺渡：在文章都。

景凉渡：在文章都五图。
斗山渡：在文章都十二图。
崩山渡：在文章都十二图。
上冲云渡、下冲云渡：俱在德行都三十三图。
诗坑渡：在德行都三十八图。
翰冲渡：在德都二十四图。
平冈渡：在德行都三十四图。
博大渡：在德行都三十三图。
镇口渡：在县东南。
矬峒渡：在县南。
横山渡：在县南。
亭前渡：在县东南。
白沙墟渡：在海晏都十三图。
城冈堡渡：在矬峒都二图。
塘美渡：即塘底，在矬峒都八图。
端芬渡：在矬峒都九图。
西廊渡：在矬峒都二图。
洋汀渡：在矬峒都八图塘头村东南。
小墩渡：在矬峒都。
上阁渡：在矬峒都六图。
山背渡：在矬峒都。
牛尾山渡：在矬峒都三图。
陡门渡：在海晏都十图。
夏川场渡：在海晏都六图。
南门河渡：今建桥，废。
已上据王《志》。
沙涌水横水渡：在文章都沙涌水蔡姓村前开摆。
法竹海农艇：在文章都密涌李姓村前开摆。俱据《续志》。
中津渡：在矬峒都八图。
潮寨、横水两渡：耆老李祖培等倡置。
已上张《志》。
三合海口渡：在潮居都，由横江前过广海等处。

塘头农艇：在矬峒都八图。

荻海横水渡：由茭荻嘴至新昌长沙。

西河横水渡：由新昌至荻海东埠。

新昌渡：由新昌至佛山。

永兴市渡：在县东，由黄竹山往新昌荻海。

西宁市渡：由西宁市至新昌。

西宁市渡：由西宁市至江门。

镇江渡：在田稠村西南。

黑沙渡：在田稠村东南。

已上《采访册》。

水利附

葫美堤：在葫美，障田二十顷。

浮石陂：在浮石，灌田八顷。

古戎塘：在古戎，灌田一十三顷。

那滘塘堤：在那滘，灌田一顷。

大陂塘：在大陂，灌田一顷。

西门沟陂塘：在城西一里。

东门坝：在城东一里，以御县东之水患。

南门坝：在南门外，以御城南之水。

蛮陂头：在县东三十里，雍正间，邑令王暠以锦帔葫地势高敞，田不可耕，乃尽障瓶山东北流之水于山半，屈曲十余里，注为蛮陂，以蛮石束其下，故名陂上潴[①]。为湖广十数步，纵倍之，水色黝然。又引陂泉载于高地，西流达猕猴岭，斩截山脉为渠，县瀑数十仞，层垒而下，转折分流，注于锦帔葫，溉田千余亩，至今赖之。

仙井陂：在广海西村后林云谷，林良捐赀筑，灌田数十亩。

已上据张《志》修。

堤路

青云路：在学宫前布政司分司旧址，长二十六丈五尺，前阔八丈八尺，后阔

① 潴：水积聚的地方。

四丈五尺。北买黄家祠地，长十一丈。北阔二丈六尺五寸，南阔四丈四尺。

义路：在忠义祠前学地，知县王暠开。

西门墟路：在城外西南隅，知县王暠开。

东门升平坊石路：僧心德募化重修。

上葫石路：在城南门河外，知县齐溥修。

鹿爪渡头路：葫美陈姓渡租修。

上弓岭白饭迳、小迳、荷木迳各石路：俱僧怀止自修。

山背渡头路：附近居人按界修。

已上张《志》。

东门外石路：左至纱帽山，右至大涧。凡堤路不著某姓某人修者，俱土人捐修。

西门街石路：直至普陀岩，左至西宁市。

南门外石路：直达较场，右至西门墟。

桂水涌石路。

横湖涌石路。

鏖禾田石路。

三娘迳石路：林立泮倡修，邑绅踵成之。

东滘石路：在潭滘北岸，光绪十五年（1889）修。

海口埠石路。

端芬山石路：梅族修。

拱桥头石路：在塘头村，阮姓修。

那泰市石路：邱宗远修。

那洲石路：土人修，阮仁威继之。

荻海文阁海边石路：由荻海东河往新昌埠。

中坑口石路：由中坑直至新昌埠。

独冈步头石路。

坑口步头石路。

荔枝塘步头石路。

蚝冲洞石路：由蚝冲洞至大江墟。

浔洋石路：由浔洋至新步头。

沙冲东头石路：由沙涌至东头步头。

已上据《采访册》。

村庄

德行都

岑边堡、廛禾田、矮冈、香头村、温边、乾沙堡、仓下、东坑、北坑、白水堡、水南堡、筋竹坑、岐背、蓝迳、玉怀堡、冯村、表冈、大桥、瓦窑冈、稔坪、竹洛、竹湖、福场、黄龙冈、新围、泥涌、葫美堡、冲寨、冲蒌、白冈、西坑、大塘、沙田、乌石冈、余庆、塘下、南村、官兜、修齐洛堡、双门堡、洞口堡、黄沙坑、那西堡、独冈堡、簕冲堡、旺北堡、横岭、水南、上泽、水渴、张迳、船头石、凤池堡，旧下坑、新安村、大步头堡、芦涌堡、复隆堡、六合、冲云堡、冲泮堡、黄村、大塘堡、锁衡村、淡村堡、邹村堡、朱洞堡、横山头、罗洞堡、岭背堡、潮境堡、船步堡、岚口、马洞堡、南葫，旧仓步营，龙津。已上王《志》。滘涌村堡，《续志》。饭罗冈、南坪、永年村、琴村、园田、白石、大安、沙步、大亨村、缠坑、松仔葫、水仔口、塘田、张边、山塘、南坑、永安、花树坪、锦被葫、士基村、纲地、东边龙、许村、喜村、升平、宅安、上坪、下坪、黄屋村、高岭、老鸦步、蛋家塘、塔脚、桂水、泡步、流葫、汤湖、乌石、东瓜冲、官步、西江涌、牛阑、留真洞、罗洞、平冈、旺村、羊阑、万宁、上迳头、潮洞、横沙、深水桥、塘口、中心、水寨、田心、江头、青山、茶园、西村、龚边、护坑、扫管葫、上葫、山格、羊耳坑、大畛、龙湾、刘边、虎山、中坑、井边、佛凹、京口岭、村嘴、桥头、五桂堂、罗冲、塘冲、潮阳、李边、官坑、横湖、蟾蜍口、那旺、大龙湾、冈美、黎峒、上陈、石莲塘、南坪、横江塘、挨象、交椅堂、大葫、横水、相望石、坡头、三义松、双迳、上冈。已上据张《志》。蓬鱼葫、洞宁、洞华、东成、小洞、隆安、常兴、常安、常盛、岑村、蟠龙、蛾眉村、西华、月华、杬坑、复隆、复盛、梓洞、日盛、冲安、桥头、潮湾、高坪、高岭、洞美、獭山、塘下、万安、湖美、南安、涧洞、塘头、长兴、长安、永宁、陈屋村、东头村、新石坡、旧石坡、乌柏湾、犁头嘴、谢边堡、岭背、龙田里、绍边里、甘棠里、西隆里、南阳里、山下村、上桥村、圆光里、敦和里、长隆里、龙安里、上南葫、吉庄、千秋里、墨砚嘴、神前、白沙里、梓宅、田阳村、飞鹅村、龙兴、龙田、龙盛、凤鸣里、南隆里、南洲、南安、南兴里、芳园、大闸、闸仔、水井、吉安、高的堡、龙蟠村、长庆里、水步头、脑头、高边、月山、长龙、游鱼。已上《采访册》。

文章都

上涌、麦巷、许村堡、大巷、冈背、湾边、沙涌、东头、铁涌、金溪寺、田埻、良边、张边、山前、陈边堡、凤边、曹冈堡、塘面堡、李凹堡、花树坪、罗塘堡、沙涌堡、长塘、井水凹堡、横水堡、水步头堡、古巷、沙平头、良含堡、基头、桑园、东边、塘村堡、荔枝塘堡、密冲堡、独树堡、横塘堡、蚝涌堡、下村、禾笔坑、坑口、岭背。已上王《志》。滘口村、梁村、许村、浔阳、肯堂、井边、铁炉坑、水楼、海潮、古岭嘴、陈边、大冈村、群头、彭沙坑。已上张《志》。

平康都

迳头堡、小坊堡。俱王《志》。南山、大岭、涨冲、祖头。已上张《志》。塘边村、凤岗村。俱《采访册》。

海晏都

那雍、横冈、红花荫、桂山、逢村、篮吉步、崙定、海晏街、高脚荫、沙头、新村、那陵、白石、双石、石榴坑、区村、那马堡、大小芰荷、五村、蛋行、石角、通亨、夏春场、祐村，并居夏春，望头，并居夏春，文村、小村、楼冈、海亭、沙阑、沙涌、祈头、小担、大担、陡门堡、那骨、那琴、北微堡、沙堤，旧平堤，东北、土冈、允泊、北浥、大冈、磐石、那扶堡、大湖堡、榄田堡、石边。已上王《志》。后畲村，《续志》。丰乐、凌冲、梧洞、永宁、安和、里仁、吉冈、凤村、上头村、九江、奇猷、康华、横山、富坑、李坑、龙图、牛阑、长边、大亨、大步头、黄泥井、早禾石、蟠江、田寮、那堤、那文、石井、那域、山围、福安、南井、大门家、打铃、那尾角、娘澳、禄马、永安、圣堂、朝堂、平堤、江湖龙、北城、永隆、葛塘。已上张《志》。邱那开、太和里。俱《采访册》。

矬峒都

吉昌堡，旧矬峒堡，那堂、那泰堡、那潮、那亮、那湾、城冈堡、桃浦、那梅、鸡冠、清湖、山潮、九迳村、永安、社坑、藤洞、那银、山后、西头、东陵、赤坎、山底、冲旁、那章、长塾上、旗榜、西湖、上流、垒亨、东山、彭家村、山背、旺天墩、大章、西村、上阁堡、双门、古隆、奇石、乐家墩、长墩、祐平墩、石龙、平安、果园、婆寮、芦溪、长安、松山、田稠、苦草、都斛、义城、莘村、古逻堡、石盘、南村、东坑、丰冈、白石、塘美、冲金、东山、大安、窑中、大草坪、朱垄、灶头、坑尾、黄田。已上王《志》。塘头、塘底、江宁、安南、磐石、那船、曾边、海头、墩头、三墩、冲陵、磨刀水、锦冈、锦屏、圆山、那马洋、高原、对面洋、大洋美、端芬、望洞、南塘、石阑、曹凹、西廓、香步、石山、泷门、铜锣地、下湾、平洲、象颈、黎村、牛角水、墩寨。已上张《志》。日明村、月明村、彭屋村、洋田、上石山、下石山、那眉、石阑、石昌、双龙、双美、南安围、夹水、双桥、古龙、区边、林屋、潮阳、北冈、陈边、林屋地、较场、蛋家塘、龙船冈、东街、西街、珓杯石、谭家村、西关、奇石、大草埞、横龙、鸡膍石、关塘、大坑、小坑、李边、刘边、大水坑、陈家村、骆彭村、塘富、人和里、坑口、大秧坎、虎山、李树脚、隔巷、大洋、榕树仔、乌石冈、平山、水垄、甫草、山塘、坦塘、圆美、沙头、泥冲、龙溪、北活、中巷、双潮、北洋、亨美、河南、龙塘、东成、长山、复华。已上《采访册》。

按：旧《志》尚有田头、赤溪、磅礴、漕冲、深湾各村，今已割入赤溪厅。又冲金一村，本未割入赤溪，近为客人侵居，附著于此。

潮居都

浮石堡、西栅堡、横冈堡，俱王《志》。大冈村、马牢、南墩、西墩。已上张《志》。

按：旧《志》尚有杨梅、长沙二村，今已割入赤溪厅。

上川

大荫湾、朱家庄、北坑、西坑、和宁、丰川堂、三洲、茶湾、鲶鱼、圆山仔、泥湾、石笋、琴冲、高冠、稔仔坪。俱张《志》。

下川

垄尾、北边头、横山、茅湾村、淡水坑、上步、坑尾、塔边、中步、山背、北洋、牛塘、南洋、平石、下步、平阜、水洋、浐湾、南边、浐湾迳口、扶湾、南澳上下村、蔡家寮、东湾。俱张《志》。

墟市

德行都

西门墟，二、七；独冈墟，三日，今废；腹岭墟，八日；冈尾墟，一、六；当风庙墟，五日；龙腰墟，十日；马啼冈墟，四、九，今废；潮境墟，四、九；

新旧白沙墟，五、十；沙坦墟，一、六；冲蒌墟，三、八；崩塘墟，五、十；水西墟，四、九；三合墟，三、八。已上王《志》。四九墟，四、九；五十墟，五、十。已上张《志》。冲蒌新墟，三、八；西宁市，二、七；新昌埠，二、七；永兴市，四、九；沙冲墟，即六爪墟；石龙头墟，五、十；冲云墟，一、六；华安墟，一、六、三、八。已上《采访册》。

文章都

渡头墟，二、七、四、九；金溪寺墟，三、八；蚝冲墟，一、六；公平墟，四、九；公义墟，二、七；水步头墟，五、十；庙前墟，三、八。已上王《志》。大江墟，一、六。《续志》。宝兴墟，一、六。张《志》。斗江墟，一、六。《采访册》。

平康都

荻海埠，二、七。王《志》。

海晏都

太和墟，五，在横冈堡；洞口墟，三、八，在那马；那凌墟，二、七；文村墟，四、九；那扶墟，四、七、十；深井墟，三、八；寒门墟，三、八；那琴墟，四、七。已上王《志》。沙阑墟，即养民墟。《续志》。十和墟，四、九，在萧村、流冈二堡；回溪墟，一、六，在那凌；捕鱼地墟，三、八，在文村西南；小洛墟，二、七；门楼冈墟，一、六。已上张《志》。中和墟，四、九，在大担堡；小江墟，五、十；大门墟，二、七；獭山墟，一、六。已上《采访册》。

矬峒都

上泽墟，四、九；大岺墟，四、九；丰冈墟，三、八；那湾墟，三、八。已上王《志》。端芬墟，四、九。《续志》。凤凹墟，一、六；塘头墟，一、六；塘兴，二、七；墩寨墟，三、八。已上张《志》。海口埠，一、六；牛尾山墟；西廓墟，四、九；那泰市，三、八；都斛墟，五、十；镇江墟，一、六、四、九。已上《采访册》。

潮居都

浮石墟，四、九；松仔岭墟，一、六。俱王《志》。

上川

大新墟。张《志》。

下川

山背墟、岭尾墟、南角墟。已上俱张《志》。

邮铺

李凹铺：在县东北，南至陂塘三十里，隔水二。
陂塘铺：在县东北，南至县治三十里，隔水二。
县前铺：在县治，南至山背三十里，隔水二。
山背铺：在县南，南至李村三十里，隔水二。
李村铺：在县南，南至那颜三十里，隔水一。
那颜铺：在县南，南至广海二十里。六铺共设兵二十名。据张《志》修。

《新宁县志》卷十，李启焜分纂，赵沅芬、陈颐校字。

卷十一　经政略上

户役　田赋　禄饷　仓储　盐法

户役

明弘治十五年（1502），户七千七百一十二，口二万三千二百八十二。王《志》。

正德七年（1512），户七千七百四十一，口二万五千四百九十七。

嘉靖元年（1522），户七千七百六十二，口二万八百七十。

隆庆六年（1572），户七千八百四十，口一万六千三百五十七。

万历三十八年（1610），户七千七百八十七，口一万六千五百零二。

天启二年（1622），户七千八百五十，口一万八千二十。

崇祯五年（1632），户七千八百六十一，口一万七千九百七十。

国朝顺治十四年（1657），户二千九百九十五，口一万三千六百五十三。俱同上。

康熙元年（1662），届新增共一万三千七百三十八丁口。张《志》。康熙六年（1667）至五十年（1711），届新增共五千一百零六丁口。张《志》。康熙五十二年（1713）奉旨，嗣后各省人丁以康熙五十年（1711）丁册定为常额，续生人丁，永不加赋。实在原额无优免丁一万三千七百三十八丁，例每丁派徭役、差民壮、均平银七分一厘五毫四丝四忽，盐钞银一分四厘八毫五丝八忽，共征银七百七十八两六钱五分四厘四毫二丝六忽，闰银三十四两九钱五分一厘八毫三丝八忽六微，新增五千一百零六丁，共征银一百三十一两一钱三分三厘四毫六丝六忽，闰银六两七钱五分一厘八毫二丝三忽六微，有优免人丁一千四百九十一丁，例每丁免三差，仍派盐钞银，与无优免同，共征银二十二两一钱五分三厘二毫七丝八忽，闰银一两六钱七分八厘四毫一丝八忽七微。

雍正九年（1731）至乾隆十一年（1746），编审共增丁三千四百五十二丁，食盐课妇女一千六百九十七口，俱永不加赋。据张《志》、王《志》修。

谨按：乾隆十一年（1746）奉旨，嗣后编审，俱照江西省之例，册内只载丁数，其已经摊入地粮之男妇，并官吏随往人口，食盐课钞口，以及男丁应征之徭役、民壮、均平、驿传等项银数，概免造入册内。其缺额未复丁口，亦俟垦复土田之日，随税编征，亦不必造妇女口数，统以乾隆十一年（1746）编审为始，照例永远遵行。至三十七年（1772）停止编审，滋生丁口数目，《赋役全书》不载，只递年另册造报。据《香山志》修。

附归并屯丁

康熙三十九年（1700）覆准，屯丁照民丁之例征收。《大清一统志》。

雍正三年（1725）八月，裁各屯县所屯，归州县管理。郝《通志》。雍正九年（1731）奏准，屯丁照民丁之例，按粮匀派，每屯米一石，派纳丁银一分八厘九毫。阮《通志》。

广海卫原屯丁十六丁，每丁征银二钱一分二厘八毫四丝八忽，遇闰加增。今额派丁一十丁零九分二厘，征丁银二两八钱零三厘六毫八丝，遇闰加银一钱零九厘零一丝。

新会所原屯丁五丁二分，每丁征银二钱一分二厘八毫四丝八忽，遇闰加增。今额派丁一丁七分五厘，征丁银五钱零一厘四毫三丝三忽七微，遇闰加银一分九厘四毫九丝七忽，凑同民粮解司。俱档册。

田赋 派征则例 不入地丁征输 色米 附屯米 榷税 附公田

明弘治十五年（1502），官民田地、山塘二千四百三十六顷六十七亩四分三厘二毫。夏税米数原缺，秋粮米数原缺。

正德七年（1512），官民田地、山塘二千四百五十二顷六十七亩。夏税米无，秋粮米八千三十一石四斗三升。

嘉靖元年（1522），官民田地、山塘二千五百三十顷二十九亩零。夏税米无，秋粮米八千三十七石一斗。

隆庆六年（1572），官民田地、山塘二千四百五十五顷五十五亩五分一厘五毫。夏税米一斗九升二合六勺，秋粮米八千三十八石九升七合六勺。

万历十年（1582），清丈官民田地、山塘三千四百二十七顷三十亩三分三厘七毫八丝。罾门渡埠、山海四十四亩五分。文章、德行、平康上三都，中则每亩七十井，下则八十井。海晏、矬峒、潮居下三都，中则八十井，下则九十井。德行都惟四十一图、四十二图，下则九十井，与下三都同。各都中则，每亩科正耗米二升九合九勺六抄，下则每亩科正耗米二升四合一勺一抄八撮八圭七粟。斥卤六十井，每亩科正耗米四合二勺八抄。

按：亩六十，井制也。本邑独殊，就一县都图，中下则亦各异。缘边海土瘠，所入不齐。前人因地制宜，立法善矣。万历十年（1582）清丈册籍，久佚无存。

万历二十八年（1600），官民田地、山塘三千四百二十七顷三十亩三分三厘七毫。夏税米一斗九升二合六勺，秋粮米八千三百七十三石八斗一升六合。

天启二年（1622），官民僧灶斥卤田地、山塘、渡埠、山海升科共三千五百四十五顷六十六亩八分三厘七毫八丝。

崇祯五年（1632），田地、山塘三千四百二十七顷三十亩三分三厘七毫，又额外升科灶民斥卤田、山塘一十四顷六十八亩零九厘四毫一丝五忽。夏税米一斗九升二合六勺，秋粮米八千四百九石六斗四升七合五勺。以上旧《志》。

国朝顺治十四年（1657），造报《赋役全书》开载，官民僧灶夏税农桑、田地、山塘三千五百四十五顷六十七亩四分四厘八毫。夏税农桑米一石六斗二升一合一勺，秋粮米八千四百石三升八勺。

按：旧《志》载：康熙元年（1662）地亩数，与顺治十四年（1657）同。因康熙六年（1667）迁移边海人民，田亩抛荒，赋税缺额。八年（1669）展界，陆续民间推收，避重就轻，将中下税改移斥税，以致原额此少彼多，数目不符。然中下斥虽有更换，而钱粮实相抵对，是以五年编审，皆照上届册报，相沿日久，难以更易。又下三都因遭迁移，豪强兼并，康熙四十六年（1707）八月，海晏都里民苏顺奕、萧颜张等呈请清丈，奉批允行。至六十年（1721）九月初三日，飓风大作，丈册被水淹没，苏顺奕物故，伊子苏绍三逃外无踪，海晏都清丈其事中止。又康熙五十六年（1717）七月，矬峒都里民陈李忠、李梓月等呈请，一件田没粮累叩乞清丈事。通详奉行。

至雍正三年（1725），计历八载，未经报复，矬峒都清丈遂已停止，丈单未经追缴。每至奸民捏藉土名四至，以为争占张本。凡遇丈单争讼之案，尤宜留心。

又乾隆三年（1738）修志，载官民僧灶田地、山塘新旧升科，渡海水税共三千七百一十五顷八十一亩三分七厘二毫九丝三忽二微。

道光十八年（1838），张《志》据现行会计册，仍载原额三千五百四十五顷六十七亩四分四厘八毫，谓旧《志》多舛，不若官书之信而可征也。

同治六年（1867），新设赤溪厅，仅查照田亩科则，应征银米数目计算割拨，今仿此著于录。据张《志》、县册参修。

派征则例

中则每亩派征粮饷银二分八厘五毫六丝一忽八微四佥八沙八尘七埃五渺，又派袢袄衣装及物料溢价银三毫七丝六忽八微三佥八沙二尘六埃一渺八漠八末。又加丁口均平、盐钞银二厘八毫二丝九忽零八佥八沙。又雍正七年（1729），起派南工匠价银一毫三丝零九佥六沙六尘五埃零三漠零八逡六巡，实共额派银三分一厘八毫九丝八忽六微五佥七沙八尘二渺一漠八末八逡六巡。遇闰加一丝零八微四佥零一尘一渺八末五逡五巡。额派征色米二合九勺二抄六撮七圭五粟三粒二截。

下则每亩派征粮饷银二分四厘三毫八丝五忽零四沙，又派袢袄衣装及物料溢价银三毫零三忽九微零四沙七尘四埃六渺，又加丁口均平、盐钞银。照中则派。又雍正七年（1729），起派南工匠价银。照中则派。实共额派银二分七厘六毫四丝八忽八微三佥零三尘九埃六渺三漠零八逡六巡。遇闰照中则加派。额派征色米二合三勺五抄九撮九圭三粟三粒零。坐落新会县下则田，每亩派征粮饷银二分五厘六毫七丝六忽零九佥零七埃，又派袢袄衣装及料物溢价银三毫二丝八忽七微五佥二沙九尘九埃三渺二漠，又加丁口均平盐钞银。照中则派。又雍正七年（1729），起派南工匠价银。照中则派。实共额派银二分八厘九毫六丝四忽八微一佥九沙七尘一埃三渺二漠三末八逡六巡。遇闰照中则一例加派。额派征色米二合五勺五抄二撮八圭八粟九粒零。斥卤则每亩派征粮饷银一分零二毫四微七佥三沙四尘一埃四渺二漠五末，又派袢袄衣装及物料溢价银五丝三忽四微一佥八沙八尘七埃四渺一漠八末，又派丁口均平盐钞银。照中则派。

又派补百峰山饷银一厘零八丝三忽四微。又雍正七年（1729），起派南工匠价银。照中则派。实共额派银一分四厘二毫九丝七忽一微七佥六沙九尘三埃八渺七漠三末八逡六巡零。遇闰照中则一例加派。额征本色米四勺一抄三撮一圭二粟五粒二截零。

升科、开垦、民灶、斥卤、田坦每亩派征粮饷银一分一厘一毫二丝一忽一微四佥二沙六尘，又派袢袄衣装及物料溢价银七丝零六微二佥五沙零六渺三漠。

又派丁口均平盐钞银。照中则派。又派补百峰山饷银一厘零八丝三忽四微。又雍正七年（1729），起南工匠价银。照中则派。实共派银一分五厘二毫三丝五忽零五佥二沙二尘五埃六渺六漠零八逡六巡。遇闰照中则一例加派。额征本色米五勺四抄八撮四圭二粟九粒。

夏麦地，罾门渡海水税，每亩派征粮饷银二分七厘二毫五丝二忽四微九佥七沙五尘零四渺，又派袢袄衣装及物料溢价银四毫一丝零九微四佥一沙二尘四埃一渺五漠，又派丁口盐钞银。同中则派。又雍正七年（1729），起南工匠价银。同中则派。实共派银三分零六毫二丝三忽四微一佥五沙三尘九埃五渺八漠零八逡六巡。遇闰照中则一例加派。额派征本色米三合一勺九抄一撮一圭一粟一粒零。

一项升科共税一十九顷五十四亩零七厘六毫九丝四忽，共征赢余充饷银三十八两一钱七分八厘六毫。

新升科斥卤田每亩派征银四厘四毫五丝四忽四微。已上，据王《志》修。

原额官民僧灶中下斥卤田地、夏麦缯、渡海水税共三千五百四十五顷六十七亩四分四厘八毫。上则无。

按：嘉庆二十一年（1816），两广总督兼署广东巡抚蒋公攸铦奏：粤东屯田额赋较多，自改卫所归州县经征之后，分隶番禺、东莞等县，招丁佃种。其中可以照额粮征输者，仅十之五六。实在冲陷荒芜，应行豁除者，前经奏明，以新垦升科之沙滩抵拨外，其余皆地土瘠薄，即遇丰年，收成亦有限，而原定额粮较上则民田，转多十数倍及二三十倍。佃丁非积欠，即弃田逃亡，必须核减，以苏佃力而除官累。至沙滩一项，除现勘新垦者，土薄利微，只堪照卤则入额升科，拨抵荒缺屯粮外，其报垦极轻之卤则，每亩额银四厘六毫四丝，实属过少，应比照上则民田，每亩补升科银三分一厘一毫九丝，米一升二合二勺八抄，方为平允。即以沙田征收粮米，抵放兵糈，俟收有成数，然后将屯田核实减则。经户部议奏，奉旨依议，钦此。通行遵照。嗣经前署县韦鸿，逐一亲诣勘明荒坻，报升旱田瘠土者，十居七八，或滨临大海，咸潮浸淫，并非沃壤。其有稍腴者，久奉盐运使改苗为灶。更有前因斥税轻微，虚报多承，希图后来影占[①]，至今有照无地者。县属斥税情形，与别县膏腴沙滩，迥不相侔[②]，势难补升。详奏允行在案，附录备稽。

中则官田税二顷七十亩零五分五厘八毫，民田税九百零四顷二十九亩一分六厘，僧田税七顷九十九亩二分九厘，灶田税六百五十顷三十六亩六厘三毫，共税一千五百六十五顷三十五亩七厘一毫。除同治六年（1867）割附赤溪厅田一百三十七顷二十八亩四分四厘外，实存县田一千四百二十八顷零六亩六分三厘一毫。

下则官田税一顷七十二亩一分五厘六毫，民田税六百九十九顷二十三亩七分九厘七毫，僧田税四顷零一亩零三厘五毫，灶田税五百五十六顷八十四亩九分九厘九毫，共税一千二百六十一顷八十一亩九分七厘七毫。除同治六年（1867）割附赤溪厅田二十三顷六十七亩一分六厘外，实存县田一千二百三十八顷一十四亩八分一厘七毫。

坐落新会县，下税三顷九十五亩七分五厘六毫，原斥卤田共税四百六十五顷五十九亩二分九厘五毫。除同治六年（1867）割附赤溪厅田一百零三顷四十九亩

① 影占：指虚占人户或田产，以逃避赋役、税收，也是冒认占有。

② 相侔：相等，同样。

一分九厘四豪二丝外，实存县田三百六十二顷一十亩零一分零七丝。

科斥卤田一百一十七顷九十二亩六分。除同治六年（1867）割附赤溪厅田三顷九十七亩一分六厘外，实存县田一百一十三顷九十五亩四分四厘。

中则官地税一亩二分五厘三毫，民地税五十一顷五十七亩六分一厘三毫，僧地税二十六亩零一毫，共税七十四顷二十六亩一分四厘二毫。

夏麦地税六亩。中则民山税一顷一十九亩九分七厘七毫，僧山税八亩，共税一顷二十七亩九分七厘七毫。

按：道光十一年（1831），巡抚朱公桂桢因粤东无业贫民流于匪僻[①]，会同总督李公鸿宾奏请援照乾隆年间高、雷、廉、琼四府垦荒成例，将广州、南雄各府州属山头地角荒地，听本地无业贫民报官给照，垦植成熟后，作为世业，永不升科，奉旨俞允通行筹议章程。随经布政司吉恒条议详覆。今将原文附录于后。

一、开垦官荒，不必拘定亩数，以符例案也。查山头岭角畸零地段，沙石夹杂，断无阡陌相连而有多亩之理，且一人合同父子、兄弟共力垦耕，八口之家亦不能出十亩之外。若拘定亩数，必致以多为贵，易启转批顶冒之弊况。例载广东之畸零沙地，高、雷、廉三府之山场荒地，俱不论顷亩，概免升科等语。今奏请开垦，以利贫民，本系援照此例，应请不拘亩数，听贫民躬亲耕作，以杜转批顶冒而符定例。

一、地方官查勘给照，宜在开垦之后也。查山头岭角沙石夹杂，必须择其土力稍厚，方能工作。一遇沙田，即不能垦，势必另寻地段，纵能成功，往往不成片段，一亩而零星数块者，有之。若报垦之初，先行勘丈给照，则可垦者，固得执照管业，其不可垦者，印照几同废纸。即或间有可垦地段，其成熟坵塍[②]，形势亦不能尽合乎未垦以前。似此不相符合之照，执之，易启他人混争。若赴地方官呈明，另行换照，则更多周折，必致书差藉端勒索滋累。应令各府贫民，凡有开垦官荒，约计一二十亩者，开具户族丁名，指明地段，先赴地方官呈明立案。俟垦成坵段之后，开具四至亩数，片段图形，呈请地方官勘明给照。至畸零不成片段，或数不及十亩，或止有一二亩，仅堪种植蔬菜、杂粮者，此系垦耕尤难之地，统俟成熟后，再行呈首地方官查勘给照管业，无庸于初垦时呈明立案，以示体恤，庶贫民不致畏累迟疑矣。

一、开垦官荒，宜申明旱埔，以杜牵混也。查例载，广东之畸零沙地，系指山头、岭角之沙石夹杂旱埔而言，与沿海、沿河之沙坦，迥不相涉。今奏请听民

① 匪僻：邪恶。

② 塍：chéng，田间的土埂子，小堤。

开垦官荒，亦系照例指旱埔而言。现有以水坦援照呈请开垦者，并有地方官以之条议者，均属误会。应申明例案晓示，庶辨理不至错混，而沙棍无从影射矣。

一、坟山隙地宜宽，立界址以杜侵占也。查粤东官山葬墓者，居其大半，往往有葬一山，即影占全山，是以定有穿心四丈禁步。但穿心四丈，每面只得一丈，彼此葬坟，两无窒碍。若躬耕种植，晨夕开辟，易致侵削。自应宽立界址，方杜争端，嗣后开垦地段于坟墓穿心四丈之外，每面再离一丈，不得逼近侵削。违者，按例究治。该坟主如有于议定丈尺之外，恃强藉端，混争滋讼，应以霸占官民山场论。至于坟主本家自垦，以及从前久经旧坟垦耕成熟者，当令照旧管业，不得藉此议勒令退让，以息争端而示体恤。

一、瑶黎山场宜禁民占垦也。查瑶黎所居山场，种植树木、禾稻等项，本多无税官荒，民人不得藉端混行占垦。违则从重究办，以杜争端。

一、旧垦山场宜一体给照也。凡附近村民，以及外来游民，从前已经私垦成熟，悉系用过工本，应照前条，不论亩数，准令首明，由地方官查勘给照管业，免升。至现在互争控讼有案者，该地方官迅速查勘，讯结断令费过工本者，给照管业，不得任听书差压搁滋索，以杜讼藤而免争竞。

中则官塘税四亩三分三厘五毫，民塘税三十七顷五十三亩四分四厘四毫，僧塘税一十亩零五厘六毫，灶塘税一十七顷二十九亩六分九厘五毫，共税五十四顷九十六亩一分三厘。

罾门渡海水税四十四亩五分。额外历年升科，并新承、垦复、新斥税田一千一百四十顷零一十亩零一分六厘一毫一丝七忽。除同治六年（1867）割附赤溪厅税田二十二顷六十六亩五分八厘二毫外，实存县税田一千一百一十七顷四十三亩五分七厘九毫一丝七忽。

香斥税田二百二十三顷二十七亩二分二厘二毫六丝八忽。除同治六年（1867）割附赤溪厅税田七十四顷七十八亩二分一厘一毫外，实存县税田一百四十八顷四十九亩零一厘一毫六丝八忽。已上，据张《志》、档册修。

不入地丁征输

仓边地租银八两一钱八分。

杂税银二两零二分。

屯丁银三两三钱零五厘一丝三忽七微。

税契银五十两。除同治六年（1867）割附赤溪厅正解银三两三钱六分八厘外，额解银四十六两六钱三分二厘。

通共银六十三两五钱零五厘一毫一丝三忽七微。除同治六年（1867）割附赤溪厅税契银三两三钱六分八厘外，实共银六十两零一钱三分九厘一毫一丝三忽七微，闰银一钱二分八厘零七忽。

通共地丁、正杂并垦复升科税亩共应征银一万一千零七十五两八钱七分四毫一丝三忽二微四佥七沙九尘五埃一渺一漠一末零八巡。除改征本色米八百一十石零六斗二升二合三勺，照例除银六百零四两二钱七分七厘三毫。同治六年（1867）割附赤溪厅银七百零四两三钱九分六厘、闰银一十两零二钱四分四厘、又税契银三两三钱六分八厘外，实征银九千七百六十三两八钱三分三厘，闰银一百三十两零六钱五分四厘。割附赤溪厅税契闰银未除。

又地丁钱粮银，每两带征火耗银一钱六分九厘，除改征本色米价，并税契杂税银，不派火耗。又除同治六年（1867）割附赤溪厅外，实征耗银一千六百四十二两四钱三分五厘，遇闰照年加增。内九分，各官养廉银八百七十四两六钱六分九厘。四分公用火耗银三百八十八两七钱四分二厘三分。院司养廉银二百九十一两五钱五分七厘九厘，部费银八十七两四钱六分七厘。已上，据档册修。

色米

原额民米八百一十石零六斗二升二合二勺。除同治十年（1871）割拨赤溪厅起征民米四十九石六斗七升四合七勺外，尚应征民米七百六十石零九斗四升七合六勺。据档册修。

附屯米

广海卫原额下则税二十一顷八十五亩九分四厘，原则每亩一斗起科，共征米二百一十八石五斗九升四合。今额除荒陷外，康熙九年（1670）垦复下则税二顷七十二亩六分。照原则每亩一斗，例征米二十七石二斗六升。康熙十年（1671）至雍正七年（1729），垦复下则税一十四顷二十亩零四厘七毫，照减则每亩八升八合八勺一抄，例征米一百二十六石一斗一升四合三勺七抄四撮零七粟。解充兵粮。

新会所原额中则税八顷六十六亩二分零一毫八丝五忽，原则每亩二斗四升起科，共征米二百零七石八斗八升八合四勺四抄四撮。今额除荒陷外，康熙十五年（1676）至雍正元年（1723），垦复中则税二顷九十八亩，每亩照减则八升八合八勺一抄，例征米二十六石四斗六升五合三勺八抄。嘉庆二十五年（1820），奉减征米二石七斗二升六合，实征米二十三石七斗三升九合四勺。解赴省仓。

通计额征民屯本色米九百八十七石七斗三升六合一勺。除同治十年（1871）

割附赤溪厅民米四十九石六斗七升四合七勺，实征民屯本色米九百三十八石零六升一合四勺。定例每石带征耗米一斗六升。实征耗米一百五十石零三升零六勺六抄六撮。

一、盘晾仓谷粘补廒坐额米一石，征耗米二升。

一、囚犯口粮米一石，征耗米二升。

一、贮仓解运垫笪包裹，解省带耗粮道养廉额米一石，征耗米三升。

一、解省营脚费额米一石，征耗米一升，在配军流犯口粮于此项内支给。以上各项支剩解司。已上，据档册修。

附录新设赤溪同知管辖田地税亩起征钱粮数目

巡抚蒋益澧奏稿：现据署新宁县知县黄恩贵，会同赤溪同知刘朝华禀称，曹冲等处客民村庄田亩，奉文拨归赤溪同知管辖。先经前代理新宁县知县邹宗淦，会同在事员弁[①]，将应拨田地查县存粮册，督饬吏书带同客目杨梓钊等，按照丈量成例，前往曹冲、田头、赤溪、铜鼓、磅礴等处勘丈，分别现耕、荒芜计，田地中下斥税共三百六十三顷一十二亩四分一厘九毫三丝，共应额征银六百九十五两九钱二分二厘，遇闰加银一十两一钱二分九厘，共应额征色米四十八石九斗二升二合六勺。又塘地中下斥税共二顷七十四亩三分二厘八毫，共应额征银八两四钱七分四厘，遇闰加银一钱一分五厘，共额征色米七斗五升二合一勺。统计田塘地税三百六十五顷八十六亩七分四厘七毫三丝，通共额征地丁银七百四两三钱九分六厘，遇闰加银一十两二钱四分四厘，通共额征色米四十九石六斗七升四合七勺，俱与旧征银米相符情。

榷税

广海卫城蚝塘仓边地，除荒废外，实征银八两一钱八分。凑同民粮解司。

县前地租银一两。

那西渡银一两零二分。

税契额银五十两。除同治十一年（1872）割附赤溪厅银三两三钱六分八厘外，实银四十六两六钱三分二厘。定例民间买卖田产，每契价一两征银三分，科场银一分。除正额银四十六两六钱三分二厘，又科场额银一十六两六钱六分七厘外，余羡尽数解司，奉行，以嘉庆二十四年（1819）征数为率，本县递年应征银三千

① 员弁：低级文武官员。

零二十两有奇。又奉行以道光二十五年（1845）减定递年额征解银二千五百零九两九钱零七厘。又奉行自同治六年（1867）减定，递年额征解银九百五十八两八钱。又同治十一年（1872）除割附赤溪厅征解银六十四两五钱九分二厘外，实征银八百九十四两二钱零八厘，渔课银九钱九分四厘。以上，汇同地丁批解藩司。

黄竹坑渔步租银二十八两六钱。解藩司充公。煤饷银一千零二十四两。解藩司。道光二十八年（1848）详奉豁免。

铁炉饷银三十五两三钱四分三厘。解运司。

长塘、横水各渡，共二十五只饷银一十两九钱四分。岁分上下忙[1]解府。

当押户每间征正饷银五两。解藩司。已上，据旧《志》、档册参修。

附公田

官步等处公田租银二十四两六钱八分。解藩司，拨补潮、嘉二属虚粮。据旧《志》、档册参修。下同。

二格葫公田租银一十七两零五分六厘。解藩司，拨充番禺县溢额孤贫口粮。

西葫等处公田租银九两七钱五分。

蕉子坑等处公田租银一两五钱四分七厘。

横江村前公田租银二十三两九钱九分九厘。

柴头葫公田租银二十四两三钱六分八厘。以上五款，解藩司充公。

把门迳春米步公田租银四两。解臬司充公。

猪迹坑育婴堂公田租谷九十三石八斗五升。解运司。

淋漓围育婴堂公田租银七两。解运司。

八九所公田租银一十五两。解粮道。

龙舟坦公田租银一百三十八两八钱九分九厘。

南坑公田租银三十八两二钱三分七厘。

网地公田租银一十三两八钱。

燕子角公田租银四十一两一钱六分五厘。

游鱼嘴公田租银三十六两六钱八分。

鹅仔公田租银八两九钱。以上六款，佃户自赴粮道完纳，拨充普济堂经费。

先农坛田四亩九分，征谷一十五石，支销粢盛[2]籽种一石四斗，余十三石六斗

① 上下忙：清代雍正十三年（1735）规定征收田赋，分上下二期。上期从农历二月开征，五月截止，叫“上忙”。下期从八月接征，十一月截止，叫“下忙”，合称“上下忙”。

② 粢盛：古代盛在祭器内以供祭祀的谷物。

储仓，每五年奉文粜价。解藩司。

禄饷 兵饷 附恤典

知县俸银四十五两，除扣荒及匀摊外，实银四十二两二钱零八厘，养廉银八百两，门皂各役共六十九名。

按：档册门子二名，库子二名，斗级二名，仵作二名，马快六名，皂隶十二名，民壮三十六名，奉裁十一名。乾隆四十七年（1782），抽拨四名归新设永宁通判供役。灯夫四名，禁卒六名，轿、伞、扇夫七名，铺兵十二名。自同治八年（1869），奉裁七名，岁支共银四百一十四两；遇闰每名加银五钱，小建扣解①，惟民壮不加闰、不扣建。

县丞俸银四十两，养廉银八十两，各役共十三名，岁支工食银七十八两。赴藩司请领。按张《志》，尚有铺兵三名。

主簿俸银三十三两一钱一分四厘，养廉银六十两，民壮四名，岁支工食银二十四两。巡丁二十四名，各工食银九两七钱二分。赴藩司请领。按《广府志》，尚有皂隶二名，同治六年（1867）奉文裁汰。

上川司盐巡检俸银三十一两五钱二分，养廉银六十两，皂隶二名，岁支工食银十二两。按旧《志》，由新会县编征拨给。

管厂司事五名，共支工食银二十八两八钱。厂丁六名，各工食银六两七钱零三厘二毫。赴藩司请领。

典史俸银三十一两五钱二分，养廉银六十两，各役六名，岁支工食银三十六两；遇闰加银三两，小建扣解。

门子一名，马夫一名，皂隶四名。教谕、训导同俸，共银八十两。廪生二十名，饩粮银四十八两，斋夫、门子五名，岁支工食银五十两四钱；遇闰加银四两二钱，小建扣解。膳夫二名，岁支工食银一十三两三钱三分三厘三毫四丝，遇闰加银一两一钱一分一厘一毫，小建扣解。已上据旧《志》、档册参修。

都司俸银二十七两三钱九分四厘，薪银七十二两，心红银二十四两，蔬银十八两，养廉银二百六十两。据档册修。

守备俸银一十八两七钱六厘，薪银四十八两，心红银二十四两，养廉银二百两。千总俸银一十四两九钱六分五厘，薪银三十三两三分五厘，养廉银一百二十两。把总俸银十二两四钱七分一厘，薪银二十三两五钱二分九厘，养廉银九十两。

---

① 小建扣解：农历小月份，不足三十天，称“小尽”，也叫“小建”。遇到小月时，其薪银须减去相应的份额。满月三十天得银三十两，当为“小建”月（二十九日）时，则须扣除一两。

外委无俸，养廉银一十八两。同上。

按：养廉银自咸丰五年（1855）改制，均以九成发给。

兵饷

马兵每名岁支银二十四两，米三石六斗。档册。

步兵每名岁支银一十八两，米三石六斗。

守兵每名岁支银一十二两，米同。

官员骑马、兵丁战马，每匹春冬二季月支料米九斗，草三十束，夏秋季料米六斗，草三十束。同上。

附恤典

额内孤贫九十五名，额外孤贫二百一十七名，每名每日口粮银一分，共支银一千一百二十三两二钱，遇闰加增，小建扣除，额内由地丁支给，额外按季赴藩司于税科溢羡项内领回转给。张《志》。

溢额孤贫十三名，每名每日口粮银一分，共支银四十六两八钱，遇闰加增，小建扣除。道光二十年（1840），奉准将县属柴头莇、横江村前两起公租拨给。档册。

仓储 社仓附

预备仓储谷四千三百三十八石九斗七升。王《志》按："今无此项谷石名目"。

常平仓额贮谷九千零三十九石一斗零四合六勺。同治十二年（1873），飓风吹，撤仓，廒仓谷霉变。知县刘兆霖、秦廷英先后变粜价银解缴藩司。据张《志》、档册修。

县城社仓谷二千四百七十石零三斗二升六合。

大澳社仓谷一千一百五十九石二斗二升。

广海卫社仓谷一千一百三十四石七斗六升五合七勺。俱同上。

盐法 渔引

海晏、矬峒二场原额征供、丁课、加增三项，共征银二千零二十一两五钱二分五厘，除乾隆元年（1736）奉行豁免外，实征银一千零五十三两一钱九分二厘。据张《志》、档册修。

海晏场十栅，那雍、沙头、场廓、那马、夏春、文村、沙浦、大担、怀宁、博劳，原额招回垦复、新垦，自顺治迄道光九年（1829），十栅实在盐田七百六十一顷八十八亩五分四厘八毫一丝二忽三微。丁税共该银七百九十七两三钱一分九厘零。

矬峒场十三栅，那塘、塘头、都斛、那仁、冲旁、古隆、白石、场廓、端芬、上泽、新古、南石、塘尾，原额招回垦复、新垦，自顺治迄道光五年（1825），十三栅实在盐田九百六十顷六十九亩一分二厘零。丁税共该银七百零九两五钱四分八厘零。俱同上。

按张《志》：海晏栅内“博劳”作“博荣”。考《元丰九域志》，新会有海晏、博劳、怀宁、都斛、矬峒、金斗六盐场，亦曰“博劳”。今据《沿革表》考之，博劳当在海晏都，张《志》盖沿旧名耳。至矬峒栅以“端芬”为“瑞芬”，则誊写之误。以“那塘”为“那马”，或因海晏栅之那马而错书于此欤？今从司册。

渔引

康熙三十二年（1693），盐院沙题设矬峒、海晏渔引六百道，续加二百八十道，额征饷费银二百六十九两六钱一分八厘，又余盐引一百零九道七分一厘四毫，征银三十三两六钱一分四厘六毫，共征银三百零三两二钱三分二厘六毫。据王《志》、县册修。

按：宁有渔引无食引，缘产盐之地为价甚贱，百姓各以其瓜蔬、布米等物易盐而食，已足一家之用。稽诸令甲附场之地，肩挑背负、贫难易米，在所不禁，是以习为固然。然正供之盐课、丁课，有倍于食引矣。此从前不设官引者，有深意也，后之人毋于宁民苛责哉。

《新宁县志》卷十一，李敬照分纂，黄纬、刘宝森校字。

卷十二　经政略下

祀典　学制　兵防

祀典

社稷坛：每岁春、秋仲月上戊日，设主于坛，硃漆书曰“新宁县社神、新宁县稷神”。承祭官率各官朝衣，行二跪六叩礼，三献同读，祝一叩。祭品：帛一黑色，白磁爵三，羊一，豕一，铏[①]二，笾[②]四，豆[③]四，簠[④]二，簋[⑤]二。二神同献，例支祭品银十八两五钱八分三厘。部颁祝文：惟神奠安九土，粒食万邦，分五色以表封圻[⑥]，首三农而蕃稼穑[⑦]。恭承守土，肃展明禋[⑧]，时届仲春、仲秋，敬修祀典。庶芃芃[⑨]松柏，巩磐石于无疆；翼翼黍苗，佐神仓于不匮。尚飨。

谨案《会典》：社稷坛为大祀。

风云雷雨、山川、城隍共一坛：每岁春、秋仲月致祭。安设风云雷雨之神居中，境内山川之神居左，城隍之神居右。风云雷雨神帛四，山川神帛二，城隍神帛一，陈设礼仪与社稷坛同，经费在社稷坛经费内匀支。部颁祝文：惟神赞襄天泽，福佑苍黎。佐灵化以流形，生成永赖；乘气机而鼓荡，温肃攸宜。磅礴高深，长保安贞之吉；凭依巩固，实资捍御之功。幸民裕之殷盈，仰神明之庇护。恭修岁祀，正直良辰，敬洁豆笾，祗陈牲帛。尚飨。

雩祭，每岁孟夏于神祇坛，设祀如制。经费即在社稷坛匀支。部颁祝文：恭膺诏命，抚育群黎。仰体彤廷保赤之诚，勤农勤稼；俯维蔀屋[⑩]资生之本，力穑[⑪]

---

① 铏：xíng，古代盛羹的小鼎，两耳三足，有盖。
② 笾：biān，祭祀和宴会用以盛干食品的竹器。《说文·竹部》：“笾，竹豆也。”
③ 豆：古代盛肉或其他食品的器皿，形状像高脚盘。
④ 簠：fǔ，祭祀时盛稻粱的器具。
⑤ 簋：guǐ，古代盛食物器具，圆口，双耳。
⑥ 封圻：疆土。
⑦ 稼穑：jià sè，播种与收谷，为农事的总称。
⑧ 明禋：míng yīn，洁敬，指明洁诚敬的献享。
⑨ 芃芃：péng péng，繁茂的样子。
⑩ 蔀屋：bù wū，草席盖顶之屋，泛指贫家幽暗简陋之屋。
⑪ 力穑：努力耕作。

服田。令甲[1]爰颁，肃举祈年之典；寅衷将事，用申守土之忱。黍稷[2]惟馨，尚冀明昭之受赐；来牟[3]率育，庶俾丰裕于盖藏[4]。尚飨。

谨案《会典》：神祇坛为中祀。

先农坛：每岁仲春亥日祭，红牌金字，填写先农神牌于坛。承祭官率所属俱于前期致斋二日。祭日，各官俱穿朝服，一切礼仪陈设供品，悉照社稷坛之例，行祭祀。经费在藉田谷价动支五两九钱三分九厘。耕耤[5]祭坛毕，各官俱换蟒袍补服，正印官秉耒，佐贰[6]执青箱[7]。播种行耕时，用耆老一人牵牛，农夫二人扶犁，俱照九卿之例，九推九返，农夫终亩，耕毕，各官率耆老、农夫望阙[8]，三跪九叩首。农具俱用赤色，牛用黑色，箱用青色，所盛籽种用土宜。耤田四亩九分，谷十八石三斗。部颁祝文：维神肇兴[9]稼穑[10]，粒[11]我蒸民[12]。颂思文之德，克配彼天；念率育之功，常陈时夏。兹当东作[13]，咸服先畴[14]。钦维九五之尊，岁举三推[15]之典。恭膺守土，敢忘劳民，谨奉仪章[16]，聿修祀事。惟愿五风十雨[17]，嘉祥恒沐于神庥；庶几九穗双歧，上瑞频书于大有。尚飨。

谨案《会典》：先农坛为中祀。

厉坛：每岁清明日、七月望日、十月朔日，祭无祀鬼神于本城之北郊，称邑厉。用羊三，豕三，饭米三石，香烛、酒、纸随用，祭时祭告城隍之神。例支祭

① 令甲：法令的通称。

② 黍稷：为古代主要农作物，亦泛指五谷。

③ 来牟：古时大小麦的统称。

④ 盖藏：掩盖储存。

⑤ 耕耤：古时每年春耕前，天子、诸侯举行仪式，亲耕藉田，种植供祭祀用的谷物，并以示劝农。

⑥ 佐贰：辅助主官的副官。明清知府、知州、知县的辅佐官，如通判、同知、州同、县丞、主簿等统称佐贰，其品级比主官略低，其下尚有司狱、巡检、吏目等属员，也可合称为佐杂。

⑦ 青箱：古代行藉田礼时装种子的箱子。

⑧ 望阙：仰望宫阙，喻怀念天子。

⑨ 肇兴：初起，始兴。

⑩ 稼穑：农事的总称。春耕为稼，秋收为穑，即播种与收获，泛指农业劳动。

⑪ 粒：养育。

⑫ 蒸民：众民，百姓。

⑬ 东作：春耕。

⑭ 先畴：先祖所遗留的田地。

⑮ 三推：古代帝王亲耕之礼。天子于每年正月亲临藉田，扶耒耜往还三度，以示劝农，称三推。后历代皆有亲耕三推仪式，成为例行公事。

⑯ 仪章：仪节。

⑰ 五风十雨：五天刮一次风，十天下一次雨。语本汉王充《论衡·是应》："风不鸣条，雨不破块，五日一风，十日一雨。"后比喻风调雨顺。

祀经费银十四两八钱三厘，在存留项下动支。

部颁告城隍文：钦奉皇帝圣旨，普天之下，率土之上，无不有人，无不有鬼。人鬼之道，幽明虽殊，其理则一。今国家治民事神已有定例，尚念冥冥之中无祀鬼神，昔为生民，未知何故而没？其间有遭兵刃而横伤者，有死于水火、盗贼者，有被人强夺妻妾而忿死者，有被人掠取财物而逼死者，有误遭刑罚而屈死者，有天灾流行而疫死者，有为猛虎毒虫所害者，有饥寒交迫而死者，有因战斗而殒身者，有因危急而自缢者，有因墙屋倾颓而压死者，有死后无子孙者。此等鬼神，或终于前代，或没于近世。或兵戈扰攘，流移于他乡。或人烟断绝，久缺其祭祀。姓名泯没于一时，祀典无闻而不载。此等孤魂，死无所依，精魂未散，结为阴灵。或倚草附木，或为妖作怪，悲号于星月之下，呻吟于风雨之中。凡遇人间令节，魂杳杳以无归，意悬悬而望祭。兴言及此，怜其惨凄。故敕天下有司，依期致祭。命本处城隍以主此祭。镇按坛场，鉴察诸神等类。其中有为良善，误遭刑祸，死于无辜者，神当达于所司，使之还生中国，永享太平之福。如有素为凶顽，身逃刑宪，虽获善终，亦出侥幸者，神当达于所司，屏诸四夷。善恶昭报，神必无私。除钦奉外，合就牒移城隍狱神，吊出狱幽，以享祭典，久远遵行。

谨案《会典》：厉坛为群祀。

文庙：每岁二、八月上丁日致祭。前期二日，至牺牲所省牲，承祭、分献各官，致斋二日，用白纸糊版墨书祝文，至文庙神库黄案上安设，一跪三叩头，退。前一日，承祭官具朝服上香，监视宰牲，并瘗[①]毛血。

正祭日，分献、陪祀各官，入两旁门序立。赞引[②]生导承祭官至盥洗处，行盥手毕，引至台阶下立。典仪、唱乐、舞生就位，执事官各司其事，分献官、陪祀官各就位。赞引生赞：就位，承祭官就拜位立，分献官随后立。典仪唱迎神，唱举迎神乐，奏咸平之章，乐作。赞引生赞：跪、叩，引承祭官、陪祀官、分献官，俱行三跪九叩头礼，兴，乐止。典仪唱奠帛，行初献礼，唱举初献乐，奏宁平之章，乐作。赞引生赞：升坛，导承祭官由东阶上，进殿左门。赞引生赞：诣至圣先师孔子位前，承祭官至案前立。赞引生赞：跪、叩、兴，承祭官行一跪一叩头礼，兴。赞引生赞：奠帛，捧帛生捧帛跪进，承祭官受帛拱举，立献毕。赞引生赞：献爵，执爵生执爵跪进，承祭官受爵拱立，献毕。行一跪一叩头礼，兴，不赞。赞引生赞：诣读祝位，承祭官诣读祝位立，读祝生至祝案前，一跪三叩头，捧祝版立于案左，乐止。赞引生赞：跪，承祭官、读祝官、分献官、陪祀官各官

①瘗：yì，掩埋。

②赞引：赞礼并导引，指赞礼并导引的人。

俱跪。赞引生赞：读祝，读祝生读毕，捧祝版至正位前案上，跪安帛匣内，三叩头，退，乐作。赞引生赞：叩、兴，承祭官及各官行三叩头礼，兴。赞引生赞：诣复圣颜子位前，承祭官就案前立。赞引生赞：跪、叩，兴。承祭官一跪一叩头，兴。赞引生赞：奠帛，捧帛官跪进于案左，承祭官受帛拱举，立献案上。赞引生赞：献爵，执爵生跪进于案左，承祭官受爵拱举，立献案上。行一跪一叩头礼，兴，不赞。赞：诣宗圣曾子位前，述圣子思子位前，亚圣孟子位前，献爵献帛，如前仪。

其十二哲分献官，升坛奠帛献爵，俱照承祭官行礼。两庑分献官，亦照承祭官行礼，毕。赞引生赞：复位，承祭官、分献官各复位立，乐止。典仪唱，行亚献礼，唱举亚献乐，奏安平之章，乐作。赞引生赞：升坛，献爵于左，如初献仪。赞引生赞：复位，承祭官、分献官，各复位立，乐止。典仪唱行终献礼，唱举终献乐，奏景平之章，乐作。赞引生赞：升坛，献爵于右，如亚献仪。赞引生赞：复位，承祭官、分献官各复位立，乐止。典仪唱饮福胙，赞引生赞：诣受福胙位，承祭官至殿内立，捧酒胙生二人，捧酒胙至正案前拱举，至饮福胙位右旁跪，接福胙生二人，在左旁跪，赞引生赞：跪，承祭官跪，赞：饮福酒，承祭官受爵拱举，授接爵生，赞：受胙。承祭官受胙拱举，授接胙生。赞引生赞：叩、兴。承祭官三叩头，兴，赞：复位，承祭官复位立。次行谢福胙礼，赞引生赞：跪、叩、兴，承祭官、分献官及陪祀官各官，俱行三跪九叩头礼，兴。典仪唱彻馔，唱举彻馔乐，奏咸平之章，乐作。彻讫，乐止。典仪唱送神，奏咸平之章，乐作，赞引生赞：跪、叩、兴，承祭、分献、陪祀各官，俱行三跪九叩头礼，兴，乐止。典仪唱捧祝帛馔，各恭诣燎位，捧祝生、捧帛生至各位前，一跪三叩头，捧起，祝文在前，帛次之，捧馔生跪，不叩头，捧起在后，俱送至燎位。承祭官退至西旁立，候祝、帛、馔过，仍复位立。典仪唱望燎，唱举望燎乐。咸平后阕。乐作，赞引生赞：诣望燎位，导承祭官至燎位立，祝帛焚讫。赞礼生赞：礼毕，退。

部颁祝文：惟先师德隆千圣，道冠百王。揭日月以常行，自生民所未有。属文教昌明之会，正礼和乐节之时。辟雍[①]钟鼓，惟恪荐于馨香；泮水胶庠[②]，益致严于笾豆。兹当仲春，祗率彝章[③]，肃展微忱[④]，聿陈祀典，以复圣颜子、宗圣曾子、述圣子思子、亚圣孟子配，尚飨。乐章迎神乐，奏咸平之章，无舞。大哉至

---

① 辟雍：古时天子所设的大学。

② 胶庠：周代学校名。周时胶为大学，庠为小学。后世通称学校为“胶庠”。语本《礼记·王制》：“周人养国老于东胶，养庶老于虞庠。”

③ 彝章：常典，旧典。

④ 微忱：微薄的心意。

圣，道德尊崇，维持王化，斯民是宗。典祀有常，精纯并隆，神其来格，于昭圣容。初献乐，奏宁平之章，有舞。自生民来，谁底其盛，惟师神明，度越前圣，粢帛具成，礼容斯称，黍稷非馨，惟神之听。亚献乐，奏安平之章，有舞。大哉圣师，实天生德，作乐以崇，时祀无斁，清酤[1]惟馨，嘉牲孔硕[2]，荐修神明，庶几昭格。三献乐，奏景平之章，有舞。百王宗师，生民物轨。瞻之洋洋，神其宁止。酌彼金罍[3]，惟清且旨。登献惟三，于嘻成礼。彻馔乐，奏咸平之章。牺象[4]在前，豆笾在列。以享以荐，既芳既洁。礼成乐备，人神和悦。祭则受福，率遵无越。无舞，送神乐，奏咸平之章。有严学宫，四方来崇。恪恭祀事，威仪雍雍。歆兹惟馨，神驭还复。明禋斯毕，咸膺百福。

望燎同新乐章，乾隆八年（1743）部颁。大哉孔子，先觉先知，与天地参，万世之师。祥征麟绂[5]，韵答金丝。日月既揭，乾坤清夷。初献乐，宁平之章。予怀明德，玉振金声。生民未有，展也大成。俎豆千古，春秋上丁[6]。清酒既载，其香始升。有舞。亚献乐，安平之章。式礼莫愆，升堂再献。响协鼗镛，诚孚罍甗。肃肃雍雍，誉髦[7]斯彦。礼陶乐淑，相观而善。有舞。终献乐，景平之章。自古在昔，先民有作，皮弁[8]祭菜[9]，于论思乐。惟天牖民[10]，惟圣时若[11]，彝伦[12]攸叙，至今木铎[13]。有舞。彻馔乐，咸平之章。先师有言，祭则受福，四海黉宫[14]，畴敢不肃。礼成告彻，毋疏毋渎，乐所自生，中原有菽。无舞。送神乐，咸平之章。凫绎[15]峨峨，洙泗[16]洋洋，景行行止，流泽无疆。聿昭祀事，祀事孔明，化我烝民，

① 清酤：清酒。

② 孔硕：硕大。

③ 金罍：以黄金为饰的酒樽。

④ 牺象：古代饰有鸟形、鸟羽或象骨的酒器。

⑤ 麟绂：lín fú，指祥瑞。

⑥ 上丁：旧称阴历二月、八月上旬属丁的那天为“上丁”。后世每以此日祭祀孔子。

⑦ 誉髦：指有名望的英杰之士。

⑧ 皮弁：用鹿皮制成的帽子，尊贵者才能戴用。

⑨ 祭菜：供祭祀用的芹、藻等菜蔬。

⑩ 牖民：开通民智。

⑪ 时若：四时和顺。

⑫ 彝伦：常道、伦常。

⑬ 木铎：以木为舌的大铃，铜质。古代宣布政教法令时，巡行振鸣以引起众人注意。

⑭ 黉宫：学校。

⑮ 凫绎：fú yì，凫山和绎山，均在山东省邹县。

⑯ 洙泗：洙水和泗水。古时二水自今山东省泗水县北合流而下，至曲阜北，又分为二水，洙水在北，泗水在南。春秋时属鲁国地。孔子在洙泗之间聚徒讲学。《礼记·檀弓上》：“吾与女事夫子于洙泗之间。”后因以“洙泗”代称孔子及儒家。

育我胶庠。无舞。正殿陈设祭品：帛一白色，牛一，羊一，豕一，登一，铏一，簠二，簋二，笾十，豆十，镈一，白磁爵三。四配陈设祭品，帛四白色，豕一、羊一、铏一、簠二，簋二，笾八，豆八，镈一，白爵三。十哲东位陈设祭品：帛一白色，豕一，铏各一，簠各一，簋各一，笾各四，豆各四，豕首一，白磁爵三。西位祭品同。东庑陈设祭品：帛一白色，豕三，每案簠一，簋一，笾四，豆四，铜爵各一。西庑祭品同。祭祀经费，例支银六十九两五钱八分一厘，在存留地丁项下编支。

崇圣祠：每岁春、秋仲月上丁日致祭。正祭日，具朝服。赞引生、承祭官入后殿左门，至盥洗处，盥手毕。典仪唱，执事官各司其事。赞引生赞：就位。承祭官就位立。典仪唱迎神，赞引生赞：跪、叩、兴。承祭官行三跪九叩头礼，兴。典仪唱奠帛，行初献礼。赞引生赞：升坛。承祭官入殿左门，赞引生赞：诣肇圣王位前。承祭官诣位前立。赞引生赞：跪。承祭官行一跪一叩头礼，兴。赞引生赞：奠帛。捧帛生跪进，承祭官受帛，拱举立献毕。赞：献爵。执爵生跪进，承祭官受爵，拱举立献毕，行一跪一叩头礼，兴。赞引生赞：诣裕圣王位前，次诣诒圣王、昌圣王、启圣王位前。奠帛、献爵如前仪。赞引生赞：诣读祝位。承祭官诣读祝位立，读祝生至祝文案前，一跪三叩头，捧祝版立于案右。赞引生赞：跪。承祭官、读祝生俱跪。赞引生赞：读祝。读祝生读毕，捧祝版跪安案上帛匣内，三叩头，退。赞引生赞：叩，兴。承祭官行三叩头礼，兴。赞引生赞：诣先贤颜子位前。承祭官诣位前立。赞引生赞：跪。承祭官行一跪一叩头礼，兴。赞：奠帛。捧帛生跪进，承祭官受帛，拱举立献毕。赞：献爵。执爵生跪进，承祭官受爵，拱举立献毕，行一跪一叩头礼。赞引生赞：诣先贤曾氏位前，次诣先贤孔氏、先贤孟孙氏位前。奠帛、献爵如前仪，毕。赞引生赞：复位。承祭官复位立。典仪唱，行亚献礼。献爵于左，如初献仪。典仪唱，行终献礼。献爵于右，如亚献仪。典仪唱，彻馔，唱送神。赞引生赞：跪、叩、兴。承祭官行三跪九叩头礼，兴。典仪唱，捧祝帛馔各恭诣燎位。捧祝、帛生至位前，一跪三叩头，捧祝、帛起，捧馔生跪。不叩。捧馔起，依次送至燎位。承祭官退至西旁立，候祝、帛过，仍复位立。典仪唱，望燎。赞引生赞：诣望燎位。承祭官至燎位立，焚祝、帛。赞引生赞：礼毕，退。

部颁祝文：惟王奕禩[①]钟祥[②]，光开圣绪[③]。盛德之后，积久弥昌。凡圣教所覃

① 奕禩：世代，代代。

② 钟祥：谓得福。

③ 圣绪：帝王的统绪。

敷，悉循源而溯本。宜肃明禋之典，用申守土之忱。兹届仲春、秋聿修祀事，配以先贤颜氏、先贤曾氏、先贤孔氏、先贤孟孙氏。尚飨。祭品：正殿陈设五案，每位礼神制帛一白色，白磁爵三，羊一，豕一，铏二，簠二，簋二，笾八，豆八，酒罇一。配位陈设每位一案，礼神制帛二白色，豕首一，豕肉一，每位铜爵三，簠一，簋一，笾四，豆四，酒罇一。两庑陈设礼神制帛二白色，每位铜爵三，簠一，簋一，笾四，豆四，豕肉一，酒罇一。祭祀经费即在正祭项内。

谨案《会典》：文庙为中祀。

关帝庙：每岁春、秋仲月上戊日致祭。祭日，赞引生引承祭官进左旁门，至盥洗所，盥洗毕，引至殿内行礼处立。典仪唱，执事各司其事。赞引生赞：就位。承祭官就位立。典仪唱迎神。司香生捧香盒跪于炉左。赞引生引承祭官至炉前立。赞：上香。承祭官上注香于炉内，又三上瓣香，毕。赞引生赞：复位。承祭官复位立。赞引生赞：跪、叩、兴。承祭官行三跪九叩头礼，兴。典仪唱奠帛，行初献礼。捧帛生跪献，毕，行三叩头礼，退。执爵生立，献爵于案上正中，退。读祝生至祝案前，一跪三叩头，捧祝文立。赞引生赞：跪，承祭官、读祝生俱跪。赞引生赞：读祝。读祝生读毕，兴。捧至案前跪安帛匣上，三叩头，退。赞引生赞：叩，兴。承祭官行三叩头礼，兴。典仪唱行亚献礼。执爵生献爵，如初献仪，献于案左，退。典仪唱行终献礼，执爵生献爵，如亚献仪，献于案右。典仪唱送神，赞引生赞：跪、叩、兴。承祭官行三跪九叩头礼，兴。典仪唱捧祝、帛，恭诣燎炉。捧祝、帛生至神位前，一跪三叩头。捧祝、帛起，司香官跪捧，不叩。承祭官避立西旁，俟祝、帛过，仍复位立。赞引生赞：诣望燎位。承祭官至燎所，祝、帛焚半。赞引生赞：礼毕，各退。

部颁祝文：维神浩气凌霄，丹心贯日。扶正统而彰信义，威振九州；完大节以笃忠贞，名高三国。神明如在，遍祠宇于寰区[①]；灵应丕昭，荐馨香于历代。屡征异迹，显佑群生。恭值嘉辰，遵行祀典，筵陈笾豆，几奠牲醪。尚飨。祭品陈设：礼神制帛一白色，白磁爵三，牛一，羊一，豕一，果品五，酒（一罇）[罇一]。祭祀经费例支银六十两，在地丁项下动支。

祭后殿：二跪六叩头礼，余仪同。部颁祝文：维公世泽贻庥，灵源积庆。德能昌后，笃生神武之英；善则归亲，宜享尊崇之报。列上公之封爵，锡命[②]优隆；稽三代以肇禋[③]，典章明备。恭逢诹吉，祇事笃馨。祭品陈设：帛一白色，豕各

① 寰区：全国、全天下。

② 锡命：天子有所赐予的诏命。

③ 肇禋：开始祭祀。

一，羊各一，笾豆各八。经费在正祭项内。

谨案《会典》：关帝庙为群祀。

文昌庙：每岁二月初三、八月十八日致祭。承祭官三献，俱行三跪九叩头礼。祭品：帛一，牛一，羊一，豕一，铏一，笾十，豆十。后殿祭品：帛各一，笾豆各八。承祭官行三跪六叩头礼，余同前殿祭祀。经费例支银二十六两六钱六分七厘，在地丁项下动支。

部颁祝文：维神迹著西垣，枢环北极。六匡丽曜，协昌运之光华；累代垂灵，为人文之主宰。扶正以彰夫感召，荐馨宜致其尊崇。兹（屈）[届]仲春秋，用昭时祭，尚其歆格，鉴此精虔[①]。尚飨。部颁后殿祝文：祭用先河之义，礼崇反本之思。矧夫世德弥光，延赏[②]斯及。祥钟累代，炯列宿之精灵；化被千秋，纬人文之主宰。是尊后殿，用答前庥。兹值仲春秋，肃将时事，用申告洁，神其格歆。尚飨。经费即在正祭项内。

谨案《会典》：文昌庙为群祀。

天后神庙：每岁春、秋仲月上癸日致祭。祭品未有定例，仪注与文昌庙同。

祝文：维后配天立极，护国征祥，河清海晏，物阜民康。保安斯土，福庇无疆。千秋巩固，万载灵长。神恩思报，圣泽难忘。虔修祀事，恭荐馨香。士民一德，俎豆同堂。仰惟昭格，鉴此烝尝。尚飨。

名宦祠：祝文：于维群公，来宦于兹，政教泽流，士民用思。惟兹仲春秋，谨以牲帛醴齐，（用）[同]伸常祭。尚飨。

乡贤祠：祝文：于维群贤，后先有作，气节文章，表兹来学，惟兹仲春秋，谨以牲帛醴齐，同伸常祭。尚飨。

忠义、节孝祠：俱同丁日致祭，仪同两庑。

祭忠义孝弟祠文：维灵禀赋贞纯，躬行笃实。忠诚奋发，贯金石而不渝；义问[③]宣昭，表乡闾[④]而共式。祇事懋彝伦之大，性挚峨嵩；克恭念天显之亲，情殷棣萼[⑤]。模楷咸推夫懿范，纶恩[⑥]特阐其幽光。祠宇维隆，岁时式祀。用陈尊簋，来格几筵。尚飨。

祭节孝祠文：维灵纯心皎洁，令德柔嘉。矢志完贞，全闺中之亮节；竭诚致

① 精虔：诚敬貌。

② 延赏：延及他人的赏赐。

③ 义问：善声，美好的声誉。

④ 乡闾：古以二十五家为闾，一万二千五百家为乡，因以“乡闾”泛指民众聚居之处。

⑤ 棣萼：dì è，比喻兄弟。

⑥ 纶恩：皇帝的恩典，指诏书。

敬，彰壸内之芳型。茹冰蘖[1]而弥坚，清操自励；奉盘匜[2]而匪懈，笃孝传徽。丝纶[3]特沛乎殊恩，祠宇昭垂于令典。祗循岁祀，式荐尊醪。尚飨。

学制 学田 书院经费 宾兴田 文昌宫[祭][4]田 王公祠祭田附[5] 刘公祠[祭]田附 王公祭田附[6]

雍正元年（1723）题准：新宁向系小学，今改为中学，取进文童十二名，武童八名。张《志》作“三年”。

乾隆五十二年（1787）覆准：新宁客童另编客籍，取进文童二名，武童一名，仍隶县学，廪增不准拨给。张《志》作“二十九年”，误。

附客童开籍应试部文：会议得定例，童生应试有籍可归者，拨回原籍。若原籍仅存疏远族属，并无田庐，其入籍在二十年以上者，准入寄籍应试，仍移咨原籍，不许两处跨考，违者从严究治。其有妄攻冒籍、聚众横击者，按律治罪各等语。今据广东巡抚图萨布奏称：新宁县沿海地宽，先于雍正年间及乾隆五、六等年，有惠、潮各属及闽省人民曾、廖等姓，陆续就耕，积至二千余户，屡请入籍，皆为土著所阻。乾隆二十九年（1764），学臣边继祖奏请入籍加额。经部臣驳查，当将各客童等，照例拨回原籍册报。兹客童廖洪复以乞请开籍，赴都察院具控。钦奉谕旨查办，当即委员前赴新宁清查。现在客户共二千二百零四户，内有田粮庐墓已符年例，难以回归原籍，共四百零四名。以文艺粗通者，百有余名，请附籍新宁应试，仿照商籍及江西棚民、四川眉州等属之例，酌加文童二名、武童一名，另编客籍字号录取，止准入考乡试，廪增不准拨给。其捐纳、贡监并以新宁报捐，等因，具奏前来。

查新宁客童，既据该抚查明，实有四百余名，俱迁居已数十余载，田产契照确据，原籍本无田庐，宗族又复疏远，核与寄籍应试之例相符。若令其入新宁考试，土著忌其占额，自不能相安无事。酌量调剂，应如该抚所请，将新宁客童另编客籍，取进文童二名、武童一名，听学臣凭文录取，如文少通顺者，宁缺无滥。自后即应试人数较多，亦总以现额为限，不得加增。仍移知惠、潮等原籍，不得复回歧考。至其捐纳各项，并准以新宁报捐。至应试时，令该客童等出具五人连

① 冰蘖：冰最寒，蘖味苦。冰蘖指处境清苦如饮冰食蘖，多用来形容妇女的苦节。

② 盘匜：供盥洗的器具，形状似盘。

③ 丝纶：帝王的诏旨。

④ 据正文添加。

⑤ 原文为“王侯祠田附”，但正文为“王公祠祭田附”，现据正文改。

⑥ 原文为“王公祠田附”，但正文为“王公祭田附”，现据正文改。

名互结，交该教官查核妥办。如有枪冒、跨考及勒措[①]、妄政等弊查明，分别从严治罪，取进后归该学管束。其岁科两试仍另编客学生员出案，廪增亦应如该抚所请，不准拨给。如此客童有著，不致阻其上进之阶。加增学额，亦可永杜讼端矣。是否有当，伏候皇上训示遵行。再此本系礼部主稿，合并声明。臣等未敢擅便，谨题请旨。于乾隆五十二年（1787）九月二十四日题，二十六日奉旨：依议，钦此。乾隆五十二年（1787）十二月十一日到县。

咸丰八年（1858）覆准捐输，加永远文、武学额一名，又广一次文、武学一名。咸丰十年（1860），广一次文、武学二名。咸丰十一年（1861），广一次文、武学二名。同治三年（1864），广一次文、武学一名。同治五年（1866），广一次文、武学三名。同治八年（1869），广一次文、武学二名。同治六年（1867）覆准：加文学额四名，客童改隶赤溪厅，归府学管束。同治七年（1868）禀准，岁科考取进文、武学，每名公送学师印，金银三十二圆，府学同。廪膳生员二十名，二年一贡，增广生员二十名。附学生员岁科试每考十七名。岁试武生九名。据院册。

附《蒋抚宪会同督宪瑞奏准加文生学额奏略》：查新宁县土民，自械斗以来，募勇设防以及一切堵御应差，所费亦复不少。今客民加学额，得沐朝廷作育之恩，土民同隶胶庠，似应一体培植。查新宁县学额定例十二名，前并捐输，请奖加额一名。而每届应试童生有一千二、三百人之多，本有额隘见遗之苦。臣等公同商酌，可否吁恳皇上逾格鸿慈[②]，俯准新宁县学额每试加进四名，以示鼓励之处，出自圣裁，如蒙俞允，请自同治七年（1868）戊辰岁试为始，永远作为定额，至于武学仍照旧额取进，毋庸加增云云。

学田

方圆背等处田租银五两七钱六分九厘七毫。解本府，汇解学院支给贫生，知县揭廷植置。芋地岭、小水篱、子角、车陂等处田租银二十三两。该处系恩平、开平、新宁三县界荒地。土人李照华、黄启国等祖父世居其旁，递年开垦，为土豪强占。雍正十一年（1733），归学斥税七十九亩。乾隆九年（1744），升科租银二季完纳，为月课诸生纸笔、饭食之需。又王《志》载：此田共荒熟田地塘一顷余，亦知县揭廷植置，与学册异，故并存之。

羊蔚学村田递年马秤谷一百四十担。归东、西斋收。

---

① 勒措：形容刁难、强迫等。

② 鸿慈：大恩。

网地田马秤谷六十四担三十斤，黄滚田马秤谷三十六担。

以上三处共中灶税二亩零五厘四丝四忽，中民税一十一亩一分四厘八丝一忽五微，下民税九十五亩八分四厘一毫九丝六忽五微，科斥税四十三亩七分五厘五毫。

陡门等处田共中税八十五亩五分九厘九毫四丝九忽五微，下税一十四亩三分九厘九毫九丝九忽五微。

塔脚田三坵。归福德祠油灯。

学前右角牌坊南向铺一间。归庙祝油灯之费。王《志》。

小旗山村右边坑田共税九亩。光绪三年（1877）学宫余银置。

书院面前墙外余地一段。四围有界石。

书院经费

大有围田共六十二顷一十五亩。嘉庆二十年（1815）知县陈闻炳详准，每亩租银一分五厘二毫五丝，共租银五百九十二两九钱七分八厘七毫五丝，拨宁阳、文海两书院各半为膏火，佃人陈照象等。

大有围外新围沙坦一十四顷一十一亩四分二厘。道光二十五年（1845）佃户陈二毛禀准除拨宁阳、文海两书院收租外，缴屯租三十一顷零。光绪十五年（1889）奉行屯田变价，知县何福海、委员苏昕详请全数变价。十九年（1893）知县郑守昌详奉大宪，准业户陈允元等承变屯田坦三十一顷零，在该坦内截拨四十五顷，永远为宁阳、文海两书院膏火。

鼠山围田共税一顷六十九亩二分。系堵截咸潮单造坦，乾隆二十四年（1759）详奉缴价充公。

那琴擗水、大澳允泊二处沙田共税一十六亩。嘉庆十九年（1814）知县陈闻炳拨归膏火。

松子荫熟田九十三亩五分。

网地、兴贤等处田共税三十六亩。

高嘴田共租谷五十石。

茶山蛤嘴头田一亩八分五厘七毫一丝三忽。

龙潭庙新峒租银七两二钱。

南门大坑腰田共税一亩四分二厘八毫五丝八忽。

以上书院各项经费。

陈嘴边海处田共税二亩三分零六毫一丝九忽。

大葫田峒田共税三亩五分零四丝三忽。

以上二项，道光二年（1822）重修书院余银置。

狗山围田共税一十二顷七十五亩八分三厘三毫六丝七忽。又围侧田共一十二亩余。

那扶猪牯垄田共税五十一亩八分。

挑尾围田共税一十九顷四十三亩零。陈中创霸围内宝仔口田十一亩零。

那扶□□[①]等处田共税一顷四十四亩二分。

那扶□□[②]等处田共税一顷八十九亩九分四厘八毫四丝。

老虎窟田共税一顷零五亩。

蛋家山田共税二十二亩。陈顺泮霸。

蛋家山村地二条，鱼塘二口，共税十五亩。陈顺泮霸鱼塘。

赵容川祖捐送蟛蝌塘等处田。共税四顷七十余亩，书院着五份之一，分租不分田。以上光绪八年（1882）建，连珠山、宁阳书院余银置，并各人捐送，为岁科试文武新进公送印卷金用。

宾兴田

横水村野鸭塘乌石田共税一十四亩。明知县孙履恒捐廉置，以充科举之用。

矬峒都三合海口围坦一所，每年额租银四十两。如围内成禾，每年额租银一百四十两。

矬峒都旗坛侧均生围二所，每年额租银二十两。

松仔岭天成围一所，每年额租银二十两。如围内成禾，每年额租银一百二十两。

以上三项，俱道光二十八年（1848）士人陈清来、陈基乾等承领备资垦筑，为科举之用。

文昌宫祭田

圣堂坑田，共税二亩四分二厘八毫五丝五忽。

狗毛虫岭田，共税一亩四分二厘八毫五丝。

东门城边田，共税一亩八分五厘七毫一丝。

白沙磡砖窑田，共税一亩三分四厘。

① 原文用黑笔抹去二字。

② 原文用黑笔抹去二字。

深井羊栏峒田，新斥税十二亩四分五厘。

三丫垄田，下税八亩。

已上二项，同治年间伍学庆捐送。

王公祠祭田附

余村勒冲洞各处，共中税九十亩余。

刘公祠祭田附

大小九坜，共中税六亩。

王公祭田附

白沙磡砖窑，共税一亩三分四厘。道光三十年（1850）知县王治溥拨入遗爱祠，前县王暠祭田。

兵防 界址 船政附

明太祖既定天下，度要害地，系一郡者设所，连郡者设卫。大率五千六百人为卫，千一百二十人为所，百十有二人为百户所。所设总旗二，小旗十，大小联比以成军。广州设前卫、后卫、左卫、右卫、南海卫、清远卫、新会千户所，后添广海卫、新宁千户所、增城千户所、东莞千户所、大鹏千户所、香山千户所、永安千户所、从化千户所。又按《通志》：洪武初，平章廖永忠、参政朱亮祖平定广东，遂命亮祖镇守，建置诸卫所，分布要害。十七年（1384），复设沿海诸卫所，分筑整台，每百户所正军百，总旗二人，小旗一十人，十百户所为千户所，统以诸卫。卫必五所，而又有都卫以总制之，后改为都指挥使。张《府志》。

县境阻山滨海，寇盗窃发不时。弘治间，始立白石堡，调军防堵，建县后复设那仁、荷木二堡，迁望高巡检司于海晏巡守。嘉靖十年（1531）秋，御史林公、吴公奏拨广海卫左所官军来县守御，又设城冈、甘村、苍步等营，调客兵哨守。三十五年（1556），平石鼓等盗，复置三合、那西、羊公迳、更鼓水、老榕迳、苔村六营以防余寇。隆庆间，营堡多废，仅存募兵百名屯县，地方又复多事。万历十六年（1588），知县揭廷植以分猪坑险要多警，置营，轮拨余丁守之，设哨船二统，巡那西、旺北。二十年（1592），知县王学尹申复三合营。三十二年（1604），知县熊文华申复荷木堡，增置官步营，皆扼西南险要。据张《志》修。

县治原设守御千户所官九员，旗军余丁在屯、在城共六百九十一名。《府志》

云：旗军四百六十六名。在城总小旗二十九名，在屯总小旗一十九名，守城兵一百四十二名，屯兵一百四十三名，守城余丁二百八十六名，巡捕余丁八十五名，共七百零四名。迨军余废，而所官驻扎香山，隶广东都司管辖，所与县无涉。据《广州府志》、张《志》修。

按《香山志》：自洪武朝设守御所，其兵丁增减，弘治后无明文。惟天启元年（1621），前山寨设参将，水、陆员弁十三名，兵一千九百余名，则所官移驻疑，或即是也。

国朝新宁营向设守备一员、千总一员、把总二员。康熙二十三年（1684）裁。随于新会营调拨把总一员，驻防县境。雍正七年（1729）添置外委把总一员。八年（1730），新会营改置参将，增设守备一员，隶右营，是为会宁守府，同左哨头司、把总一员，驻城内。守府，今驻新会，把总驻守府衙。以右哨二司外委把总一员，分防石坂、潭汛。今亦多驻城内，或驻新会。咸丰十一年（1861），又添设左哨头司额外外委一员，驻城巡守。据张《志》、营册参修。

本营原驻县城兵四百九十六名，陆续抽汰。康熙二十三年（1684）存一百二十九名，与营弁并裁。是年，于新会营抽拨八十一名赴县防守。雍正八年（1730）添设会宁守府，后合营水师兵丁，额设八百零五名。内步兵二百零四，守兵六百零一。同治八年（1869）奉裁三成，存五百六十三名，分防新会、新宁二处，其驻防县境兵丁，实一百八十三名。张《志》作“一百八十一”，营册止一百四十七。亦照裁数，现存一百二十八名，去外委本身名粮一名，额外外委本身名粮一名，实九十五名存城，余分各汛。据张《志》、营册参修。

瓦窑湾水汛，在县北，防兵五名。石坂潭陆汛，在城东，防兵八名。滘口庙水汛，在县北，防兵五名。花树坪陆汛，在县东北，兵四名。那西水汛，在县治西，防兵五名。水坑冈陆汛，在县东北，兵四名。以上营册。

按张《志》：水汛各有船只，今列“船政门”。

本营分巡界

东界自会宁交接碑黄地头起，至李凹，至榕树园，至矮岭，至平迳口交界碑，至水坑冈，至大冈，至井水凹，至上佛凹，至花树坪，至喜村口，至塘田迳，至网地，至新会石井山交界止。

南界自新会石井山交界碑起，至石坂潭，至野芋，至乌石冈，至南村，至塘下，至沙田，至门迳，至矮冈，至舫坑，至抱步，至隔水园，至旺村，至黎洞，至上陈，至马洞，至田心，至雷洞，至南蓢，至横洞，以白沙小河为界。

西界自塘滑以白沙小河为界，至西村以小河为界，至龚边，至潮境，至开平护龙山交界碑，至蒲康，至大塘，至桥头，至浣鱼澳，至冲涧，至圆美，至儒林里，至开平大河中为界。

北界自旺北起，以大河为界，至船头石，至独冈，至荔枝塘，至基头，至金溪寺，至东头，至浔洋大巷，至麦巷，至许村，以上俱以大河为界，至新会县罗冲村交界碑。王《志》。

案：张《志》编此于《舆地略》中，以此为县境之全界，殊为不然。王《志》列“兵防门”，可证也。张《志》盖误以本营分巡界址为县境界址，自今依王《志》改正。

广海营 即赤溪右营

国朝康熙八年（1669），原设游击一员，守备一员，千总二员，把总四员。其外委千总二员，外委把总四员，额外外委二员，则雍正六年（1728）以后所置，同隶阳江镇外海水师中军管辖。同治七年（1868），割置赤溪厅，改营制，裁游击、守备两员缺，并右哨千总、右哨头司把总、左哨外委千总各一，乃更置都司一员，驻扎广海，仍以水师改隶赤溪协右营，计领右哨千总一员，分防大澳炮台；左哨头司把总一员，分防大担汛；左哨二司把总一员，分防烽火角炮台；右哨二司把总一员，分防横山炮台；右哨外委千总一员，分防冲蒌汛，今实记委代理；左哨头司外委把总一员，分防沙堤汛；左哨二司外委把总一员，分防双洲口汛；右哨头司外委把总一员，分防潭滘西口汛；右哨二司外委把总，分防海晏汛。额外外委二员随营。

本营原设中军水师马兵七名，步兵一百五十五名，守兵五百七十九名，共七百四十一名。自同治七年（1868），奉文改为赤溪协右营，额兵五百一十五名全数驻防县境。去外委本身名粮五名，额外外委本身名粮二名，存城实四百一十八名，余分驻各汛。俱据张《志》、营册修。

大澳炮台汛，防兵二十一名，大担汛，在下川，防兵四名。烽火角炮台汛，防兵二十一名。沙堤汛，在上川，防兵十名。横山炮台汛，防兵二十一名。冲篓塘汛，防兵三名。双洲口汛，在海晏，防兵三名。海晏汛，防兵四名。潭滘西口汛，防兵三名。上川大蓢湾汛，防兵三名。山背汛，防兵二名。上阁汛防兵二名。羊坑口汛，防兵三名。斗山汛，防兵四名。

按张《志》：有圆山头汛、狐狸迳汛、上间水汛、康华汛、荷木迳汛。

管辖水陆界址

北界自东而西，自白坭坑与赤溪营分界，至羊坑汛，至五指山，至乌石冈以下与新宁营分界，至大塘，至黄蛇翻，至企背，至羊阑水与新宁营、那扶营分界。西界自北而南，自大葫以下与那扶营分界，至鸡冠龙，至永安，至康华，至梅坑，至横山炮台以下与阳江营分界。南界洋海自西而东，自葛洲分界碑，至南澎山，至下川外洋，至上川外洋，至乌猪以下与赤溪营分界。东界自南而北，至三义海中，至白泥坑而止。

内洋

鱼塘湾、小沙湾、旗坛、台冲、西滘口、麒麟角、甫草角、泥嘴、横山、青兰角、沙阑涌、牛头湾、椰子角、双洲口、望头前、葫箕角、官涌口、上川岛、下川岛。

已上广海营轮班分巡。

外洋

漭洲岛、狮子洲、乌猪岛、桅甲岛、平洲、沙底笔、黄麖门、木殼洲、琵琶洲、神洲、狗练角、鸦公角、北渡洋、鬼洲、娘澳。

已上广海营每年上、下二班巡哨，属中路。据张《志》、营册参修。

赤溪左营驻县属地内汛弁兵数附

都斛汛，左哨头司把总一员，防兵三十名。

牛山汛，右哨二司外委把总一员，并为右哨头司把总协防，防兵二十名。

镇口汛，右哨头司把总一员，防兵三十名。

南村汛，左哨记委一员，防兵十五名。

白石汛，左哨记委一员，防兵十五名。

唐美汛，右哨记委一员，防兵十五名。

按：以上各汛兵弁，概不准客籍人充当，以巡抚蒋益澧有土治土、客治客之示也。

那扶营

国朝康熙元年（1662）设守备一员，千总一员，把总一员，外委千、把总各一员，后又添设额外外委三员。雍正十年（1732）改守备为都司，其千总与外委千总，志册略焉。同治七年（1868），改置都司于赤溪，复设守备一员，驻那扶外委把总二员，分防陡门、石井两汛。据张《志》、营册修。

本营向设兵丁二百四十六名。马兵十二，步兵三十一，守兵二百零三。同治七年（1868），奉拨赤溪协兵三名。八年（1869），又奉三成抽汰，现存一百七十名，去外委本身名粮二名，实一百二十三名存营，余分各汛。

陡门汛，在县属，防兵十一名；石井炮台汛，防兵十九名；寨门汛，在县属，防兵三名；中诚汛，在县属，防兵二名；旁鹤汛，在深井，防兵二名；泗门汛，在恩平县界，防兵二名；船汛，额兵八名，并无更汰，哨巡营前、黄竹墟等地方。

管辖界址

东界自南至北，自陡门，至北薇，至大江，至羊途迳，至金坑，至富坑，至旁鹤，至开平交界。

南界自西而东，自允泊，至那潭，至那腰。

西界至那滑右边小土鳌恩平县交界。

北界自东而西，自恩平交界龙冈嘴，至榕树坑，至（汶）[文]村，至那扶村，至咸田村。

船政附

潭滘东口，两橹船一只；西滘口，六橹船一只；白蕉湾，四橹船一只；鱼塘湾，艍船一只；上阁口，快浆船一只；麒麟角，艍船一只；官涌口，四橹船一只；三洲湾，四橹船一只；大担湾，四橹船一只；横山口，两橹船一只；双洲口，六橹船一只。已上王《志》。

第一至第三号大米艇三，第四至第六号中米艇三，第七至第十号捞缯船四。张《志》。

瓦窑湾汛，小三板船一；滘口汛，巡船一，小三板船一；那西汛，大、小三板船各一；那扶船汛，三板船亦一。据张《志》修。

按张《府志》：每营弁，兵必有马。原例副将坐马十二匹，左、右都司及守备每官坐马四匹，千总、把总各二匹，外委一匹，战马若干匹。今邑志阙如，营册不列，无从稽核。至所开船政，或裁，或废，已成具文。兹仍悉载以见向章云尔。现据广海营册：新装第一号大舵船一只，二号舵船一只。

《新宁县志》卷十二，李敬照分纂，黄纬、刘宝森校字。

卷十三　事纪略上

明

洪武六年（1373）壬子，海贼李夫人、钟万户、徐仙姑数于海晏、下川、大儋、文村等地劫掠，杨璟、范怀二指挥率舟师剿捕。至阳江海陵，击败贼船二百艘，斩伪总兵李福全、李夫人贼众一百七十二人。随率舟师至继头山，遇贼出洋，督官军追至速头港与战，至那泥港，杀溺甚众，擒伪总兵陈贵等二十名，斩之，悉平。黄《通志》。

二十七年（1394），花茂上言：请徙广州沿海等县逋逃蛋户为兵。《粤大记》。

正统十四年（1449），白水洞盗起，新会大岭贼首黄汝通起兵应之。五月之间，众至三千余，剽掠船头石、洒冲、上冲等十二村。官军剿之，遇赦，引还，盗益猖獗。《新会志》。

景泰元年（1450）六月，参政黎琏、指挥冯英等官统兵至独冈、斗洞等处招抚，至十九日，始进兵百峰山、下塘田等处，官兵共六万五千余，分扎十二营。时黄萧养既伏诛，各官意怠，诸贼纵诡计，行间缓兵。主者蹈其策，但以招抚为名，黄三等各潜入大柴型等山立寨，连日抵巢招抚。七月初九日，惟黄三受招下山，其余诸贼刘积、温观彩等竟不服招。八月十三日，各官引还，民间相传以为黎琏纳其贿，故不加兵云。黄《通志》。

三年（1452）五月，佥事蒋敬、都指挥胡英领兵四千来剿捕余匪。二十九日，进兵直抵那扶及松柏山等处，擒获人畜无算。寻因都督遣人追回，议事官军各引还听招。诸贼复山剽掠。据《新会志》修。

五年（1454），官军分驻塘田等处，剿百峰山盗。同上。

七年（1456）正月，官军破黄泥型等山寨。十六日，遂围白水、洋冲二峒，斩获一百余级。围蒋峒等村，斩获二十余级，生擒人口不计。渠魁即尽，官乃解军引还。《新会志》。

弘治十一年（1498）七月，题准：析新会县地置新宁县。王《志》。以下不注者同。

先是，里排李祖田等建言，德行等都负山阻海，盗贼频兴，请置县治，以便控制。巡抚邓瓒、巡按王哲下其议，知府林泮亲诣经理，为之分里定赋焉。

按：王《志》原作“十二年（1499）二月，析新会县地置新宁县”。考《明史·地理志》及徐琼《儒学记》，实十一年（1498）置县。王《志》盖误以县治告成之年为置县之年耳，故删改之。又邓瓒当为邓廷瓒。是时，总督兼巡抚事，故曰巡抚也。

十一年（1498），林泮升广西参政，王钦知广州府。《陶氏世烈录》载孝宗谕祭文云：维弘治十一年（1498）岁次戊午冬十月壬辰朔，越十四日乙巳，皇帝遣广州府知府王钦。据此，则林泮去任必在秋冬之间，且七月始题准，则经理当在七月之后，非林泮所及，为明矣。或者里排建言时，抚按下其议于广州府，林泮尝亲履勘，故相传为林泮经理耳。然属之十二年（1499），则大误也。兹略节其文，而订其误于此。

佥事徐紘相度县治于上坑莳。王《志》属十二年（1499）六月，今考徐琼《记》，亦十一年（1498）事也。

十二年（1499）八月，县治告成。据徐琼《儒学记》修。

十三年（1500）六月，始建学宫，十月诸工告成。

十六年（1503）九月九日，大水飓风，城宇尽坏。

正德二年（1507）十月，提学副使林廷玉来岁试。

三年（1508）九月，蝗。黄《通志》。

六年（1511）十一月，御史周谟命署县通判朱源修公廨、城池。黄《志》。

八年（1513）三月，大水。黄《志》。

十年（1515）闰四月，大水，坏民居。

十一年（1516）四月，大水，漂民居。黄《志》作“六月”。

十二年（1517）四月，大隆山盗起。十月，都指挥郑绶来征大隆山盗。

十三年（1518）春，温边、白石盗起。

十四年（1519）十一月，新宁及清远、恩平瑶贼乱，都御史杨旦讨平之。郭《通志》。

按：旦是荣曾孙，总督两广军务。

十五年（1520）三月，兵备王大用来征羊公迳盗。张《志》。

兵备副使王大用统兵至新宁县剿捕，以盗攻盗，谕以功赎罪，先殄其甚者，羊公迳既平。五月，征上、下坪山盗，又平之。贼授首，余皆胆落，捕人至，即自投诚。前后捕获六千余人，大用见其威易行，欲尽数歼灭，及图温边、白石不克。十二月初五日，贼遂围城数日，既而招抚散兵，典史郑翱独守孤城。自后贼首许车保起于白石，陆四起于大葫，大肆剽掠，乡民苦之。据《郡国利病书》修。张《志》作“围城三日，乃解”。

嘉靖元年（1522）六月，知府简沛来抚群盗。

二年（1523）闰四月，布政章拯，参政葛浩，副使王大用，知府简沛，参将李璋帅兵来大征。六月，获贼首许车保。旧《志》“章”作“张”，《府志》“浩”作“括”。以群盗连年猖獗，于是调集诸路兵，合土兵共一万余。李璋驻德行都，简沛驻海晏都，遣兵四出剿捕。先是，只用民兵，贼玩无忌。及是狼兵已至，贼犹未知。先抵莲塘、八带、羊公迳、石鼓山诸寨，各贼妻子戏笑自若，咸相呼出寨，曰：“今日看杀诸民壮仔。”以故狼兵突至，得尽戮诸妻子，遂乘胜追杀。温边、白石等处群盗，望风丧胆，窜走百峰山藏匿，桀魁陆四兵败亡命。时，简沛辄指平民窝匿，因缘为利，滥杀所及，凡客居海晏者，咸受其辜。惟葛浩用兵有纪，淑慝分明。时有谚云：“遇葛李则生，遇章简必死。”后陆四竟不能获，以旋师太骤，不旋踵，而陆策等又招集各乡逃叛围村，掳杀报复，尤惨于前。《府志》引《郡国利病书》。

秋，雨血。

十月，诸路兵还。

十二月，知县胡纶诱获陆四，杀之。旋师后，胡纶用盗罗九计，以老人岑益入寨为质，诱贼出而杀之，各寨魁皆授首，党与几尽。陆四其后者也。

按：《郡国利病书》胡纶诱杀诸渠，惟余陆四数人。旧《志》则云：“诱获杀之”，殆先漏网，而终堕计者欤。

三年（1524）三月，余盗林子祥复起。

夏，余盗陆广、陆策复起。陆四兄子也。

五年（1526）四月，兵备徐度诛贼首林子祥。十月，兵还。张《志》。

按：徐度，《郡国利病书》作“徐夔”。

六年（1527），都御史姚镆、太监郑润、总兵抚宁侯朱麟来讨贼，平之。黄《通志》作“朱麒”。今依《府志》。

先是，新宁、新会县民雷骨子、林子祥、汤孛等聚众于蓼塘、旱塘、长塘等处，流劫地方。嘉靖癸未（二年，1523），曾经大征，漏诛复出，劫掠斗洞、大巷、潮透等乡。至是，姚镆、朱麟等行委（领）[岭]南道守巡副使徐度、左参议周震、督备都指挥王兰，督领打手一千三百余名，分道夹攻，俘斩三百七十名，余党悉平。黄《通志》。

七年（1528）十一月，兵备徐乾来抚群盗，未平。

八年（1529）秋，飓风，坏官民居。

十年（1531）二月，兵备莫相、总兵张天裕帅兵来征盗。六月，群盗稍息，兵还。十月，佥事龚大稔来抚广海海寇。

新宁洎[1]新会贼乱，提督侍郎林富讨平之。郭《通志》。先是，二邑剧贼据险为患，正德末，猖獗尤甚。嘉靖二年（1523）征兵大举，斩首万计，而大隆、相峒等山贼首曾友富、宗英、方长辈皆未获，复聚众流劫，富乃调集汉、狼兵三万二千，两道讨之，俘斩一千九百人，余党降。郭《通志》。

按：《府志》云：谨案《郡国利病书》：嘉靖九年（1530），会宁民贼复乱，提督、兵部右侍郎兼右佥事（“事”为衍字）都御史林富、总镇太监张赐、总兵咸宁侯仇鸾讨平之，与郭《通志》异。当是贼乱在九年（1530），而讨降在十年（1531）也。

十一年（1532）四月，大修城池公署。

十五年（1536）正月立春，雨雹。张边群盗起，副使叶昭来征。四月，饥，知县刘晓赈之。秋，有年。

十七年（1538）五月，兵备李文凤征张边盗，平之。七月，知县刘晓获贼徐文盛、邝悦敬，杀之。贼首许文盛、邝悦敬等潜据张边，纠合背招贼徒邹田等，并起东瓜冲、冷水坑等处，剽掠劫杀，岁无宁日。发兵剿捕，遂平张边。而东瓜冲、冷水坑等寨徐邝诸贼俱逃窜，姑从千户刘冕计抚安。秋七月，许邝背招复乱，知县刘晓计获许邝，杀之，群盗屏息。梁《府志》、旧《志》作“许广”，误。

二十二年（1543）四月十三日，龙起雷潭，坏官民居。

十七年（1538），知县王臣获盗白宗贤等五人。冬，知县王臣大修学宫。

二十三年（1544）四月，飓风大雨，坏官民居。冬，巡（案）[按]陈口令修县志。

二十五年（1546）九月，飓风伤禾。十一月，官军讨峒贼陈以明等，平之。

先是，新宁、新会、新兴、恩平之间，皆高山丛箐[2]，奸恶亡命辄窜入诸瑶中，吏不得捕，遂聚至万人，推以明为主，号承天霸王，流劫诸处。官军讨之，数败。督抚侍郎谈恺檄请诸路土兵进剿，破之，斩其伪飞虎将军伍廷章等，乘胜攻各巢，贼平。《明（汇）[会]典》。

二十六年（1547）春，石鼓及那西贼起。

二十七年（1548）春，上桥贼起。

---

① 洎：jì，到，及。

② 丛箐：竹木丛生的地方。

是时，新会贼首李潮兴投石鼓寨，自称兵备，上桥间元亮自称山西侯，曾黄九自称都堂，石鼓寨邓汝安自称知府，冷水坑叶尾自称把海都指挥，筋竹坑李以祥，张边宋子啧、杨迳白千富，谢边谢大用等各立名号，互相应援，联络至四千余，立寨八十有七，昼夜流劫，官讨未能静。《府志》。

三十一年（1552）春，岭西贼谭进等劫掠德行等都。《郡国利病书》。

三十二年（1553），岭西贼劫掠平康等都，佥事杜璁遣兵追战于北猎山，破之。同上。五月，西贼流劫平康诸都，贼首何老猫再寇会宁，踞北猎山马骝寨。时兵备杜璁驻新会，约岭西兵同进破之。《新会志》。

三十三年（1554），官军捕获何亚八于广海卫。《府志》。亚八，东莞人，潜入大泥国，纠合番舶，驻广海外洋，大掠沿海乡村，复往福建，集叛亡数千，流劫浙江诸郡，寻回广东。提督侍郎鲍象贤命巡海副使汪柏督指挥往讨，捕获于广海，俘斩一百四十六人，溺水烧死无算。广、潮、雷、琼先后擒戮贼党千二百人，磔八于市，海岛稍清。郭《通志》。

三十四年（1555）冬，兵备毕竟容来征石鼓上桥贼。

三十五年（1556）正月，指挥孙敏破石鼓、那西诸贼。

按《府志》云：春正月，提督御史谈恺乃举大征出师，贼败于石鼓，盖孙敏承谈恺命也。先是三十二年（1553）三月三十日，巡抚御史郭文周题，据分巡岭南佥事杜璁查勘得广州府属会、宁二县，除贼巢小者不计，其大者如石鼓、芳舍、苔村、石山㓉峒、横岭、连塘、羊公迳、那西、瓜上峒、饭萝峒、鸡头、怀宁等寨贼首李朝真、陈孔荣、陈赦、林绍统、许君禄、白子富、林虾等所统贼众四千余，且与岭西之恩平、新兴、阳江等县巢穴相联，盘踞流劫，积年为害，不时突越扰掠东莞、顺德等县地方。杀人市威，捉人取赎，霸踞山地，分别头目，僭称侯将、霸王等号，擅窃服饰，置造兵器，攻劫乡村，流毒一方，有不忍言。深求病源，盖如昔人所谓盗贼日炽，由于招抚太甚。近祸未艾，往鉴可征。故不敢为再抚之说，以误地方。今会、宁之民，莫不望大举征剿，以快一时之愤。疏上，奉旨准行，故有是役。

三十九年（1560）冬，修学宫及城隍庙。

四十二年（1563）八月，倭寇新会之厓门，进逼县境。邓子龙击走之。子龙，江西人，善弓马，娴战阵，群盗畏之，给谏陈吾德招至击新会贼。时倭寇厓门，当道檄指挥陶灿同子龙御，倭遁去。既而倭逼新宁，子龙驰赴新宁，击走之。《新会志》。

四十三年（1564）闰二月，贼劫永定坊等处。新会县贼冯亚乙率党据九迳。

隆庆元年（1567）冬，饥。

三年（1569）十一月，知县朱世隆招抚九迳贼。

四年（1570）正月，倭入广海卫城。《明史·穆宗纪》。

先是，倭寇二百余从西海登陆，寇海晏、双门诸村，谪戍奸人朱衣、卢荣等怨卫所官，遂构藤峒贼邱乐闲辈五百余人，连倭攻城。值旗军上梧州班，正月六日五鼓，灭火杀人，贼从西南入，千户宁绍杰弃城遁。指挥王正、镇抚周秉磨战败，死之。百户何兰亦力战死。郭《通志》。二月，肇庆同知郭文通帅兵追倭于广海，败绩。倭据广海卫四十六日，杀戮三千余人，官民房舍焚毁殆尽。比退，文通督狼兵、浙兵追之，两军不和，故败绩。十月，新会县贼潘标龙劫矬峒，场官唐本逵死之。

五年（1571）正月，倭攻城不克，遂掠矬峒。九月，飓风，伤禾稼，大饥。十一月，倭攻城不克，遂掠沙冲、独冈。十二月，败倭于那西。九迳盗复起。

六年（1572）九月，山寇破矬峒堡。十月，总兵张元勋来征九迳盗。十二月，招降之。自是，召募乡兵分守，暮夜四出侦捕，民赖以安。

万历元年（1573），大有年[①]。九月冬，行清丈法。议以新宁边海土瘠，德行、文章、平康上三都，中则七十井，下则八十井。海晏、矬峒、潮居下三都，中则八十井，下则九十井。德行四十一、四十二图，中则与海矬同，永著为例。

十一年（1583）十月，知县黄国彦作迎恩石桥。

十三年（1585）冬，知县揭廷植建敌楼、修学宫。

十五年（1587），飓风坏民居。

二十八年（1600），教谕滕之俊倡建文昌宫。

二十九年（1601）六月，飓风坏城堞、学宫及官民舍，仆拔乔木。九月，飓风复作。十一月，知县熊文华修复城堞。

三十年（1602）正月，知县熊文华修公署。四月，修学宫。十月，作碧溪桥。

三十一年（1603）二月，知县熊文华修棂星门。四月，修城隍庙。

三十三年（1605）正月，知县熊文华立山川坛。四月，地震有声，倾启圣公祠。八月，立社稷坛。

三十四年（1606）十二月，修复启圣公祠。

三十五年（1607）八月，知县朱（文郁）[郁文]申请山禁。

三十六年（1608）正月，知县朱郁文请复学右侵地，修棂星门两庑，创围墙、

---

① 大有年：意思为大丰收。出自《谷梁传·宣公十六年》："五谷大熟，为大有年。"

阑干。六月，知县朱郁文申以墟市各饷，编入秋粮。

三十七年（1609）七月，大雨，坏城堞民居。十二月，南海教谕徐士陞来摄县事，革义仓，以其谷入大仓贮之。

四十一年（1613），知县王尚贤建塔于城西水口。

四十三年（1615），减税银三之一。

天启元年（1621），地震。

五年（1625）七月，大水漫城。

六年（1626），海贼流劫船头石乡，知县刘轩孺督兵御之，俘数贼，乃遁。

崇祯三年（1630）五月，大水漫城。梁《府志》作“五年（1632）七月”。

四年（1631）冬十月，练选军。先是，王业浩檄募练新兵三百名，岁加饷银三千两。指挥雷大壮上议：万历初，奉例练选壮军一百名，教习鸟铳，守御征调，赖焉。今更以四所军拣二百名，足三百之数，立为三哨，练之。有警则听调，无事则守御，不烦召募，不费增饷。业浩以为然。令粤省通行之。

七年（1634）六月，飓风坏学宫、城堞及官民舍，拔木，越数日，复大作水，伤禾稼。

八年（1635）六月，免是年存留钱粮十分之三。准给事中宋权题也。时各户多完纳，知县王道交以其未得均沾，议将九年分照八年项款，详允，共减免征银二百九十二两有奇。八月，命府州县积谷，抽十之三助边饷，并征生员优免丁银助饷。郝《通志》。

十一年（1638）四月，知县余应郊申复储英书院，改为蜚英书院。

十二年（1639）六月，知县余应郊申复社学。八月，修儒学及县署。十月，修县志。

十四年（1641），伍道昌盗起。

十六年（1644），那扶贼关逢三、沙冈贼张酒尾啸聚党徒于百峰山及古兜山，肆劫村落。据《香山志》修。

《新宁县志》卷十三，邝横分纂，黄纬、伍廷光校字。

卷十四　事纪略下

国朝

顺治元年（1644）秋，新会知县李光熙剿那扶盗关逢三，获之。《新会志》。冬，那扶关逢四，斗洞伍仲几，新村李玉林、许亚保等复起为盗。

二年（1645）二月，社贼起。

按《香山志》云："以奴胁主，谓之'社贼'，亦谓之'仆贼'。始自顺德冲鹤堡，延及本县潮境、福场、矬峒各乡。"

三年（1646）十二月，总兵佟养甲、提督李成栋定潮州、惠州、广州三郡，传檄到县，望风归附。王《志》。

时故明大学士苏观生等以唐王聿鐭称号于广城，大兵由福建趋潮州，既下之，长吏皆降，即用其印移牒广州，报无警。观生信之，十五日，聿鐭方视学，大兵自东门入，遂定广城，传檄到县，即归附。

四年（1647）正月，知县方日荣来莅任。《采访册》。正月，王兴率众围城。二月，将官张道瀛、郝尚文来征，围乃解。王《志》。

王兴，番禺人，少为农，短小精（捍）[悍]，智计过人，群呼为"绣花针"。明亡，遂散家财，收纳亡命，以计恢复，四方归之。唐王被杀，乃奉唐王之弟聿鐥为主，四出煽诱。时生员甄旭升、黄履嘉等结土寇王翥颜与兴合众，围城六十日，不克。据樊封《诗注》修。

王兴退屯大塘，官兵攻之，不下。提督李成栋帅大兵继至，大破之。遂班师。《采访册》。

王兴退屯大塘，坚守为持久计，张道瀛督攻数次不下，时六村、田稠、冲柴等处，俱为兴声援，故相持者数月。及成栋兵至，布列四营夹攻，援者不能近。邑庠陈佩璿引众觇[①]之，知不可动，遂引去。大塘被围久，援绝不支，遂破之。杀获略尽，既而卢总戎，失名，由新村直抵田稠，广海守备杨永福率水师又至冲柴，乡人惶恐，逃匿殆尽。成栋乃按兵不杀，招谕归顺，遂班师。

① 觇：chān，偷偷地察看。

五年（1648）四月，群盗四起，知县方日荣遂去其官。时李成栋不乐受总督佟养甲节制。是月十一日，成栋因兵鼓噪，袭劫养甲，遂传檄各属使附桂王由榔。于是绿林之悖逆者，得借举义为名，四处猖獗，方令遂离城而去。令既去，而盗益猖獗，社贼因之又张。据《通鉴辑览》及《采访册》修。

先是，独冈黄蛮长纠合新会、新宁、恩平、新兴远近群盗十余万人，于四年（1647）二月攻围新会城，被官兵击走，散入诸县山谷，群出劫掠。据《府志》《新会志》修。

六年（1649），平靖两藩，定省城，县遂反正。十二月，知县凌必显、守备张登荣皆至任莅事。

七年（1650）夏，总兵连得成引兵南下广海剿匪，旋班师，所经地方，贼徒见兵势甚盛，皆有惧色，始稍敛迹[1]。

九年（1652）五月，甄天元盗起。王《志》。同下。

十年（1653）四月，大饥，斗米银五钱，饿殍载道，知县凌必显倡捐赈之。五月，王兴破广海城，守备张登荣死之。六月，贼李耀斗劫掠冯村峒。

十一年（1654），群盗复起，知县凌必显去其官。时安西李定国，从广西乘胜举高雷，进围新会城，号称二十万，土贼皆赴新会取札，妄称故明官将，凌必显遂离城去。时有伪官倪昆到县履任，又有伪巡捕汪某到各乡追征数年粮米，刻日取完征布、征袋、征夫共十余款，民无以应。则又有称总兵李尚荣者，续到催征。迨藩兵破走李定国，伪巡捕征粮回至冲蒌，忽遁去，民心始安。据《新会志》《采访册》参修。二月，王兴、李耀斗踞石边、屠大隆峒。《府志》作“三月”。十一月，王兴掳举人陈王道，遂据文村。王《志》。文村处万山之中，四邻大洋，羊肠鸟道，一径通人。刺竹、坡塘交相间隔。兴既破之，筑寨其中，奉聿鐭为主，仍用永历年号。据樊封《诗注》修。

十三年（1656）三月，游击郭登第复广海卫。王《志》。下同。

夏，均夫役。各乡率以百家定长夫一名。

十五年（1658）二月，王兴党掠冲云刘真洞。张《志》。刘真洞邝季直家稍康，时避匿楼上，熏而出之，掳以归文村。其子生员师夔入金赎之，兴党毒而遣之毙于道。《采访册》。

十六年（1659），平南王率将佐来县讨王兴。据樊封《诗注》修补。八月，王兴自焚，余党降，文村平。张《志》。

---

① 敛迹：指收敛形迹。意思是有所顾忌而不敢放肆。

先是，官军方勘定琼南，未暇及此一隅。及粤地大定，平南王亲率将佐来讨，分扼其运道，作长围困之。相持半载，王遣人招之降，不听。是年八月，寨中粮且尽，兴遣其子五人赍明之印敕、令箭，至大营约降。平王大悦，厚遣其子归，述王德义。兴是夜举家自焚死，聿鐕亦吞脑片而亡，文村平。据樊封《诗注》修。冬，建塔于城东南连珠山。王《志》。下同。

十八年（1661），知县郑滋、教谕余鼎藩倡诸生大修学宫。禁沿海兵民不许出界贸易。

康熙元年（1662）三月，迁海岛及海滨居民于内地五十里，赈贫民之不能迁者。六月，贼甄天元、伍道真与开平贼张嘉耀，劫独冈。十二月，蛋匪李荣劫沿海乡村。

二年（1663）癸卯，改广海寨参将为副将。四年（1665）仍设参将，八年（1669）改设游击。

三年（1664）五月，续迁近海居民。

按《府志》云："自康熙壬寅（元年，1662）有海禁之旨。时惩于东荣之乱，恐迁民仍通海舶，当道临海勘定界址。先尽一界，以绳直之，其间多有一宅而半弃者，浚以深沟，别为内外，稍逾跬步①，死即随之。徙各乡居民，使空其地，又于界上筑城建墪台、营房，排人户捐钱修筑。民至窘匮②，迁民贫者行乞街市，露宿衢道，往往饥死。"

四年（1665），巡海使者至广东，设沿海墪台。

自元年（1662）以来，大臣岁来巡界，以台湾未平故也。前督李率泰遗疏清边界。其略曰："臣先在粤，民尚有资生，近因迁移渐渐死，十不存八九，为今计，虽不复其室家，但乞边界稍宽，则耕者自耕，渔者自渔，可以缓须臾死矣。海民至今德之。及御史杨雍建条奏，诏可之。"遣都统特某、副统鲁某、户部侍郎雷某，会同平藩尚可喜巡勘，议撤排栅，改设各汛礅台。盖为迁民地也。《府志》。四月，获贼首甄天乙。王《志》。下同。张《志》作"张天乙"。六月，贼伍仲云据金溪里。

五年（1666）三月，获贼首伍仲云，平其寨。四月，官兵攻圆美，两旬克之，获大盗余富彦，平其寨。

按：余富彦，即余亚妹，亦一方桀魁也。由下防兵败，窜居电白，啸聚豪党，有司不能胜。至是，金光祖来督两粤，往征，至儒洞，剿平之。

① 跬步：kuǐ bù，半步。
② 窘匮：贫困，窘困匮乏。

六年（1667）二月，获龙湾贼首伍昌，平其寨。三月，知县宁林来任，革火耗及排门钱。五月，详定里长，通计丁粮、均役，民便之。

七年（1668）七月内，差大人藩院至邑城广海卫、那扶阅边。

八年（1669）二月，展复两迁地界，仍禁海岛。

先是，七年（1668），巡抚王来任疏云：臣以一介庸流，荷蒙皇上不弃，葑菲[①]简拔兹任，才不胜官，事多丛脞[②]。顷接邸报，蒙部院诸臣考，臣不能兴利除弊，奉旨革任。臣负委托，实当其辜。臣接邸报之日，正臣沉疴[③]之时，臣所患之病在胃，不能受食，茹则复吐。初拟尚可救药，少缓须臾之死。不意，病势日笃，危在旦夕，生还阙下，无复望矣。伏念臣蒙世祖章皇帝豢养[④]之恩，由通政司参议升补参领，改西城监察御史，奉差巡视陕西茶马，升大理寺少卿、顺天府尹。

康熙元年（1662）二月，蒙皇上畀[⑤]臣郧襄抚治，适值会剿西山房县郝尧奇等贼，奉旨敕臣催夫背运粮草，尔时房竹一带久为贼踞，路径不通，民夫裹足不前。臣躬亲开辟山径，疏通河道，直抵上龛，再至磬口、安塘传递，始得转输通济，又兼图、穆两将军统领满汉大兵，驻发进剿，夜以继日，不遑宁处，遇岩涧险峻之处，率多步行，筹虑劳瘵，实伤心脾。及事后凯旋，臣亦奉命裁缺回京候补，即患重病，卧治数月。后蒙皇上补臣粤东，力疾赴任。自康熙四年（1665）八月十三日受事，两载，钱粮、盐课等项，俱幸全完，地方民生利病，虽不能尽除。然臣曾敬陈六大害，请旨永禁。其有不便于民者，臣无不殚竭心力，厘剔[⑥]而安全之，而民生困苦犹未苏者，皆臣限于才耳，而心不敢自安也。

臣自九月旧病复作，因当大计与京察[⑦]并举，不敢入告。由是而病入膏肓。至此，已追悔无极矣。臣上有六旬有余之母，下有黄口[⑧]无知之孤，均不足念。惟臣自郧抚以至今日，虚縻[⑨]大官之俸约四年有余，受恩未报，死不瞑目。臣在粤两载，粤之情形，臣颇深悉，且皇上孜孜求治，臣有真知灼见，至死不言，不几仍

① 葑菲：fēng fēi，意思是用为鄙陋之人或有一德可取之谦辞。

② 丛脞：cóng cuǒ，细碎，烦琐。

③ 沉疴：意思是久治不愈的病。

④ 豢养：huàn yǎng，养育。

⑤ 畀：bì，给与。

⑥ 厘剔：清理剔除，革除。

⑦ 大计与京察：清代吏部设考功清吏司，改为三年考核一次，在京的称“京察”，在外地的称“大计”。

⑧ 黄口：幼小的孩童。

⑨ 虚縻：白白地损耗、浪费。

负罪于地下乎？谨披沥[①]为我皇上陈之。

一、粤东之兵多宜速裁也。省会有平藩甲兵与两翼总兵官，又有城守都司兵丁。顺德有水提督兵，肇庆有总督兵，惠州有陆提督兵。又水师左右一路，与高、雷、廉、潮、饶、琼等处镇兵。潮州又有续顺公甲兵。此外，各府州县又有城守兵丁，是无地非兵，每年约费粮饷二百四十五万。本省起存地丁、盐课、杂税等项共计一百二十余万，尚需外省协济一百余万。是朝廷空有此疆土，不能有其赋税，而且用他省之银以养兵，且养兵不守其沿海边界，而尽在腹里之地，兵多更无益也。臣谓"国有耗蚀，全在于兵。而民生困苦，亦扰于兵。"既有平南雄狮坐镇，即会省之地，已得居重驭轻之势，其余九府不过声援犄角[②]，酌其要害，量设防守。如遇小盗窃发，城守一旅便可消弭。若山海大寇，平藩之师可以随时调剿。是兵不贵多也。廷议不肯减兵者，不悉地方情形，恐至议裁兵，一旦有事，首尾不应，不肩其过。今粤之山海伏莽已靖，所有者不过朝聚暮散、鸡鸣狗盗之徒耳。兵实贵减也。

一、粤东之边界宜急展也。粤负山面海，疆土原不甚广。今概于滨海之地一迁再迁，流离数十万之民，每年抛弃地丁、钱粮三十余万两，地迁矣。又在在设重兵以守。其界内立界之所，筑墪台、树桩栅，每年每月又用人工土木修整，动用之资不费公家丝粟，皆出之民力。未迁之民日苦派办，流离之民各无栖址，死丧频闻，欲生民不困苦，其可得乎？臣请将原迁界急弛其禁，招徕迁民，复业耕种，与煎晒盐（斥）[斤]，将港内之河撤去其桩，听民采捕，海内之兵尽撤，驻防沿海州县以防外患，于国不无小补，而祖宗之地又有不轻弃，更于生民大有裨益。如谓所迁弃之地丁虽少，而御海之患甚大。臣思设兵以卫封疆而资战守，今避海寇侵掠，虑百姓之赍盗粮，不见安攘上策，乃缩地迁民，弃其门户而守堂奥[③]。臣未之前闻也。臣抚粤二年有余，亦未闻海寇大逆侵掠之事，所有者仍是内地被迁逃海之民相聚为盗，今若展其界边，即此盗亦卖刀买犊矣。舍此不讲，徒聚议以求民瘼，皆泛言也。

一、香山横石矶口子宜撤也。当年迁立边界之时，以香山必不可迁，议设官兵防守此土。香山之外，原有澳彝，以其言语不通，不事耕种，内无驻足之处。况居香山数百年，迁之更难，时已奉命免迁矣。是县与澳皆为内地也，所宜防者，防其通外海耳。当时奉行者，反于横石矶立一口子，日食米粮，计口而受，每几

① 披沥：开诚相见，尽所欲言。

② 犄角：分兵牵制或夹击敌人。

③ 堂奥：腹地。

日放一关，其一切用物，皆藉奉禁稽查留难，皆不令出。计县与澳共户口数万，断绝往来，生业坐养致困，愁苦难言。若论其地未迁，则为界内之人。其横石口子似宜免设，使其人得以贸易于内，以通有无。惟于澳内设兵防，其通海接济，庶几民彝可以长活。若仍立口子，虽云计口有米粮出粜，彼他方之人既绝生计，何处有银买米？臣谓不数年，则其人皆枯槁矣。

以上三事，皆功令之所甚严，诸臣之所忌讲。臣属纩[①]之际，毫无所私，总以身在地方，目击情形如此。仰体皇上子惠元元至意，以尽公忠一念之诚，不得不沥血遗言。臣虽生不能报国，死犹可以无憾矣。伏乞皇上敕部议覆施行。至是，奉旨依议。张《志》。

九年（1670）九月，知县宁林修建东、西、南门城楼。王《志》。下同。

十一年（1672）十月，知县宁林修复圮城三百尺。

十二年（1673）二月，修沿海各汛墪台。

十三年（1674）六月，飓风坏官民舍。

十四年（1675）十一月，盗围广海卫城，三日乃去。

十五年（1676）四月，林亚祐、刘嘉豪、李茂奇、甄参相盗起。

十六年（1677）八月，飓风暴雨，拔木发屋，风雨中有火光。

十七年（1678）夏，水，免被灾钱粮三分之一。十二月，官兵剿刘嘉豪、李茂奇、林亚祐。已而贼遁，遂平其巢。

二十一年（1682）十月，获贼首苏华吉，平其寨。十二月，游击严成世来剿盗。成世之治盗也，分别良慝，民无扰累。先是，肇防厅周宏启、守备王起凤听盗诬指良民重足，至是始安。

二十二年（1683）三月，坪山乡夫诛贼首林亚祐。四月，游击严成世获贼首刘嘉豪、李茂奇。七月，召民垦荒。八月，重修城内天后宫。

二十三年（1684）二月，弛海中五岛禁。以海氛永靖，内差大人及督抚两院临县开复原额渔课，并许各海口贸易也。

二十四年（1685）八月，知县张殿珠捐谷四十石贮仓。十一月，知县张殿珠、教谕冯玉姿、训导林堃倡捐修学宫。

二十八年（1689）二月，建魁星楼于城内东山。

三十二年（1693）诏免矬峒、海晏两场，加增盐课一半。

三十五年（1696）七月，饥，知县宜思让倡士民捐赈。

---

① 属纩：zhǔ kuàng，谓用新绵置于临死者鼻前，察其是否断气，指临终。

四十二年（1703），知县宜思让、教谕龚朝伟、训导吴漳倡士民买地，开青云路。

五十二年（1713）二月，特开万寿恩科，恩赏老人，新宁共赏银三百二十五两九钱二分。

五十四年（1715）夏，准卫所屯丁入学。

五十六年（1717）夏，巡抚法海、将军管源忠，履勘广海城池及各炮台。

六十一年（1722）冬，广州理事同知汪茗文稽查匪类，不准诬良。奉总督孔毓珣委也。

雍正二年（1724）二月，奉建忠义孝弟祠及节孝祠。九月，定广东沿海保题州县，以新宁为边海要缺。

三年（1725）四月，广童子入学额，新宁升为中学，增额四名，共录十二名。裁广海卫官、新宁所官，其屯米租银在境内者，归并本县征收。其卫所童生考试者，亦由本县录送。

六年（1728）八月，大风，海舟多破溺。广海守备邓成被参。《采访册》。时有福建龙溪县人徐榜，贸易西洋，舟行至县境，遭风损船，广海守备邓成率兵丁巡哨，适至该处，不救其溺，且捞获其银钱货物，私相分取。事经发觉，该守备题参，提审在案。

七年（1729）奉上谕，戒饬沿海营汛弁兵。因前年广海哨官逻卒不救徐榜之溺也。上谕：广东三面皆海，各省商民及外洋番估携赀置货，往来贸易者甚多，而海风飘发不常，货船或有覆溺，全赖营汛弁兵极力抢救，使被溺之人得全躯命，落水之物不致飘零。此国家设立汛防之本意，不专在于缉捕盗贼已也。乃沿海不肖之兵弁等，利欲熏心、贪图财物，每于商船失风之时，利其所有，乘机抢夺，而救人之事，姑置不问，似此居心行事，更甚于盗贼，无耻残恶之极，岂国家兵弁忍为之事乎？如雍正六年（1728）八月间，有福建龙溪人徐榜贸易西洋，行至广东新宁县地方，遭风损船，广海守备邓成同兵丁等巡哨至彼，捞获钱银私相分取，坐视徐榜在危困之中，不行救获，此案现在题参候审。而琼州会同县汛把总文秀，亦乘澳门番人月旺遭风伊境，即驾小舟搬运其货物，似此贪残不法之事，广东、福建二省居多，而他省沿江滨海之营汛，亦所不免。嗣后若有此等应作何严定，从重治罪之条，着沿海督抚一面出示宣谕，一面议定具奏。特谕。《十朝圣训》。

正月，定广东各官养廉。新宁知县每岁养廉银八百两。按：地丁、钱粮，每正银一两加火耗一钱六分九厘，并矬峒、海晏两场大使改为海矬场大使。王

《志》。下同。

八年（1730），免是年地丁、钱粮银三千七百七十二两一钱零，知县萨海、署县黄煌修南门城楼。《采访册》。

九年（1731）九月，知县王暠倡捐修学宫，恭建万寿宫于文庙之东。王《志》。下同。

十年（1732）春，督粮道陶正中临勘荒地，劝垦安插来氓。秋，东郊产嘉禾。总督鄂弥达进瑞谷一万八千穗，一茎自双穗以至七穗，一本自十数穗以至一百二十九穗。其长至有一丈一尺者。知县王暠绘图勒石。

礼科抄出，雍正十年（1732）十二月十八日，满汉大学士、九卿、文武大臣等奏，雍正十年（1732）十二月十六日蒙皇上宣示，广东总督鄂弥达等所进瑞谷一万八千穗，一茎自双穗以至七穗，一本自十数穗以至一百二十九穗，其长至有一丈一尺者。臣等敬观之下，不胜欢忻。谨按《征祥说》曰："王者德盛，则嘉禾生"。嘉禾者，仁草也。《白虎通》曰："王者德至于地，则嘉禾生"。嘉禾者，大禾也。神农、尧舜、汤武之时并有嘉禾之瑞，载在史册。但穗至如此之多，茎干如此之之长者，不特耳目所未见，并亦史册所未闻。皇上以至诚行仁政，不言祥瑞，历年以来，海内嘉祥骈臻[①]叠见，圣心勤惕，宵旰[②]弥殷，此天下臣民所共知者。惟是上天默鉴，圣主勤民，重农之实事，至诚至敬之实心，昭示嘉祥，以彰圣德。嘉禾之长大，出于振古所未有。仰见圣主感格上天之肫诚，纯一不已。是以上天嘉美圣主之至意，深切著明。臣等幸际昌期，获观盛事，欢忻踊跃，非可言喻。伏乞俯允督臣鄂弥达所请，颁示中外，宣付史馆。谨奏。十九日奉旨：朕从来不言祥瑞，数年以来，各省嘉禾瑞谷，悉令停其奏报。今年广东督抚以该省所产之谷长茎多穗，为史册所未载，具折奏闻。朕为广东农民称庆。偶令廷臣观览，并非夸张祥瑞也。所请颁示中外，宣付史馆之处，不必行。钦此。

李仰谦《嘉禾颂》：汉苑灵芝，楚江萍实。非不称灵，无关食德[③]。渔阳两歧，大田庭硕。既切歌扬，叠见典籍。孰似嘉禾，万殊本一。史册未闻，千载一日。钦惟世祖，一统区宇[④]。万国来王，堂皇英主。再传圣主，冲龄[⑤]践祚。平定三藩，

① 骈臻：pián zhēn，并至，一并到来。

② 宵旰：xiāo gàn，"宵衣旰食"的省文，比喻勤于政事。

③ 食德：谓享受先人的德泽。

④ 区宇：疆土。

⑤ 冲龄：幼年，多指天子而言。

扫清朔土。眉寿[①]攸长，允文允武。爰暨宪宗，缵承[②]旧绪。躬耕藉田，禾麦穟穟[③]。天降厥瑞，地献其祥。宁县附郭，田禾穰穰[④]。一茎百穗，吐颖垂黄。离离厥实，既登乃仓。石华腾彩，连枝助光。似此瑞应，贡献不遑。圣德谦冲，不自居功。天颜有喜，下诏劝农。为民称庆，百粤欢同。微臣草莽，幸际昌隆。识惭吉甫，体类龙钟。敬诚颂祷，踊跃九重。适彼乐郊，时和年丰。于万斯年，佳气笼葱。絪缊[⑤]化洽，景福无穷。

修复棂星门及泮池、两庑，改建明伦堂于文庙东，建守备署及兵房、箭亭。

十三年（1735）二月，那扶出醴泉[⑥]。十七夜，海晏、那扶、万顷洋、峒心田中，忽闻响声，似雷鸣，远望有气，若云雾上腾，天开一池，清水潆洄，其味甘美。海矬场大使揭世琳、巡检袁相以闻，督抚委广粮同知胡廷琪查验，复委雷州府王铎、候补副将谢云覆验，其池圆六丈六尺，以绳系石探之，浅者九尺，深者一丈三尺。督抚以闻。

劳孝舆《记》：岁在单阏，仲春既望，五岭之南，有泉涌于广属之新宁。有司以闻大吏，遣员往视。泉所地曰“那扶”。厥壤斥卤[⑦]，辟垦方始，天开一池，厥深十有三尺，围广五倍之。其味如醴，下有三穴如鼎足状，可溉田十万余亩。于是大吏上其事，请颁赐史馆，以昭太平之休。

谨按：《礼运篇》曰：“天不爱其道，地不爱其宝，人不爱其情，故地出醴泉。”《礼纬》载：“神农作耒耜，地应以醴泉；尧之德匪懈，醴泉出于山。”《礼斗威仪》曰：“人君政太平，则醴泉出。”《孝经援神契》曰：“人主至孝所感，则醴泉见。”历稽往牒，信而有征。迩年以来，祥瑞叠见，史不胜纪。醴泉之出，固有自来。惟是南海僻居天末，初不免刀耕火耨之烦，乃地辟民集，大有频书。教稼之农，导之开垦，而即于新垦之地，应兹灵泉，遂使石泉变为沃壤，硗确[⑧]悉化膏腴。诚千余年来未有之盛。而粤民亿万世无疆之休也。谨记其始末，以备輶轩之采。

乾隆元年（1736）九月，免盐课加增。总督鄂弥达密奏广东加增盐课银八千

① 眉寿：长寿。人年老时，眉毛会长出几根特别长的毫毛，为长寿的象征，故称为“眉寿”。
② 缵承：zuǎn chéng，继承。
③ 穟穟：禾苗茂盛美好的样子。《诗经·大雅·生民》：“禾役穟穟，麻麦幪幪。”
④ 穰穰：丰盛繁多的样子。《诗经·周颂·执竞》：“降福穰穰，降福简简。”
⑤ 絪缊：yīn yūn，指天地阴阳二气交互作用的状态。
⑥ 醴泉：甘泉。《礼记·礼运》：“天降膏露，地出醴泉。”
⑦ 斥卤：盐碱地。
⑧ 硗确：土地坚硬瘠薄。

余两。奉旨豁免矬峒、海晏两都，共免加增课银一千九百六十八两三钱三分二厘零，内矬峒免一千一百五十三两一钱零九厘零，海晏免八百一十五两二钱二分三厘零。改望高司巡检为广海寨司，移驻寨城。

二年（1737）二月，作桂水桥。七月，开瑶户。总督鄂弥达覆题，海矬场上川瑶民甘大振等呈请立户，自办税粮。经部议奏，奉旨依议。九月，建广海寨司署。原广海卫署旧址。

三年（1738）五月，修广海寨城。

五年（1740）题准动项修葺城池。阮《通志》。

十五年（1750）八月，飓风暴雨，儒学署圮，坏其祭器乐器。《续志》。

十七年（1752）八月二十九日至九月初一日，飓风，大雨，坏坛庙、祠宇。同上。

十八年（1753），训导李乾统以王侯祭产余资，建义学于王侯祠之西。《采访册》。

二十五年（1760），邑绅禀准，大宪题奏，立县丞戎厅于海晏。《采访册》。

二十九年（1764），知县方显倡捐，大修学宫及南门城楼，自甲申（1764）至甲午（1774）告竣。据甄松年《记》修。

三十年（1765），米贵。《续志》。知县康基田改城西义学为宁阳书院，增设头门一座，并藏书楼一所。《采访册》。

四十二年（1777），米贵。《续志》。下同。五十八年（1793），海贼围县丞、大澳行署。

嘉庆六年（1801）八月十四日，飓风，大雨，水襄西门外墟。

七年（1802），竹生花成实，竹本尽枯。

九年（1804）三月，雷击广海铜锣石。九月，飓风，水涨，坏城垣，有淹死者。

十四年（1809）五月，海盗张保劫张良边诸村，掳雷成等男妇九十六人。张《志》。下同。八月，贼张保焚劫大门墟、龙围、大江、小坑、獭山、茶坑诸村，乡勇叶宜盛、陈敬裕死之。九月，贼张保复焚劫大门墟，乡勇李保、郑亚斗、麦亚晚、陈上赞、黄阿秀六人死之。

十五年（1810）二月，贼张保流劫苏渡、旺北、桑园诸村，乡勇甄参箴、甄业苍、吴隆壮、吴裔罗死之。

二十年（1815），裁海矬场大使，改为上川盐巡检。

二十二年（1817），改广海寨巡检为主簿。

二十四年（1819），县丞沈志仁倡建琴溪书院。《采访册》。

二十五年（1820），知县江涵暾重修宁阳书院。张《志》。下同。

道光元年（1821），大有年。

二年（1822），知县江涵暾倡作南门河丰和桥。

三年（1823），地震。

五年（1825），重修两庑，扩尊经阁两旁及后园围墙。

七年（1827），飓风，坏尊经阁后围墙。

九年（1829），飓风，坏尊经阁并学宫碑亭。

十一年（1831），米贵。知县祁墡倡，绅士李汝镛等在西严寺设厂捐赈。

十二年（1832），飓风，坏青云路。重修尊经阁。

十三年（1833）七月，飓风，水涨，坏民居六千余。知县张文化以闻，恤之。

十五年（1835），飓风，坏明伦堂及义路礼门。秋，有蝗。十二月，大雪。

十六年（1836），重修学宫及明伦堂、忠义祠、文昌宫、青云路学宫后围墙，两儒学署。

十七年（1837），知县许乃蕃重修城隍庙。

十八年（1838），知县张深倡建奎光塔于东门内连珠山。

二十一年（1841）三月，知县张深倡绅士修筑县城。六月，飓风，坏县署，厅事复修之。

二十五年（1845），海盗十五仔在三洲塘洋面焚劫广海营船一艘。《采访册》。下同。

二十六年（1846），知县李延福倡修节孝祠。

三十年（1850），海盗十五仔劫掠上村、石笋等村，乡勇奋击退之。竹生花成实，竹本尽枯。

咸丰二年（1852），大雨，潦涨数日，被水毙命者不少，倾陷民舍田禾无算。

三年（1853），海盗陈阿快夜至广海南湾焚劫，把总何大壮管驾营船三艘。

四年（1854）夏五月，红巾贼起。《府志》。时贼势甚炽，知县杨德懿谕各堡练勇防守。贼扬言攻城，黄姓绅士选勇一百名守西城，李姓绅士选勇一百名守东城。自五月起至九月止。《采访册》。七月十四日，贼蜂拥到蛋家山，该堡练勇拒之。别堡勇未集，众寡不敌，被杀八命。贼遂劫掠谢边、上桥、坑尾等村，焚祠堂三间、民房四十余间。绅士黄子元等禀报，知县杨德懿谕各堡起勇救援。《采访册》。

二十六年（1846），开平贼余兆表窜扰茭荻嘴。《府志》。闰七月二十二日，开平贼谭阿受、余兆表等登岸焚掠，知县杨德懿督绅士率众御之，贼多败走。《府志》。开平贼首谭亚受、余兆表、司徒贞吉、梁亚壬等纠集新会、开平、佛山等处贼，由茭荻嘴先后驶至谢边等乡，登岸焚劫，图深入攻城。知县杨德懿派拨壮勇，令绅士黄子元等管带堵捕，杀毙贼匪一百余名。时洞口、横塘、大岭、水潮、横水各乡绅士，亦带勇数千来援。德懿即率记委黄兆麟、陈廷彪、李鸿宝及绅士等督勇夹攻，前后围截。自辰至午，击沉焚烧匪船三十余只，轰毙贼匪一千余名，受伤落水淹毙无数。记委黄兆麟、陈廷彪又毙贼二百余名，生擒七名。各乡绅士先后擒获十数名，余贼息遁。《府志》。八月初五日，知县杨德懿剿贼于牛山嘴鲤鱼河面，破之。《府志》。贼复自驾船六十艘，由茭荻嘴驶入牛山嘴鲤鱼河面，图抢拔水闸深入攻城。杨德懿督率兵勇进剿，杀毙贼匪三百余名，生擒二十二名。其余贼船窜逃独冈、白庙等处。武生黄廷玉等督勇攻击，毙贼百余名。余驾船分窜长沙、金山等处。绅士余廷润生擒贼首余白女等五名。广海主簿宁坊督率监生甄鸿杰等擒获贼匪李亚法等十名，均即就地正法。《府志》。二十四日，知县杨德懿病故，主簿宁坊代理印务。县册。

九月初九日，开平贼首谭亚受等复入茭荻嘴各乡滋扰，主簿宁坊率绅士乡勇大破之。县册。十一月初一日，知县洪德方抵任，会同开平县彭令勒匪族谭子桐等交匪究办。县册。

五年（1855）正月初六日，谭子桐等捆送谭亚受到案，会讯供认，枭首示众，股匪逃散，地方肃靖。县册。

按《广府志》：四年（1854）十一月初一日，贼首谭亚受伏诛，与县册不符。《府志》误。

附录总督瑞麟《奏稿》：为广府属之新宁县地方，匪众滋扰，经官兵绅民合力剿散，歼擒首伙殆尽，恭折由驲[①]具奏，仰祈圣鉴事。窃广东附省一带，地方股匪四起，经臣等叠饬各县营加意严防，并迭次剀切[②]劝谕，各乡绅民团练壮丁互相保卫，凡实力举行者，无不具有成效。兹据署广东新宁县知县杨德懿禀称，本年七月间，忽有新会、开平等处贼匪数千，窜入县属茭荻海地方滋扰，当经该县雇募壮勇六千余名，筹拨军火炮械，设法进剿。并据县属之绅士李维屏等各自捐资，雇带乡勇或一二百，或数十名，齐集县城，听候调遣。该署县随在茭荻嘴以上之公义墟、锁衡山二处，督饬生员李维垣、武生陈清瑞等建筑炮台三座，又饬令生员黄泰来在于牛山嘴河面建筑水栅，堵塞河道。并于牛山嘴河旁鲤鱼山添筑泥炮

① 驲：rì，指古代驿站专用的车，后亦指驿马。

② 剀切：切实，恳切。

台一座，以资防守。酌留壮勇一千名，与绅士李维屏、黄荣熙等所带乡勇三百八十名，由城守把总陈恩光、典史戚士清督率绅士人等分起，带赴城厢内外巡护。并留壮勇一千名，及各绅士所带乡勇四百名，在城防剿。其余壮丁乡勇派拨记委黄兆麟等协同绅士带赴各炮台及要隘处所，会同各乡绅士督率团练丁壮驻扎堵捕。

闰七月二十二日辰刻，见有匪船大小百余只，约匪七八千人，由茭荻嘴驶至谢边乡外一带河面湾泊，分匪二千余人登岸，焚劫村庄，并图深入攻城。经该署县派拨壮勇，饬令绅士黄子元等管带堵捕，杀毙贼匪一百余名。彼时记委黄兆麟等及洞口横塘、大岭、水潮、横水各乡绅士，亦带领乡勇数千，分路应援。该署县即率同记委黄兆麟、陈廷彪、李鸿宝及绅士人等，督令兵勇施放枪炮、火箭，两面夹攻，前后围截。自辰至午，击沉焚烧匪船三十余只，轰毙贼匪一千余名，受伤落水淹毙无数。夺获大小炮十余位，枪刀器械二百件，贼匪纷纷凫水上岸逃窜。记委黄兆麟、陈廷彪督饬兵勇向前追捕，又杀毙贼匪二十余人，生擒七名。各乡绅士陆续获贼十一名，余匪驾船仍回茭荻嘴地方。查验乡勇伤毙七名，受伤十余名。

八月初五日，该匪等复驾船六十余只，约匪四千余人，由茭荻嘴驶入鲤鱼山河面，欲图抢拔水闸，深入攻城。该署县督弁兵、乡勇进剿，瞭见贼船远来，先派兵勇驾船二只，驶出牛山嘴河口引敌，其余兵勇分令埋伏河岸树林丛密之所，以备合力围攻，贼匪瞥见兵船，即行施放枪炮。我兵勇诈败弃舟，凫水登岸。匪船即驶入牛山嘴河面，拔水闸并执旗分队上岸。该署县与记委黄兆麟、陈廷彪及绅士人等，在鲤鱼山炮台喝令兵勇点放大炮、火箭。生员黄子元等亦督令兵勇各于河岸树林内枪炮齐发，击沉焚烧匪船三十余只，轰毙淹毙无算，余匪纷纷凫水上岸，分投[①]逃走。我兵勇随后追剿，复杀毙执旗伪先锋一名，歼毙贼匪三百余名，夺获贼船六只，大小炮十余位，刀械三百余件，生擒贼匪朱亚启等七名。洞口、密冲等乡绅士先后截获贼李拔衍等十五名。其余贼船窜独冈、白庙等处。经该乡武生黄廷玉等督饬乡勇，开炮攻击，轰毙贼匪一百余名，夺获贼船一只，余匪驾船分窜开平县之长沙、金山等处地方。

又据绅士余廷润等擒获贼余白女等五名，并据署广海寨主簿宁坊督率监生甄鸿杰等擒获贼匪李亚法等十名。经该县先后训明，就地正法，余匪四散逃逸等情。由该署县杨德懿禀报前来。

臣等复查，该匪等纠伙数千，分驾大小匪船百余号，驶入新宁地方滋扰，欲

① 分投：分头，分别各方面。

图攻城。经该署县杨德懿会同营弁，督率绅民团练丁壮，招募乡勇，合力迎敌，两获胜仗，歼擒首伙数千，具见官民同心，团练得力。各乡绅士或捐资募勇，帮同打仗，或婴城固守，昼夜辛勤，不辞劳瘁，尤为急公好义，除俟防剿事竣，查明另行分别请奖，受伤阵亡兵勇，照例议恤外，所有在逃余匪，臣等业已严饬各该官文武会督兵勇绅民，严行搜捕，务期悉数歼除，不得稍留余孽，致贻地方之害。所有匪徒窜入新宁地方滋扰，经管兵绅民合力剿散，歼擒首伙殆尽，原由臣等谨合词恭折，由驿具奏。伏乞皇上圣鉴训示。谨奏。

四月，彗星见。光芒如帚，东行越牛女之次，经旬始没。五月，海盗陈亚快驾船数十攻广海南湾，失火自焚其船。矬峒大水，坏民居甚多，百峰山崩。大饥，米价腾跃，乡间有食麻麴致伤生者。

六年（1856），客贼起，焚劫那扶等处。《府志》。先是，恩、开两县等处土民与客民不和，屡相仇杀，官吏不敢过问。至是，本邑客民亦思蠢动。春夏间，逆首武举钟大镛，生员郑镕、黄腾芳、傅腾辉，武生余济高等，在邑属西路那扶、万顷洋、深井、寨门、大潭、大顶等处地方，纠伙立寨，招集外匪焚杀，而中路大龙湾、河州、小旗山，东路蟛蜞塘、老村、白石坑等处逆首武生钟毓灵，生员吴福祥、叶香等应之，南路曹冲、大隆峒、那琴等处逆首杨梓钊、生员陈志光等又应之。三月十二日，那扶、万顷洋客贼勾连恩、开客贼焚劫那扶等处二十九乡，拒伤那扶营总司杨兆梦、外委潘连标及兵丁十二名。同上。

三月二十四日，客匪焚劫白沙黄、马两姓等处，拒伤乡勇二十余名。《采访册》。知县洪德方谕饬邑绅在城设立总局，各乡立分局，团练有远近救援诸款。随以客贼愈炽，邑绅告急于督抚，奉准团练防剿。同上。

五月初八日，客贼攻陷海晏之大门、深井、富坑、李坑、东头、大江、大隆峒数十余乡，踞为贼寨，所有坟茔皆被挖毁。据《府志》及《采访册》修。初十日，乡勇剿匪于塴厚水、洞怀，弗克。陈洲传十余人死之。《采访册》。下同。

客贼破松柏山，死者二千余人。时上泽、吉昌等局乡勇不下万人，赴援松柏山，被贼伏，暗伤我前锋，遂大溃。至是松柏山遂陷。吉昌堡局绅阮文奎捐赀募勇，屯圆岭营，扼守要害。广海各勇会剿大隆峒客匪，弗克。勇目彭得仁等十余人死之。十一日，客贼焚横冈、大萌、挨象、六合、长塘等村。十二日，客贼焚墩寨、那梅、叶屋、清湖、城冈堡、牛角水等村。时贼势甚炽，分队至鸬鹚山。阮文奎帅众败之，斩贼五人，遂奔。十三日，各勇合（团）[围]白水萌客贼，生员马桂英被伤死。土著村庄焚劫殆尽，男妇逃出者被杀无数，尸横遍野，哭声载道。客贼焚劫双迳、新村及水松萌、彭村、冲奕诸村，陈文耀亲督本处勇堵御，城守陈恩光着黄福带兵数十应援。开平赤水客贼会同本邑客贼焚陷紫坭坑、横山、厚水、宠坡头等村，杀掳男妇无算。将及潮境、白沙地界，黄、马两姓绅士约同邻堡，督勇拒敌，焚去横沙、大葥、高坡等处巢穴，贼势稍敛。复分勇屯营北（坑）[阬]、横水、水溪、草骨葥、上迳头、蛇山等处，日夜守拒，相持数年，计阵亡勇二百余人。十四日，各勇攻圆封上下涧贼巢，李良迪、陈良裕等十余人死之。

客贼复劫富坑诸村，焚毁殆尽。深井、大门诸贼与大湖山相为犄角，自富（坑）[阬]等村既破，遂两路交通，四出焚劫，海晏骚然。大龙湾、高厚诸贼焚劫三合墟，冲朝、良村、水仔、官坑、蟾蜍口一带二十余里皆为焦土。客贼复焚牛角水，庐舍一空。圆岭营勇击走之。客贼焚龙塘，进犯平洲，杀勇十八人。十五日，贼陷平洲，杀勇数人，大肆焚劫。时西南百里悉没于贼，圆岭营勇搏战数旬，贼引去，转攻上泽，竟陷平洲。西北一路复空，自是人心震撼，一日数惊。阮文奎增勇筹饷，坚守圆岭，规划堵御，一方赖安。

客贼侵玉怀，乡勇邀于鸡头岭败之，杀贼五人。十六日，大水，平地骤深二尺。客贼分道攻圆岭营，各勇击却之。十七、十八连日，上新宁黄、李、陈、伍、邝、朱、雷、蔡、刘、谭、甄、许各姓乡勇一百，剿九龙桥等贼寨。下新宁李、麦、赵、陈、阮、梁、梅各姓乡勇，夹攻河洲贼寨，生获贼首钟亚来回城，乡民争食其肉。

十九日，客贼复掠圣王堡、月角、大岭、狗脾岭、白沙湾诸村，洞口黄姓壮勇击退之。二十一、二日，中路客贼纠合东路，立寨蟛蜞塘、老村，连日焚劫五十、四九墟等处村庄。县册。客贼焚劫，葥伞塘、鹅洞等村陷，南和、北就诸乡男女死者数十人。升平局勇赶救，邀于半途杀贼数十，乘胜捣其寨。《采访册》。

二十四日，客贼环攻海晏、文村等村，生员陈官衡、监生陈鸿业率勇堵御，乡勇死者百余人。连日，又焚劫五十、四九墟，毙监生黄业彩、邝德广，勇目黄杰茂等三百余人。《府志》。

二十五日，客贼又从撒水迳、鹅斗迳、碌鼓迳、大隆迳四路进迫海晏，各乡勇毙命者数百人。《采访册》。下同。时邑人闻变辄遁，道多流亡。知县洪德方揭示禁人逋遁。

二十六日，大潦，骤涨。客贼乘潦，焚谭屋、塘兴墟、横沙、冲略等处，圆岭营勇渡海救援，贼即引去。追至斩断冈，杀贼二人。升平堡勇剿枫香园，克之，平其寨。客贼犯西湖村，练勇御之，死四人。又犯香步村，乡勇击败之，斩首数十级。

二十七日，升平、上泽、吉昌等局督勇剿闸门（坑）[阬]等处贼，三合勇剿塘坪贼寨，悉平之。贼遂逃入大隆洞。

二十八日，贼图攻文村，生员陈官衡、监生陈鸿业督勇攻大门贼寨，勇溃遇害，死者百余人。

二十九日，客贼分五路由大门出，攻海晏，土勇亦分五路御之，杀贼百余。

六月，西潦大至。《府志》。初一日，升平、均和、上泽诸局，会玉怀、汤湖、庙边等勇，剿横塘、歪颈鹅、合门坑，斩贼百余。《采访册》。下同。初六日，贼首钟大镛陷上泽墟，乡勇击败之，杀贼百余。连日，贼首汤恩长攻塘底，圆岭营阮文奎率勇败之，斩贼数十。初十日，客贼复踞大门、大隆洞一带，毙乡勇一千六百余人。《府志》。知县洪德方禀督宪发兵剿办，并将主谋客绅斥革，饬委武弁李捷科、陈日邦、余胜柱等督带兵勇五百，并各乡勇剿蟛蜞塘，三寨贼分险固守，弥月不下。县册。二十五日，客贼陷庙边村，杀土人百余名。《采访册》。下同。二十九日，升平堡勇进剿大龙湾、蛇坑诸贼，弗克，死者三十一人。

七月，均和六堡分局防守曹凹、圆困等村，屯营象冈山。初九日，安良、潭溪诸局勇进剿赤溪、曹冲贼寨。八月初五日，升平堡勇复攻大龙湾、蛇坑贼寨，失利而还。又土勇以舟师击大湖山贼，弗克，死者数百人。曹冲客贼由洞怀出劫六源乡，击走之，获妖妇二人，戮之。二十七日，海晏、捷胜局选谭名世、苏宝为勇目，募勇千余，土勇副之，分两路夹攻大门贼寨，战于凤山，杀贼数百，收复大门、深井数十乡，即在大门立营守护。九月，客贼由员山头出，攻莘村，乡勇御之，死三十余人。

十月，土勇进攻大湖山客贼，死者、水伤者一千六百余人。十五日，客贼陷东坑，杀男妇十余人。十六日，客贼分逾百峰山，陷东海诸村，立寨员山头，焚劫坦塘、南洋等处数十村，毙监生李缉业及壮勇七十余人。县册。《府志》作“六月”，误。十八日，升平堡勇与贼战于圆山头，大破之，斩贼六百余人。十九日，客贼攻陷白石、丰江两堡，杀居民五名、勇丁十余人。

十一月初三日，乡勇攻破蟛蜞塘、老村贼寨，余贼尽窜回员山头、曹冲等处。《府志》。三寨相距二十余里，自六月进攻，不能拔。五堡耆民刘琪公等领赏银万两，自招健勇，密订师期，以骁勇数百，携带火器，夜入白石坑山后，分伏左右。黎明，以大队数千，从蟛蜞塘面前诱敌，贼果空壁来追，伏勇猝发，纵火焚之。值北风骤起，烟焰蔽天，前后夹攻，俘斩二千余人，平其寨。初七日，客贼攻水村，圆岭营赴援勇目阮鹏耀、阮天锡死之。同上。

十二月，客贼侵甘军营村，乡勇御之，以鸟枪击毙其猎犬百余头。《采访册》。下同。时贼畜猎犬百余，临阵纵之，所向无前。乡勇屡为之却，因集善鸟枪者数十人，伏山坡击毙之。

七年（1857）正月初三日，客贼犯牛角水营，员岭勇击走之，杀贼十余人。十八日，客贼由员山头度大龙湾，开平赤水勇邀诸棋盘山，歼之。十九日，贼首王长贵泛海纠匪窜曹冲寨，将丰江、东（坑）[阬]、田头、白石、塘美等一百三十余乡，焚劫殆尽，杀掳男妇万人有奇。县册。时曹冲滨海负山，地势险固。初，客贼无多，贼首杨梓钊、吴福祥等啸聚余党，凶悍异常，破田头各乡后，结寨联络，互相犄角，更加猖獗。沿滘诸村堡悉被屠掠，惟南村固守独存。

二月，绥靖局勇攻员泽下水，诸贼败绩，死二十余人。《采访册》。下同。四月，圆岭攻贼于绉眉山，杀贼十九人。又攻贼于牛过路，杀贼二十余人。闰五月，复三合墟，联局募勇，屯营固守。十九日，圆岭勇在叶屋村杀贼六人，俘其四人以归。

八年（1858），曹冲客贼焚劫大纲村，又攻陷上川、三洲、和宁、琴冲、茶湾等村，虏杀男妇数十人。十月，伟烈堂募勇屯营大冈村，攻安南村、赤溪等处，杀贼十余人。十二月，伟烈堂勇捕鱼于田头，被贼伏杀七十二人。又进剿曹冲，败绩，死者三十七人。客贼攻戎属五堡，土人逃居阳江，所有寨门、那琴数十乡焚劫一空，受害甚惨。时土人逃避殆尽，邑绅训导容休光、生员容士鈖招集五堡父老，在阳江会议收复乡土，禀县，准将客田拨与阳江。局绅募勇一万，以土勇一千为乡导，二月得还故土，应偿江勇租谷一万石，伸中税田三千三百三十二亩。先以客田拨交，不敷，仍向土田派足。后奉大宪示，将客田充公，江勇不肯遵办。阳江厅张秉彝、新宁县邹宗淦，同驻琴溪义学，劝五堡缴钱六千贯，另土著田四百六十六亩交江勇，取出客田充公。未几，委员俞恭懋到江局，檄五堡加补二千贯，其八千贯缴藩库，准江勇承充客田，给照为据。

十一年（1861），会胜局与上泽局募勇进剿洞怀贼寨，弗克。被贼轰毙前锋梁亚纳等五人，贼首练乙乘势突出，局勇杀之，枭其首。七月，伟烈堂再募东莞、新安勇数百人，以舟师击曹冲，败绩，死百余人。十七日，知县曾惠均与典史张治渊、城守陈恩光亲诣升平局，集土客绅耆议和款。十二月初十日，贼犯浮石村，杀数人。十一日，贼焚劫田稠，大肆杀掳。十三日，客贼劫滘北、上坑等堡三十余村，广海主簿王言、千总黄应祥，亲往弹压，遇害。《府志》及县册。

先是，十月冬，知县曾惠均奉（扎）[札]檄土客联和。未几，客贼暗踞赤溪田头乡立寨。至是，复出扰滘北等村。惠均遣言及应祥前往弹压，被贼戕害。兵民死者三百余人。《府志》。赤溪客贼杀塘美村寄住横江山迳农民三十余人，追杀过海，溺死者甚众。《采访册》，下同。

同治元年（1862）正月，曹冲、田头客贼破其乐村，杀男妇四人。二十一日，客贼劫滘北村，浮石乡勇拒之，追至田稠后山，遇贼伏突起，毙命十七人。三月初十日，客贼复劫田稠村，浮石六品顶戴赵鸣韶、赵子芳、赵德欢率勇追至田稠后山，遇贼伏，突起，死二十八人。四月，客贼杀塘美乡寄（往）[住]大坡头农夫二十余人，逃走过海，溺死甚众。五月，客贼陷东坑，杀男妇数百人，屋宇焚尽。十一月，塘美乡难民立营虎山防守，农耕赖之。十二月，贼首汤恩长纠合余党踞大隆洞，并攻陷西村等处，杀附贡林汝修并男妇数百人。《府志》及《采访册》。

二年（1863）春正月初一日，客贼攻陷临田、泷门、大洋、榕树仔一带数十乡。初四日，贼首汤恩长、王丁龙攻破广海寨城，男妇死者四千余人。《府志》。时客贼围攻寨城，兵民乘堞坚拒，炮石交下，贼不敢前。有监生余德立者，与贼目王丁龙交通，为献城计，诡言于游府黄连安，主簿董怀忠，谓贼假道达曹冲，渐宿城下，无他。连安许之，立和约，禁止兵民不发炮石。贼遂由城西北隅攀上，城遂陷。知县邹宗淦即禀请大宪拨兵，并募勇三百，饬守备陈盛星带赴那仁等村防堵。县册及《采访册》。初十日，客贼悉众攻那仁，阮文奎率乡勇败之，斩杀十余名，并遣勇攻吉步，杀贼数十人，焚其寨。《采访册》。下同。二十日，客贼围甫草乡，乡勇杀贼百余名。二十二日，捷胜局督勇驾船数十艘，直抵盘皇山屯营，逼近大门贼寨。至二月初七夜，选精兵二百，由笠帽峰暗度十二岭，出其不意，直捣腹心。营勇在外挑战，遂破之，平其寨。

二月初八日，按察司吴昌寿统带顺德协卫佐邦、香山协汤骐照、东莞游府朱国雄、新会参将王琼，水陆兵勇五六千，捷胜局勇收复鹅斗、东壁、东头、龙图、大江、金坑一带。《府志》。十三日，官军破南塘贼营，杀著名贼匪数百余。《采访册》。下同。时贼踞寨城，选骁匪数千于城北三里之南塘村立营，以拒官军。至是，破之。杀贼欧水保、邬南斗等二百余名，即移营进逼寨城，分屯狮山、蛋家山等处，合水师夹攻，断其接济，匪遂困。十四日，宁阳局募开平元胜局勇，进剿大隆洞贼寨，平之。时贼踞寨城，复聚匪十余万于大隆洞。吴昌寿谕邑绅先平之，故募元胜局夹攻大隆洞一带贼巢，悉平之。余贼分窜赤溪大湖山。县册及《采访册》。

五月初五日，客贼阳击甫草，阴攻沙阑旗尾山，海棠复被焚劫。《府志》。捷胜局与开平元胜局勇联剿客逆，收复大门、深井、新旧富坑一带。《府志》。七月二十九日，官军收复广海寨城。县册。时贼久被官军围困，乏食。按察使吴昌寿亲督各营四门并进，遂复之，杀贼以千计，救出游府黄连安、守备李雄彪、主簿董怀忠，客逆汤恩长、吴福祥窜回田头、曹冲、赤溪等处。八月，按察使吴昌寿班师。十月，土勇攻破大湖山贼寨。《府志》。

三年（1864）二月十四日，客贼陷丰江，杀掳男妇二十余人。又焚劫学村，杀掳男妇十余人。县册。《府志》作“四年（1865）”，误。三月初二夜，客贼焚劫南村堡乐安里，杀掳男妇十余人，合堡督勇救援，毙贼一人。追至鳅鱼角，被贼枪毙谭亚五一人。《采访册》。下同。五月十五夜，三堡勇克复丰江，斩贼二百有奇。十一月十一夜，客贼焚劫长沙，坑杀余中捷等数人。

四年（1865）正月，总兵卓兴安插客民。未几，深井、富坑、大洞岭、背那扶、大湖山等村，又为贼踞。《府志》。下同。三月，客贼再陷古逻、坦塘等堡三十余村，杀毙男妇一千五百余人，并劫四九、五十等处十余村，掳掠无算。又破荫山塘堡，杀土人百余。十一月十一夜，客贼焚劫，黄茅田旧村杀客贼数名，伤者甚多。《采访册》。

五年（1866）春二月，客贼破丰江，杀掳千余人。《府志》。四月二十九日，客贼破中礼乡，杀掳百余人。知县饶继惠禀大宪，调兵剿办曹冲、赤溪、田头诸贼。《府志》及县册。

六月初一日，天未明，客贼袭破浮石乡。乡人与之巷战，互有杀伤。天明，贼窜，追至新屋村过滘水深，争渡溺毙贼无算，浮石男女死三十三名。《采访册》。下同。八月，客贼破五福村、上环村，掳女子数人。九月初五日，客贼陷莘村，生员麦兆镜死之。杀掳三百余人。巡抚蒋益澧委督粮道梅启照、参将尚昌懋抚标左右两营，于九月二十八日到县，驻兵南门荫。《府志》及县册。

附录

总督瑞麟、巡抚蒋益澧《奏稿》：为曹冲匪势猖獗，派兵分路攻剿，拟俟曹冲平定，再行接办五坑，并绘图贴说恭折仰祈圣鉴事。窃臣等于十月初六日，奏报办理西江土客完竣折内，附陈曹冲、五坑向有另股各匪屯聚，其中时出滋扰，大为民害，拟即移兵分剿。嗣因办理恩、平客匪，将弁兵勇冒暑遄征，感受瘴疫，病者十之七八，行营无药可医，不得不渐令休息，俟调理就痊，始能酌量缓急，并力剿办。拜折后，随饬记名总兵徐文秀、粮道梅启照各统所部，移扎赤磡、荻海一带。该处系通新宁、高明三路要冲，地势宽阔，疫气可期疏散。一面购办药饵，宽给勇粮，俾得赶紧调治；一面扼要防堵，以杜分窜；一面将病重勇丁，陆续给价挑换；一面紧调记名总兵周廷瑞一军，迅速由北江拔回省城，以便饬令会剿。

月余以来，将弁兵勇病已渐瘳，厉刃荷戈，又复踊跃思战。适徐文秀、梅启照因公来省，面禀五坑、曹冲两次情形，禀请分别堵剿前来。而周廷瑞统带所部亦先后到省，正在筹商调度间。迭据新宁县知县饶继惠禀报，曹冲匪首杨梓钊等原有伙党二万余人，均系咸丰四年（1854）红匪滋事案内遗孽居多，复收集各处无业游民，及各省撤回散勇，纷纷投入其中，声势颇为浩大。并探闻该匪在于赤溪、曹冲、田头等处立大寨，布列木栅。复于水陆要隘设立炮台防守，极为严密。其火药、粮草，均从洋面接济，置造扒仔艇百余只，由广海驶到西湾、长岭等村，水陆分扰，并纠同高阑洋匪。窜至县属莘村等处，焚劫掳杀土著绅耆麦兆镜一千余人。该莘村暨丰江、浮石三处，为县属最大之村。从前客匪尚知畏惧，不敢远掠。兹三村已先后被陷，匪势愈张，势必蔓延无底。禀请移拨大兵迅速剿办，以苏民困而解倒悬，等情。

臣等伏查，曹冲匪类本与恩、开客匪迥不相同。恩、开情形，系与土人械斗，因地方官办理不善，以致兵连祸结，积世成仇。而曹冲匪徒盘踞一隅，聚党裹胁，志在财帛，扰害乡民，并于同治二年（1863）正月，攻破广海寨城池，据城掳官，恣行劫戮，实为狂悖已极。且近在咫尺，尤系省城肘腋之患。该匪既见恩、平客众就抚，尤不知痛改前非，悔罪投诚，复敢纠众焚劫，肆出披猖，并敢于险要隘口，兴筑炮台，安设巨炮，显系意图抗拒。该匪一日不除，地方一日不靖，省城不能一日安枕。以目下情形而论，曹冲比五坑尤为紧急，当即饬合该县绘图贴说呈阅，相度形势，尚为明晰。查曹冲背山面水，其中冈峦重叠，险峻异常，历年以来，始因洋务未竣，皆因剿办蓝山、高州等处踞匪及李获猷一股，迨各处甫有头绪，又值李世贤、汪海洋猝率大股悍贼阑入边境，全省几为震动。是以致稽剿办，此该匪之所敢久于负固，而我兵今日之追剿，更当慎之又慎者也。

臣等与各司道反复熟商，并密授该镇道等机宜，即饬徐文秀统带湘军正五营，由东路都斛汛分进丰江、南村、白石，以击赤溪大寨，此关一破，即可直捣曹冲老巢。又饬周廷瑞、李运荣统带湘军老五旗，由西路上阁，涉水进驻园山村，以攻田头寨。如先得田头，由该处进捣曹冲，地势平坦，可期事半功倍。督粮道梅启照统带霹雳军三营及沈玉遂、尚昌懋两营并抚标兵丁八百名，进驻北路浮石、田稠、蛋家村一带，相机策应，东西两路兼遏虎山之冲，并责成署广海寨游击司徒骥督率兵丁紧守城池。

又移咨署水师提督臣任星元并札饬水师营务处、署顺德协副将黄廷标统带水师大小船只百余号，自厓以下，节节湾泊，寸步为营，先清洋面匪船，严断接济，肃清洋面贼船之后，再用巨炮对准曹冲老巢轰攻，相机与陆师并力夹攻，并力雇轮船二号，紧泊洋面，往来梭缉[1]。设该匪被剿穷蹙[2]，计图窜海，即可迎头轰击，毋任漏网。此皆臣等遥度地势贼情，悉心规划，以期胜算必操。至于完结之迟速，尚未敢预。必惟有严督各军，将此股匪类痛加剿洗，以除积患，而措吾民于衽席[3]之安。如果该匪一经惩创，悔罪投诚，亦必密察情形，酌量分别办理。至五坑一隅，现据新宁、高明各县禀报，匪势亦甚猖獗，已经责郑绍忠一军分头扼堵，容俟曹冲完竣，即当移军接办。除俟徐文秀、周廷瑞、梅启照、黄廷彪水陆各军齐抵新宁县路，逼近贼寨，再行随时禀外，所有派兵进攻曹冲客匪各缘由，谨绘图贴说，合辞恭折，由驿具奏。伏乞皇太后、皇上圣鉴训示。谨奏。

十一月，官军剿客贼于赤溪，副将翁桂秋遇害，伤毙勇兵四百余人。《府志》。时总兵徐文秀、周廷瑞、李运荣分督湘军，进驻浮石、南村、牛山等处，水师提督任星元督兵船二百余号，环泊赤溪、田头海面，东路文秀率兵到赤溪，相度地形，山路险狭，忽伏贼四起，官军伤毙多人。左营副将翁桂秋战死。《府志》。初八日，客贼焚劫复隆村，枪毙林道远、道忠二人，掳男妇数人。初十日，焚劫大塘村，杀掳无数。《采访册》。下同。客贼数百人潜伏北峰山、水流等处，掳樵苏妇女数人，南村堡督勇救之，被贼伏四起，掳勇李魁贤、李朗贤等十四人，勒续银一千余两。

六年（1867）正月十九日，提督高连升统兵三千来塘美，驻营狮山冈，会剿。二十二日，攻田头，不克。副将王东林、贺国辉死之，毙勇丁五百余人。《府志》及《采访册》。二月，巡抚蒋益澧督兵来县大营，驻浮石，副将周廷瑞、李运荣驻营冲金。《府志》及《采访册》。

巡抚蒋益澧愤贼负固，连失三都督，因统大军到县，督诸军进讨，驻营浮石，分行营于狮山冈，令协镇郑绍忠进薄赤溪，移副将徐文秀逼攻田头，前后官军三万有奇，贼出接战，督军亲履行间，不避矢石，旌旆所临，军威大振。《采访册》。土民被陷，流亡载道，蒋益澧发帑赈济。《采访册》。下同。

四月，布政使郭祥瑞来营。十二日，客贼乞抚巡抚蒋益澧督兵还省，留各员弁安插余党。《府志》。巡抚蒋益澧锐志灭贼，督诸军迭攻贼寨，垂破，会布政郭祥瑞来营与议。越二日，遂传令曹冲、赤溪、田头诸寨匪绅面谕就抚，联和罢兵。

---

① 梭缉：巡回缉拿。

② 穷蹙：窘迫。

③ 衽席：睡卧的地方。

匪首吴福祥等穷蹙归命，诣军门[①]待罪，允其所请。二十日，召土客绅士莅盟释憾[②]，委文武官弁收查军器，缴出销毁，即班师，留兵一千驻守，命开抚恤清查局，委官吏绅士稽查客产，以俟勘丈抵换。县册及《采访册》。

督粮道梅启照集土客绅，分地界，抵换田里。时议令土客联和，将田亩划分疆界，彼此互易。东路由分水凹起，历磅礴尾、磅礴口、苈西，直抵海滨，属东界。西路由分水凹至尾厂、猪母山、冲金嘴，直抵海滨，属西界。北归土，南归客，并奏请改设赤溪同知一员、赤溪协副将一员、司狱一员，以资弹压。《府志》。

附录

巡抚蒋益澧《告示》：为晓谕勒石建碑、分疆划界，以垂久远，而睦乡民事。

照得曹冲客众，既经就抚归农，新宁土民亦须讲信修睦。同释戈矛之憾，永消蛮触之争。然而经界不平，难安耕凿；田园不定，易启猜嫌。本部院一视同仁，两端各叩。清其畎亩[③]，宅尔宅而田尔田；正厥井疆[④]，乐其乐而利其利。凡自曹冲、田头、赤溪、磅礴、铜鼓以内之田地，均归客众耕耘，永远作为世业。客遗冲蒌、五十、龙洞、那扶、深井、四九等处之田庐，悉属土民经营。仍候官为扦踏，特派文武镇道大员，督同新宁县饶令、候补知县陈令，传集土绅赵树蕃、赵定江，客绅吴福棠、杨梓钊及各耆老村民等，指山海以为衡，俨如天堑；历东西为定界，不与人争。其东路则由苈西、磅礴口、磅礴尾、分水凹，直抵海滨为界，其西路则由分水凹至尾厂、猪母山、冲金嘴，直抵海滨为界。先削木以建标，恐丸泥之中改用，是勒诸片石，以冀永垂定章。合亟出示晓谕。

为此，示谕土客绅耆四民人等，一体遵照，业因山以分址，即依界而竖碑。桑柘[⑤]千塍[⑥]，无虑犬牙之相错；溪山一派，敢同虎口之并吞。本部院沐雨栉风[⑦]，特建伏波之铜柱，尔等饮和食德，长为盛世之苍生。土有室而客有家，惟碑可证；我无虞而尔无诈，与石同坚。痛改前非，诞膺后福。

① 军门：清代对提督的尊称；也指军营外的大门。
② 释憾：消除心中的怨恨。
③ 畎亩：田间、田地。
④ 井疆：井邑的疆界。
⑤ 桑柘：农桑之事。
⑥ 塍：chéng，稻田间的路界。
⑦ 沐雨栉风：饱经风雨，劳苦奔波。

特示！

巡抚蒋益澧奏加学额四名。县册。

七年（1868），客匪自乱，总兵郑绍忠领兵来县，再剿长沙贼寨，获贼首吴福祥等八十余名，诛之。余孽平。《采访册》。下同。

十年（1871），知县黄恩贵重修尊经阁。邑绅重修文昌宫。知县黄恩贵重修万寿宫。

十二年（1873），知县刘兆霖开浚西门外拱桥头新河。重修万寿宫。

十三年（1874）八月，飓风拔木，坏城堞、学宫棂星门、民居祠宇无算。

光绪元年（1875），邑绅重修大成殿、两庑、棂星门及忠义祠。

三年（1877），知县完继美重修城垣及东西城门。

六年（1880）十二月初八日，戎属五堡山崩，声闻数十里。时客匪乱后，大门、深井及五堡各山上多有猛虎伤人，不时到乡，乡人有以枪毙虎者。

八年（1882），知县曾行崧迁建连珠山宁阳书院。

十年（1884）四月，上三都大水，漂没田禾，倾陷房屋，毙十余人。

十一年（1885），重修城隍庙。建西门通济桥。

十六年（1890）七月十六夜，地震。

十七年（1891），坦塘村有虎患。四月十五、六日夜，大雨，潦水骤涨，冲塌永兴市铺数间，压毙数人。十一月十九夜，雷鸣。

十八年（1892）四月十六日，大水，伤稼。白沙、西村受害尤甚，决堤二十余丈，淹十七乡，毙妇人数口。八月，知县郑守昌建考棚。十一月二十九日，大雨雪。

《新宁县志》卷十四，黄子元分纂，黄纬、伍廷光校字。

卷十五　艺文略

经部　史部　子部　集部

经部

《易学详原》三卷，存。国朝李文曜撰。文曜有传。

自序：易者，圣人教人穷理、尽性、至命之书也。性命之理，无形可见，无迹可寻。惟圣人惟能作为著明之学。尚缘天数、地数，以形其象。天数者，河图[①]之数也，羲皇[②]得之，则画八卦，塑成阴阳、道义之象；地数者，洛书[③]之数也，夏禹得之，第作九类，绘定三才[④]、理历之模。若是乎有象有形，智者见数而达理，愚者观象以起兴。

降代风移俗易，淳浇[⑤]不古，文王、周公所以有《系辞》之作也。文王《系彖》以尽其常，周公《系爻》以极其变，皆所以明义理也。然理义悦心，固非贤者不能，众人多不乐学，故从系之以吉凶，作为大衍筮占之用，说起利害切己之事，使人利而求之，夫然后中于人心。圣人立教之周密，用意之深远，其精到有如此乎？递而东迁日漓，占筮兴而理义晦；天纵孔子发明性命之精微，且曰：假年以学，可以无大过。总是教人知所自居，玩求其义理之精当焉耳。圣人先后一心，并未尝舍理而言筮，亦未尝舍卦而说理，舍河图、洛书之数而言卦者也。后来但见有此卦象，不复推本河、洛之根原，自是虚理无凭，卦象中无著落，言理者影似相悬，说卦者牵连枝叶，将使经文系传任意错遗，卦画图书更变面目。迨宋名贤大正其失，经传定而义理彰。羲图画卦，悉宗邵氏之真原；河、洛著占，姑因启蒙之旧录。

曜自童年受《易》于先大父，尝指启蒙而谓曜曰：此固未尽河洛著揲之

① 河图：相传伏羲氏见龙马负图出于河，遂据其文，以画八卦，称为“河图”。

② 羲皇：即伏羲氏。

③ 洛书：相传夏禹治水，神龟从洛水出现，背上有九组不同点数组成的图，禹排列其次第，成治理天下九种大法，称为“洛书”。

④ 三才：天、地、人。

⑤ 淳浇：风俗的淳厚与浇薄。

真原者也。文公当日也尝疑之曰：河洛图书于八卦不相著，未知何如也？盖朱子之意，实有疑于诸儒之说，未尽河洛之精原。然而有以举之，尔时伪学之祸未解，亦将付之无可如何，而姑为有所待焉已耳。尔求其故，自有孔子十传在。曜意夫子多以理言《易》，始从理内苦求，茫无畔岸。既而节比字句，反复揣摩，往复求详，废寝忘食。越历四十八年，夫然后稍觉夫子之言，词简意尽，而河图画八卦之理，洛书法卦象之宜，大衍求卦占之用，无不毕俱传中矣。于是闲拈楮墨[①]，节取夫子传辞引而未发者，阐而明之；言不尽意者，图而显之。理之精奥者，旁引曲证以达其义；文之阙略者，引伸触类以尽其余。义从浅近，俾可共晓，词取明畅，不厌粗俗。

书成三章，章分三编，是亦三才两之之道，而河图、洛书大衍之真文，圣人画卦作易之原本，庶几瞭如画沙聚米，用是玩象观占无难矣。由是而穷理尽性以至于命也，亦易甚矣。吾衰矣，老矣，无能为矣。纵数年假我，殊切眊[②]昧，徒存之感耳。于是有不得已之思，检发而授之梓工，欲即所学以告来许，仰藉后来之心思耳目，续接我四十余年之心思耳目，一旦理穷性尽而抵于至命，曷不可谅为我今日学易之竟功乎？是为序。

《五经辑义》，佚。国朝邓振翼撰。振翼有传。

《四书辑义》，前人撰。佚。

《四书仪节》，佚。国朝李为泷撰。为泷有传。

《观海堂书义》，存。国朝陈瀚撰。瀚有传。

《四书撮要》，国朝伍逊撰。未刻，存。逊有传。

《四书管见》，国朝伍直光撰。未刻，存。直光有传。

《天地理论》，国朝李文曜撰。未刻，存。

按：文曜究心数术，颇为博洽。此书首卷论天地定体，而不信西人四面居人，足版相抵。所居之地，在在可为天顶之说。谓“地道一半为根，一半载物，中土之所以得为地面者，以其地之正对北极一线，上过黄极，由北极出地四十五度，以至二十度内。夏至之日，正顶黄道，日中无影，或影甚短，或略转南二分，昼夜平分，由中土以及嵎夷西洋南溟口外，横直各三十度，通一区之地，皆得谓之地面。其余左右正对北极一线，不过黄道偏左偏右，是为地侧。至于背后，而黄道在北极之北，北极出地七十余度。冬至有夜而少日，夏至有日而少夜。是为地

① 楮墨：纸与墨。借指诗文或书画。

② 眊：眼睛昏花，看不清楚。

背。及至北极之下，赤道正当地平，日月车轮平转。春分以下，日月上行为昼；秋分以后，日月下行为夜。夏有不释之冰，物有朝生暮获，是为地脊也。其理颇正，惟论天径大于地径一倍，而为三虚之说，则甚谬。诚如此，则地影掩月，凡望皆然。而西人推步，何以毫发不爽乎?”第二卷论周天宫度，参用中西，而及罗盘之用。第三卷论天文星象，只录《步天歌》及西人六等之说。第四卷论定时成岁，详辨岁实消长，由日行黄道有高卑，与恒星东行，各为一根，于王寅旭、梅定九之说，亦多驳诘。闻文曜精壬遁[①]，晚岁居宁城西门，以日者术自给，盖沉潜实学、韬光高隐之士，信此邦之杰也。

《河洛理数》，前人撰，未刻，存。

《黄钟十说》一卷，国朝赵不谅撰。存。不谅，字丹山，监生。

自序：粤稽舜典，巡狩则同律度量衡，命夔则曰“典乐教胄子”。古圣人竭耳力，以六律正五音者，非为悦耳之虚文，实为语言、文字、度量权衡之根本。迨秦汉而后，律吕之数渐亡，幸有周（宫）[官]《考工记》，桌氏量之以为鬴，深尺内方尺，其实一鬴，重一钧，声中黄钟之宫。及《吕氏春秋》载，黄帝命伶伦取嶰谷[②]之竹，断两节间三十九分，为黄钟之宫，日含少此律之数之仅存者也。闲尝窃取二书，即其数而求其自然之数。一旦恍然若有所得，子弟辈有以黄钟理数问者，不得已引古证今，为之解说，成《十说》。知难免贻笑大方也。

《黄钟问答》二卷，存。

自序：《黄钟十说》既成，展读之余，转恐言之太简，爰于《十说》之未详者详之，而不厌其琐细，至不关乎黄钟。偶因问答而论及者，亦不嫌其疣赘，复得三十六则，分为前后两编，名曰《黄钟问答》。

《律吕诗韵》四卷，存。

《孝经音韵》一卷，存。

---

① 壬遁：即“六壬”与“遁甲”的并称。六壬是中国古代宫廷占术的一种，与太乙、遁甲合称为三式。壬通根于亥，亥属于乾卦，乾卦为八卦之首，其次亥为水，为万物之源，用亥是突出“源”字，而奇门、太乙均参考六壬而来，因此六壬被称为三式之首。“遁甲”也云“循甲”，以六甲循环推数，遁即“循”字。

② 嶰谷：昆仑山的北谷。

《四书音韵》六卷，存。

《五经音韵》十六卷，并前人撰，存。

史部

《史见》一卷，国朝陈遇夫撰。存。遇夫有传。

《白沙陈子年谱》一卷，存。

按：白沙旧无年谱，遇夫始创为之。盖亦勤矣。惟湛甘泉从白沙游，在弘治七年（1494），有洪垣撰《墓志》可据。

《墓志》云：甲寅二月，往学于江门。甲寅，弘治七年（1494）也。此谱载在五年（1492），未免少误。《谱》又云：从学十三年，亦误。白沙卒于弘治十三年（1500），甘泉实从学七年耳。《广东新语》载，甘泉举于乡，即焚路引，从白沙十有三年。此语殊谬。谱乃本之，盖未考也。

《白沙门人录》一卷，并前人撰，存。

《经由录》，明陈善撰。佚。善有传。

《海隅纪略》一卷，国朝陈壁池撰，未刻，存。

《新宁县志》十一卷，明闽县陈元珂、同安王臣撰，佚。

嘉靖乙巳（二十四年，1545）王臣序曰：诸郡县有志，新宁县独遗。或者曰：官失之也。夫官一县者，修政明化，因革论建，凡以宜民而已。夫苟有害于民，虽井田肉刑，无补于治。夫苟有利于民，读法平价，皆不可阙。矧志，尤文献之征，兴衰举废，变而裁之，以存利耳。新宁建县大都将五十年，寇盗相仍，勤兵征讨。惟见夫武戟长技之威，苟足以靖难勘乱，可供武举者，盖惟恐其弗遑使当。是时而欲从容礼典，纂定文志，是谈周官于叔季之末，舞干羽于平城之危，不既迂乎？比来民知教化，典礼可兴，正当敷求文治，用变简陋，而志书一典，尤文之大。失此不为，往事寂寥沉没千古。或者得无曰官失之乎？

夫志者，识也，犹言曰识时事。凡关一县者，不可以不识也。新宁邑虽新造，僻处遐陬①。然志节英贤，皆草莱②之彦；山川沿革，皆封域之胜；纤而草木、虫鱼，亦足以资多识，顾其志未可以徐徐焉。兹典一旷，无以搜遗事于既往，抑何以植风化于将来。忠臣孝子郁而弗宣，山川名物隐而弗考，

① 遐陬：xiá zōu，边远一隅。

② 草莱：未出仕为官者。

兵粮、学校、人才、食货又将何取稽哉？则是志有不可不举者矣。夫不可举而举者，非也；可举而不举者，亦非也。侍御瑞山陈公特命纂成，重以宪臬慎庵王公为之翊赞，阅月余，志成。其事则旧，其文则实，其义之去取独断，则德庆州二守陈元珂氏。文献之征，将来不在兹乎？小子臣窃预志事，用叙其始末，以识岁月云。

《新宁县志》，明熊文华、朱郁文修，袁昌祚辑。佚。

万历丁巳（四十五年，1617）朱郁文序曰：万历丁未（三十五，1607）夏，郁文奉命入宁城，甫莅任问俗，稽志阙，剞劂[①]者六十年，亟与通学商曰："邑有志，犹国有史，所以昭方隅广狭，明赋役重轻，户口誓其耗登[②]，风俗验其醇薄，几务之沿革靡定，政治之兴废无常，丰歉理乱之递遭，灾祥休咎之迭见，每事必书，不容隐矣。至如纪山川、表人物，识一封之盛，树八垓[③]之观，尤宜补辑，以嗣前谟，以贻后祀，不可阙者也。"

宁邑旧虽有志，其板已腐，其书散佚，其后署令丁君应昌颇采而未备，继令熊君文华略备而未完。文方思为完集计，俄而上司檄催纂述，增修者叠承矣。遂捐俸为倡，而县学寮宷[④]、阖境士夫各怂恿，愿襄其成，约工费俭若干可藉以竣事。乃属外史戴君仁行、黄君卷翻陈篇、采舆论，重新创制，寻令庠中诸生分曹编次，绘图誊稿以报，且谓稿经东官袁太史序简端，非就正不可，爰走，黄生偕书记造庐，面定衮钺[⑤]而旋，余因兹润色。览舆图而思守土，何以共巩金瓯[⑥]；览事纪而思安民，何以同调玉烛[⑦]。封域[⑧]固井井[⑨]矣，而俾各帖服者何方；风俗固噩噩[⑩]矣，而俾永不恌者何术？官秩匪一途，而随分靖其者，何以不负生平；创造匪一处，而因时制宜者，何以称快于众口。

① 剞劂：雕版，刻书。
② 耗登：犹言丰歉。田赋因年成丰歉而增减，故借指田赋。
③ 八垓：八方的界限。
④ 寮宷：僚属或同僚。
⑤ 衮钺：谓褒贬。古代赐衮衣以示嘉奖，给斧钺以示惩罚，故云。
⑥ 金瓯：比喻疆土之完固，亦用以指国土。
⑦ 玉烛：谓四时之气和畅。形容太平盛世。
⑧ 封域：疆域，领地。
⑨ 井井：形容整齐，有条理。
⑩ 噩噩：古朴，淳朴。

邑处穷荒，食货中下，将何道以厚其生；里居辽邈，议礼少闲，又何道以正其德。若选举、若武备，文武并用，国家所赖以久宁也，何为经而为纬；若人物、若山海，人杰地灵，宇宙所赖以光宠[①]也，何以不没而不波。迨若艺文类，多情景触发，各抒性真。总之，有关于风土者，随便收录，备游观也，何能尽收尽录哉。文兢兢是愳愳[②]，未足以答上命而传四方者，抑亦异日稽考之一助云。司修：知县朱郁文；校阅：教谕戴仁行、训导黄卷，编辑：生员黄裳吉、黄中美、李蔼春；董役：典史孔应举。

《新宁县志》，明余应郊修，容文娗等辑。佚。

崇祯己卯（十二年，1639），余应郊序曰：宁非无事之邑也，为之宰者，如严家保母，栗栗[③]然抱易啼之婴，非熟悉其既往，咨求其隐痛，恶能胜任愉快乎？谈清净者，溺其职矣。邑之有志，创自地郎[④]陈大夫，出守德庆，奉御史瑞山陈公檄，攟[⑤]摭编摩，成一家言。后六十余年，则邑令熊公、朱公属文学弟子续纂而修之，多所变更，而初志尽毁不存。自应郊奉命入宁两载，于兹时事日迁月化，不可划一，而理至明也。敦请乡先进容虚翁商榷而讨论之，慨世之纂修者，分局并进，人持一见，家执一说，纷如聚讼，(阁)[搁]笔不能下，甚至受贿徇私，牵合附会传信之谓何，于是远择馆舍，严扃钥[⑥]，禁窥瞰，独处其中。再易月而出以相视，敢云润色，聿观厥成。览舆图而思金瓯，何以克巩；观事纪而思玉烛，何以调和。封域则都图各分，何剂而何宜；秩官则靖共异位，孰于而孰喁。户口登耗，孰察其故；赋役不均，孰辨其由。文事何以树风声而景从，武备何以竖扞掫[⑦]而保息。

至于表世范俗，人物贞烈，灿然毕陈，得无滥竽其间者乎？熏莸[⑧]同器于何激劝，孔子于昭定之闲，则隐然与否？与夫道一而已。藻为文词，饰为吏治。总之，严于法而沉于气，出之有本。况志者，吏治之薮乎，后之君子

① 光宠：恩典，宠幸。

② 愳：通假字，通“惧”。

③ 栗栗：惊恐、害怕的样子。

④ 地郎：古代以春、夏、秋、冬、天、地代称礼、兵、刑、工、吏、户六部，地郎指户部侍郎或员外郎。

⑤ 攟：jùn，同“捃”，拾取。

⑥ 扃钥：门户锁钥。

⑦ 扞掫：gǎn zōu，巡夜，守卫。

⑧ 熏莸：香草和臭草。比喻善恶、贤愚、好坏等。

亦有保母之思其弁髦之也。同修：教谕陈缙，邑举容文挺、刘苑芳、李作、陈王道、李星一；监修：训导岑诣极；编次：生员伍瑞图、黄谷、麦世英、伍运典、麦汝梓、伍进德、伍邦翰；督工：典史郭天叙。

《新宁县志》十册，国朝宁林修，麦汝梓等辑。佚。

康熙壬子（十一年，1672），宁林序曰：邑之志，史之翼也。周小史掌之。其后輶轩[①]之使，博采方言，而志益为有国者所重。征往献，昭来矩。虽纪事之文，亦经世之书也。我朝车书一统，薄海内外，咸隶职方。宁则建设万山之中，土田硗确[②]，而又滨于洋海，为岭南第一岩[③]边。虽云小邑，大费经画。林不敏，奉命来莅兹土，于今六载，历稽损益兴厘，颇得其概。恒思接古续今，纂修邑乘，然有志而未之逮。

壬子（十一年，1672）秋七月，上允辅臣请修《一统志》，檄行郡邑。恭逢盛典，适惬夙怀，时以粤东文闱林充同考试官，未遑举事。迨九月，旋署敬集文学诸儒，广搜旧籍，博采舆言，凡有得于所见与所闻、与所传闻，裒集必详，不以苟简[④]从事。又必严为考订，复不敢以影响传疑。自秋至冬四阅月，而稿始就。林得与学博萧君逢霖互相商榷，删润成编。虽不能与通都大邑之记载争长鸣奇，然亦有土地，亦有人民，亦有政事，条而列之，为纲为目，灿然其可观也。寿诸梨枣，冀以宣扬圣化，羽翼史乘，使岩边小邑与腹里郡县，均邀采风，纪诸策末，聿彰一统之盛，且为后来莅兹士者，经世之助。则兹编也，岂曰一邑一时之文献而已哉，是为叙。

校阅：训导萧逢霖；纂辑：贡生麦汝梓、生员谭子朗、伍鸣佩、李万年；校刻：贡生伍运兴、陈宜生、生员邓起鹗、程先登；管刻：典史姚鼎泰。

《新宁县志》一册，国朝张殿珠修、曾灏等辑。佚。

康熙丙寅（二十五年，1686），张殿珠序曰：邑之有志，如日丽中天，照彻靡遗。凡分野、疆域之厘定，风俗、人物之灿列，城郭、村墟、庙宇、

① 輶轩：古代使臣乘坐的一种轻车。古代使臣的代称。
② 硗确：qīao què，指土地坚硬瘠薄。
③ 岩：险要，险峻。
④ 苟简：苟且简略，草率简陋。

官署、山水、名胜，以及钱谷、户口之类，条分缕析，校核必详。所以备一方之文献，表一时之信史。其间据事直书，词无阿谀，则别淑慝[①]、昭劝惩之意亦寓焉。倘或亥豕承讹，贤否莫辨，以煌煌经世之书，半为友戚推引之文，岂所以称直如史鱼[②]笔，若董狐[③]者哉！珠不敏，居乡习见纂修邑乘，率皆互相标榜，每思异日躬逢其盛，必不致直道不彰，疑信罔据。

去岁，奉命来莅宁邑，恭承上檄，续修十二年以后事略，备辑郡志，献之于廷，以成一统大典。伏念平日闻见所及，今幸得与校阅，敢不一秉公正，恪谨从事耶？犹虑局外则明，当局则昧，难免五色迷目，敬集学博[④]冯君、林君同为参订，更延邑之绅衿、耆老，广为采求，循从前之义例，补旧《志》之阙遗。节孝本于舆论，忠烈考之世谱，稽文诹献，若者为纲，若者为目，不辞校正，以规其备，征往昭来，何人宜法，何人宜戒，务严考校，以总其成。至于物产土出，分类编入，名硕诗章，从新汇集。隶在职方，同属王土，当亦辅轩之所必采也。寿诸梨枣[⑤]，聿彰一统之盛，而瘠土多厚，加意培植，尤属望于今之同事兹土者。

校阅：教谕冯玉姿、训导林埊；纂辑：举人曾灏、伍鸣佩、刘云孙、李假山，生员李为泷、伍元标、谭士秀、伍再来；采摭：生员李云作、蔡瀛土、邓起鹏、刘彩。

《新宁县志》四卷，国朝王暠修，陈份、李郁辑。存。

乾隆戊午（三年，1738），王暠序曰：不佞[⑥]由和平谬叨边员之调，作宰是邦。始至，览其山川，巀嶭峻嶒[⑦]，东南滨如奫[⑧]，如漭漭，如边哉境也。亟思得其阨塞险要，以捍牧圉[⑨]，而绥我人民。则乘是间，顾阙而未备，又

① 淑慝：指善恶。

② 史鱼：春秋卫国大夫，名佗，字子鱼，也称史鰌。卫灵公时任祝史，负责祭祀社稷神，故称祝佗。吴国延陵季子经过卫国时，赞史鱼为卫国君子、柱石之臣。

③ 董狐：春秋晋国太史，亦称史狐，不畏强权，在赵盾族弟赵穿弑晋灵公后，以“赵盾弑其君”记此事，留下“董狐直笔”的典故。

④ 学博：唐制，府郡置经学博士各一人，掌以五经教授学生，后泛称学官为学博。

⑤ 梨枣：旧时雕版印书，用梨木枣木，故称书版为“梨枣”。

⑥ 不佞：不才，自谦之词。

⑦ 峻嶒：jùn céng，意思是陡峭不平貌。

⑧ 奫：yūn，水深广的样子。

⑨ 牧圉：mù yǔ，指牧地，边境。

棼然[1]而未得其端绪。心窃憾之。岁壬子（雍正十年，1732），以乡贡士李君郁属草得三帙，缮而藏之。剞劂氏有待也。

既而丙辰（乾隆元年，1736）恩闱，厕分校循州，应司马所拔陈生份，余与推毂[2]，生素以古文词自好者，出缮本与商榷，则以军什行之，使有所统。五阅月而告成，复集邑人士于山署，使各出其见闻，严为勘核，称详备焉。客谓余不可无言，余何言哉！毋亦顾名，而凛然思惧也。

邑名宁，前此未宁，可知兹宁矣。然抚岩疆者，一日或弛，则宁者不宁。今欲求宁人之道，计自弘治戊午（十一年，1498）迄今二百四十年，政治得失，舍是书曷由也？其中纪载多补前志未及，间出己见，著为论说，以颇关邑，是词繁而不杀。余治宁之心，视治和而倍深矣。将本此而措施之，虽谓其宁有永也可。

重修：知县王暠；校订：教谕徐廷芳，汇纂：举人陈份；分纂：举人李郁、伍玉光，贡生李起；校阅：举人甄超宏、陈荣士、梁大任、甄金，贡生甄既明、梅业仁、赵瑜、李朝机、雷天行、伍松；正字：邑庠伍焕、陈国济；督缮：典史杨文焕；监刊：巡检蒋大谋。

《新宁县志》十卷，国朝张深修，曾钊、温训辑。存。

道光戊午[3]，钊，钦州学正，南海人；训，长乐，举人。张深序曰：道光戊戌（十八年，1838），余由大埔调任新宁，既视事，爰取邑志观之，乃乾隆初，前令昆明王公暠所纂，迄今几百年矣。其中记载不无失实，沿革仍旧《志》及《新会志》，与历代《地理志》不合；田赋与见行《会计册》数目差互，纪山川则杂缀而无条列；纪建置、经政则位置失所而无伦次；《人物传》冗蔓而多俗语，《艺文志》杂收而鲜实录。若嘉庆初《续志》则益无足观矣。余心病之，且历年已久，尤不可不亟为修辑，乃延南海曾勉士、长乐温伊初两先生为总纂，开局己亥（道光十九年，1839）孟夏，竣事于仲冬之杪。厘以图、表、略、传，分为十三门。凡子目三十五，卷十，首曰舆图，为总图一、分图八。

古者方志谓之《图经》，后乃缘饰以藻绘，是徇末忘本，故今以图为重。

---

① 棼然：扰乱貌，纷乱貌。
② 推毂：原为推车前进，此处指协助。
③ 道光朝无“戊午年”，此处疑为“戊戌年（1838）”。

图明而疆域之广狭、道里之远近、山川之阨塞、防守之事宜，胥[①]于此见之。次为表三，曰沿革、曰职官、曰选举；次为略七，曰舆地、曰山川、曰建置、曰经政、曰事纪、曰艺文、曰古迹，金石附焉。次为传二，曰宦迹、曰人物。于旧《志》正其误，删其冗，补其略。盖有三要焉：一曰体例善，二曰考据博，三曰笔法洁。可谓事增于前，文省于旧者矣。两先生学博才高，明于著书体裁。余何容复赞一词，惟舆图则稍为经画焉。刻已竣，爰志其缘起如此。

主修：知县张深；总纂：钦州学正曾钊，长乐举人温训；分纂：训导萧元虎、国子监学录赵允光、翁源教谕甄炳、署乳源训导李汝镛，举人黄士元、余廷濬、廪贡伍廷珍、廪生陈葵苑；采访：生员马应宿、黄寿榆、陈沛然、谭景行、李元龄、甄枚、邝炳星、阮汝官；总理经费：贡生黄耀南、监生李汝钧。

按：邑志尚有嘉庆八年（1803）续篇、补篇二册，则举人李飞鹏所自为，体例未善，然事迹亦有可采者。

子部

《谷诒录》，明蔡铠撰。佚。铠有传。

《寤言录》，前人撰，佚。

《正学续》四卷，国朝陈遇夫撰，存。

遇夫自序曰：岁丁亥（康熙四十六年，1707），云间[②]隐居张北山采录儒书至五羊，余间过访而壮其志。庚寅（康熙四十九年，1710），张君缄书屡质，因得观所集《道学》《儒林》二刻，自周迄明，凡数百卷。年来僻居乘暇，因搜考史乘，自汉至唐编传二十有七，赘以所见，为书四卷，名曰《正学续》，此前人未辑之书，管窥蠡测，聊引其端，非谓学举其全也。然世有嗜古通人，志圣贤之学者，荟萃儒书以备大观，则于吾编必有取焉。

按：《正学续》一书，不韪宋人道丧千载之说。搜采自汉迄唐二十七人，据本传而加论断，明白醇正，诚足以破端固之见，亦儒林中要书也。

---

① 胥：全，都。

② 云间：旧时对江南松江府的别称，现为上海地区。

《白沙先生语录》四卷，明杨起元辑，国朝陈遇夫重编。存。

遇夫序略曰：万历间，归善杨少宰复所辑《白沙先生格言》，以类别之，为《语录》十二篇，凡二卷，镂板久失，族之志于学者，谋重刻之。窃谓先生语皆自诗文集中采出，或随问发端，或因事寓规，序记多借镜之言，词赋有虚活之调，著为《语录》，恐学者以辞害意，爰不自揣，稍增损一二，取其笃实切近，如药石之治病，五谷之疗饥，使推尊先生者，毋以一真圆成，不假人力之说，为先生重。其疑先生者，咸知先生体验之亲切，涵养之深醇，毋眩其归，而不究其所从入，而天下后世，由先生之学以溯伊洛，由伊洛以溯孔孟者，皆得以自考焉。

《迂言百则》一卷，国朝陈遇夫撰，存。

《丰年多瑞集》，国朝伍圭之撰，未见。圭之，有传。

《万宝全集》，未见。

《寻乐集》，并前人撰，未见。

按：旧《府志》谓："圭之各书，皆以天地、阴阳、节气、风月、潮汐，占年之荒丰云。"

《阳宅八门精义新书》四卷，国朝赵季锡撰。存。季锡有传。

自序：人禀天地阴阳，而成形受气，大则为参赞位育之功，小则为一材一艺之士，乃不虚生于斯世。予因数奇，久困牖下，欲于杂艺中求一小补之道，以尽活人之心。于是博观医卜、星相、剋择等书，其术皆可济人，而最关祸福者，莫若阴阳二宅也。乃《葬经》传于郭璞，而《青囊》《玉髓》诸经，古人论之而已详。吾儒朱紫阳、蔡西山、刘青田诸先生，各有著作，无容赘矣。惟相宅一书，吾儒言之者少，而正宗衍义秘奥杨赖，皆胶固而不通，即八宅、乾六、天五之文，究未明言其所以然。至于吉凶化裁之理，更多未备也。

世之业斯术者，或以子午煞而断吉凶，或以望门经而言祸福，是何所补益于斯世耶？夫饮食于斯，寝息于斯，托身命、长子孙、祀先人于斯，岂无大中至正之矩矱[①]，以为裁成辅相之道哉！予以苦心研究有年，于大易"吉

① 矩矱：jǔ yuē，指画直角或方形的曲尺，比喻规矩法度。

凶悔吝生乎动”之言，而遂悟其理。因不拘坐宫，以行门与高屋配合以成卦，上推星曜之名所由，昉吉凶之义所从来，此万殊之原于一本，即大德之敦化也。下晰休咎征应之不爽，妙用转移之多方，此一本之散于万殊，即小德之川流也。阅历十余年，言多奇中。

迨壬戌（乾隆七年，1742）廷试北归之后，游览既广，自信益深，与人造福，莫不响应。迄于辛未（乾隆十六年，1751），始著是书，以教诸侄。癸酉（乾隆十八年，1753），书成。佥曰：“先生发人所未发，此殆天欲昌明其理于天下，以假手于先生乎？”予曰：“非敢当也。庶几无负于初心也。”云尔。

集部

《罗希吕集》五卷，元罗蒙正撰。佚。蒙正有传。

按：蒙正，原籍庐陵，父稽叔游学新会，遂家于文昌之斗洞。今考斗洞在县东北三十里，地属新宁。阮《通志》亦云：今隶新宁。但其集久佚。王《志》尚载五首。今依张《志》备录之。《春日闻莺》云：

旭日明台榭，微风散绮罗。树荫凉翠合，莺啭落红多。

阒寂怀人处，间关奈尔何。岭南天气好，二月已清和。

《寄谢河东道》云：

故人违我久，千里慰相思。樽酒成山瓮，笼鹅到墨池。

青山荒草径，暮雨落花时。赖有春前雁，南来可寄诗。

《寄黄尚书》云：

尚书昔日弦歌地，荒草萋萋满讼庭。上界仙题丹桂籍，南州人诵瑞兰铭。

黄云覆垄秋尝稻，铁键长歌夜不扃。离乱如今那可说，荒郊过雨髑髅腥。

《独秀峰即事呈都阃[①]诸公》云：

独秀峰前鬼燐青，战尘未洗血痕腥。城扉寒掩平川月，烽火明连远戍星。

汀雁失群秋漠漠，树乌无梦夜冥冥。莲花柏树多才俊，早晚山林见太平。

《余观国招抚江西航海至粤》云：

风掖珊珊响佩珂[②]，龙池风暖绿生波。节辞仙仗排阊出，帆趁春潮带雨过。

北极神君尊帝座，南箕星象逼天河。骚人旧是潇湘客，几濯沧浪发浩歌。

《养拙庵遗草》，明伍骥撰。存。骥有传。

---

① 都阃：dōu kǔn，指统兵在外的将帅。

② 佩珂：用黄黑色玉石制成的佩饰。

《瓶斋初集》，明伍士标撰。佚。士标有传。

《松棚近草》，佚。

《藕如船稿》，并前人撰，佚。

《养浩诗集》一卷，明陈复撰。存。复有传。

《李彦芳诗集》，明李彦芳撰。佚。彦芳有传。

《白鹿洞初集》一卷，明李般鼎撰。未刻，存。般鼎，廪生，援例官鸿胪寺序班。

《小隐初集》，前人撰，未刻。存。

《涉趣园诗稿》，明伍如璧撰。佚。

《从谓草》一卷，国朝陈遇夫撰。存。

《鸿泽集》一卷，存。

《即次草》一卷，存。

《涉需堂文诗集》二卷，并前人撰。存。

按：遇夫究心宋学，践履端方，不愧醇儒，诗亦风雅，无腐气，于白沙为近。

《晴洲集》，国朝李运撰。未刻，存。运，字晴洲，岁贡生，赴部廷试。

《鸿泥集》，国朝陈司炳撰。未刻，存。司炳有传。

《萍游草》，前人撰。未刻，存。

《潮州吟草》，国朝甄崇德撰。未刻，存。崇德有传。

《杏园诗草》，国朝余中和撰。未刻，存。中和有传。

《台西阁诗钞》初集十三卷，二集十四卷。国朝谭宜枢撰。未刻，存。宜枢，字斗如，邑诸生。

张《志》云：宜枢苦心吟咏，篇什甚巨，而近体为多。每题累十数首，格虽不高，而才颇富丽，名章佳句，层见叠出，亦此邦之秀也。

《友竹诗草》，国朝陈淇撰。未刻，存。淇，岁贡生，历署鹤山、揭阳训导。

《向日堂诗草》三卷，国朝陈葵苑撰。未刻，存。葵苑有传。

《春园诗集》，国朝李芳英撰。存。芳英，字守纶，邑诸生。

《品石山房诗集》四卷，国朝陈正撰。未刻，存。正有传。

《晚香堂稿》二卷，国朝赵伯温撰。未刻，存。伯温，字菊湖，邑诸生。

《兰舟诗草》一卷，国朝赵沅湘撰。未刻，存。沅湘，字兰舟，增贡生。

《芙蓉园诗草》一卷，国朝李元龄撰。未刻，存。元龄，邑诸生，钦赐副贡。

《新宁县志》卷十五，陈兆琳分纂，黄纬、刘宝森校字。

卷十六　古迹略

城址　署宅　坊表　冢墓　寺观

城址

文村古城，国初，举人陈王道倡建，以御王兴。后王兴据之，兵败，阖室自焚。见《事纪略》。城四门，知县王暠名其东曰东阳，西曰西康，南曰南薰，北曰北拱。张《志》。

国朝陈淇《文村古城行》

文村古城山绕郭，断垒颓垣几未剥。千家烟火连云屯，东犄虎门峙海角。
四门阴阴浮海气，访古坑边及东市。白头父老在松阴，促膝相向说前事。
先朝德盛泰阶平，欃枪[1]不动五星明。圣人坐理南薰曲，野老行吟击壤赓。
吾宗聚族守邱墓，耕凿鱼盐供租赋。春暖人耕笠岭云，潮平鱼掉神州雨。
党闾敦雅尚诗书，人物犹分中古余。太君家有难兄弟，孺子门多长者车。
几年生聚屯乡井，鸡犬桑麻海日永。只谓桃源世累疏，宁知沧海扬尘顷。
乾坤澒洞天柱折，劫火横流地维裂。干戈四起盗贼兴，豺狼啮人狐饮血。
新兴鼠盗哨箐林，幺么小号绣花针。乘间已窃恩州寨，役窟沿侵漭海浔。
吾乡并力严拒守，狼噬无计思北走。东邻不念齿唇依，忍为自祸戕腋肘。
杀气夜压巴陵冈，屠良惨戮到牛羊。倾巢无复遗完卵，绝种还追索捕亡。
可怜十叶连枝子，同作长平一日死。悲云黑结瘴烟凝，热血红添海涛紫。
死亡生窜苦流离，宗脉如线万一时。复壁故人连世谊，变名义客抱孤儿。
凶残惨暴那可说，遂踞此地作巢穴。浚濠筑堡固金汤，列栅连营守险绝。
捉丁驱役神鬼号，敲髓炙脂聚狼爇。堞楼石峙蛮山骨，府壁丹涂赤子膏。
妄凭漭海为天堑，上苍冥冥祸未厌。涎毒流播十数年，茫茫海国堕昏垫。
圣人承运泰阶平，肯教边幅容虮虱。荡寇都尉骁骑来，楼船将军横海出。

---

① 欃枪：即彗星。

天威电扫魑魅[①]骇，妖火自爇[②]咸阳灰。流民少复寻遗址，余孽犹煽伏莽来。

朝廷宵旰念民瘼，诏移内地剿残虐。寝席未温又仳俪，惊魂甫定旋漂泊。

圣祖仁慈扩庙谟，氛祲[③]消尽边氓苏。监门递上流民绘，贾父亲行耕织图。

自从复界际清宴，升平民物照里闬。鸡犬夜眠海月明，儿童春唱庆云烂。

只今村北长山麓，曾是当年士兵劫。时时野竖得遗戈，往往春犁拾断簇。

三濠堑绕古城长，古道连原接石冈。峦烟野蕨迷荒砦，落日鸦啼上女墙。

吁嗟兴谢理非一，我生幸戴尧天日。河山满目凄断魂，祖父沉痛悲伤骨。

君不见，麦子桥连沙口桥，百年恨血未曾消，秋风秋雨骷髅泣，月黑天阴燐火飚。我间掣泪增凄怆，孙子当谋百世飨，愿祝皇威靖海隅，登三咸五[④]无榛莽[⑤]。

署宅

布政分司废行署：在道前街。今为青云路。王《志》。下同。

按察分司废行署：在草荫街。明万历十六年（1588）圮，知县刘轩儒修为东坡书院，诸生会文之所。后知县柯凤瀛增修。国朝知县宁林重修，今为节孝祠。

广州府废行馆：在县署西。明嘉靖十年（1531）拨广海卫左所官军守城，改为守御所衙门。今为小箭道守城把总驻扎。

废医学：在布政分司东。弘治十三年（1500）建。

废阴阳学：在布政分司西。弘治十三年（1500）建。

废旌善亭：在县署旧大门左。

废申明亭：在县署旧大门右。

海晏场大使署：在海晏街。

矬峒场大使废署：在矬峒塘头山下，周围有小城，故址犹存。据张《志·山川略》修。

广海游府署：在寨城内北门凤山下。康熙二十三年（1684）建，同治二年（1863）客贼破城，废。据《采访册》修。下同。

按《府志》云：同治九年（1870）改为赤溪右营都司署，今考都司署实驻前

---

① 魑魅：chī mèi，古谓能害人的山泽之神怪。亦泛指鬼怪。

② 爇：ruò，烧。

③ 氛祲：fēn jìn，妖气，比喻战乱，叛乱。

④ 登三咸五：谓德业咸同于五帝而超出三王之上。《史记·司马相如传》："鸣和鸾，扬乐颂，上咸五，下登三。"

⑤ 榛莽：zhēn mǎng，杂乱丛生的草木。

守备署，《府志》误。

旧主簿署：在广海城内。嘉庆二十二年（1817）巡抚董教增题请，将广海寨司巡检署改为新宁县主簿署。同治七年（1868）主簿裁，九年（1870）移县丞驻此。

按：阮《通志》乾隆元年（1736）改望高司巡检为广海寨司。二年（1737），以原海广卫署改为巡检司署，是广海巡检司，非望高司巡检也。动项添建，嘉庆十六年（1811）圮于风。巡检张家顺重修云。

城冈巡检司废署：在城冈堡。王《志》。

望高司巡检废署：在海晏都望头村。郝《志》。

按：阮《通志·署宅门》载，广海寨巡检司废署在广海寨城，注出《县志》。考《县志》无废字。嘉靖二十二年（1543）改巡检为主簿，即以巡检署为主簿署，非别有废署也。

千总署：在广海城东门，今废。据《采访册》修。下同。

把总署四所：在广海城内，今废。

矬峒场盐巡检旧署：在广海城西门内，久废。今建育婴堂是其故址。

广海旧主簿署：今改为新宁县丞署。

广海旧守备署：在寨城内西南，今改为赤溪协右营都司署。

预备废仓：在第二堡仓前街。王《志》。下同。

常盈废仓：在第七堡，即第四堡旧仓街。

废社仓：在第三堡学前街，后改为徐公祠，名仕升。圮。

废社学：在第四堡草萠街。

蜚英书院：在南门街。雍正十年（1732）改建守备署。

广海书院：自迁建城西北，为潺海义学，旧址废。《采访册》。

文昌阁：在西南隅城上，康熙二十八年（1689）知县张殿珠倡建，后圮。王《志》。下同。

魁星楼：在城东山上，康熙二十八年（1689）知县张殿珠建，后圮。

吞海楼：在广海南门湾，久圮。明伍世标诗：恍忽九河道，龙门碣石蹲。水经郦子注，玉宇禹时存。泽怒疑彭蠡，山高压昆仑。南溟世莫骇，一石我能吞。

熊公祠：在城内第四堡，祀明知县熊文华，后圮。徐兆魁记，见《金石略》。

宁公祠：在草萠街，祀明知县宁林，后废。

敬一亭：在学内，久圮。《采访册》。下同。

废迎恩亭：在城西归化坊。

上弓岭旧茶亭：僧怀止建。初，康熙十五年（1676）怀止建青云寺，设茶亭，自运石甃路，僧没后，亭遂废。据张《志》修。

乡约亭：在寨城内。乾隆五十八年（1793）知县万应馨、游击夏廷勋捐建，朔望宣讲圣谕。今废，改建恩主祠。《采访册》。

城西塔：在城西门河外麦坑村右。明万历四十一年（1613）知县王尚贤倡建。王《志》。

废连珠塔：在城东南连珠山。顺治十六年（1659）建，后圮。道光十八年（1838）知县张深重建，后再圮。《采访册》。

附录

张深《建塔落成诗》

东山如崇墉[①]，横截厓门口。白焦与甫草，包海复西走。
山山回顾祖，散作千邱阜。长溪随山来，绕归元武后。
中藏百室邑，天别开小有。石华森峙左，紫霞宏展右。
平峦象三台，一落廿丈陡。巍巍夫子庙，急脉羌缓受[②]。
阴阳气交会，是乃精英薮。连珠起巽辰，有若龙骧首。
杰塔焕新构，屹立逼南斗。心盘天梯空，根踞地轴厚。
高呼顺远风，响答众山吼。奇光终夜发，五色照户牖。
吾闻龙用壮，尺木天关扣。行看雷雨秋，鲤尾十烧九。
道光岁戊戌，日午月维丑。刑牲赛公输，共饮落成酒。
天功偶缺憾，补斡藉人手。濡毫记始终，作验付耆耇[③]。

坊表

义士坊：在县前街，雍正十年（1732）为宋义士伍隆起建，原拱极闸故址。

尚书坊：在城内平政街，为宋尚书李乔木建。

名贤继起坊：在县前街，为伍骥立。

三代一品坊：在南门正街，为陈照建。

父子解元坊：在南门正街，为庚午（康熙二十九年，1690）科解元陈遇夫、

---

① 崇墉，chóng yōng，指高墙、高城。

② 急脉缓受：对危急脉象的病症，也应平和调治，不能攻下太峻。比喻用和缓的方法应付急事。

③ 耆耇：qí gǒu，指六十岁以上的人。

甲午（康熙五十三年，1714）科解元陈瀚建。原歌熏闸故址。

升平人瑞坊：在城内，为伍道沛百岁建。

义民坊：在文章都石崇巷，正统八年（1443）大饥，义民伍良出粟赈之，为建坊。

好义可风坊：在城内第一堡，雍正十三年（1735）为生员李邦彦建。

进士坊：在学宫前，为己酉（乾隆五十四年，1789）科进士甄松年建。

百岁坊：李德勤一百岁，在矬峒都八图；李遂乐妻伍氏一百九岁，在文章都四图；黄德炎妻梁氏一百四岁，在德行都四十二图；伍允瑞一百一岁，在文章都华忠村；陈德曦一百四岁，在海晏文村；雷德珀一百二岁，在张边村；雷德蕃一百四岁，在本城；李适本一百二岁，在德行都东坑村；李兆成妻蔡氏一百四岁，在文章都水楼村；李方俊一百三岁，在文章都水楼村；陈德贵一百六岁，在海晏都择美村；伍允灿一百二岁，在文章都嘴头村；蔡华恤一百一岁，在文章都沙涌水村；余英举同妻黄氏齐眉一百一岁，在平康都茭荻嘴；武生赵名明妻李氏，七叶衍祥，在海晏街；赵凝行一百岁，在浮石村；赵衍焜一百岁，在浮石村；赵允炤一百岁，在龙溪村；李良治一百岁，在邑城西门外通济桥头左；龚广参一百岁，在白沙新墟；陈贤宝一百三岁，在中礼村；马琼润一百三岁，在德行都五十墟；余宏士一百岁，在本城。

节妇坊：伍道周妻李氏、伍世厚妾罗氏、李元珪妻张氏、伍德见妻赵氏、卬馥妻陈氏，以上在城内。伍圣妻李氏、李冠铎妻黄氏、雷德亢妻张氏、雷允鳌妻伍氏、生员雷尚春妻黄氏、伍上英妻林氏、伍家准妻雷氏，以上文章都。李兆麟妻甄氏、梅元述妻伍氏、赵季贤妻谭氏，以上矬峒都。马成武妻胡氏，以上德行都。冯祚飏妻李氏，伍鸣岐妻赵氏，以上海晏都。黄世荣妻谭氏，在德行都那西营左，谭捷暹妻黄氏，在西门墟口。

冢墓

宋义士伍隆起墓：在县东文迳山，亦名香头坟。宋帝昺时，隆起起义，为其下所杀，持首投元。陆秀夫收遗骸，以香刻首葬于此。《大清一统志》。

陆秀夫墓：在都斛二城村。《采访册》。

按：黄醇《厓山志》云：在新会二城村，盖未分县时，地属新会。又邑西南马山亦有丞相墓。又黄泰泉《通志》云：陆丞相墓在潮州城南海中，未知孰为真墓，孰为衣冠冢。二城于厓山为近，疑本在此。

元主事张广俊墓：在三娘迳。金《通志》。

元赵三娘墓：在三娘迳。旧《志》有传。

明知县张英墓：在勒马滘山。王《志》。

明彭烈女墓：在广海城西门外马鞍石旁。《采访册》。

寺观

西严寺，在城西郊。明崇祯己卯（十二年，1639），知县余应郊集绅士建。国朝康熙二十年（1681），僧传临募建大悲阁。

灵湖寺，在广海东郊，离城三里，有菩提树。

东郊寺，在城东纱帽山麓，前为先农坛。

普陀岩，在县西迎恩桥外。

三台庵，在县东北先农坛右、山川坛左。雍正十二年（1734）知县王暠建，募僧以奉两坛香灯。新会贡生陈其昌、生员陈隆业有祖坟在德行都二图网冈，该税六亩五分三厘，以异县，虑人侵占，捐田九亩八分，供先农、山川二坛香灯，勒碑世守。其田土名三仙坑，共二十四亩。南门、荫果园二坵，鳖囦、大园岩、窑口诸坑共五亩。

永宁庵，在城南门，明永乐间建。

青云寺，在上弓岭，康熙十五年（1676）僧怀止建。后废，知县王暠修，又废。乾隆十年（1745），海幢僧元修、其徒敏志修复。知县魏绾有记。

准提庵，在城第二堡，岁贡生陈宜生建，置田七亩一分。

白象寺，在德行都独冈里，原香火田地塘三十亩。

金溪寺，在文章都。相传钟鼎炼丹于此，久废。

观音堂，在文章都黄沙村，祭田一十七亩五分，林温寿置。

端山寺，在端芬山，有香火田六十亩。

二贤祠，在文章都。

宝国寺，在平康都。

灵华寺，在德行都冲蒌墟。

三圣堂，在海晏文村。

齐庆寺，在矬峒都斛街。

三圣观，在海晏都横冈村外牛山头。

鳌足寺，在矬峒朗美六村峒峰下。

灵峰古庙，在矬峒甘蔗山下。

观音堂，在广海北门街。

六祖庙，在海晏横岗村。

圣母宫古庙，在矬峒隔冲村左。

万福寺，在斗洞黄沙坑，元末林义贤、温炳贤二公建为生祠，额曰“二贤堂”。顺治初，改为万福寺，仍以林、温二公附于此。

西莲庵，在广海城内水松塘得胜庙左。

云庆寺，在莘村，土人捐有香火田。

鹫峰寺，在德行都冈美墟。

三仙寺，在矬峒都上阁堡。

云瑞寺，在广海城内都司署右。相传白眉和尚建，乾隆三十三年（1768）守备邹选贵施田重修。

观音庵，在广海城内西北。

长寿庵，在广海城内都司署左。

清普庵，在广海城内府前街。

水月庵，在城内北门。

转祥庵，在城内山顶街，光绪八年（1882）因建书院废。

永寿庵，在城内北门。

净禅庵，在准提庵左，光绪九年（1883）由转祥庵迁建。

西竺禅院，在城西昭忠祠右。

《新宁县志》卷十六，甄典元分纂，陈颐、赵佩文校字。

卷十七　金石略

宋

《西岩行》篆额，诗正书。

西岩之旁有奇石，如壁如碑色苍碧。
雨淋日炙松棘间，埋没人谁识开辟？
吾母择地峒名苏，真龙正穴葬翁姑。
旃蒙[①]作噩迄今岁，五十二稔过须臾。
走居仙城海洋隔，春秋祭祀肌庄容。
十年一到能几回，孝失时思良自责。
丙子中夏暑半徂，虏酋入广人皆逋。
乃携奴累归故土，坟前松草两荒芜。
芟草扫松会亲戚，骈集檀栾[②]庵矮窄。
头莫能抬厀莫容，水不关兮山不春。
移庵东向看晨鸟，筑岩西赏夕阳晡。
因扁余辉延暮景，茂栽桑梓阴亭隅。
铁壁横量三十尺，镜面光平堪爱惜。
前凿歌行[③]后凿诗，永代流传成古迹。
彼岩运泰天也乎？胡然冯亩转于巫。
既获厥田酬所愿，经营轩豁佐规模。
老来静好幽居僻，父子徜徉高兴适。
孟聚仲袭暨季长，朝往暮回齐董役。
丁宁告诫守此区，遵奉祖宗香一炉。
苟背予言羞见石，山神遣怒更揶揄[④]。

---

① 旃蒙：zhān méng，十干中乙的别称，古代用以纪年。
② 檀栾：tán luán，美好的样子，多用以形容竹子。
③ 歌行：古体诗的一种。
④ 揶揄：yé yú，戏弄，侮辱。

圣宋景炎初改历，腊月鸠工劖字画。

岫云心得岩叟翁，托石记名垂罔极。

按：石刻是丙子（景炎元年，1276）中夏。张《志》作“仲夏”。“圣宋”另抬，不接前行。岫云心得，张《志》误作“书得”。今改正。

《西岩诗》篆额，诗行书。

安坟五十二年来，岩得庵成始辟开。

苏洞留传经代久，巫家受产广规恢。

左冈平石镌棋局，右涧清泉筑钓台。

亭立余辉延暮景，胜将桑梓夹栽培。

右磨崖刻在海晏都沙阑白饭迳口，离巫村二里许。巫事迹，各志不载。邑贡生陈淇《巫公传》云：名心德，号岫云，官知府。而邑增贡李章达《西岩古迹序》则云：讳逢秀，字心得，号三祝。海晏通亨村人，宋兵马大夫。李自云：亲至其地，访其裔孙，得《家谱》，蠹食[1]过半，其名号、职官尚可识，宜较陈为得其实。且陈云官知府，知府非宋官，固不待辨而知其误矣。然李云兵马大夫，考宋制有兵马钤，辖兵马都监，并无兵马大夫之名，盖亦沿《家谱》传闻之谬。诗云：“丙子中夏暑半徂，虏酋入广人皆逋。”丙子为帝㬎德祐二年（1276）二月，伯颜入临安，太后遣使降元。《宋史·二王纪》：五月，广东经略使徐直谅遣梁雄飞请降于隆兴帅府，乃假雄飞招讨使，使徇广州。六月丙子，雄飞入广州，即此事也。诗又云：“圣宋景炎初改历，腊月鸠工劖字画。”

考是年五月，端宗即位于福州，改元景炎。十二月次惠州，即此诗所谓“腊月”，距厓山宋亡尚有四年。而陈传以诗内书景炎为不忘宋，非实事也。诗又云：“岫云心得岩叟翁，托石记名垂罔极。”则巫公当是字心得，不是心德。其事迹虽不详，然赖此石刻，灼知为此地人，固无可疑矣。

凡碑刻有额者，以额为目，无额者，以题为目。皆无者，别为之目。用陶宗仪《古刻丛抄》例也。谨发其凡于此。

巫公岩路南石刻 正书。

洞天。岫云书。

右刻在巫公岩口，“洞天”二字大写，“岫云书”三字小写，注于左旁，因石势也。无年月。按：岫云为巫公号，则此巫公所书也。张《志》作“岫云书”三字，大写，且冠于“洞天”二字上，误矣。

---

① 蠹食：侵蚀。

巫公岩路北石刻。正书。

回顾，渐入，眠云，自酌，棋局。

右五刻，皆在巫公岩口，无年月、书人名字，盖亦巫逢秀书镌。故皆编于此。

元

《灵湖山水之记》篆额，记正书，跋行书。

灵湖在广之新会县南百有五十里，地名乌峒。峒之西与北，皆青山万叠，山之趾则逶迤蔓衍，散为平陆，十余里而至于海，东西亦然。溪涧畴亩错杂，人烟团簇，其地曰横塘、曰古龙、曰奇石、曰东畔、曰山头、曰官塘、曰后朗、曰官田、曰西溪、曰杨渡、曰西村、曰北陇、曰双门。凡此者，皆洞之别名也。

古龙、奇石之东南有山隆然，若奋二臂，雄枕于海，前横沙碛可三里。湖之周遭视三里为倍，西山有石，石有仙迹，北有龙祠，乡民水旱必祷焉，故世代相传曰“圣塘”，不知其几千百年矣。其山无青林巨木，乃浅丛怪石，杂以山花埜果，珍禽异兽时或有之。前则洪涛巨波，声势豪壮，声之远近，可卜阴晴也。湖旁之石，呈奇献巧，如列俎豆焉。其水清而甘，深而不可测。中有小岛，岛有石，巍然特峙，孤树亭立，若盆斛之所植者。天色晦冥，烟雾四起，若有威神，人所恐也。古来山径芜秽[1]，游观者少，惟樵童牧竖得以娱嬉。

予之师永公，乾道之初，始辟路于龙祠之侧，植以松筠果实，筑庵而居之。由是登览者，迨今往口不绝。

余生于奇石，自少出家，缾钵[2]江湖四十年，开禧丁卯（三年，1207）春，初还里闬[3]，而亲旧皆无也。惟湖之景物独存，感慨于怀，又爱不已，他日当修予师之室以老焉。因笔而书之，并易今名。嘉定改元，岁次戊辰（1208）重午日，住报恩光寺禅寺紫□□□，至元廿五（1288）祀戊子岁夏五既望，四世俗孙□□重立石，将仕佐郎、广州路儒学司教授陈□□，中奉大夫、海北海南道宣慰使凌震篆□。景物之寓山川，其显以人，其传以文，微其人则兰亭固堕于空山，微其文则愚溪池岛，不见称于后矣。且广之邑有古冈，邑之乡有乌峒，盖穆辙谢屐所不及者，灵湖最胜处造物久矣。秘其藏，一旦永师庵之巩师记之，而后奇观伟趣，始抉露而无遁形，发辉而无余蕴。虽然永厌丛林志泉石，胸中自有一山川。巩携瓶钵走江湖，足迹不知几山川。以胸中之山川，发为目睫之山川；以足迹之山川，

① 芜秽：意思是荒芜。引申为丛生的杂草。

② 缾钵：僧人出行所带的食具。

③ 里闬：hàn，指里门、乡里乡亲。

写为笔舌之山川。非二师遇灵湖，灵湖遇二师耳。巩之俗曾孙彭，欲刻记于永庵，以寿斯文。而俾余著语，余虽不及足永庵之遗趾，犹得目巩之遗囗，则灵湖固在吾几案，囗囗于是乎书。广州路濂囗囗院山长罗天與跋。

右刻在广海灵湖寺，久湮土中。黄文学寿榆搰[1]地出之，其石已断，而文尚完好可读。碑分三列，上篆额中刻：应巩记及陈囗囗凌震衔名；下刻：罗天與跋。天與结衔[2]称濂囗囗院山长，濂下缺文，当为“泉书”二字。

濂泉书院在广州。元制：江南诸路先儒过化之地，名贤经行之所，与好事之家出钱粟赡学者曰“书院”，设山长一员，详《元史·选举志》。凌震，广州都统，见《宋史·二王纪》，尝与转运判官王道夫取广州。后王道夫死节，而凌震无闻。观此碑，则震迨降元，且为其官矣。《万姓统谱》止云：其后散居岭南，盖未详也。

明

《伍氏诫子书》草书。

吾始世祖宋翰林典章，自汴徙岭南之凌江，历再世，又徙新会之文章里。至三世，始买田得粟四百石。生二子，季吾高祖也。治生有道，增业万石。先产悉让长房。仕元，官至正议大夫，高州路总管，为伍氏不迁祖。生三子，以梅、竹、松为号。梅，曾大父也，仕为浈阳簿，改翁源尉，生大父仕，为冈头、鳖冲二寨巡检，升阳江簿。生先伯、先考。考由元帅府奏议受广州路总管，遥授元帅，生兄骐及不肖骥。骥子淳、良、恪、节、诚、让、京，居汴远祖，谱牒不具，自典章至吾子凡九叶，前四世皆宦达显耀，克彰先德，独吾兄弟有愧焉。

慨念吾父丧时，兄方二岁。吾甫生三月，时值元季扰攘，豺狼满道，有势力者尚不能支，况于黄口孤弱者乎。赖吾母杜门守节，躬勤劳、甘淡薄，抚育尽瘁，得以成人。奈何群讼并起，吾兄遭排，谪戍辽阳，去家万里，手足分离，死生诀别。不数年间，母亦弃世，无母无兄，载孤载苦。择交者[3]谓“吾无教之子”，相吞者谓“吾无援之人”，只得垂头隐忍，竭力支撑。所幸世道升平，善人终吉，箕裘[4]之业不亏。又幸祖德深厚，庆泽延长，兰桂之芳愈茂。

然吾奉守祖宗基业，虽颇赢余，而服用不过布素，不求华美。所务者修坟墓，

① 搰：hú，挖，掘出的意思。

② 结衔：古代官吏签署官衔。

③择交者：意思是有选择性地结交朋友。

④ 箕裘：指父亲的技艺或事业。

奉蒸尝以报本。法祖宗、循礼义以修身；积寸土、勤三时以裕家；礼贤士、买诗书以教子，此一生行己之大略也。今思近年以来屡遭非横，诸子不暇教诲，兹又寄身五千里外，焉知人生寿命如何？略叙家世之源流，备述吾生之艰苦，欲尽抒心腑素怀，以示子孙世诫。而旅馆寒灯，临书百塞，但愿淳等绳祖武、体父心、睦亲姻、丰祭养、笃同气、戒妇言、勤读书、慎交友、守基业、立功名。准此十事，余可类推。思前人创造之艰难，期今日继述之无忝。斯为孝子，斯为顺孙。父骥书付诸子淳、良、恪、节、诚、让、京，永乐癸巳（十一年，1413）秋九月朔旦书于白下旅馆。石斋书。

右刻在文章都伍氏祠。末云："永乐癸巳（十一年，1413）秋九月朔旦书于白下旅馆"，下有"石斋书"三字。

考：白沙生于宣德三年（1428）戊申，上距永乐十一年（1413）癸巳，凡十五年。伍骥《家谱》：骥年五十九，卒于洪熙二年（1425），下距白沙生亦三年。骥兄谪戍辽阳，尝亲往问视，途次入京，遗诗有《白下秋感篇》。癸巳或即此时，距其卒时仅十三年。骥年已四十六岁。或于白下旅馆书付其子，其后白沙为之重书耳。白沙重书，无年月，故仍从原书年月编于此。

南门湾石刻 正书。

海永无波。钦差总督备倭都督张通书，巡视海道副使徐海刻。

右刻在广海寨南门湾大石壁上。"海永无波"四字，每字高八尺余、广八尺。张通、徐海题衔平列，无年月。按黄《通志·事纪》：景泰三年（1452），海贼寇掠海丰、新会，参政谢祐、副使项忠遣指挥张通等往剿。天顺二年（1458），巡按广东监察御史吕益奏，总督备倭都指挥张通等不严督各卫所守哨，致贼流劫宁川千户所。三月，上命张通杀贼赎罪，三年（1459）备倭都指挥同知张通讨海贼，获之。寻"海永无波"四字之意，正为获海贼记功而作，则书时当在天顺三年（1459）之后。

徐海，浙江余姚人，成化三年（1467）任副使。见阮《通志·职官表》，则刻又在成化三年（1467）也。

《故昭勇将军广东都指挥佥事陈公墓碑》 行书。

成化丁亥（三年，1467）十一月十四日，昭勇将军、广东都指挥佥事陈公卒，卜以是年十二月二十又八日，葬于新会县龙口山之原。今都指挥佥事陈公皞，厥孤也。属者授节钺，来镇吾廉，控御经画之余，乃奉状予告曰："先子之殁且葬一十六，祀于兹矣。皞也竟以蛮冠陆梁[1]，齐民驿骚，羽檄戒严，拮据鞅掌于事者无宁日，而墓上之碑尚虚贞珉。先德几乎其不闻于世矣。皞之罪恶乎？逌子幸为我执笔，将归而寿诸石，庶先德之不泯也。慎毋靳顾。予蹇钝不文，第辱公之爱有日，不容以不文辞。

按状：公，讳智，字文聪，先，蓟人也。大父乙、父安，俱以世禄之胄，积善右文，为时闻人。公甫始龆龀，以俊秀补郡庠弟子员，劬经勚史[2]，以觊文儒科目之需。会伯兄明威将军、广海卫指挥佥事斌，不嗣，正统庚申（五年，1440），公以荫补。其至官也，公而明，威而恩，勇而略，无何士卒率多归心同列。凡自以为不及，识者谓其文有以济之也。未几，泷水瑶僮寇叛，公受讨捕之命，时贼锋负险甚锐，人率难之。公殊自若，徐召其将卒，谓之曰："我与若皆食人之食，我闻食人之食者，死人之事，若辈知所以自奋乎？"因誓以效死。及攻刺方略，将卒皆唯诺受命。明日，鼓噪而进，士卒皆以死自奋，贼众辟易大溃，斩获首级以千计，俘虏倍之。寇盗用宁，深为总督之所倚重，慰赉加厚。

景泰辛未（二年，1451），进怀远将军指挥同知。已而广右蛮寇蜂起，民不胜其屠戮，公咸讨平之，其斩获首级视前益倍。乙酉（成化元年，1465），进昭勇将军、指挥使，用是声称翕然[3]，议者以阳江为二广寇盗之冲，非人不可膺舆论，檄公守之。公至，守固壁垒，严号令，与士卒同甘苦。遇寇犯境，必挺身为士卒倡，以故擒斩无算，蛮寇因之敛迹。阳江之民赖以安堵。时都宪韩公上其事，丁亥（成化三年，1467），进广东都指挥佥事。

公颀身而美髯，平居言动恂恂，至遇事机警明决，人不能回；临敌必奋身自效，故士卒乐于用命。所至辄奏肤功，遇暇尤留心轩岐[4]之术，聚方书，致药品，遇疾辄济，其所全活尤多。乌乎！汗马间关之余，乃能用心于此，其仁矣乎！其仁矣乎！是皆可书也。公生于永乐丁亥（五年，1407）八月初六日巳时，距卒之年，得寿六十有一。配王氏，生丈夫子一人，即皞也。娶孙氏，前昭勇将军、都指挥佥事孙公旺之女。女一，曰妙祥，适前怀远将军、指挥同知朱勇。孙男一，曰直言。孙女二，曰慕贞、曰慕洁。

嗟夫！大丈夫之于世，不文则武。公少也学文，继以武进，由万夫长而拜连帅之命，脱以文举，非藩则宪矣。于此见才而德者之施，无乎不可也。其亦可谓

① 陆梁：秦时称五岭以南之地为陆梁。此处指嚣张，猖獗。

② 劬勚：劳苦，勤劳。

③ 翕然：和顺的样子。

④ 轩岐：黄帝轩辕氏与其臣岐伯的并称，他们被视作中国医药的始祖。指医术。

贤也已，其亦可谓贤也已。乃为之铭。铭曰：

有美人兮，古燕之彦。仗钺南来，岭海之偏。

蛇豕流毒，汗马频年。执讯获丑[①]，奏功连连。

崇阶峻秩[②]，报功自天。于赫申命，作镇南恩。

蛮酋授首，我民孔奠。丈夫在世，惟文与武。

用惟其时，时宁我负。公少而文，文已有斐。

继官辕门，边勋赫奕。文耶武耶，我公全之。

将星南坠，士民凄其。于焉盖棺，大事以定。

龙山之阳，郁郁佳城。用昭潜德，勒此新铭。

成化壬寅（十八年，1482）冬十二月望，奉政大夫、廉州府同知豫章谢金撰。

右刻在广海城西龙口石山。按：壬寅为成化十八年（1482），碑文犹称新会县龙口山，则《甘泉集》《渭厓集》及《陶三广功次册》称，成化十二年（1476）平新宁白水贼，立新宁县，其说误矣。得碑可以正之。此金石文字之所以可贵也。

谢金，江西奉新人，举人，见阮《通志·职官表》。

《太淑人王氏墓志铭》行书。

敕封太淑人王氏口，顺天宛平人，广东都指挥使司都指挥佥事陈公智妻，今参将皞母也。生永乐己丑（七年，1409），卒弘治戊申（元年，1488），寿八十。太淑人性柔顺，在闺阃中无高声口，夫妻敬相待如宾，抚群小有恩。年益迈，勤慎如少时。佥事公自顺天之蓟口官广东之口海，盖三十余年，躬征伐，无虚岁。太淑人家政肃口口，不以劳间于公，故公克勤王家，由指挥佥事历都指挥。公既卒，常语皞曰："童子备官以世禄之余口怠不辱耶，乃一造其军门，视行营，询人情，口可谓无忝而父矣。"故其子亦以世秩超口参将，功伐闻于众人。爵禄益崇，有荣于其先。于乎！妇人无外事，如玉在山，不见其贤而光景自然。戒之，敬之。老而实完，吾职不堕，丈夫实难，孰谓淑人其德之刊？弘治六年（1493）岁次癸丑春正月既望，翰林院检讨、白沙陈献章公甫撰并书。

右刻在广海城西龙口山。此志铭，《白沙集》不载，当据此补之。

《永恃堂记》正额记。行书。

翰林院国史检讨陈献章撰书。古冈有处士曰伍氏，常晦迹[③]于我洪武间，乃薄观阴阳卜筮小数之术，口口卑，非其素所蓄积也。依隐纳污，处己之道无润，事

---

① 获丑：俘获敌众。

② 峻秩：尊贵的官阶。

③ 晦迹：隐居匿迹。

当可怒，虽仆隶亦不出恶语。古所谓乡先生者欤，曰隆起者，于处士为高祖叔翁，有功于宋末世，今配享囗忠庙，根远枝承，体光而委耀矣。其家累千金，积膏腴田伍千余亩，服御之囗择不取观，饮食之用适不取费，乡闾无不景仰。

尝造其从弟，从弟于牢执豕以为兄馔。处士曰："食于十浆，而五浆先馈，古人之所耻。墨子尚俭，孔子亦尚俭。俗有可违不可依，礼则无可违无不可依。"晚岁语诸子孙："平康、泷水二都田二顷，可得租百六十余石。平康以为汝父祖墓需，泷水以为汝父祖时享。"慈哉其旨，变哉其例，庶几哉其家训。今夫礼学之废久矣。若处士者，岂徒其家祠乃不迁而已哉？

元配邑东都会秫坡黎先生之妹，有兄风，有功于伍氏，得妇道甚。继配刘也，自处士殁，六十有余季矣。孙曰敷、曰敬、曰政、曰瑀、曰绚，曾孙曰松，始创祠以承祀事。又十八年，曰政、曰绚、曰彻者，始议塞其田租泛费，而所入益增，遂克完美焉。谒予记者，门人绚也。其铭曰：其无废先生，遗则永征；公享中居，二配皆升。贤执匕鬯[1]，权匪嫡经。我田囗囗，美兹庙庭。他庸元事，丰我羞牲，有流先泽，观此南溟。

弘治十二年（1499）己未夏，五月望日。

右刻在文章都伍氏祠。按王《志·艺文类》载此，记之。

"术"下是"以自"二字，"配享"下是"大"字，"御之"下是"用"字，"我田"下是"之人"二字。

广海城钟款 正书。

大明弘治十三年（1500）岁庚申八月吉日立。广海卫谯楼钟一只，重一千斤。

右钟在广海城东南堞上。

《新宁县儒学新建记》 正书。

皇帝十有一年，光天之下，至于海隅。惟南海之隅，新会幽旷，镇巡藩臬去远，虑其泽薮荒昧犹有外化者，协谋欲增置县之治、学之教。具奏，下会议，宜如请。拟吏部选授官职，礼部札补生员，工部札建衙门以闻，从之。赐县名曰"新宁"。诸当路奉诏，檄分巡佥事徐公纮、同知高公绶往相之，得滨海要害之地曰"上坑莮"，卜斯可县、斯可学。（囗囗囗）[位置既][2]定，吏民和会，丕作县治衙门，不日成之。己未（弘治十二年，1499）八月，告厥成功，于学则泄泄然（而）虚张。（囗囗囗囗）[明年庚申]（弘治十三年，1500）六月，训导何濬谓：

① 匕鬯：指宗庙祭祀。

② （囗囗囗）[位置既]，前者为原文所用缺字符号，后者为整理者据嘉靖《新宁县志》卷四《创造志》补。以下与此相同。

“为政以人才为先，才成于学，可后乎？”申诸当路，惟巡按监察御史（囗囗囗囗）[费公凯有]动于心，委广州府通判谭公秀董其役。至视，吏民赴工，有急有缓，有张有弛，嗟叹（囗囗囗囗囗囗）[久之，乃用命主]簿力叔明日考成，工即会材计粮竭，知经营高深。城池先缭，布陈庙学，皆作崇祀圣贤，大成有礼殿，分祀群贤，左右有修庑堂、建明伦，师生升而讲授。（囗）[斋]列（囗囗囗囗囗囗）[东西，廪增退而]习诵，礼殿之先，蔽以仪门，仪门之外，卫以棂星门，宫墙巍然数仞，肖像俨然（囗囗囗囗囗囗囗）[如生，规制森然，罔]不如制。此谭公可谓无负于当路建学之盛心，有光于圣上崇儒之明诏矣。

于戏！天生民而命仁、义、礼、智、信之性，民率性而为，君臣、父子、夫妇、兄（囗囗囗囗囗）[弟、朋友之道，]圣人忧民之不性其性，道[其道]，故唐虞三代圣帝命契以敷教，设学以明伦（囗囗囗囗囗）[孔子不得其]位以行道，乃删述六经以明道，以垂宪万世。（囗）[洪]惟我祖宗以孔子之道治天下，列圣善继善述，匹休于隆古。皇上增学海（囗）[隅]，以渐文教。诸生简育于此，敢不仰体圣心之所存乎？必深探经传，博览子史，洗濯澡雪[①]，明善诚身，以复其性，由其道。闯宫墙（囗囗囗囗囗）[宗庙之美，仰]天阶日（囗）[月]之高，毋曰至道难闻，从事枝叶，志（囗）[在]造于高深，以成真才。往者俄顷，立（囗囗囗囗囗）[教一举，三人]继今，果能以文会友，烝烝勿懈，殆彬彬辈出为用矣。教成于学，敷于闾阎[②]，遍于郊（囗囗囗囗囗）[野，人人率得]改行，虽泽及苍生，鼓舞教化，潮鳄不延以射影，阳虎不游以磨牙，教之洽而化之同。《书》称“声教讫于四海”，岂专美于唐虞？建学立教之功，于斯为盛用！书为记。

赐进士及第、荣禄大夫、柱国、太子太保、礼部尚书、前南京翰林院侍读学士、太常囗囗、掌国子监祭酒事、同修国史经筵官致事金溪徐琼记。

弘治壬戌岁（十五年，1502）仲冬望，提调官、广州府经历刘珠，主簿力叔明，训导何濬立石。

右刻在学宫碑亭。按：王《志·编年》称，知府林泮亲诣经理，为之分里定赋。此碑则言徐纮、高绶往相之，得滨海要害之地曰“上坑葫”，卜斯可县、斯可学。而未尝一及林泮。

考：焦竑《献征录》，林泮以弘治戊午（十一年，1498）升广西参政。《陶氏世烈录》，是年十月，遣广州府王钦谕祭三广，而题准置县在是年七月。据此，则非林泮所及经理，可知己未（弘治十二年，1499）尝卜定县治，断无能分里定赋，

① 澡雪：洗涤使之清洁。洗涤，引申为高洁。

② 闾阎：里巷内外的门，后多借指里巷。

王《志》似有误，当以此碑正之。

徐琼结衔称赐进士及第、荣禄大夫、柱国、太子太保、礼部尚书。

考：《明史·职官志》，柱国从一品，文勋十之一也，文勋十皆再考乃授。然则琼官太子太保，已历再考矣。明碑结衔少书勋者，得此碑犹见当时结衔先出身，次阶，次勋，次官职，其例如此。

石化山题刻 正书。

石化山，正德庚辰（十五年，1520）□□□王大用□。

右磨崖刻，在县城东北五里石化山大石旁。按：旧《志·编年》称，正德十五年（1520）庚戌，王大用临县征羊公迳盗。考正德元年（1506）丙寅，十五年不得有庚戌，此刻庚辰二字尚明了，以元年丙寅推之，庚辰为十五年，则旧《志》实误也。王大用，字时行，兴化人，正德三年（1508）进士，十二年（1517）任按察司佥事，官至副都御史。见《四库全书提要》及阮《通志·职官表》。

御制 篆额，序正书。

《敬一箴》：夫敬者，存其心而不忽之谓也。元后敬则不失天下，诸侯敬则不失其国，卿大夫敬则不失其家，士庶人敬则不失其身。禹曰："后克艰厥后，臣克艰厥臣。"《五子之歌》有云："予临兆民，如朽索之驭六马。"为人上者奈何不敬？其推广敬之一言，可谓明矣。一者，统乎理而无杂之谓也。伊尹曰："德惟一，动罔不吉；德二三，动罔不凶。"其推广一之一言，可谓明矣。盖位为元后，受天付托，承天明命，作万方之君，一言一动，一政一令，实理乱安危之所系。若此心忽而不敬，则此德岂能纯而不杂哉？故必兢怀畏慎于郊禋之时，俨神明之鉴享；发政临民，端庄戒谨，惟恐拂于人情。至于独处之时，思我之咎何如，改之不吝；思我之德何如，勉而不懈。凡诸事至物来，究夫至理，惟敬是持，惟一是协，所以尽为天之子之职。庶不忝厥祖厥亲，由是九族亲之，黎民怀之，仁泽覃及于四海矣。

朕以冲人缵承丕绪[①]，自谅德惟寡昧，勉而行之，欲尽持敬之功，以驯致乎一德。其先务又在虚心寡欲，驱除邪逸，信任耆德，为之臣辅。敷求善人布列庶位，斯可行纯王之道，以坐致太平雍熙之至治也。朕因读书而有得焉，乃述此以自勖云：人有此心，万理咸具。体而行之，惟德是据。敬焉一焉，所当先务。匪一弗纯，匪敬弗聚。元后奉天，长此万夫。发政施仁，期保鸿图。敬怠纯驳，应验顿殊。征诸天人，如鼓答桴。朕荷天眷，为民之主。德或不类，以为大惧。惟敬惟

① 缵承丕绪：继承国家大业。

一，执之甚固。畏天勤民，不遑宁处。曰敬维何，怠荒必除。郊则恭诚，庙严孝趋。肃于明廷，慎于间居。省躬察咎，儆戒无虞。曰一维何，纯乎天理。弗参以三，弗贰以二。行顾其言，终如其始。静虚无欲，日新不已。圣贤法言，备见诸经。我其究之，择善必精。左右辅弼，贵于忠贞。我其任之，鉴别必明。斯之谓一，斯之谓敬。君德既修，万邦则正。天亲民怀，永延厥庆。光前垂后，绵衍蕃盛。咨尔诸侯，卿与大夫。以至士庶，一遵斯谟。主敬协一，罔敢或渝。以保禄位，以完其躯。古有盘铭，目接心惊。汤敬日跻，一德受命。朕为斯箴，拳拳希圣。庶几汤孙，底于嘉靖。

嘉靖五年（1526）六月二十一日。

宸翰① 篆额，箴正书。

《程子听箴》：人有秉彝，本乎天性。知诱物化，遂亡其正。卓彼先觉，知止有定。闲邪存诚，非礼勿听。此程氏言听之要。说道视听，乃为出言之机。一或有差，患必至矣。前言视之之道，此言听之之道。夫人之于视或能察之，然又恐听之未善也。目视之既善，耳听者须尽其善可也。耳目之间，视听之际，均为要焉。若听之不审，则无以知其是非，故听言之际，当分别其正邪，勿使甘佞之言从人其心。心既受之，必为诱惑。《书》云："听德惟聪"，即此意也。

盖人生之于天，具耳目口鼻之体，口之与鼻无所禁者，惟耳目为重，故以视听为戒。朕论之曰："口与鼻之无所禁，乃彼知之自然也。耳目之于视听，乃彼之不能先觉者也。如口之嗜味，知其甘辛酸苦，尝之自能别也；鼻之嗅物，知其好恶，嗅之自能择也。目之于色，则爱其艳丽；耳之于声，则爱其音律。殊不知艳丽、音律皆人为之也，所以反受其害，口鼻之觉故贤之于耳目也。故《程氏箴》云：'卓彼先觉，知止有定'。谓既能卓然先觉，则自有定向。而人君之听，尤当审辨之也。《书》云：'无稽之言勿听'，又云：'庶顽谗说震惊'，朕师此，皆听德之要也。人君于听纳之间，当辨其忠谗而已。忠言逆耳近于违我，谗言可信近于逊我。不能审择，其患岂浅浅哉？但使吾心泰定，不为谄佞之徒以惑，则所纳者未必不可，所屏者未必不当，惟吾心审断之而已。呜呼，审之。"

宸翰 篆额，箴正书。

《程子动箴》：哲人知几，诚之于思。志士励行，守之于为。顺理则裕，从欲惟危。造次克念，战兢自持。习与性成，圣贤同归。哲人是明哲之人，志士是有德之士，诚是念之实，守是行之笃。理即天理，欲即人欲。程子说："凡念所动

① 宸翰：帝王的墨迹。

作，便不可轻举妄动，当审事机可否之如何”。天理，人欲之所在，思其事之巨细，为其所当为，然后动与道合，无有坠失狂躁之病。战兢惕励如此者，惟哲人乃能之，君子可不谨之哉？朕因而论曰：“凡人所动为，当求合乎道理，察其当为与所不当为，精别而行之，可也。而人君之所动，为尤重焉。盖君者以一身而宰万事，不可适己之欲。与夫听言谗佞，轻举妄动，或恃中国之强而好征伐，或盘游无度而残虐百姓。凡此类者，不可枚举。姑说其大者言之，一举动之间，上违天意，下拂民心，而败亡之祸随之，是非可不畏惧也哉？程氏之作箴，其用心也至矣。呜呼，畏之。斯四箴者，作之在于程颐，以斯四箴而致其君者，乃吾辅臣张璁也。颐之作箴，其见道之如此，而动与礼合宜，朕未之言，君子必知矣。夫今璁以此言而告朕，与夫昔议礼之持正，可谓允蹈之哉。朕罔闻于学，特因是而注释其义，于以嘉璁之忠爱，于以示君子之人。呜呼，箴之功宜，不在程氏，而在于璁也哉。用录此于末云耳。”

嘉靖丁亥（六年，1527）岁季冬越三日注。

圣谕 篆额，谕、奏并正书。

《圣谕碑》：圣谕：内阁辅臣杨一清、谢迁、张璁、翟銮，朕因十三日听讲官顾鼎臣解说《心箴》，连日味思其意，甚为正心之助。昨自写一篇，并假为注释，与卿等看。

嘉靖六年（1527）十一月十八日。

大学士臣张璁谨奏：是月小至日，伏承赐内阁《范浚心箴注》一通。臣稽首对扬，乃窃叹曰：“至哉，圣人之用心乎！汉董仲舒有言‘人君所为，必求其端于天’。今阴极阳生，实君子道长，小人道消之时也。在《易》之卦为复，曰“复其见天地之心乎？”自非圣人心学得之天，其能体悉发明如此？臣愚窃有感焉，臣昔读书山舍，尝揭《范浚心箴》及《程颐四箴》以自励。盖人心之微，众欲攻之者，多自视听言动而入。《程颐四箴》，实养心之大目也。况人君一心，万化之主，而视听言动尤当加谨焉者也。臣于御注心箴敬摹宸翰，付工刻石传之天下万世。谨复录《程颐四箴》，乞留神省览。

圣谕辅臣张璁：午间得卿录来《视听言动四箴》，朕甚喜悦。朕前日因听讲官讲《心箴》，回宫深加爱尚，欲释其义不能，欲已之心未放过，只勉强注略，仍咨于卿等，欲为藻润以成所作。卿何便付工刻石，岂不取人笑乎？朕念自上荷天命，为人君长，当务学以致其知，待粗有领会之时，再注《四箴》须赖卿赞之。故谕。

嘉靖六年（1527）十一月二十二日。

臣张璁谨奏：昨者伏承圣谕，仰见皇上缉熙圣学之至也。宋儒朱熹有言：“自古圣贤相传，只是理会一箇心”。臣窃谓：《范浚心箴》举其纲，《程颐四箴》列其目，相为发明者也。臣以此用功余三十年，莫之有得。今圣明启发一至于此，真盲者之日月，聋者之雷霆也。臣何能赞一辞，第当刻石颁布，以觉斯世，以广圣学之传耳。然而人见之莫不曰：“真圣人复生”。非特尧舜之治见于天下，而尧舜心法之祕，道统之传固有在矣。《程颐四箴》尚愿圣明启示，谨当再摹宸翰，与《心箴注》兼行刻布，以为斯民囗道之幸。

圣谕辅臣张璁：卿前日所录来《程氏四箴》，昨勉强解注。朕复思之程氏见道分明、敬慎如此，以教后人，其功至矣。但于濮议[①]之中，未免力争邪说，诬君夺子，故朕又述数语于末云。与卿囗藻润停当，然后书示内阁。

嘉靖六年（1527）十一月二十六日。

臣张璁谨奏：复承颁示御注《程颐四箴》，臣仰惟大哉皇言，皆根诸身心，达诸政事，真见帝王之学与儒生大不同者也。何能复赞一辞？但（囗）[未]加奖，愚臣实不胜惶（囗）[惧][②]，臣窃自念，所务之学虽不逮程颐，而所遇之主实万为过之。颐在英宗朝代，彭思永为濮议，论犹未定。况皇上继统与英宗继嗣实大不同，使颐居今之世，议今之礼，岂得复守濮议之说哉？谨将《御注四箴》与《范浚心箴》通摹宸翰，并行列布，以嘉惠天下后世。

圣谕辅臣杨一清、谢迁、张璁、翟銮：大学士张璁以宋儒程颐所作《视听言动四箴》来告朕，深切有益于学。朕读已旬日，辄数语权为注解用，录出以示卿等。

嘉靖六年（1527）十二月初三日。

臣杨一清、臣谢迁、臣张璁、臣翟銮谨题：皇上所注范氏《心箴》及程颐《视听言动四箴》俱已刻石，乞敕工部于翰林院后堂空地，盖亭竖立，以垂永久。仍敕礼部通行两京国子监，并南北直隶十三省提学官，摹刻于府州县学，使天下人士服膺圣训。有所兴起，荷蒙采纳，亭宜有名，伏乞圣明敕定，颁（囗）[示]内外，一体遵行。臣等又仰思圣上前所著《敬一箴》，发明心学，甚为亲切，宜与前《五箴》并传。合令工部将《敬一箴》，重刻一通，设于亭中，《五箴》并节摹圣谕，共六通分列左右，以成一代之（囗囗囗）[制，其于]风化，实有俾益，谨题。

嘉靖七年（1528）二月二十二日，奉敕旨：卿等所言，都依拟行，亭名与

① 濮议：宋仁宗无嗣，死后以濮安懿王允让之子赵曙继位，是为宋英宗。即位次年（治平二年），诏议崇奉生父濮王典礼。侍御史吕诲、范纯仁、吕大防及司马光等力主称仁宗为皇考，濮王为皇伯，而中书韩琦、欧阳修等则主张称濮王为皇考。英宗因立濮王园陵，贬吕诲、吕大防、范纯仁出外。史称之为“濮议”。后亦借指朝中的争议。

② 据吴明哲《温州历代碑刻二集》，上海社会科学院出版社，2006年，第977页改。

（口）[做][1]敬一，礼、工二部知道。

右碑在学宫埋荒草中，布衣谭熯裔搜得拓之，字皆明了可读，但《心箴》《视言》二箴亡耳。张璁奏草具载《谕对录》中，然世不多见。得此，犹可悉其梗概。

《重修城隍庙记》篆额，记正书。

《重修新宁县城隍庙记》：弘治十有二年（1499）己未，始建新宁县治，创城池，遂有城隍庙以主斯土。缘兵革民疲之后，制度苟简，且县当万山之中，下流束隘，或雷公潭龙起时，有飓风、洪潦之患，而城宇嗣庙之隳废恒因之。故自始建仅四载，岁在癸亥（弘治十六年，1503）秋九月，庙塈城宇俱圮。正德六年（1511）辛未冬十一月，署县事通判朱公源奉桉治周公檄，并修完复。嘉靖八年（1529）己丑秋而再圮，十有一年（1532）壬辰夏四月，邑侯谭公才养奉抚按檄，大修城池公署，建守御所，庙亦修复。

越[嘉靖]二十二年（1543）癸卯夏四月，庙与城池又俱圮。是冬，邑侯王公臣请于提督蔡公，咸加修葺，然庙在郡邑之末，财力方匮，未克坚永，中更风雨摧剥，势渐不支。三十五年（1556）丙辰季夏，一月而飓风大雨者再，庙之仅存者颓仆尽矣。栖神之坐仅以茨覆，遇雨则荒地流潦，瞻谒者病之，然未有加意者。

是年之冬十一月，适邑侯潘石泠公下车莅政，口告祠下，愀然曰："吾令是邑，实与明神相为表里，忍视祠庙至此也耶?"乃首节惠与民休戚，越月得俸金若干，捐之为修庙。其时口指挥使见溪刘一荞率先承差，亦捐俸为助。乡耆李允隆、王君泽、汪继远、何宗鏊、黄大行等，举欣欣然喜而相告，曰："吾侯修庙以福吾民也，吾辈能自藐然也耶?"各捐己赀，愿首执役效劳，而仗义之士亦各视己之力，咸举施预为之备。

允隆等簿记其所入，计度其所费，市材植、陶砖瓦，鸠工役，百尔既集，爰始工于丁巳（嘉靖三十六年，1557）春之三月，越秋九月而告成。为神寝者三间，堂构是大门，亚于堂如其数，翼以庙庑，周以甓垣，涂塈设饰，焕然一新。比旧制宏深峻伟，既精且良，可垂永久，前所未有也。莅任祭告者于斯，朔望展拜者于斯，奠安城池、祈祷旸雨，为民捍灾御患者于斯，惠之所口，宁有既哉。百姓聿观厥成，咸举首加额，归功于侯。侯不自居而归功于民，如是相逊者久之，未有碑记也。

嵩适明口荒遯于白水之野间，得瞻庙而乐闻其事，为之语曰："潘侯之斯举也，有四善焉。国朝命官率先祀典。侯始入邑，特轸修庙，知敬神之急矣。然不

[1] 以上据明黄佐《南雍志》卷十，《四库全书存目丛书》史部第257册，齐鲁书社，1996年，第262—263页补。

有馨德，神将吐之。侯清介之守，真可对越屋漏，则得格神之本矣。曩之修者，呈之诸司，奔走庶民，骚然始集。今侯不费公帑，上不知役，下不知劳，捐助者翕然并至，则得人和之应矣。自有庙以后，屡以地方之故，玉石俱焚，明神有知，必戚然不安。故灾变屡作，天地口否，祠亦旋兴旋废，混混于其间。今大寇甫平，兵不妄戮，间口遗孽，侯亦以渐擒抚之，邑称太平。修废举坠，神人胥庆，天时地运，至此亦谓之昭明也已，又非遘昌期之征矣乎！备兹四者，是口有纪，以永贻后。”诸乡耆闻之，跃然曰：“故夙心也”。乞予言勒诸石。

潘侯名相，号石泠，直隶丹徒县人，弱冠膺乡荐。初尹奉新，补今口，多惠政。此特其一白，若仗义乐施之士则具载于碑阴云。

皇明嘉靖三十九年（1560）夏四月望，前南京刑部山东清吏司郎中、出守曲靖军民府，年老致仕，南海弼唐山人庞嵩顿首撰。广东都指挥刘一荞立，本所百户王承宗书。

右刻在邑城城隍庙。

背子山石刻 正书。

余氏石室，隆庆六年（1572）仲春根山志。

右磨崖刻在广海城西背子石峰山。根山盖余氏别字，然其名不可考矣。

曾仕鉴诗刻 正书。

万顷凌风坐若仙，千年驱石笑秦鞭。

波涛山涌空中雪，日月萍浮水上天。

白雉自通周贡赋，骊龙曾识汉楼船。

兴来欲跨蓬莱去，回望神州九点烟。

万历癸未（十一年，1583）暮春念日，南海曾仕鉴题。

右磨崖刻在广海南门湾石上。曾仕鉴，南海人，举万历十三年（1585）贤书，此刻题癸未为万历十一年（1583），犹未举贤书时也。

南门湾石刻 正书。

波恬万顷，万历壬寅（三十年，1602）秋，知新宁县同守尤君诗英观风于此，览海宇澄清，水光如练，遂题于石。江右熊文华书。

右磨崖刻在广海南门湾石上。熊文华，金溪人，事履具《宦绩传》。尤君诗英，《旧志·广海册》作“讳英”，人生不称讳，则旧《志》作“讳英”，误也。此刻作“诗英”，可据以正之。

《熊侯重创城隍庙记》 篆额，记正书。

《熊侯重创新宁城隍庙记》：自古金城汤池，必有神焉以默相之，然后可以永奠于磐石。我国家定鼎中原，设官分职，筑城濬隍，星布棋列，郡邑立宇崇祀，赫然称灵，其所由来远矣。新宁城隍庙在县治堂之东，辛丑（万历二十九年，1601）夏秋，飓风迭作，庙宇坍塌，荡为丘莽，神无所栖。

是岁八月，邑侯熊甫下车，诣庙谒神，几同野祭，怃然太息曰："阴阳祸福，相为表里，所以司其权者，明属之县令，幽属鬼神，今庙圮坏如此，如神何？"于是庀材鸠工，丁藏积匮乏，正费仅三十金。侯即首捐俸薪一季，以倡士民，且给之干纪者。不足，又从黄冠之请，而资之募缘。噫！侯之用心亦劳矣。然侯非徒补苴旧制，取堂构而一新之已也，曰："城隍，古制也。盱盱[1]小民彼恶知此制为何义哉？神道贵严，严斯畏，畏斯感，古庙制十王之设有由然矣。"惟是特于门廉隙地，东创庙五，西创庙五，设阴府掌刑之官，俨然塑像于其间，如周制，左九棘，右三槐然，规制于是其大备哉。即藩郡所设，不过是也。说者曰："此幽道也，不可以语于明。"不知明有礼乐，幽有鬼神，其权一也。人以赏善罚恶，而明用其权；鬼神以福善祸淫，而阴用其权，二者相济而后可以常行于世。

尝观世之人，强凌弱，众暴寡，负屈辄仰天大呼，诣庙蒲诉其人，其人亦即惶惧战栗。今庙制森然，刑罚凛然，使民过而观，观而畏，辄心口相语曰："幽有刑罚如此，刑罚之惨烈也如此，吾即为不善，能逃于明者，不能逃于幽，奈何不勉而为鬼神所苦哉？"

凡机诈者、强悍者，莫不趋善避恶，以不诡于礼乐，即夏楚榜笞无以得。此是神道也，固所以助人道之所不及也。侯以吾明与人为善，不若阴与人为善，能使一邑之人为善，则吾父母斯民之责尽矣。不计其功在人也，在神也，是侯增设意也。如区区为栖神计，则举旧而新之，足矣，增之何为也？侯于幽明之际，深乎！深乎！是役也，经始于春初，至夏月，计赀程庸已逾二百八十余金告竣。邑士民咸诵贤侯之功，欲镌石以垂不朽而属记于余。余感侯之功，庇神之惠，窃喜而记之，以劝邑之为善者。

侯讳文华，号养素，江右金溪人也。共襄其事则幕史戴遇，募缘则道士刘君道，督修医官李文魁，寿官耆民何宗鳌、李懋秀、刘汉业并记之。

万历壬寅（三十年，1602）中秋吉旦，新宁县儒学署教谕事、举人海迈顿首拜撰，秣陵李懋植书。署县事、按察司经历郭登儁，前署教谕事、举人卢章，训导郑兆元、饶学宪篆额。巡检汤荣、蒋谦亨，矬峒大使曹荣，幕史刘宗范，广海卫掌印指挥刘承绪，新宁守御所军政掌印、广州右卫千户李道基。

---

① 盱盱：睁眼直视的样子。

右刻在邑城城隍庙。

《新塑奶娘神像碑》篆额，记正书。

《圣母庙新塑奶娘神像碑》：尝谓天者，众生之父也。而鬼神者，造化之功用也。天生人而还以相生，神护人而始以嗣生。第有生者，有所以生者。必得其所以生者，而后相生相息于无穷焉。则天之生人，又未始非人之自生也。顾天生物之权，恒不自用而恒分。是故羲氏推轮，望舒[①]继晷，飞廉[②]噫气，丰隆[③]奋击，各有所主以司其功。则监生圣母之专于嗣息也，有由然矣。

本庙有监生圣母殿者，旧未之创也。创于万历之辛丑（二十九年，1601）岁，唐复祯、林永秀等五人发心塑像，陈学德等十二人发心长灯，自是各生子。而本学、海饶二师闻而异之，躬祷求嗣，未越期而应验，若桴鼓击节。赏曰："既生必既育，奶娘胡可以不设也？"临乔迁，属簿于余序其颠，以倡厥举。众心欣然，不日而成。诸君过余，揖而请曰："前藉仁言为嚆矢，其事报竣，欲镌石以志不朽。"余谢曰："生匪才，奚足以扬休美，独神圣不可以虚文。自受二师托以来，旦夕兢兢，惟惧残伤所性，自逭无从。"

今秋七月，幸诞季子，或者神圣不吐余之一念乎。苟藉口祀神，甘心败行，神必吐之。万一倖冥冥之庇，其后亦未必终私一人也，则又余之所见以为非。昔者常闻苏老泉早岁未子，祷神得轼、辙[④]。吁！知老泉之所以祷，则知轼、辙之所以生矣。又何怪二师与诸君之祷应与！遂记之付石，以为求子者劝云。

时万历丁未（三十五年，1607）岁八月既望，邑人刘圣范顿首拜譔，邑庠钟黄道篆额。

右刻在城隍庙圣母宫。

《创建文昌宫碑记》篆额，记正书。

梓潼帝君，说者谓是文昌下界，代著宏文，定乱伟绩，凡七十三化身，而为余氏子囗梓潼雷柱峰而神焉。以帝云此，其本末未之深考，大率谓文章囗囗之司者近是，其神最灵通显应，所在无不饰宫阁，奉祠惟谨。新宁学宫之左当巽方，于天星为文昌位，戊子（万历十六年，1588）囗囗曾建阁此，盖昌文囗教至意，垂成而废，何也？

甲午（万历二十二年，1594），先令王公于西城隅建阁，实当学宫之庚方，堪

① 望舒：也作明舒、素舒、圆舒。中国神话传说中为月驾车之神，也可借指月亮。

② 飞廉：亦作蜚廉，是中国古代神话中的神兽，文献称飞廉是鸟身鹿头或者鸟头鹿身，秦人的先祖之一为飞廉。

③ 丰隆：古代中国神话中的雷神，后多用作雷的代称。

④ 轼、辙：即苏轼、苏辙，为苏老泉之子。

舆所谓“三吉方也”。阁成至今，人文日益显盛，识者谓：“囗阁之应”，乃或者则谓“于城西居人，风水不便，遂令剥落毁颓。”不复议修，神若恫焉。己酉（万历三十七年，1609年）春，邑志刻成，剩银若干，先掌教予里囗囗囗可游视处亭焉。诸生聚而议曰：“文阁故址见在，盍仍为宫，神可栖而人可观也。”议上，朱令公曰“可”。且嘱囗囗囗遂以巡宰周时来董厥役，卜日兴工，乃合诸所助，通前羡余，未当工费之半，始不得不倡义于诸生矣。诸生亦乐义，多寡视力为差，于是堂构可成。其制外周砖墙，内栋以六柱，横列三间，中为台奉神像，近衢议为头门，间如堂，未成而令公以论去，掌教以迁行。

予至且晚，独司训黄君与二三生拮据于物力既尽之余，良苦矣。且先是诸务草率，即一像塑，不暇择良像，虽成弗肖。一日，诸生瞻拜间，皆曰：“神若有知，宁认此其像乎？”尝闻福神妍媸亦关奉者，祸福势必更为而可，如物力何？黄君时膺直指李公奖励，诸生厚为贺，正思以报，遂因众所出资与改为焉。神始凛然，莫不相庆，谓是可以香火无斁①矣。顾堂檐实浅，不无风雨漂摇之患，方计所为遮蔽者未得，而署县徐公劳心抚字，更亟兴文，实念斯宫之不可无也，覃德意而隆施之。于是庀材鸠工，复为卷篷一座，堂基甬路俱铺以砖，门头扁以金额，不旬日而告成。庙貌深闭整饬，亦巡宰赵嘉贞课督之勤也。功成，诸子恐湮所自，属予记之。

予惟事固作始易而成终难也，不有后来者隆施斯宫，几为不完之役耳。然则登堂思德，谁尸其最，当有归矣，当有归矣。抑有说焉，人不天不成，天不人不因。斯宫之作，为尔多士昌文翊运②计也。今而后神既效灵，人更鼓精，俾天人协应，科第鼎台，蝉联星列，庶无负于斯宫之作也乎，庶无负于斯宫之作也乎。是役也，经始于己酉（万历三十七年，1609）夏四月，以今庚戌（万历三十八年，1610）五月工竣，创造逾年，计所费用若干，其所自出者悉记如左。

时万历三十有八祀岁在庚戌（1610）仲夏。新宁县儒学署教谕事、粤西举人滕之俊盥手拜撰，训导、琼南陵江黄卷篆额书丹。知县事朱公郁文，署县事徐公仕升，儒学教谕戴仁行，训导黄卷，署捕事囗囗囗，巡检方囗囗，场大使金谟、施训，徭官曹尚伦。

右刻在邑城文昌宫。

《新宁熊侯生祠碑记》篆额，记正书。

《新宁熊侯生祠记》：熊令公以新宁邑侯来摄莞囗，视宁兄弟之国也，公意为

① 无斁：斁，yì，意为不厌恶，不厌倦。

② 翊运：翊，yì，辅佐，帮助。

脂膏地，辞之三。先是公在粤以洁守称，既而逡巡于入莞，余心异焉。比接公，习其口尚，殆彬彬古德让君子，而卓然独往之气，尤足重者。亡何，宁之衣冠父老一日款余扉问记。询之，知为公生祠。因谢曰："令甲见任官，不得立生祠，今侯尚未离而邑何遽也，盍已之？"诸父老罗而拜曰："吾侪鄙人，安从知令甲，顾念非此，无以报侯，而劝后之为侯者。且祠业就绪矣，公倦倦于彰往劝来，为榆枌计，可无念乎？"余曰："噫，侯政可得闻欤？"诸父老乃起，为余谭侯得民之状甚备。

按：宁小邑非岩邑，赋额不甚广，而民颇饶且淳，吏兹土者，往易与视之。钱粮入有耗，出有扣，咸什一取盈。藉口规例，自一胥一史之补，以及乡宾，无一兑者。闻公出，即里甲饬行厨尾之，而公自下车悉禁，其得民一也。

宁文风不大振，公为之修学，缮城堤，西南隅之水环而北，以护地脉。寻立会课文，癸卯（万历三十一年，1603）乡试，得隽遂人，士感作新之化，益竞劝于文学，其得民二也。

海埗场下以故绝损额，累虚赔者，岁为常。公核斥卤地，升科申补，而赔累者苏息，其得民三也。

人命重诬赖而反坐，又严盗贼，先勾引而后供勿问。至缓金矢，杜扛帮，绝侮文假借之奸，而石豪虎冠之徒相戒屏迹，闾巷无追呼之扰，其得民四也。

创碧溪河桥，而民免病涉；增城隍神像，而民长善心。至圣谕有注解，铺行无官价，里排输画，外尽归农，一时和气熏蒸，岁见三稔，而曾莫知谁之赐，其得民五也。

公有此五得民，而又两当其难，不惜以身为砥柱。盖自采榷行市，棍冒参随，往往挟有司票，拿富民以厌其欲。公曰："吾冠可挂，票不可得。"富民卒恃无恐，税使亦素重公廉不为动。二川瑶民捞拾番物，未及首，而土宄衙役构机局，将恣其株蔓，公力为瑶民地，幸不及祸。事宁，瑶民争有所献为寿，公麾之。说者谓："是举也，保全不止数十家，而存活不止百十命。于是阖邑无远近，无不人人德公，而生祠建矣。"此余获闻之父老，盖其大者。语曰："未习为吏，视其政事"。

余即未习公于宁，而由今日治莞，征之不益信乎？诸无暇论，就莞征输故事，公即沿袭而月橐百余金，孰禁？乃公视若染，损之又损。自下车距今犹一日焉，虽鞭朴不烦，而输者恐后，孰谓莞民真愚也？又莞好华而公镇之朴；莞好扰而公镇之恬；莞好翘然凌猎而公镇之谦抑；莞好修睚眦较织毫，至析产，终讼靡悔。

公察其非急，悉寝不行。久之，听其自悟以去。今诸悻悻难下者，且骎骎就绳墨[①]矣。由此观之，公之得此于宁也，岂声音笑貌为哉？

昔庚桑楚[②]居三年，而丰畏垒之，民谌俎豆之。彼就所居犹如此，况以师帅之权，行父母岂弟之政，其随施而效，感而应，应而速，虽桴鼓影响曷过乎？今之民犹三代直道之民，好恶不甚相违，而鹰鹯[③]者不独秦越之，且仇雠焉。朝剥肤，暮吸髓，悉百态营营于中，举民瘼忡忡之盈吾前，曾不省念，反假公以济其贪欲，此何异水益深、火益热也？孟氏曰："当今之时，行仁政，民之悦之，犹解倒悬。"夫仁政者，循良之参著也，何日不可行？又何择于当今而民始悦？盖恒情方其危苦之时，固易德耳。处易德之势，而终无见德之民，循良之谓何？夫夫也，即幸逃国宪，然既干清议，形影且自惭焉。回视得民之令如公，生有余荣，未去而民志余思其辽绝，岂但径庭之间哉？汉世重循吏，一时赵、韩、尹、张之流，非不雷厉风行，各称其任，乃班史不以附循吏求其人，唯文翁而下称焉。

至论其世若兴教化，尚宽和，廉平兴利，躬节俭，劝农桑，总之皆岂弟事，则循良所重可想已。以此概公，宜无多让。然就文翁六人，惟巴蜀、桐江、九江有祠，又皆身后。如公于宁祠，遽见于今，曰："毋亦民当其恐畏危苦之秋，不得不尔耶？"《大学》推新民之极，在殁世不忘，其实在亲贤乐利，而本之道学自修。公讲学人，虽簿书旁午，不废简编，其以学术端治术，固宜所至有声。然则睹公之祠，其尚知有所本。

公名文华，抚金溪人，壬午（万历十年，1582）乡进士，曾令大埔、成都，俱有惠政，详在《茶阳德政录》及《三河祠记》，不具述。赐同进士出身、文林郎、山西道监察御史、前奉敕巡视三关，巡抚湖广、福建、顺天等府东莞徐兆魁撰文。

万历岁次戊申（三十六年，1608）仲春吉日。

右刻在熊侯祠，祠圮，后迁王侯祠。徐兆魁，万历十四年（1586）进士，官至刑部尚书。

《王侯德政碑记》篆额，记正书。

《新宁令公德政碑记》，赐进士出身、翰林院编修、文林郎、顺德黄儒炳撰文，广州府新宁县儒学署教谕事、举人滕之俊书丹[④]，训导佟一缙篆额。

---

① 绳墨：指木工打直线的墨线。比喻规矩或法度。

② 庚桑楚：原名亢桑子，一名庚桑子；有说为楚国人，有说为陈国人。春秋时期哲学家、教育家。

③ 鹰鹯：比喻忠勇的人。

④ 书丹：用朱笔在碑石上书写，以便镌刻。后世称书写墓铭碑碣为"书丹"。

闽漳王公初试宰，得广之新宁。新宁僻远，有难治名，而公独不鄙夷其民，加意抚循。将及三年，尸祝币于连同，当路谓未足展公兼才，檄之视篆顺德。宁士民阙然失所望，且虞调繁不能终汪涉[①]，谋为德政寄者，镌碣创祠树焉，进而问记于余。

余惟昔益州人像事张公方平，张公不能禁，眉山氏谕以公意不欲，而益州人坚欲奉之，与今新宁事正相类，乌可无言以勒贞珉。宁故新会析疆，其田不当上腴，一切山海之利摎[②]括已尽，民乃相竞于鸷悍[③]之习。

公初下车，节费缓征，兴利芟蠹，锱铢羡耗，绝不染指。讼以时至，片语立断。其蒲伏[④]庭中，悔讼者辄予之息，所罚恒从末减。真盗置于理，良者原之。钳铁之威，未尝施于不辜，民喜无冤，东海于公不趐也。编户四十，庐室可齿，独以里胥为奸，飞诡纷如。公按籍诘状，亟为改正，夙弊一清。丁口惟以税内多寡为收除，其故绝而户虚悬者，概行除豁。雅意敦《圣谕六事》，演其义，颁行之。亲诣约所，鸣鼓振铎，集父老子弟反覆讲解，邑中以及乡落奉行者传相敕，犷俗讹风翕然雅化。其驭傜民，恩威并济，诸所差役，不以骚扰，或有句摄，悉囗囗官靡不唯唯听命。异时，戍守兵士饷不时给，庚癸[⑤]可虞，公度支以期，毋俾枵腹[⑥]，以故巡徼草窃不为害。

公尝念扰洿池[⑦]者，其鱼易噞[⑧]。今邑规原隰[⑨]为四履[⑩]，而开山堙畛，实繁有徒，囗以士人几何，不令民重足立乎？故凡有挟而来者，一切禁绝，奸无所售，四境晏然。邑之海晏、矬峒，地多停户，以煮海[⑪]为生，囗有囗山金数百，公却之，不以入私橐。税之轻重，视囗囗增，恤其逃亡，核其灶荡，虽不便于富豪家

---

① 汪涉：深远广大。

② 摎：通假字，通“搜”。

③ 鸷悍：像鸷鸟一般的凶猛强悍。

④ 蒲伏：犹匍匐。伏地而行。

⑤ 庚癸：古代军中隐语。谓告贷粮食。典出《左传·哀公十三年》：“吴申叔仪乞粮于公孙有山氏……对曰：粱则无矣，粗则有之。若登首山以呼，曰庚癸乎，则诺。”杜预注：“军中不得出粮，故为私隐。庚，西方，主谷；癸，北方，主水。”后称向人告贷为“庚癸之呼”，又称同意告贷为“庚癸诺”。

⑥ 枵腹：空腹，谓饥饿。

⑦ 洿池：wū chí，停积不流的水池。

⑧ 噞：鱼浮出水面呼吸。

⑨ 原隰：广大平坦和低洼潮湿的地方。

⑩ 四履：谓四境的界限。

⑪ 煮海：利用海水提炼海盐的方法。

乎，而贫户不致复征，实公赐矣。且折节爱士，每月群青衿[①]而课其文，工窳品骘[②]，人无不戢心[③]者。公余谭[④]经蓺[⑤]，紬绎[⑥]奥旨[⑦]，横竖钩贯，祛其口蔽，语刺刺不休。至奖赏供亿[⑧]较昔倍优，而于赤贫者，尤厚赉之。所试隽秀超例，多录送郡，文风彬彬兴焉。

邑城西南，溪水直注，邑人欲建浮屠障之，旋议旋罢。公行部至河口，周囗以为果宜标镇如形家言，遂捐俸金五十为士绅倡。寻复修饰文庙，营建斋舍，及仓廥[⑨]、城堞之务，次第程工，其综理可知已。

盖公为人，岂弟慈祥，静治有体，宁舒徐，毋躁切，囗苞苴自囗便捷，邀名者即坐躐通显[⑩]，直唾之不道耳。藉甚贤声，两台推毂[⑪]，为御屏所书。追锋之下，匪鼌伊夕[⑫]，宜诸士庶之依依棠阴[⑬]，其爱恋若婴孺之于慈母也。昔两汉多循良令长，其最著者为王尊与冯野王两氏。尊令虢及槐里，野王令栎及夏阳，所署皆两邑治行，亦皆以高等入为列卿。公之为令也，所在口碑，于禺足方轨[⑭]两氏，计三公九列之擢，其为芘[⑮]且益广，而宁阳庚桑固其结辙[⑯]地矣。

余辱年谊于长君，长君往治新会德政，怙恃弗谖，以高第征入交戟内，佐天子耳目近臣。兹公为宁保障，乔梓[⑰]相望，济美一时，斯海邦之厚幸哉。余不佞靡斐于辞，尚当操管，而纪其盛云。

公名尚贤，福建（障）[漳]州之龙岩人，举万历辛卯（十九年，1591）科乡进士，以三十九年（1611）任。

---

① 青衿：指旧时学生士人的服饰。

② 品骘：犹评定，论定高低。

③ 戢心：谨慎小心。

④ 谭：同“谈”。

⑤ 经蓺：亦作“经艺”，泛指经书。

⑥ 紬绎：理出头绪。

⑦ 奥旨：深奥的含义。

⑧ 供亿：按需要而供给。

⑨ 仓廥：cāng kuài，贮藏粮食和草料的仓库。

⑩ 通显：通达显贵。

⑪ 推毂：比喻推举人才。

⑫ 匪鼌伊夕：匪：不是；鼌：通“朝”。伊：文言助词。匪鼌伊夕指不止一个早晨一个晚上。《周书》卷一《文帝纪上》：“今若召悦授以内官，臣列旆东辕，匪鼌伊夕。”

⑬ 棠阴：喻惠政或良吏的惠行。

⑭ 方轨：取法，比肩。

⑮ 芘：古通“庇”。

⑯ 结辙：辙迹交错，谓退车回驶。

⑰ 乔梓：比喻父子，这里指王尚贤、王命璿父子。

右刻在邑城西门外王侯祠，无立石年月。

按：碑称：王侯万历三十九年（1611）任，将及三年，摄顺德，宁士民失所望，谋镌碑创祠。据此，则立石当在四十一年（1613）。黄儒炳与王命璿同三十二年（1604）进士，故云“辱年谊长君”，长君即命璿也。滕之俊，全州人，举人。佟一缙，合浦人，岁贡生。王《志·秩官册》：佟一缙，四十年（1612）任训导，则立石在四十一年（1613），审矣。

戊午岁（万历四十六年，1618）十一月十三日拜先君祠宇于新宁县感赋五言古：

揽辔[①]五羊城，白云时延睇。西樵飞飙来，寒露深林翳。

游子感时移，班衣珠海系。庭椿叶自繁，兀坐空盈涕。

愁剧戒车徒，江门舟少憩。庐山片片霞，紫水透眉眦。

塔影翠菁葱，古兜峦屿丽。先严庙貌新，耿耿棠思切。

为问德云何，士绅兰臭契。作人棫朴敷，挟纩孚戎卫。

履亩息催科，慈和开瘴疠。祠前草木馨，洁醴香薜荔。

跨鹤驻云锑，洋洋亲目际。低回拜舞间，菽水聊供祭。

情极不能言，茫茫如隔世。哺乌尚识恩，永慕终无替。

不肖子命璿谨志。

右碑在邑城西门外王侯祠。王命璿，龙岩人，王尚贤子。尚贤，万历三十九年（1611）任邑令，三年，卒于官，有惠政，政绩具《宦绩传》。命璿，万历三十二年（1604）进士。此碑题戊午岁十一月，戊午为万历四十六年（1618），盖距尚贤之卒已四年。命璿初为新会令，寻擢御史，此其巡按广东时作也。

《王侯名宦遗爱祠祭田记》篆额，记正书。

《明赠御史原任新宁邑侯王公名宦遗爱祠祭田记》，赐进士第、文林郎、吏部稽勋清吏司主事、治门下晚学生叶天启撰文，赐进士及第、翰林院国史修撰、儒林郎、治通家晚生黄士俊篆额，赐进士第、文林郎、知浙江嘉兴府平湖县事、治门下晚学生陈熙昌书丹。

自畏垒[②]桐乡，俱以德食报于其土，后世长令率用为劝首，然未有如吾新宁侯太师王公之系思最深者。公宰宁，柔不茹，刚不吐，一以字民[③]为务，而出之恻

① 揽辔：揽辔，挽住马缰。后以“揽辔澄清”表示刷新政治、安定天下的抱负。

② 畏垒：借指乡野。

③ 字民：抚治，管理百姓。

怛[①]。其事省刑清，政平讼理，即古循良无以过。自宁摄顺，宁之人士，皇皇然若父母舍其子，而恤邻之子也。跂足以待，既建为祠，识思矣。寻自顺还宁，民欣然复得父母，曰："其终覆露予。"无何公捐馆舍[②]，宁之人士号呼载道，如丧考妣。奉公木主祀诸祠，复请俎豆公于诸名宦之间。维时监司暨直指田公[③]俱报可，于是两祠并举，盖向所罕觏[④]也。新令广昌罗君至，一修公之政，每与士民语及公，嗟慕不置，因曰："祠以识思，善矣。匪有常人以荐馨香，思将安寄？"乃与学博邱君、刘君倡议，创置祭田，而宁之搢绅士庶皆响应恐后。区画既定，会公之令子御史王虞石师台按粤，令具以请，吾师孝思油然莫遏，更益以月俸赎锾共金三百七十有奇，命弟子员麦生世英、余生良弼董其事，所置皆膏腴之田，生忌伏腊[⑤]，咸有所资，即并在名宦者，均享其荐，刻册竖碑，用垂不朽，而属其文于余小子天启。余幸得师事虞石先生，又及庇公之德政，谊何容辞？谨受而记之，且薄有所输，亦好德意也。《甘棠》之诗曰："勿翦勿伐，召伯所茇。"田虽创在今日，而以为俎豆所寄，则亦不啻甘棠之爱[⑥]矣。后之怀仰止者，幸稽其籍，毋俾侵夺。神君有灵，其永歆厥祀，以保佑尔宁乎。

公讳尚贤，字士吁，别号我希，闽之龙岩人。其义助姓氏暨田之条款，载在碑阴与书册者，兹不概述。

万历四十七年（1619）己未春二月吉日，知新宁县事豫章罗万有、署儒学教谕事举人邱尔谷、训导刘京、生员麦世英、余良弼仝镌石。

右刻在邑城西门外王侯祠。按：《福建通志》：命璿，字君衡。而王植《新会志》云：字虞石。今考此碑，亦称虞石。殆命璿，初字虞石，后字君衡。《福建通志》从其后字称之耳。

叶天启，番禺人，万历三十八年（1610）进士。黄士俊，顺德人，万历三十五年（1607）状元。陈熙昌，南海人，万历四十四年（1616）进士。

《王侯生祠寝室碑记》篆额，记正书。

《明赠御史新宁王侯生祠寝室记》：至矣哉！天心之仁爱斯民，与斯民之循良

---

① 恻怛：意思是哀伤，犹恻隐，恳切。

② 捐馆舍：抛弃馆舍。死亡的婉辞。

③ 直指田公：广东巡按田生金。

④ 罕觏：hǎn gòu，不多见。

⑤ 伏腊：一指古代两种祭祀名称；一指伏祭和腊祭之日，或泛指节日，也借指生活所需的物质资料。

⑥ 甘棠之爱：甘棠即棠梨。指对官吏的爱戴。

令也，默运其朕于世情莫测外，若或敓[1]之而綦与之，若或哀之而綦荣之，淳则于我新宁诰赠御史王太父母，而仰测其朕焉。盖宁之为邑也僻，而为民也质，令兹土者多轻视邑而不重视民，以故民益凋瘵[2]而无苏日。公下车则隐之察而穷之悲，谓斯民也，非仁难与育己，乃鼓之以和风，濡之以甘雨，斯厥施溥而生者遂，遂者安；非义难与正已，乃临口口青天，鉴之以白日，斯厥度新而害者去，去者乐。邑其岭海之华胥[3]乎！则天之所以报公者，宜俾之龙光乎上国，而鹤逸于故园，口口胡为乎，口终于斯耶！

嗟乎！吾意其生也为明德，则其没也为明神；其在人也为福主，则其在天也为福星。自后而运数，得无口口口疾疫乎？口口乎？祯祥乎？潜善潜恶而阳不可诘乎？若此者，均非人力可及支，则必赖有冥冥主张，于以斡旋而拯济之。眷顾攸寄，非公而谁？方口口之莫攀也，孰不以为敓我民之天下？知敓之正以与之，畴得而测其朕乎？或曰："公有贵显，后人嶷然[4]宗祠，是妥是享，何乐于此"。曰："不然"。观公借寇顺德，却忆并州，则公之心未尝一日醳[5]我民，则天之心未尝一日醳我公。不得已留公英灵，以永惠斯民。哀动于一时，可忍也；荣眷于身后，民不可得而知也。俾之春秋，荷国家之盛典，与孝享乎子民之千万人，而讳忌有祭，犹乎在家，天何负于公哉。且公之神无往不通，或归于家，则光覆后人犹在民也；或在于邑，则光覆斯民犹在家也。有永斯邑，即有永斯祠。公之福民日盛，则天之宠公日隆。玉皇龙章，必极尊荣。而骢马、而槐棘之赠，幽明合旨，其哀也綦荣，畴得而测之，祠必有寝，古之制也。

罗侯继令斯民，喜典刑不远，体公之心，法公之政，民用以和，则与文学邱君、刘君议。方议，而子来响应，乃属巡司谢廷玉相度之，属弟子员余良弼、麦世英督成之。奕奕寝庙，为座凡三，所以尊神而妥之也。左则有更衣厅，后则有庀物厨，昭齐明也。右则有将亩之池，于牣可荐。临池而亭者三，书斋者一，周植花木，菁荫苾芬，所以备游衍而休之也。守祠有僧，僧有屋，尚其虚也。余建屋三，租之民，香灯亦以资焉。垣墙外周，望之者肃如穆如，过之者敬益起，入之者慕益切。江山胜概，有不俟言者。

罗侯以淳有年家谊，且沐直指公提掖深恩，属以记之。淳则冒以天心之仁爱不可测者，姑记焉如此。若夫岁月工程，子来姓氏，则有碑阴在兹，不备书云。

---

① 敓：duó，古同"夺"，强取。

② 瘵：zhài，指困穷之民或衰败之象。

③ 华胥：指理想的安乐和平之境，或作梦境的代称。

④ 嶷然：卓异、屹立的样子。

⑤ 醳：古通"释"，释放。

万历四十七年（1619）岁次己未孟夏之吉，治下年家生新会黄淳叔化甫顿首拜撰，知新宁县事豫章罗万有、署儒学教谕事举人邱尔谷、训导刘京、生员余良弼、麦世英同镌石，广郡生员马元震书丹并篆额。

右碑在邑城西门外王侯祠，撰文黄淳，新会人，万历八年（1580）进士。

怀我希王公一律。行书。

来种桃千树，升湖倏几年。怀人不可见，对月自忘眠。

龙剑终神物，骢班属后贤。千秋余俎豆，端不负民天。

时万历己未（四十七年，1619）初秋，盱江罗万有顿首题。

右碑在邑城西门外王侯祠。罗万有，江西人，万历四十六年（1618）任邑令。“我希”，王公号也。

《广州府新宁县东郊观音堂记》篆额，记正书。

吾邑东郊，自石人山迤延而下，土名龙坑，颇幽寂，堪结丛林。万历年间，有僧大弃者，主张兰趣家大事因缘，片语投契，遂为领袖。谋于地主李本时，亦以夙缘，欣然喜舍。于是募化，陆续创建一座三间，柱四楹，中为大士像，左伽蓝，右地藏。东建六祖堂，西为禅室，大弃所栖止也。

万历辛亥（三十九年，1611）岁颓于风雨，署邑滕公特标缘簿，命道人张寂英、会首谭彦龙、刘应凤募化修复。时前殿草创未备，天启四年（1624），道人张海洪极力承当募修，前殿焕然一新，不必金碧辉煌而栖神有所，善信归依，墙壁瓦烁，放大光明，此其大概也。始结长明灯则会首黄经业等，舍田供用则居士萧凤来、谭彦龙、刘应凤、谭裕昆等，详在碑阴，可考核也。住持僧照严深虑久远之无征，不辞茧踵，不远数百里问记于予。

夫有发头陀[①]，绮语[②]有戒，尚何言哉，而于心窃有感也。盖自六代传心，五宗阐教，以至今日，处处木鱼敲夜月，迢迢梵语奏潮音，则遵道者固多矣。枭声巧夺凤凤鸣，狐迹自夸麒麟趾，而悖道者亦不少也。且也福报为因，戒律成缚。夫一人信向，一人得福，佛法亦甚小矣。祖师有云：“不离自性，即是福田。见性之人，人我无别。应无所住，触境生心。正如水归大海，龙能兴致，霈为膏雨，万物资生，佛法广大，亦复如是。”予困乏不能资助铢两，请与善知识约，异日结社订盟，讲明真经要义。一切乖悖流传，无挂齿颊，无希货利，无诱妇女。传言世俗供佛备斋，无事酒肉，秽杂游僧，无留久处。有能壁立刚风，先予主盟者，望风欣仰，五体投地，无任翘诚。此与住持僧言之详矣，因书而为之记。

① 头陀：行脚乞食的出家人。

② 绮语：指歪邪不正，没有意义的言词。

文林郎、原任广西南宁府知永淳县事、陶庵居士容文燧顿首拜撰。崇祯九年（1636）岁次丙子仲秋吉旦，住持僧照严督立。

右刻在城东门外东郊寺。容文燧，万历三十一年（1603）举人，为佛氏作记，往往扬其波。此文无希货利，无诱妇女数言，亦塞流之论也。

石冈刻字。正书。

友士石，乙丑年仲春建。

右刻在文村石冈，题云“乙丑仲春”，不知何年也。其字法瘦劲，似非近人书。

南村龙母庙前刻字 正书。

钓矶

右刻在南村龙母庙前，石不知年代，相传其迹甚古，姑附于此。

《新宁县志》卷十七，甄典元分纂，赵佩文、赵沅芬校字。

卷十八　列传一

宦绩

明

任　钺　蔡　祐　邱　泰　唐　荣　张文造　顾　瑗　张　绎　陈宏毅

黄国彦　揭廷植　王士尚　郑兆元　熊文华　王尚贤

国朝

宜思让　姜朝俊　孙　伟　李瑞麟　康基田　詹　昊　王　暠　李　沄

江涵暾　张文化　王淳修　李延福　杨德懿　洪德方　王　言　饶继惠

苏　潮　曾行崧

明

任钺，瓯宁人，监生，弘治十二年（1499）授邑令。时邑治新建，百务丛集，诸所经营，不辞劳苦，创建之功居多焉。据王《志》修。

蔡祐，晋江人。弘治十五年（1502），以举人授教谕。宅心光大，积学优长。时明伦堂以雨潦圮，即捐修之，创讲堂一区于官廨之右。每日，正衣冠与诸生端坐，随材高下，示以进修之方，敏业者奖，弗率者责，多所造就。以丁内艰去。殁后，祀名宦祠。据王《志》修。

邱泰，莆田人，弘治十七年（1504），以进士授邑令。郝《志》作“新会”，误。性行刚果，莅政仁明，决讼如流，一月而政务清理。时有三四滞狱，十年不决，泰至，即平谳之。境内豪强屏息，盗贼潜消，民以安堵。未几，丁外艰①去，城中无大小，咸哭于舟次，至今言兹邑贤令，必以邱为称首云。据阮《通志》、王《志》修。

唐荣，全州人，宣德乙卯（十年，1435）举人，（正德）[正统]②中任邑令。时县治毁于兵火，荣奏徙县治，城池、坛庙、学校、道路皆其创造，百废俱兴，规

① 丁外艰：凡子遭父丧或承重孙遭祖父丧，称丁外艰。凡子遭母丧或承重孙遭祖母丧，称为丁内艰。

② 据万历《湖广总志》卷六十八《宦绩》改。

画咸当。据阮《通志》修。

张文造，古田人，举人，正德九年（1514）授邑令。才识明敏，严恪有威。先是，县境盗贼窃发，乡民卧不安席。文造至，革去总甲，设乡长以统摄之，又立各村长以分理之。朔望关报其乡动息，民间少有不法，悉先知之，以故令行禁止，盗息民安。踰年，卒于官，人皆抚掌叹曰：“天假张公九年，邑可以无事矣。”据阮《通志》、王《志》修。

顾瑗，钱塘人，正德十四年（1519），以举人授邑令。小心敬慎，操履端方。视事之始，知民敝于兵，遂极意撙节[1]爱养之。越明年，剿捕师至，兵备王大用委鞫所献囚，虚衷淑问[2]，一无所爽。未几，病卒，百姓哀之。同上。

张绎，浦江人，监生，正德十四年（1519）任教谕。纯心育士，好学不倦，与士子讲紫阳之学，学者翕然宗之。嘉靖癸未（二年，1523）大征，监督参政葛浩委以兵事，奉公守法，不枉一人。凯旋日，行李萧然。病月余，目瞑，将逝。其子继文，自浙来省，张目与语良久，方瞑，人以为善感所致。据阮《通志》、王《志》修。

陈宏毅，晋江人，嘉靖八年（1529）以举人任教谕。优于文学，性行端醇，捐赀创屋三间，集诸生会讲。生员陈介贫甚，辄以米助焉，多士慕之。据王《志》修。

黄国彦，字士美，一字观石，晋江人，万历八年（1580）以举人授邑令。明敏仁慈，均田之役，躬亲履视，吏胥不得为奸。东郊河水浸城，筑层堤以捍之。政余，进诸生，诲以经术不倦。据王《志》修。

揭廷植，江西广昌人，万历十二年（1584）以举人授邑令。清介勤敏，讯狱务尽下情。在任六载，升成都府判，未至，迁王府审理。邑民立去思碑。据王《志》修。

王士尚，合浦人，岁贡，万历十二年（1584）升任教谕。性端而雅，学博而正，晨夕诵读不倦，训士以制行为先，于声利澹如也。先是，学中祭器未备，书籍废缺，至即捐赀购书，并置铜爵一百二十有四，及炉鼎、笾豆之属。升贵州定番学正，竟恬退归里，士咸颂之。据王《志》修。

郑兆元，曲江人，贡生，万历丁酉（二十五年，1597）任训导。博学好古，于书无所不读，坦诚朴直，训士以实行。却贫士贽，士敬慕之，于学宫多所捐修。升阳春教谕，去之日，诸生及父老制锦以送，从前所未有也。据王《志》修。

---

① 撙节：约束，节约。

② 淑问：善于审判。

熊文华，金溪人，以举人先任成都县，万历二十九年（1601）任邑令。下车修学宫、坛庙及城池、公署，即碧溪石桥，亦捐俸成之。有飓风覆番舶于上川，乡人捞所覆余物。事闻，中贵追逮，文华保全之，上川人谢以二百金，不受。多惠政，民爱之，建祠树碑以志思焉。据王《志》修。

王尚贤，龙岩人，万历四十年（1612）以举人授邑令。抗直不挠，他邑豪猾欲鱼肉邑民，卒不得逞。政简刑宽，而民不犯。三年，卒于官。子命璿，进士，巡按广东，来祭，为置祭田，立祠城西。据王《志》修。

国朝

宜思让，正白旗人，荫生，康熙三十二年（1693）任邑令。申革陋规二十余款，训迪[①]邑士，置学田以赡膏火，开青云路，培植文运，宽恤下民，严核胥吏，举卓异。擢陇州知州，父老至今颂之。据阮《通志》、王《志》修。

姜朝俊，丹阳人，康熙五十五年（1716）以进士任邑令。为政勤慎，门绝苞苴[②]，课士论文，奖诱善类。壬申（乾隆十七年，1752）秋，邑城大风雨，民居飘荡，朝俊募船筏以渡，为饘粥[③]以食，拯救甚众。擢建宁知府，去之日，士民祖道[④]数十里。据阮《通志》、王《志》修。

孙伟，寿光人，乾隆十九年（1754）以进士任邑令。明哲刚断，立心子谅，而行政猛厉。遇荒，有李某、甄某被强暴纠党破门掳掠，率役擒治，匪徒屏迹，良民获安。据《续志》修。

李瑞麟，江西人，乾隆三十四年（1769）以进士任邑令。廉明勤政，案无留牍，到任数月，清结旧案不可胜计，民爱之如父母。调任南海，攀辕载道，其德洽人心如此。据《续志》修。

康基田，山西人，进士，乾隆三十五年（1770）任邑令。爱民崇学，以振兴文风为急，捐俸创建书院，敬延掌教，乐育多士。政暇，即与诸生坐谈今古，如师弟然，士林藉其栽培者甚多。据《续志》修。

詹昊，江西人，乾隆三十八年（1773）以举人任邑令。湛深经术，宏奖英流，试士公正，听讼平允，民歌颂之。升任琼南，政声一如兹邦焉。据《续志》修。

王暠，字百华，云南昆明人，进士，雍正九年（1731）由和平令调本邑。在

① 训迪：教诲启发。

② 苞苴：bāo jū，贿赂。古代行贿恐为人所知，故以草苇包裹掩饰。

③ 饘粥：稠粥。

④ 祖道：为出行者祭祀路神，并设宴送行。

任八年，实心为政，百废具举，修学纂志，礼接士人。海晏大隆峒，瑶籍也，文教未振。鬲考取邓振翼为首，卒为醇士，峒民由是向学。瓶峰山下有蛮陂头，危石壁立，前为锦被，荫山地高敞，泉隔不能至，田荒不食。鬲捐俸，鸠工凿山，开渠引泉，溉田千余亩。其子台，以监工乘马坠厓死，士人葬于城东月山冈，至今思之，附祀城西遗爱祠内。据张《志》修。下同。

李沄，字铁桥，浙江山阴举人，嘉庆十三年（1808）署邑令。才识过人，遇事明敏，胥吏不能欺，折狱明决，奸宄屏迹，未期月而去，至今民思之不置。

江涵暾，字笔花，浙江归安人，以进士出宰会同，嘉庆二十年（1815）调本邑。甫下车，即以剔奸厘弊，重士爱民为己任。时宁阳书院颓圮，涵暾捐廉重修。每逢课期，自设盘飧，与多士分题构艺，手定甲乙，重加奖赏，雅意造士，多所成就。南门外河向有津渡，而无桥梁，春夏水涨，行旅病之。涵暾捐廉，倡建石桥数十丈，以济行人。莅任五载，多有善政。

张文化，字治南，福建连城人，进士，道光十二年（1832）署邑令。居官清慎，息讼安民。初，邑中奸黠与差役相比，藉端诈民，文化为之厘革积弊，酌定章程，旋补饶平去。继之者不果行。至许令，乃蕃始勒诸石，以垂永久。去之日，士民攀舆送之。

王淳修，字雪樵，顺天大兴举人，宗室教习，署邑令。到任即培养士风，宁阳书院月课外，每五日课试帖诗二首。邑城关帝庙倾颓日久，捐廉倡修。治事宽严并施，不假手于人，衙役畏之。儒雅可风，至今士民咸颂不休。据《采访册》修。

李延福，字岳洲，云南文山人，进士，任邑令。以兴学为首务，奖励生童如授业师然。政简刑清，人颂生佛。事母至孝，邑人爱其廉明，以金为其母寿，悉不受不获，已承母命，将金倡捐，扩修邑属节孝祠，盖延福幼孤，赖母成立，故念之不忘。后由番禺任丁母忧，在寓所病故，一贫如洗，宁邑人犹合捐金数百送其子，为扶榇①费。

杨德懿，字彝甫，陕西武功人，进士，署邑令。到任数月，即闻佛山红匪起乱，德懿集邑绅耆到学宫，谒圣酌酒，誓众同心拒贼。及开平谭亚寿、司徒贞吉等肆据长沙，有贼党余表宦等数人过河到邑之荻海，树红旗，余姓绅士督勇，斩去红旗，即时捆送余表宦等二人到县正法。德懿遣武弁同乡勇防守荻海，及荻海被陷，退守蛋家山。是时，各乡起勇赴援，另择选黄、李二姓之勇入城守护，匪

① 扶榇：是指扶柩。

人旋破谢边等乡。至八月，大潦，匪乘间进攻蛋家山炮台，德懿复督乡勇力战，匪见不利，解缆即逃，其余匪不及回船者，尽浮水淹毙，夺获旗帜器械无算，匪自是不敢深入。遂焦劳成病，不起之日，尚声声呼灭贼不已。邑属无树红旗者，德懿激励之力也。士人建祠于邑城外西街王侯祠之西，附祀主簿宁坊、典史戚士清焉。

洪德方，字子龄，江苏阳湖举人，亮吉季子也，署邑令。咸丰四年（1854）冬到任，继办红匪善后事宜，极其周详。五年（1855），邑属大饥，斗米七百余钱，德方捐廉倡赈，并亲往广海、莘村一带有积粟之家籴归。在邑城设局济贫，一邑赖安。六年（1856）五月，客匪滋乱，因屡谕客绅，不听。又为文虔祷邑城隍神，词甚恺恻[①]，一秉至公。任后病故，停柩佛山，不得归。邑人在佛山应试，德方犹附乩说客匪奸谋，言之凿凿，真不愧诤臣之裔也。

王言，字纶如，安徽怀宁人，任广海主簿。和厚爱民，有政声。客匪诈投诚，潜复乱。言奉县移偕广海营，千总黄应祥到田稠防压，客匪突至，遂与黄应祥死之，俱附祀杨侯祠。士人葬言遗骸城东琴村北船山冈，岁时展奠焉。

饶继惠，字柳夫，湖南临湘人，同治壬戌（元年，1862）进士。宰宁邑时，政平讼理，尤以振兴文教为己任，所取士悉得真才。时蒋巡抚亲督诸军，剿办曹冲客匪，戎马杂还。继惠星夜奔走，推诚布公，为大军所倚重，事平不言功。又尝祷雨，素服步行，惨戚流涕，为民请命，竟得雨，其实心实事，有两汉循吏风，皆此类也。

苏潮，字亦韩，开平人，本省解元，司铎[②]宁邑。接篆未久，适值县试，邑令为福建黄恩贵。是时，有私憾于黄令者，乘各文童赴礼房买卷，造言鼓噪，势汹汹不可止。潮闻报，亲赴县衙，谆谆开导，始感悟散去。越日，黄令盛怒未息，拟通禀查办，又为之调停，查起事者数人薄惩之，事始息。邑令旋聘之阅卷，弊绝风清，请托不行，所荐拔皆真才。未几，卒于任，宁之人士无不惜之。

曾行崧，字幹臣，江西长宁人，甲戌（同治十三年，1874）进士，光绪五年（1879）莅任。性慈仁，不尚溪刻[③]。常悯民好讼，每临听，据案盘诘，随以温言晓之。狡健者，皆知畏法。逾月后，讼者渐希。居官廉平，不受私谒，时有官清民乐之颂。两校县试，皆贺得人。俱同上。

《新宁县志》卷十八，李维屏分纂，陈颐、赵佩文校字。

---

① 恺恻：和乐恻隐。

② 司铎：指掌管文教。

③ 溪刻：刻薄、苛刻。

卷十九　列传二

人物[上][1]

宋　元　明

宋

陈仲真　伍隆起　余汉老

元

雷　康　李　遇　罗蒙正

明

伍骥子良　雷　潜　陈善子复　李　时　伍省轩　林　樟　张　道

邝清隐　陈绍侃　李朝明　谢　立　彭　洁　陈善道　李　祐　李达弟越

李　充　余　伟　左　敬　王承宗　何　兰　刘天伦　蒋上钦　李名臣

周秉唐　赵对洲　高　翀　萧良辅　蔡崇芳　许大参　容维翰子文焳

罗彦俊　刘坚荣　伍于恺　李沾春　黄中美　伍兆鳌　蔡铠元　伍世标

陈言昌　伍绳武　赵家璧　陈　照　李宗源　李彦芳　李崇宽　容龙瑞

李思诚　伍伦炳　伍道明　李日新　赵宗仪　刘苑芳　李星一　陈其策

宋

陈仲真，德行都人。宋理宗朝为屯田校尉，与贼李猛龙屡战百峰山下，率二子希尧、希圣斩贼渠，贼败退。一日黑夜，仲真欲飨士捣贼巢，有受贼赂者，置毒酒中，仲真父子俱死。后于其地每见神异，土人祀之，禳疫多有验。道光间，敕封绥靖伯。据张《志》并《采访册》修。

伍隆起，三世事宋。高祖珉，高宗朝为岭南十三将，守南恩州。子朝凯，择文章里居焉，生子之才，仕至阳春尉。之才生宣德郎敬叔，敬叔生天麟，官至龙

① 据目录补。

井场提干。天麟生隆起。值宋季，帝昺舟次厓山，隆起以祖父三世受禄于宋，非死不报。于是贡米三万七千石。《厓山志》作“七百石”，《粤大记》作“七千石”。率乡民捍卫。时张宏范已入广州，民多附之。隆起力战，累日不沮，潜为其下谢文子所杀，以其首降元。丞相陆秀夫遣人收遗骸，以香续首，葬于文迳口山后。秀夫募得文子，戮之以祭。隆起墓，今人犹名其坟为香头坟，村为香头村。明成化间，厓山大忠祠成，祀隆起于东庑，题曰：“宋义士赠州判伍隆起位”。祀邑乡贤、忠义祠。据旧《府志》、王《志》《厓山志》修。

余汉老，字服休，德行都人，宋名贤余襄公九世孙也。宋末由韶州之广州，居宁阳。卒，葬儒林里虎山，子孙附山而居。儒林之派衍，亦足见襄公德泽贻流之远云。据《续志》、张《志》修。

元

雷康，(寿字)［字寿］仁，号惠民。武宗时乡荐，任琼州教授，却脩脯[①]，勤讲课。生平度量宽宏，恭谨逊顺。乡间有忤之者，概置不校，周恤贫乏，尤亟亟焉。据张《志》修。

李遇，号安所，李乔木七世孙。元延祐进士，官浙江宁台海道。《元史·百官志》有浙东海右道，无浙江宁台右海道。张《志》谓此恐有误，以出《府志》，故仍之。资性卓荦，才名冠世。在浙严绝苞苴，廑恤民隐，不徇私，不怯势，不念身名，兴利除弊，靡不为之。解组[②]日，浙人构祠奉祀，及家居乡里有争辨者，咸就质成，不入公庭云。同上。

罗蒙正，字希吕，其先江西庐陵人。父稽叔，游学至粤，遂家于文章都之斗洞。蒙正资禀秀拔，勤学强记。甫弱冠，从肇庆罗斗明学诗一载，悉得其诗法以归，名大起。时县尹沈寿创古冈书院，礼以师席，从游者甚众。承省檄为高州文学。顾嗣协《冈川遗稿》作“化州学正”。秩满归。至正七年（1347）遇开武功铨人，或劝其借注巡检，答以诗云：“儒冠不是将军具，只作当年措大看”。遭乱，避地羊城，馆于宪吏赵式家。式荐之，授南恩州教授。《元史·百官志》上、中州设教授一员，下州设学正一员。《地理志》南恩州为下州，此云教授，疑必有误。时州判吴元良亦文士也，素慕蒙正，一见欢如平生。元良有志并吞群丑，据有一方，欲用蒙正为幕宾。蒙正识其意，力辞不就，以诗谢云：“愿得一廛间养病，简

① 脩脯：干肉，旧时亦指致送老师的薪金。
② 解组：犹解绶，解下印绶，谓辞去官职。

编灯火伴青衿。”[①]未几，卒，元良礼葬之。有诗集数卷，格颇高，非元季音响。祀乡贤祠。据《府志》、张《志》修。

明

伍骥，字宏道。初祖正，汴人，宋末为翰林典章，扈跸[②]南渡，至广之厓山。宋亡，遂遁[③]居县东文章里。父仕达，元广州路总管。骥生两月而孤，及长，性孝友。兄骐以事谪戍辽阳，固请代行，不得。兄弟执别，哀动路人。常自京归，泊舟白沙浒，夜半忽闻水中有呼救声，亟起援之，乃一童子，询之曰："父，赣人，以罪全家没入，幸而得释，携吾母子三人附舟归。父病死，舟人图财，夜驱吾母子于江，母与弟死矣。吾以能浮，得不死，然彼必来追，恐不免。"骥曰："毋恐。"黎明，贼果至，绐[④]曰："平生止一子，堕水，救得者酬百金。"旁人利之，劝骥归其童。骥色拒之，随以童诣白沙寨白巡官，捕贼伏法。生平筑墓亭，增祭田，修家谱，敦本之事，无不备举。岁饥，捐粟七千石以赈，事闻于朝，有玺书、羊酒之赐，旌为义士。未及受，先卒。性好儒术，积书多至千卷。入祀乡贤、忠义祠。子良，性纯行洁，孝以事亲，喜施与。正统初，邑大饥，出粟赈济，全活甚众。敕旌义士，建坊焉。据张《志》修。

雷潜，字必升。明洪武二十四年（1391）丙子科中式，选任湖广京山县训导，升河南宜阳县教谕。秩满，升湖广辽府伴读。出仕四十余年，历事四朝。国尔忘家，所谓"不卑小官，进不隐贤"，必以其道者潜其人欤。据张《志》修。

陈善，德行都人。性喜著述，尝构小屋读书其中，扁曰："慎齐"。因以为号。景泰间，遭乱，在流离中犹事吟咏，著《经由录》载乱由，每事辄系以诗，其辞质，其情核。子复，登成化甲午（十年，1474）乡荐，历富川、崇善二县令，有善政，为民歌思。尝著《养浩诗集》，年百岁。据王《志》修。

李时，字子中，成化时人，宋尚书乔木后裔也，世居文章斗洞。聪慧笃学，娴文艺，孝友仁恕。及膺岁荐，潜迹邛园，以义方[⑤]教子。遇乡党族邻困急，尝周助焉。行谊纯懿，诚士林之杰出者。同上。

伍省轩，字汝寅，骥孙。少为诸生，博雅好学，崇儒重道。尝延白沙陈献章

---

① 青衿：青色交领的深衣。周朝学子和北齐、北周、隋唐、两宋国子生的常服。《诗·郑风·子衿》云："青青子衿，悠悠我心"。借指读书人。

② 扈跸：hù bì，随侍皇帝出行。

③ 遁：通假字，通"遁"。

④ 绐：欺骗，欺诈。

⑤ 义方：合乎正义的道理。

至家，教训子弟，与相处者十余年，称为莫逆交。后白沙有诗寄之，《白沙集》未载也。诗曰：

万家烟树绿围庄，一水潆洄[①]溉斗冈。

韦曲应知来杜老，天台无计宿刘郎。

柳条学弄春风暖，花气浓沾晓露香。

寄语浔阳诸酒伴，明朝将尔倒诗肠。据张《志》修。

林樟，字挺之，白沙弟子也。岁贡京师，白沙以诗送之。诗曰：

乖崖救火出人间，造次来分太华山。

收拾如今到山处，明朝不见藕如船。

官终蒙化府经历。据张《志》修。

张道，古潯州人。弘治中，道甫数岁，其父纪从征西贼，遇于北流之狐狸山，力战死之。道稍长，母朱氏告之故。道泣请于母曰："吾父阵亡，无愧于臣矣，道不能葬父，何以为子？"遂辞母，不远千里赴战所，果获父骸以归。事母尽孝，母卒，庐墓三年，哀慕之诚，终身不忘。据张《府志》、王《志》、许炯《孝感记》修。

明许炯《孝感记》：柳子厚志赵来章事言："孝之通神"。吾读而怪之。今潯州之间，盖有张氏子云。张氏名道，其父纪，字元璧，弘治中死于王事者也。初西贼之兴也，抚臣以东师讨之，元璧以总旗从征焉。遇敌于北流之狐狸山，力战而死，同行马千里者，收尸藁葬[②]之，怒气勃勃如生，咸唧唧曰："壮士！壮士！"时道犹妊也，母朱氏誓不他适。已而生道，甫数岁，母告之故，即涕泣曰："安有为人子而父无葬地者乎。"谋往求之，母以其孤也，弗之许。久之，知马千里之葬其父也，潜往拜之，恳以同行，马已老病，北流往返且二千里，诚惮于行，道不能强贲，志数年未尝顷刻忘也。

一夜，忽梦丈夫跣而踞，呼名而告之曰："而忘而父之尸乎？"即跪泣曰："不敢忘，特未知吾父死所耳，幸长者示之。"其人告曰："狐狸之山，枫木之旁。"因惕而觉，其妻怪之。旦，整衣冠，跪告其母曰："儿梦如是，殆吾父之灵也，儿将诣马翁验焉，死且必往。"母哀其诚，许之。至马翁，言其梦。马以其神也，虽老病，颇发愤，亦许其行，遂偕抵北流之狐狸山。

① 潆洄：也作"潆洄"，水流回旋的样子。

② 藁葬：草草埋葬。

时黄埃[1]白骨，断云落日，凄迷于苍莽间，茫无稽志，而马以岁年之久，且弗能悉矣。道恸哭再拜，吁天自誓。忽有老妪徐徐而来，问其所以，告之故，曰："吁而非弘治之陷者耶。"曰："然。"妪遽曰："此吾田也，吾知之。畴昔之死者，吾家以其金甲之异也，意其达官贵人，既而改瘗之枫木之下矣。"道闻枫木语有验，遂从而启之，则骸在焉。道泣而拜曰："吾闻之父子气通者也，其血渗漉[2]而入，他人则否。西征之役死者，不独吾父也，安知不为伪乎？"因啮指滴之，入。道曰："是矣。"遂抱以归，改葬而追服焉。甫九月，而母继卒。哀毁骨立，人以为难君子，曰："忠孝之际，难矣哉。"夫以元璧之死也，所谓执干戈以卫社稷者，可不谓忠乎？母之孀也，几三十年，可不谓贞乎？道之诚也，通于神，可不谓孝乎？三者有一焉，足以立于世矣。而张氏咸有之，是何张氏之多贤也哉？予故表而出之以劝为人臣、为人妻、为人子者。后之观民风者，亦或有采焉。

邝清隐，德行都人。志气慷慨，有侠士风。正德间，温边白石盗起，兵备王大用来征，遣清隐同北坑黄廉圃、东坑黄天禄、尘禾田李伯元等赴贼所宣谕招抚。时贼渠许车保抗命，清隐仗义声罪，遂被难，同死者九人，兵备恸之，旌为九节云。据张《府志》、王《志》修。

陈绍侃，字文直，甡峒都人。弘治戊午（十一年，1498）设县，首补邑庠生。正德间，广西贼谢志山等作乱，县贼响应。时广海游击与绅士谋，以绍侃才略，令解粮给军。中途遇贼被掳，绍侃曰："吾宁义死，不敢偷生。"贼杀之，收遗骸不可得，乃葬其生平指甲、衣裳于官兜之原。据张《志》修。

李朝明，字君表，文章都人，增广生，性孝友。嘉靖乙未（十四年，1535），饥，罄廪为赈。父仲行，为盗掳去，明赴赎，涕泣横流。粤盗劫质，虽得财，犹戕生口以泯迹，至是感动，且悉其父子素长者，遂释之。督学林云同褒之，谓其孝感盗焉。子挺，肇庆庠生，亦孝友仁厚，有父风。据王《志》修。

谢立，字朝卓，德行都人。生而颖异，笃学不倦，未弱冠，首擢邑庠。事继祖母惟谨，周人之急，每叹力不从心。嘉靖间，由明经任建安训导，其学以朱子为的，立科条训士，升太平教谕，赏识皆名士，有藻鉴[3]之誉。转宾州学正，致仕归。生平严义利，饬行检，明伦理，造就人材，厥功为多。据《府志》、王

① 黄埃：黄色尘土。

② 渗漉：液体向下滴流。

③ 藻鉴：藻鉴是指品藻和鉴别，引申为担任品评鉴别人才的职务。

《志》修。

彭洁，字子澄，德行都人，嘉靖癸丑（三十二年，1553）贡生。富经术，敦静寡言，选授漳州府训导，升南平教谕。凡所为教，遵儒先成法，不屑屑言语文字，专主敬修，为诸士先，每藉制义，讲濂洛关闽[1]之学。翰林蔡文尝谓：其醇正似程伯子，讲经似张横渠，作人似胡安定云。同上。

陈善道，字汝敬，德行都人。嘉靖间以选贡任瑞金训导，师模教规，多所著闻。升鲁府教授，念母九旬，致仕归养。佥宪邵时敏奖其笃于孝行，可为世风，扁曰“纯孝”。尚书湛若水扁其堂曰“戏彩堂”。母终，倚庐毁瘠[2]，终制焉。据王《志》修。

李祐，字元老，文章里人，宋尚书李乔木裔孙也。性醇朴正直，事亲孝，教子严，尤勇于济人之急。立书田，以优嗜学者，遇荒先行赈。石鼓叛寇过其里曰：“此里长者宅，戒勿入。”布政章拯临县大征，即善民多有罹罪者，仇家指祐邻社三人为盗，拯捕之亟，祐切切称三人冤，曰：“脱有私，愿以三子偿。”拯怒曰：“吾即戮之。”曰：“秦殉三良[3]，人百其身，三子安足惜？”拯始悟，三人卒得释。其仆日与富民殴，夜中风死，众哄然起，富民畏而遁，托客馈百金求息。祐挥金不顾，亟棺而瘗之，寝不以言。尝建万遂、永康二桥，造凹背、乱石二路，行人利之。据张《志》修。

李达，字士通，文章都人，宋尚书乔木十四世孙。祖坚操，父勉修，俱有潜德。达性温貌伟，言讷动迟。嘉靖间，由岁荐司训汀州，升铜陵教谕，转福宁州学正。造士有方，常署州篆，门绝苞苴，清白自矢。荐剡[4]交腾，竟辞官归。卒，年八十有三，与弟越称二难焉。越，字士卓，性孝友，制行端方，嘉靖乙卯（三十四年，1555）岁贡。时邑有大征，往往诬及善类。越力白诸当事，所救甚众。司训漳浦七载，博学善教，规范端严。督学姜宝檄修邑乘，文核而公。时岛贼张琏寇漳浦，邑令龙雨委策于越，防守有方，城保无虞，邑民德之。寻升教授，致仕归。卒，年九十有五。妻伍氏，年九十有三。据王《志》修。

李充，字汝辉，平康都人，性至孝。嘉靖间贡入京师，肄业。后任仙游训导，升长兴教谕，悯恤寒士，岁腊馈遗，靡所受，士心允服。寻升教授，致仕，卒。据王《志》修。

---

① 濂洛关闽：濂指濂溪周敦颐，洛指洛阳程颢、程颐，关指关中张载，闽指讲学于福建的朱熹。

② 毁瘠：因居丧过于哀伤，以致身体瘦弱。

③ 三良：三贤臣，指秦穆公时的奄息、仲行、针虎。

④ 荐剡：jiàn yǎn，指推荐人的文书，引申作推荐。

余伟，字彦恒，德行都人。少苦学，以春秋补邑弟子员。性孝友，事继母维谨，而于二兄亦恭敬。嘉靖间，例行荐扬①，公举于官，伟以母老固辞。晚益务义，邑令揭廷植优给冠带，请正宾筵。卒，年八十有三。据王《志》修。

左敬，字士英，广海卫人。少耿介冲朴，尤工于诗。隆庆间，由岁贡司训南靖，历惠安教谕，转梧州教授，所至以忠孝廉节倡率诸生，周其乏，辨其诬，归老于家，举亲族之葬者十余丧。据王《志》修。

王承宗，百户永爵子。性敏好古，补邑增生，后袭父职，升副千户，掌所印。嘉靖间从征茅舍、石鼓等寨，斩获多功。隆庆辛未（五年，1571），倭犯邑城甚急，承宗力战，城赖以全，当道廉其能，委署海萠所印。比告老家食②，益修德让，凡四正③宾席，羽林罕有，年九十犹矍铄云。据张《志》修。

何兰，字斯馨，嘉靖间袭职，从征会宁巨寇，攻八角台砦，生擒贼首廖四福，推本千户所。隆庆三年（1569），倭寇突境，兰守广海卫南城，刁斗戒严。四年（1570）正月六日，贼由西城袭入，兰御之城下，斩杀相当。贼围之数重，血战创重仆地，家丁何二骚负归，夜半，死。同上。

刘天伦，世袭指挥也。领兵柘林，大战倭贼于东垄，奋勇冲锋，遂及于难。副使林公，《郡国利病书》："嘉靖三十年（1551），倭寇潮州，海道副使林懋举闻报先往。"此林公疑即其人。嘉其死于王事，致祭优恤，以慰忠魂。据王《志》修。

蒋上钦，字思敬，百户蒋举次子，少颖悟，好古。隆庆丁卯（元年，1567）举于乡，任高阳教职，以才名推重于时。丙子（万历四年，1576）分校闽场，所拔多知名士。升梧州节推④，纪功无私阿，折狱多所平反。转云南府同知，奉委清丈，不畏豪右，士民爱慕之。野宿视事，以劳致疾，卒于官。遗令前后所得俸金，买置田产，与兄弟共之，名曰"义产"。据《府志》、王《志》修。

李名臣，原籍山东平原人，祖广海卫指挥佥事。隆庆元年（1567），降袭本所正千户。貌魁伟，谙韬钤⑤，视官如家，视卒如子，掌所二十余年，军民赖之。性尤孝友，内外无闲言，年几艾，卒于官。

周秉唐，隆庆间袭百户职。倭犯城，秉唐战死，暴尸二十六日，骸具不全。同时有王贞者，亦死国事，均奉诏优恤。同上。

---

① 荐扬：推荐赞扬。

② 家食：不为禄仕而自食于家。

③ 四正：古代行射礼时，举正爵以献宾客。

④ 节推：这里指推官，掌勘问刑狱。

⑤ 韬钤：古代兵书《六韬》《玉钤篇》的并称，后因以泛指兵书，也借指用兵谋略，武将。

赵对洲，浮石人，善属文。明隆庆六年（1572），被贼掳之下船，使掌文案，不从，骂贼，遇害。盖文士而有节操者。据《采访册》修。

高翀，字凌表，广海卫人。性颖悟，好学博古，补邑弟子员。隆庆间，倭陷卫城，翀痛父母兄弟沦丧，绝意功名，蠖伏[①]田野，捐石造十余桥，行不病涉。又助地建明德馆，儒林佩之，里闾争论，多就质平焉。据王《志》修。

萧良辅，字元佐，敏而能学，补增广生，屡试不遇。倭攻邑城，尽出所藏以食守者，城得无虞。父所遗产以瘠自子而以肥子弟，或有僦其田与居者，累年不责逋，咸号长者云。

蔡崇芳，字元惠，文章都人，隆庆时补邑弟子员。履绳蹈矩，足迹不入公门，屡为督学优奖。岁或饥馑，芳分粟赈之，多所全活。构馆课族中子弟。既老，邑令延正宾席。俱同上。

许大参，字思赞。年十四，痛父早逝，哀毁骨立，每遇忌辰，先期而泣，虽祭毕，犹弗止也。事母孝，得新味，未奉母，不敢入口。恭于兄，身代艰劳。勤志力学，以恩贡授博罗训导，定课程，勤督教，科甲名士多出其门，擢兴宁教谕，卒于官。据王《志》修。

容维翰，万历戊寅（六年，1578）选贡，授南雄训导，升广西浔州府教授。以不郊迎巡按御史钱见赏，试观风，文又工，与之谈，大器之。前后署桂平、平南二县事，有所平反，与署府事林，不相能，三辞邑事，不允。会钱以抗疏去，遂归，构一草亭，松竹环之，徜徉林野二十余年。子文埏，字虚白。性洁行方，文笔高古，登万历癸卯（三十一，1603）贤书[②]，由教谕升广西永淳令，政尚宽简，清介自守。解组归来，行李萧然，以诗酒自适，邑令余应郊景其高风，聘修邑乘。

罗彦俊，字周辅，文章都人，万历间岁贡。王《志》作“选贡”，今据选举表。授翁源训导，调镇江学。值岁饥，士业将废，彦俊捐俸助之。晋象州学正，署柳城三月，瑶俗丕变，教授南康，入白鹿洞，讲紫阳之学[③]。时中贵[④]气焰赫然，彦俊独守正，为士风倡，节推林学曾壮之，荐于朝。值林去任，遂归。

刘坚荣，字诚宠，文章都人，万历癸未（十一年，1583）岁贡。初授永嘉训

① 蠖伏：如尺蠖之屈伏，比喻人不得志。

② 贤书：贤能之书，谓举荐贤能的名录，后因以“贤书”指考试中式的名榜。语本《周礼·地官·乡大夫》：“乡老及乡大夫群吏献贤能之书于王。”

③ 紫阳之学：南宋理学大家朱熹自号“紫阳”，后来学者称朱熹为“紫阳夫子”，将其创立的闽学又称为“紫阳学派”。

④ 中贵：中官、宦官，泛指皇帝宠爱的近臣。

导，寻转广宁卫，至则敷陈[1]伦理，身饬课程，士有薪水未给者，辄助之，多士彬彬奋兴。中丞赵某荐之，晋南监典簿。逾岁，卒于官，年六十八。祭酒冯梦祯、黄汝良最惜之，以后事属杨起元、梁鹤鸣经纪之。

伍于恺，字亦恺，文章都人，生而颖异。初从父宽宦高凉学，年甫十四，补弟子员，改本庠，下帏发奋，五试不弟。万历间，由岁荐授福安训导，雅意作人，按院陈以貌朴行方，学正教勤，奖之。

李沾春，字允魁，文章都人。与弟沾乾俱岁荐，而沾春尤孝友谨饬，为士林推重。司训上林，两摄罗城县事，以文学饬吏治。及升教授，念母，遂归养，朝夕承欢，不离膝下。母年四十有四，卒，守柩三年，思嗜哀慕，闾里称孝焉。

黄中美，字尚尧，德行都人，为诸生。孝友彰闻，学道屡旌。万历间由岁荐，历官南雄训导、贺县教谕、福建镇海卫教授，以礼义廉耻为诸士先，当道重之。迨解组归，于贫乏多周恤焉，念业师叶齐蓁无嗣，为置尝田以存其祀，其笃谊，尤不可泯云。

伍兆鳌，字名高，文章都人。性淡静，博学潜修，孝友之行，屡旌于督学。膺万历乙卯（四十三年，1615）岁贡，高隐不仕，尝出粟以周乡里贫乏，邑令重之，膺乡饮者十三行。年九十，好学不衰，德修弥邵。

蔡铠元，字振孝，文章都人。性孝友，年十六，居父丧，哀毁骨立，事母孺慕，初终如一，恭友兄弟，式好无尤。好学，博极群书，六试不遇，及膺岁荐，隐居教读，足迹不至公门。寿七十七终，所著有《谷诒录》《寤言录》。俱同上。

伍世标，字际五。博洽群书，品行端方，未弱冠，补弟子员。食饩廿载，以贡士老，潜居高尚，究心实学。据张《府志》、王《志》修。

陈言昌，教授善道子也。笃学好古，以礼义自守。万历间，邑令命督工修学，言昌捐木百余，邑令嘉其功，闻于上，给冠带。据王《志》修。

伍绳武，字宜文，万历辛丑（二十九年，1601）举人，选浙江平阳县令。浙俗多溺女，凡将娩者，皆以木桶贮水，娩后，自长女外尽置于桶而淹之，绳武出示严禁，且作《戒溺女文》以晓谕之，俗为渐变。据张《志》修。

赵家璧，字城易，矬峒都人。性倜傥，不治家人生产，登万历乙卯（四十三年，1615）贤书，因早孤，寸帛不以加身，诚心质行，与人无饰貌。年且五十，无子，养族子为嗣，未几，卒。继妻王氏年少，族属欲夺其志，泣曰："吾不难从君子于地下，将置此儿于何地？奈何欲狗彘我乎？"其坚贞如此。据《府志》修。

---

① 敷陈：详尽的陈述。

陈照，字廷光，广海卫人。长身阔步，肮脏有大节。年甫十二，孝事孀母。生平睦族敬士，建桥修路，见推乡闾。万历间，由邑庠袭指挥使，升广西庆远守备。捐赈河池、宜山、荔波州县，所活甚众。都阃[①]闽中，参将西粤，奉命援黔，以剿平安邦彦功，升广州海防副总兵，剿抚番禺、清远、增城、从化、龙门山寇，御史荐之，署广东总镇。会闽寇刘香老犯省城，照迎战赤冈，焚舰擒馘，升四川松潘镇总兵。据《府志》、王《志》修。

李宗源，字亦源。天启甲子（四年，1624）岁贡，任兴化府训导，升闽县教谕。谨身饬行，以表率多士。未几，谢事归。性慷慨，敦大节，人有颠危，极力拯济。时有议开山烧炭者，宗源止之，民赖以安。

李彦芳，世居矬峒莘村。性至孝，视膳承欢，居丧尽哀。友于伯兄，割己田五十亩以为尝祀。丧偶四十余年，不再娶。岁歉，出粟以赈饥者。好读书，耽吟咏，有诗集行世。崇祯甲戌（七年，1634）卒，年九十有六，祀乡贤祠。俱同上。

李崇宽，德行都人。幼失恃，育于继母，既长以孝闻。性好施，拯贫济弱，惟恐不逮。乡里称之，歌咏成帙。著有《孝慈赈恤录》。据王《志》修。

容龙瑞，字国桢，海晏都人。性倜傥，负大节。时值兵荒，僵莩[②]横道，佣人瘗之。村人获罪于里豪，里豪萋菲[③]其乱状于总兵，将潜师以讨。乃绐统兵者，陈不可轻袭状，统兵者然其言，大张军声，鼓角[④]而进，乡人闻逃，活甚众。有司举乡饮，尝一当宾席，后辄谢不往。自是不履城市，优游泉石终身焉。

李思诚，德行都人，家贫而好行善。时值岁荒，遇人有饥色，痛若切身，宁不自饱，或分钱币，或赈饼米。遇除夕，凡家贫乏灯无赡者，辄馈油肉，人或问其姓名，皆不答。先是，有宦宁者，卒于官，瘗骸东郭。思诚念孤魂无依，遇岁时、伏腊，恒往致祭。雅谊高风，郡邑嘉之，给冠带焉。预知卒期，衣冠而逝，年九十有一。子日升，邑庠生，有父风。孙立湛、德坚，皆能守家法。

伍伦炳，字瑞常，文章都人。少慷慨，不苟然诺。尝以余赀贷人，不责偿。建桥济众，出粟赈饥，无德色。养鱼种花以怡情，所与往来，门无俗客，其好义自得如此。俱同上。

伍道明，字应韬，文章都人。资性和平，尚义好施，焚券舍棺，恤孤济贫，乡闾共推长者。其族祖汝梅，陈献章友人，光宇之大父也。献章额其祠堂曰“永

① 都阃：统兵在外的将帅。

② 莩：同“殍”。

③ 萋菲：谗言。

④ 鼓角：军中用为号令的两种乐器，夜则用以记时打更。

恃堂”，并为之记。岁久祠坏，道明捐金助修之。子如璧，伪隆武乙酉（元年，1645）举人，戊子（顺治五年，1648）、癸巳（顺治十年，1653）两遭岁饥，出粟赈济，多所全活。著有《涉趣园诗稿》。据张《府志》、王《志》修。

李日新，字道远，文章都人。性醇朴，敦孝友，敬事继母，义训诸子，尤喜施与。戊子（顺治五年，1648）、癸巳（顺治十年，1653）两遭岁荒，分粟赈济乡里，多赖全活，然未尝形德色。妻吴氏，寿至九十有九。长子运贞，膺岁荐，年几七旬，依膝下焉。据王《志》修。

赵宗仪，海晏人。父友经，母陈氏。贫无立锥，宗仪自孩提即能承膝下欢。及壮，教读所得月米，负归养亲。自给日不满升，间有馔以酒食者，不敢饱。久之，门人乃知其为亲茹苦也，众服其孝，于月米束脩加厚焉。亲有病，衣裳不洁，澣濯[①]必亲，孺慕[②]之诚，终身不衰。同上。

刘苑芳，字成学，文章都坑口人，充邑庠生。慷慨好施，亲朋族党莫不周恤。天启间，海贼流劫文章、德行沿河诸村，邑令刘轩孺督勇捍御，令苑芳协办乡团。贼遂遁，诸村赖之。崇祯丙子（九年，1636）举于乡，旋卒。兄弟五人，俱列庠序。据《采访册》修。

李星一，字继硕。生之夕，母见一星坠于房，遂以为名。崇祯己卯（十二年，1639）举于乡。性豁达，谙兵略，广结纳，与东莞张家玉、顺德彭耀善。甲申（崇祯十七年，1644）之变，集兄弟起兵勤王，闻家玉拥立唐王，投袂起赴之。伪隆武二年（1646）十二月，星一监督水陆江西道监察御史。未几，大清兵入广州。永明据肇庆，命星一往三水招兵，会陈邦彦以师溃至，乃与邦彦协力赴阵，不知所终。子孙以衣冠葬焉。据张《志》修。

陈奇策，文村人。永历初，加凌海将军，与虎贲将军王兴相犄角，出入文村、下川间。永历四年（1650）十一月，广州破，南海生员霍达芳从陈邦彦起兵，为中军，授兵部司务走投，策厚相结纳。策与王兴分舟师数百人，使往来海上，为游兵。时靖氛将军邓耀屯龙门岛，在钦州海中。所集有两郡王、一巡抚、六部监司，知府以下，策常西援之。大清耆定[③]，不知所终。据《府志·屈土煤传》《岩野集》《采访册》修。

《新宁县志》卷十九，黄子元分纂，陈颐、赵佩文校字。

① 澣濯：澣，huàn，通假字，通“浣”；濯，zhuó，意为洗涤。

② 孺慕：对父母的孝敬。

③ 耆定：平定。

卷二十　列传三

人物[下][1]

国朝

陈王道　赵　陞　陈宜生　赵同炳　伍云灿　陈璇弟瑚　伍家苑　冯　俊
余生直　梅命夔　赵彦统　区体君　刘定元　李万年　李假山
陈遇夫子瀚，孙之桐，曾孙司燿、司炳　李　成　李为泷　雷浩然　雷日进
伍道沛子圭之　李　郁　李邦彦　伍允瑞　余传现　赵季锡　李文曜
蔡　重　甄崇德子松年　邓振翼　余中和　陈文伯　赵友和　李元湖
林　楚　许熙霖　刘万选　赵　瑛　李挺秀　伍质文　赵元应　容炎星
黄永弼　雷　泽　李华芝　黄文卓　余兆齐　马敦仁
余德理子廷濬、廷润，孙福康　梅树勋　刘云鹏　蔡耀南　黄树模　马瑞占
陈正　黄士元　伍廷珍子逊之　伍直光　李秉钧　谢鹤年　赵上宾　容休光
陈葵苑子兆松　陈清瑞　赵树蕃　陈修福　黄绍汤　余家相　陈其镇
伍腾津

国朝

陈王道，海晏文村人，与明天启四年（1624）秋赋。明社既屋，土贼蜂起，王道乃倡筑垣墉[2]如城，环乡四周以为固。当是时，有王兴者，短小精悍，号绣花针，奉永历年号，聚众至数千人，攻近海诸乡。顺治十一年（1654）春，屠大隆峒，劫货财，掳妇女，酷甚。至是来攻文村，王道率乡勇三百人御之，且为乡邻援。兴患之，攻数月不下，乃计诱之，锢居北泥，欲降之，王道骂不休，且曰："吾为杲卿死，毋为李陵生也。"兴更厚以宴礼，而王道不屈如故。兴党谋曰："王道所系怀者，文村耳。既屠文村，彼将焉怀。"兴于是环攻益急，遂破文村，王道闻之，口占曰："赤族无能除寇害，黄泉有路话乡愁。"即缢死。子四人，三际昇同被害。据张《志》修。

赵陞，一名友敬，海晏都人。顺治甲午（十一年，1654）以后，山贼扰攘，

---

① 据目录补。
② 垣墉：垣墙。

屠毒乡里。己亥（顺治十六年，1659），陛谒平南王，慨然以除奸安良为己任。王授以官，与拜他喇布勒哈番[①]吴廷桂同管海晏场务。康熙癸卯（二年，1663），领兵往黄竹湖御寇。甲辰（三年，1664）授章京职。丙午（五年，1666），大兵剿碉石花山贼，升奉命运炮药诣军营，屡纪军功，既而退归田里。时值展界，己酉（八年，1669）与王府官余德义往海晏场，募人煎盐，给资开垦，一都安之。据张《志》修。

陈宜生，字仲义，明总戎陈照次子。顺治庚子（十七年，1660）岁贡，授合浦训导。性孝友，父丧，擗踊[②]几绝者再，寻扶柩还乡，奉母梁夫人家居，甘旨备养。遭析边兄弟五人，家口数十，妹归于夏，食指[③]亦繁，皆宜生拮据养聚。康熙壬子（十一年，1672），葬祖母赵及父总戎，备极劳瘁。其于族人亲党贫不能葬者，皆有以解赠。任训导时，却贽脯，勤月课，未几，卒于官。子日任，拔贡；孙国光、国济、国勷，皆有声黉序[④]。据王《志》修。

赵同炳，字公耀，海晏都人。性至孝，八岁失怙，事母甚笃。顺治庚寅（七年，1650），年甫十四，王兴攻乡村，奉母避居陡门，行佣以供甘旨[⑤]，继又避于鸡笼山。母丧，哀泣几绝，常恨不得终养。康熙二年（1663），行迁界令，有在界外未及迁者，俱以犯禁，坐重刑，炳奋不顾身，白诸当事，所存活甚众。展界后，田地荒芜，粮务烦重，炳分田给种，俾粮役无缺，族赖安堵。据《府志》、王《志》修。

伍云灿，字道平，文章都人。幼擢邑庠，历优等，后援例就州同衔，家赀颇饶，修桥造路，焚券捐租。辛未（康熙三十年，1691）谷贵，减价招粜数十日，邑之艰食者，赖焉。丁丑（康熙三十六年，1697）旱，捐粥以饷饿者，邑令闻于藩司，旌以扁，曰“周急维桑”。性好结客，有园在台城之西，无事与二三知己莳花饲鱼，徜徉自适而已。据王《志》修。

陈璇，字尔玉，弟瑚，字尔重，海晏都人。顺治乙未（十二年，1655）六月，王兴破（汶）[文]村，屠戮乡人，踞为巢穴。当兴入乡时，乡人逃窜，璇父琼杰病，将属纩[⑥]，璇年十二，瑚年九岁，独守床前，遣之不去，曰：“父在，儿将焉

---

① 拜他喇布勒哈番：清代爵名，顺治四年定名，乾隆元年定汉字为骑都尉，满文如旧。

② 擗踊：捶胸顿足。形容非常哀痛的样子。

③ 食指：比喻家中人口。

④ 黉序：古代指学校。

⑤ 甘旨：甜美，美味的食物。此处指赡养母亲的食物。

⑥ 属纩：古代丧礼习俗之一。病人临终前，用新的丝絮放在其口鼻上，察看是否还有气息。属，放置；纩，丝絮。属纩也为“临终”的代称。

往？”父曰：“能逃生，即为孝子，吾旦暮人，俱歼无益也。吾与三圣寺僧为道友，奔之当救汝。”二子急奔僧，哀求为父延寿，僧曰：“此何时也。”二子欲返，僧力止之，且削其发，合以师徒相呼。贼礼佛，见而疑为陈氏子，幽于别馆，僧阴掷饴饼三日。贼以酒肉试之，二子俱合掌念弥陀，不食，遂得免。僧乃夜缒二子，走别所以脱难。父痛二子之奔僧也，不欲以残喘累二子，匍匐出门，不知所终。二子每以不得父骸骨，触念，即不欲生。展界后，以奔僧，父命也，脱难，僧力也。因造佛奉事，持长斋，每逢奔僧日，泫然曰：“吾兄弟以此日逃生，吾父以此日死别。”终日向隅，水饮不沾，终身如是。瑚持斋尤力，年九十四，无病而逝。璇终亦年八十二。

瑚子昆璧，监生，性严毅。展界后，户口未复，钱粮亏欠。县令每户取一人当里长，以催粮。璧年十八，膺是任，同事多逋负受责，璧独不少缺，令器之，使为族正。四十余年，持正不阿，别族之事，多仰处断，一时奸匪潜踪。设法救荒，人多德焉。璧次子位宾，监生，存心恺悌，疾恶如仇，亦有父风。据《补志》修。

伍家苑，字京扬，山前乡人。顺治中，贼伍道昌为乱，远近被害。家苑方弱冠，竭力捍御，比乡赖之。贼又伪为相爱，馈粉餈[1]于乡人，家苑疑之，与犬，犬毙，疾登高鸣金传呼，乡人无中毒者。顷之，贼益众，势不能支，率众去之。寓居邑城，诉于当道，当道以治他贼，未遑也。贼要于中途，几为所害。康熙六年(1667)，导官兵平之，乡人始归。邑令姜朝俊额其门曰：“岭南人瑞”。年九十七，卒。据张《志》修。

冯俊，字荣昌，矬峒都人。由广海寨把总补顺德千总，署中营守备。康熙十八年（1679）十二月，海贼犯境，力战阵亡，赠都司佥事，荫其子一人为卫千总，给全葬银三百两，颁发祭文，遣官致祭，入祀忠义祠。据《府志》、王《志》修。

余生直，字上宽。喜读书，慷慨好义。贼首余富彦肆行掳掠索赎，有贫不能应者，直多方营救，存活七十余人。叠遇岁饥，出谷以赈，复贷产，倡捐社谷，乡人多赖以苏。他若建桥施棺，口碑载道，其后裔特盛云。据《府志》修。

梅命夔，矬峒都人，康熙丙午（五年，1666）举人。年十四，父殁，哀毁骨立，见者怜之。任新贵令，革陋规四十条，民情欢戴，旋里授生徒俨同。寒士熊姓赂田三百亩，有所请托，却之，其廉介如此，祀乡贤祠。据《府志》、王《志》修。

---

① 粉餈：fěn cí，用稻米黍米之粉做成的食品，上粘豆屑。

赵彦统，字石城，世居浮石村。膂力过人，手运夹叉四十斤。康熙间，浮石之东有贼钟吉生，西有伍茂，剽掠乡里。彦统募乡勇，筑垒堡，为一方保障，乡邻或谢以金，不受。后官广州，出海捕贼，遇莘村李绥仰、绥成兄弟为贼所劫。彦统驶舟杀贼救之，绥成已死，绥仰以重赀谢，亦不受。及守顺德马宁，海寇充斥，彦统亲冒矢石，贼徒畏之。后归田，马宁人建庙江干以祀。据张《志》、顺德何天应《西山庙碑》修。

区体君，康熙时人。先是，沿海邑因郑寇迁界，体君年八岁，随父母播迁，无以自给。父瑞仓，屡欲卖之，体君涕泣依依，愿负刍以养父母。父亡，越二年复界，奉母萧氏负父骸归里，寄村左郊场冈大树下，越月，蚁负土成坟，遂葬焉，至今称为“孝子坟”。同上。

刘定元，字玉恒，文章都坑口人。弱冠补弟子员，性坦直，好施与。康熙初年，邑中盗起，焚劫诸乡，加以水潦，民甚困苦。定元出粟济饥拯溺，民多赖之。长子传千，字伦亿。性尤豁达，风度宽宏。游幕广西，流寓桂平，都人士延讲书院。由浔州郡庠得膺选拔，历任富川、阳朔训导，转升南宁府教授。所至拔恤寒畯，凡有馈遗，却之。以忠孝廉节躬率诸生，士风翕化。卒，年七十六。次子传焕，次传洙，次国俊，孙圣彬、宏仁，俱由广西进庠。据《采访册》修。

李万年，字松庵。生而颖悟，年十三能诗，二十一补弟子员，踰年食饩。康熙己酉（八年，1669）秋闱拟元，旋舍之。壬子（十一年，1672），乃中副榜，县令聘主义学讲席，生徒数百，贫不能学者，赡之，成就甚多，一时门下士领乡荐，应明经科者，指不胜屈。生平不事家人生产，砚耕所入，散诸亲串之贫不能炊者，岁歉以食翳桑。性孝友，抚幼弟，以兄兼师，卒致成立，操行谨饬，人有失则曰：“某先生得毋闻乎。”其见敬于人如此。据王《志》修。

李假山，字瑶岳，文章都人。康熙辛酉（二十年，1681）举人，官山西阳曲知县，礼士爱民，革火耗，禁科派，名誉焯然。以母老归养。己卯（三十八年，1699）复任浙江宁海。壬午（四十一年，1702）分校，得人为盛。归田后尝出粟赈饥，邑令宜思让扁曰：“周急维桑”。年七十有二，卒。据张《志》修。

陈遇夫，字交甫，𨹧峒都人。中康熙庚午（二十九年，1690）科第一人，久之，当谒选，自以垂老不愿仕。雍正元年（1723）诏举孝廉方正，姜合荐之，遇夫力辞。生平洁身砥行，敦崇礼节，捍患济穷，淹贯载籍。撰正学，续以明汉唐诸儒学统，相承未尝中绝。重编杨起元所辑《白沙语录》，以明陈献章之学，由博返约，非堕禅悟。别有《诗文集》《史见古今文》《词诗赋》《见迂言》等书。年七十一，卒。子瀚。据阮《通志》、王《志》修。

瀚，字本深。性至孝，居丧，哀毁骨立。幼颖悟，稍长，通六经子史百家，以书经，登甲午（乾隆三十九年，1774）乡荐第一。公车三上不第，归。益力学，足迹不到城市，凡所取与，一介不苟，而性重解推。岁凶，出粟以赈邻里，乡族咸赖之。奖掖后进，有质疑者，言无不尽。诗祖高岑，工小楷。年五十，未仕而终。子之桐，字立廉，好施与。次姊适谭姓，生一子，早寡，归依母家。之桐营宅居之，其子又夭，复为经纪其家。之桐子司爟，进士；司炳，举人。司爟教授廉州，勤于训士。司炳少从南海劳潼学，潼弟子数千人，于炳尤心契。嘉庆甲子（九年，1804），举于乡。道光元年（1821），荐举孝廉方正。年六十七，卒。著有《鸿泥集》《萍游草》及《杂著》，藏于家。据《府志》、王《志》、张《志》修。

李成，字冕珙，文章都人。潜心笃学，博极群书，为士林推重。早饩胶庠，所得廪给，必归为父母寿。事兄恭谨，每事咨焉，分产，让腴居瘠。教授生徒，规矩森严，指画详悉，名士多出其门。登康熙癸酉（三十二年，1693）贤书，未仕，卒。据王《志》修。

李为泷，字遂济，文章都人，康熙三十七年（1698）岁贡。淡雅好学，有文名。讲授经业，造就多名士。事继母，甚得欢心。尤重礼教，著有《四礼仪节》以示子侄。丙子（康熙三十五年，1696）岁饥，减口捐赈。建祠序谱，禁非义，解纷争，乡族赖之。据《府志》、王《志》修。

雷浩然，字允秉。性仁孝，谨言行。康熙壬子（十一年，1672）武举。乙丑（二十四年，1685）会试，拣守备，以亲老不就。服劳侍奉，务得其欢心，居两艰，哀毁骨立，人有非礼，概不与校。岁歉，出粟以济，乡党赖焉。子上达，必成尚春，声振黉序。据《府志》《补志》修。

雷日进，字德文，文章都人。素履端方，伦纪整饬，贫而好学，且养亲备至焉。据《府志·人表》《补志》修。

伍道沛，字作霖，文章都人，宋义士伍隆起十四世孙。幼失怙恃，终身哀慕。性慈爱和平，姻睦任恤，族党咸称。雍正十一年（1733），一百有一岁，奉题建坊表之。子圭之，字德符。性孝友，尤豁达有度。尝贷人金，人负之，终不责偿。亲属贫乏，济之如切于己。然自奉甚啬，衣粗食粝，泊如[1]也。晚好著书，有《丰年多瑞集》《万宝全集》《寻乐集》藏于家，皆以天地、阴阳、节气、风月、潮汐占年之荒丰云。据《府志》、王《志》《补志》、苏弥撰《行略》修。

李郁，字策志，文章都人，雍正甲辰（二年，1724）登贤书。两次分校西省，

① 泊如：恬淡无欲貌。

邑令王嵩延为宁阳义学掌教。乾隆戊午（三年，1738），聘修邑乘。后以明通进士，擢龙川教谕，升郃阳知县。郃阳旧多陋规，郁一概除之，郃民立遗爱祠以祀焉。据《补志》修。

李邦彦，字会临，邑庠生，矬峒人，先世由莘村迁居邑城。宅心仁厚，乐善好施。倡修学宫，造南关外大水坑及县西河口二石桥。置义塚以瘗贫不能具棺葬者，凡一百一十九人。其不能娶者，亦皆出己资助之，无德色。县令王嵩以闻，雍正十三年（1735），旌好义可风，建坊焉，并延乡宾，子孙至今簪缨[①]相继。据县册修。

伍允瑞，字蕴玉，文章都沙涌华忠村人，宋忠义郡贤伍隆起裔孙，修职郎伍德任长子也。孝友好施，每岁饥，出粟赈济，全活者众。有贫而好学者，悉竭力佽助，俾得有成。卒，年一百一岁，奉旨建坊。弟松庵，能文，工书法，雍正乙卯（十三年，1735）拔贡，临高县教谕。子如熊，武庠生。据《采访册》修。

余传现，字文显，德行都人。行谊谨悫[②]，不轻可否。遇事持平，乡邑曲直，两无所枉。以故，乡人交推重之，贶[③]以宾席。于时，族有大狱讼，邑令王嵩曰："尔归从余某处。"果平。乾隆己未（四年，1739），王又以乡饮礼宾之，坚辞，不获，乃登筵。表其闾曰："留太古风"。据《续志》修。

赵季锡，字国英，浮石人。乾隆辛酉（六年，1741）选拔，入京朝考，年已四十有七矣。往返途次，多所著述，旁及阴阳诸家，著有《八门精义》行世。同上。

李文曜，字象珍，德行都人。性敏好学，居一室，左图右书，究心易学。著《易学详原》三卷，自序谓："童年受《易》于其大父，后反复求详，废寝忘食，越四十八年而成，其用力可谓勤矣。"尤究心于星象，著《天地理论》四卷，又著《河洛理数》一卷。生平不求名，不治产。年七十余，寓县西门，以日者术自给。人谓有"严君平之风"云。据张《志》修。

蔡重，字茂任，文章都人，邑庠生。乾隆二十四年（1759）举乡宾，巡抚托恩多以"儒林巨望"额其门。据《补志》修。

甄崇德，字学渐，德行都人。父贤赏，弃儒行贾，会市廛火，以财周毁者，而业益丰。崇德之生母刘梦有异征，状貌瑰伟，目有神光，贤赏奇之。锡小名曰"梦吉"。及就外传，读书过目成诵，弱冠，补弟子员。学使梁试第一，肄业粤秀

① 簪缨：zān yīng，古代显贵者的冠饰。比喻高官显宦。

② 谨悫：亦作"谨愨"。厚重朴实。

③ 贶：kuàng，赠，赐。

书院。时故礼部尚书高邮王文肃公巡抚广东，加意作人，书院生皆取一时名隽，崇德尤为矫矫。然乡试辄蹶[①]，援例授揭阳训导。乾隆辛巳（二十六年，1761）覃恩[②]，得封赠父母，即告归。天性纯孝，父丧，泣血三年，忌日必哀。母患头风，医罔效，研索方书疗之，即愈。母卒，年近六十，哀毁不异前丧。相度窀穸[③]，日行数十里，登高涉险，或至僵仆[④]，服阕[⑤]数年，亦卒。崇德为人宽宏有度，非礼不校。有贫族尝赖其周恤，家以小康，其后以非礼辱崇德于宗祠，众为不平，崇德徐曰："彼且忘祖，况于我乎？毋庸，将自及。"已而，其子暴死。崇德尝曰："天道恶盈，吾生平所自得者，能受亏尔，而人乃谓吾何畏？夫有所畏而让之非，能受也。正以其不足畏也，且悯之矣。况与之较乎。"县学久不修，崇德倡出资，倡众新之。乾隆乙酉（三十年，1765），始竣。时县士不与秋赋已三十年矣。是岁，松年获隽，柏年食饩，梓年武生，桂年文生，杞年后亦附生，人谓"食其报"云。生平于举业好，陈际泰、熊伯龙屡困解试，人谓"盍少贬趋时"，笑曰："吾人自有真面目，岂容遽改，得失命耳。"博极群书，惟《五经》《左传》，晚年犹岁诵一遍。家居，与邑贡生邓振翼、李行育往来谈宴，邓专经，李熟史。崇德读书，挹取要言，以训后进。著有《潮州吟草》，多咏古及训士之作。子松年。据章学诚撰《家传》修。

松年，字森文，以廪贡入监，肄业。乾隆乙酉（三十年，1765），举于乡，入都充内廷方略馆纂修，三年报满，议叙知县。己丑（三十四年，1769）中，中正榜，授内阁中书。丁二艰，服阕，补官，充四库馆纂修缮书处分校官，转内阁典籍，监督富新仓。己酉（五十四年，1789），成进士，依旧职，既升刑部江苏司主事，佐狱明慎。有苏姓命案，由外议绞。松年以情有可原，独议驳，改徒。笃于事亲，痛封翁之卒，不能视含敛。母疾，奉事医药，无不躬亲，致得疾，右手不仁。友爱四弟，怡怡然。急人之急，横逆不报守制。时其座主德保来抚粤东，未尝进见。知县詹昊聘主本邑书院，教训有方，弟子多领乡荐者。初官京师二十余年，退然安命，两补外，皆不就致，僮仆解散。与刘文清最契，工书，右手病，以左手代之，求者踵接。家居，自奉甚约，卒年六十二，葬于密冲后冈。子二，祖欣，优贡。据张《志》修。

邓振翼，字玑环，大隆峒人。少贫且居僻壤，乡人无习学者，振翼生而好学，

① 辄蹶：比喻失败或挫折。
② 覃恩：旧时多用以称帝王对臣民的封赏、赦免等。
③ 窀穸：zhūn xī，意思是有墓穴、埋葬、逝世、长夜之意。
④ 僵仆：僵硬而倒下。
⑤ 服阕：守丧期满除服。

刍牧樵苏[1]，未尝释卷。年十七，县试冠军，见摈[2]于学使，邑令王暠嘉其笃志，召入署中，肄业。用是益攻苦，自《十三经注疏》至《宋五子[3]书》，靡不研究。越数年，游于庠。夏醴谷[4]学使目为精熟宋儒性理，遂受饩焉。岁辛卯（乾隆三十六年，1771），以明经荐。甲寅（乾隆五十九年，1794），任信宜教谕。年八十有五，卒于官。其为学以敬慎为宗，尝得《程氏读书分年日程》，奉以为法，每日记其所诵、所行，及朋侪[5]过从，谈宴至夜，计之无憾，而后就枕。漏下三鼓，即复起，年八十后犹然。尝谓"理气"二字，至宋儒始阐发明彻，而气则张子尤详。每与生徒讲论正蒙，必一字一句，反复剖析，以其未有注疏，较《太极图说》《易通》等书，更难会悟云。平生坐立必端，无惰容谩语，见者望而知为笃学君子。故虽僻处一隅，而声气之孚，遍于郡国。晚年膺乡饮正宾，邑令南炙曾旌其门曰"邑之坊表"。舆论咸服焉。性廉静，取与不苟。方从学王暠署中时，宁邑尚多未垦之土，王谕令绘图呈升，卒以义命自安，不为利动。及其卒也，宦橐萧条，信宜学者，思其德，争醵金为赙，家人乃得扶榇归葬。所著有《五经辑义》《四书辑义》。以子先卒，孙幼贫，不能付剞劂[6]，其发先儒所未发者，仅散见于南海劳潼所辑《四书择粹》中，士林惜之。同上。

余中和，平康都人。性孝友，不苟然诺，士故乐从之游，出其门者，莫不钦为先生弟子也。治小轩，图书外仅蔽床席，曰："以是养吾，真足矣。"因自号"陶堂"。年近六旬，甫领岁荐。著有《杏园诗草》，藏于家。据《续志》修。

陈文伯，字瀚崇，海晏都人，迁居省城。生而聪慧，沈潜力学，弱冠，遂以文名督学梁试，补弟子员，历夏、吴、程三学使，五试冠军。辛未（嘉庆十六年，1811）岁试，置三等，后以诗赋古学改列超等。癸酉（嘉庆十八年，1813）科考，仍以首取选拔。乙酉（道光五年，1825）乡试，房考李邺得卷善之，与十房力荐主司阅其文，知为名宿。榜后谒见，叹为大手笔。学无所不究，自正史以至稗编，略皆浏览。夏醴谷学使尝谓："珊瑚木难[7]、牛溲马勃[8]，俱收并蓄者，生之学也。"

① 樵苏：采薪与取草，比喻生计。

② 摈：排除，抛弃。

③ 宋五子：是指北宋周敦颐、邵雍、张载、程颢、程颐。

④ 夏醴谷：字芙裳，江苏高邮人。雍正时进士，乾隆初提督广东、湖南学政。著《半舫斋诗文集》《半舫斋偶辑》《读史提要录》等。

⑤ 朋侪：同辈的朋友。

⑥ 剞劂：jī jué，雕版、刊印。

⑦ 珊瑚木难：比喻珍贵难得的事物。

⑧ 牛溲马勃：比喻一般人认为无用的东西，在懂得其性能的人手里可成为有用的物品。

好综核古来政治得失，人物臧否[①]，议论有根据，折衷纵横出入，令听者忘倦。以故，出其门者无弃才，掇巍科[②]，成名宦者，不可胜数。阅文有精鉴，诸大邑会文，多不远千里，呈定甲乙。邑侯南炙曾延为宁阳山长，弟子益众，皆曰："陈夫子之学，湛氏之学也。"生平砥身孝友，尤重师友之谊。所得束脩及润笔，与人共之，殊不介怀。闻主司卢文弨退老西湖，犹远致赆。家有墓田数顷，任兄弟收取，曰："予束发受书。不能窃薄禄以赡族，抱憾多矣，是何足介意。"平生著作，不存稿，没后皆散失。

赵友和，字灿礼，矬峒都人。好施与，每遇凶荒，即捐赀以济贫乏，故梓里间，识与不识，莫不称友和为仁厚君子焉。

李元湖，字兆叙。幼颖悟，能文章，以岁荐，终善诲人。邑令延主宁阳书院，讲席五载。族多豪悍，元湖调剂其间，豪悍屏迹。

林楚，字滋明，文章都人。乾隆戊寅（二十三年，1758）饥馑荐臻[③]，捐谷数百石，以救贫乏。邑令黄立世嘉其义，以"任恤可风"题其门。

许熙霖，字玉奇，文章都人。好义任侠，家赀不甚丰饶，而亲朋之穷困者，随分曲为周恤。宁邑孤贫口粮共九十五分，不足遍给。乾隆九年（1744），熙霖慨然赠赀，携孤贫甲头卓源清等三十有六人赴藩司，请增额二百一十七分，孤贫赖焉。

刘万选，字青钱，文章都人。家业无多，而乐善好施，倡建祠宇。里有贫乏者，必委曲周旋。人有争斗者，亟为排解。众推为族正，数十年族人罕有雀角[④]者。寿八十有四。

赵瑛，字如昇，矬峒都人。孝事继母，义训幼弟。乡邻贫乏者，必解囊周恤，排难解纷，梓里无不折服。与贡生甄崇德竭力修文庙，不惮勤劳。

李挺秀，字长凤，文章都人。弱冠补邑弟子员，五荐不遇。事二人孺慕终身，事兄恭谨，产业让腴居瘠，抚孤侄如己子，人以为难。

伍质文，字彬德，文章都人，邑廪生。宁邑黉宫颓圮，质文倡义修复，与贡生甄崇德等鼓舞阖邑士庶，捐赀万余两，规模式焕焉。俱同上。

赵元应，字君求，海晏都人。秉性端方，族党有纷争，仰断曲直，必为平之。卒，年八十一。母关氏，年八十四。继妻容氏，年九十。次子允杰，纯厚笃实，

① 臧否：有褒贬、评价、评论等意。

② 掇巍科：犹高第。古代称科举考试名次在前者。

③ 荐臻：接连地来到，一再遇到。

④ 雀角：指狱讼，争吵。

年九十三。子允传，年近古稀，刚正有父风。允传子宗憙，年九十，宗望，年九十三。四子允令，年九十二，妻伍氏，年九十，花烛重逢。祖孙、父子、叔侄、兄弟、夫妇，俱享遐龄[①]，一门之庆，亦近代所稀。据《采访册》修。

容炎星，性宽和好善。乾隆三十年（1765），禀请大宪，准设县丞，置厅署于琴溪戎，属民咸赖焉。又倡捐社仓，县丞姜公树题额曰“郑国贤豪”。邑侯赐额曰“志存任恤”。据《采访册》修。

黄永弼，字云赞，文章都人。少时以应童子试，至省，有相者，谓其官当至八座。及年十八，为诸生，颇自负，然乡试屡不捷。嘉庆庚申（五年，1800）恩科，年八十，以例符，钦赐举人。壬戌（七年，1802）赐翰林院检讨。南旋，同舟五人。钦赐学正黄申纶与焉，至大江，申纶病死。随侍者，独十余龄外甥，涕泣，不知所为，同舟诸人谋舍之归。永弼曰：“生同道，死相恤，义也。矧羁旅中，举目无亲，所恃者，朋友耳。今申纶不幸死，以其尸付诸孩子，彼将何之？”诸人卒不顾去，永弼独为之买棺殡敛，至南安，扶将过岭，寓榇南雄佛寺，然后遣其甥归，报迎丧焉。卒，年九十三。据张《志》修。

雷泽，字天若，文章都人，守备雷浩然曾孙。性阔达，尤严义利之辨。邑令陈尝云：“如雷某者，诚好人也。”因造庐就见焉，喜为文。邓玑环偶见所作，衣冠到访，执手称文章知己，其推服如此。嘉庆己巳（十四年，1809）岁贡。年逾七旬，犹手不释卷云。同上。

李华芝，字芳喆，文章都人。事亲孝，与人信，在乡党恂恂[②]如也。然当排难解纷，恤贫济急，则不肯让于人。性好学，老犹日夜孜孜不辍。年七十，钦赐举人。据莫镳《世德颂》修。

黄文卓，字宗宏，德行都人。三岁丧父，六岁丧母。稍长嗜学，以教读为事。每讲《蓼莪[③]》诗与“仁人之于弟”数语，声泪俱下。弟文锦，父殁三月而生，文卓友爱之，文锦亦克恭其兄焉。文锦，诸生。据张《志》修。

余兆齐，字清表，德行都人，乾隆壬子（五十七年，1792）副榜。性淡于进取，而好言经济[④]。居常自谓“生平所讲求，虽不能施于国，不可不用于乡”。北峰山，邑之镇山也。诸泉趋冲蒌，其下流入广海。大雨时，至海潮涨之，溃决为患。兆齐乃倡捐白金若干，募工庀土，坚筑基壆，以遏水冲。又相度地势，疏浚

① 遐龄：老年人高寿的敬语。

② 恂恂：小心谨慎的样子。

③ 蓼莪：lù é，《诗·小雅》篇名。表达子女追慕双亲抚养之德，后以“蓼莪”指对亡亲的悼念。

④ 经济：经世济民。

洿下，引使归海。自是冲萎无水患，兆齐之力为多。子廷槐，道光丁酉（十七年，1837）拔贡，癸卯（二十三年，1843）副榜，甲辰（二十四年，1844）经魁。

马敦仁，字琼煦，德行都人。乾隆甲寅（五十九年，1794）举于乡。嘉庆辛酉（六年，1801），大挑一等，分发福建，历署罗源、福安、海澄诸县。甲子（嘉庆九年，1804）署瓯宁县，值旱荒，请于府，开仓赈济。随捐廉告籴以补之。玉制军阅边至县，曰："此事固应如此。"以为才，委署龙溪。去瓯宁日，百姓遮道送之。龙溪素称难治，敦仁先在漳州，清厘积案，深悉土俗。故其治宽猛相济，民情大安。时巨寇蔡牵扰台湾，调粤兵会剿，由漳配船，境内惊扰。敦仁调度有法，闾阎安堵。先贤陈伯溪墓为强族立宅毁伤二十余载矣，即驱令迁去。建霞交书院以育士，饩廪甚丰。公余为诸生论经义，既迁去，龙溪人为位祀于书院。戊寅（嘉庆二十三年，1818），借补永春州州同，未之任。龙溪后政柏成以宿憾发，其亏空二万余两，张抚军依例参劾，其实不过二千余耳。龙溪民捐金以偿，未竟而卒。

余德理，字表心，德行都人。由副榜贡授四会县教谕。既上事，则月课诸生，甄别奖赏。诸生过谒，论诗评文且朂以古道，孜孜不倦。寻卒于官。先是，宁阳书院额设生员膏火十名，德理里居时，邑令江涵暾延主讲席，暇乃请于令，得增膏火五名，至今赖之。子廷濬、廷润。俱同上。

廷濬，字参健，德行都人。幼勤敏，过目成诵。年弱冠补弟子员。旋登嘉庆戊辰（十三年，1808）乡荐，授徒乡间，从游者多知名士。后选补四川彭水知县，廉明勤慎，积案一清。尝有因奸谋杀亲夫者，坚不肯供实，廷濬祷于城隍神，奸妇即自供。在官数年，民甚乐之，卒于官。自言为某邑城隍神云。弟廷润，字参邦，道光甲辰（二十四年，1844）领乡荐，敦厚笃学，有衡文鉴。咸丰甲辰①红匪侵荻海，廷润督勇斩贼旗，人心赖以安。年九十一，重游泮水，时人荣之。子福麟，庠生。廷濬长子福庆，庠生；三子福康，道光癸卯（二十三年，1843）举人，四子福广，庠生。

福康，字叔伉，温厚好学，旁及阴阳诸家。戊辰（嘉庆十三年，1808）会试，挑取国史馆誊录。咸丰二年（1852）钦派采择万年吉地，以知县用。而性甘淡泊，不斤斤仕宦之荣焉。长子乾耀，咸丰辛酉（十一年，1861）举人，由内阁中书三使日本，俸满，补侍读，使南洋，加盐运使衔，候补知府，现官浙江玉环厅同知。据《采访册》修。

① 按：咸丰年间无"甲辰"年，应为"甲寅"年，即咸丰四年，1854年。

梅树勋，矬峒都人，嘉庆乙丑（十年，1805）、丙寅（十一年，1806）间，海氛未靖，率本方建水闸，以捍寇。督抚那旌以扁曰“型方善俗”。子富春，道光丁酉（十七年，1837）岁贡。据张《志》修。

刘云鹏，字仰翮，文章都坑口人，性醇朴，家贫，究心实学，补增生。屡荐不第，以授徒为业，名士多出其门。著有《学庸两论讲义》，藏于家。子濬源，道光辛巳（元年，1821）恩贡；孙组，道光壬辰（十二年，1832）恩科举人。据《采访册》修。

蔡耀南，号紫垣，文章都龙溪里人，孝友性成，言行不苟，乡党宗族推为正人。登贤书后，历任乐会、万州训导，廉洁自持，训士有方，司铎①龙川时，适红巾肆乱，守城御敌之法，多所赞画②。盖不独优于德而济时之略，具见一斑焉。晚年升任高州府教授，卒于官。阖府绅士为文诔③之。同上。

黄树模，字尊楷，德行都人。弱冠失怙，事母极孝，或请往他乡讲学，以不能朝夕承色笑却之。及丧，哀毁尽礼。庶母无子，为之立后。道光戊子（八年，1828）举于乡，未仕，卒。据张《志》修。

马瑞占，德行都人，性端悫好义，倡置义田以赡贫乏，地方疯丐强乞，人畏其毒。瑞占酌分义田租，递年给以粮食，恳官示禁，其害始息。嘉庆九年（1804）匪徒滋扰，联十三堡，白大宪，立乡约，善良以安。及卒，乡人哀之。同上。

陈正，字铨德，海宴文村人，赋质愚鲁，艰于成诵。随父淇任鹤山县儒学，在署中读书，屡被严责，呕血晕眩，年二十余，文理始通。年三十六，充邑庠生。生平不耐俗务，惟创建文海书院及西园文社、文苑文社、含辉家塾，以成就后学。海宴文风为之一振。年八十，犹手不释卷，著有《品石山房诗集》四卷。子秋逵，试辄前茅，至老不售，年七十以上，仍好学不倦。孙淮，岁贡生，能世其家学。据《采访册》修。

黄士元，字彦尊，德行都洞口人。聪颖奇伟，博学能文，有神童之目。补邑廪生，道光壬辰（十二年，1832）恩科解元，性纯笃孝友，一介不苟，家居邑城，足不履公廷。官绅咸敬惮之。

伍廷珍，字脱石，文章都山前人。生而颖悟，七岁能文，九岁应童子试，邑侯奇其文，目为伟器④。未几，遂冠童军，食饩上庠，乡试屡荐，不售。以授徒为

① 司铎：古代宣扬教化、颁布政令时击铎警众，故称主持教化的人为“司铎”。

② 赞画：辅佐谋划。

③ 诔：lěi，叙述死者生平，表示哀悼。

④ 伟器：能胜任大事的人。

业，英才多出其门。著有《四书撮要》，未梓。子逊之，字苇舲，少聪慧，好古通词章，尤工书法，充邑诸生，中道光甲辰（二十四年，1844）恩科副榜，肄业羊城书院。院长陈其锟最为赏识，题额曰“家学渊源”。

伍直光，字介臣，文章都山前人，惩忿窒欲[1]，介节自持，好学，善属文，邑中目为纯儒。充邑廪生，道光己酉（二十九年，1849）科举人，主讲宁阳书院，名士多出其门。咸丰甲寅（四年，1854）红巾事起，知县杨德懿邀办团防局，多所策划，最后就职教谕。辑有《四书管见》，未梓。

李秉钧，字石友，文章都潮会人。少聪颖，补邑诸生。咸丰壬子（二年，1852）科举人，性笃实冲澹，为乐昌县教谕，甫抵任，即丁外艰，遂闭户不出。惟好属文，日试一艺，积以千计，未及付梓。

谢鹤年，字亮松，性情浑厚，退让明礼，训子极严，尤笃于友谊。负债者，辄焚其券，卒年一百零一岁。生五子，次熙儒，寿九十五，三熙伦，寿八十二，五熙仕，寿八十六。孙景华，邑庠；天华，军功六品。

赵上宾，字观光，生而颖异，早失怙，苦志力学，通六经子史及医学，补弟子员。咸丰乙卯（五年，1855）科中副榜，生平谨谦，取与必严，以授徒为业，游其门者，束身修行，不负师训。

容休光，戎属南宁里人。增贡生，选罗定州训导，尝为州氓王凤清厘户粮，正供赖以无缺。同治甲戌（十三年，1874）委属肇庆府教授，时值恩平、阳江毗连之大人山贼起，掳休光并家属十余人，勒索万金，逮何镜海观察、黄增胜参戎进剿，贼乃投诚，休光得无恙。历摄阳春学、高州府学教篆。最后补翁源儒学，未赴任，告老。光绪六年（1880）重游泮水，年八十四，卒。

陈葵苑，字尊荣，一字霞城，矬峒都都斛麻园里人。性聪颖，过目成诵，家贫乏书，乃贷之藏书家，因得博通群籍，年二十二，以县案第一补弟子员。旋食饩上庠。庚戌（道光三十年，1850），恩贡，五荐不售。年四十五，遂绝意进取。张邑侯聘修《县志》。历主潺海、文海讲席。咸丰六年（1856）客匪构乱，滘南北一带地方多被焚劫，所未蹂躏者，惟都斛一堡，势亦垂危。葵苑设法堵御，旋赖以安。性至孝，每上父母坟，辄流涕。生平为诗，酷嗜放翁，著有《向日堂诗集》。卒年六十七。三子，长兆松，壬子（咸丰二年，1852）科举人；次兆琳，恩贡；三兆枚，监生。

兆松，字崇栻，一字鹤洲，幼聪慧，年甫六岁，广海主簿施公道彬到都斛亭

---

① 惩忿窒欲：意思是克制住愤怒。

前庙造册，见而奇之。招与语，画字于地以对，因出“童子才高”四字。问能属对否？即应声曰“先生德厚”。公大喜，招随至署读书，年十六，由府试第一，补弟子员。二十二岁，领壬子（咸丰二年，1852）乡荐，主讲宁阳书院。时红匪作乱，县治戒严，与杨邑侯内参密谋，外调援兵。凡告示札谕，多出其手。咸丰六年（1856）客匪作乱三合，一方尽被焚杀，为之设立章程，激励士气，而三合以次恢复。客匪又从矬峒都员山头立寨，众号万余。不三四日，由坦塘焚劫至古逻，兆松短衣草履，星夜奔走，率土勇应援，分三队扎营堵御，一扎圆美村，一扎沙头村，一紥古逻，为犄角之势，坚壁清野，使匪出无所掠，待各乡援勇到，每战辄捷。匪见挫败，势不能支。不百日而窜去。贼之所以不能长驱直进者，以三营为遮蔽，而沮遏之也。兆松生平倜傥，有大志，兼工诗画，惜天不假年，三十岁而卒。

陈清瑞，号镜明，德行都冲泮人。武生，读书不多，深明大义。乡居排难解纷，无所偏倚，人咸信之。咸丰四年（1854）闻红巾起事，与诸父老严约子弟，而不逞之徒无敢蠢动者。六七月间，贼首谭亚寿、司徒贞吉骚扰茭荻嘴、谢边等处，图由海道犯邑城，偕生员李维垣等在锁衡山处，筑坭炮台三座，扼险堵御，贼锋顿挫。是时人情浮动，烽燧频警，凡募勇筹饷，事事躬亲，不辞劳瘁，夙夜奔驰，暑雨交侵，以致右目失明。生平教习武艺，游其门者，无时下粗暴气习。晚年尤敬重读书人，重修琐衡寺文阁，以振兴文风。凡乡间聪明子弟，激励奖劝，出于至诚。子遇春，壬戌（同治元年，1862）科武举。

赵树蕃，字廷达，一字煦山，浮石人。父苍书，岁贡生，善时文。树蕃性至孝，毕生随父读书。同治壬戌（元年，1862）遂领乡荐，以父喜读书，晚岁两目失明，常侍左右，辄承志，讽所熟文以娱之。后选授丰顺县学训导，老母尚在之，任三年遂告终养而归。

陈修福，字正已，海晏都陡门人。性孝友，游庠后，持躬益谨。咸丰六年（1856）客贼由恩平犯新宁大门等处，难民扶携老幼，逃至陡门，修福集众，议立团练，以防之。局成，乃督陡门上下堡并北薇、圆山两堡练勇以往，贼势方张，勇新集败归，贼遂破陡门。七年（1857）正月，贼暂退，修福乘间还陡门，议筹饷，分勇屯陡门、盘冈、婆庙。四月，客贼复率众攻婆庙营，不克。陡门勇追至水尾仔，杀贼多人。贼遂逃窜。同治五年（1866）六月，贼首韩端纠众万余，由阳江突至陡门，踞为巢窟。各乡多被焚劫，惟大龙、木龙、三田、蟠江、陡门、贴石、旧村未破，修福即与各乡绅耆誓死固守。复乞助于那扶、万全局，而数乡赖以坚志拒贼，战五日，贼知不可下，遂引去。各乡村得以复安耕凿者。修福之力为多。尝念士勇阵亡，倡建义勇祠以祀之。至今人皆乐述焉。子沛沾，候选县丞；沛霖，四品衔，历任广西新宁州西林县知县。

黄绍汤，字国彦，号小伊，矬峒那银村人。弱冠充邑诸生，性慷慨，有干世[1]才。尝倡建潺海义学及均和义学，于是彬彬多文学士矣。同治二年（1863）客贼破广海城，直逼那银地界，绍汤督士勇堵御数月，勇费不足，倾家赀以济之。以故匪去无路，退据寨城。那银以上一切地方遂获安居。复同各绅诣请邹邑侯禀吴臬宪剿贼复城，盖儒士中有志节者。光绪丙戌（十二年，1886）重游泮水，年八十七而卒。

余家相，字德和，号翊周，德行都人。性聪慧，勤学有大志，敦孝友，谨言行，尤好行善事，以承先志。十九岁，补弟子员。越二年，登贤书，行善益力，刊送善书以万计。丁丑（光绪三年，1877），登进士，益励志报国，省亲回籍，适乡里有大争竞，几成械斗。家相竭数月之力，设法弥缝，其事始息。亟欲回京供职，值父病，多方调医，衣不解带。迨医药罔效，哀痛如不欲生，致毁瘠骨立，不久亦病卒，远迩惜之。

陈其镇，字玉琚，一字藩东，矬峒人，乡贤遇夫六世孙。父曰维墉，有隐德。尝以先代祭田微薄，悉心经画，蒸尝赖之，戚族孤寡者咸仰全活。其镇生而端谨，为童子如老成人。先是，其镇祖母得喘疾，父维墉与叔维型扶之步于庭，往往彻宵不寐，时其镇尚幼，即随其后，长尤能承先志，力学攻苦，为文有法度，弱冠补弟子员，每试高等，而乡试屡荐不售，绝不介意。光绪初元（1875）诏举孝廉方正，邑人士以其镇应选，赴廷试，得教职，历署乐昌、曲江、阳山县学官，调署肇庆府教授，兼高明、高要县学篆。所至勤于训迪，士林悦服。以无疾卒于官。生平笃实和易，未尝疾言遽色，然遇理有不可则毅然争之，辞受取与尤不苟，在阳山时有某生被诬控，牒学查复，生族人以厚赂求昭雪。其镇严却之，卒白其诬。外人不知也。卒后，其仆始传之。其镇兄其铨事亲亦以孝闻，时人谓为“一门之美”云。

伍腾津，字文滋，德行都修齐洛人，早岁家贫，父客外洋，久无音信，因学木工，投入火船作佣，连年寻访，因得奉侍买舟逅粤事母，曲尽诚意。所创家赀颇厚，慷慨好施，在香港东华医院最为得力，乡里称焉。俱同上。

《新宁县志》卷二十，黄子元分纂，陈颐、赵佩文校字。

---

① 干世：处理世事。

卷二十一　列传四

列女上

元

赵氏三娘，陈以安妻。元末，夫妇避乱于铜鼓，其夫为海寇麦秀实所杀，赵氏匿于山林，寇党搜获之，将逼以归。至山迳，赵以箭自刺而死，即就其地葬之。后屡著灵异，土人立庙奉祀，并名其地为“三娘迳”焉。据王《志》并《采访册》修。

明

梁氏，赵孟超妻。明洪武间人，年二十七夫故，孀守孝，事翁姑，抚育幼子，守节三十余年。据张《志》修。

蔡三娘，府庠蔡景章女，年十六，未适人。嘉靖元年（1522）为贼所掳，泣告同难邻妇曰：“若归，报我父母收我骨，吾矢死决矣。”贼以牛负之，且哭且骂曰：“我良家女，岂肯受污狡贼，何不杀我？”以头触石，头裂血流，贼怒杀之。后邻妇归报其家，收其骸葬之。据王《志》修。

彭大娘，矬峒都彭景祥女，年十八，未适人。隆庆四年（1570）倭贼入寇，掳彭，欲污之。彭厉声骂贼，触刃而死。僵尸三日，面色如生。邻里收葬于卫城西门马鞍石后，惜其父母兄弟皆死于贼，遂至湮没，未得旌表。据《府志》、王《志》修。

赵末娘，明成化间田头赵士洪幼女也。以母叶氏年老多病，不愿字人，坚志事母，奉侍汤药，日久不辍，劳瘁病故。诸兄哀其志，附葬于西冈村东母墓之左，至今犹传为孝女墓云。据张《志》修。

谭韶五娘，海晏都人谭伟女，年方龆龀[①]，父母许婚赵氏子，未于归而赵殒，即仰天誓曰：“有赵无他，无赵无我！”忍耐事亲，以待赵子于九泉，念生育劳瘁，报父母恩，至老不嫁。后因上父母墓，归路经梅子岭休息，坐化。即葬其地，至

① 龆龀：tiáo chèn，童乳齿脱落，更换新齿的年纪。即童年。

今墓碑犹存，祀节孝祠。据王《志》、张《志》修。

伍氏，陈贤妻，年二十一，夫故，守义，誓不他适。舅姑欲夺其志，伍即泣涕，以义固辞。年逾六十，完节而终。据《府志》、王《志》修。

李氏，陈孔器妻，年二十四，夫故，誓不改节，父母劝以再醮，李氏不从，继姑欲夺其志，因收祖业田不为李赡，李不怨悔，惟藉夫私田三亩度日，虽极穷困，不变志。年垂六十，贞苦自若。

李氏，伍圣表妻。年二十四而夫故，遗一子，立意守节抚孤，遂断发自誓，孀居四十余年。万历十二年（1584）旌。

张氏，黄汝宏妻，于归二载，夫亡，生遗腹子，时年十七，坚节，育子事姑。父母令改适，不可。一日潜受聘，托病给还，复强之。张号天大泣，襁子奔归，蓬头垢面，纺绩以抚孤，老死不渝。

胡氏，李斯广妻，年二十六而夫故，孀守一子，孝事翁姑，始终如一，称完节焉。县令为表其门。

夏氏，指挥邵锐妻，归二载而生子，甫弥月，锐病殁于军营。夏年十九，抚训孤子，既成立，命名荫祖，克袭父职。

张氏，任养拙妻，年三十，夫丧子亡。张勤纺绩以自给，两经岁荒，每忍饥采蕨以食，不乞怜于人。孀居四十余年，卒。

李氏，伍思圣妻，年十九于归，一岁而夫亡，事姑课子，守节七旬，朝命旌之。

余氏，李向日妻，翁姑早世，年二十二而夫又逝，遗子虬岁甫周，抚育成立，及列弟子员，复夭折。又以媳有腹子，复抚孤孙，宗祧[①]赖以不绝。

容氏，赵友彦妻，年十八生子，旬日而友彦殁。容矢志殉夫，三日不食，母以理劝，容乃养姑育子，备极孝慈，清贫苦节，守志终身。

伍氏，李少恒妻，年十八而寡，一子。万历四十年（1612）旌。

徐氏，容恒甫妻，二十一岁生子，未周岁而夫亡。矢死孀居，家贫或至废箸，备尝艰苦，抚育孤子，既成立而旋丧，复抚遗孙，完节无亏。万历四十三年（1615）徐年八十有二，邑令朱旌之。

陈氏，颜儒钦妻，年二十，有娠，而夫卒。陈忍死以待，越月生子，勉抚之，以事舅姑。里中有无赖，刨其祖姑之柩，翁颜权可访得之，盗以计毒其翁，两孀一孩，伶仃孤苦，睥睨者环视其侧，其姑谭命陈携子就父家，以保无虞。数十年

① 宗祧：家族相传的世系、宗嗣。

间，两孀备历艰难险阻，卒能抚孤成立。俱同上。

梁氏，叶绪妻。生子长茂，甫一岁，夫亡，时年二十一，母劝再适，不从。持节终身。据《府志》修。

李氏，许字永淳令容文娗子，未婚而夫殁，李年十五，奔丧守节，奉侍舅姑，求可为容氏后者，抚育成人，内外莫不嘉叹。

王氏，举人赵家璧继妻，无子，以族侄为嗣，未成家，璧卒。族属以王氏年少，欲夺其志。王泣不从，抚孤成立，冰霜之操，实出性成。俱同上。

国朝

冯氏，庠生罗一缉妻，于归二载而寡，冯年二十，贫而无子，父母与姑俱令再适，冯矢志靡他，孀守三十余年。据王《志》修。

谢氏，庠生李璋妻，年十七于归，二十七夫丧，一子偕翁相继而逝。氏历艰茹苦，孝事姑，历二十年，县令张旌之。同上。

马氏，赵四首妻，又李氏，赵子楚妻，顺治间，贼入村掳之，下船，俱投水而死。据《采访册》修。

邓氏，余荣绣妻，康熙初，土贼余景运掳至江干，欲污之，邓披发毁容，血流被面，贼乃弃去。邓日夜痛哭，盲目而亡。据张《志》修。

罗氏，武举伍世厚妾，年十九于归，克勤且顺，事女君尤谨。二十五岁，失所天，恸哭几绝。及女君丧，送终尽礼，抚孤子，教以成立，六旬完节而逝。乾隆元年（1736）旌。阮《通志》作“雍正十三年”（1735）。同上。

林氏，伍上英妻，年十八归英，阅七载，英故。林苦志守节，抚二幼子，家食不给，纺绩度活，孀守三十一年。乾隆二年（1737）旌。据王《志》修。

谭氏，监生赵义兴妻，年二十二守节，抚孤成立，乾隆四年（1739）请旌，建坊于广海城十字街西赵宅门首。据《采访册》修。

陈氏，武举邝馥妻，夫故，孀守五十七载。乾隆十二年（1747）旌。据《续志》修。

王氏，邓亚长妻，年及笄，归亚长，家贫，力作助夫，无怨言。亚长一日入山樵采，邻人郑亚保窥王独居，计淫之，猝入，捉臂。王坚拒骂詈，自缢死。时年十九。乾隆十九年（1754）旌。据张《志》修。

伍氏，李长臧妻，年二十于归，半载而长臧病故。哭泣终丧，誓不改节，服事翁姑，抚育嗣子，孀居五十余年。乾隆三十九年（1774）旌。据《续志》修。

李氏，郃阳令郁女，年二十归雷天长，三载而天长故。生一女，无子，矢志靡他，为夫立后，抚养成立，有文名。孀守五十年，完节而终。乾隆四十年（1775）旌。同上。

伍氏，陈路公妻，二十于归，路公足跛，其父惧媳后有怨言，愿听退婚。父母亦恐女有怨言，面质于氏。氏曰："吾命果通，彼终不跛，命果穷也，虽跛奚避。"父母嘉其志，从之。伍持颠扶危[①]，凡夫所不能致者，氏悉身任之。年二十七，夫故。氏抚育两孩，家贫，勤纺绩以自赡，终致二子冠婚成立。寿八十而逝。据王《志》修。

伍氏，梅元景妻，生子五岁，而夫病笃。顾谓氏曰："永诀矣。父母、孤儿谁可托者？"氏涕泣曰："此妾分内事也。敢有他志哉。"夫亡，矢志弥坚，孝事翁姑，及翁姑弃世，持丧六载，抚育幼孤，至于成立。

黄氏，梅锡田妻，二十而嫁，五载生子，甫越月而夫亡。氏矢志终守，抚育遗孤，至于成立。孀居三十五载，卒。

伍氏，陈擢琇妻，生一子一女，而夫亡。氏矢志终守，鞠育遗孤三载，而子又亡。母女二人幽居一室，孀居四十载。

赵氏，陈起鸾妻，生子甫三岁，夫被营弁威逼自尽。氏挺身对质公庭，夫冤获雪。翁姑怜其早寡，劝之他适。赵泣不从，事翁姑、抚幼子，守节终身。

梅氏，曹朝治妻。生二女，而夫亡。梅矢志守节，择子为继，完节而终。

余氏，梁国乾妻。夫殁时，年二十有九。二子，长十一岁，次二岁。家贫，自磨豆腐，命子出卖，夙夜纺绩，以为度活。苦节六十余年，卒。

文氏，刘祀芬妻，二十八岁夫殁。二子一女俱幼，遗破屋一间，昼夜勤苦，织席营生。抚儿成立，守节四十余年，卒。

詹氏，儒士吴琼妻，二十二岁而寡，生二子。矢志居孀，勤事纺绩，以为度活。年五十余，二子又相继亡，伶仃孤苦至六十七，卒。

赵氏，李象瑛妻，夫患痞[②]，久之蛊胀[③]死。氏年二十七，一子甫六岁，家贫，勤纺绩，经营俭积，为子聘娶，卒年七十四。俱同上。

朱亚卯，文章都朱昌清之女也。年十五，樵采外出，被强暴调戏。归白其父，羞忿自尽。嘉庆五年（1800）旌。据《续志》修。

王氏，邝兴循妻，年二十七，夫故。守义，寿至八十有奇。嘉庆十一年

---

① 持颠扶危：挽回处于危难中的人。

② 痞：中医指胸腹间气机阻塞不舒的一种自觉症状，有的仅有胀满的感觉，称"痞块""痞积"。

③ 蛊胀：臌胀。

(1806)旌。

黄氏，许字张树廷之子，未及婚期，而婿亡。黄年方十七，闻讣，望门奔丧，矢志贞守，舅姑许之。为择二嗣，舅姑意旨，黄无不曲体承顺，节孝之声，闻于闾里。县令张光祺以“怀贞履洁”表其门。

陈氏，赵定富妻，于归四载，丧夫。念翁老子弱，矢志守节。嘉庆庚申（五年，1800）子元翰领乡荐，请旌建坊焉。

黄氏，许字朱莲芳，年二十，未婚夫亡。讣闻，氏仆地气绝，急救方苏，欲过门守节，父母未许。遂自缢死，尸归于朱合葬，为择嗣焉。

黄氏，李德贞妻，未于归，而德贞病故。黄闻之悲号，即欲奔丧，父母怜而止之曰：“守节事难，终身事远。”黄曰：“吾志决矣。若不见许，请就死。”父母不得已从之。即至李门，恸哭几绝，扶柩出葬。观者无不感泣。年三十五，卒。俱同上。

彭氏，伍会贞妻，年二十七而寡，子阿生聘妻雷氏，未娶而阿生亡。雷氏奔丧，姑媳相守者数十年。嘉庆二十一年（1816）同旌。据张《志》修。

梅氏，许字陈锡喜。梅早孤，育于叔父，未嫁而夫亡。闻讣恸绝，欲奔丧，不得。遂自尽。叔父感其义，扶衬与陈合葬。后双燐尝见于冢畔云。

陈氏，赵祥瑞妻，年二十四而夫亡，遗一女。陈矢志守节，孝事老姑，以侄为嗣，游荡数年，尽耗其产。陈惟纺绩度日，以育幼孙。茹苦四十余年，卒。

彭氏，许字陈宏保，父早卒，育于叔父，闻夫亡，欲奔丧守节，叔父沮之，遂自缢，与夫合葬焉。

麦氏，张义扬妻，年二十五而夫亡，一子未周岁。父母欲改嫁之，而志不为夺。父母恶之，终身不许归外家。家贫，行乞以育其子。

余氏，许字邝庆柏之子，未嫁，闻夫故。坠楼而死，与夫合葬焉。

余氏，陈贤彪妻，年二十二夫亡，誓以死殉，翁姑慰之。余曰：“吾志决矣”。葬毕，自缢而死。

余氏，陈自发妻，年二十于归，夫已卧病数月，卒。丧期年，遂缢以殉。

余氏，朱君儒妻，年二十八而寡，遗一子，家无近亲，仅一幼叔，家贫，纺绩育儿，抚叔同至成人。

伍氏，李本钿妻，年二十四守节，长媳梁氏，年二十三守节。事节姑以孝闻，抚前子如己出。

赵银灯，上明之女，许字李某。李三代零丁，亲属夺其家产，迫逐，客死于外。女闻之，欲奔丧守节，夫亲属不许。女曰：“吾固李氏妇也。”遂如李，既而亲属又诡言其夫未死，夜归叩门。女曰："汝果未死，明日与所亲来，方可相见。"亲属计穷，又迫令改嫁。女毁容自守，亲属每年仅给谷数石以困之。女针指度日，无悔心焉。俱同上。

赵韶龄，许字陈健福，闻夫死，痛哭奔丧，守贞。道光二十五年（1845）旌。督抚题其坊曰"节孝流芳"，邑侯题其门曰"贞孝之门"。据《采访册》修。

朱氏，黄极德妻，于归，生一子，年二十七而寡。矢志不渝，事翁姑甚谨，延师教其子，遂成文章。孙曾游庠成贡者数人。时谓为"节孝之报"云。

张氏，举人余福康妻。红巾贼逼荻海，福康率族人拒之，毙其渠魁[1]，贼攻愈急。扬言必破其家。一日，贼逼村边，势将不支。张遂仰药自尽。乡人咸义之。邑侯为请旌焉。

赵氏，容永旭继妻。夫死，与其妾余氏同守节。年皆七十余，遭客贼之乱，先遣其子孙远逃，为宗祀计。客贼逼其村，二人乃奉先代神主，安置村外古庙，遂携手投水而死。

刘氏，监生黄俊猷妻。年二十八而寡，抚育诸孤，延师教读，皆能有成。卒年九十八，孙曾满堂，躬逢四代。

梅氏，伍学朗之聘妻，自幼育于夫家。学朗客外洋，未成婚而卒。氏守贞不嫁，事翁姑以孝闻，为夫立后，抚之有成。

梁氏，黄德琰妻，年二十余，守节抚孤长成。邑侯为之请旌建坊，并题曰："贞寿之门"。寿一百四岁。

陈氏，容家鸾妻。咸丰六年（1856）客贼陷其村，家鸾与庶母被害。有幼弟二人，从其继母逃往阳江。陈往外家文村，遗一子殇。即往阳江寻其姑，与二幼叔归，其姑死。陈育二幼叔，一使耕田，一使读书，各至长成。

陈氏，谭运濬妻，年二十四守节，抚一幼子，至长成。甫生幼儿，其子又死。陈又抚养一孙长成。卒年一百一岁，乡里称淑慎焉。

陈其欢，许字李某，因夫客外洋，年长未嫁。母殁，代母持家，抚育幼弟，至于长成。咸丰七年（1857）客贼焚其乡，其欢被掳，行二里许，延颈愿受刃，贼遂杀之。五日，面如生。

陈氏，朱箕钊妻，年二十六，客贼陷广海城，骂贼而死。同治五年（1866）旌。

陈氏，林立强妻，年二十四，客贼破广海城，掳之。至烽火角，投水死。

---

① 渠魁：指首领，头领，大头目。

曾氏，小奥村黄宣晓妻。同治四年（1865）客贼破村，掳之。不肯行，骂贼而死。

余氏，李守泽妻，年二十四守节。同治间，客贼破村，骂贼而死。

赵阿平，浮石赵福来女，年十八，客贼破村，入室伤其母。阿平挺身救之，贼遽负之而走，从背咬贼，遂见杀。

陈氏，莘村李兼仁妻。同治五年（1866），客贼焚劫莘村，陈抱幼子逃匿河边。贼搜获，逼归寨。陈誓死不辱，身受鳞伤。贼夺其幼子，陈坚抱不释，贼腰斩之，沉其尸于河。越二日，尸始出。夫殓之，面如生。

李弦琴，莘村监生李椿春女。同治五年（1866），客贼破村，被掳，骂贼不屈，贼伤其左手，仍以右手击贼，贼怒杀之。

陈氏，莘村李琨裕妻，客贼破村，陈氏竭力护其子女，身受鳞伤，犹高声骂贼。贼杀之。

李瑶仙，莘村监生李期沾女，许字浮石赵某，距婚期一月，客贼破村，瑶仙守闺不肯出，惧贼将逼，遂扃户自焚。天明，贼退，父母检视，身首皆烬，独心胆不焦。妹银仙、从妹凤莺、族属梅枝、阿菊、长娣，或赴水，或被掳，不屈而死。时人称“六烈女”。

陈氏，许字李北斗，未婚而北斗客死外洋。陈闻讣，痛哭奔丧，守节事姑，以孝闻。抚继子十余年，乡里共贤之。迨子年长，又为之冠娶。乃曰：“吾事已毕，可以见夫于地下矣。”遂浮海而死。

李氏，黄琛廷妻，年二十四守节甚贞，抚育幼子至成立。

邝氏，黄超廷妻，年二十五守节，贫无立锥，以纺绩度日，抚孤成立。里党咸推重焉。

杨氏，黄天保妻。其祖廷理，广西柳州府马平县人，由进士官广东高廉道，卒于任。寄籍羊城，杨年十九，归天保，年二十一而寡，毁容守志。夫有幼弟，杨为之冠娶，通文墨。为女师[1]，行止皆有矩度，以侄为嗣。

黄氏，许字陈纯平，未婚而夫客外洋，归夫家，而夫竟死于外，矢志靡他，抚继子成立，乡里贤之。

陈氏，赵纯妻，年十九于归，年余生一子，甫两月，客贼入村，夫遇害。氏安贫守节，抚孤有成。

伍氏，许字曾才裘，未婚而才裘客外洋，久未归。母送归夫家。岁余而夫归，

① 女师：女子的楷模。

又岁余而夫死，遗一子。家甚贫，竟抚孤成立。

余氏，王振嗣妻，夫客外洋，数年始归，将抵家，突被客贼掩杀。时余年二十四，守节。

陈氏，许字黄振平，未婚而夫客死外洋。闻讣，悲哭奔丧，守节。家徒壁立，纺绩度活，乡里怜之，择继以存夫后，竟抚孤成立。

黄氏，许字江斗瑞。未婚而夫客死外洋。奔夫家守贞，家甚贫，能择继子，抚育成立。乡里贤之。

刘氏，阮治宏妻，年二十四守节，生子甫周岁，而夫亡。家甚贫，纺绩度活，竟能抚孤成立。

林氏，李义庆妻，年二十二守节，事姑甚孝，家贫，以针指度活。乡里贤之。

余氏，谢瑞灿妻，年二十八而寡，父母怜其年少，劝令改适。氏涕泣唾骂，矢死靡他。父母恶之，数年不通问，竟能抚孤成立。

李氏，许字陈良浓，因夫客外洋，未归。其父别许富家，已受聘矣。氏觉，大恸，誓不改适。即遣仆往告其姑，使来劝父，父不允。至夜，约姑以船载归，持身甚谨，事姑孝顺，以纺绩自活，先卒而夫仍未归，乡里惜之。

黄氏，梁昌扬妻，于归一载，而夫殁。生一遗腹子，家甚贫，杜门守节，抚孤成立，闾里咸嘉之。

甄氏，黄尊杰妻，于归年余，夫从军广西战没。家甚贫，甄守贞四十余年，完其节。

谭氏，谢珪恩妻，年二十三夫死，生一子，抚育长成。家甚贫，以织纺自活，父母欲夺其志，诱之归，半途仆告之。痛哭而返，以后非值父病，不敢往。

陈氏，伍学元妻。年二十二守节，其姑连年病卧，陈渔樵作苦，奉养无间。乡里称其贤。

黄氏，甄窦贤妻，于归未及一月，而窦贤卒。黄时年十九，守节。

邝氏，甄高贤妻，年二十三守节，家产颇饶，尽付夫弟经理，并为夫弟置妾，连举三子。邝育其长为己子，以继夫后。后夫弟家产中落，并邝产亦荡尽。至朝夕不给，并无怨心。八十四岁卒，至其孙、曾，家复起，人以为节义之报。

甄氏，许字叶常达。夫客外洋，年二十余归夫家，而夫外死，矢志守贞。

黄氏，许字赵荣安。夫客于外，归夫家守志。五十余岁而殁，未见夫面。

麦氏，许字赵胜安。夫客于外，归夫家守志。现年五十八岁，未见夫面。

谭氏，黄世润妻，年二十五守节。家甚贫，淑慎勤俭，侍奉翁姑，里党称孝顺焉。

余阿女，余章芊之女，以父母老病，矢志不嫁，先意奉志。父母皆年逾八十，侍养不倦，人无间言。光绪六年（1880）旌。

刘秋兰，刘眉公女，许字黄某，黄客外洋，秋兰年二十八未嫁，客贼陷村，被掳，骂贼而死。俱同上。

《新宁县志》卷二十一，黄子元分纂，黄纬、陈颐校字。

卷二十二　列传五

列女下

陈氏，梅耀妻，遇人调谑自尽，乾隆四十八年（1783）旌。

谭氏，黄启昆妻，遇人调谑自尽，嘉庆五年（1800）旌。

冯氏，许字薛阿华，以不肯从盗，被害，嘉庆十四年（1809）旌。

黄氏，朱冠铎妻，雍正九年（1731）旌。

黄氏，生员雷尚春妻，雍正十年（1732）旌。

伍氏，雷允鳌妻。甄氏，生员李兆麟妻。赵氏，伍德见妻。俱雍正十年（1732）旌。

张氏，雷德元妻，乾隆元年（1736）旌。

谭氏，赵季质妻。雷氏，伍家准妻。俱乾隆二年（1737）同旌。

李氏，冯祚飏妻。李氏，伍德裔妻。胡氏，马成武妻。俱乾隆三年（1738）旌。

萧氏，冯习斌妻。赵氏，陈开逢妻。郑氏，张树廷妻。甄氏，雷德资妻。邓氏，雷本珍妻。俱乾隆四年（1739）旌。

林氏，高宏思妻，乾隆五年（1740）旌。

王氏，关应宣妻，乾隆六年（1741）旌。

李氏，赵同建妻，乾隆十七年（1752）旌。

冯氏，李文迈妻，乾隆二十年（1755）旌。

李氏，许字陈相定，闻夫亡，奔丧守节。陈氏，谭土明妻，年二十七守节，子妇伍氏，年二十六守节。阮氏，陈立组妻，年二十七守节。娣余氏，年二十四守节，侄妇李氏，年二十四守节，一门三节。雷氏，李传庆妻，年二十四守节。陈氏，李厚灿妻，年二十六守节。以上据阮《通志》修。

伍氏，梅元述妻，年二十六守节，乾隆四年（1739）旌。

赵氏，庠生朱开濂妻，年二十二守节，乾隆七年（1742）旌。

赵氏，陈汝翼妻，守节四十年，乾隆八年（1743）旌。

甄氏，李道用妻，年二十四守节，乾隆二十八年（1763）旌，祀节孝祠。

陈氏，梅瑞涛妻，年二十五守节，乾隆二十六年（1761）旌。

赵氏，许字伍鸣岐，年十六奔丧守节，乾隆三十九年（1774）旌。

李氏，黄仞暖妻，年二十六，守节四十八年，道光六年（1826）旌。

伍氏，梅德组妻，年二十七守节，道光六年（1826）旌。

林氏，诰赠武翼都尉曹魏让妻，于归三载夫亡，守节五十余年。

伍氏，雷天滋妻，年二十六守节，道光十三年（1833）旌。

伍氏，李圣美妻，年二十四守节，道光十九年（1839）旌。

李氏，黄昌洽妻，年二十守节，道光十九年（1839）旌。

张氏，伍天民聘妻，年二十一守节，道光十九年（1839）旌。

梁氏，庠生伍其昌妻，年二十六守节，道光十九年（1839）旌。

余氏，黄作公妻，年三十守节。程氏，朱世长妻，年二十八守节。李氏，赵济美妻，年二十三守节。林氏，伍道焕妻，年二十七守节，其媳陈氏，年二十四守节。伍氏，李象泮妻，年二十三守节。李氏，伍德豪妻，年二十二守节。赵氏，陈扬义妻，年二十五守节。梁氏，黄洪丰妻，年二十五守节。

陈氏，梅乃和妻，年二十四守节。陈氏，伍崇善妻，守节四十余年。余氏，马崇仕妻，年二十二守节。黄氏，庠生梅有光妻，年二十五守节。叶氏，邝相庆妻，年二十三守节。黄氏，李奎贤妻，年二十七守节。黄氏，梅瑞僩妻，于归四载，夫亡守节。陈氏，李爵业妻，年二十一守节。

刘氏，许字李升喜，夫亡，刘年十六，奔丧守节。赵氏，陈敬怡妻，年二十九守节。赵氏，陈贤拱妻，年二十五守节。李氏，许字陈永宏之子，闻夫亡，奔丧守节。余氏，增生甄霈霖妻，年二十八守节。李氏，钟琼敦妻，年二十五守节。

伍氏，李儒业妻，年二十七守节。陈氏，阮重现妻，年二十七守节。陈氏，李国举妻，年三十守节。刘氏，李冕需妻，年二十六守节。梅氏，李象伶妻，年二十四守节。蔡氏，李裕绥妻，年二十六守节。梅氏，庠生李瑞妻，年二十八守节。

蔡氏，陈颐昌妻，年二十二守节。陈氏，赵友鳌妻，年二十九守节。朱氏，黄宏滚妻，年二十一守节。萧氏，赵宗潮妻，年二十一守节。陈氏，刘先业妻，年三十守节。陈氏，梅远旒妻，年二十八守节。赵氏，陈尊彦妻，年二十六守节。

赵氏，钟懋亮妻，年二十八守节。陈氏，李深厚妻，年二十七守节。李氏，赵元轼妻，年二十七守节。苏氏，甄文籍妻，年二十四守节。陈氏，李建遂妻，年二十六守节。马氏，陈发总妻，归三年，夫亡守节。袁氏，邝兴德妻，年二十五守节。李氏，黄元超妻，年二十五守节。陈氏，监生邝国器妻，年二十六守节。

李氏，陈耀贤妻，归一年而夫亡守节。邝氏，朱重栋妻，年二十六守节。余氏，朱重谐妻，年二十五守节。陈氏，谭时植妻，年二十二守节。王氏，阮本宏妻，年二十守节。赵氏，生员陈泉妻，年二十七守节。李氏，邓执妻，年二十九守节。李氏，陈艮翔妻，年二十五守节。彭氏，谭延纮妻，年二十九守节。

梅氏，陈发登妻，年三十守节。伍氏，陈继显妻，年二十一守节。李氏，王家植妻，年二十二守节。李氏，赵文翼妻，年二十九守节。伍氏，许字赵元才，未嫁而元才死，奔丧守节。伍氏，赵裔安妻，年二十八守节。余氏，监生马燕誉妻，年二十六守节。梁氏，梅德彦妻，年二十六守节。

刘氏，马琼象妻，年二十八守节。伍氏，梁宗三妻，归三岁，夫亡守节。黄氏，刘先继妻，年二十六守节。伍氏，刘公瞻妻，年二十五守节。林氏，刘公图妻，年二十六守节。余氏，陈敬身妻，年二十六守节。司徒氏，余参理妻，于归三年，夫亡守节。李氏，余参昴妻，年二十，以夫死自经，合葬村侧。黄氏，马德据妻，年二十八守节。陈氏，马琼增妻，年二十八守节。刘氏，黄钧上妻，年十九守节。

黄氏，马燕逵妻，年二十八守节。张氏，余英位妻，年二十一守节。陈氏，伍德剩妻，二十三守节。伍氏，李芳朋妻，年二十八守节。赵氏，监生梅耀容妻，年二十五守节。谭氏，陈敬顺妻，年二十六守节。谢氏，黄濯吾妻，年二十四守节。关氏，黄伯旦妻，年二十五守节。关氏，黄元梓妻，年二十二守节。

刘氏，雷道浓妻，年二十守节。赵氏，梅振彩妻，年二十九守节。陈氏，郑仁恕妻，年二十守节，又谭氏，郑仁贤妻，年二十四与陈并守。黄氏，李章锦继妻，年二十八守节。邝氏，黄立礼妻，年二十七守节。廖氏，蔡恩本妻，年二十五守节。黄氏，马琼瀚妻，年二十二守节。余氏，马琼选妻，年二十四守节。

甄氏，马琼镒妻，年二十六守节。梁氏，马琼坚妻，年二十七守节。陈氏，监生阮明曜妻，年二十九守节。余氏，李伯焕妻，年二十八守节。黄氏，叶芳泮妻，年二十四守节。余氏，黄建宏妻，年二十守节。张氏，许字陈发惇，夫死，张年十九，奔丧守节。又余氏，陈发勋妻，年二十七守节。又邝氏，陈发楼妻，年二十九守节。

甄氏，陈敬策妻，年二十七守节。王氏，陈发严妻，年二十四守节。陈氏，王家骥妻，年二十五守节。黄氏，甄章达妻，年三十守节。李氏，陈敬资妻，年二十九守节。邝氏，甄纲发妻，年二十七守节。伍氏，刘学槐妻，年三十守节。李氏，赵家瓒妻，年二十八守节。梁氏，谭炜裔妻，年二十五守节。

余氏，黄绍信妻，年二十七守节。李氏，区廷璞妻，年二十九守节。邝氏，朱君耀妻，年二十六守节。黄氏，朱巨昌妻，年二十九守节。张氏，李堂裕妻，年三十守节。邝氏，朱亨道妻，年二十四守节。刘氏，李天休妻，年二十四守节。阮氏，陈宇寅妻，年二十四守节。王氏，赵迎理妻，年二十二守节。

杨氏，赵其瀚妻，年二十四守节。王氏，赵允衷妻，年二十五守节。陈氏，赵国仪妻，年二十一守节。李氏，赵恂让妻，年二十五守节。李氏，廪生赵允琳妻，年二十五守节。阮氏，赵元亮妻，年二十六守节。赵氏，王声籍妻，年二十二守节。马氏，伍维琚妻，年三十守节。黄氏，陈发栻妻，年二十六守节。

伍氏，陈发恺妻，年二十六守节。甄氏，汤纪缉继妻，年二十二守节。余氏，庠生陈发品妻，年二十四守节。媳谭氏，年二十四守节。谭氏，陈贤晃妻，年二十四守节。谭氏，李业修妻，年二十八守节。次子文荣聘妻伍氏，亦奔丧守节。余氏，陈国翰妻，年二十五守节。谭氏，朱启澜妻，年二十一守节。

陈氏，李捷兆妻，年二十四守节。雷氏，黄朝健妻，年二十六守节。李氏，赵应卓妻，年二十三守节。李氏，谭嗣挺妻，年二十六守节。许氏，李柏希妻，年二十二守节。伍氏，马琮佩妻，年二十七守节。李氏，黄奕守妻，年二十七守节。谭氏，余连表妻，年二十三守节。黄氏，马琮树妻，年二十三守节。雷氏，李义芳妻，年二十五守节。朱氏，伍维广妻，年二十八守节。

雷氏，许字李高希，年二十，闻夫亡，奔丧守节。陈氏，苏连芳妻，年二十四。赵氏，苏腾芳妻，年二十一，两孀同守。邝氏，温德植妻，年二十六守节。许氏，伍恭荣妻，年二十七守节。黄氏，伍维丽妻，年二十四守节。黄氏，伍维御妻，年二十六守节。李氏，刘先沐妻，年二十七守节。甄氏，邝德用妻，年二十七守节。

李氏，伍的协妻，年二十八守节。黄氏，甄业辅妻，年二十八守节。李氏，刘仰赵妻，年二十二守节。黄氏，蔡奕瑞妻，年二十二守节。伍氏，李得平妻，年二十守节。黄氏，李文生妻，年十八守节。叶氏，李芳球妻，年二十二守节。马氏，黄道灿妻，年二十八守节。刘氏，李惠芳妻，年二十七守节。以上据张《志》修。

李氏，黄佩贤妻，年二十三守节。余氏，邝巍庆妻，年二十七守节。伍氏，邝乐德妻，年二十九守节。黄氏，李圣运妻，年二十五守节。陈氏，李丕承妻，年二十九守节。麦氏，赵捷先妻，年二十三守节。梁氏，余罗表妻，年二十四守节。朱氏，邝由道妻，年二十七守节。黄氏，陈发丽妻，年二十八守节。

余氏，邝开儒妻，年二十五守节。翁氏，梅耀俊妻，年二十八守节。伍氏，梅乃茂妻，年二十八守节。谭氏，李聚业妻，年二十三守节。刘氏，黄宗祐妻，年二十八守节。伍氏，余定中妻，年二十八守节。林氏，陈学俱妻，年二十六守节。刘氏，李世培妻，年十八守节。陈氏，梅邦远妻，年二十九守节。

赵氏，梅远画妻，年二十八守节。赵氏，余潮英妻，年二十八守节。李氏，余宏义妻，年二十八守节。刘氏，李贤茂妻，年二十八守节。吴氏，李缵承妻，年二十三守节。赵氏，陈楷尊妻，年二十二守节。李氏，陈增崇妻，年二十四守节。谢氏，黄尊悦妻，年二十四守节。黄氏，余臻章妻，年二十八守节。

陈氏，麦世琼妻，年二十七守节。谭氏，李达祖妻，年二十守节。甄氏，李祖标妻，年二十七守节。王氏，李琼守妻，年十九守节。陈氏，谭柄臣妻，年二十九守节。余氏，邝由贞妻，年二十五守节。谭氏，监生陈玉衡妻，年二十一守节。苏氏，陈敬镤妻，年二十八守节。陈氏，吴文广妻，年二十二守节。

赵氏，陈瑜象妻，年二十七守节。赵氏，陈健缉妻，年二十守节。陈氏，生员李攀扬妻，年二十三守节。蔡氏，李茂基妻，二十八守节。刘氏，李魁冕妻，年二十四守节。伍氏，监生李行源妻，年二十九守节。林氏，李达善妻，年二十九守节。黄氏，江夏县丞李应熊妻，年二十六守节。容氏，监生李彰润妾，年二十七守节。

邝氏，李琛裕妻，年二十九守节。余氏，李余裕妻，年二十九守节。伍氏，李稔裕妻，年二十九守节。黄氏，蔡明本妻，年二十二守节。梁氏，余表焕妻，年三十守节。甄氏，谢日茂妻，年二十九守节。李氏，黄明悟妻，年二十四守节。陈氏，余章炳妻，年二十八守节。朱氏，余参岭妻，年二十九守节。余氏，谢珪达妻，年二十守节。

李氏，谢龙智妻，年二十八守节。余氏，生员李凤韶妻，年二十八守节。黄氏，监生李秉枢妾，年二十九守节。曾氏，李齐象妻，年三十守节。李氏，黄忠派妻，年二十二守节。余氏，陈莅国妻，年二十七守节。谢氏，甄荣灿妻，年二十六守节。邝氏，黄朝贶妻，年二十九守节。余氏，岑定岳妻，年二十九守节。余氏，陈自发妻，年二十二守节。颜氏，甄华馨妻，年二十四守节。

朱氏，黄杰德妻，年二十七守节。黄氏，余绥表妻，年二十三守节。雷氏，黄廷溥妻，年二十六守节。黄氏，蔡际本妻，年二十九守节。李氏，蔡启奕妻，年二十二守节。雷氏，蔡如深妻，年二十四守节。叶氏，黄乃桢妻，年二十二守节。张氏，黄朝心妻，年二十九守节。许氏，黄槐振妻，年二十八守节。陈氏，黄圣溥妻，年二十五守节。黄氏，余德荣妻，年二十五守节。

邓氏，余晓章妻，年二十五守节。李氏，余畅章妻，年二十守节。甄氏，余报章妻，年二十二守节。黄氏，余点章妻，年二十八守节。梁氏，余燕章妻，年二十六守节。梁氏，余党章妻，年二十五守节。余氏，邝有寅妻，年二十四守节。李氏，刘学诚妻，年二十八守节。黄氏，李希周妻，年二十八守节。陈氏，余表推妻，年二十六守节。邝氏，余湖章妻，年二十九守节。

梁氏，余琯章妻，年二十二守节。陈氏，岑作柄妻，年二十二守节。陈氏，邝集给妻，年二十三守节。朱氏，邝彰有妻，年二十七守节。余氏，伍明柳妻，年二十八守节。陈氏，李受业妻，年二十八守节。李氏，黄荣辉妻，年二十八守节。李氏，余中钦妻，年二十八守节。余氏，邝德吟妻，年二十五守节。叶氏，余永中妻，年二十三守节。黄氏，邝德芹妻，年二十六守节。

蔡氏，李贤儒妻，年二十九守节。梅氏，监生李崇休妻，年二十四守节。刘氏，谭开淑妻，年二十三守节。余氏，陈敬韬妻，年二十三守节。余氏，陈良莲妻，年二十六守节。陈氏，麦益晋妻，年二十七守节。陈氏，麦锡蕃妻，年二十五守节。赵氏，麦益恭妻，年二十守节。李氏，余表绍妾，年二十五守节。朱氏，余松章妻，年二十九守节。谭氏，刘维寅妻，年二十八守节。

伍氏，陈勤尊妻，年二十三守节。赵氏，陈宜士妻，年二十一守节。黄氏，雷莅成妻，年二十六守节。张氏，伍耀际妻，年二十三守节。黄氏，余心位妻，年二十七守节。黄氏，余心达妻，年二十九守节。赵氏，陈宜济妻，年二十守节。伍氏，武生李京妻，年二十六守节。王氏，李崇骏妻，年二十三守节。伍氏，李期芹妻，年二十九守节。梁氏，余心演妻，年二十九守节。

黄氏，余赞富妻，年二十三守节。李氏，陈崇琚妻，年二十三守节。梅氏，陈谦大妻，年二十七守节。黄氏，李俊南妻，年二十二守节。邝氏，陈良厚妻，年二十九守节。朱氏，陈敬谷妻，年二十七守节。李氏，陈良灿妻，年二十二守节。余氏，陈诱贤妻，年二十九守节。关氏，谭道扬妻，年二十五守节。刘氏，谭彰捷妻，年二十五守节。谭氏，伍笃学妻，年二十二守节。

邝氏，陈昂贤妻，年二十一守节。江氏，陈良栋妻，年二十七守节。陈氏，李祖瀼妻，年二十九守节。赵氏，伍明润妻，年二十四守节。麦氏，梅杰耀妻，年二十二守节。麦氏，陈启然妻，年二十二守节。陈氏，麦益机妻，年二十六守节。马氏，陈顺玺妻，年二十二守节。陈氏，赵士义妻，年二十五守节。马氏，陈顺灼妻，年二十六守节。陈氏，苏绍钧妻，年二十五守节。

颜氏，徐丙德妻，年二十一守节。甄氏，徐世炯妻，年十九守节。马氏，甄华秀妻，年二十四守节。黄氏，甄永树妻，年二十八守节。陈氏，监生阮仁庆妻，年二十守节。黄氏，陈昭媛妻，年二十八守节。江氏，李良乃妻，年二十七守节。李氏，州同衔陈照煦妻，年二十八守节。廖氏，赵华葱妻，年二十一守节。赵氏，梅耀焘妻，年二十一守节。陈氏，李仰裕妻，年二十七守节。陈氏，李永裕妻，年二十九守节。冯氏，李洪伟妻，年二十二守节。余氏，林立俸妻，年二十五守节。陈氏，李洪蓁妻，年二十九守节。何氏，李洪亨妻，年二十九守节。

谭氏，李洪健妻，年二十八守节。谭氏，李洪焕妻，年二十九守节。李氏，甄良焘妻，年二十二守节。梁氏，陈照旭妻，年二十八守节。余氏，陈贤悦妻，年二十九守节。黄氏，谢圣飏妻，年二十九守节。雷氏，黄朝沧妻，年二十三守节。李氏，陈定珽妻，年二十九守节。邝氏，李文念妻，年二十九守节。麦氏，陈定珠妻，年二十二守节。张氏，余参豪妻，年二十九守节。伍氏，李宗振妻，年二十八守节。甄氏，李南周妻，年二十四守节。陈氏，梁道元妻，年二十四守节。

黄氏，赵耀材妻，年二十二守节。黄氏，李润南妻，年二十一守节。关氏，余藩章妻，年二十四守节。伍氏，梁鸣阁妻，年二十守节。赵氏，李业钦妻，年二十一守节。甄氏，李应期妻，年二十七守节。陈氏，莫贤京妻，年二十守节。李氏，黄朝琔妻，年二十三守节。黄氏，李象斌妻，年二十八守节。黄氏，梁瑁扬妻，年二十八守节。朱氏，黄心贤妻，年二十五守节。

谭氏，甄鲁贤妻，年二十七守节。李氏，余章泽妻，年二十七守节。雷氏，伍荣札妻，年二十五守节。李氏，刘文显妻，年二十二守节。余氏，邝壮德妻，年二十七守节。蔡氏，梁耀梧妻，年二十六守节。黄氏，梁祖周妻，年二十四守节。梅氏，林长麟妻，年十六，夫客死，守贞不渝。伍氏，李文荣妻，年十八奔丧守贞。黄氏，李德贞妻，年二十奔丧守贞。叶氏，梅耀合妻，年二十九矢志守贞。

谭氏，黄世荣妻，年二十守贞。曹氏，许字刘阿星，年十五闻夫死，奔丧守贞。陈氏，林立言妻，年十九守节。以上俱同治五年（1866）旌。

李氏，刘公拙妻，年二十二守节。梅氏，李彪妻，年二十六守节。余氏，李敬明妻，年二十九守节。雷氏，伍文炯妻，年二十四守节。雷氏，伍文江妻，年二十四守节。黄氏，伍学爱妻，年二十四守节。林氏，伍焜文继妻，年二十三守节。李氏，伍槐学妻，年二十六守节。

黄氏，伍学有妻，年二十守节。梅氏，生员伍成妻，年二十五守节。陈氏，刘维和妻，年十九守贞。雷氏，刘希桢妻，年二十守节。黄氏，刘希职妻，年二十四守节。雷氏，刘述学妻，年二十四守节。曾氏，伍文摄妻，年二十守节。以子朝恩赠宜人。朱氏，伍学肇妻，年二十四守节。

梅氏，伍学耀妻，年二十三守节。朱氏，伍怡文妻，年二十八守节。李氏，黄经燮妻，年二十五守节。刘氏，许字李世培，闻夫死，奔丧守节。赵氏，陈尊乾妻，年二十五守节。邓氏，陈定珍妻，年二十三守节。梁氏，张义勇妻，年二十五守节。黄氏，陈定桧妻，年二十五守节。赵氏，陈定干妻，年二十四守节。赵氏，陈定恬妻，年二十二守节。赵氏，陈定凤妻，年二十九守节。

赵氏，麦益瑶妻，年二十六守节。刘氏，马声洪妻，年二十五守节。李氏，伍邵明妻，年二十四守节。陈氏，李期煦妻，年十九守节。陈氏，生员李培荣妻，年二十五守节。李氏，监生甄章平妻，年二十二守节。王氏，李崇敫妻，年二十二守节。黄氏，李基敦妻，年二十余守节，已旌。

谭氏，李基诚妻，年二十一守节。冯氏，监生李汝钧妾，年二十六守节。陈氏，郑经世妻，年二十七守节。李氏，伍学业妻，年二十六守节。陈氏，李荣宗妻，年二十九守节。陈氏，朱基泮妻，年二十三守节。刘氏，黄宗祐妻，年二十七守节。同[治]五年（1866），旌祀节孝祠。陈氏，黄圣溥妻，年二十四守节，同治五年（1866），旌祀节孝祠。赵氏，陈杨义妻，年二十五守节，道光二十五年（1845），旌祀节孝祠。谭氏，同知衔陈远谟妻，年二十六守节，光绪十五年（1889）旌。

黄氏，甄纲慧妻，年二十四守节。吴氏，陈定参妻，年二十五守节。郑氏，监生甄永炘妻，年二十五守节。刘氏，林明悉妻，年二十四守节。彭氏，林华遇妻，年二十一守节。陈氏，刘仰信妻，年二十四守节。李氏，刘全德妻，年二十一守节。谭氏，甘诒纯妻，年二十五守节。伍氏，甘诒赞妻，年二十八守[节]。林氏，谭兰裔妻，年二十八守节。李氏，刘学仞妻，年二十五守节。

梁氏，赵南星妻，年二十二守节。陈氏，赵自进妻，年二十三守节。陈氏，梅德问妻，年二十余守节。黄氏，梅瑞盖妻，二十余守节。陈氏，梅远瓏妻，年二十余守节。黄氏，梅煌耀妻，年二十余守节。伍氏，梅耀振妻，年二十余守节。陈氏，李洪慈妻，年二十二守节。余氏，李基献妻，年二十八守节。陈氏，阮集仁妻，年二十八守节。黄氏，李祖恬妻，年二十四守节。甄氏，李煦南妻，年二十二守节。甄氏，李炕南妻，年二十五守节。甄氏，李钺乃妻，年二十六守节。

甄氏，李祖濯妻，年二十五守节。叶氏，李植南妻，年二十四守节。陈氏，雷维绩妻，年二十四守节。许氏，雷学悌妻，年二十三守节。谭氏，黄荣陞妻，年二十守节。伍氏，李健乃妻，年三十守节。甄氏，朱昌舜妻，年二十二守节。余氏，邝巍庆妻，年二十九守节。邝氏，谭开习妻，年二十三守节。陈氏，邝修荣妻，年二十二守节。谭氏，陈景祥妻，年二十四守节。邝氏，朱英荦妻，年二十八守节。余氏，职员朱箕畴妻，年二十九守节。廖氏，黄廷俭妻，年二十七守节。刘氏，监生伍德才妻，年二十五守节。赵氏，阮宏彰妻，年二十二守节。

梅氏，阮宏魁妻，年二十五守节。李氏，许字骆崇壬，闻夫死，奔丧守贞。甄氏，黄惠世妻，年二十八守节。谭氏，黄廷岳妻，年二十九守节。余氏，黄廷美妻，年二十三守节。刘氏，黄德璿妻，年十八守节。朱氏，罗齐章妻，年二十八守节。赵氏，容家煜妻，年十九守节。

伍氏，阮宏然妻，年二十五守节。甄氏，伍学珠妻，年十七守节。袁氏，伍学琼妻，年二十六守节。余氏，岑定岳妻，年二十九守节，已旌，祀节孝祠。陈氏，岑作炳妻，年二十二守节，已旌，祀节孝祠。李氏，岑公煦妻，年三十守节，已旌，祀节孝祠。容氏，监生李佩承妻，年二十二守节。马氏，陈青贤妻，年二十二守节。黄氏，谢瑞玲妻，年二十八守节，光绪六年（1880）旌。

黄氏，谢熙纯妻，年二十三守节，光绪六年（1880）旌。谭氏，谢大成妻，年二十五守节。余氏，谢熙尧妻，年二十一守节。余氏，陈良辉妻，年二十一守节。雷氏，庠生谭以赞妻，年二十六守节。谭氏，伍成运妻，年二十八守节。林氏，伍昌托妻，年二十余守节。黄氏，伍昌统妻，年二十余守节。

李氏，伍明莞妻，年二十余守节。李氏，伍昌统妻，年二十余守节。叶氏，黄道主妻，年二十七守节，已旌，祀节孝祠。张氏，黄尊卓妻，年二十六守节。刘氏，黄尊晃妻，年二十二守节。张氏，赵珍郁妻，年二十五守节。曹氏，赵广田妻，年二十九守节。伍氏，赵吉崇妻，年二十五守节。李氏，赵洽光妻，年二十七守节。叶氏，赵槐茂妻，年二十八守节。李氏，赵广燕妻，年二十九守节。陈氏，赵乔栗妻，年二十一守节。刘氏，赵荣芳妻，年二十八守节。

胡氏，赵广豪妻，年二十三守节。李氏，职员赵奕庆妻，年二十九守节，光绪六年（1880）旌祀节孝祠。胡氏，赵灿然妻，年二十四守节。李氏，赵兆祥妻，年二十九守节。王氏，赵兆凤妻，年二十三守节。李氏，监生赵衡湘妻，年二十四守节。曾氏，赵昌乐妻，年二十八守节。廖氏，赵恩泽妻，年二十四守节。梅氏，赵则友妻，年二十六守节。李氏，赵汉俊妻，年二十四守节。张氏，赵启祥妻，年二十九守节。李氏，赵信孚妻，于归一月，夫客死，时年十九，守节。

陈氏，许字赵锡爵，夫客于外，归夫家守志，现年六十余。陈氏，赵建邦妻，年二十五守节，光绪六年（1880）旌。伍氏，生员赵宗衡妻，年二十三守节，光绪六年（1880）旌。陈氏，赵奕壮妻，年二十九守节。陈氏，赵诚谟继妻，年二十七守节。陈氏，赵达任妻，年二十三守节。伍氏，黄作资妻，年二十一守节。黄氏，陈显泽妻，年二十二守节。赵氏，李守教妻，年二十四守节，已旌。

陈氏，曾巍良妻，年三十守节。陈氏，曾巍舜妻，年二十九守节。曾氏，黄世浩妻，年二十八守节。李氏，黄朝赞妻，年二十六守节。赵氏，伍瑛文妻，年二十九守节。赵氏，黄质朝妻，年二十四守节。李氏，曹德龙妻，年二十五守节。朱氏，罗齐章妻，年二十七守节。林氏，甘泽锡妻，年十八守节。咸丰十年（1860）客贼破村，被掳不从死。李氏，赵际美妻，年二十二守节。

李氏，黄锦章妻，年二十六守节。朱氏，彭世秩妻，年二十四守节。林氏，李义庆妻，年十八守节。黄氏，朱耀鸿妻，年二十二守节。林氏，李学璿妻，年二十二守贞。李氏，陈良熇妻，年二十四守节。李氏，刘学超妻，年二十八守节。林氏，黄寿良妻，年二十八守节。李氏，林德谦妻，年二十八守节。陈氏，伍凤昌妻，年二十八守节。陈氏，伍安昌妻，年二十九守节。

赵氏，伍悦明妻，年二十五守节。李氏，伍明福妻，年二十七守节。赵氏，胡荣勋妻，年二十五守节。赵氏，胡扶裔妻，年二十七守节。陈氏，梁朝总妻，年二十六守节。梅氏，梁明鋧妻，年二十九守节，已旌。梁氏，邓毓昌妻，年二十守节。徐氏，邓世摄妻，年二十余守节。

雷氏，邓世畴妻，年二十余守节。杨氏，黄廷炳妻，年二十六守节。冯氏，曹君爵妻，年二十八守节。江氏，陈官平妻，年二十四守节。梅氏，陈烈平妻，年二十守节。梅氏，陈定溥妻，年二十八守节。曾氏，陈崇嘉妻，年二十八守节。翁氏，陈崇雅妻，年二十守节。赵氏，陈州显妻，年二十一守节。江氏，伍学傅妻，年二十四守节。伍氏，谭洪怿妻，年二十三守节。黄氏，陈良衢妻，年二十五守节。

梅氏，陈活良妻，年十九守节。黄氏，廪贡冯玉温妻，避客贼之乱，奔广海城，城陷，被掳不从，贼杀之，时年二十三。陈氏，黄贤京妻，年二十守节。伍氏，李雁贤妻，年二十七守节。伍氏，李杏乃妻，年十九守节。甄氏，陈慎发妻，年二十三守节。林氏，黄受廷妻，年二十守节。黄氏，李明醮妻，年二十六守节。黄氏，李文会妻，年二十二守节。甄氏，李振纶继妻，年二十六守节，其妾朱氏年二十六守节。

陈氏，阮阜仁妻，年二十四守节。林氏，曾育裘妻，年二十三守节。刘氏，李淇绍妻，年二十五守节。姚氏，曾毓和妻，年二十四守节。梅氏，陈家张妻，年二十六守节。黄氏，陈有德妻，年二十三守节。黄氏，陈性德妻，年二十三守节。伍氏，陈卫勋妻，年二十一守节。郑氏，黄世浓妻，年二十九守节。伍氏，黄贺世妻，年二十八守节。容氏，增生梅槐卿妻，年二十七守节。梁氏，梅卓远妻，年二十六守节。

曹氏，梅乃熙妻，年二十五守节。陈氏，梅伟耀妻，年二十七守节。陈氏，梅瀚远妻，年二十守节。赵氏，梅月远妻，年二十九守节。李氏，梅瀚乃妻，年二十四守节。陈氏，梅燮乃妻，年二十五守节。

梅氏，梁高茂妻，年二十四守节。刘氏，谢华毓妻，年二十八守节。李氏，黄世湛妻，年二十一守节。李氏，梅耀扬妻，年三十守节。谭氏，梅乃龄妻，年二十守节。戴氏，梅宗庭妻，年二十九守节。余氏，邓成章妻，年二十三守节。雷氏，蔡奕金妻，年二十守节。

谭氏，李应福妻，年二十六守节。陈氏，梁成昌妻，年二十六夫殁殉节死。袁氏，邓文桢妻，年二十七守节。邝氏，陈良韶妻，年二十六守节。朱氏，陈良简妻，年二十五守节。余氏，陈良助妻，年二十五守节。陈氏，余美和妻，年二十三守节。谭氏，李洪槐妻，年二十四守节。李氏，林立廷妻，年二十九守节，已旌。

陈氏，武生王福康妻，年三十守节。陈氏，赵同景妻，年二十五守节。关氏，赵元春妻，年三十守节。陈氏，赵元献妻，年二十七守节。李氏，赵同昊妻，年二十七守节。陈氏，赵元瑶妻，年二十六守节。陈氏，赵元采妻，年三十守节。黄氏，赵允仕妻，年二十三守节。李氏，赵秉森妻，年三十守节。陈氏，赵元绪妻，年三十守节。聂氏，赵宗泰妻，年二十六守节。陈氏，赵元挺妻，年二十九守节。

关氏，赵允锡妻，年三十守节。陈氏，赵振达妻，年二十七守节。李氏，赵宗冠妻，年三十守节。陈氏，赵守基妻，年二十八守节。陈氏，布政司照磨职衔赵灌妻，年二十六守节。黄氏，赵钦常妻，年二十八守节。许氏，赵佑圣妻，年二十三守节。

冯氏，赵宗昌妻，年二十一守节。李氏，赵允珮妻，年二十七守节。李氏，千总衔赵国安妻，年三十守节。陈氏，赵煦璇妻，年十六守节。陈氏，赵聪富妻，年二十七守节。伍氏，赵宗培妻，年二十九守节。伍氏，赵允合妻，年二十九守节。李氏，典史赵宗奭妻，年二十六守节。叶氏，补用都阃府赵宗旭妻，年二十八守节。李氏，典史赵宗艾妻，年二十九守节。舒氏，赵宗济妻，年二十八守节。

华氏，赵宗集妻，年二十五守节。梁氏，赵宗珍妻，年二十二守节。林氏，雷学龄妻，年二十一守节。甄氏，雷学琛妻，年二十守节。李氏，陈尊文妻，年二十八守节。余氏，黄廷赏妻，年二十五守节。邝氏，黄仰朝妻，年二十六守节。余氏，黄伟廷妻，年二十八守节。黄氏，李天珺妻，年二十九守节。已旌。蔡氏，李天赉妾，年二十三守节。谭氏，伍时习妻，年二十四守节。刘氏，阮仁心妻，年二十九守节。陈氏，赵士果妻，年二十六守节。朱氏，赵不惑妻，年二十二守节。

刘氏，李魁冕妻，年二十四守节。邝氏，李参芳妻，年二十三守节。谭氏，李蓁芳妻，年二十六守节。李氏，林鸿基妻，年二十五守节。李氏，赵义方妻，年二十八守节。陈氏，李业彰妻，年二十四守节。陈氏，李业攸妻，年二十七守节。

司徒氏，许字李文卓，夫客死，归夫家守节。李氏，伍森昌妻，年二十六守节。黄氏，马宣俊妻，年二十四守节。赵氏，何恭顺妻，年二十四守节。谢氏，甄宝贤妻，年二十三守节。朱氏，甄业依妻，年二十一守节。李氏，监生甄玉贤妻，年二十四守节。

容氏，监生李佩承妻，年二十五守节。马氏，陈青贤妻，年二十三守节。甄氏，监生陈韶妻，年二十四守节。余氏，马玕富妻，年二十七守节。朱氏，监生马章俊妻，年二十二守节。陈氏，谭钦盛妻，年二十四守节。徐氏，萧尚松妻，年二十九守节。

余氏，刘学待妻，年二十守节。陈氏，吴厚撰妻，年二十九守节。邝氏，余胜章妻，年二十五守节。黄氏，陈敬养妻，年二十五守节。马氏，陈发总妻，年二十五守节。梁氏，余章煖妻，年二十七守节。李氏，伍洪杰妻，年二十三守节。谭氏，余麟章妻，年二十七守节。

朱氏，余平章妻，年二十三守节。黄氏，雷学澥妻，年二十八守节。刘氏，邓文兹妻，年二十八守节。刘氏，邓文尧妻，年二十六守节。黎氏，贡生伍明伦妻，年二十八，夫死，与妾蓝氏同守节。陈氏，监生伍云汉妻，年二十七守节。周氏，伍于达妻，年二十七守节。

陈氏，伍华学妻，年二十八守节。梅氏，伍蔼学妻，年二十九守节。陈氏，伍文波妻，年二十九守节。谢氏，梁承祧妻，年二十四守节。梁氏，余中孚妻，年三十守节。已旌。蔡氏，李讱希妻，年二十八守节。伍氏，容永祐妻，年二十三守节。李氏，邓兰宽妻，年二十九守节。李氏，马能显妻，年二十四守节。伍氏，李祐恺妻，年二十一守节。

赵氏，李祐安妻，年二十七守节。徐氏，李天柱妻，年二十六守节。梅氏，萧蕃蕙妻，年二十九守节。已旌。余氏，郑才郊妻，年二十八守节。余氏，李英元妻，年二十二守节。莫氏，余表显妻，年二十九守节。李氏，陈贤俸妻，年二十五守节。黄氏，谭维琫妻，年二十五守节。彭氏，谭捷利妻，年二十四守节。

彭氏，谭开廷妻，年二十六守节。陈氏，黄纯仁妻，年二十二守节。伍氏，李蔼南妻，年二十九守节。蔡氏，李护南妻，年二十七守节。陈氏，伍彩文妻，年三十守节。伍氏，赵家骙妻，年二十八守节。陈氏，余章蔚妻，年三十守节。高氏，余英璀妻，年二十二守节。李氏，萧蕃琛妻，年二十守节。李氏，黄佩贤妻，年二十七守节。

陈氏，李基宪妻，年二十五守节。黄氏，朱渭裘妻，年二十八殉夫死。余氏，朱广裘妻，年二十八殉夫死。黄氏，朱箕明妻，年二十余守节。余氏，朱箕达妻，年二十余守节。余氏，朱裔韶妻，年二十六守节。黄氏，朱裔植妻，年二十四守节。余氏，朱昌依妻，年二十一守节。黄氏，朱裔熊妻，年二十八守节。黄氏，朱昌芳妻，年二十五守节。

余氏，朱裔挹妻，年二十八守节。黄氏，朱启宗妻，年二十四守节。黄氏，朱昌煦妻，年二十八守节。余氏，朱昌贞妻，年二十七守节。余氏，朱昌财妻，年三十守节。余氏，朱昌嫬妻，年二十八守节。黄氏，许字朱裔连，闻夫死，自缢以殉。

陈氏，朱良卓妻，年二十余守节。李氏，朱昌乾妻，年二十余守节。陈氏，朱尧昌妻，年二十八守节。梁氏，朱嵩昌妻，年二十八守节。邝氏，朱启本妻，年二十余守节。叶氏，岑公俭妻，年二十守节。已旌。谭氏，朱广田妻，年二十六守节。黄氏，余雍和妻，年二十二守节。司徒氏，余赞和妻，年二十一守节。

甄氏，余赞保妻，年二十九守节。李氏，余表兆妾，年二十七守节。梁氏，余燕章妻，年二十九守节。已旌。余氏，甄永远妻，年二十八守节。林氏，黄振宽妻，年十九守节。伍氏，黄浩昌妻，年十七守节。张氏，余表巨妾，年二十三守节。谭氏，余表广妻，年二十三守节。

甄氏，余永章妻，年三十，夫故自殉。甄氏，余中达妻，年二十八守节。谭氏，余中遂妻，年二十六守节。余氏，黄周礼妻，年二十二守节。谭氏，余荣位妻，年二十余守节。黄氏，余盛位妻，年二十余守节。马氏，黄豪运妻，年二十四守节。

赵氏，伍温文妻，年二十八守节。谭氏，李孟丛妻，年十九，于归二月而夫外出，夫亡守节。余氏，生员黄仁镜妻，年二十四守节。邝氏，黄世彬妻，年二十六守节。蔡氏，余德和妻，年二十三守节。甄氏，余臻和妻，年二十余守节。黄氏，余祥礼妻，年二十余守节。关氏，余章寿妻，年二十余守节。司徒氏，余捷隆妻，年二十八守节。

黄氏，余表祐妻，年二十二守节。李氏，叶君湘妻，年二十一守节。张氏，余蕃传妻，年二十五守节。雷氏，许字李高希，闻夫亡，奔丧守贞。赵氏，陈凤尊妻，年二十八守节。余氏，邝集韶妻，年二十九守节。余氏，许字黄君炯，夫久客外洋，归夫家守贞。

黄氏，邝德容妻，年二十四守节。甄氏，监生邝敬师妻，年二十七守节。陈氏，朱裔则妻，年二十二守节。黄氏，朱裔邦妻，年二十五守节。陈氏，朱昌祝妻，年二十二守节。李氏，朱启晶妻，年二十九守节。邝氏，朱箕铎妻，年二十八守节。李氏，蔡启奕妻，年十九守节。邝氏，朱昌柏妻，年二十七守节。陈氏，余章炳妻，年二十七守节。

伍氏，黄元世妻，年二十四守节。李氏，岑定育妻，年二十八守节。陈氏，伍英明妻，年二十四守节。李氏，甄良澜妻，年二十九守节。黄氏，伍鸿攀妻，年二十二守节。梅氏，阮仁阵妻，年二十七守节。谭氏，颜重稔妻，年二十二守节。

李氏，谭配道妻，年二十四守节。黄氏，陈贤撰妻，年二十五守节。罗氏，黄卓纯妾，年二十五守节。李氏，陈赞良妻，年二十三守节。冯氏，陈赞发妻，年二十八守节。雷氏，伍于普妻，年二十四守节。雷氏，吴刁之妻，年二十三守节。谭氏，余中灼妻，年二十二守节。

黄氏，余章贤妻，年二十七守节。曾氏，余开和妻，年二十一守节。伍氏，余森章妻，年二十二守节。甄氏，余和鸾妻，年二十八守节。刘氏，余述许妻，年二十八守节。李氏，余达昭妻，年二十四守节。黄氏，余表冉妻，年二十六守节。

林氏，余译章妻，年二十五守节。某氏，余中胜妻，年二十六守节。陈氏，容家鸾妻，年二十余守节。李氏，伍尚精妻，年二十四殉夫。黄氏，伍于参妻，年二十守节。雷氏，黄基沾妻，年二十二守节。黄氏，伍瑶学妻，年二十七守节。陈氏，赵树楠妻，年二十七守节。陈氏，赵树芳妻，年二十六守节。蔡氏，刘结公妻，年三十守节。

蔡氏，刘仰整妻，年二十二守节。伍氏，刘公恪妾，年二十八守节。李氏，刘公弼妻，年二十九守节。林氏，刘维佳妻，年二十二守节。叶氏，刘钦学妻，年二十守节。黄氏，刘维濯妻，年二十九守节。某氏，刘公晓妻，年三十守节。已上据《采访册》修。

程氏，朱世长妻。朱氏，黄绍灿妻。黄氏，陈元群妻。余氏，朱亮昌妻。林氏，谢圣侣妻。陈氏，赵济普妻。甄氏，伍梦伦妻。李氏，陈心妻。张氏，黄奕扩妻。黄氏，陈贤成妻。区氏，刘学嵩妻。麦氏，伍文耀妻。李氏，雷道厰妻。谢氏，邝绍德妻。岑氏，陈预贤妻。

伍氏，雷道五妻。陈氏，黄奕秀妻。黄氏，李快业妻。李氏，邝德寅妻。伍氏，雷学宗妻。谢氏，黄荣福妻。谭氏，李天悦妻。朱氏，谭嗣榛妻。余氏，李乃汉妻。李氏，余扩纯妻。余氏，黄良蔚妻。伦氏，李赞守妻。谭氏，黄奕芳妻。邝氏，朱重栋妻。梁氏，余尧章妻。李氏，余远昭妻。蔡氏，伍振荣妻。

雷氏，蔡更深妻。翁氏，甄成祥妻。余氏，陈近发妻。伍氏，黄贤栋妻。朱氏，李文炯妻。吴氏，雷道盛妻。刘氏，雷成龙妻。谭氏，任声捷妻。伍氏，雷学达妻。黄氏，谭裔振妻。黄氏，盘裔桂妻。林氏，雷学齐妻。郭氏，余松表妻。甄氏，温明进妻。甄氏，黄汇良妻。邝氏，梁树璦妻。彭氏，谭日辉妻。谭氏，李曳业妻。伍氏，李期稔妻。甄氏，李乾乃妻。黄氏，邝德容妻。黄氏，邝嵩由妻。黄氏，刘公疆妻。

叶氏，邝德守妻。余氏，伍硕文妻。李氏，黄业钊妻。谭氏，马琼照妻。黄氏，李奎贤妻。林氏，黄经瀚妻。李氏，区廷璞妻。黄氏，蔡盛霨妻。余氏，甄纪亮妻。余氏，黄作功妻。李氏，陈增崇妻。余氏，朱广绅妻。马氏，黄懋业妻。麦氏，区廷炳妻。黄氏，马锡灼妻。

邝氏，甄纪星妻。司徒氏，甄迩贤妻。雷氏，李基田妻。余氏，谢熙欢妻。李氏，赵钧涤妻。赵氏，陈尊乾妻。余氏，岑作吉妻。邝氏，甄纲发妻。陈氏，刘维纲妻。李氏，陈良灿妻。卫氏，赵广权妻。谭氏，李景祖妻。李氏，陈飞鹏妻。伍氏，陈达尊妾。黄氏，朱赞昌妻。黄氏，刘亮持妻。李氏，赵其光妻。周氏，黄维纶妻。陈氏，李期翘妻。

任氏，黄良苹妻。陈氏，马光庶妻。张氏，谢圣羡妻。马氏，黄榜林妻。李氏，邝崇凝妻。邝氏，李洪缵妻。黄氏，朱英显妻。赵氏，陈贤汇妻。刘氏，邝兴达妻。谭氏，余初中妻。黄氏，李厚拱妾。伍氏，许贤兰妻。朱氏，黄甫臣妻。邝氏，余世儒妻。陈氏，林立晖妻。叶氏，邝集鹏妻。谭氏，李聚业妻。梅氏，李象玲妻。李氏，岑定育妻。余氏，陈国翰妻。林氏，余权英妻。李氏，雷道灿妻。李氏，邝瓏德妻。

刘氏，伍文全妻。刘氏，蔡深衡妻。黄氏，陈有德妻。林氏，黄思成妻。余氏，甄沛霖妻。李氏，伍文杰妻。赵氏，陈凤尊妻。朱氏，余宪章妻。刘氏，黄馨妻。陈氏，黄朝焘妻。胡氏，邓世元妻。朱氏，邝建常妻。黄氏，谢日诚妻。陈氏，黄朝炘妻。陈氏，李天增妻。李氏，谢圣侠妻。李氏，苏学妻。张氏，黄奕回妻。黄氏，马达懿妻。赵氏，陈发廸妻。陈氏，王馨毅妻。蔡氏，黄象贤妻。

唐氏，陈建厚妻。林氏，陈廷燿妻。邝氏，黄仞庄妻。邓氏，梁松鹤妻。叶氏，伍伦荣妻。司徒氏，黄业桂妻。余氏，李伯焕妻。叶氏，谢日秦妻。张氏，李堂裕妻。甄氏，赵仲琳妻。邝氏，温会樟妻。黄氏，李垣希妻。杨氏，谢日光妻。李氏，颜明义妻。梅氏，李缵圣妻。李氏，曾巍臻妻。李氏，盘尊闳妻。李氏，赵景安妻。陈氏，朱昌沛妻。余氏，甄纪照妻。王氏，李期理妻。陈氏，黄纯澈妻。陈氏，余缉表妻。朱氏，李崧南妻。

甄氏，谢维统妻。陈氏，曾箕爵妻。陈氏，蔡翼参妻。李氏，陈宣发妻。陈氏，朱允昌妻。岑氏，蔡本欣妻。雷氏，林德让妻。李氏，黄恩霖妻。李氏，伍维统妻。陈氏，刘学萃妻。李氏，陈寅发妻。李氏，余言中妻。梁氏，李宽芳妻。伍氏，雷纲道妻。马氏，朱胜昌妻。

朱氏，黄荣大妻。李氏，刘公达妻。霍氏，余接中妻。赵氏，李期诺妻。许氏，温原宣妻。李氏，林阿盛妻。甄氏，余赞显妻。谭氏，甘贻纯妻。谭氏，刘学义妻。李氏，邝祥德妻。伍氏，李天意妻。卫氏，李期扩妻。黄氏，李文砚妻。雷氏，李应庆妻。

容氏，郑才捷妻。黄氏，梁思学妻。李氏，林阿忠妻。何氏，李允芳妻。林氏，李其宏妻。陈氏，麦永捷妻。赵氏，李期朗妻。朱氏，谭开修妻。李氏，伍文培妻。梁氏，李天意妻。吴氏，陈顺籍妻。马氏，陈官衡妻。伍氏，余键中妻。伍氏，李佑翕妻。黄氏，彭周荣妻。谭氏，李培业妻。某氏，李尊堃妻。李氏，谭肇秀妻。甄氏，马跻富妻。周氏，李铧乃妻。陈氏，李满庆妻。李氏，陈良谋妻。林氏，谭开球妻。陈氏，谭开乙妻。老氏，许相培妻。李氏，陈贤作妻。

江氏，梅乃发妻。王氏，李期剩妻。温氏，李振庆妻。邝氏，林炯德妻。李氏，黄安贤妻。曹氏，黄国堪妻。张氏，余俸中妻。刘氏，雷居道妻。彭氏，区启璇妻。梁氏，梅成乃妻。伍氏，蔡翼椿妻。李氏，陈尊瑀妻。

林氏，伍焜文妻。关氏，甄伦叙妻。黄氏，余正士妻。范氏，黄纯燮妻。陈氏，伍勋典妻。张氏，甄伦益妻。李氏，余捧章妻。伍氏，刘璞先妻。蔡氏，余然章妻。黄氏，武学爱妻。余氏，马贶林妻。李氏，麦益藏妻。梁氏，林立机妻。曾氏，梅耀伦妻。黄氏，陈俊仁妻。余氏，陈文位妻。蔡氏，伍于海妻。谭氏，陈良璞妻。苏氏，陈健年妻。刘氏，黄纯熙妻。

甄氏，谢日隆妻。颜氏，陈贤让妻。甄氏，李长贤妻。张氏，陈顺田妻。林氏，李习贤妻。赵氏，颜敦礼妻。余氏，陈良治妻。陈氏，颜均义妻。曹氏，梅耀照妾。陈氏，李程肖妻。李氏，黄安贤妻。赵氏，麦绪休妻。余氏，李隆贤妻。李氏，陈兆松妻。朱氏，陈文楷妻。

谭氏，朱凤翊妻。黄氏，谭开第妻。余氏，陈良汲妻。黄氏，曾毓胜妻。朱氏，颜礼明妻。赵氏，陈秀集妻。邝氏，陈球瑞妻。伍氏，林乐道妻。许氏，黄良用妻。伍氏，陈文艺妻。马氏，陈顺玺妻。陈氏，麦锡晋妻。余氏，陈贤献妻。

李氏，黄念昌妻。

朱氏，陈周国妻。陈氏，马能健妻。甄氏，陈贤棣妻。邝氏，陈良珏妻。江氏，刘有功妻。颜氏，陈顺苍妻。冯氏，赵国华妻。麦氏，林立儒妻。陈氏，李云瀚妻。刘氏，伍文旺妻。刘氏，黄成滚妻。李氏，赵印年妻。颜氏，徐秉德妻。梁氏，李文籍妻。黄氏，陈良异妻。黄氏，马机林妻。李氏，陈健国妻。余氏，李纲乃妻。陈氏，黄廷任妻。许氏，邱义妻。余氏，李士模妻。司徒氏，马阁林妻。李氏，陈春中妻。

邝氏，陈召国妻。谭氏，黄廷佐妻。麦氏，伍寿乡妻。黄氏，陈贤靓妻。李氏，黄效良妻。李氏，林树德妻。李氏，黄枚良妻。杨氏，程信宽妻。余氏，陈贤汶妻。朱氏，余章启妻。黄氏，陈祥裀妻。余氏，邝德赤妻。彭氏，余桢章妻。谭氏，骆龙槐妻。梅氏，陈炘学妻。李氏，黄家滋妻。郭氏，黄家陈妻。赵氏，蔡深槐妻。邝氏，陈祥昭妻。李氏，马琪林妻。郑氏，甄永炘妻。伍氏，温原涣妻。陈氏，刘孔华妻。伍氏，陈教象妻。吴氏，李亮英妻。赵氏，黄家棋妻。赵氏，余纪和妻。

刘氏，李荩业妻。陈氏，梅乃嗣妻。黄氏，李良桂妻。李氏，余中闻妻。陈氏，李基宪妻。司徒氏，陈持贤妻。黄氏，梅裕乃妻。叶氏，黄荣位妻。伍氏，李岳芳妻。黄氏，邝德钦妻。关氏，余蕃章妻。梁氏，梅远会妻。张氏，余静中妻。梁氏，梅远若妻。陈氏，伍于进妻。赵氏，李期艺妻。刘氏，李宾业妻。伍氏，雷竟成妻。余氏，朱箕德妻。

谭氏，余吉云妻。余氏，朱箕翕妻。张氏，李祖槐妻。谭氏，李衍振妻。梁氏，伍平学妻。余氏，梁凤湛妻。余氏，谢熙颜妻。李氏，盘裔传妻。李氏，邝恒有妻。马氏，李圣寿妻。谭氏，甄纲擢妻。朱氏，邝季华妻。黄氏，梁裕敏妻。廖氏，梁凤涛妻。伍氏，梅远钹妻。黄氏，岑作楫妻。黄氏，梅乃竹妻。甄氏，黄奕灿妻。

甄氏，黄业惠妻。吴氏，梅乃佐妻。苏氏，陈积中妻。林氏，李北承妻。谭氏，李洪作妻。余氏，李福乃妻。黄氏，梁学伶妻。庐氏，宁清照妻。伍氏，余宽中妻。关氏，陈可尊妻。谢氏，马课贤妻。马氏，梁传灿妻。谭氏，陈良缉妻。陈氏，雷天奕妻。伍氏，梁凤集妻。郑氏，李祖苹妻。余氏，黄奕叠妻。叶氏，林德湛妻。吴氏，李洪宪妻。朱氏，赵仲瑛妻。

蔡氏，雷祥学妻。黄氏，余中宽妻。林氏，黄揆贤妻。李氏，梁凤齐妻。邝氏，李纶柏妻。赵氏，伍宏用妻。谭氏，李乃丰妻。伍氏，梁仁基妻。周氏，余勤中妻。黄氏，李乃梓妻。陈氏，龚国维妻。李氏，甄兴仁妻。赵氏，蔡深润妻。

伍氏，李基懋妻。蔡氏，梅骞耀妻。谭氏，李明全妻。余氏，朱昌图妻。李氏，陈文炯妻。邝氏，李彬祖妻。谢氏，黄荣柯妻。谭氏，黄绪贤妻。谭氏，黄荣吉妻。

王氏，李天荣妻。谭氏，李宗焯妻。赵氏，苏镗绍妻。李氏，刘学仞妻。陈氏，梁奕掀妻。张氏，李仰乃妻。余氏，马锡簪妻。梁氏，邝球显妻。李氏，黄奕进妻。谭氏，黄纯五妻。余氏，邝昭德妻。余氏，李祖乐妻。伍氏，麦敬焕妻。黄氏，李基敦妻。李氏，雷学燮妻。林氏，黄家攀妻。李氏，陈定邦妻。盘氏，谭怀德妻。余氏，李传裔妻。李氏，雷天灿妻。卫氏，李洪彩妻。容氏，梅耀位妻。梅氏，阮经昂妻。朱氏，李学般妻。林氏，朱文万妻。甄氏，黄荣才妻。

甄氏，李时敏妻。曹氏，阮仁术妻。甄氏，黄焯良妻。黄氏，雷道来妻。谭氏，陈缉颜妻。伍氏，曾裘沐妻。李氏，谭裔雅妻。陈氏，谭捷扶妻。余氏，谭开启妻。余氏，谭开赉妻。黄氏，陈尊益妻。李氏，刘经倬妻。黄氏，谭裔霭妻。区氏，黄传颂妻。谭氏，李广裔妻。李氏，黄象美妻。谭氏，盘业昌妻。余氏，黄廷焕妻。廖氏，陈裔裘妻。

黄氏，李时铨妻。赵氏，李洪谒妻。刘氏，李文邓妻。李氏，陈尊位妻。雷氏，伍掌荣妻。邝氏，黄绍瀚妻。朱氏，邝进德妻。李氏，谢圣就妻。李氏，黄成多妻。李氏，伍发荣妻。黄氏，谢圣运妻。李氏，吴迪吉妻。甄氏，李洪喆妻。李氏，雷天婴妾。甄氏，余报章（氏）[妻]。许氏，雷学祥妻。梅氏，陈谦泰妻。余氏，陈田贤妻。陈氏，邝德球妻。林氏，黄惇贤妻。

邝氏，黄邦朝妻。叶氏，许裔嘉妻。李氏，黄奕来妻。刘氏，谭开羡妻。陈氏，李标衍妻。谭氏，程信惟妻。邝氏，陈良沾妻。李氏，龙贤淇妻。谢氏，黄荣衍妻。林氏，伍学修妻。梁氏，黄杏培妻。黄氏，黄裔琪妻。伍氏，李乃板妻。张氏，谢圣超妻。甄氏，黄荣锦妻。陈氏，黄奕聪妻。

邝氏，黄宽朝妻。李氏，林谦德妻。李氏，甄良豪妻。梁氏，伍维�妻。谭氏，李乃彦妻。张氏，黄树元妻。伍氏，雷成福妻。谭氏，林德本妻。刘氏，黄经治妻。林氏，陈郁祥妻。李氏，谢日骁妻。谭氏，伍笃学妻。黄氏，陈性德妻。伍氏，马琮点妻。倪氏，伍文奏妻。梅氏，陈蛋家妻。陈氏，李文节妻。刘氏，谭贤滉妻。余氏，陈文怀妻。伍氏，梅神乃妻，又妾李氏。李氏，林德森妻。马氏，李孔林妻。黄氏，刘维海妻。林氏，黄寿良妻。朱氏，陈良托妻。刘氏，伍维相妻。伍氏，雷娘成妻。骆氏，李业姜妻。黄氏，余章寻妻。伍氏，李乃澈妻。颜氏，李云霄妻。李氏，黄成纳妻。李氏，许盛宗妻。

阮氏，梅宗振妻。邝氏，朱显卫妻。甄氏，朱箕乾妻。梁氏，甄习贤妻。伍氏，陈宗荣妻。蔡氏，雷学培妻。余氏，李祖叶妻。麦氏，伍文定妻。叶氏，李期衮妻。林氏，梁长澧妻。马氏，余宗璋妻。蔡氏，雷维邦妻。廖氏，李学宽妻。黄氏，李明韶妻。伍氏，甄良士妻，又妾黄氏。雷氏，许裔扳妻。甄氏，余扩中妻。李氏，梅朝乃妻。谭氏，李基诚妻。岑氏，陈润良妻。谭氏，李文晓妻。甄氏，李洪捷妻。李氏，刘希森妻。刘氏，李文洞妻。张氏，谢维彬妻。李氏，黄锦章妻。李氏，黄隆贤妻。黄氏，谭文洪妻。区氏，李郁文妻。陈氏，李天育妻。余氏，李文托妻。

伍氏，余森中妻。余氏，谢熙亿妻。甄氏，李祖永妻。陈氏，伍文尚妻。伍氏，赵不哆妻。黄氏，朱昌烋妻。曹氏，梅远俊妻。谭氏，余沃中妻。郑氏，谢维进妻。陈氏，朱熏昌妻。伍氏，曾武胜妻。陈氏，李忠圣妻。李氏，余济中妻。余氏，谢亮诱妻。李氏，谢配道妻。

司徒氏，朱昌鳌妻。谭氏，余振章妻。谭氏，谢祥瑞妻。李氏，陈贤源妻。叶氏，余迎礼妻。朱氏，陈任良妻。谭氏，李贺乃妻。黄氏，余积宽妻。李氏，陈秾妻。伍氏，李振耀妻。叶氏，骆崇壬妻。黄氏，马牛女妻。邝氏，利天俸妻。叶氏，雷道敦妻。赵氏，伍温文妻。吕氏，伍文赏妾。以上节妇。

赵氏，陈沛光妻。陈氏，麦衍湛妻。张氏，赵鸿飞妾。何氏，麦益槐妾。邝氏，杨阿发妻。李氏，黄业拱妻。王氏，陈坊崇妻。李氏，陈崇节妻。余氏，陈大聘妻。李氏，陈漂尊妻。陈氏，麦荦休妻。李氏，陈荣贵妻。陈氏，李期璓妻。梁氏，陈纶远妻。李氏，王振衮妻。李氏，陈大年妻。以上烈妇。

邓随香，邓如柏女。郑大姑，郑才绍女。已上烈女。

自程氏以下，据县册修，无守节年岁者，县册缺也。俱光绪六年（1880）汇旌，其已为张《志》及《采访册》所有者，不复重列。

《新宁县志》卷二十二，伍士高分纂，黄纬、陈颐校字。

卷二十三　列传六

耆寿上

李德勤，一百岁，乾隆二年（1737）旌。雷德藩，一百岁，乾隆十六年（1751）旌。

王士勤，一百一岁，乾隆二十年（1755）旌。伍允杰，一百二岁，乾隆二十年（1755）旌。

李玉叶，一百一岁，乾隆三十二（1767）年旌。李芳俊，一百三岁，乾隆四十年（1775）旌。

伍允瑞，一百三岁，乾隆四十五年（1780）旌。雷德珀，一百二岁，乾隆四十七年（1782）旌。

陈德贵，一百三岁，乾隆四十六年（1781）旌；孙裕芳，九十六岁。李适本，一百二岁，乾隆五十五年（1790）旌；子良普，九十一岁。

蔡华恤，一百一岁，乾隆五十六年（1791）旌。余英举，妻黄氏，俱一百岁，五世同堂，嘉庆七年（1802）旌。

已上据阮《通志》修。

余秩礼，监生，妻陈氏，俱一百岁，道光四年（1824）旌。雷天潮，一百岁，道光六年（1826）旌。

赵凝行，一百岁，道光六年（1826）旌。陈德曦，一百四岁，道光九年（1829）旌。

黄奕振，一百八岁，道光十七年（1837）旌。陈发作，一百八岁，道光十九年（1839）旌。

朱良许，一百五岁，道光十九年（1839）旌。李学教，一百十八岁。伍笃允，一百岁。

已上张《志》。

余宏士，一百岁，道光二十七年（1847）旌。龚广参，一百一岁，光绪五年（1879）旌。

马琼润，一百三岁，光绪七年（1881）旌。陈健林，一百五岁，光绪十年

(1884)旌。

胡灵裔，一百岁，光绪十五年（1889）旌。赵允照，现一百四岁，光绪十六年（1890）旌；妻梁氏，九十岁。

赵衍焜，一百三岁，光绪十六年（1890）旌。李良洽，一百岁，光绪十二年（1886）旌。

梅可恩，一百八岁。陈凤象，一百三岁。冯道现，一百二岁。伍吉荣，监生，一百一岁。江英满，一百一岁。邝以珩，一百岁，钦赐翰林。伍维举，一百一岁。赵颙鼎，一百岁。梅远岭，一百岁。陈基嵩，一百岁。李圣脉，一百岁。甄华旭，一百岁。黄奕振，议叙八品，一百岁。

已上《采访册》。

余英简，九十九岁。李圣相，九十九岁。黄德喜，九十八岁。雷积德，九十八岁。黄裔义，九十八岁。梅锡岳，监生，九十七岁。陈周俊，九十岁。梅克湘，生员，九十七岁。黄凤鸣，监生，九十六岁。陈仲禄，九十七岁。陈敬礼，监生，九十六岁。黄粤秀，九十六岁，妻林氏，九十五岁，弟粤松，九十八岁。李开九，九十六岁，弟开派九十四岁，开吉，九十二岁。李良保，九十六岁，子元生，钦赐举人，九十五岁。伍观光，九十六岁，长子立纲，九十三岁，次子立常，九十五岁，三子立法，九十一岁，四子立达，九十二岁。

李圣仲，陈受武，余传琳，陈万卷，俱九十六岁。

梅德四，黄尊桓，梅瑞仰，甄程文，余亨英，俱九十五岁。

伍璨光，九十五岁，钦赐举人。梅政，生员，九十四岁，妻陈氏九十六岁。李启尔，妻许氏，俱九十四岁。梅瑞仁，九十四岁；子茂远，九十二岁；远叶，九十三岁；远兰，九十四岁。

李世福，九十四岁；子良斐，九十五岁。梅元齐，九十四岁；子锡光，九十三岁。余达嵩，九十四岁；子表佩，九十二岁；表伦，九十三岁。

刘英夫，监生，甄汝玉，甄高儒，郑绍强，梅德阁，梅德治，黄子郁，马会信，李元任，监生，黄尊嵩，李厥良，伍公礼，黄振嘉，余开蕃，俱九十四岁。

赵遡洲，马永恩，赵煜高，赵子培，赵同鹏，甄款洽，赵石可，马会苑，赵同佑，赵嘉贤，陈敬琔，甄相陟，陈敬是，甄业金，李世禄，谭维新，黄仞强，黄程道，李良瓒，黄尊念，俱九十三岁。

李须华，九十三岁；子本立，九十岁。

李国珍，监生，赵英才，伍允焘，甄诏聘，黄德畧，黄寿宗，黄振茂，黄传进，余英炯，李世惠，余恩浩，伍如锡，伍槐吉，俱九十二岁。

李士任，监生，九十一岁，继妻余氏，九十岁，妾魏氏，九十一岁。余英斌，余隆闹，李须三，伍益壮，赵立恭，梅德弱，陈荣裕，赵纯美，赵宜照，梅瑞愿，阮圣赞，陈发稳，梅瑞礼，甄业吉，黄泗宗，黄仞沧，俱九十一岁。

甄嗣延，九十岁，钦赐学正。甄匡廷，九十岁，钦赐副榜。马延龄，监生，甄干，监生，刘大登，监生，陈子兴，监生，甄泽惠，陈蓝圃，李继裕，赵达仁，俱九十岁。

林明发，李开秀，监生，黄以邻，钦赐举人，俱九十八岁。

李承俊，谭延遇，林昌毓，俱九十六岁。

黄毓材，监生，梅瑞焕，曹魏五，俱九十五岁。

甄绣文，甄松贺，甄梦魁增生，俱九十三岁。

已上据张《志》。

伍维霭，乡宾，一百二岁，继妻刘氏，九十岁。

黄焕朝，彭才富，王声照，余拣英，俱九十九岁。

曾裘亮，廖龙池，俱九十八岁。

黄尊桓，弟尊楠，俱九十八岁。

刘芳翊，伍权荣，伍荣儒，伍荣辙，伍允珣，曹三锡，例贡，甄伟仕，甄业吉，梁邦会，黄奕维，梅瑞鼐，赵元理，甄伟任，监生，朱启梓，黄忠稠，黄相振，余表穰，余聚隆，职员，黄扬贤，俱九十七岁。

李廷珍，九十七岁，子稌广，现九十二岁。林昌郁，伍建学，李高业，甄华旭，张镛胜，甄荣贞，例贡，马超北，马伦声，麦迎敬，陈贤贺，邓昌洞，甄参燎，监生，陈贤保，黄国璋，邓文礼，朱重章，陈锦贤，余章恺，陈瑞卓，朱昌禄，俱九十六岁。

余泮，监生，九十六岁，妻朱氏，九十二岁。容傅锦，九十六岁，妻陈氏，现九十四岁。龚广衢，九十六岁，子立兴，九十二岁，孙道孙，九十四岁。

黄尊梓，伍会仰，黄廷本，赵荷璧，曾秩敦，曾裘亮，余绚章，甄伟争，容傅庠，职员，甄伟匀，朱良宋，余聚隆，余泮章，俱九十五岁。

刘常可，伍贤荣，李炳期，李乃梧，李立乃，马锡伟，林创基，马爵庶，林荣昌，阮宏岳，李贤育，麦永乾，蔡深扬，王耀光，武生，江明进，甄业毅，朱箕赞，陈发锦，余远英，余组章，刘公冉，朱昌位，邝悦集，俱九十四岁。

余英敦，九十四岁，子表纶，九十岁。李文信，九十四岁，妻邝氏，九十一岁。

马圣林，监生，九十四岁，弟秀林，现九十一岁。

李章仑，九品，骆仞长，乡宾，黄迪道，陈大敬，伍荣浓，林学巨，赵绰俊，马锡接，乡宾，陈务本，陈良能，梅远潦，余胜隆，朱良参，谭捷擢，职员，朱昌植，余龙调，俱九十三岁。

李祖基，例贡，继妻关氏，俱九十三岁。

李学洽，子宗华，俱九十三岁。

刘斗光，监生，伍灿文，伍廷焕，伍质文，伍道占，庠生，甄贤增，甄学缉，甄文律，朱瑞翼，职员，甄永沾，甄五贤，甄基垦，马锡宦，黄朝寅，赵溥成，赵晰亨，乡宾，黄宏则，赵观灿，赵瑞乾，赵信允，赵彝允，陈健灿，余成表，伍荣烜，朱遇昌，朱昌有，余焯奕，谭捷泮，林明有，余仕章，余铎章，余有文，余文梓，余达柏，余述健，余学扬，俱九十二岁。

李元龄，九十二岁，增贡，钦赐副榜，重游泮水。伍见龙，贡生，九十二岁。伍荣沛，林昌桓，甄椿贤，伍际亭，黄纯翕，九品，黄宏沾，黄臻业，九品，邓振琼，邓相文，赵绍绩，余徐表，林佛明，林箕瀚，乡宾，余英芳，伍于芳，伍佩训，乡宾，赵泽赐，赵大新，余章采，江天爵，陈国谅，黄朝休，阮重恩，朱启玉，朱裔积，朱泽凑，黄廷富，例贡，伍就文，俱九十一岁。

朱英武，九十一岁，妻余氏，九十六岁，子良许，九十六岁。伍海德，伍沛文，伍昌护，乡宾，梅德撑，梅远捧，梅瑞藏，监生，梅远璇，乡宾，梅者远，梅远沼，甘传让，甄参略，甄添贤，甄耀亭，例贡，伍昭明，伍景昌，赵英永，赵健德，赵晰焕，黄作献，甄基周，陈浓贤，彭能兆，赵达仁，赵元炎，赵维芳，监生，郑标叶，赵绍昆，监生，朱缵斌，朱开瑄，朱英异，朱启溢，朱启钿，余表谈，余章郁，林道在，余宗礼，郑才盛，容振基，监生，陈焯新，余处中，余扳表，俱九十岁。

甄赞郡，九十岁，妻骆氏九十三岁。赵景南，九十岁，妻李氏九十二岁。赵季毓，监生，九十一岁，妻伍氏九十岁。赵元照，监生，九十岁，妻关氏九十五岁。马锡冒，监生，九十三岁。黄廷本，九十五岁。林昌赠，九十二岁。梁凤荣，九十五岁。伍允源，九十七岁。阮朝用，九十五岁。

李贤芹，现九十五岁，妻余氏，年九十五岁。甄世耀，现九十六岁。梅钦瑞，现九十七岁。马达式，现九十六岁。李期炯，现九十四岁。麦敬忠，现九十四岁。黄招浣，现九十七岁。陈学韶，现九十一岁。黄扳道，现九十二岁。黄建纶，现九十二岁。

黄宏梧，伍昌典，苏世赍，袁福桢，监生，朱裔灼，职员，朱赞斌，陈卓新，余三中，俱现九十岁。邝德敦，妻某，俱现九十一岁。

余润中，现九十岁。余佳章，现九十三岁。江天振，现九十三岁。马凤林，现九十一岁。阮宏本，现九十二岁。黄耀巧，现九十四岁。阮彰业，现九十八岁。甄良谋，现九十四岁。颜配义，现九十一岁。朱启赞，九十岁，妻陈氏九十岁。朱启祖、朱启都，俱九十七岁。李斌贤，九十五岁。李圣俭，乡宾，李学琇，俱九十岁。

已上《采访册》。

八品耆儒附

余嘉，平康人。陈大修，文章人。李奇伟，文章人。黄以功，德行人。伍玑，文章人。李维宁，文章人。黄国宾，德行人。伍涛，文章人。

按：以上八名，王《志》载于《选举》之末谓："乾隆元年（1736）恭逢盛典，得邀章服，与锡顶耆老不同"云云。张《志》改入《耆寿》。今从之。

《新宁县志》卷二十三，伍士高分纂，伍廷光、赵佩文校字。

卷二十四　列传七

耆寿下

伍氏，李遂乐妻，一百九岁，乾隆二年（1737）旌。

梁氏，黄德炎妻，一百四岁，乾隆二年（1737）旌。

蔡氏，李兆成妻，一百四岁，乾隆三十二年（1767）旌。

李氏，武生赵允明妻，九十六岁，五世同堂，嘉庆三年（1798）旌。

已上据阮《通志》修。

杨氏，区恂合妻，一百一岁，据张《志》。

谢氏，邝集补妻，一百七岁。余氏，黄嘉钊妻，一百四岁。陈氏，谭运濬妻，一百四岁。李氏，监生张群玉妻，一百一岁。

已上《采访册》。

谢氏，余传述妻，九十九岁。伍氏，监生甄基卓妻，九十九岁。罗氏，陈安儒妻，九十八岁。李氏，黄元超妻，九十七岁，子邦显九十一岁。马氏，黄奕受妻，九十七岁。余氏，岑圣侣妻。陈氏，赵季炳妻，俱九十六岁。罗氏，乡宾陈星宇妻，九十四岁，元孙锡极，九十一岁。陈氏，李圣能妻，九十五岁。赵氏，陈敬怡妻。林氏，李广韶妻，俱九十四岁。

梁氏，增生甄梦魁妻。李氏，修职郎黄即珍妻，俱九十三岁。赵氏，生员李邦彦妻，九十三岁，子生员国振妻黄氏，九十四岁，孙监生昕芳妻梅氏，九十一岁。伍氏，监生陈恭溥妻。雷氏，李兆敕妻。雷氏，职员李邦瑞妻。林氏，雷德阮妻。谭氏，李广淑妻。邝氏，李贤拱妻，俱九十三岁。

阮氏，监生梅元科妻。邹氏，生员伍重振妻。黄氏，李世定妻。李氏，监生马步鳌妻。李氏，赵健高妻。李氏，陈定朋妻，俱九十二岁。伍氏，陈贤飏妻。谭氏，甄光国妻。李氏，黄奕周妻。黄氏，李广韬妻。余氏，增生甄茂槐妻。已上九十一岁。

黄氏，李良蔼妻。罗氏，雷本赉妻。余氏，监生马燕誉妻。已上九十岁。俱据张《志》。

伍氏，监生赵保惠妻。李氏，陈发涉妻。邝氏，甄策贤妻。刘氏，李甜希妻。

朱氏，陈敬尧妻。已上九十八岁。

关氏，余遇位妻。黎氏，曹君严妻。黄氏，生员朱洪钧妻。李氏，赵良华妻。谢氏，郑標维妻。李氏，赵同柏妻。梅氏，阮章名妻。林氏，伍维保妻。冯氏，颜重华妻。已上九十七岁。

李氏，伍文初妻。梅氏，监生阮宏秋妻。江氏，贡生阮作辉妻。谭氏，岑希日妻。江氏，阮重纲妻。某氏，余爱章妻。张氏，余章烘妻。已上九十六岁。

黄氏，邝慎集妻。温氏，黄德舜妻。区氏，李厚经妻。朱氏，教谕陈焯仁妻。廖氏，举人刘组妾。黄氏，朱裔就妻。已上九十五岁。

黄氏，刘护先妻。江氏，阮仁裔妻。李氏，林立任妻。伍氏，邓昌遂妻。李氏，陈成杞妻。陈氏，赵达清妻。黄氏，乡宾朱昌先妻。陈氏，朱灼裔妻。马氏，朱中昌妻。黄氏，余瞻英妻。陈氏，余英叶妻。许氏，朱裔干妻，已上九十四岁。

吴氏，李庆波妻。梅氏，刘焜敬妻。雷氏，刘欢先妻。余氏，岁贡李运继妻。余氏，何正润妻。曹氏，黄家寿妻。阮氏，陈良美妻。谢氏，赵允权妻，已上九十三岁。

邓氏，余帝传妻。伍氏，许裔烋妻。陈氏，赵允宝妻。赵氏，阮朝快妻。黄氏，甄法贤妻。邝氏，林明光妻。黄氏，邝有对妻。已上九十二岁。

梅氏，阮仁津妻。陆氏，陈建勳继妻。黄氏，乡宾余绚章妻。区氏，赵达华妻。陈氏，赵成崧妻。谭氏，余润章妻。伍氏，生员赵钧池妻。曹氏，黄家寿妻。李氏，职员朱奎芹妻。黄氏，朱泽芳妻。黄氏，朱启灿妻。侯氏，朱纲道妻。李氏，朱裔锦妻。朱氏，邝兴朋妻。甄氏，黄朝献妻。余氏，监生朱栽本妻。雷氏，刘灿公妻，以孙荣恩赠孺人。已上九十一岁。

刘氏，伍沛文妻。陈氏，伍文藻妻。李氏，伍润学妻。陈氏，余民章妻。余氏，陈瑞璨妻。伍氏，监生陈立贤妻。任氏，伍际吉妻。赵氏，陈宠繁妻。某氏，余躬章妻，已上九十岁。

甄氏，朱裔绥妻，九十一岁。刘氏，谭奕多妻，九十六岁。谭氏，温昌玺妻，九十五岁。

梁氏，例贡甄缉熙妾，现九十七岁。林氏，贡生黄家纯妻，现九十四岁。赵氏，生员陈揆亮妻，现九十三岁。余氏，黄廷位妻，现九十二岁。邝氏，黄廷立妻，现九十一岁。伍氏，李乃琳妻，现九十一岁。陈氏，乡宾阮熙宏妻，现九十一岁。朱氏，余中华妻，现九十岁。黄氏，监生李应发妻，九十二岁。

已上据《采访册》修。

《新宁县志》卷二十四，伍士高分纂，刘宝森、赵佩文校字。

卷二十五　列传八

流寓　方伎　仙释

流寓

伍琨，汴梁人，宋宣和六年（1124）进士。高宗朝官至平章使、按：《宋史·职官志》有平章事、同平章事，无平章使。上柱国，因抗疏忤旨，谪岭南第十三将，镇守南恩州。未几，卒于官。其子朝佐、朝恺，迁葬于南恩州东台郡象山，坐癸向丁之原。据《府志》、王《志》修。

李乔木，字楹楚，汴梁人。丰姿瑰伟，博学强记，善诗文，登宋建炎进士，官至银青光禄大夫、兵部尚书。廉明忠直，朝野推重。绍兴间，因抗疏忤权奸，谪岭南。适琼黎叛，朝议乔木才猷[①]，可托专阃[②]，诏复原职，往征平之。不妄戮一人，被俘士女悉还亲属。凯旋复命，经南恩州卒。谕葬城东纱帽岭，因名官山铺。夫人，岭南第十三将伍琨女，卒，葬文章都松子岭。子玖，领省解，奉母侨居新宁斗洞，遂占籍焉。至今会、宁间，多其子孙，代有表著，衣冠称盛焉。据《府志》、王《志》《新会志》修。

赵必弦，按南监本《宋史·宗室世系表》作"𢎯"，字子清。宋封商王赵元份之十世孙也。原籍福建，自闽入粤，历任双恩、淡水、海晏、矬峒四场盐课司大使。按：宋无双恩盐场，矬峒作"挫铜"，掌盐税者为监，当无盐课司大使之名，行经矬峒清溪之浒，爱其山水之胜，遂卜居焉。卒葬潮居都大安村后山。据《续志》修。

余正，字服休，余襄公之四世孙也。宋冈州司牧，历太常寺，奉礼郎。绍兴二年（1132），自韶之广，居宁阳，而儒林之族衍。据《续志》《采访册》修。

雷复，字阳昇，河南祥符人。父潮翁，当宁宗时，以进士同知南雄府事。按：《宋志》南雄州，非府也。凡升府者，惟藩邸有之。复少习庭训，长通经术，近遵

① 才猷：才能谋略。

② 专阃：专主京城以外的权事。

伊洛之学[1]，远探洙泗[2]之源，洁身励行，出处不苟。当庆元党禁[3]，以学二程之学者为伪，复闭户不出。嘉泰以后，党禁既弛，乃出应乡会试，由乡贡登进士第。理宗时，晋大理寺正卿，兼管长春殿事，以恤刑为心，于庶狱有所平反，辄为权奸贾似道所抑，弗克展其才，即力求退，不许。因丁母忧，遂来南雄，依父守制，继丁父忧，服阕，遂不起，隐于南雄沙水村珠玑巷，自是缄口不言世事。

子震南，景定辛酉（二年，1261）解元，震龙，咸淳丁卯（三年，1267）解元，后迁于广州新会之古博里。按：古博，今属开平。时咸淳九年（1273）癸酉八月也，卒年九十有奇，葬于古博里鸭山，其子孙绵衍于文章斗洞，遂聚族焉。据《续志》修。

按：此篇五人，惟赵必宏、余正身寓邑地，其他三人，皆以子孙来居而已。又地名官阶，亦多与史不合，有可疑者，然旧《府志》所有，不敢辄删，姑仍之，而著其说于此，俟再考焉。

方伎

马炼隐，德行都马洞人。今道家所祠马七郎者是也。生于明初，诸兄隐于渔樵耕牧，炼隐独云游访道，遇异人，授以天心正法，能呼风唤雨，役使鬼神。尝行法至开平，邂逅其师于蚬冈，相与班荆道故[4]。时烈日横空，师戏命作荫，探囊出荔枝核一枚，拥土种之，沃以溪水，即见萌芽突出，转瞬而枝干并茂，花叶齐芳，其实累累，满树皆熟。于是摘果献师，其食而去。土人神之，因其地立庙祀之，勒碑以纪其事焉。

晚年以艰嗣故，遂废弃一切法物。今本地有焚书岭、抛剑池、掷砚洲，其故

---

① 伊洛之学：北宋程颢、程颐以孔孟学说为基础，吸收佛道丝絮，创立自己的理学体系。世称程颢为“大程”，程颐为“小程”，合称“二程”。“二程”为亲兄弟，均为今河南洛阳人，长期在洛阳讲学，后来程颐又居临伊川，二人讲学于伊河洛水之间，因称其所创学派为“伊洛之学”，也叫“洛学”。

② 洙泗：即洙水和泗水，在今山东省内，春秋时孔子曾在此聚徒讲学，后遂以“洙泗”指代孔子和儒家。

③ 庆元党禁：亦称“伪学案”“庆元党案”。南宋宁宗时，因皇室内部权力争斗波及学术的事件。宗室赵汝愚与外戚韩侂胄曾共同拥立宁宗，赵升宰相，韩迁枢密院都承旨，两人争权不已。赵联合朱熹、彭龟年等抨击韩“窃弄威福，不去必为后患”。韩使谏官奏，赵汝愚以宗室居相位，不利于社稷。庆元元年二月，汝愚去位，被迫自杀，大权归韩。朱熹等亦遭贬逐。二年八月，贬斥道学为“伪学”，加以禁止。三年十二月，颁“伪学逆党”党籍，列名者有赵汝愚、周必大、朱熹等50多人。书院教育因此受到压抑。嘉泰二年始弛党禁，追复赵汝愚官职，列名党籍而在世者，亦先后复官。

④ 班荆道故：用荆铺地而坐，谈说过去事。形容老朋友在路上碰到了，坐下来谈谈别后情况。

址也。卒后惟留一石狗，族人立祖师庙，置石狗于门外。天大旱则以泥涂石狗，祷于祖师，祷毕即雨，泥净即晴，往往如是。后石狗为他盗窃去，然祷于庙者常踵相接，雨之降亦如响相应。道光初，大隆峒有数百人到庙求雨鼓吹，登焚书岭，祷毕而去。当时阴云四合，即亦不雨。越数日，峒人牲醴酬神，始知登岭云起之时，峒中已沟浍[1]皆盈矣。又根坑村数百人到庙求雨，拜祷之际，红日更烈，徘徊门外。未几，归至半途，雷电交作，风雨骤至，数百人衣衫尽湿，其灵迹多类此。据张《志》修。

林真洽，字道远，一字秀皛，广海城人。父明誉，世业巫。性至孝，母瞽而瘫，与妻区氏奉侍甚周，数十年无倦容，母八十余乃终。无子，祷于城隍，一夕梦神曰："汝本无子，上帝鉴汝孝，已赐汝一子"。已而果生。真洽幼便聪慧，工诗能文，每试辄列前茅，久不售，恐失父业，不得已亦为巫。凡有斋醮，必预日斋宿。尝有蝗害稼，土人邀真洽禳之，真洽作文祷于神，越日，蝗尽死，土人德之。有《恒斋诗稿》一卷，未刻。据《采访册》修。

仙释

云谷老人，不知何许人也，元末时，以训蒙至海晏博荣，"荣"当为"劳"，《元丰九域志》：新会六盐场有海晏博劳，栖隐仙岩之侧，或谈黄白之术，未有知者。久之，白玉蟾造焉，自称海琼子，清晨而歌，歌曰："梧桐枝上秋风起，碧水连天天映水。残花几点暮山紫，斜阳影落芦花里。蜂衙罢声蛙作市，藜丈落肩寝簟几。天黎明月痕消，安得佳人兮，仙岩作逍遥。"云谷亦起而歌，歌曰："酒初醒，睡初醒，有客长歌绕翠屏，我将治凫舄兮振瑶瓶，顺风一叶碧潭清，收拾千岩万壑之爽气，归来高卧乎松棂，与君结诗盟。"父老多传其词章清言，竟不知其所终。据王《志》修。

钟鼎，不知何许人，游文章里金溪寺，托以烧铅煮汞为事，寺有丹灶三十六。一日，因涉溺死，有人复见于羊城。云东坡谪官至广，枉道访之，今苏渡犹传其名。据张《志》修。

林枝秀，明末广海西村人，有道术，求雨必应。卒后，士人遇亢旱，到祠祷之，立沛甘雨。相传本处仙人井，是枝秀修真之所。据《采访册》修。

《新宁县志》卷二十五，黄子元分纂，陈颐、赵佩文校字。

---

[1] 沟浍：泛指田间水道。

卷二十六　杂录

王《志》沿革册，附录《新会设府议》。

留粤补知州署新会县知县深泽王植主稿会详。

会看得新会一县负山面海，地方辽阔，在在险要，为广州府属难治之邑。兹奉准部行，将新会应否添设府治之处，会同确查妥议等因。卑职等谨据山海情形而论，新会之西若北，则有大雁、昆仑、皂幕诸山，蜿延磅礴，跨连鹤山、恩平、开平诸邑，为从前宵小出没，啸聚之区，最称严险迤逦。而南又有百峰大山，界于新会、新宁之间，层峦叠嶂，山险箐深。前此奸匪窟宅[1]，窃发[2]时闻，尤为现在紧要之地。自南而东，皆滨大海。正南距城八十里，即厓门山，对峙如门，为重洋锁钥。虎跳、白浪、乌猪、大洋各岛屿，森然罗列，咸归控制。而商渔船只，从厓门出入，直达雷、琼、惠、潮各府，踞粤海之中路，为洋面之要冲。其新宁之上川、下川等海面，尤近在肘腋，盗艘枭贩时为飘突为患，海疆重地无过于斯者，此会邑山海情形之大概也。

现在新会、新宁隶属广州，鹤山、恩平、开平隶属肇庆，又添设大官田同知督缉五邑捕务，控制之法，防御之方，似亦未为不周。但广州为粤东省会之区，肇庆系制府建牙之所，皆为根本重地。二府各隶属十余州县，幅员广阔，倍于他郡，匪特政务纷繁，实恐鞭长难及。

查新会在广州府二百余里之外，新宁距广州府四百里，鹤山、开平、恩平距肇庆府近者，一百六七十里，远者二百余里，各为离府遥穹[3]之邑，距府既远，加以分隶广、肇之故，疆界既有彼此之分，则人心遂成尔我之势。以民情而论，平居视为隔属，不能如痛痒之相关；以公事而论诸务，阻于两地，未必如声响之相应。若建府于新会，而以宁、鹤、恩、开属之，则广、肇二府以南，山海交错，素称难治者，得新府以镇之，遂成犄角辅车[4]之势。且下至惠、潮，上至高、雷、廉、琼，复得新府，以控中路海道之冲，则海疆之形势规模益加完密，是建府一

① 窟宅：住人的洞穴，多指神仙的住所或盗贼藏身的地方。

② 窃发：暗中发动。

③ 穹：深远，遥远。

④ 辅车：比喻事物互为依存的利害关系。

事，实为通省海疆居中扼要之计，非第数邑岩疆[1]藉资弹压之谋也。

再查新会一邑，人民稠密，城郭宽广，实称府治规模，其宁、鹤、恩、开，地居上游，一切解饷解犯，必经会邑而达省城，一水联络，呼吸相通，归隶新府，洵称因利顺便，统辖得宜，于地方大有裨益。

卑职等身在地方，亲知灼见，理合联衔会议，详请具题。钦赐府名，铸给印信，以专职守。至新府，应隶肇罗道统辖，将大官田同知即作府佐，督管各邑捕务，仍旧分防鹤山，毋庸另设丞倅[2]之处，细绎原奏，实为妥协。无庸卑职等再为置议，其应行添设事宜，如府学为明伦敷教之区，府署为出政临民之所，考棚为学臣按临考试之地，并府仓司狱，俱须建造。又府属教职、首领、杂职各官，似应添设府教授一员、训导一员、经历一员、仓大使一员、司狱司一员，其各员公廨，亦须酌量添盖。至经制俸工、生童入学名数，并廪生饩食[3]等项，俱应查照各府事例辨理，应请俟宪台转详题覆[4]，文行到日，逐一悉心详查勘议估报。再，新会城守现驻参将一员，兵制已属完备，毋庸另议，合并声明。

县界诸瑶砦，如石鼓、茅舍、苔村、石人、烮冈、横岭、连塘、三公迳，仓下、那西、冬瓜冲、上峒、万罗冈、鸡头、怀宁等砦。嘉靖中，讨叛瑶，一自南海抵新会县山砦，一自龙门抵苦草迳。又分左右翼，一略百峰十二砦，一略石鼓十五砦。旁午后，共攻黄沙、泥仓下砦，夜进茅舍、梅树冈等砦。贼突围，走牛角烮。又进剿盈峒、大塘诸砦，又克那西、上桥诸砦，又分兵自牛眼沙进剿苔村、怀宁诸砦，贼平，乃设更鼓、那西、三合、金鸡诸营。阮《通志》。

《府志·建置略·关隘门》载，新会把截所八，曰长沙，在县南海滨；曰企官，曰双烟整，曰潭滘，曰企头，曰横山，皆在县西南滨海；曰仰船冈，在县东南；曰寨门，在县西滨海。

按：此录《方舆纪要》之文，其地名多在今新宁县属。《郡国利病书》载，有水流迳营，在德行都，近仓步营，有北炎等十九村，防新宁上葫、张边、恩平交迳等山贼。赤水迳营与新宁县仓步营，相去三十里。火炉岭营，在潮阳都近果园等九村，防新宁石鼓村浪贼。

社贼者，明季，乡中佃仆叛主贼也。先是承平日久，富室御下多有不以礼者，乘岁饥世乱，互相煽诱富室之族贫而无赖者，多与焉。立社于村，歃血联谋，与

---

① 岩疆：边远险要之地。

② 丞倅：指副职。丞、倅皆佐贰之官。

③ 饩食：米粮、肉等食品。饩，xì，古代祭祀或馈赠用的活牲畜。

④ 转详题覆：转详，将案情呈报上级官府。题覆，指大臣向皇帝进呈的一种公务文书，即题本奏覆，多用于回答垂询。

富室为敌，抄掠财谷。往往阖门遭祸，士庶知分之家，皆逃窜避难，实一时巨变。国朝定鼎后，法令既行，逆党知畏黠者，或投充营伍而去，轻者或从原释，余多伏法，盖数年而后定。王《志·杂记》。

嘉靖间，官军之获何八于广海也。先是海南有天妃庙，凡放洋往还，敬事之，且降箕灵验。八欲寇广州城，往祷，令二童子扶箕，久不降，八躬拜告祷，乃降，书一死字。八大怒，断神首并杀二童子。其党知必败矣，比行所居大舶，用牛革包裹，以防官军潜凿，然是舶每闻凿声。晓雾溟蒙，天明不霁，及兵至，犹以为其徒得掠而归，遂至于败。《郡国利病书》。

王将军兴，生平酷好书画，尝得一《虎顾儿图》，云是成祖御物，轴首有解学士题句。官军破文村时，毁于火。故陈独漉诗云："回头望西堂，有虎顾其儿。生平爱此图，拜汝甘同灰。"《采访册》。

王将军，文村城破自焚，死时其子五人出降于平南王，见《元功垂范》。惟《粤小记》云："明末，虎贲将军王兴兵败，阖室自焚，其子孙有无，不可知。"嘉庆间，有王氏者，自称将军后，欲往省墓，不知其处。有告之者，王氏欣然率子弟往谒，未三年，男女死者过半，自尔不敢再往。岂阖室自焚时，子孙已尽。彼王氏者，冒为其后，以致将军之罚欤。《府志·杂录》。

《严野集》载，南海生员霍达芳，为陈邦彦兵部司务，时为永历四年（1650），广州破，达芳走文村、下川之间，依虎贲将军王兴、凌海将军陈奇策，因与厚相结纳。二将军分以舟师数百人往来海上，为游兵，舟轻士锐，出没波涛三载。一日，以单骑护获[①]于四沙，遇逻舟，惊其全发，执之归，尚王讯之。不语姓名，以家有老母也。问曰："降乎？"三摇其首，遂遇害。《府志·杂录》。

国初，邑人余亚妹，亦一方桀魁，由下坊窜居电白，啸聚豪党。有司不能制，后金光祖来督两粤，至儒洞剿平之。节《新会志》。

陡门海中有鬼子洲，望之白石棱棱，其上游名狮子洲，两旁有石浪，触之如锣鼓声。昔传有戏春色者，载舞具过之，见二洲随波荡摇，有对舞状，乃击锣鼓趁之。俄顷，风涛四起，黑雾障天，舟中之狮头鬼面，以类从者，翻然皆动，舟溺中流，而舞声未歇。今人相戒，渡斯海者，勿动锣鼓云。王《志·杂记》。

磨斧石，在德行都三十四图，方径四尺，石色黝而光，质坚致而腻，春夏交则见斧劈痕。土人于其侧立坛祠，山麓有泉。道光中，水忽甘香，饮之能愈病，远方来祷无虚日。土人利其赀，以致哄然。自是水亦无验矣。《采访册》。

---

① 获：收割的庄稼。

邑治西园，伍氏道平别业也，其中亭池幽闲，林木扶疏，鸟语花香，四时不断。有老梅二株，瘿瘤绝古，高人韵士每游咏焉。邑侯张殿珠赠联曰："作东山主，开芸局，进退古今，人非云寡助。酒为豪客，棋为幻客，诗为逸客，一饮一敲一唱和；住西园林，坐翠轩，结联风月，味咸悟尤宜。石有仙意，鸟有僧意，竹有儒意，半沈半语半扶歌。"王邑侯畾颜其亭曰"修禊"，系以联曰："深夜钞诗桐叶雨，曲阑联句藕花风。"张太史锦芳题联曰："散堆乱石成幽径，斜插疏篱种野花。"邑侯万应馨《西园探梅诗》云："萧森竹树隔墙多，笑见花枝蘸碧波。昨夜暗香风送到，瑶华知道遍槃阿。邓尉山中香雪海，罗浮峰顶白云窝。客来未得行吟遍，今为梅花特地过。"无锡杜淇诗云："窄径竹初删，苔添雨后斑。松根堪濯足，墙角不遮山。人与白云淡，我随飞鸟还。闲来时剥啄，手勿掩柴关。"一时文人流览题咏者，指不胜屈云。《续志》。

王章，本顺德人，年十四寄籍新宁，为博士弟子，六十余试，优补廪，八十三岁贡太学。康熙乙卯（十四年，1675）入闱秋试，大书"百岁观场"四字于镫[①]，令曾孙前导。同学异而问之，曰："我今年九十九，非得意时也，俟一百二岁，乃获隽[②]耳。督抚召见授餐饭，啖过人，各赠金帛遣之，亦佳谈也。是科中式，有十四岁之潮州吴日炎云。郝《通志》。

《尊乡赘笔》载，文村有妇人，其夫出外经商，数月归，妇已化为男子。因别居，后竟娶妻生子，邑岁贡陈淇作诗贺之。《府志·杂录》。

《雁山文集》载，新宁有兄弟鳏居者，妹既适人矣。弟思为先人似续计，愿自鬻以资兄娶，兄不可。邻有富户，闻而义之，佣其弟三十金，服役为息，后有资可赎也。兄从之，得完娶妇。归，窃闻夫故有弟，问安在，夫泣语之故。妇惊曰："得妇失弟，何以为人！"妇谋诸父，展转得三十金，藏诸笥，将以赎夫弟。既而索之，亡矣，愤而自缢。葬之日，小姑送之，忽雷震棺开，妇活而小姑死，金掷于地，如三十之数。盖小姑归宁时，知嫂藏金处，阴窃之，而妇不疑也。遂以棺葬小姑，而以金赎弟归。《府志·杂录》。

《新宁县志》卷二十六，邝衡分纂，伍廷光、赵佩文校字。

① 镫：dèng，古同"灯"。

② 获隽：赴京参加会试得中，亦泛指科举考试得中。

重修《新宁县志》捐资衔名

特授新宁县正堂何，捐银二百大圆。

同知衔曾麟趾，捐银一百一十大圆。

同知衔黄福基，捐银一百大圆。

州同衔李汝材，捐银一百大圆。

生员黄景棠，捐银五十大圆。

刘朝赓，捐银三十大圆。

赵祥光堂，捐银二十大圆。

茭簕甄统成，捐银二十大圆。

职员甄学立，捐银一十四大圆。

端芬环溪墟，捐银一十两正。

赵报本堂，捐银一十大圆。

赵雄昌，捐银一十大圆。

松梅社，捐银一十大圆。

黄德任祖，捐银一十大圆。

赠巡政厅陈昱贤，捐银一十大圆。

赠奉政大夫彭国盛祖，捐银一十大圆。

谭嗣宝祖，捐银一十大圆。

陈槎云祖，捐银六两正。

甫草彭集凝祖，捐银六两正。

彭蕃典祖，捐银六两正。

钦加布政使司衔、赏戴花翎、广西遇缺侭先提奏道、署镇安府知府赵沃，捐银八大圆。

训导阮文奎祖，捐银八大圆。

雷天祝祖，捐银八大圆。

黄如江祖，捐银五两二钱正。

花翎、补用守备林振耀，捐银五两二钱正。

西宁市公所，捐银五两一钱五分正。

容启圣祖，捐银五两一钱正。

登仕郎赵容川祖、筋坑李宏业祖。

塘面雷维炽、乡宾阮逢恩。

黄经略、叶悦华祖。

赵联珠堂、同知衔赵奕欢。

陈与子祖、曾月潮祖。

监生雷维器、生员伍沛。

例赠修职郎、候选府经历黄东畴祖。

例赠修职郎、候选布政司经历黄仲爵祖。

陈崇瀚、陈良擢祖。

陈永芳祖、陈庆祥。

陈清泰、陈滋畹祖。

伍玉成、监生阮应麟。

朱孔谦祖、监生朱孔温祖。

职员朱文焰祖、生员朱五松祖。

朱孔祥祖、蓝翎侍卫李鹰扬。

雷成饶祖、修职郎雷本赠祖。

雷强学、雷嵩学。

以上各捐银七大圆。

白沙黄奕受祖、黄英佐祖。

曾寅生、职员彭凤桐。

修职郎朱裔干祖、沙湾伍德运祖。

广海刘月明村、赵克昌堂。

谢学英祖、邓仲华祖。

马子敏、子厚祖，伍三道堂。

州同衔黄锡鸿、监生邓章启。

登仕郎朱泽芳祖、候铨盐经历李炳楠。

监生容振基祖、灶关堡伍定安村。

水合郑标格祖、李对池祖。

萧凤祖、海晏伍三圣宫。

武举阮士俊、横江南界庙。

田稠赵仲宝祖、修职郎李朝伟祖。
沙浦苏于礼祖、奇猷村。
马治平祖、小担谭梅主祖。
大担卫笃亲堂、徐学猷祖。
监生甄其祥祖、梅魁祖。
梅德用祖、梅一清祖。
曹华耀祖、曹桥头村。
曹石嘴村、古逻李春辉祖。
监生李铎承、监生林道星祖。
卫仁本堂、修职郎区孔亮祖。
李观安祖、李明远祖。
朝议大夫李云峰祖、中书科中书衔李汉。
岑敦睦堂、监生赵元义祖。
梅筠松崖祖、梅叔壮祖。
陈佛安祖、陈益衷祖。
关东峙祖、关广昌祖。
上川茶湾村、梁象永。
同知衔赵槐林、同知衔赵宗铿。
蓝翎都司赵定祥、中书科中书衔赵镜清。
南宁府知府容维翰祖、容兰溪祖。
署高州府儒学容休光祖、知府衔梁国钧。
监生梁鼎铭、登仕郎刘宇先祖。
李儛祖、凤冈村。
同知衔钟超灼、武生王永琼祖。
王昭祖、王基悦祖。
同知衔王叶秀、洞宁陈圣积祖。
常兴村袁渔隐祖、玉怀陈华清祖。
例贡陈立元、同知衔陈国材。
例贡陈澜元、例贡许济芹。
永兴村梁善四祖、彭平世。
陈平洲社、陈北活社。
上泽陈八股、伍上胥。

州同衔阮肇基、贡生黄启秀。
黄心鹏祖、端芬梅锦屏村。
梅延寿祖、梅云霖祖。
诰封奉政大夫梅文光祖、陈彦冲祖。
那泰市邱宗远祖、徐配全。
石冈山三元宫、例贡陈春华祖。
赠儒林郎陈廷璋祖、监生甄良谋。
陈自然祖、蔡一奇祖。
甄连山祖、李云野祖。
李斗山祖、乡宾李三乎祖。
李心寰祖、李殷立。
守备衔李秾业、武生李子荣。
宋冈州司牧升太常寺奉礼郎余正翁祖。
监生余掀和、武举李兆荣。
陈元福祖、黄廷辉祖。
邝象坤祖、黄昌荣祖。
邝天赉祖、邝芦江祖。
邝乐屏祖、邝文英祖。
邝道昌祖、州同衔邝廉德。
例贡温昌玺祖、州同衔温明富。
监生温明伋、监生温永盛。
乡贤李让祖、米隆曾钟琦祖。
州同衔李观光、花翎侍卫李家俊。
千总衔李焯明、例贡黄丁宏祖。
黄如洙祖、例贡黄业缉。
江苏即用知县邝兆雷、州同衔李云根。
温学彬、伍柱国祖。
伍怗允祖、许程渊祖。
监生甄翼雅、监生余毓煌。
海晏丹堂康王宫、海晏丹堂观音堂。
白沙黄殿光祖、黄经守。
新屋堡四圣宫。

以上各捐银五两正。

李渌波祖，捐银五大圆。
宋郡贤伍隆起祖，捐银四大圆。
宋兵部尚书兼秘书监邝一声祖。
明通进士、郃阳县知县李郁祖。
横山马社尝、谭三兴祖。
梅维兆祖、梅启全祖。
林兆发祖、监生阮廷隆祖。
附贡阮佩元祖、工部主事黄荣熙。
生员黄焯然、举人赵宗坛。
举人赵天锡、盘松庵祖。
以上各捐银三大圆。

举人李维屏、举人甄典元。
举人马炳坤、恩贡李敬照。
拔贡邝衡、恩贡陈兆琳。
教谕余骏修、岁贡伍士高。
附贡马步云、生员甄福泰。
廪生李启焜、生员陈其昌。
监生李耀枢、监生林应元。
优廪生黄夔尧、生员李宝煌。
诰封通奉大夫赵瑛祖、营用守备许炳霖。
都司衔武生朱忠清、都司衔武举陈遇春。
武举谭金铭、同知衔附贡李金华。
廪贡广西试用州同余灼、廪贡余询。
廪贡余灵光、附贡黄玉章。
诰封武略骑尉例贡黄以敦。
岁贡黄槐芬、生员陈夔畴。
生员林玉衡、例贡黄传韶。
例贡陈玉堂祖、例贡朱箕彩。
例贡李文英祖、钦赐翰林阮秀森祖。

千总衔武生阮国炳祖、监生李明惯。
监生黄宣创、职员梁凤超。
儒林郎李竹庵祖、余美益祖。
贡生余超隆、黄俊伦祖。
武举伍朝恩、生员邝鼎勋。
例贡甄养章、守备梁安邦。
郡庠刘元实祖、修职郎刘祀山祖。
增贡重游泮水黄绍汤、例贡阮仁乐。
李雄彦、监生黄荣耀。
乡宾梅子和祖、梅芳翁。
新宁总埠、黄履常祖。
优廪生陈麟瑞、陈述贤祖。
监生李殷盘、监生李殷周。
林时举、武略骑尉陈朝聘祖。
例贡伍超进、监生邝务有。
例赠征仕郎邝德滋祖、宣德郎邝公表祖。
儒学邝云山祖、邝梅溪祖。
李端夫祖、例贡岑尹元。
州同衔赵元盛、梅子常祖。
梅光裕祖、梅子信祖。
监生甘慎谋、监生甘传裘。
生员梁绍淦、监生彭凤光。
李宗楚祖、生员雷润槐。
雷庸道祖、例贡邝国荣。
例贡邝国培、儒林郎邝有灏祖。
邱诚恂、例贡伍彩文。
例贡伍彬文、生员伍伦修。
候补县丞余杰和、监生余养章。
监生余振和、同知衔余表煦。
以上各捐银二大圆。

贡生邝仙林祖，捐银一两一钱正。

谢明庵祖、乡宾彭世烈。监生黄德章。
以上各捐银一两零八分。

监生阮颂声、赵秀峰。监生李炳仁、监生李基馥。
乡宾彭世极、巡政厅彭凤才。监生阮端耀、巡检阮士端。林世昌。
以上各捐银一两正。

蓝翎主事黄荣相、伍学焜祖。廪生林冠芳、增生陈家政。
贡生黄纯霭、贡生黄钦德。武生黄光衍、沙湾伍学赛。
生员黄乃棠、武举李国荣。监生马福燕、监生黄揆材。
李在贤、乡宾邓文彬祖。乡宾邓文藻、乡宾邓文贺。
武生阮应科祖、贡生余伯荣祖。生员余琰祖、巡政厅黄赞昌。
监生黄业伦、廪生朱荣硕。李祖雅、黄世昂。
附贡马献珍祖、水井马林煦。伍洪创、监生李培乃。
监生邓文栻、邓昌炘。邓济昌、把总阮安邦。
职监吴晴楼祖、按察司照磨厅吴惠元。监生阮国璇、州同衔黄德焯。
监生黄成俊、例贡朱箕富。阮耀远、曹凤文。
赵子谷、谢圣宽。谢维缵、监生李祐星。
邓昌前、邓缵昌。乡宾倪君颀、倪佑耀。
监生伍文谦、陈令德。生员余耀堂、监生余畅章。
监生余华英、监生余玉麟。监生余扬章、监生余秀章。
监生余仗英、阮耀焕。邓昌发、邓昌常。
赵烈光堂、赵缵光堂。赵绰俊祖、赵颙鼎祖。
赵泽赐祖、赵大新祖。信宜县教谕邓振翼祖、邓世鋐祖。
即用训导马家骥、州同衔马昌就。郑名丽祖、乡宾郑国清。
生员麦鸣韶、监生黄銮恭。职员朱裔灼、附贡朱伯庸。
武生朱吉祥、武生朱嘉祥。生员朱点、生员朱炳麟。
监生阮士敦、监生甄灿垣。生员阮天相、职员朱裔杏。
监生陈器、陈允文。乡宾黄朝东祖、乡宾陈觐光祖。
生员雷际春、监生朱裘禄。廪生李毓华、监生邝成章祖。
廪贡邝湛霖、武生谭兆麟。李瑶岳祖、李凤山祖。
千总衔梁钧衍、武生梁朝安。附贡李乃韶、黄学超祖。

林举龄、林道瀞。附贡林泽沾、林立初。

林德均、林立决。监生阮焕文、监生阮荣光。

增生阮台桂、生员阮鼎煌。监生阮正文、监生阮名燊。

监生阮荣烈、监生阮荣勋。增生阮兆甲、六品阮敦仁。

监生阮资深、乡宾阮耀政。乡宾阮仁熟、阮仁质。

阮本荣、阮耀绪。职员黄宣确、监生黄宣策。

监生黄世英、中书科中书衔黄宣猷。中书科中书衔黄宣抡、翰林院待诏衔黄国纲。

职员黄廷积、例贡黄求卓。监生黄廷儒、监生黄求亮。

监生黄求赞、黄求羡。黄宣进、黄世霖。

职员曹翔荣、职员曹翔饶。职员曹峻龙、胡昌锦。

生员赵逢骏、州同衔赵集钦。千总衔赵有亮、监生赵自瑰。

监生赵锡畇祖、宁昭埙。武生李攀荣、监生李恒荣。

州同衔李上宣祖、文林郎李显瓚祖。乡饮正宾李祥光祖、监生李伯富祖。

乡宾李容光祖、监生李缵圣祖。梅延龄祖、梅元茂祖。

监生梅国香、监生梅松龄。监生梅文瀚、监生梅鹏年。

守备梅朝钧、监生梅英高。梅元侯祖、梅德魁祖。

监生梅锦澜、曹开业祖。曹国位祖、曹守祚祖。

曹魏玻祖、曹魏现祖。曹钥蕃祖、曹君派祖。

曹守玉祖、曹秉田祖。贡生曹三锡祖、监生曹秉崇。

监生曹魏璇祖、修职郎曹君严祖。监生曹秉栩、监生曹秉恺。

监生曹君琅祖、曹符坚。曹符全祖、曹符忠。

曹符壮、曹符大。曹秉伸、曹钥忠祖。

曹守全祖、五品蓝翎曹秉徽。曹魏益祖、曹秉雅。

李天泽、陈崇泽。陈柏良、千总衔林立纲祖。

陈崇权、庠生林立端祖。邝卓有、监生麦培光。

监生李灼荣、李广成。李积衍、钟崇灼。

钟修本、钟修严。钟斗南祖、钟学润。

陈大灼、周尊礼祖。乡宾陈尊球、陈崇璈。

钟修在祖、乡宾李守潜。李敦业、陈崇玖。

乡宾李守滋、区炎嵩。监生区瑞麟祖、乡宾陈尊恺。

张镛灥、张镛稳。张耀扬祖、钟学周祖。

叶达瑛、邝以德。区福元祖、区官保祖。
区宗杰祖、李怡业。张镛祯、梁鸣栋。
李郁宜、陈文澡。陈崇江、生隆店。
刘尊伟、诰授奉政大夫刘儒瑞祖。刘儒术、刘正齐。
监生刘琦光、监生李守炀祖。监生李炳燊、监生李英俊。
李崇义、监生李月光祖。监生李日光祖、监生李渭熊祖。
中书科中书衔李焯荣、监生李直清。监生李修和祖、附贡李迪源祖。
监生李森光、郡庠李荣灿。州同衔李立业祖、州同衔李宝球。
登仕郎李厚可祖、生员李应祖。武生李慎余祖、武生李忠烈祖。
监生李炳照祖、附贡李嘉祖。州判衔李潮沛、岑应奇祖。
岑公德祖、监生岑卿瑞。监生岑赞勋、监生赵仲源。
监生赵廷宾、例贡赵宏晋。例贡赵国安、例贡赵步云。
乡宾赵光谋、监生赵光宪。乡宾赵乃隰、赵允照。
赵羡常、赵修常。赵章傅、赵相卿。
赵贲锦、赵健汉。监生容星辉、职员容其显祖。
容仁祖、监生梅栋远。监生梅堆远、六品梅佐耀。
监生梅吉远、监生梅官远。监生梅栻远、监生梅沧耀。
监生梅湛耀、梅仁耀。监生梅耀溉、县丞衔梅耀安。
梅聘远、例贡梅滋远。监生梅威耀、梅耀渭。
监生梅友联、监生梅沃乃。梅乃伸、监生梅远朴。
六品梅乃炽、梅都耀。监生梅友敬、六品梅贤泽。
梅乃参、把总梅启芳。监生梅督耀、九品梅宗天。
布政司经历衔梅遇春、监生梅耀根。监生梅槐芳、监生马宏珠。
附贡马赞勋、马宏炯。监生马昌乔、州同衔马建庶。
马炬昌、监生马焕昌。州同衔马俊俸、马籍庶。
监生马焯林、监生马琏贤。马柏林、监生马育贤。
监生马柳俊、马伟林。监生马懿林、监生马荣钦。
马相政、监生马启庶。乡宾马宏谋、马科俊。
千总衔武生陈荣贵、监生陈诏大。监生陈词大、生员陈文健。
生员陈树槐、监生陈大炳。监生陈昴尊、陈保大。
上川石笋村、世袭守备武生甘宪章祖。甘诒铭、甘诒赓。
监生甘雄勋祖、甘诒醇祖。甘谋道、监生甘泽英祖。

监生甘泽懋祖、甘诒赞祖。甘经谋、武生甘霖。
甘活谋、监生甘泽润祖。监生甘其康、甘润芳。
监生甘泽宪祖、监生甘诒翰。甘流芳、武生甘国华。
甘国英、甘国恩。甘国庆、甘德芳。
何燕宽、蓝翎千总武生甘福庆祖。甘传经祖、甘泽锡祖。
梁基添祖、梁文振。张椿年、州同衔黎芬芳。
黄耀廷、陈近礼。陈遂礼、关国材。
关国富、陈玉成祖。甘泽铣、梁象周。
乡宾叶桂彰、县丞衔梁绍祥。千总衔梁国赞、梁盈先。
监生赵培远、监生赵钧植。监生赵琪照、监生赵裔训。
布政司经历衔赵廷恩、监生赵廷玉。监生赵炳常、监生赵朝灿。
监生赵昭广、监生赵辑瑞。监生赵辑璿、监生赵辑环。
监生赵其俊、生员赵泽棻。监生赵德显、监生赵梓基。
乡宾赵神祐、附贡刘炳坤。州同衔刘尧年、千总衔刘裔昆。
把总刘遂、职监刘达章。刘芳翊祖、贡生刘兆光。
州同衔刘恩光、监生刘树荣。监生刘公进祖、监生刘公遂祖。
监生刘学悦、监生刘公适祖。监生刘公运祖、刘学保。
生员刘钟俊、生员刘钟清。监生伍明护、武生伍烜光。
监生伍悦勋、伍辉文。黄远霖、李宜雄。
谭开瑞、附贡梁异材。增生梁寿恒、生员梁鼎新。
梁顺祖、梁宝鉴。梁祖琚、梁耀厚。
梁奕就、梁寿昇。梁祖聪、监生李业培。
陈诩良、州同衔黄基羡。乡宾钟绰光、乡宾钟瑞麟。
千总衔武生王振麟、监生王扩仁。监生王扩才、增贡王观光祖。
监生王以銮祖、监生王声良祖。武生王恩照祖、监生王祚蓬。
监生王振布、武生王振岳。监生王振赞、监生王祚全。
例贡王振护、黄恭严。监生王振廷、监生王振荐。
监生李榴衍、吴厚乐。袁尚星祖、袁尚嵩祖。
吴世祥、袁尚秀祖。监生袁福祯、袁传学。
袁元士祖、黄廷振。雷德稳祖、许裔璞。
陈慎发祖、谭裔富。李云振、雷宗厚祖。
余瓒和、许济华。许济臻、李明基。

监生赵廷相、监生雷维良。宝源当、监生甄纪侃。

黄英澧、茂丰当。廪贡冯玉温、余皓章。

冯昆立、记委陈金銮。阮仁藉、阮宏浓。

阮宏备、阮宏美。梅儒耀、梅延昌祖。

监生梅朝桢、郑奕然。监生郑朝宾、黄德华。

区大琳祖、千总黄作钧。乡宾黄国纪、郑耀灿祖。

例贡黄宝兴、黄建德祖。黄显仁祖、监生伍卓林。

附生梅兆蓉、监生梅兰芬。附贡梅国标、恩赐九品梅德参祖。

梅廷秀书室、诰封奉政大夫梅远深祖。候选盐知事梅赞元、诰封奉政大夫梅瑞显祖。

例贡梅炳南、梅耀燎。五品蓝翎梅定修、都司衔梅兆瑞。

中书科中书衔梅兆桑、刑部主事同知衔梅赞荣。

同知衔陈留县知县调卢氏县前户部主事梅自修。

附贡梅璟、廪贡梅梦龄。诰封奉政大夫梅赞化、九品梅景南。

监生林能肇祖、林温立。林立桂、林钊立。

林快立、林道在。林锦立、林德灿。

六品衔伍振勋、新广丰。宁宏盛、锦源店。

张道敏、陈友章店。监生李承翼、黎明亮祖。

县丞衔陈修明、黄国基。生员陈俊、生员甄遇辰。

岁贡分发训导陈淮、附贡分发训导陈乙璜。附贡甄维周、例封文林郎生员甄梦奎。

生员甄士桢、职员甄永斌。例贡甄良兑、职员甄宋贤。

监生甄良最、监生甄照贤。生员甄德元、监生甄良高。

监生甄良泮、职员林道亭。林立让、监生林立昊。

贡生林德铨、林春圃。林怀沼祖、林卓冈祖。

林一池祖、林术趣祖。林立权、生员余祥辉。

蔡垂裕堂、蔡全孝友。蔡五甲户、监生陈敬义。

监生陈炳垣、陈乃安。中书科中书衔陈宝森、武生陈子庚。

武生陈元瑞祖、贡生陈大宗。监生陈熙森、监生陈瑞骐。

武生陈龙腾、都司衔陈沛光祖。例赠儒林郎陈士昇祖、监生朱箕烺。

监生朱学裘、监生朱昌魁。千总衔武生朱占元、例贡朱裔槐祖。

州同衔朱启琼、例贡朱启秩。监生朱裔楠祖、例贡朱启源。

附贡朱启榜祖、乡宾朱启敬。千总衔武生朱桢祥、职员朱英缉祖。
监生朱昌保、例贡朱启玉祖。监生朱昌泉、廪贡朱镜颜。
庠生朱典元、州同衔朱纲裘。庠生甄天保、监生甄吉金。
监生甄天尧、监生甄祥凤。职员甄吉信、监生甄宣香。
监生甄崇吉、职员甄明超。职员甄吉湖、监生甄守香。
监生李期铭祖、职员李期慧。职员李洪燮、监生李斌裕祖。
生员李灼唐、生员李祥晋。监生李基瑞、乡宾李基林。
千总衔李耀坤、监生李耀乾。职员李仪崇、监生李期琚。
曾孔训祖、曾孔诲祖。曾孔授祖、曾秩敦祖。
曾毓棠、廪生曾复泰。生员陈润华、邓晚荣祖。
训导陈梦年、监生陈萃芳。陈有德祖、例贡陈家培祖。
张炳仁、李广淮。监生李来焕、李霖衍。
李云洞、监生李篪广祖。例贡黄为埙、职员朱仁安。
蓝翎五品衔廪生黄荣照、增贡朱孔阳。伍松学、廪生朱裳。
武生朱名洸、例贡伍于栋。伍宽允祖、监生伍安允祖。
监生伍文永、例贡伍于振。佾生[1]邝敬照、五品衔邝德烈。
邝琼修、邝以文堂。武举邝龙韬祖、训导邝光。
邝集式祖、邝正传祖。邝士颙祖、邝桂轩祖。
邝松崖祖、邝东所祖。邝天旸祖、邝我泉祖。
监生邝浥德、邝天历祖。邝崇及祖、邝浮峰祖。
邝文学祖、邝廉所祖。邝自芳祖、邝调德祖。
监生邝达德祖、邝有恩祖。邝兴潮祖、邝宦集祖。
邝思圣祖、邝平海祖。生员邝隆新祖、邝明显祖。
邝同祖、宋职掌铨衡邝士达祖。宋即昂县知县邝云秀祖、监生邝约德。
监生邝倚德、赠修职郎邝玖有祖。赠文林郎邝天锡祖、监生李经扬。
同知衔李观澜、州同衔李观煌。乡宾李锡金、布政司理问衔李观淇。
武生李彪明、武生李国梁。廪生李毓琳、生员李翰芬。
监生李毓藩、武生李汝元。武生李炳勋、赵恩联。
职员赵宋振、例贡李炳彝。监生李懋谦祖、廪生李镜春。
武生李燊元、监生李步青。生员黄兆濬、监生李启照。

① 佾生：旧时朝廷或文庙举行祝典时，表演乐舞的童生，也称为佾舞生、乐舞生。

邝与权祖、邝道真祖。李基爍、例贡李淦泉。
监生李洪楷、李灿庆。县丞李启邦祖、监生李维森。
李期挺、监生李丙枢祖。李崇优、林德栋。
职员谭文献、谭裔康。例贡林德耀、监生李锡培。
岁贡黄耀东、林灼德。林德伟、廪贡谭镜濂。
林举儒、附贡温树荣。监生温景贤、温明灼。
监生温景尧、福建典史温让。温学錝、举人温景奎。
监生温敬熙、温学瑞。监生温秉忠、职员温明休。
职员温明迪、监生温原炜。监生温秉礼、生员雷友棠。
武举雷占元、生员雷兆梅。雷凤台、中书科中书衔雷逊学。
六品衔雷栋维、监生雷兆霖。监生雷国霖、监生雷殿华。
监生雷玉堂、贡生雷湘源。监生黄仁章、监生黄允升。
监生黄成辉祖、监生黄家仁祖。千总衔黄成深、巡政厅黄滋蕃。
乡宾黄成琴、武生黄耀光。例贡黄家纯祖、例贡黄业勤。
生员黄纬、监生黄家乐祖。监生黄业郦、监生黄叶扬。
千总黄厚逴祖、监生黄成明。例贡黄业绮、监生黄厚珀祖。
林安立、林举良。监生林德植、林贤士。
林德秾、林德周。林德积、林德韶。
林德滋、林举耀。林举仕、林道抡。
林立琚、林举沛。林道池、林立肇。
林炎立、林宧立。黄相缉祖、监生黄永悦。
监生黄绍琪祖、附贡黄乔芬。监生黄永逊、文林郎监生陈云瑞。
监生伍庭广、监生伍瑞麟。监生伍时祥、谭世乐祖。
黄成佳、谭世德祖。谭时焯祖、陈广兴祖。
谭名标祖、谭国雄祖。陈嘉豪祖、把总衔武生陈清瑞。
廪贡邝湛霖、谭如赏祖。武生陈炳光、廪贡谭锡藩。
职员岑卿云、千总衔武生谭培勋。恩贡李璧辉、生员李启奎。
例贡李文芳、增贡李丙垣祖。生员李玉璋祖、例贡李良材祖。
监生李宗尹、监生李子淮。例贡李子壮、监生李培钧。
监生李锦屏祖、例贡李汉章。县丞李荣照、监生李鸣銮祖。
监生李子霖、例贡李炳光祖。武生李镜清、武生李槐森。
廪生李枝春祖、州同衔李枝华祖。监生李荣章、州同衔李衍赞祖。

中书科中书李灿尧、李云雅。监生汤缵垚、监生汤黻廷。
增生邱树梅、邱诚述。
以上各捐银一大圆。

续捐衔名
同知衔李炯祖，捐银二圆。
例贡李士照，捐银二圆。
州同衔李积乃，捐银一圆。
李朝辉，捐银一圆。
李长炎，捐银一圆。
监生岑树藩祖，捐银一圆。
增贡黄守典祖，捐银二圆。
贡生黄宏寅祖，捐银一圆。
训导黄炳照祖，捐银一圆。
监生黄泮照祖，捐银一圆。
例贡谭文近，捐银一圆。
岑进可祖，捐银一圆。
监生谭文遇，捐银一圆。
岑德裕，捐银一圆。
生员岑登瀛，捐银一圆。
监生岑公侣，捐银一圆。
西湖桥石路谭积盛堂，捐银二圆。
冲蒌新墟，捐银五两。
中书科中书衔李凤来，捐银二圆。
诰赠昭武都尉谭奕嵩祖，捐银五两正。
同知衔黄祥光，捐银五两正。
同知衔黄伯涛，捐银五两正。
监生胡耆娱祖，捐银二大圆。
例贡谭开彪，捐银一大圆。
例贡谭开璀，捐银一大圆。